Informationstechnologische Entwicklungen
und der Schutz von Verfügungsrechten
für Informationsgüter

Schriften zur Wirtschaftstheorie und Wirtschaftspolitik

Herausgegeben von
Rolf Hasse, Jörn Kruse, Wolf Schäfer, Thomas Straubhaar
und Klaus W. Zimmermann

Band 34

PETER LANG
Frankfurt am Main · Berlin · Bern · Bruxelles · New York · Oxford · Wien

Stefan Hardege

Informationstechnologische Entwicklungen und der Schutz von Verfügungsrechten für Informationsgüter

Eine ökonomische Analyse zur Ausgestaltung des Urheberrechts

PETER LANG
Europäischer Verlag der Wissenschaften

Bibliografische Information Der Deutschen Bibliothek
Die Deutsche Bibliothek verzeichnet diese Publikation in der Deutschen Nationalbibliografie; detaillierte bibliografische Daten sind im Internet über <http://dnb.ddb.de> abrufbar.

Zugl.: Hamburg, Helmut-Schmidt-Universität, Diss., 2005

D 705
ISSN 1433-1519
ISBN 3-631-54992-X

www.peterlang.de

Danksagung

Diese Arbeit entstand während meiner Tätigkeit als wissenschaftlicher Mitarbeiter am Institut für Wirtschaftspolitik an der Helmut-Schmidt-Universität der Bundeswehr Hamburg. Mein Dank gilt Herrn Prof. Dr. Dirk Meyer für die Betreuung, der mir alle Freiheiten bei der Erstellung der Arbeit gewährte. Herrn Prof. Dr. Wolf Schäfer und Herrn Prof. Dr. Klaus W. Zimmermann danke ich für die mündliche Prüfung. Bei Herrn Prof. Dr. Thomas Straubhaar möchte ich mich für die Erstellung des Zweitgutachtens bedanken und insbesondere auch dafür, dass er es mir so unkompliziert ermöglicht hat, nach dem Studium erste Schritte auf dem Feld der wissenschaftlichen Tätigkeit gehen zu können. Meinen ehemaligen Kollegen der Helmut-Schmidt-Universität danke ich für die nette Atmosphäre. Die Gespräche in den Mittagspausen werde ich in guter Erinnerung behalten, brachten sie doch immer eine willkommene Abwechslung.

Besonders bedanke ich mich bei meiner Familie: Bettina, Emi und insbesondere bei meinen Eltern. Deren Liebe, bedingungsloser Rückhalt und Unterstützung bilden das Fundament, das es mir erst ermöglicht hat, zu studieren und diese Arbeit zu schreiben. Ganz besonders danke ich meiner Frau Claudia. Mit ihrer Liebe, unglaublichen Geduld und ihrem Verständnis ist sie mir eine sehr große Hilfe, und sie hat mich in den Phasen des Zweifelns stets ermutigt und überzeugt, die Dissertation beenden zu können. Schön, dass sie Recht behalten hat.

Inhaltsverzeichnis

Verzeichnis der Abbildungen und Tabellen

a) Abbildungen

b) Tabellen

Verzeichnis der Abkürzungen

Bd.	Band
BMJ	Bundesministerium der Justiz
c.p.	ceteris paribus
CD	Compact Disc
Ch.	Chapter
CRO	Collective Rights Organizations
CSS	Content Scramble System
DMCA	Digital Millennium Copyright Act
dmmv	Deutscher Multimedia Verband
DRM	Digital Rights Management
DSL	Digital Subscriber Line
DTK	Durchschnittliche Totale Kosten
DVD	Digital Versatile Disk
EFF	Electronic Frontier Foundation
EG	Europäische Gemeinschaft
EGV	Vertrag zur Gründung der Europäischen Gemeinschaft
ETSI	European Telecommunication Standards Institute
EU	European Union
EuGH	Europäischer Gerichtshof
F&E	Forschung und Entwicklung
Fn.	Fußnote
FTD	Financial Times Deutschland
GE	Grenzerlös
GEMA	Gesellschaft für musikalische Aufführungsrechte
ggf.	gegebenenfalls
GK	Grenzkosten
GRUR	Gewerblicher Rechtsschutz und Urheberrecht
GWB	Gesetz gegen Wettbewerbsbeschränkungen
html	Hypertext Markup Language
IFPI	International Federation of the Phonographic Industry
ifrOSS	Institut für Rechtsfragen der freien und Open Source Software
IPR	Intellectual-Property-Rights
ISDN	Integrated Services Digital Network
ISI	(Fraunhofer) Institut für Systemtechnik und Innovationsforschung

ISP	Internet Service Provider
Iss.	Issue
IuK	Information und Kommunikation
Jg.	Jahrgang
JITE	Journal of Institutional and Theoretical Economics
Kap.	Kapitel
MOCA	Music Online Competition Act
MP3	MPEG-1 Audio Layer III
NBER	National Bureau of Economic Research
o.V.	ohne Verfasser
OECD	Organisation for Economic Co-operation and Development
PST	(Fraunhofer) Patentstelle für Deutsche Forschung
RL	Richtlinie
SDMI	Secure Digital Music Initiative
STI	(OECD Directorate for) Science, Technology and Industry
UrhG	Gesetz über Urheberrecht und verwandte Schutzrechte (Urheberrechtsgesetz)
USC	United States Code
VG Wort	Verwertungsgesellschaft Wort
Vol.	volume
VPRT	Verband Privater Rundfunk und Telekommunikation
WahrnG	Gesetz über die Wahrnehmung von Urheberrechten und verwandten Schutzrechten
WIPO	World Intellectual Property Organization
ZUM	Zeitschrift für Urheber- und Medienrecht

1 Einleitung

1.1 Problemstellung und Untersuchungshergang

Die Entwicklung von Produktionsprozessen und damit ganze wirtschaftliche Strukturen wurden in Vergangenheit und Gegenwart in starkem Maße vom technologischen Fortschritt beeinflusst beziehungsweise bestimmt. So hat sich auch im Zuge der Entwicklung der Computertechnologie die Art und Weise der Produktion gewandelt. Mittlerweile sind in zunehmendem Maße nicht mehr die materiellen Produktionsanlagen der entscheidende Faktor in der Produktion, sondern die dahinter stehende, diese Anlagen steuernde immaterielle Software. Informationen, Kommunikation und Unterhaltung stellen bedeutende Sektoren in entwickelten Volkswirtschaften dar. Ein Großteil der hier für die Wertschöpfung relevanten Güter besteht dabei aus immateriellen Gütern, die sowohl Input- als auch Konsumgutcharakter aufweisen können. In der Öffentlichkeit haben sich Bezeichnungen wie Wissensgesellschaft oder Informationsgesellschaft herausgebildet.

Durch die technische Entwicklung insbesondere im Bereich der Informations- und Kommunikationstechnologien sind Informationsgüter sämtlicher Art – ob Texte, Bilder, Musik, Filme oder Software – heutzutage in fast beliebigem Umfang digital speicherbar, und es besteht aufgrund der Entwicklung des Internets die Möglichkeit, diese weltweit zugänglich zu machen. Dabei sind die Reproduktions- und Distributionskosten bedeutend gesunken, und zwar nicht nur für die rechtmäßigen Urheber, sondern auch im Rahmen nicht autorisierter Nutzung und Kopiertätigkeit. Die Möglichkeit für die Urheber bzw. Rechteinhaber an solchen Informationen, Einfluss auf den Zugang, die Nutzung und Verwertung zu nehmen sowie Vergütungsansprüche durchzusetzen schwinden im Zuge dieser Entwicklung. Damit stellen sich Fragen hinsichtlich des Anreizes zur Herstellung von Informationen sowie zur Funktionsfähigkeit von Märkten, auf denen derartige Güter gehandelt werden. Die praktische Bedeutung dieser Herausforderung ist in jüngster Vergangenheit durch den Rechtsstreit der weltweit fünf größten Musikverlage mit der internetbasierten Musiktauschbörse Napster sowie den Klagen über millionenschwere Umsatzeinbußen der Rechteinhaber deutlich geworden. Derartige Musiktauschbörsen ermöglichen den unentgeltlichen Austausch von digitalisierten, urheberrechtlich geschützten Musikdateien zwischen Anwendern über das Internet. Ähnlich gelagerte Problematiken zeigen sich aufgrund des technischen Fortschritts auch in zunehmendem Umfang bei größeren Dateien, wie z.B. digitalisierten Kinofilmen oder Software. Diese Entwicklung erzeugte in der öffentlichen, aber auch in der wissenschaftlichen Diskussion Lösungsvorschläge in viele denkbare Richtungen. Die Forderungen reichen dabei von einer umfassenden Intensivierung des Urheberschutzes bis hin zu dessen kompletter Abschaffung als antiquiertes Überbleibsel vergangener Zeiten analoger Technologie. Auch technische Schutzvorkehrungen als Unterstützung oder Ersatz des Urheberrechts werden diskutiert. Komplexer wird die Problematik zudem dadurch, dass weltweit vernetzte, technische Systeme den nationalen Rechtsausgestaltungen gegenüberstehen, wodurch deren Wirkung eingeschränkt wird.

Einen weiteren Problembereich des Urheberrechts verdeutlichen die in den USA und Europa geführten Gerichtsverfahren gegen den Software-Konzern „Microsoft". Diesbezüglich sind zwar vordergründig wettbewerbspolitische Aspekte wie die Monopolausdehnung involviert. Allerdings stellen sich hier grundsätzliche Fragen hinsichtlich der wettbewerbswidrigen Nutzung und Lizenzierung exklusiver Verfügungsrechte sowie diskriminierungsfreier Zugangsmöglichkeiten zu urheberrechtlich geschützten Informationsgütern für Dritte. Auch diesbezüglich kommt den technologischen Besonderheiten Bedeutung zu, da sie Einfluss auf Marktstrukturen und Marktverhalten haben.

Ausgehend von den geschilderten Entwicklungen und strukturellen Veränderungen stellt sich zwangsläufig die Frage, ob die institutionellen Rahmenbedingungen, in denen sich die wirtschaftlichen Prozesse vollziehen und die maßgeblichen Einfluss auf die ökonomischen Ergebnisse haben, den Anforderungen der technischen Entwicklung gerecht werden können. Es muss hinterfragt werden, ob die aktuelle Ausgestaltung der Institutionen trotz des beschriebenen Wandels angemessen erscheint, oder ob Änderungen vorzunehmen wären. Einen wesentlichen Bestandteil dieser Institutionen stellt die geltende Rechtsordnung dar. Von dieser Rechtsordnung sind auch Produktion, Innovation und Nutzung der als zunehmend relevant erachteten immateriellen Güter betroffen, womit in erster Linie Aspekte der Ausgestaltung des Urheberrechts tangiert sind.

Vor diesem Hintergrund bedarf es der Untersuchung folgender Fragestellungen. Zunächst erscheint eine theoretische Ursachenanalyse sinnvoll, um die problemrelevanten Einflussfaktoren zu verdeutlichen. Sodann sind Fragen hinsichtlich der Rechtfertigung und der theoretischen Wirkungsmechanismen des Urheberrechts als Lösungsansatz der aufgezeigten Probleme von Interesse. Als Reaktion auf die oben angedeutete Entwicklung wurde die EU-Richtlinie zur Anpassung des Urheberrechts an die Informationsgesellschaft verabschiedet und zum Teil von den Mitgliedsstaaten bereits umgesetzt. Diesbezüglich stellt sich die Frage nach der ökonomischen Beurteilung und Eignung dieser Rechtsinstitution. Hinsichtlich der Analyse unterschiedlicher Ausgestaltungsalternativen des Urheberrechts als Antwort auf die durch die technologische Entwicklung auftretenden Herausforderungen stellen sich ferner Fragen nach zusätzlichen Wirkungen, die nicht primär bezweckt sind, aber dennoch von der Ausgestaltung beeinflusst werden. Es ist zu fragen, wie diese zu berücksichtigen sind und welche Lösungsansätze sich diesbezüglich bieten. Auch für solche Folgen ist die technologische Entwicklung bedeutsam. Im hier betrachteten Zusammenhang handelt es sich insbesondere um Interdependenzen zwischen Urheberrecht und Wettbewerb.

Zur Analyse dieser Fragestellungen und der darauf basierenden Diskussion potenzieller Lösungsansätze gliedert sich die Untersuchung folgendermaßen. Nach einer Abgrenzung der relevanten Begriffe stehen im zweiten Kapitel die Analyse der ökonomischen Eigenschaften der Informationsgüter sowie der diesbezügliche Einfluss der technologischen Entwicklung als eine Problemursache im Blickpunkt. Diese bildet die Grundlage zur ökonomischen Rechtfertigung des Urheberrechts. Für letztere wird auf die Theorie der „Property-Rights" als Bestandteil der Neuen Institutionenökonomik zurückgegriffen. In diesem Rahmen wird ein Referenzmaßstab hinsichtlich einer an Effizienzkriterien orientierten Ausgestaltung dargestellt, und es werden Beschränkungen der Verfügungsrechte diskutiert. Für eine differenzierte Analyse ist es des Weiteren unerlässlich, die mikroökonomischen Wirkungsmechanismen im Zuge einer theoretisch optimalen Ausgestaltung des Urheberrechts zu kennen. Daneben soll die Wirkung nicht-autorisierten Kopierens aufgezeigt werden, wie Rechteinhaber bei Abstinenz eines rechtlichen Schutzes darauf reagieren können und welche Wohlfahrtseffekte damit einhergehen. Dies geschieht anhand der relevanten Literatur zur ökonomischen Analyse des Urheberrechts. Es werden auf dieser Basis sodann die Eignung und Anwendungsmöglichkeiten der Ergebnisse hinsichtlich der aktuellen Problemstellung kritisch hinterfragt. In diesem Zusammenhang erfolgt ferner eine theoretische Betrachtung zur Quantifizierung potenzieller Schäden infolge illegaler Nutzungen.

Im dritten Kapitel steht die konkrete rechtliche Ausgestaltung auf der Grundlage der EU-Richtlinie zum Urheberrecht in der Informationsgesellschaft im Mittelpunkt. Nach einer kurzen Darstellung der wesentlichen Aspekte erfolgt eine kritische, rechtsökonomische Analyse. Dabei werden die anvisierten Ziele, deren Erreichung sowie potenzielle Wirkungen untersucht.

Das darauf folgende vierte Kapitel thematisiert die Interdependenzen von Urheberrecht und Wettbewerb, die sich in Abhängigkeit unterschiedlicher Ausgestaltungen des ersteren ergeben können. Diese sind in bisherigen Untersuchungen und vor allem bezüglich des praktischen Vorgehens lediglich am Rande beachtet worden. Gerade in Anbetracht der technologischen Entwicklung bergen sie jedoch Konfliktpotenzial in sich, weshalb deren Wirkungen nicht außer Acht zu lassen sind. Von Bedeutung sind dabei wettbewerbstheoretische Fragen von Zugang und Nutzung hinsichtlich geschützter Informationsgüter. Zur Darstellung dieser Problematik wird auf aktuelle Beispiele aus dem Bereich der Musikindustrie sowie der Software zurückgegriffen. Prinzipiell sind die hier analysierten Aspekte jedoch für sämtliche Informationsgüter relevant, die ähnliche Eigenschaften aufweisen, womit eine Verallgemeinerung – gegebenenfalls mit geringfügigen Modifikationen – unproblematisch erscheint. Die gewonnenen Erkenntnisse bieten somit Anhaltspunkte bezüglich der Ausgestaltung urheberrechtlicher Institutionen, sodass denkbare Lösungsansätze diskutiert werden können. Die Analyse nutzt dabei die Theorie der Wettbewerbspolitik sowie der Industrieökonomik. Das abschließende Kapitel fasst die wesentlichen Untersuchungsergebnisse zusammen und gibt einen Ausblick auf zukünftige Entwicklungen sowie auf weiteren Forschungsbedarf.

1.2 Definition und Abgrenzung untersuchungsrelevanter Begrifflichkeiten

1.2.1 Informationen, Informationsgüter und geistiges Eigentum

Im Mittelpunkt der folgenden Untersuchung stehen solche Güter, die in der Literatur als immaterielle Güter bezeichnet werden. Eine Abgrenzung zu den materiellen Gütern scheint schon aufgrund der Bezeichnungen unproblematisch. So handelt es sich z.B. um Ideen, Entdeckungen, Erfindungen oder Geisteswerke (vgl. Schack (2001), S. 9). Allerdings bedarf es für die meisten immateriellen Güter eines materiellen Trägermediums, um erstere nutzbar und transferierbar zu machen. Gemeinhin werden für derartige Güter Begriffe wie geistiges oder intellektuelles Eigentum verwandt. Bei Transaktionen zwischen Wirtschaftssubjekten wechseln zwar die Eigentumsansprüche an dem materiellen Trägermedium, diejenigen an dem immateriellen Gut bleiben hingegen weiterhin im Besitz des Urhebers.

Eine allgemeingültige Definition des Begriffs des so genannten geistigen Eigentums existiert nicht, üblicherweise wird hierunter aber der Ausdruck menschlicher Ideen in variierenden Formen verstanden, der sich in unterschiedlichen materiellen Trägern manifestiert (z.B. Texte in Form von Büchern, akustische Signale in Form von Musik-CDs, Bilder in Form von Gemälden, Computer-Software als Programmcode u.v.m.) nicht aber die eigentliche Idee selbst (vgl. Nippa/Hachenberger (2000), 4 ff.; Shapiro/Varian (1999a), S. 83 ff.). Im Zuge der technologischen Entwicklung besteht die Möglichkeit, einen Großteil des so genannten geistigen Eigentums zu digitalisieren und über die entsprechenden Infrastruktureinrichtungen zu übertragen. Dadurch, so wie insbesondere auch durch die Gutseigenschaften immaterieller Güter,[1] erhalten diese den Charakter von Informationen bzw. Informationsgütern. Als Informationsgüter bezeichnet VARIAN „anything that can be digitized – a book, a movie, a record, a telephone conversation“ (Varian (1998), S. 3), unabhängig davon, ob es tatsächlich in digitaler Form vorliegt oder nur die Möglichkeit zur Digitalisierung besteht.

Die zunehmende Bedeutung der Informationen in der Gesellschaft und insbesondere in der Ökonomie und auch die damit verbundenen vielschichtigen Problemaspekte spiegeln sich in Wortkreationen wie Informationsgesellschaft oder Informationszeitalter wider. So bezeichnen auch das Europäische Parlament und der Rat die Richtlinie 2001/29/EG, die die Regelung der Rechte an Informationsgütern im Zuge der digitalen Datenverarbeitung behandelt, als „Richtlinie zur Harmonisierung bestimmter Aspekte des Urheberrechts und der verwandten Schutzrechte in der Informationsgesellschaft“. Eine genaue Definition der Informationsgesellschaft unterbleibt allerdings hier. Die auch in der Literatur nicht unübliche Verwendung von Information/Informationsgütern, statt des oben geschilderten Bergriffs des geistigen Eigentums ist somit bezüglich der Zielsetzung dieser Untersuchung sinnvoll. Dies gilt insbesondere vor dem Hintergrund der Problematik des Begriffs „Eigentum“ für immaterielle Güter und einer möglichen Analogie zum Eigentum an materiellen Gütern. Hier bestehen allerdings bedeutende Unterschiede, z.B. hinsichtlich der Dauer eines Eigentumsrechtes. Aus ökonomischer Sicht ist es deshalb angebracht, von Handlungs- oder Verfügungsrechten an Informationsgütern zu sprechen und nicht von dem aus der naturrechtlichen Begründung des Eigentumsrechts stammenden Begriff geistiges Eigentum (vgl. hierzu Kap. 2; Schack (2001), S. 10, 50). Eine Besonderheit der immateriellen Güter besteht gerade darin, dass diese häufig auf bekanntem Wissen oder bestehenden Ideen aufbauen und damit eine klare Zuordnung zum „Eigentümer“ sowie den Bezug zum materiellen Eigentumsbegriff erschweren.

NIPPA/HACHENBERGER ((2000), S. 9) kritisieren eine analoge Verwendung der Begriffe Information und geistiges/intellektuelles Eigentum zur Bezeichnung gleicher Güter und führen hierzu an, einer notwendigen Differenzierung würde nicht ausreichend Rechnung getragen, was durch Beispiele belegt werden soll. So würden einerseits z.B. Gemälde und Plastiken durchaus geistiges Eigentum darstellen und gerade nicht digitalisierbar und damit keine Informationen sein und andererseits können Informationen – z.B. Mitarbeiterwissen – existieren, die nicht der Definition des geistigen Eigentums entsprechen, da sie nicht physisch manifestiert (als Buch) vorlägen, was aber notwendig wäre, um Eigentumsrechte geltend zu machen. Dieser Einwand kann zwar als gerechtfertigt angesehen

---

1 Vgl. zu diesen Gutseigenschaften ausführlich Kapitel 2 sowie die dort angeführte Literatur.

werden, betrifft aber gerade nicht die in dieser Analyse relevanten Aspekte. Denn sofern „geistiges Eigentum“ nicht ohne weiteres reproduzierbar (z.B. Skulptur) bzw. Informationen nicht allgemein bekannt und zugänglich sind (z.B. Mitarbeiterwissen), treten auch die Fragen bezüglich des Schutzes und der Nutzung durch Dritte in den Hintergrund.[2]

1.2.2 Immaterialgüterrechte, Urheberrecht und Urheberrechtsindustrien

Die immateriellen Güter lassen sich durch das Immaterialgüterrecht konkreten Personen zuordnen. Dadurch sollen die Schöpfer der geistigen Güter vor der unbefugten wirtschaftlichen Auswertung und vor Verletzungen ideeller Interessen bewahrt werden (vgl. Schack (2001), S. 9 f.). Für unterschiedliche Formen immaterieller Güter existieren unterschiedliche Rechtsgebiete, die unter dem Begriff des Immaterialgüterrechts subsumiert sind. Dabei lassen sich industrielle und künstlerische Güter unterscheiden, worauf die Differenzierung in den gewerblichen Rechtsschutz einerseits und in das Urheberrecht andererseits zurückzuführen ist (vgl. Bing (2002), S. 4). Gewerbliche Schutzrechte beinhalten z.B. das Patentrecht, Gebrauchsmuster- oder Markenrecht. Werke der Literatur, Wissenschaft und Kunst werden durch das Urheberrecht geschützt. Zusätzlich unterliegen Computerprogramme diesem Schutzbereich, obwohl sie Informationstechnologien darstellen (vgl. Rehbinder (2004), S. 1). Nach deutschem Urheberrecht beginnt die Schutzdauer mit der Schöpfung des Werkes und endet 70 Jahre nach dem Tod des Urhebers (vgl. Hoeren (2003b), S. 5).

In der folgenden Untersuchung steht die Analyse der Informationsgüter im Mittelpunkt, für die der Urheberrechtsschutz relevant ist. Im internationalen Sprachgebrauch hat sich diesbezüglich der Begriff des „Copyright“ durchgesetzt. Obwohl naturgemäß Ähnlichkeiten zum Urheberrecht bestehen, existieren auch grundlegende Unterschiede (vgl. hierzu Schack (2001), S. 11 f.; Kap. 2). Analog zum Oberbegriff der Immaterialgüterrechte kann die international geläufige Bezeichnung „Intellectual-Property-Rights (IPR)“ aufgefasst werden. Ohne die jeweiligen Differenzen zu unterschätzen, wird im Folgenden der Begriff der IPR als Synonym für den Ausdruck des Urheberrechts verwandt, wie dies zum Großteil in der wissenschaftlich relevanten Literatur nicht unüblich ist, sofern lediglich dieser Teilbereich der IPR analysiert wird.

Ferner steht die ökonomische Dimension des Urheberrechts im Fokus der Betrachtung. Mit der Zunahme der wirtschaftlichen Bedeutung der Informationsgüter hat sich eine Vielzahl von Wirtschaftszweigen entwickelt, für die das Urheberrecht die Basis der Geschäftstätigkeit bedeutet oder die direkt oder indirekt

---

2 Auch Aspekte wie der Schutz von Geschäftsideen u.ä. werden hier nicht berücksichtigt.

von dessen Ausgestaltung betroffen sind (vgl. Rehbinder (2004), S. 3). Diese werden unter der Bezeichnung der Urheberrechtsindustrien zusammengefasst, über die die folgende Tabelle detaillierter Auskunft gibt.

Kategorie	Definition	Industrien
Core Copyright Industries	Industrien, die gänzlich mit Kreation, Herstellung, Aufführung, Rundfunk oder Vertrieb und Verkauf von urheberrechtsrelevanten Gütern befasst sind (ohne derartige Güter würden die Industrien nicht existieren).	- Presse und Literatur - Musik, Theater, Oper - Film und Video - Radio und Fernsehen - Fotografie - Software und Datenbanken - Bildende Künste und Graphik - Werbung - Verwertungsgesellschaften
Interdependent Industries	Industrien zur Herstellung und zum Verkauf von Geräten und Ausrüstungsgegenständen, die einzig oder hauptsächlich zur Kreation, Produktion oder Nutzung von urheberrechtsrelevanten Gütern verwandt werden.	Herstellung und Vertrieb von: - Fernseher, Radio, Videorecorder, CD-Player, DVD-Player u.ä. - Computer und Zubehör - Musikinstrumente - Fotografische Ausrüstung - Fotokopierer - Aufnahmedatenträger - Papier
Partial Copyright Industries	Industrien, deren Tätigkeiten zum Teil auf urheberrechtsrelevante Güter bezogen sind und Kreation, Herstellung, Kommunikation und Ausstellung umfassen.	- Kleidung, Textilien, Schuhwerk - Schmuck und Münzen - Andere Kunstwerke - Möbel - Haushaltswaren, Porzellan - Tapeten und Teppiche - Spiele und Spielzeuge - Architektur, Konstruktion, Vermessung
Non-dedicated Support Industries	Industrien, deren Tätigkeiten zum Teil Rundfunk, Kommunikation oder Vertrieb und Verkauf von urheberrechtsrelevanten Gütern ermöglichen und die nicht den Core Copyright Industries zuzurechnen sind.	- Groß- und Einzelhandel - Transportwesen - Telefon und Internet

Tabelle 1: Urheberrechtsindustrien

Quelle: In Anlehnung an World Intellectual Property Organization (WIPO) (2003), S. 26-35; Annex I

2 Grundlagen zur Theorie der Intellectual-Property-Rights

2.1 Property-Rights

Bevor im Folgenden eine detaillierte Untersuchung der Ausgestaltung und Wirkungen der IPR erfolgt, soll hier zunächst kurz auf die fundamentale Bedeutung von Property-Rights[3] oder Handlungsrechten in der ökonomischen Theorie eingegangen werden. Handlungsrechte können als Rechte bezüglich der Nutzung von Ressourcen und Gütern verstanden werden. Mit dem Aufsatz von R. H. COASE „The Problem of Social Cost" (1960) gerieten Aspekte bezüglich der Handlungsrechte und deren Wirkungen auf ökonomische Zusammenhänge vermehrt ins wissenschaftliche Interesse. Im Vordergrund stehen hierbei die unterschiedlichen Auswirkungen von alternativen Ausgestaltungsformen hinsichtlich Art und Zuteilung der Property-Rights – und der damit einhergehenden Handlungsmöglichkeiten der Wirtschaftssubjekte – auf grundlegende wirtschaftliche Fragen und Probleme aller Gesellschaften. Diese betreffen die Realisierung einer effizienten, wohlfahrtsmaximierenden Allokation knapper Ressourcen und Güter, um so Unwirtschaftlichkeiten zu vermeiden, wobei die Allokation eben gerade von der jeweiligen Ausgestaltung bzw. Existenz der Handlungsrechte an den Ressourcen und Gütern beeinflusst wird. Ausschlaggebend hierfür sind die Anreizwirkungen der Handlungsrechte auf individuelles Verhalten.

Sofern sämtliche Property-Rights an einer Ressource spezifiziert und damit einem Individuum zugeordnet sind, fallen bei diesem Entscheidungsträger im Idealfall sämtliche Kosten und Nutzen seines Handelns an. Externalitäten in Form positiver oder negativer Nutzenwirkungen bei Dritten, die in der individuellen Entscheidung des Entscheidungsträgers unberücksichtigt bleiben, treten nicht auf. Somit wird der handelnde Akteur direkt belohnt bzw. bestraft, sodass der Anreiz zur effizienten Ressourcennutzung besteht (vgl. Tietzel (1981), S. 209 ff.). Könnten beispielsweise die Kosten der Nutzung externalisiert werden, während der Nutzen ausschließlich beim Entscheidungsträger entstünde, entfiele der Anreiz zur effizienten Nutzung. Über die vollständige Spezifizierung der Property-Rights lässt sich somit eine Internalisierungsfunktion erzielen, die effiziente Ergebnisse ermöglicht (vgl. Demsetz (1967), S. 348; Schmidtchen (1998), S. 8).

---

3 Eine einheitliche Bezeichnung der Property-Rights im deutschen Sprachgebrauch existiert nicht. Dem Sinn der Property-Rights entsprechen Bezeichnungen wie Handlungsrechte oder Verfügungsrechte am ehesten (vgl. hierzu Tietzel (1981), S. 209). Diese werden im Folgenden synonym verwendet.

Property-Rights lassen sich als ein Bündel von mehreren Rechten auffassen, die sich in Nutzungsrechte (usus), Ertragsrechte (usus fructus), das Recht, die Ressource zu verändern (abusus) und in das Recht zur Übertragung dieser Rechte unterteilen (vgl. Schäfer/Ott (2000), S. 515; Tietzel (1981), S. 210). Dabei können durchaus unterschiedlichen Personen unterschiedliche Rechte an ein und demselben Gut eingeräumt werden. So definieren die Nutzungsrechte mögliche Nutzungsarten und regeln den Ausschluss Dritter. Das Ertragsrecht bestimmt die Art und Weise der Aneignung von Erträgen, die mit der Nutzung in Verbindung stehen. Damit wird deutlich, dass Verfügungsrechte die Beziehungen zwischen Wirtschaftssubjekten bezüglich der Verfügungsmöglichkeiten mit Blick auf bestimmte Ressourcen und nicht Beziehungen zwischen Wirtschaftssubjekt und -objekt betreffen (vgl. Schmidtchen (1998), S. 4 f.). In diesem Sinne lassen sich Güter und Ressourcen als Bündel unterschiedlicher Rechte interpretieren, wodurch auch der Gütertausch als Austausch eben dieser Rechte aufgefasst werden kann (vgl. Schäfer/Ott (1986), S. 68).

Eine wesentliche Erkenntnis des Property-Rights-Ansatzes beruht darauf, dass in Abhängigkeit der Struktur der Handlungsrechte die Allokation von Ressourcen und Gütern beeinflusst wird (vgl. Alchian/Demsetz (1982), S. 176). Bezüglich der strukturellen Merkmale ist insbesondere relevant, welche Handlungsrechte überhaupt vorliegen und wem sie zugeteilt sind (sofern sie nicht kostenlos transferierbar sind). Ausgehend von diesen Überlegungen besteht das Interesse u.a. darin, bestimmte und weitgehend verlässliche Aussagen machen zu können, auf welche Art und Weise sich die Inhalte der Rechte auf die Allokation auswirken. Aus normativer Sicht stellt sich sodann die Frage, wie die Rechte auszugestalten und zuzuteilen sind, um eine effiziente Allokation in dem Sinne zu realisieren, dass die Güter und Ressourcen in keiner anderen Verwendung einen höheren Nutzen erwirtschaften. Ebenso relevant ist die Frage nach dem institutionellen Rahmen, der einen freiwilligen und reibungslosen Austausch der Handlungsrechte ermöglicht, um den Marktmechanismus zur effizienten Allokation nutzen zu können.

Damit die Handlungsrechte die geschilderten Funktionen erfüllen und somit zur Effizienzsteigerung beitragen können, bedarf es eines effizienten Property-Rights-Systems, das nach POSNER (1986, S. 30 ff.) die Kriterien der Universalität, der Exklusivität sowie der Transferierbarkeit zu erfüllen hat. Das Kriterium der Universalität verlangt die Existenz von Property-Rights an allen knappen Ressourcen. Anderenfalls würden die Anreize zur Produktion und Investition gemindert, da zwar Kosten dafür aufgewendet würden, die Erträge, an denen dann gegebenenfalls kein Verfügungsrecht bestünde, aber nicht beim Produzenten oder Investor anfielen. Märkte würden nicht entstehen und es gäbe keinerlei Anreize, die Ressourcen einer optimalen Verwendung zuzuführen.

Des Weiteren muss der Inhaber des Handlungsrechts die Möglichkeit haben, andere von der Nutzung auszuschließen (Exklusivität), womit er sämtliche entstehenden Ergebnisse (positive wie negative) seines Handelns allein zu verantworten hat. Daraus resultiert der Anreiz zu wertsteigernden Handlungen (vgl. Schmidtchen (1998), S. 9). Ließe sich keine Exklusivität generieren, träte das Problem der Übernutzung bzw. Unterinvestition auf, bei dem das Internalisierungsprinzip verletzt ist und eine ineffiziente Ressourcennutzung erfolgt, da die Wirtschaftsubjekte die sozialen Kosten bzw. Nutzen ihres Handelns nicht berücksichtigen.

Als weitere Bedingung muss die Transferierbarkeit von Handlungsrechten generell möglich sein, sodass im Zuge des freiwilligen Austauschs die Güter und Ressourcen dorthin gelangen, wo sie den größten Nutzen stiften bzw. die produktivste Verwendung ermöglichen (vgl. Posner (1986), S. 31 f.). Dies verlangt die Existenz eines effizienten Tauschregimes, damit nicht durch hohe Transaktionskosten die sonst rechtlich mögliche, Effizienz steigernde Handlungsrechteübertragung verhindert wird. Wären die Kosten der Rechtetransaktion höher als der Nutzen der Transaktion selbst, so würde diese unterbleiben. Hohe Transaktionskosten können somit dafür verantwortlich sein, dass die Allokation der Ressourcen von der personellen Verteilung der Handlungsrechte abhängig ist (vgl. Alchian/Demsetz (1982), S. 179). Bei der Abstinenz von Transaktionskosten würde theoretisch solange ein freiwilliger Tausch stattfinden, bis die Ressourcen optimal genutzt würden. Damit wäre auch die ursprüngliche, personelle Zuteilung von Handlungsrechten bezüglich der sich einstellenden Allokation irrelevant.[4] Damit kommt also auch – bei der realistischerweise anzunehmenden Existenz von Transaktionskosten – der ursprünglichen Primärverteilung von Handlungsrechten unter allokationstheoretischen Gesichtspunkten eine nicht unerhebliche Rolle zu. Die hier geschilderten Grundlagen der Property-Rights-Theorie beziehen sich in der Darstellung in erster Linie auf materielle Güter und Ressourcen. Der Ansatz hat allerdings ebenso Gültigkeit bei der Betrachtung bezüglich der Produktion, Bereitstellung und Allokation von immateriellen Gütern, die zudem durch spezielle Gutscharakteristika gekennzeichnet sind, die im folgenden Abschnitt Untersuchungsgegenstand sind.

4 Der hier kurz geschilderte Sachverhalt wird im Zuge der Diskussion um das so genannte „Coase-Theorem" als „Invarianzthese" bezeichnet. Vgl. hierzu Coase (1960); Eidenmüller (1995), S. 61.

2.2 Gutseigenschaften von Informationsgütern

2.2.1 Eigenschaften des öffentlichen Gutes

Im Gegensatz zu vielen materiellen Gütern weisen immaterielle Güter wie Informationen/Informationsgüter (z.B. Dateien, Filme, Musik oder Software) die Eigenschaften eines öffentlichen Gutes auf (vgl. z.B. Besen (1987), S. 1; Landes/Posner (1989), S. 326 f.; Maskus (1996), S. 243 f.). Dies resultiert aus der Nichtrivalität im Konsum, durch die immaterielle Güter gekennzeichnet sind. Verwendet also ein Wirtschaftssubjekt A eine bestehende Information, so kann jedes weitere Wirtschaftssubjekt eben diese Information seinerseits verwenden, ohne dass hierdurch die Nutzungsmöglichkeiten des A beeinträchtigt werden. Zudem bleibt die Information im Zuge der Nutzung durch eine beliebige Zahl von Wirtschaftssubjekten in ihrer Form erhalten und steht damit weiterhin zur Verfügung, sie geht also nicht im Nutzungs- oder Produktionsprozess unter. Im Gegensatz zu rivalen, physischen Gütern muss ein Informationsgut nicht für jeden weiteren Nutzer zusätzlich produziert werden, die erzeugte Menge steht damit sämtlichen Nutzern gleichzeitig zur Verfügung.[5] Ein zusätzlicher Nutzer verursacht somit keine zusätzlichen Kosten, sodass die Grenzkosten Null betragen. Als Beispiele lassen sich Rundfunk- oder Fernsehübertragungen anführen.

Ein weiteres Merkmal des öffentlichen Gutes kann in der fehlenden Ausschließbarkeit gesehen werden[6], die besagt, dass es nicht möglich bzw. mit prohibitiv hohen Kosten verbunden wäre, solche Individuen von der Nutzung eines Gutes auszuschließen, die keinen Preis für die Nutzung entrichten. Können Nichtzahler jedoch nicht von der Nutzung ausgeschlossen werden, mindert dies den Anreiz für Produzenten, unter Ressourceneinsatz ein entsprechendes Angebot privat bereitzustellen. Wenn für Informationsgüter keine durchsetzbaren rechtlichen Ausschlussregelungen existieren, besteht für Urheber prinzipiell die Möglichkeit, durch technische Schutzverfahren (z.B. Verschlüsselungen, Kopierschutz) oder durch Geheimhaltung von Informationen, eine Ausschließbarkeit zu erzeu-

---

5 Es bedarf hier der deutlichen Trennung von der Information bzw. des Informationsgutes (z.B. Musikstück oder Text) und dem physischen Trägermedium, das ggf. zur Nutzung notwendig ist (z.B. CD oder Buch).

6 Hinsichtlich der Definition öffentlicher Güter herrschen in der Literatur unterschiedliche Vorstellungen. So wird z.T. dann von reinen öffentlichen Gütern gesprochen, wenn neben der Nichtrivalität auch die Nichtanwendbarkeit des Ausschlussprinzips gilt. In dieser Untersuchung soll der Typisierung nach Musgrave (1994, S. 67 ff.) gefolgt werden, wonach die Nichtrivalität im Konsum ein öffentliches Gut bedingt. Wäre der Ausschluss möglich, wäre er aufgrund der Grenzkosten von Null ineffizient und sollte, nach Musgrave, unterbleiben.

gen. Dennoch kann für viele Informationsgüter unterstellt werden, dass ein effektiver Ausschluss nur unter hohen Kosten zu realisieren wäre und sich damit häufig als schwierig erweisen dürfte (vgl. Besen (1987), S. 7; Watt (2004), S. 154; Klodt (2001), S. 84).

Die marktliche Verwertung von Informationen erfordert deren Veröffentlichung. Sobald dies geschehen ist, lassen sich Ausschluss und Kontrolle der Nutzung jedoch nur noch unter hohem Kosteneinsatz gewährleisten. Durch die Möglichkeit, Informationsgüter nahezu kostenlos zu kopieren, können diese auch von Individuen genutzt werden, die keinen Preis an den Urheber zahlen (vgl. Klodt (2001), S. 84; Besen (1987), S. 7; Koboldt/Schmidtchen (1991), S. 298; Novos/Waldman (1984), S. 236 f.). Während die Nichtrivalität jedoch eine immanente Eigenschaft des Gutes an sich darstellt, trifft dies auf die Eigenschaft der Ausschließbarkeit nicht zu. Vielmehr spielen hierbei zumeist Fragen bezüglich des institutionellen Rahmens sowie des individuellen Verhaltens eine Rolle, und zwar insofern, ob ein technisch möglicher Ausschluss gewollt und finanzierbar ist und praktiziert wird oder nicht. Der potenzielle Ausschluss stellt damit eine gesellschaftliche Entscheidung dar, die auch von den Ausschlusskosten beeinflusst wird. Insbesondere ist die verfügbare Ausschlusstechnologie relevant, wodurch die Eigenschaft der Ausschließbarkeit infolge des technischen Fortschritts variieren kann.

Die Existenz des öffentlichen Gutes verhindert eine effiziente Allokation über den Marktmechanismus. Es resultiert ein Marktversagen dergestalt, dass eine effiziente Allokation die Gleichheit von Preis und Grenzkosten verlangt, zu einem Preis von Null – entsprechend der Grenzkosten von Null infolge der Nichtrivalität – aber kein Anbieter einen Anreiz hat, ein effizientes, den Präferenzen der Konsumenten entsprechendes Marktangebot unter Kostenaufwand zu produzieren und bereitzustellen (vgl. Arrow (1962), S. 153; Musgrave (1994), S. 69 f.). Die Konsumenten werden ihrerseits bei fehlender Rivalität und mit der Möglichkeit, Kopien zu nutzen, nicht bereit sein, ihre tatsächliche Zahlungsbereitschaft offen zu legen bzw. einen entsprechenden Preis zu entrichten, wenn sie die Nutzung auch ohne Zahlung vornehmen können, sondern sich vielmehr als Trittbrettfahrer („freerider“) verhalten. Dadurch entgehen potenziellen Produzenten Einnahmemöglichkeiten, sodass kein Anreiz zur Produktion besteht bzw. nicht die sozial optimale Menge hergestellt und genutzt würde. Getätigte Investitionen ließen sich nicht amortisieren. Der erzeugte Nutzen aus der Produktion fiele bei Dritten an, ohne dass diese zur Zahlung oder zur Beteiligung an den Kosten herangezogen werden könnten. Das Internalisierungsprinzip als Voraussetzung zur Erzeugung effizienter Anreize wäre verletzt.

Selbst wenn die Verfügungsrechte als Voraussetzung für das Zustandekommen eines Marktes definiert und durchsetzbar sind, ergibt sich aus den geschilderten Eigenschaften der Informationsgüter ein Versagen des Marktmechanismus insoweit, als dass eine effiziente Allokation der Ressourcen sowie eine optimale Güterbereitstellung und -nutzung verhindert werden. Die Informationen würden nicht zu Grenzkostenpreisen angeboten, da diese die hohen Anfangsinvestitionen nicht decken (vgl. Koboldt (1994), S. 74 ff.; Besen (1987), S. 2 ff.). Im folgenden Abschnitt werden Auswirkungen der technologischen Entwicklung im für die Informationsgüter relevanten Bereich betrachtet und Schlussfolgerungen bezüglich der Wirkung auf die geschilderten Gutseigenschaften untersucht.

2.2.2 Öffentliches Gut und IuK-Technologie

Die allgemeinen Probleme einer marktlichen Allokation von Gütern mit den Eigenschaften öffentlicher Güter sind wie geschildert insbesondere auf dem Markt für Informationsgüter relevant. Allerdings treten diese Eigenschaften in unterschiedlicher Intensität auf und können auch bezüglich eines Gutes im Zeitverlauf sowie in Abhängigkeit der Nachfrage variieren. So besteht z.B. bei der Benutzung einer Brücke dann keine Rivalität im Konsum, sofern diese nicht überfüllt ist. Steigt die Benutzung allerdings so lange, bis zusätzliche Benutzer den Nutzen der anderen einschränken, rivalisiert der Konsum und es entstehen Grenzkosten größer als Null (Staukosten).

Auch bei den hier relevanten Informationsgütern bestehen die durch Nichtrivalität und bezüglich der Ausschlussmöglichkeiten und -kosten bedingten Probleme in unterschiedlicher Intensität, und zwar in Abhängigkeit von der jeweiligen angewendeten Technologie. Zur Nutzung und zum Konsum von immateriellen Gütern bedarf es eines geeigneten Trägermediums. Auf diesem ist der eigentliche Inhalt (Texte, Musik usw.) fixiert, es stellt selbst ein materielles Gut dar und weist „Privatgut-Eigenschaften" auf – wie z.B. Bücher oder Schallplatten. Losgelöst von dem eigentlichen immateriellen Inhalt bleibt dieser Träger allerdings weitgehend ohne Wert. Bei der im Folgenden vorgenommenen Betrachtung unterschiedlicher Technologien für die Herstellung, Speicherung, Nutzung und Übertragung und deren Auswirkungen auf die Eigenschaft der Nichtrivalität und die Ausschlussmöglichkeiten bei immateriellen Inhalten soll zwischen analoger und digitaler Technologie unterschieden werden.

Charakteristisch für die Produktion von Informationsgütern – zunächst unabhängig ob analog oder digital – sind die Kostenstrukturen. So ist die Herstellung durch hohe Fixkosten gekennzeichnet, die infolge der Erstellung des eigentlichen immateriellen Werkes anfallen. Es lassen sich diesbezüglich sämtliche Kosten für die Erstellung leistungsfähiger Software, Kinofilmproduktionen oder die Produktion (Aufnahme) von Musik anführen. Diese Kosten fallen unabhängig von der später erstellten Anzahl von Vervielfältigungsstücken (Werkausgaben) und deren Verkauf an. Zudem sind diese fixen Kosten weitestgehend irreversibel, stellen also sunk costs dar. Die Herstellung der ersten Werkausgabe (d.h. die Fixierung des immateriellen Werkes auf einem Trägermedium) verursacht somit hohe Kosten („first-copy-costs"). Demgegenüber stehen niedrige variable und Grenzkosten, da die Herstellung der zweiten und weiterer Werkausgaben nur geringe zusätzliche Kosten verursacht (vgl. Shapiro/Varian (1999b), S. 14; Shy (2001), S. 5 f.).

Die Intensität der oben geschilderten Nichtrivalität, also der (gleichzeitige) Konsum eines Gutes durch mehrere Nutzer ohne den Nutzen der anderen zu beeinträchtigen, variiert in Abhängigkeit von der jeweiligen Technologie. Der nichtrivale Konsum eines Informationsgutes ist zunächst einmal nur in begrenztem Maße möglich, nämlich soweit keine räumlichen Beschränkungen existieren. Es tritt z.B. bei Filmvorführungen oder beim Hören von Musik ab einer bestimmten Nutzerzahl eine Überfüllung ein, womit der Nutzen zu rivalisieren beginnt. Sofern Informationen nur in Verbindung mit einem materiellen Trägermedium zu konsumieren sind, bewirkt letzteres ein gewisses Maß an Rivalität in der Nutzung. So kann z.B. der Text eines Buches nur von einem oder relativ wenigen Individuen gleichzeitig gelesen werden. Steht infolge digitaltechnischer Entwicklungen die Information allerdings in elektronischer Form zur Verfügung und lässt sich über Datennetze einer Großzahl an Konsumenten gleichzeitig zugänglich machen, schwindet die Notwendigkeit des physischen Trägers. Da über diesen die Eigenschaft der Rivalität quasi auf die Information ausgedehnt werden konnte, steigt mit der Digitalisierung die Intensität der Nichtrivalität. Analog kann bezüglich des Kriteriums der technischen Ausschließbarkeit argumentiert werden. Mit fehlender Notwendigkeit des materiellen Trägers steigt der Grad der Nichtausschließbarkeit (vgl. Brennan (2002), S. 357).

Hinsichtlich der Informationsgüter ist jedoch auch die Möglichkeit des Kopierens von besonderer Relevanz. Hier resultiert die Nichtrivalität aus der Tatsache, dass der Inhaber des Originalwerkes nach der Weitergabe dieses Werkes in Form von Kopien weiterhin im Besitz des Ersteren bleibt. Zusätzliche Nutzer können das Informationsgut konsumieren, ohne dass der Nutzen der anderen darunter leidet, wie dies bei rivalen, privaten Gütern der Fall wäre, bei denen der ursprüngliche Inhaber des Gutes nach der Weitergabe desselben auf den Konsum verzichten muss (vgl. Koboldt (1994), S. 72 f.). Von Relevanz ist zudem die Tatsache, dass nicht nur der Nutzen des Weitergebenden nicht geschmälert wird, sondern bei einigen der hier betrachteten Informationsgütern der Nutzen des Einzelnen aus dem Konsum des Gutes gesteigert werden kann, wenn eine zunehmende Nutzeranzahl ebenfalls über das Gut verfügt. In diesem Fall liegen

Netzwerkeffekte vor, die beispielsweise daraus resultieren, dass viele Wirtschaftssubjekte ein bestimmtes Computerprogramm anwenden, sodass es mehr Möglichkeiten zum Datenaustausch der dann kompatiblen Programme gibt, wodurch der Nutzen des Programms für den einzelnen Anwender steigt. Neue, zusätzliche Anwender erhöhen damit auch den Nutzen von denjenigen, die das Gut bereits verwenden.[7] Daraus folgt, dass die Nutzung dieser Güter nicht nur den Nutzen Dritter nicht schmälert, sondern diesen steigert. Ein Ausschluss wäre somit nicht nur wegen der Berücksichtigung des potenziellen Nutzers ineffizient, sondern auch aus der Perspektive der übrigen Nutzer.

Der analogen Kopie sind allerdings technische Grenzen gesetzt. So vermindert sich die Qualität, insbesondere bei Kopien von Kopien, womit sich die Frage stellt, ob bzw. ab welcher Qualität, die Kopie nicht mehr als Substitutionsgut für das Original aufgefasst werden kann. Des Weiteren muss berücksichtigt werden, dass durch die Kopiertätigkeit Kosten anfallen, und zwar direkte Kosten, beispielsweise beim Fotokopieren eines Buches als auch Opportunitätskosten, da das Kopieren von umfangreicheren Werken zeitintensiv ist. Je höher diese Kosten sind, desto eher erfolgt ein Kauf des Originals. Dadurch verringert sich die Problematik infolge der Eigenschaften des öffentlichen Gutes und eine Allokation über Marktmechanismen wäre wahrscheinlicher. Das Ausmaß der technischen Ausschließbarkeit wird bei Kopien in analoger Form durch den räumlich begrenzten Zugang zu Originalwerken bzw. Kopiervorlagen erhöht. So kann nur derjenige Nutzer nicht vom Konsum als freerider ausgeschlossen werden, der freien Zugang zu einer Kopiervorlage hat, die nicht wirksam mit technischen Schutzmaßnahmen versehen ist. Ist diese Kopiermöglichkeit nicht gegeben, ist entweder ein Zugangsentgelt zu entrichten, oder der Konsum unterbleibt. Somit existieren also in gewissem Umfang natürliche Beschränkungen, die trotz des Vorliegens der Eigenschaften der öffentlichen Güter eine zahlungsbereite Nachfrage nach Informationsgütern am Markt ermöglichen.

Digitale Informationsgüter in Verbindung mit der Möglichkeit des Datentransfers über weltweite Datennetze wie das Internet verstärken hingegen die Öffentliche-Guts-Problematik. Die Grenzkosten der digitalen Kopie sind weiter gesunken, die Qualität hingegen gestiegen. Digitale Kopien stellen weitestgehend identische Abbildungen des Originals dar, sodass nicht mehr zwischen Original und Kopie unterschieden werden kann, und auch beim Kopieren von Kopien tritt keinerlei oder nur ein marginaler Qualitätsverlust auf (vgl. Hachenberger (2002), S. 33). Dadurch besteht für Käufer der Informationsgüter, bei fehlendem rechtlichem Schutz, die Möglichkeit, Kopien zu erstellen und als „Konkurrent"

7 Die Thematik der Netzwerkeffekte wird im Kapitel 4.2 ausführlicher analysiert (siehe hierzu z.B. Katz/Shapiro (1986)).

zum Originalanbieter aufzutreten. Würde ein Originalanbieter unter diesen Bedingungen mit Konsumenten, die ihrerseits Kopien erstellen und anbieten, konkurrieren, müsste er die gleichen geringen Grenzkostenpreise setzen. Die Möglichkeit zur Finanzierung hoher „first-copy-costs“ würde gemindert (vgl. Koboldt (1994), S. 74 f.).

Zudem ist der Zeitaufwand bei der digitalen Kopie wesentlich geringer als beim analogen Verfahren. Des Weiteren lassen sich sämtliche digitale Informationen – seien es Texte, Fotographien, Klänge/Musik oder Software – mit der Hilfe ein und desselben Gerätes, dem PC, nutzen und bearbeiten und eben auch kopieren. Aufgrund der Verbreitung der PC`s in der Gesellschaft hat sich damit auch die Möglichkeit zur nichtrivalen Nutzung und zum Kopieren von Informationen in starkem Maße erhöht. Über Datennetze besteht praktisch ein weltweiter Zugang zu Informationsgütern, sodass theoretisch ein Besitzer eines Originalwerkes, sofern er dieses online zur Verfügung stellt, ausreicht, um sämtliche „Nachfrager“ zu bedienen.

Wenn ferner eine Information online verfügbar ist und als „download“ auf dem eigenen PC gespeichert werden kann, lässt sich die Information gänzlich von einem zusätzlichen Trägermedium entkoppeln, das bei analoger Technologie für Nutzung und Übermittlung der Information nötig war und mit Hilfe dessen Gutscharakter faktisch Rivalität und Ausschließbarkeit auch für die Informationen selbst generiert werden konnten. Aufgrund der zunehmenden Verbreitung der digitalen Technologie im Bereich der Informationsgüter wird damit die Problematik der öffentlichen Gutseigenschaft mit den Folgen für eine marktliche Allokation verschärft. Als Problemlösungsmechanismus zur privaten Bereitstellung und zur Ermöglichung von Markttransaktionen fungiert die rechtliche Institution der IPR, u.a. in Form des Urheberrechts, von deren Existenz bislang abstrahiert wurde und deren ökonomische Rechtfertigung im Folgenden auf der Grundlage der oben erläuterten Aspekte näher diskutiert wird.

2.3 Ökonomische Begründung und Rechtfertigung der Intellectual-Property-Rights am Beispiel des Urheberrechts

IPR definieren Verfügungsrechte an immateriellen Gütern. Damit verleihen sie Inhabern exklusive Rechte an diesen Gütern und bezwecken einen Schutz vor nicht autorisierter Nutzung, wie sie das freerider-Verhalten darstellt. Das Ziel besteht somit in der Generierung von Anreizen zur Kreation, was über die Möglichkeit zur exklusiven Aneignung von Erträgen erreicht werden soll, die die Wertschätzung der Konsumenten widerspiegeln (vgl. Hakfoort (2002), S. 64). Nur wenn zukünftige Einnahmen über Nutzungspreise möglich sind, kann die

Bereitschaft zu spezifischen Investitionen in die Herstellung der jeweiligen Werke, Güter oder Innovationen vorausgesetzt werden (vgl. Besen/Raskind (1991), S. 5). Die Vorstellung entspricht damit der zuvor geschilderten Voraussetzung einer effizienten Verfügungsrechtestruktur, die die Internalisierung von Kosten und Nutzen und darüber eine effiziente Marktallokation ermöglichen soll. IPR begrenzen so künstlich den Marktzutritt. Der Rechteinhaber wird vor einem Wettbewerb mit potenziellen Kopisten oder Imitatoren geschützt, sodass eine gesetzlich geschützte, temporäre Monopolstellung hinsichtlich der Vermarktung entsteht (vgl. Hakfoort (2002), S. 64; Gordon/Bone (2000), S. 194). Die Aussicht auf die Aneignung zukünftiger Gewinne infolge einer monopolistischen Preissetzung erzeugt die nötigen Anreize zur Investition in die Informationsgüter (vgl. Knieps (2001), S. 246).

Bedeutende Formen von IPR stellen Patente und Urheberrechte dar, wobei letztere im Weiteren den Untersuchungsgegenstand darstellen.[8] Wenn auch infolge der Gewährung der IPR und der Möglichkeit zur exklusiven Verwertung keine Marktmacht entsteht, so wird der Rechteinhaber in mehr oder weniger starkem Ausmaß vor Wettbewerb geschützt (vgl. Knieps (2001), S. 244). Für eine wettbewerblich orientierte Marktwirtschaft, der die Annahme zugrunde liegt, dass der Wettbewerbsprozess die Effizienz fördere, bedarf es deshalb einer begründeten Rechtfertigung für staatlich garantierte Wettbewerbsbeschränkungen, die potenzielle Vor- und Nachteile abzuwägen hat.

Erste Ansätze zur Forderung einer gesetzlichen Anerkennung von Handlungsrechten für Autoren an ihren Werken gehen auf John Locke und sein Werk „Two Treatises of Civil Government“ aus dem Jahr 1690 zurück. Mit der Erfindung der Druckerpresse und dadurch kostengünstigerer Möglichkeiten zur Diffusion der Werke, auch in größerem Ausmaß, erlangten Fragen bezüglich Produktion, Nutzung und Vertrieb von geistigen Leistungen und damit ebenso die Problematik der Handlungsrechte an diesen Gütern, deren professionelle Produktion nunmehr auch die Möglichkeit zur Einkommenserzielung gab, eine neue Relevanz, die erstmals auch finanzielle Aspekte berücksichtigte. Die erste gesetzlich geregelte Implementierung eines Urheberrechts wird auf das Jahr 1710 mit dem damals in England geltenden „Statute of Queen Anne“ datiert. Hiermit sollte das ungeschützte Kopieren und Verkaufen von Büchern eingedämmt und den Autoren anstatt den Druckern das Verfügungsrecht an den Werken garantiert werden. Die monopolistische Marktposition und die damit einhergehende Verhandlungsmacht der Verleger sollte eingedämmt werden (vgl. hierzu Watt (2000), S. 18 ff.).

8 Auf Aspekte der gesetzlichen Ausgestaltung wird im Verlauf der Untersuchung detaillierter eingegangen. Hier erfolgt zunächst eine theoretische, ökonomische Analyse, für die die genaue Ausgestaltungsform nicht ausschlaggebend ist.

Die Rechtfertigung der durch die Ausgestaltung der Property-Rights vorgenommen Verteilung der Verfügungsrechte an immateriellen Gütern, die die Aneignung von Monopolrenten erlauben, kann aufgrund unterschiedlicher theoretischer Ansätze vorgenommen werden. Bei der naturrechtlich orientierten Argumentation steht der Erzeuger des betreffenden Gutes, z.B. der Autor eines Textes oder der Komponist eines Musikwerkes, im Mittelpunkt der Betrachtung. Er soll also selbst durch die entsprechenden Handlungsrechte geschützt werden. Nach Lockescher Tradition sei jedes Individuum Besitzer des eigenen Körpers (und des Geistes) und damit auch der legitime Inhaber der Güter, die aus der Arbeit des Körpers bzw. Geistes hervorgehen. Die Arbeit und die daraus resultierenden Ergebnisse seien somit untrennbar miteinander verbunden, sodass dem Erzeuger auch die Verfügungsgewalt über sämtliche Rechte an diesen Gütern obliegen solle (vgl. hierzu ausführlicher Hettinger (1989)).

Bei aller Plausibilität dieser Argumentation ist sie nicht unproblematisch. Ein wesentlicher Kritikpunkt besteht darin, dass die geistige Leistung eines Urhebers bei der Erstellung eines Werkes auf bereits bestehendes, bekanntes Wissen aufbaut und somit kumulativ und nicht in einem Vakuum geschieht. Der betrachtete Urheber greift somit bei der Produktion seiner Leistung, ob bewusst oder unbewusst, auf in der Öffentlichkeit existierende – durch andere geschaffene – Informationen, Ideen und Gedanken oder auch Werke zurück, die teilweise erst die Grundlage seiner eigenen Leistung darstellen. Hieraus schlussfolgert HETTINGER „intellectual products are fundamentally social products." (Hettinger (1989), S. 38). Damit würden dann dem Urheber nicht die Handlungsrechte an dem gesamten Werk/Produkt zustehen, sondern gerade nur in dem Ausmaß, in dem er durch seine Arbeit einen Beitrag zum Gesamtwerk geleistet hat. Eine Aufteilung der Rechte auf sämtliche Beteiligte in dem geschilderten Maße dürfte zumindest in der Praxis äußerste Schwierigkeiten mit sich bringen.

Alternativ zu der naturrechtlich orientierten Begründung lässt sich die Existenz der IPR nutzenorientiert rechtfertigen. Bei dieser utilitaristischen Sichtweise wird die Anreizproblematik bei der Erstellung bzw. Produktion der immateriellen Güter und der aus diesen Gütern resultierende gesamtgesellschaftliche Nutzen in den Mittelpunkt der Argumentation gestellt. Obgleich auch hier dem geistig schaffenden Individuum Verfügungsrechte an dessen Arbeit eingeräumt werden, so sollen in erster Linie die Nutzer dieser Güter davon profitieren und der Gesellschaft die optimale Menge dieser Güter zur Verfügung stehen. Die Zuteilung der Property-Rights an den Urheber dient als Mittel zu diesem Zweck (vgl. Hettinger (1989), S. 48). Insbesondere in der US-amerikanischen Verfassung kommt dieser Ansatz zum Tragen. Hier werden die IPR in den Dienst gestellt, „to promote the progress of science and useful arts, by securing for limited times to authors and inventors the exclusive right to their respective writing and discoveries." (Art I, Sec. 8 U.S. Constitution). Das kontinentaleuropäische Urheberrecht bezieht sich hingegen stärker auf die Person des Werkschöpfers und dessen ideelle Verbindung zum Werk (vgl. Schack (2001), S. 11). Mitunter sind hier auch paternalistische Züge auszumachen, die den Urheber als schwachen Transaktionspartner ausmachen, der z.B. durch das Verbot, bestimmte Verfügungsrechte zu veräußern, geschützt werden müsse. Dass derartige Verbote den Wert der Rechte mindern, bleibt jedoch unberücksichtigt (vgl. Bing (2002), S. 104).

Ausgangspunkt der ökonomischen Argumentation sind die oben geschilderten Gutseigenschaften, die auf einem unregulierten, kompetitiven Markt ohne definierte Verfügungsrechte an den entsprechenden Informationsgütern zu suboptimalen Ergebnissen bzw. zu einem völligen Marktversagen führen. Aus der geschilderten Nichtrivalität und der Möglichkeit zur Herstellung von Kopien folgt, dass es zu einer – verglichen mit dem Ideal des vollkommenen Marktes – Unterproduktion und damit suboptimalen (allokativ ineffizienten) Ressourcenallokation hinsichtlich der betrachteten Informationsgüter kommt. Potenzielle Produzenten werden nicht in der Lage sein, denjenigen Marktpreis zu erzielen, der die tatsächliche Wertschätzung der Konsumenten ausdrückt und die Produktionskosten, also insbesondere die hohen, fixen Anfangsinvestitionen zur Werkherstellung deckt. Gesamtkosten deckende Preise würden, da sie über den geringen Grenzkosten liegen, zum freerider-Verhalten führen und zur Kopiertätigkeit anregen.[9] Setzt der Originalanbieter selbst Grenzkostenpreise, unterbleibt zwar möglicherweise der „Wettbewerb" mit den Kopisten, allerdings erfolgt ebenfalls keine Kostendeckung, da die Umsätze nicht ausreichen, um die vergleichbar hohen fixen (in der Regel versunkenen) Anfangsinvestitionen zu decken. Diese fehlende Möglichkeit zur Kostendeckung und Gewinnerzielung verringert naturgemäß den Anreiz, Informationsgüter zu produzieren, für die eigentlich auch eine Nachfrage vorhanden ist, sodass von einer ineffizienten Unterproduktion auszugehen ist und es nur zu einer eingeschränkten Vielfalt an diesen Gütern und einer suboptimalen Menge an kreativer Aktivität kommt, die nicht als wohlfahrtsoptimal angesehen werden kann (vgl. Besen/Raskind (1991), S. 5). Diese Problematik wird durch die geschilderte technologische Entwicklung noch verstärkt, da dadurch eine Vielzahl potenzieller Kopisten mit einem breiten Zugang zu den entsprechenden Informationsgütern existiert.

---

9 Ein potenzieller Kopist vergleicht den Marktpreis entweder mit den Kopierkosten, die ihm entstehen oder mit den Preisen kommerzieller Kopisten. Da letztere nicht mit den hohen Anfangsinvestitionen belastet sind, werden ihre Preise unter den Marktpreisen liegen. Zudem entfallen denkbare Risikoaufschläge, da sie sich auf nachfragestarke Güter spezialisieren können und nicht der Unsicherheit des Markterfolges unterliegen, wie der Originalhersteller.

Als Lösungsansatz dient die Institution des Urheberrechts, die vorsieht, die Schöpfer dieser Güter mit genau definierten Verfügungsrechten auszustatten und deren Einhaltung gesetzlich zu regeln, sodass die Urheber exklusiv über die Güter sowie deren Nutzung verfügen können. Nutzungen durch Dritte erfolgen dann lediglich nach vertraglicher Transaktion, über die sich ein Entgelt erzielen lässt. Nichtzahler können hingegen ausgeschlossen werden, womit die damit verbundene „freerider-Problematik" entfällt. Damit wird dem Urheber die Möglichkeit gegeben, sich die Erträge der Güter anzueignen, sodass er bereit ist, die Kosten der (hohen) Anfangsinvestitionen auf sich zu nehmen, da dann die Aussicht auf Amortisation besteht. Es soll ein Anreiz zur Produktion der Informationsgüter generiert werden. Mit der Zuteilung und Durchsetzung der IPR lässt sich so ein Markt für Informationsgüter implementieren (vgl. Foray (1994), S. 125). Allerdings befreit die Exklusivität zur Verwertung des Informationsgutes den Rechteinhaber in gewissem Ausmaß von den wettbewerblichen Zwängen des Marktes und eröffnet deshalb Spielräume bei der Preisgestaltung.[10] Damit gehen mit diesem Lösungsansatz auch gesellschaftliche Kosten einher, die bei der Ausgestaltung der Verfügungsrechte zu berücksichtigen sind.

Ausgehend von der ökonomischen Preistheorie für den Fall des Monopols wird es hierbei zu einem Cournot-Preis kommen, der, verglichen mit einer Referenzsituation des vollkommenen Marktes, aus wohlfahrtsökonomischer Sicht zu hoch ist und mit dem Angebot einer zu geringen Menge einhergeht.[11] Dieser Effekt ist in der Abbildung 1 dargestellt. Es entsteht ein statischer Wohlfahrtsverlust in Höhe des Dreiecks ABC. Dieser resultiert aus der Tatsache, dass Wirtschaftssubjekte mit einer Zahlungsbereitschaft oberhalb der Grenzkosten der Herstellung einer Werkausgabe (z.B. Kosten für die Produktion eines Buches oder einer CD) aber unterhalb des Monopolpreises von der Nutzung des Informationsgutes ausgeschlossen werden.

Dieser „zu hohe" Preis (p>GK) ist jedoch gerade gewollt, um die geschilderte Anreizproblematik zu beheben und die Kosten der Kreation decken zu können. Der Gewinn des Rechteinhabers ($p^M ABp^W$) soll die nötigen Anreize zur Produktion erzeugen. Trotzdem entspricht die resultierende Angebotsmenge nicht der wohlfahrtsoptimalen Menge x^W, womit es zu einer Unternutzung des betreffenden Informationsgutes kommt. Dies verhindert eine optimale Diffusion von In-

10 In welchem Ausmaß tatsächlich Monopolmacht entsteht ist u.a. abhängig von der Substituierbarkeit der betreffenden Güter und von den Elastizitäten der Nachfrage. Darauf soll hier jedoch nicht weiter detailliert eingegangen werden, da hier zunächst die relevanten ökonomischen Grundzusammenhänge im Mittelpunkt stehen sollen.

11 Von dem Fall der potenziellen Konkurrenz, der das monopolistische Preissetzungsverhalten diszipliniert, sei hier abstrahiert, da das Urheberrecht als wirksame Marktzutrittsschranke gelten soll und keine engen Substitutionsgüter auf dem Markt existieren.

formationsgütern, Innovationen und Wissen in der Gesellschaft. Es resultiert das bekannte Problem des Monopols einer ineffizienten Versorgung mit einem statischen Wohlfahrtsverlust. Der statisch effiziente Informationszugang zu Grenzkostenpreisen wird verhindert.

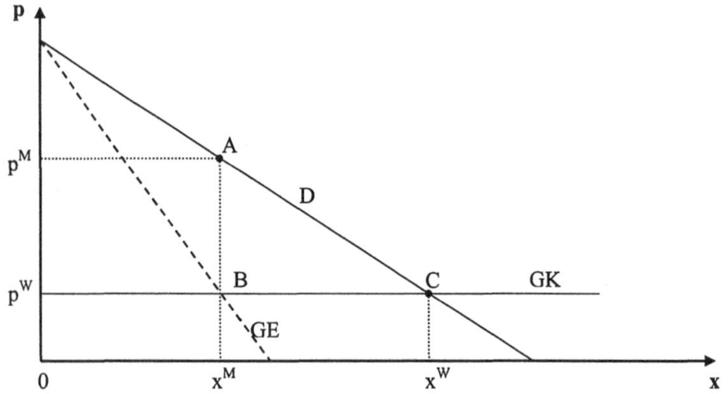

Abb. 1: Urheberrecht und Wohlfahrtseffekte
Quelle: Eigene Darstellung

p	Preis pro Werkausgabe des Informationsgutes
p^M	Monopolpreis
p^W	Wettbewerbspreis
x	Menge der Werkausgaben des Informationsgutes
x^M	Menge der abgesetzten Werkausgaben zum Monopolpreis
x^W	Menge der abgesetzten Werkausgaben zum Wettbewerbspreis
GK	Grenzkosten der Herstellung von Werkausgaben des Informationsgutes
GE	Grenzerlöse
D	Nachfrage

Es resultieren somit aus der Allokation der Handlungsrechte durch das Urheberrecht zwei entgegen gesetzt wirkende Effekte. Zum einen der statische Wohlfahrtsverlust infolge der monopolistischen Bereitstellung, der damit soziale Kosten nach sich zieht und den Zugang sowie eine optimale Nutzung der bereits bestehenden Informationsgüter behindert („welfare loss due to underutilisation"). Um diesen Effekt möglichst schwach ausfallen zu lassen, wäre ein geringes Schutzniveau des Urheberrechts anzustreben. Zum anderen wirkt der dynamische, Wohlfahrt steigernde Anreizeffekt, der die Kreation von Informationen,

Innovationen und Wissen ermöglicht, da die Werkhersteller die Möglichkeit zur Aneignung der Innovationsrenten haben. Mit einem umfangreichen Schutzniveau ließen sich (c.p.) möglichst wirksame Anreize generieren (vgl. Foray (1994), S. 125 f.). Die Problematik des „welfare loss due to underproduction" würde verhindert.[12] Diese diametral wirkenden Effekte verdeutlichen, dass es einer geeigneten Ausgestaltung der IPR – hier des Urheberrechts – bedarf, um das Ausmaß der geschilderten Wohlfahrtsverluste insgesamt zu minimieren.[13] Dieser Zusammenhang kann somit als das zentrale Problem der Institution des Urheberrechts erkannt werden: „Copyright protection – the right of the copyright`s owner to prevent others from making copies – trades off the costs of limiting access to a work against the benefits of providing incentives to create the work in the first place. Striking the correct balance between access and incentives is the central problem in copyright law." (Landes/Posner (1989), S. 326). Das Urheberrecht lässt sich somit als Mittel zur Förderung ökonomischer Effizienz interpretieren.

Während die Institution der Property-Rights bei rivalisierenden, knappen Gütern per se Effizienz steigernd wirkt, da über Wettbewerbspreise die Auswirkungen des Handelns des einzelnen internalisiert werden, besteht bezüglich der nichtrivalen Güter die Gefahr, dass exklusive Property-Rights (statisch) Effizienz mindernd wirken, da Marktpreise und Grenzkosten divergieren.

Die wohlfahrtsmindernden Auswirkungen bezogen sich auf den Effizienzverlust im Zuge einer monopolistischen Preissetzung und der damit einhergehenden suboptimalen Angebotsmenge. Davon sind jedoch nicht nur Informationsgüter betroffen, die als Endprodukte fungieren, sondern auch solche, die Inputgüter darstellen. Für eine detailliertere Wirkungsanalyse bietet es sich deshalb an, auch den Vorproduktcharakter der betrachteten Güter zu berücksichtigen. Informationen/Informationsgüter stellen Inputfaktoren für die Kreation weiterer Informationsgüter aber auch für die Herstellung anderer Güter dar, womit die Produktion kumulativ erfolgt. Die gesetzliche Regelung aber auch praktische und technische Möglichkeiten des Zugangs und der Nutzung bezüglich dieser Inputfaktoren beeinflussen die Herstellung und damit die Angebotsmenge derartiger Folgegüter, die auf der Existenz und Nutzung von bestehenden Informationsgütern basieren (z.B. Multimediaprodukte). Sofern deren Hersteller über bilaterale Transaktionen mit den relevanten Urhebern Nutzungs- und Lizenzbedingungen fixieren müssen, entstehen zusätzlich zu den monopolistischen Li-

---

12 Die Begriffe „welfare loss due to underutilisation" und „welfare loss due to underproduction" gehen auf NOVOS/WALDMAN (1984) zurück.

13 Im Kapitel 2.7 werden diese Problematik und theoretische Lösungsansätze näher analysiert.

zenzgebühren Transaktionskosten, die Anreiz mindernd auf die Produktion der Folgegüter wirken.[14]

Eine an Optimalitätskriterien bezüglich des „kreativen Outputs“ orientierte Ausgestaltung des Property-Rights-Systems in der Form eines Urheberrechts hätte diesbezüglich einen Ausgleich von Grenznutzen und Grenzkosten zu gewährleisten, wobei „unterbundene“ Folgegüter als Kostenfaktor zu betrachten wären. Eine Nutzensteigerung ist zwar (zunächst) positiv mit einer restriktiven Ausgestaltung der Property-Rights korreliert, was Anreiz generierend wirkt. Die entstehenden Produktionskosten (inklusive Transaktionskosten in Form von Suchkosten nach ungeschützten Inhalten bzw. nach Urhebern und Verhandlungen mit diesen) steigen allerdings ebenfalls mit zunehmendem Schutzniveau für die produktionsrelevanten Informationen und Inhalte (vgl. Towse (2000), S. 13 f.; Watt (2004), S. 156 f.). Unter anderem vor diesem Hintergrund stellt sich die Frage nach möglichen Ausnahmeregelungen bezüglich der Nutzung geschützter Informationsgüter, der im Abschnitt 2.5 nachgegangen werden soll. Zuvor bedarf es jedoch der Diskussion eines Referenzrahmens, anhand dessen IPR-Ausgestaltungen und unterschiedliche Formen der Anreizgenerierung aus ökonomischer Sicht beurteilt werden können.

2.4 Referenzrahmen zur Beurteilung von Intellectual-Property-Rights-Ausgestaltungen

Sollen Aussagen und Beurteilungen hinsichtlich alternativer rechtlicher Institutionen gemacht werden, so bedarf dies neben der Analyse dadurch beeinflusster ökonomischer Wirkungen und Ergebnisse eines geeigneten Referenzrahmens. Anhand dieses Rahmens können die unterschiedlichen Ergebnisse aus einer normativen Sichtweise beurteilt werden. Dabei wird bei der Analyse der Ergebnisse auf Mustervorhersagen zurückgegriffen. Diese lassen sich aus dem Verhalten der Individuen unter der Annahme bestimmter (rechtlicher) institutioneller Ausgestaltungen – hier insbesondere des Urheberrechts – ableiten. Um die so erhaltenen Ergebnisse und damit die dafür ausschlaggebenden rechtlichen Regelungen bewerten zu können und auf dieser Grundlage Handlungsempfehlungen vorzunehmen, ist der Referenzrahmen zu definieren. Er kommt damit einem

---

14 Diese Problematik ließe sich durch eine effiziente Funktion von Clearingstellen bzw. Verwertungsgesellschaften mildern. Die entstehenden direkten Kosten würden dann u.U. geringer ausfallen, allerdings müsste berücksichtigt werden, dass auch die Existenz und der Betrieb dieser Gesellschaften nicht kostenlos ist. Zudem verfügen diese Gesellschaften häufig über eine nicht zu vernachlässigende Marktdominanz, woraus sich Wettbewerbsprobleme und Wohlfahrtsverluste ergeben können (vgl. hierzu ausführlich Merges (1996); Bing (2002)).

theoretischen Ideal gleich, wobei zu berücksichtigen ist, dass dieses gegebenenfalls nicht gänzlich zu erreichen ist. Hinsichtlich eines Institutionenvergleichs bietet sich ein solcher Rahmen allerdings als Bewertungsmaßstab an.

In diesem Sinne soll die Rechtsordnung dem Ziel der ökonomischen Effizienz dienen (vgl. hierzu ausführlich Eidenmüller (1995), S. 170 ff.).[15] Angewandt auf die urheberrechtliche Thematik kann damit das theoretische Ideal in der Kreation und der Nutzung von Informationsgütern in effizientem und damit sozial optimalen Ausmaß gesehen werden (vgl. Shavell (2003), Ch. 12, S. 1 ff.; Watt (2000), S. 3; Besen (1987), S. 2 ff.). Um dies zu erreichen, stellt das Urheberrecht mit der Gewährung von Verfügungsrechten ein Instrument dar. Daneben existieren z.B. direkte staatliche Unterstützungen (vgl. Besen (1987), S. 66 f.) oder „reward-Systeme" (vgl. hierzu Shavell/Ypersele (2001)).[16]

Da Informationsgüter annahmegemäß die Eigenschaften öffentlicher Güter aufweisen, entspräche es der theoretischen Anforderung für eine effiziente Produktion, Informationsgüter in dem Ausmaß zu kreieren, bis die Summe der Grenznutzen sämtlicher Nutzer dieser Güter den Grenzkosten der Kreation entspricht (vgl. hierzu Musgrave/Musgrave/Kullmer (1994), S. 72 ff.; Besen (1987), S. 2 ff.). Hierbei ist zu berücksichtigen, dass es sich bei der Frage der effizienten Produktion nicht um die Herstellung zusätzlicher Kopien eines bestehenden Informationsgutes handelt, sondern um die Kreation des ursprünglichen Informationsgutes an sich. Die relevante Frage betrifft damit die Ermittlung der theoretisch optimalen Menge bzw. des optimalen Ausmaßes an Informationsgütern und nicht die Ermittlung der Zahl der Nutzer dieser Güter, für die Kopien erzeugt werden müssten. Diese Interpretation entspricht somit der Theorie der öffentlichen Güter, wo die bereitzustellende Menge eines öffentlichen Gutes ermittelt wird, die dann von allen Nutzern in gleichem Umfang genutzt wird (vgl. Rosen/Windisch (1992), S. 133). Die Definition dieser Menge bzw. Mengeneinheiten oder des Ausmaßes eines öffentlichen Gutes und im hiesigen Kontext eines Informationsgutes weist allerdings je nach Gut erhebliche Schwierigkeiten auf. Diese erstrecken sich auch auf die Bestimmung der Grenzkosten.[17]

---

15 Sofern diese Zielsetzung als „Ökonomisierung" kritisiert wird und andere Ziele im Vordergrund stehen sollten, bietet die Analyse weiterhin die Möglichkeit, alternative Ausgestaltungen mit gleicher Zielerreichung zu beurteilen und zu vergleichen und gegebenenfalls volkswirtschaftliche Kosteneinsparungen zu ermöglichen.

16 Hierbei erfolgt die Entlohnung der Produzenten nicht direkt durch die Nutzer der Güter über einen Marktpreis. Vielmehr existieren andere Formen der Finanzierung, wie z.B. eine Besteuerung. Die Nutzung der Güter ist dann frei und die Produzenten erhalten Anteile aus dem Finanzierungsaufkommen, und zwar im Idealfall in der Höhe des von ihren Gütern erzeugten sozialen Nutzens (vgl. Shavell/Ypersele (2001)).

17 Für ein typisches Lehrbuchbeispiel eines öffentlichen Gutes „Feuerwerk" lassen sich als Mengeneinheiten z.B. die abgefeuerten Raketen annehmen (vgl. Rosen/Windisch

Anhand dieser Effizienzbedingung lässt sich theoretisch das Ausmaß an Informationsgütern ermitteln, das den „sozialen Überschuss“ maximiert und somit als Referenzmaßstab dienen kann. Dies sei an folgendem Beispiel verdeutlicht (vgl. hierzu Shavell (2003), Ch. 12, S. 2). Besteht bei 1000 Personen eine individuelle Zahlungsbereitschaft von € = 10 für ein bestimmtes Informationsgut, z.B. ein Buch, und entstehen Kosten der Anfertigung pro Buch – also Vervielfältigungskosten des bestehenden Informationsgutes – von € = 4, so wäre es zunächst effizient, für alle 1000 Personen ein Buchexemplar herzustellen. Der „soziale Überschuss“ entspräche dann € = 6000. Die Vervielfältigungskosten fallen mit jedem zusätzlichen Nutzer an und stellen deshalb Grenzkosten der Nutzung dar. Stünde beispielsweise ein Informationsgut – z.B. Computersoftware, ein Musiktitel oder ein bestimmter Text – zum download im Internet bereit, so entfielen diese Grenzkosten der Nutzung nahezu gänzlich. Das Informationsgut sollte dann kreiert – also z.B. das Buch erstmalig von dem Autor ursprünglich verfasst werden, solange die damit einhergehenden Kreationskosten geringer sind als der „soziale Überschuss“ (€ = 6000), der dadurch erzeugt würde.

Die Summe der individuellen Zahlungsbereitschaften entspricht hier der Summe der Grenznutzen gemäß der theoretischen Effizienzanforderung. Die Grenzkosten der Produktion sind nicht mit den Grenzkosten der Nutzung zu verwechseln; Letztere sind bei völlig nichtrivalen Gütern gleich Null. Die Grenzkosten der Produktion sind vielmehr die Kosten, die für die Kreation einer zusätzlichen Einheit des öffentlichen Gutes bzw. des Informationsgutes anfallen, die dann bei Nichtrivalität von allen potenziellen Nutzern genutzt wird.

Anreize, diese optimale Menge zu kreieren, setzen damit die Möglichkeit zur Aneignung der Summe der Wertschätzungen voraus. Die Anreize wären „dynamisch effizient“ (vgl. Stolpe (2003), S. 440 f.). Da die Güter in der Regel hinsichtlich ihrer Nutzenstiftung individuell unterschiedlich beurteilt werden, hätten die jeweiligen Nutzer dann für das Gut bzw. dessen Nutzung unterschiedliche Preise entsprechend ihrer individuellen Wertschätzung zu entrichten. Dies erfordert eine perfekte Preisdifferenzierung, wozu der Produzent über die jeweiligen individuellen Wertschätzungen informiert sein, Arbitragehandlungen unterbin-

(1992), S. 133 ff.). Für das Beispiel „Landesverteidigung“ erweist sich die Definition einer aussagefähigen Mengeneinheit dagegen schon problematischer. Als ein Beispiel für ein Informationsgut ließe sich an eine Computersoftware denken, wobei eine „Mengenausdehnung“ in zusätzlichen, Nutzen stiftenden Funktionen bestehen könnte, deren Programmierung mit zusätzlichen Kosten einhergeht. Eine Filmproduktion könnte z.B. mit besseren, populäreren Schauspielern besetzt werden. Diese kurzen Schilderungen verdeutlichen bereits die allgemein für öffentliche Güter geltende Problematik einer Quantifizierung sowie auch der Differenzierung zwischen Qualitäts- und Quantitätsaspekten.

den und Nichtzahler ausschließen und Kopieren unterbinden müsste. Nun ermöglichen zwar die Allokation von exklusiven Verfügungsrechten und insbesondere technische Schutzverfahren (z.B. DRM) eine differenzierende Preissetzung. Eine perfekte, individuelle Preisdifferenzierung, welche den hier geschilderten Effizienzanforderungen entspräche, kann allerdings nicht unterstellt werden (vgl. Shavell (2003), Ch. 12, S. 5).

Neben dem Aspekt der effizienten Produktion bzw. Kreation der Informationsgüter ist deren effiziente Nutzung für die Formulierung eines Referenzrahmens von Relevanz. Sofern das Informationsgut bereits kreiert ist, lassen sich solange Effizienzgewinne realisieren, bis all diejenigen Nutzer über das Gut verfügen, deren individuelle Wertschätzung und damit deren Zahlungsbereitschaft den Grenzkosten der Nutzung – also z.B. Kosten der Vervielfältigung und Distribution einer weiteren Einheit – zumindest entspricht. Für Informationsgüter wie Computersoftware handelte es sich z.B. um die Kosten der CD-Rom inklusive der Kopierkosten. Stünde die Software im Internet zur Verfügung, tendieren diese Kosten gegen Null (vgl. Shavell (2003), Ch. 12, S. 2). Die Herstellung einer weiteren Kopie wäre solange Wohlfahrt steigernd, wie die zusätzlichen Kosten geringer ausfallen als der zusätzlich gestiftete Nutzen.

Eine effiziente Nutzung könnte theoretisch sowohl zu einem einheitlichen Preis oder ebenfalls zu unterschiedlichen Preisen für unterschiedliche Nutzer des gleichen Gutes erfolgen.[18] Bei den hier behandelten Informationsgütern, die annahmegemäß geringe Grenzkosten und hohe versunkene Kreationskosten aufweisen, erweist sich jedoch ein einheitlicher, effizienter Nutzungspreis nicht als Kosten deckend. Hinsichtlich einer dann notwendigen Preisdifferenzierung stellt sich erneut das Problem fehlender Informationen über die individuellen Zahlungsbereitschaften sowie der Praktikabilität der Durchsetzung individualisierter Preise. Zunächst ungeachtet der Frage nach der praktischen Möglichkeit zur Realisierung dieser Effizienzanforderungen hinsichtlich der Kreation als auch der Nutzung von Informationsgütern, sollen diese Kriterien als zumindest theoretische First-best-Lösung den Referenzmaßstab für Beurteilungen unterschiedlicher Ausgestaltungen hinsichtlich Kreation und Nutzung bilden.

Anhand dieser Effizienzkriterien lassen sich alternative Verfügungsrechtearrangements beurteilen, wie sie beispielsweise vom Urheberrecht vorgenommen werden. Unter der Annahme, dass diese Rechte durchgesetzt werden und damit der bezweckte Ausschluss praktiziert wird, kann der Rechteinhaber versuchen, eine Preisdifferenzierung vorzunehmen oder aber einheitliche, monopolistische

18 Ein einheitlicher Preis hätte dann die Höhe von konstanten Grenzkosten. Die entstehenden Renten fielen zur Gänze bei den Konsumenten an.

Preise oberhalb der Grenzkosten der Nutzung verlangen. Aus einheitlichen Preisen resultieren die folgenden Effizienzwirkungen.

Im Vergleich zur Situation ohne definierte Verfügungsrechte ermöglicht eine Einnahmenerzielung Anreize zur Kreation und damit überhaupt erst die Bereitstellung von Informationen/Informationsgütern.[19] Grundlage dieser Anreize sind damit Einnahmen, die über monopolistische Preise generiert werden.[20] Der dabei anfallende Monopolgewinn ist jedoch kleiner als der gesamtgesellschaftliche Nutzen (als Differenz zwischen der Gesamtheit der individuellen Zahlungsbereitschaften und den gesamtem Produktionskosten), den das Informationsgut hätte stiften können und für dessen Aneignung eine perfekte Preisdifferenzierung nötig wäre. Dadurch erfolgt der Anreiz zur Kreation nicht in sozial optimaler Intensität, sodass die Erzeugung der Güter nicht (dynamisch) effizient im oben geschilderten Sinne ist (vgl. Shavell (2003), Ch. 12, S. 5).

Auch die Nutzung der kreierten Güter widerspricht den Effizienzanforderungen. Die Monopolpreise sind höher als die Grenzkosten der Nutzung, wodurch auch diejenigen Nutzer vom Konsum ausgeschlossen werden, die Preise oberhalb dieser Grenzkosten aber unterhalb der geforderten einheitlichen Preise gezahlt hätten. Ein Verkauf zu Preisen in Höhe der individuellen Zahlungsbereitschaften könnte sowohl die Rechteinhaber als auch die Nutzer besser stellen, was die Ineffizienz monopolistischer Preise verdeutlicht (vgl. Besen (1987), S. 4). Ein Property-Rights-System ohne die Möglichkeit zur perfekten Preisdifferenzierung stellt damit lediglich einen Second-best-Ansatz zur Kreation und Nutzung von Informationen unter den geschilderten Effizienzgesichtspunkten dar. Es resultieren daraus nicht nur statische, sondern auch dynamische Ineffizienzen (siehe hierzu ähnlich Stolpe (2003), S. 440 f.).

Wenn auch eine perfekte Preisdifferenzierung kaum eine realistische Annahme darstellen dürfte, so besteht dennoch bei Informationsgütern die Gelegenheit zur Anwendung nicht perfekter Formen der Preisdifferenzierung, die eine Effizienz-

19 Von nicht pekuniären Anreizen sei hier abstrahiert.

20 Ob es sich um reine Monopolpreissetzung handelt oder um Formen von monopolistischer Konkurrenz, hängt von der Substitutionsintensität der jeweiligen Güter und damit vom konkreten Einzelfall ab. Es lässt sich aber unterstellen, dass die Anbieter einen gewissen Preissetzungsspielraum haben und es sich somit nicht um Wettbewerbspreise handelt. Wären die Güter Substitute, würde die angestrebte Vielfalt keinen zusätzlichen Nutzen bringen. Die Intention, über ein Urheberrechtssystem die Vielfalt an geistigen Gütern und darüber die Wohlfahrt zu steigern, wäre dann irrational. Die Kreation eines oder weniger Güter wäre schon ausreichend und die Kreation einer Vielzahl von Informationsgütern Ressourcenverschwendung. Ein komplexes Rechtssystem wäre dann nicht notwendig (vgl. hierzu Ramello (2003), S. 123).

steigerung ermöglichen können (vgl. Landes/Posner (2003), S. 39).[21] Im Vergleich zur Monopolsituation lassen sich dadurch die Einnahmen steigern, was c.p. mit steigenden Anreizen zur Kreation einhergeht. Ob die Zahl der Nutzer der Werke allerdings steigt, konstant bleibt oder sinkt, ist theoretisch nicht eindeutig zu bestimmen (vgl. hierzu Scherer/Ross (1990), S. 494 ff.). Auch eine perfekte Preisdiskriminierung gewährleistet die effiziente Nutzungsmenge nur dann, wenn von den Kosten der Preisdifferenzierung abstrahiert wird. Diese fallen z.B. mit dem Einholen der Informationen über die individuellen Zahlungsbereitschaften und der Verhinderung von Arbitragegeschäften an (vgl. Landes/Posner (2003), S. 40).

Trotz der Ineffizienzen des Property-Rights-Systems sollte bei der Anwendung eines solchen Systems versucht werden, die Effizienzeinbußen bezüglich des theoretischen Optimums geringstmöglich ausfallen zu lassen.[22] Unter Vorgriff auf die Ausführungen des Kapitels 2.7 kann eine Urheberrechtsausgestaltung dann als effizient im „zweitbesten" Sinne bezeichnet werden, wenn der Grenznutzen aus der Kreation zusätzlicher Werke infolge einer Anreizsteigerung den damit einhergehenden Grenzkosten gerade entspricht (vgl. auch Landes/Posner (1987), S. 326). Das heißt: Eine Intensivierung des Urheberschutzes bedingt zum einen eine Steigerung der Kreation neuer Werke und stiftet damit zusätzlichen Nutzen. Zum anderen sinken mit zunehmender Schutzintensität die Nutzungsmöglichkeiten der bestehenden Güter z.B. durch monopolistische Preise, was den Nutzen verringert. Die Ausgestaltung des Urheberrechts kann somit als effizient bezeichnet werden, wenn Intensitätsvariationen keine Nutzensteigerungen mehr ermöglichen.

Effizienzvergleiche unterschiedlicher Ausgestaltungen innerhalb eines Urheberrechtssystems ließen sich anhand dieses Second-best-Kriteriums vornehmen. Ein Anreiz zur Erzeugung einer aus wohlfahrtstheoretischer Sicht optimalen Menge wird sich allerdings durch die marktliche Koordination urheberrechtlich geschützter Güter ebenso wenig erzeugen lassen wie deren effiziente Nutzung, wenn keine perfekte Preisdiskriminierung kostenfrei vorgenommen werden kann (vgl. Koboldt (1994), S. 88 f.).

---

21 Preisdifferenzierungen lassen sich insbesondere durch die Anwendung von DRM vornehmen, bei dem z.B. individualisierte Nutzungs- und Abrechnungsformen möglich sind. Auch sog. Bundling- und Versioningstrategien erlauben gerade für Informationsgüter Preisdifferenzierungen (vgl. hierzu z.B. Shapiro/Varian (1999a), S. 61 ff.).

22 Sofern andere Systeme eine effizientere Informationsproduktion als ein Verfügungsrechteansatz versprechen, sollten diese zur Anwendung kommen (vgl. hierzu z.B. Shavell/Ypersele (2001); Boldrin/Levine (2002a,b); Landes/Lichtman (2003a,b)).

In praktischer Hinsicht erweist sich eine verlässliche Quantifizierung der jeweiligen Nutzen und Kosten als problematisch. Da gerade keine Substitutionsmärkte existieren, entfällt auch die Möglichkeit, über Preise Rückschlüsse auf die Wertschätzung und damit den Nutzen der Güter zu ziehen, insbesondere wenn Letztere noch nicht existieren. Auch die Bewertung der anfallenden Kosten stellt erhebliche Probleme dar. Hierbei bedarf es nicht nur der Ermittlung der Kostenhöhen, sondern auch der adäquaten Berücksichtigung relevanter Kostenfaktoren. Neben die erwähnten sozialen Kosten infolge monopolistischer Preissetzungen (statischer Wohlfahrtsverlust) treten Transaktionskosten wie administrative Kosten des Systems, bis hin zu Kosten der Überwachung und Strafverfolgung sowie denjenigen, die infolge des Betriebs von Verwertungsgesellschaften oder durch Lobbytätigkeit anfallen. Ferner wären gesellschaftliche Kosten in Rechnung zu stellen, die durch eine abnehmende Wettbewerbsintensität infolge monopolistischer Strukturen, ausgelöst durch die Gewährung von Urheberrechten, entstehen können. Hiervon können sowohl die Märkte der urheberrechtsrelevanten Güter als auch angrenzende Märkte betroffen sein (vgl. hierzu Ramello (2003), S. 124 ff.).[23]

Zudem wird die praktische Anwendbarkeit des Effizienzkonzepts erschwert, da ein intertemporaler Nutzenvergleich vorzunehmen ist. So müssen z.B. die aktuell anfallenden Nutzenverluste eines starken Schutzniveaus den zukünftig entstehenden Nutzenzuwächsen infolge neuer Kreationen gegenübergestellt werden (statische vs. dynamische Effizienz). Wenn somit auch keine detaillierten Aussagen zu machen sind, wie sie beispielsweise modelltheoretische Formulierungen erlauben, so sind doch zumindest Tendenzaussagen möglich und zudem die Sensibilität erforderlich, auch Effekte zu berücksichtigen, die sich formalen Modellen weitestgehend entziehen. Ein System, bei dem eine breite Nutzung der Informationsgüter für unwahrscheinlich erachtet wird oder die Anreizwirkungen nicht verlässlich zu prognostizieren sind weil die Einkommenselastizitäten der Innovationsneigung nicht bekannt sind, ist dann als weniger effizient zu bewerten als eine Ausgestaltung, die zwar weniger Anreize erzeugt, aber eine intensivere Nutzung und Diffusion verspricht (vgl. Blind/Edler (2001), S. 14 f.).

---

23 Ursächlich für derartige negative Wettbewerbswirkungen ist nicht die Gewährung eines „Monopolrechts" an einem Informationsgut an sich, sondern z.B. die Besonderheiten der relevanten Informationsindustrien, wie Skalenerträge der Produktion und Netzwerkeffekte auf der Nachfrageseite, die etablierte Anbieter langfristig vor intensivem Wettbewerb schützen können. Des Weiteren würden potenzielle Konkurrenten abgeschreckt, wenn deren „follow-on-Innovationen" zwar die etablierten Anbieter unter Wettbewerbsdruck setzen könnten, dazu aber die Nutzung deren geschützter Komponenten notwendig wäre (vgl. ausführlich Ramello (2003), S. 126 f.).

Auch potenzielle Auswirkungen der Systemausgestaltung auf Wettbewerbsprozesse oder den technischen Fortschritt vermögen zu Effizienzurteilen beizutragen. Gefährdet beispielsweise ein intensiver Urheberschutz die Entwicklung neuer Technologien oder behindert Entwicklungen auf Märkten, die unabhängig vom urheberrechtsrelevanten Markt sind, so wäre gegebenenfalls ein System effizienter, das weniger Anreize zur Informationsproduktion generiert aber technischen Fortschritt nicht behindert und andere Marktergebnisse nicht verzerrt. Die dort betroffenen Nutzenaspekte sind zusätzlich in die Analyse mit einzubeziehen, statt nur die Rechteinhaber und die direkten Nutzerinteressen zu berücksichtigen (vgl. Rahnasto (2003), S. 205; Landes/Lichtman (2003b), S. 118).[24]

Die Förderung der Informationsgüterproduktion erfolgt nicht primär zugunsten der Produzenten, sondern zur Nutzensteigerung der Gesellschaft. Dies setzt voraus, dass die Güter nicht nur theoretisch effizient genutzt werden können. Damit stellt sich die Frage nach der Effizienz der Art und Weise der Übertragung von produzierten Gütern bzw. bestimmten Rechten daran. Ein effizientes Urheberrechtssystem sollte deshalb auch einen effizienten, reibungslos funktionierenden Markt für Lizenzen gewährleisten (vgl. Blind/Edler (2001), S. 14). Dies ermöglicht, dass die Güter in ihre produktivsten Verwendungen gelangen. Der ursprüngliche Rechteinhaber wird typischerweise nicht sämtliche Nutzungsformen oder Anwendungen selbst vornehmen (können). Hiervon sind z.B. Folgeinnovationen durch Dritte betroffen, die auf bestehendes Wissen und Informationen aufbauen oder auch die Beziehungen zwischen Autor und Verleger, wobei für den Autor als Rechteinhaber Nachteile bei Verlegertätigkeiten unterstellt werden.

Fragen der Effizienz stellen sich hinsichtlich möglicher Diskriminierungen bei der Lizenzierung, wodurch Rechteinhaber versuchen können, Wettbewerbsdruck zu mildern oder marktbeherrschende Stellungen auszubauen, was negative Wirkungen auf innovatives Verhalten haben kann. Hiervon kann auch die Entwicklung komplementärer Güter betroffen sein, die selbst nicht in den Geltungsbereich des gewährten Urheberrechts fallen. Als Beispiel lassen sich hier Softwarebetriebssysteme und Anwendungsprogramme nennen, sofern keine Kompatibilität ohne lizenzierten Zugang zu relevanten Schnittstellen hergestellt werden

24 Als Beispiel lässt sich die Entwicklung des Videorekorders anführen, die bei einer restriktiven Auslegung des Urheberrechts verhindert oder zumindest verzögert worden wäre. Hier wurde der Nutzen des technischen Fortschritts höher bewertet als die Anreizwirkungen des Urheberrechts (vgl. hierzu Landes/Lichtman (2003b), S. 118). Romer (2002, S. 216) betont, dass es unter Umständen gesamtgesellschaftlich zu rechtfertigen wäre, die Existenz der gesamten Musikbranche zu riskieren, um eine ungehinderte Entwicklung der Informationstechnologie zu gewährleisten, sofern diese durch Partikularinteressen der Rechteinhaber der Musikindustrie gefährdet würde.

kann. Als Folge unterbleiben Innovationen und Wettbewerb auf der Anwendungsprogrammebene oder es kommt zu Fehlallokationen von Ressourcen aus gesamtwirtschaftlicher Sicht, weil funktionsäquivalente Komponenten erstellt werden müssen, die prinzipiell schon existieren und genutzt werden könnten (vgl. Blind/Edler (2001), S. 24, 41). Über die Ausgestaltung der Exklusivität kommt dem Urheberrecht hier ein erheblicher Einfluss zu (siehe hierzu Kap. 4.2).

Damit wird deutlich, dass ein effizienzorientierter Referenzrahmen neben Fragen von Produktion und Nutzung auch die Form der Rechtetransaktionen umfassen sollte. Über die Gewährung von Rechten und deren Lizenzierung soll für Rechteinhaber die Möglichkeit zur Aneignung der nötigen Einkommen zur „Second-best-effizienten“ Produktion bestehen. Eine Beeinflussung davon unabhängiger Entwicklungen oder die Erzielung zusätzlicher Renten auf Kosten negativer Effizienzwirkungen durch das Verhalten bei Rechtetransaktionen, lassen sich vor dem Hintergrund der Anreizkreation allerdings nicht rechtfertigen. Betroffen können hiervon beispielsweise Kompatibilitätsaspekte, Folgeinnovationen, die auf bestehenden Informationen aufbauen als auch informationsbasierte Dienstleistungen wie die digitale Distribution sein.

2.5 Beschränkung der Verfügungsrechte im Urheberrecht

Die Erläuterung des Property-Rights-Ansatzes (vgl. Kap. 2.1) als Grundlage zur Analyse des urheberrechtlichen Ordnungsrahmens verdeutlichte, dass eine an ökonomischen Effizienzkriterien orientierte Ausgestaltung eine exklusive, vollständig spezifizierte Zuordnung der Verfügungsrechte verlangt, die aufgrund ihrer Transferierbarkeit den Marktmechanismus als effizientes Allokationsinstrument nutzen können. In diesem Fall so genannter „nicht verdünnter“ Property-Rights verfügt ein Individuum über sämtliche Nutzungsrechte und trägt damit alle Kosten und Nutzen, die infolge der Ressourcennutzung anfallen, sodass keine Externalitäten entstehen (bzw. diese internalisiert werden) woraus eine effiziente Allokation resultiert (vgl. Tietzel (1981), S. 211, 218).

Unvollständig spezifizierte (verdünnte) Rechte bedeuten dagegen, dass nicht sämtliche Verfügungsrechte einem Individuum zugeordnet sind oder sich nicht durchsetzen lassen. Sie ergeben sich beispielsweise, sofern der Ausschluss Zahlungsunwilliger nicht möglich ist – womit sich der Öffentlichkeitsgrad des betreffenden Gutes erhöht – oder individuelle Entscheidungen hinsichtlich des Ressourcentransfers, z.B. in Form von Verhandlungen über den Preis, beschränkt sind. Solche Beschränkungen bestehen ganz allgemein in gesetzlichen Preisobergrenzen oder auch in administrativ verfügter Nichtausschließbarkeit bestimmter Nutzergruppen (z.B. erlaubnisfreie Werknutzung in Schulklassen) oder bestimmter Nutzungsarten (z.B. Zitate, Parodie), wodurch die Vertragsfreiheit beschränkt wird. Aus der Sicht der Rechteinhaber sinkt damit der Wert der Rechte und darüber der Produktionsanreiz. Das Transaktionsniveau nimmt aufgrund derartig verdünnter Rechte ab, der Preis kann seine Lenkungsfunktion verlieren, wodurch letztlich die Zuführung der betroffenen Güter an den Ort ihrer höchsten Bewertung verzerrt wird (vgl. Pejovich (1990), S. 41). Die fehlende Exklusivität bedingt eine Zunahme an Externalitäten, individuelle Handlung und Haftung fallen auseinander, was als eine Ursache ineffizienter Allokation gilt und den Anreiz zu Investition und Produktion senkt.

Als mögliche Gründe für eine derartige Verdünnung der Verfügungsrechte kommen somit insbesondere Transaktionskosten sowie rechtliche Nutzungsbeschränkungen in Betracht. So verhindern prohibitiv hohe Transaktionskosten bei der Überwachung und Durchsetzung der Property-Rights deren vollständige Spezifizierung. Rechtliche Nutzungsbeschränkungen bestehen z.B. in Ge- oder Verboten hinsichtlich etwaiger Nutzungen bestimmter Güter (vgl. Tietzel (1981), S. 211 f.). Dabei werden gewisse Ausübungen von Verfügungsrechten, die ein Wirtschaftsubjekt zwar an einer Ressource hält, rechtlich vorgeschrieben bzw. untersagt.

Vor dem Hintergrund einer an Effizienzgesichtspunkten orientierten Ausgestaltung des urheberrechtlichen Rahmens stellt sich die Frage, ob bzw. wie sich die im Urheberrecht als Schrankenregelungen bezeichneten verfügungsrechtlichen Beschränkungen der Urheber, die somit theoretisch eine ineffiziente Verdünnung der Property-Rights bedeuten, ökonomisch rechtfertigen lassen. Zur Begründung von Schrankenregelungen wird neben ökonomischen Gründen eine Vielzahl weiterer Ursachen angeführt, die sozial-, gesellschafts- oder kulturpolitisch motiviert sind und zum Teil distributive Zwecke verfolgen. Es wird in diesem Zusammenhang auch recht unspezifiziert vom „angemessenen Interessenausgleich“ beteiligter Gruppen und dem „Allgemeinwohlbelang von Bildung und Forschung“ gesprochen (vgl. Schmoll (2003)).

Im Folgenden soll eine an ökonomischen Kriterien orientierte Analyse im Sinne einer effizienten Ausgestaltung des Rechts vorgenommen werden (siehe zu diesem Konzept z.B. Eidenmüller (1995)). Dies muss nicht im Konflikt mit oben genannten politischen Zielen stehen. So kann eine ökonomisch effiziente Produktion und Bereitstellung von Informationsgütern mit davon unabhängig ausgestalteten distributiven Maßnahmen zur Nutzung der Güter einen Erfolg versprechenderen Ansatz darstellen, als eine Verquickung der beiden Ziele in einem gemeinsamen Urheberrecht. So könnte z.B. eine Ausgestaltung mit unentgeltlicher Nutzung von Informationsgütern für bestimmte Gruppen (verdünnte

Property-Rights) mit einer effizienten Marktallokation (vollständig spezifizierte Property-Rights) und anschließender Subjektfinanzierung bezüglich der Nutzung verglichen werden. Auch Begründungen der Schrankenregelungen mit einem überindividuellen Interesse der Allgemeinheit am Kulturleben (vgl. hierzu Schack (2001), S. 8) scheinen wenig stichhaltig. Zunächst ist zweifelhaft, ob unter Zugrundelegung der Theorie des methodologischen Individualismus (siehe hierzu z.B. Richter/Furubotn (1996), S. 3) eine Allgemeinheit als solche überhaupt ein eigenes Interesse haben kann. Ferner könnten in der Gesellschaft viele weitere überindividuelle Interessen unterstellt werden, deren Berücksichtigung über einen Eingriff in die Verfügungsrechte bestimmter Individuen – analog der urheberrechtlichen Schranken – nicht unproblematisch erscheint. Ließe sich z.B. mit dem Interesse einer wie auch immer definierten Versorgung der Allgemeinheit mit Brot oder Fernsehgeräten ein Eingriff in die Verfügungsrechte der entsprechenden Produzenten rechtfertigen, sodass eine Nutzung auch ohne deren Zustimmung erfolgen kann? Diesbezüglich stellt sich die Frage, ob es gerechtfertigt erscheint, dass die Produzenten der Güter statt der Allgemeinheit quasi die Kosten für derartig intendierte Ziele tragen.

Die Frage nach der ökonomischen Rechtfertigung der Schranken ist auch deshalb von Relevanz, da es ferner der Analyse bedarf, ob potenzielle Begründungen auch im Zuge informationstechnologischer Entwicklungen weiterhin Gültigkeit besitzen, oder ob eine Beibehaltung der Schranken den Verzicht auf die Ausschöpfung von Effizienzpotenzialen bedeutete. Es kann der technische Fortschritt eine Ursache dafür sein, dass sich bisherige Kosten-Nutzen-Relationen ändern, wodurch alternative Allokationsinstrumente nutzbar sind. Sinken beispielsweise Ausschlusskosten aufgrund neuer Technologien, ermöglicht dies eine höhere Spezifizierung der Property-Rights, wodurch es lohnend wird, Marktmechanismen zur Allokation anzuwenden, was zuvor an zu hohen Kosten scheiterte und die Schranken begründete (vgl. hierzu Tietzel (1981), S. 214).

2.5.1 Gesetzliche Schranken im deutschen Urheberrecht

Die Schrankenregelungen des deutschen Urheberrechts lassen sich in zeitliche und inhaltliche Schranken trennen. Dabei begrenzt die zeitliche Schutzfrist das Urheberrecht auf 70 Jahre nach dem Tod des Urhebers. Nach Ablauf dieser Frist gelangt das Werk in die „public domain", wo es zur freien Nutzung allgemein zur Verfügung steht. Die inhaltlichen Schranken gelten während der gesetzlichen Schutzfrist und nehmen unterschiedliche Nutzungen und Handlungen – wie beispielsweise das Erstellen von Kopien unter bestimmten Voraussetzungen – vom ausschließlichen Recht des Urhebers aus bzw. formulieren Ge- und Verbote (z.B. Vervielfältigungen zum privaten und sonstigen eigenen Gebrauch sowie zu Zitatzwecken, Zwangslizenzen oder auch das Verbot der Übertragung des Urheberpersönlichkeitsrechts). Die Behandlung der inhaltlichen Schranken erfolgt im Gesetz enumerativ (vgl. §§ 45-63 UrhG). Kritiker vermissen hierbei zu Teilen ein klares, urheberrechtliches Prinzip als Grundlage, wodurch die Vermutung genährt wird, dass manchmal eher der Einfluss von Interessengruppen und deren „rent-seeking-Aktivitäten" ausschlaggebend für die Existenz einzelner Schranken gewesen sind, denn ein ordnungspolitisches Gesamtkonzept (vgl. Schack (2001), S. 220; Bing (2002), S. 60 ff.). Auch aus diesem Grund gewinnt die ökonomisch geleitete Argumentation an Relevanz, die möglicherweise ein stringentes Vorgehen bezüglich etwaiger Beschränkungen des ausschließlichen Rechts des Urhebers zu rechtfertigen in der Lage ist.

2.5.2 Ökonomische Rechtfertigung für zeitliche Schranken

Die ökonomische Rechtfertigung für eine zeitliche Beschränkung der Verfügungsrechte begründet sich in erster Linie mit der für immaterielle Güter charakteristischen Eigenschaft der Nichtrivalität, wobei das betroffene Gut infolge der Inanspruchnahme keiner physischen Abnutzung unterliegt.[25] Effiziente Allokation verlangt die Nutzung der Güter zu Grenzkostenpreisen, die hier gleich oder nahe Null angenommen wurden. Die Generierung von Anreizen zur Produktion der entsprechenden Güter verlangt allerdings die Möglichkeit zum Ausschluss von Nichtzahlern und damit Preise oberhalb der Grenzkosten, um Einnahmen zu ermöglichen, die eine Amortisation der aufgewandten, versunkenen fixen Kosten („first-copy-costs") erlauben.

Unter der realistischen Annahme, dass der Gegenwartswert dieser zukünftig anfallenden Einnahmen, der für die ex ante Entscheidung zur Produktion ausschlaggebend ist, mit zunehmendem Zeithorizont gegen Null geht, kann ein abnehmender (wenn auch positiver) Grenzanreiz zur Produktion durch die Ausdehnung der zeitlichen Schutzdauer angenommen werden (vgl. Gordon/Bone (2000), S. 198). Eine Ausdehnung der Schutzfrist von z.B. 181 auf 186 Jahre wird eine geringere Anreizsteigerung bewirken, als eine Ausdehnung von z.B. 1 auf 6 Jahre. Je weiter also die zukünftigen Einnahmen zeitlich entfernt sind, desto geringer ist deren Einfluss auf die aktuelle Entscheidung zur Kreation des Werkes (vgl. Koboldt/Schmidtchen (1991), S. 318).

Damit wird auch der marginale Wohlfahrtszuwachs als Folge zunehmender Produktion abnehmen, während die marginale Wohlfahrtsverschlechterung wegen der länger währenden Nutzungsrestriktionen konstant bleibt oder zunimmt. Es müssen länger „zu hohe" Preise gezahlt werden, was den Nutzen mindert, ohne

25 Informationen und Informationsgüter können zwar im Zeitverlauf an Wert verlieren oder obsolet werden, bleiben jedoch auch dann weiterhin in ihrer ursprünglichen Form bestehen.

im Gegenzug ausreichend Anreize zur Produktion zu erzeugen, die diese Kosten rechtfertigen.[26] Daraus resultiert ein Punkt der optimalen Urheberrechtsdauer, nach dessen Überschreiten eine Verschlechterung der gesamten Wohlfahrtssituation eintritt (vgl. Gordon (1994), S. 359 f.). Eine Verlängerung der exklusiven Verfügungsrechte über die Dauer hinaus, die notwendig für die Amortisation der Kreationskosten (inklusive Gewinn) und damit als Anreiz zur Produktion eines Werkes ist, brächte demnach keine zusätzlichen Nutzen, verursachte aber weiterhin Kosten (vgl. Landes/Posner (1989), S. 362). Selbst eine Anreizminderung scheint dann nicht unrealistisch, wenn einem Rechteinhaber ein zu umfassendes, monopolistisches Schutzrecht gewährt wird (vgl. Koboldt/Schmitdchen (1991), S. 318).[27]

Eine Anreizminderung stellt sich zudem dann ein, wenn der Produzent selbst auf urheberschutzfähige Informationsgüter als Inputs angewiesen ist, die sich bei kurzer Schutzfrist im öffentlichen Besitz befänden. Im Gegensatz zu rivalen, physischen Gütern besteht bei nichtrivalen Gütern das Problem der Überfüllung, Abnutzung und Übernutzung infolge fehlender Ausschlussrechte nicht, das den Ressourcenwert mindert. Es bedarf nach erfolgter Produktion der Informationsgüter keiner weiteren Investition zur Erhaltung, zu deren Anreiz exklusive Handlungsrechte dauerhaft notwendig sind, wie dies z.B. bei Immobilien, Infrastruktureinrichtungen oder Nutzflächen der Fall ist (vgl. Richter/Furubotn (1996), S. 90).[28]

Vor dem Hintergrund dieser Schilderung zeigt sich, dass eine (temporäre) Beschränkung exklusiver Verfügungsrechte – im scheinbaren Widerspruch zur Forderung einer vollständigen Spezifizierung – mit einer Steigerung der Effizienz zu rechtfertigen ist. Ab einem bestimmten Zeitpunkt erfolgt die Nutzung zu statisch effizienten Grenzkostenpreisen, ohne dass dies negative Anreizwirkungen (dynamische Effizienz) verursacht. Eine Beurteilung des konkreten Zeitraums unter Effizienzgesichtspunkten entzieht sich der hier geschilderten Analy-

---

26 Analog der zukünftigen Einnahmen der Rechteinhaber müssten auch die zukünftig anfallenden gesellschaftlichen Nutzenverluste abgezinst werden. Im Gegensatz zu einer privaten Diskontrate der Rechteinhaber, kann hier eine „soziale Diskontrate" angenommen werden, wobei unterstellt wird, dass Letztere geringer sei. Diese Annahme ist insofern realistisch, wenn ein Interesse am Nutzen zukünftiger Generationen größer ist als das private Interesse eines Rechteinhabers am Nutzen zukünftiger, unbekannter Nachfahren bezüglich des Werkes (vgl. Landes/Posner (2002), S. 9).

27 Dieses Argument beruht auf der Annahme einer geringen Innovationsneigung in Monopolen.

28 Beim Urheberrecht aktueller Datenbanken stellt sich gegebenenfalls das Problem der Investition in deren Aktualisierung, sofern ein Auslaufen des Schutzes bevorsteht. Die Datenbank-RL sieht deshalb eine Verlängerung des Urheberrechts vor, sofern eine Aktualisierung erfolgt (siehe hierzu ausführlich Koboldt (1997)).

se.[29] Es könnten allenfalls Tendenzaussagen gemacht (vgl. hierzu Landes/Posner (1989)) und Kriterien untersucht werden, die die nötige Schutzdauer beeinflussen. So ließe sich nachdenken über eine Differenzierung in Abhängigkeit der Güterart oder des Nachfrageverhaltens, die den Zeitraum beeinflussen, der zur „ausreichenden" Einnahmenerzielung nötig wäre. Es existieren z.B. Güter, deren Wert in besonderem Maße vom Faktor Aktualität abhängt, womit eine im Zeitablauf sinkende Nachfrage einhergeht. Je schneller diese Nachfrage[30] sinkt (z.B. bei Bestsellern oder „Hits") und je größer die Diskontrate ist, die der Urheber seiner Investitionsentscheidung zugrunde legt, umso geringer könnte die optimale Schutzdauer ausfallen (vgl. Koboldt/Schmidtchen (1991), S. 318).

Ein derartiges Vorgehen dürfte jedoch selbst hohe administrative Kosten verursachen (insbesondere bei ex ante-Entscheidungen), sodass die Gefahr bestünde, dass diese die potenziellen Wohlfahrtsverbesserungen differenzierter Schutzfristen überkompensieren. Dies wiederum sollte allerdings den Versuch nicht behindern, dennoch nach geeigneten, praktikablen Differenzierungskriterien zu suchen. Hier kämen möglicherweise die Existenz von Netzwerkeffekten und Marktdominanz in Betracht, oder die Verfügbarkeit von Substituten als auch die Höhe der Kopierkosten potenzieller freerider. Diese Faktoren beeinflussen die Differenz zwischen dem möglichen Preis, den der Rechteinhaber setzen kann, und den Grenzkosten. Damit wirken sie auf den Zeitraum, der nötig ist, um die aufgewandten Investitionskosten zu erwirtschaften.[31]

2.5.3 Ökonomische Rechtfertigung für inhaltliche Schranken

Die ökonomische Rechtfertigung der inhaltlichen Schranken als „Verdünnung" der Property-Rights zeigt sich im Gegensatz zur zeitlichen Beschränkung weniger eindeutig. In der relevanten Literatur existieren mehrere und z.T. nicht widerspruchsfreie Erklärungsansätze. Im Folgenden wird zunächst ein transaktionskostentheoretisch basierter Erklärungsansatz vorgenommen, um dann Variationen und denkbare Schwierigkeiten aufzuzeigen sowie weitere Argumente kurz zu untersuchen. Dabei soll nicht der Versuch unternommen werden, sämtli-

29 Eine Analyse zur optimalen Schutzdauer im Bereich des Patentschutzes liefert das „Nordhaus/Scherer-Modell", vgl. hierzu Scherer (1972).

30 Zusätzlich könnte auch die Preiselastizität der Nachfrage Berücksichtigung finden.

31 LANDES/POSNER (1989) verweisen zusätzlich auf mit zunehmender Schutz-Dauer steigende „tracing-costs". Es verursachte dann u.U. hohe Kosten, die Nachfahren der Urheber über mehrere Generationen zwecks Lizenzierungen ausfindig zu machen, sodass die Nutzung der Werke unterbliebe, obgleich beide Seiten eine Besserstellung erzielen könnten (sofern diese (Transaktions-)Kosten höher wären als der Nutzen des Werkes). In Anbetracht der Verfügbarkeit technisch leistungsfähiger Verfahren zur Archivierung in Datenbanken/Verwertungsgesellschaften dürften derartige Kosten allerdings zu verringern sein und als Ursache weniger ins Gewicht fallen.

che Schranken des existierenden Urheberrechts einzeln ökonomisch zu begründen. Es soll vielmehr nach einer prinzipiellen, allgemeinen Rechtfertigung gefragt werden, anhand derer urheberrechtliche Ausnahmen beurteilt werden können und die somit als normative Grundlage bei Entscheidungen fungieren könnte, wann bzw. welche Nutzungsarten, die eigentlich dem Rechteinhaber vorbehalten sind bzw. dessen Zustimmung erfordern würden (z.B. Vervielfältigungen), nicht als Urheberrechtsverletzung aufzufassen sein sollten.

Das Prinzip der Beschränkung exklusiver Verfügungsrechte ist im US-amerikanischen copyright über das Konzept des „fair use“ geregelt, das im Gegensatz zum deutschen Vorgehen weniger explizite Aufzählungen unterschiedlicher Ausnahmetatbestände enthält, sondern eher als ein Gesamtansatz zur Bestimmung nicht rechtswidriger Nutzung interpretiert werden kann (vgl. Schack (2001), S. 220; Bechtold (2002), S. 314).[32] So besteht eine wesentliche Voraussetzung, dass z.B. Reproduktionen urheberrechtlich geschützter Werke als „fair use“ gelten können darin, dass aktuelle und zukünftige finanzielle Interessen der Rechteinhaber dadurch nicht beeinträchtigt werden (vgl. Besen/Raskind (1991), S. 14). Ähnliches gilt auch im deutschen Recht, wo die „normale Auswertung“ des Werkes nicht infolge von Schrankenregelungen verletzt werden darf (vgl. Schack (2002), S. 500). Ungeachtet definitorischer Probleme hinsichtlich einer „normalen Auswertung“ würde eine stringente, restriktive Vorgehensweise wohl nur dann die zustimmungsfreie Nutzung als legitime Schrankeninanspruchnahme auffassen, sofern der Rechteinhaber dadurch keine finanziellen Schäden in Form entgangener Einnahmen[33] erleidet oder die „normale Auswertung“ selbst nicht möglich ist. Da sich diese Auswertung und auch die Verfolgung finanzieller Interessen über marktliche Transaktionen vollziehen, wird die Beschränkung exklusiver Rechte als im Idealfall Effizienz steigernde Korrekturmaßnahme für ein Marktversagen infolge hoher Transaktionskosten ökonomisch begründet (vgl. hierzu insbesondere Gordon (1982); (1994), S. 360 ff.; Landes/Posner (1989), S. 357 f.; Committee on Intellectual Property Rights (2000), S. 133 ff.).

Den Ausgangspunkt der Argumentation bildet die Funktion der Transferierbarkeit von Property-Rights, womit die Informationsgüter marktfähig werden. Verfügungsrechte können durch private Austauschbeziehungen auf Märkten gehandelt werden, wodurch sowohl die Nutzung der immateriellen Güter als auch die Möglichkeit zur Anreiz generierenden Einnahmenerzielung für den Rechteinhaber gewährleistet wird (vgl. Besen/Raskind (1991), S. 14). Im Idealfall gelangen die Verfügungsrechte zu dem Nutzer mit der höchsten Wertschätzung, was eine effiziente Verwendung bedeutet. Derartige Rechtetransfers verursachen in der

32 Die Argumentation zum „fair use“ lässt sich dennoch zu weiten Teilen analog zur ökonomischen Analyse der deutschen/europäischen Ausgestaltung heranziehen.

33 Vgl. zum Themenkomplex der Definition und Messung von Schäden Kap. 2.7.3.

Regel allerdings Transaktionskosten. Sofern diese Kosten die Differenz zwischen der Zahlungsbereitschaft des Nutzers und der Akzeptanzbereitschaft des Rechteinhabers überschreiten, unterbleibt die Transaktion, die im kostenlosen Regime zu beiderseitigem Vorteil geführt und damit eine Pareto-Verbesserung bedeutet hätte (vgl. Bing (2001), S. 123). Es entgehen somit gesamtgesellschaftliche Interaktionsvorteile, Transaktionsgewinne werden nicht realisiert. Insbesondere wenn es sich vom Umfang her um geringfügige Nutzungen wie z.B. das Zitieren eines Autors, das Kopieren einer Buchseite oder eines einzelnen Musikstückes zur Herstellung individueller CDs handelt, ist die Möglichkeit prohibitiv hoher Transaktionskosten gegeben, die den Wert der Nutzung relativ schnell überschreiten, sodass sich Markttransaktionen nicht lohnen und unterbleiben.[34] Sind derartige Handlungen/Nutzungsarten urheberrechtlich untersagt, da infolge der Primärverteilung sämtliche Rechte gemäß einer vollständigen Spezifizierung dem Urheber zugeordnet sind, so mindert dies zwar den Nutzen der Verbraucher, stiftet dem Rechteinhaber hingegen keinen finanziellen Vorteil, was mit Wohlfahrtseinbußen einhergeht. Eine Einkommenserzielung über Lizenzierungen bestimmter Nutzungsarten unterbleibt infolge prohibitiv hoher Transaktionskosten (vgl. Gordon/Bone (2000), S. 1610).

Eine Beschränkung des ausschließlichen Rechts in derartigen Fällen, gleichbedeutend z.B. mit der Möglichkeit zum erlaubnisfreien Kopieren, würde jedoch den Nutzen stiftenden Gebrauch ermöglichen, ohne gleichzeitig Anreiz mindernd zu wirken, da sich die Einnahmensituation des Rechteinhabers verglichen mit der Situation einer ausbleibenden Transaktion nicht verändert und dieser zudem der Nutzung im Verhandlungsfall zugestimmt hätte (vgl. Gordon (1994), S. 361; Landes/Posner (1989), S. 357). Daraus leitet sich die theoretische Begründung her, dass „the basic idea is to allow free copying through fair use whenever obstacles to market formation are serious enough to frustrate access by licensing, selling, or other modes of consensual transfer." (Gordon/Bone (2000), S. 1610).

Ein wesentliches Merkmal dieser Rechtfertigung der erlaubnisfreien – und prinzipiell auch zahlungsfreien – Nutzung besteht darin, dass im Vergleich mit der Referenzsituation prohibitiv hoher Transaktionskosten keine Einnahmeverluste und Anreizminderungen auf Seiten des Rechteinhabers entstehen. Der durch hohe Transaktionskosten ansonsten verhinderte effiziente Ressourcentransfer soll ermöglicht werden. Die Rechte gelangen dann im Idealfall an den Ort ihrer höchsten Wertschätzung, an den sie auch in einer transaktionskostenlosen Um-

---

34 Neben prohibitiv hohen Transaktionskosten, die einen Transfer gänzlich verhindern, ist es auch denkbar, dass die Transaktionen zwar zustande kommen, aber der Nutzen aus der Verhandlung mit steigenden Transaktionskosten abnimmt, wodurch auch der Wert der Rechte und darüber der Produktionsanreiz sinkt.

welt über private, vertragliche Koordination gelangt wären. Es wird damit deutlich, dass diese Rechtfertigung der Schranken (zunächst, im theoretischen Idealfall) nicht im Kontext der urheberrechtlichen trade-off Entscheidung zwischen Unterproduktion und Unternutzung zu sehen ist (vgl. Klein/Lerner/Murphy (2002), S. 205). Es ergibt sich faktisch eine Re-Allokation der Verfügungsrechte, von der bestimmte Nutzungsformen ausgehen, die der Rechteinhaber autorisiert hätte. Damit sind ergo keine gegenläufigen Interessen von Nutzer und Rechteinhaber betroffen, deren Abwägung es auf der Grundlage staatlich vorgenommener Effizienzvergleiche ansonsten bedurft hätte. Anderenfalls würde die Ausgestaltung der Schrankenregelung weiter verkompliziert, weil erhebliche Informationsdefizite eine Prognose derartiger gegenläufiger Effizienzwirkungen spekulativ erscheinen lassen und ferner ein Einfallstor für die Einflussnahme von Lobbygruppen geöffnet würde. Die geschilderte ökonomische Begründung entspricht zudem der gesetzlichen Forderung, dass der wirtschaftliche Wert der Güter nicht negativ durch die Beschränkung beeinflusst werden soll und die normale Werkverwertung zu ermöglichen sei, um dem Anreizargument Rechnung zu tragen. Des Weiteren dürfte eine derart ausgelegte Schrankenregelung auf größere politische und öffentliche Akzeptanz stoßen.

Die Schilderungen verdeutlichen, dass dieses Rechtfertigungsmuster für die Beschränkung von Verfügungsrechten der Logik des Coase-Theorems entspricht (vgl. Gordon (1994), S. 363; Depoorter/Parisi (2002), S. 455 f.). Danach sei es aus Effizienzgesichtspunkten irrelevant, wem die Verfügungsrechte primär zugeordnet würden, solange keine Transaktionskosten bestehen, die einer vertraglichen Austauschbeziehung im Wege stehen. Über letztere gelangen die Ressourcen annahmegemäß an den Ort ihrer höchsten Wertschätzung, woraus eine effiziente Allokation resultiert, und zwar unabhängig von der vorgenommen Primärallokation („Invarianzthese") (vgl. Coase (1960), S. 6; Behrens (1986), S. 120 f.). Existieren hingegen Transaktionskosten, die marktliche Austauschbeziehungen be- bzw. verhindern, dann kommt der Verteilung der Verfügungsrechte allokative Bedeutung zu (vgl. Coase (1960), S. 19). Aus normativer Sicht lässt sich dann fordern, die Rechte von vornherein denjenigen Wirtschaftsubjekten zuzuweisen, die den höchsten Nutzen daraus ziehen und diese am effizientesten verwenden, sodass sich eine Allokation ergibt welche sich im transaktionskostenlosen Verhandlungs-Regime eingestellt hätte (vgl. Gordon (1994), S. 363; Schäfer/Ott (1986), S. 81).[35]

35 Sofern die Transaktionskosten nicht prohibitiv hoch sind, könnten zwar weiter Verhandlungen stattfinden. Auch hier steigerte sich aber die Effizienz durch die geschilderte Rechtezuteilung, da auf kostenintensive Transaktionen verzichtet würde (vgl. Coase (1960), S. 19).

Wenn auch keine einheitliche Meinung vorzuherrschen scheint, ob die Möglichkeit zur Inanspruchnahme von Schrankenregelungen (z.B. Privatkopie) als ausgesprochenes, einklagbares Recht aufzufassen ist/sein sollte, so können solche Regelungen hier als faktische Verfügungsrechte potenzieller Nutzer interpretiert werden (z.B. Kopie einer Buchseite zu Forschungszwecken, Zitierfreiheit u.a.). Damit wird deutlich, dass die Verdünnung der Verfügungsrechte des Urhebers nicht per se negative Effizienzwirkungen nach sich zieht, was als ökonomischer Erklärungsansatz für die Rechtfertigung von Beschränkungen dient.[36]

Bezüglich der Argumentation anhand des Coase-Theorems erlangt die Frage Relevanz, ob bzw. wie sich die Tatsache auswirkt, dass lediglich die Effizienzwirkung der Allokation Betrachtung findet, nicht aber z.B. dynamische Einkommensaspekte. Diese kann sich aber auf die Voraussetzung zur Gewährung von Ausnahmen auswirken, als die galt, dass dem Urheber dadurch kein Schaden entstehen solle, was mit dessen potenzieller Zustimmung zur Nutzung gleichgesetzt wird (vgl. u.a. Landes/Posner (1989), S. 357). Sofern die Zahlungsbereitschaft der Nutzer die Akzeptanzbereitschaft der Urheber übersteigt, kann eine Zustimmung angenommen werden. Aus Effizienzgesichtspunkten wäre in Anlehnung an das Coase-Theorem dann auch eine zahlungsfreie „fair-use-Zuteilung" des entsprechenden Verfügungsrechts an den Nutzer sinnvoll, wenn prohibitive Transaktionskosten vorliegen und somit die Marktallokation gleichsam „nachgeahmt" würde (vgl. Gordon (1994), S. 363).

Ungeachtet der Effizienzbeurteilung anhand der Referenzsituation einer transaktionskostenlosen Umwelt muss berücksichtigt werden, dass der Rechteinhaber der Transaktion zu einem Preis von Null nicht zugestimmt hätte. Infolge der Schrankenregelung ohne Vergütung stellt sich allerdings eine Nutzung zum Preis von Null ein. Dadurch kann die Annahme, dass der betrachteten „fair use"-Nutzung im funktionsfähigen Markt zugestimmt worden wäre, nicht in jedem Fall aufrecht erhalten werden. Dieses Problem resultiert m.E. aus der Argumentation auf der Grundlage zweier verschiedener Referenzsituationen: Die Effizienzbetrachtung basiert auf dem Vergleich eines transaktionskostenfreien Markttauschs mit der Situation prohibitiver Transaktionskosten, wohingegen die

---

36 Um die geschilderte Situation zu beheben, in der hohe Transaktionskosten effiziente Transfers verhindern, sind weitere Möglichkeiten denkbar. So könnte der Versuch unternommen werden, die Transaktionskosten zu senken und damit dem Marktmechanismus wieder zu seiner Funktionsfähigkeit zu verhelfen, z.B. durch die Gestaltung eines angemessenen Vertragsrechts, mit dem insbesondere bei sich wiederholenden Transaktionen Kosten senkende Standardisierungen erzielt werden können (vgl. hierzu Behrens (1986), S. 157 ff.). Hier steht jedoch nicht der Aspekt der Transaktionskostensenkung im Vordergrund, sondern die Rechtfertigung von „fair-use"-Ausnahmen, wozu prohibitive Transaktionskosten vorausgesetzt werden.

komparative Betrachtung der Einnahmensituation ein Regime mit prohibitiven Transaktionskosten voraussetzt, in dem entweder ein exklusives Recht existiert (Nutzung unterbleibt) oder eben nicht (Nutzung findet statt und steigert die Wohlfahrt). Im letzten Referenzszenario spielt es dann hinsichtlich der Einnahmen keine Rolle mehr, ob eine zustimmungs- und zahlungsfreie Nutzung vorgenommen wird oder nicht, weil die Einnahmen in jedem Fall Null betragen. Allerdings stellen sich die Nutzer besser.

Aus statischer Sicht kann die geschilderte Rechtenutzung als effizient angenommen werden. Aus dynamischer Perspektive sind hingegen Probleme denkbar. Sofern für potenzielle Urheber Unsicherheit darüber besteht, ob bestimmte Nutzungen einem „fair use" unterliegen und deshalb keine Einnahmen ermöglichen, für die sie jedoch Einnahmen veranschlagt haben, unterbleibt die Kreation, und es entstehen negative Anreizeffekte. Das setzt allerdings wiederum voraus, dass der Urheber ohne die Ausnahmeregelung die Nutzungen hätte vermarkten können, womit die „fair use"-Nutzung in gewissem Maße zur „normalen" Verwertung in substitutivem Verhältnis stehen muss. Trotz der angenommenen prohibitiven Transaktionskosten ist dies nicht auszuschließen. Unterbleibt z.B. transaktionskostenbedingt die Einigung hinsichtlich der Möglichkeit zur privaten Kopie einer Seite eines Lehrbuches, auf die sich beide Akteure zu einem gewissen Preis geeinigt hätten, so erzielt der Urheber keine Lizenzeinnahmen. Messen jedoch einige potenzielle Nutzer dieser Seite einen besonders hohen Wert zu, werden sie bereit sein, das ganze Lehrbuch zu kaufen, wodurch c.p. über zusätzliche Einnahmen Produktionsanreize erzeugt werden. Die Schranke hätte in gewissem Maße Substitutionscharakter, wodurch zu deren Rechtfertigung nicht mehr nur primär die prohibitiven Transaktionskosten, sondern auch die Substitutionsbeziehungen berücksichtigt werden müssten.

Bestehen andererseits (nahezu) keine Substitutionsbeziehungen (z.B. Zitat) erleidet der Urheber auch keine Einnahmeverluste. Selbst im Falle ohne Transaktionskosten wäre ein „fair use" unter Anreizaspekten dann zu rechtfertigen. Möchte z.B. ein Wissenschaftler einen anderen Autoren zitieren, und die Einigung darüber sei kostenlos möglich, würde ein „fair use" keine substitutionsbedingten Einnahmeverluste nach sich ziehen und aus ökonomischer Sicht wäre ein Verbotsrecht zur Anreizgenerierung schwer zu rechtfertigen.[37] Es besteht zu-

37 Die Argumentation bezüglich der Substitutionsbeziehungen ist in diesem Kontext immer problembehaftet und ungenau. Denn dazu müsste ex ante genau festgelegt sein, welche Nutzungs-, und Verwertungsformen dem Urheber zur Erzielung von Einnahmen, Lizenzgebühren u.ä. obliegen sollen, um Anreize zu schaffen. Prinzipiell wäre es denkbar, dem Rechteinhaber sämtliche vorstellbaren Verwertungsmöglichkeiten zuzugestehen. Dann könnte auch das Zitieren eines Satzes oder das Pfeifen eines Liedes nur gegen Lizenzgebühr geschehen (ohne Transaktionskosten). In diesem Fall würde jede

dem die Möglichkeit, dass der zitierte Autor selbst davon profitiert, zitiert zu werden.

In dem Fall, in dem Schrankenbestimmungen wegen hoher Transaktionskosten eine effiziente Rechteallokation fördern sollen, und gleichzeitig aber Anreiz mindernde Substitutionseffekte auftreten, wird in Kauf genommen, dass dem Rechteinhaber in gewissem Umfang ein finanzieller Schaden entsteht, was dann wieder die nicht unproblematische Abwägung gegenläufiger Wohlfahrtseffekte bedürfte (Unternutzung vs. Unterproduktion). Die Anwendung der Schrankenregelung wäre weiter gerechtfertigt, sofern die dadurch entstehenden Nutzen, die auftretenden Kosten des Urheberschutzes überstiegen (vgl. Landes/Posner (1989), S. 358). Anreizminderungen wären dann in Kauf zu nehmen, allerdings stellten sich erneut erhebliche administrative Probleme bei derartigen Entscheidungen. (So müssten z.B. die positiven Wohlfahrtseffekte infolge der Kopien einzelner Lehrbuchseiten die dadurch entgangenen Einnahmen aus potenziellen Lehrbuchverkäufen und die daraus resultierenden langfristig wohlfahrtsmindernden Anreizwirkungen überkompensieren.)

Um negative Anreizeffekte infolge erlaubnisfreier Nutzungen zu mindern, könnte die Inanspruchnahme mit der Verpflichtung zur Schadensersatzzahlung gekoppelt werden. Im Sinne von CALABRESI/MELAMED (1972) erfolgte der Schutz der Verfügungsrechte des Urhebers dann über „liability rules“, anstatt über „property rules“, die eine verhandlungsfreie Nutzung ermöglichen, aber ex post einen Schadensersatzanspruch bedingen.[38] Auch dieses Vorgehen verursacht jedoch administrative Kosten, die ggf. höher sind, als der damit entstehende zu-

---

freie Nutzung die Substitution gewisser Einnahmen bedeuten und Anreiz mindernd wirken. Diesbezüglich ist jedoch die prinzipielle Funktion des Urheberrechts zu berücksichtigen und abzuwägen, ob es den Zweck der Einnahmenmaximierung der Urheber oder der Optimierung der Wohlfahrtseffekte aus Anreiz/Produktion und Nutzung ermöglichen soll.

38 CALABRESI/MELAMED (1972) untersuchen u.a. wie Verfügungsrechte unter dem Postulat der ökonomischen Effizienz zu schützen seien. Dabei unterscheiden sie zwischen property rules und liability rules. Unter der Gültigkeit ersterer sind einmal zugeordnete Verfügungsrechte derart geschützt, dass sie nur nach erfolgter Zustimmung des Rechteinhabers durch freiwillige Transaktionen übertragen werde können. Letztere erlauben hingegen die Inanspruchnahme ohne die Zustimmung des originären Rechteinhabers, sodass dieser keinen Abwehranspruch hat. Der Schutz erfolgt über einen Schadensersatzanspruch, dessen Höhe dem objektiven Wert entsprechen soll, für den der Besitzer einem Verkauf zugestimmt hätte. Sodann argumentieren die Verfasser, dass bei geringen Transaktionskosten „property rules“, bei hohen Transaktionskosten „liability rules“ zur Anwendung kommen sollten. Ab einer bestimmten Kostenhöhe der Aushandlung von Vertragsbedingungen, insbesondere des Wertes des Verfügungsrechtes, sei es effizienter, wenn dieser Wert ex post gerichtlich festgelegt werde (vgl. hierzu Calabresi/Melamed (1972); Behrens (1986), S. 177 f.; Schäfer/Ott (1999), S. 516 f.).

sätzliche Anreiz zur Produktion aus Schadensersatzzahlungen (vgl. Landes/Posner (1989), S. 358). Ferner ist zu berücksichtigen, dass dem Rechteinhaber auch ohne Schadensersatzanspruch unterschiedliche Möglichkeiten zur Verfügung stehen, sich den zusätzlichen Nutzen der Güter anzueignen, den diese aus Sicht der Konsumenten erfahren, wenn ein „fair use" möglich ist. Dies ließe sich z.B. über höhere Preise für Originale bewerkstelligen, wenn von der Inanspruchnahme der „fair use"-Regelung auszugehen ist (siehe hierzu ausführlich Kap. 2.7.1 sowie Liebowitz (1985)).

Auch die Durchsetzbarkeit von an sich vollständig spezifizierten Verfügungsrechten ist in der Praxis nicht frei von Kosten und kann damit eine Schrankenregelung begründen. Derartige Kosten entstehen bei der Kontrolle und Durchsetzung von gesetzlichen Regelungen und umfassen somit auch die rechtliche Ahndung illegaler Handlungen. Im urheberrechtlichen Rahmen können diese Kosten – in Relation zu dem Wert der entsprechenden Güter – mitunter als hoch betrachtet werden. So müsste z.B. ein Kopierverbot für private Nutzungen überwacht und durchgesetzt werden, damit es seine bezweckte Wirkung erfüllt, ansonsten wäre es nutzlos. Sofern diese Kosten jedoch den Wohlfahrtsgewinn übersteigen, den die Einhaltung des Urheberrechts verspricht, sind sie ökonomisch nicht gerechtfertigt (vgl. Watt (2000), S. 12 f.). Selbst wenn vertragliche Interaktionen zwischen dem Rechteinhaber und potenziellen Nutzern nicht von vornherein an der Hürde hoher Transaktionskosten scheitern und infolge der nicht genehmigten Kopien finanzielle Schäden beim Rechteinhaber anfallen,[39] sind die Schrankenregelungen zur Privatkopie ökonomisch begründbar, sofern die Kosten der Rechtsdurchsetzung deren Nutzen übersteigen (vgl. Committee on Intellectual Property Rights (2000), S. 134; Schack (2001), S. 227). Unter Anreizaspekten erlangt dann die Frage einer Entschädigung Relevanz, die z.B. in der Form von Trägermedien- und Geräteabgaben ausgestaltet werden kann (vgl. Towse (2000), S. 175 f.; Bechtold (2002), S. 316).[40]

Gegen diese Argumentation kann der Einwand hervorgebracht werden, dass der Rechteinhaber für die Verfolgung und Durchsetzung von Verletzungen seiner

---

39 Hier ist zu berücksichtigen, dass Einnahmeverluste infolge nichtautorisierter Nutzung eines Individuums als marginal zu betrachten sind und erst die Summe derartiger Nutzungen merkliche Schäden beim Rechteinhaber verursacht. Die Grenzkosten der Rechtedurchsetzung gegen einzelne Wirtschaftssubjekte übersteigen somit relativ schnell deren Grenznutzen (vgl. Towse (2000), S. 172).

40 Eine ähnliche Argumentationslogik ist aus dem Bereich des Patentschutzes bekannt. Wenn die Durchsetzung des Schutzes aufgrund hoher Kosten nicht möglich ist und illegale Nutzungen nicht zu verfolgen sind, sei es aus Anreizaspekten sinnvoller, statt des Patentschutzes z.B. auf öffentliche Finanzierungen zurückzugreifen (vgl. Schäfer/Ott (2000), S. 582 f.).

Verfügungsrechte selbst verantwortlich ist und auf der Basis einer Grenzkosten-Nutzenabwägungen darüber entscheiden sollte, in welchem Umfang er illegales Kopieren verfolgt (vgl. Committee on Intellectual Property Rights (2000), S. 134). Dennoch fällt ein nicht unerheblicher Teil dieser Kosten weiterhin beim Staat an bzw. wird an diesen weitergereicht (z.B. Beschlagnahmungen illegaler Kopien und Gerichtsverfahren) (vgl. Kulle (1999), S. 96 ff.; Bing (2002), S. 134). Des Weiteren ist damit zu rechnen, dass die privaten Kosten der Rechtsdurchsetzung in die Preise für legale Nutzungen eingehen und damit letztlich von diesen Nutzern getragen werden (vgl. ähnlich Tietzel (1981), S. 213). Dann finanzierten die legalen Nutzer die freerider, während bei einer Schrankenregelung mit z.B. Abgaben auf Trägermedien, die freerider zumindest teilweise zur Zahlung herangezogen würden.

Unter der Annahme einer weiten Verbreitung des Kopierens für private Zwecke wird zudem bei einem Verbot in Verbindung mit hohen Durchsetzungskosten nur ein relativ geringer Anteil der illegalen Nutzer zur Verantwortung gezogen. Dabei wird die Auswahl eher zufällig sein, wodurch der Rechtsdurchsetzung ein nicht unerhebliches Maß an Willkür zukommt. Hierdurch stellte sich dann die Frage, ob diese Vorgehensweise den daraus bewirkten Nutzen rechtfertigt oder ob alternative Mechanismen vorzugswürdig erscheinen (vgl. Landes/Lichtman (2003a), S. 15). Insbesondere bei einer Institution wie dem Urheberrecht, dessen Wirksamkeit auch vom Rechtsbewusstsein der Nutzer abhängt, das im Vergleich zu materiellen, rivalen Gütern eher gering ist, ist die Akzeptanz in der Öffentlichkeit nicht zu unterschätzen. Im hier geschilderten Kontext entsprechen die Rechtsdurchsetzungskosten zu weiten Teilen den Kosten des Ausschlusses potenzieller freerider. Auch prohibitiv hohe Ausschlusskosten an sich können ausschlaggebend dafür sein, dass eine effiziente Verfügungsrechtestruktur nicht per se auf Privateigentum begründet sein muss, sondern wie im Falle von Schrankenbestimmungen gewisse Ausnahmen zulässt (vgl. Richter/Furubotn (1996), S. 108 ff., 132).

Gesetzliche Verbote z.B. des Kopierens (bei Abwesenheit von Schrankenregelungen) sind wegen hoher Transaktionskosten der Durchsetzung damit nur begrenzt wirksam, um illegale Handlungen zu verhindern, die als opportunistisches Verhalten zu interpretieren sind. Dies wirkt sich negativ auf die Anreize zur Produktion aus. In der Regel besteht die Möglichkeit als Reaktion darauf, private Verträge zu kreieren, in denen sich beide Seiten auf bestimmte Kontroll- und Durchsetzungsstrukturen einigen (vgl. Richter/Furubotn (1996), S. 93). Doch auch diese sind nicht frei von Transaktionskosten. Ein Vertrag zwischen dem Rechteinhaber und dem Nutzer kommt zwar gegebenenfalls zustande, es kann aber weiterhin ex post nicht gänzlich festgestellt werden, ob sich der Nutzer an die Vertragsinhalte hält. So kann er z.B. vertragswidrig mehrere Kopien anfertigen oder diese weiterverbreiten. Der Versuch, opportunistisches Verhalten vertraglich auszuschließen oder zumindest zu begrenzen, bedürfte neben der Kontrolle zudem der Definition sämtlicher auszuschließender Sachverhalte – die möglicherweise noch gar nicht bekannt sind – sowie der Fixierung potenzieller Sanktionen. Auch dies erhöhte die Transaktionskosten und würde zudem nicht garantieren können, dass das Verhalten tatsächlich entdeckt würde. Sofern der Rechteinhaber sowohl ein opportunistisches Verhalten antizipiert als auch die ihm durch die Vertragsgestaltung entstehenden Kosten berücksichtigt, mindert auch dies den Anreiz zu individuellen Reaktionen und damit letztlich zur Produktion. Vor diesem Hintergrund könnte eine „fair-use-Regelung“ (inklusive einer Zahlung z.B. in Form einer Trägermedienabgabe) der Vertragslösung überlegen sein (vgl. Schäfer/Ott (2000), S. 370 f.). Möglicherweise bietet sich in diesem Zusammenhang der Einsatz technischer Verfahren an, mit denen opportunistisches Verhalten beschränkt oder die Überwachung verbessert werden kann, doch auch diese dürften nicht kostenfrei sein.[41]

Neben der geschilderten transaktionskostentheoretischen Rechtfertigung urheberrechtlicher Schranken existieren weitere Begründungen, die des Öfteren angeführt werden und deshalb hier Erwähnung finden sollen. So wird als eine ökonomische Begründung die Existenz eines Marktversagens infolge positiver externer Effekte angenommen (vgl. Loren (1997), Bechtold (2002), S. 330 f.; Gordon/Bone (2000), S. 202). Hierbei wird unterstellt, dass Werke, Informationen oder Informationsgüter, zu deren Erstellung selbst auf geschützte Informationen/Informationsgüter zurückgegriffen wird, bei Dritten (z.B. den Endnutzern) einen Nutzenzuwachs erzeugen, den sich der Produzent dieser „abgeleiteten“ Werke nicht über den Preismechanismus aneignen kann, und den er bei seiner Produktionsentscheidung folglich nicht berücksichtigt. Damit fiele die Produktion dieser Güter zu gering aus. Beispielsweise nutzt der Verfasser einer Kritik

41 Technische Verfahren können direkt die Transaktionskosten senken. Derartige Wirkungen lassen sich auch über eine kollektive Rechtedurchsetzung (Verwertungsgesellschaften) ermöglichen. Die negativen Wirkungen hoher Transaktionskosten ließen sich so mindern und marktliche Koordinationsformen anwenden. Mit der analysierten Beschränkung von Verfügungsrechten sollen ebenfalls diese negativen Effekte vermieden werden. Trotzdem stellen sie nicht im eigentlichen Sinne Instrumente zur Senkung von Transaktionskosten dar. Vielmehr gehen sie von der weiteren Existenz der Transaktionskosten aus, und versuchen die marktliche Transaktion selbst (und damit natürlich auch deren Kosten) zu ersetzen, ohne deren prinzipiell Effizienz fördernde Wirkung zu verhindern (je weniger Transaktionen nötig sind, desto geringer sind auch die Kosten). Eine direkte Gegenüberstellung der Verfahren ginge von unterschiedlichen Grundannahmen aus. Sinnvoll wäre gegebenenfalls ein kombinierter Einsatz an Stelle einer „entweder-oder-Entscheidung“, sodass zunächst versucht würde die Transaktionskosten zu senken und den Markt als Allokationsinstrument zu nutzen und erst dann, wenn dies nicht mehr möglich ist, auf Schranken zurückzugreifen.

Zitate des Originalwerkes oder Ausschnitte aus Filmen oder Musikstücken. Damit verbessern die Nutzer der Kritik ihren Informationsstand bezüglich des kritisierten Werkes, sodass Informationsasymmetrien abgebaut werden können.[42]

Anhand dieser Argumentation wird davon ausgegangen, dass bei den Endnutzern positive Externalitäten anfallen (vgl. Loren (1997), S. 52 f.; Bechtold (2002), S. 331 f.). Ob hier allerdings tatsächlich von Externalitäten auszugehen ist, scheint fraglich. Analog ließen sich dann bei vielen Hersteller-Kunden-Beziehung externe Effekte unterstellen. Ausschlaggebend ist in diesem Fall nämlich die Finanzierungsform des abgeleiteten Werkes, wie z.B. der Kritik. So wird der Autor die Kritik nicht für sich selbst verfassen und zusätzlich Dritte davon profitieren, die die Kritik lesen. Vielmehr wird eine Form der Entgeltung stattfinden. Erfolgt beispielsweise eine Veröffentlichung in der Zeitung, so wird der Autor (indirekt) durch deren Käufer finanziert. Damit entstehen jedoch keine externen Effekte. Es ließe sich die Argumentation hingegen erweitern wenn berücksichtigt wird, dass die Informationen des Kritikers selbst den Charakter öffentlicher Güter aufweisen. Dadurch verbessert sich auch der Informationsstand derjenigen, die die Kritik selbst nicht „aktiv" genutzt und nicht zu deren Finanzierung beigetragen haben (z.B. durch Kauf von Zeitschriften/Zeitungen, in denen Kritik veröffentlicht wird), z.B. durch „Hören-Sagen" (vgl. Fritsch/Wein/Ewers (1999), S. 279). Des Weiteren steigert der Abbau von Informationsasymmetrien die Effizienz marktlicher Allokation, wovon auch diejenigen profitieren, die (bisher) nicht direkt auf diesen Märkten aktiv sind.

Als weiteres Beispiel wird das Kopieren zu Unterrichtszwecken genannt, wodurch sich das Bildungsniveau der Unterrichteten steigern ließe, was als externer Effekt angeführt wird (vgl. Bechtold (2002), S. 332). Auch hier muss gefragt werden, ob dadurch positive Externalitäten anfallen. Von einem höheren Bildungsniveau, gleichbedeutend mit einer höheren Ausstattung an Humankapital, profitieren jedoch nicht nur die Unterrichteten, die zur Internalisierung herangezogen werden könnten, sondern auch die Gesellschaft.[43] Demnach lassen sich

42 Bei Informationen und Gütern wie z.B. Büchern, Filmen, Musik handelt es sich um Erfahrungsgüter, deren Qualität erst mit dem Konsum zu beurteilen ist. Der Hersteller verfügt somit hinsichtlich der Qualität ex ante über einen Informationsvorsprung (vgl. zu dieser Güterklassifikation Darby/Karni (1973)).

43 Es wird gemeinhin angenommen, dass Humankapital als ein wesentlicher Faktor für Wirtschaftswachstum gilt. Bei einem steuerfinanzierten Bildungssystem leistet die Gesellschaft einen Beitrag (Internalisierungsfunktion). Im obigen Beispiel würde die Bildung verbessert, ohne dass der zusätzliche Nutzen in diesen Steuern enthalten ist (Externalität). Die Argumentation bezüglich externer Effekte im Bildungssystem ist nicht unumstritten. So kann angeführt werden, dass positive Externalitäten einer höheren Humankapitalausstattung über ein höheres Einkommen internalisieren werden, womit

positive Externalitäten aufgrund der Produktion von „Folgegütern" nicht ausschließen, die auf der Nutzung bestehender Informationsgüter basiert. Neben den geschilderten Beispielen sind weitere Bereiche betroffen, die bestehende Werke nutzen, wie z.B. Wissenschaft und Forschung.

Wären zur Nutzung bestehender Werke Lizenzverhandlungen und -zahlungen notwendig, so würde der Produzent der abgeleiteten Werke (unter der Annahme der Nichtexistenz von Transaktionskosten) seine Entscheidung anhand seines privaten Grenzkosten-Grenznutzen-Kalküls treffen. Sofern keine Internalisierungsmöglichkeiten des Nutzens bestehen, der bei Dritten anfällt, bliebe somit der soziale Grenznutzen außer Betracht. Die hergestellte Menge der auf bestehende Informationen zurückgreifenden neuen Werke/Informationen wäre gesamtgesellschaftlich zu gering und die bestehenden Werke würden in zu geringem Umfang genutzt (vgl. Depoorter/Parisi (2002), S. 457; Loren (1997), S. 52 ff.). Eine die Lizenzierungen überflüssig machende Schrankenregelung – so die Argumentation – hätte zur Folge, dass positive Externalitäten stiftende abgeleitete Werke in größerem Umfang produziert würden und darüber der soziale Nutzen bei der Entscheidung quasi berücksichtigt würde, der nicht über Marktmechanismen internalisiert werden kann. Dadurch ließe sich auch ein solcher Nutzen aus positiven Externalitäten realisieren, der zwar anfallende Verluste des Urhebers überkompensiert, aber bei einem Verbotsrecht des Urhebers unterbliebe (vgl. Loren (1997), S. 48).

Der geschilderte Ansatz erscheint zur Erklärung für eine Beschränkung von Verfügungsrechten problematisch und zu weiten Teilen spekulativ. Zunächst ist das Vorliegen externer Effekte, wie bereits erwähnt, nicht eindeutig und lässt sich insbesondere nicht für sämtliche Nutzungsformen unterstellen, die auf bestehende, urheberrechtsrelevante Güter zurückgreifen. Sofern die Folgegüter selbst den Charakter öffentlicher Güter aufweisen, birgt der Ansatz die Gefahr in sich, die damit einhergehenden „gewöhnlichen" Probleme lediglich auf eine andere Ebene zu verlagern. Selbst wenn positive Externalitäten existieren, ist ein systematischer Zusammenhang zwischen der Wirkung der verwandten Originalgüter bzw. deren freier Nutzung und dem Ausmaß der positiven Externalitäten schwer aufzuzeigen (vgl. Depoorter/Parisi (2002), S. 457).

Ferner scheint es selbst in dem Falle einer beobachtbaren Verbindung zwischen Externalität und Nutzung des Originals wenig sachgerecht, ausschließlich den Originalurheber über eine Schrankenregelung faktisch zu besteuern, um Zweitproduzenten zugunsten der Gesellschaft zu subventionieren, denn derartig wirk-

---

das Problem der Unterinvestition und staatliches Handeln an Relevanz verlören (siehe hierzu ausführlich Becker (1993), S. 205 ff.).

te sich eine solche Regelung hier aus.[44] Dies zöge tendenziell Anreiz mindernde Effekte nach sich, deren Gegenüberstellung mit Nutzensteigerungen – wie geschildert – nicht unproblematisch ist.

Sofern allerdings auch der ursprüngliche Urheber selbst infolge der Nutzung profitiert, kann eine Schrankenregelung ökonomisch sinnvoll sein. Beispielsweise entstehen aus Kritiken und Rezensionen wegen der Verbesserung des Informationsstandes Werbeeffekte, die Nachfrage und Umsatz steigern können, ohne „fair use" hingegen ausblieben (vgl. Landes/Posner (1989), S. 359).[45] Des Weiteren ist über eine „fair use-Regel" als Internalisierungsmechanismus die Nutzung der Güter in optimalem Umfang nicht garantiert. Viel mehr steht zu befürchten, dass zu viele Güter genutzt werden, womit der gesellschaftliche Grenznutzen aus abgeleiteten Werken geringer ausfällt als die Grenzkosten, die z.B. in Anreizminderungen der Originalproduzenten zum Ausdruck kommen.

In Anbetracht obiger Analyse sollten Verfügungsrechtebeschränkungen, wie sie die Schrankenregelungen des Urheberrechts darstellen, nicht anhand externer Effekte begründet werden. Für nicht wenige Anwendungen können die Endnutzer zur Finanzierung beitragen, womit Externalitäten in geringerem Umfang entstehen als zunächst unterstellt. Tatsächliche externe Effekte wären dann mit Hilfe anderer Verfahren zu internalisieren. Beispielsweise über vertragliche Regelungen oder anderenfalls über Subventionierungen. Das Ausmaß der Subventionierung sollte dabei jedoch im kollektiven Entscheidungsprozess bestimmt werden, und nicht im Ermessen des Schrankenbegünstigten liegen (je mehr Nutzungen bestehender Informationsgüter, desto höher die Subventionswirkung). Die Finanzierung der Subvention hätte möglichst durch die tatsächlichen Nutznießer

44 Ein in diesem Zusammenhang nicht unübliches Argument besteht in der Feststellung, das Urheberrecht würde quasi durch die Gesellschaft verliehen, womit sich eine Einschränkung zugunsten dieser Gesellschaft rechtfertigen ließe (vgl. z.B. Bing (2002), S. 103). Es ließen sich unter Anführung dieses Arguments allerdings etliche Rechte aushebeln oder beschränken, weshalb es hier nicht weiter verfolgt werden soll.

45 An dieser Stelle ließe sich einwenden, dass der Urherber selbst ein Interesse an derartigen Werbeeffekten haben müsste und deshalb Rezensionen und Kritiken von sich aus zustimmen würde, womit es keiner Schrankenregelung bedürfte (unter Vernachlässigung der Transaktionskosten). Aus Sicht der Leser steigert jedoch eine „fair use-Regel" das Vertrauen in die Güte der Information, wenn der Rechteinhaber nicht über die Möglichkeit verfügt, Zitate für potenziell negative Kritiken zu verbieten. Der Leser muss dann nicht befürchten, dass das Zitatrecht zum Preis für positive Kritiken „gekauft" wurde. Die Glaubwürdigkeit der Kritik wiederum steigert deren Werbeeffekt, sodass auch die Urheber im Ganzen davon profitieren (vgl. Landes/Posner (1989), S. 359). Ein ähnliches Resultat ließe sich über „black-box"-Verträge erzielen, bei denen der Autor den Zitatzweck und den Vertragspartner nicht kennt.

zu erfolgen. Verteilen sich die externen Effekte diffus auf die gesamte Gesellschaft kommt eine Steuerfinanzierung in Betracht.[46]

Als eine weitere Begründung für Beschränkungen der Verfügungsrechte durch Ausnahmenregelungen im Urheberrecht werden sozialpolitische Ziele angeführt. Während die ökonomische Analyse ihr Hauptaugenmerk auf die Effizienz der Verfügungsrechtestrukturen und damit auch der Ausnahmen richtet, führt die juristische Literatur vornehmlich Gerechtigkeitserwägungen als auch Verteilungsfunktionen an (vgl. Towse (2002), S. 170). So wird beispielsweise die Schranke der Vervielfältigung zum privaten und sonstigen eigenen Gebrauch (§ 53 UrhG) damit gerechtfertigt, es solle „auch denjenigen eine Teilnahme am kulturellen Leben ermöglicht werden, die es sich nicht leisten können, eigene Vervielfältigungsstücke käuflich zu erwerben." (Schack (2001), S. 227). Ungeachtet dieser Zielsetzung ist der Versuch, dieses über eine Schrankenregelung zu erreichen kritisch zu beurteilen. Zunächst bedürfte es einer adäquaten Bestimmung, wer welche Güter wie zu welchen Zwecken nutzen darf. Prinzipiell ließe sich eine solche Forderung für sämtliche, nicht nur urheberrechtsrelevante oder kulturelle Güter anstellen. Daraus jeweils Eingriffe in die Verfügungsrechtestruktur abzuleiten erwiese sich allerdings unter marktwirtschaftlichen Gesichtspunkten als kontraproduktiv.

Ferner ließe sich analog der Analyse der positiven Externalitäten argumentieren. Auch eine sozialpolitisch motivierte Zielsetzung sollte nicht allein den ursprünglichen Urheben finanziell anzulasten sein und die Schrankenregelung nicht als Umverteilungsinstrument herangezogen werden (vgl. Gordon (1982), S. 1632). Hierdurch würden Anreizminderungen und weitgehend unbestimmbare Effizienzverluste in Kauf genommen. Auch die Durchsetzbarkeit muss in der Praxis bezweifelt werden, da unkontrollierbar ist, ob nicht auch finanziell besser Gestellte von der Nutzung Gebrauch machen, beispielsweise im Rahmen der Privatkopie. Die Treffgenauigkeit der Regelung ist somit gering, andere Instrumente wären besser geeignet (vgl. Schäfer/Ott (2000), S. 367 f.). Diesbezüglich kämen möglicherweise subjektbezogene Transferleistungen in Betracht, z.B. in der Form von „Kulturgutscheinen".

Variationen des institutionellen Rahmens erzeugen bei den Wirtschaftssubjekten Verhaltensanpassungen. Infolge einer „fair use-Regel" können die Rechteinha-

46 Hierbei ist jedoch der fiskalische Anreiz öffentlicher Institutionen nicht auszuschließen, Steuergelder nicht für derartige Zwecke verausgaben zu wollen und die Finanzierung bewusst auf die Rechteinhaber zu überwälzen. Diese Problematik ist von anderen Schrankenregelungen, wie z.B. hinsichtlich des Kirchen-, Schul-, Unterrichtsgebrauchs oder der Jugendhilfe und Gefangenenbetreuung her bekannt, wo Vergütungspflichten entfallen (vgl. hierzu Schack (2001), S. 233 ff.).

ber versuchen, sich den zusätzlichen Nutzen der Anspruchsberechtigten (z.B. „private Kopisten") über eine höhere Preissetzung anzueignen („indirect appropriability"; vgl. Kap. 2.7.1).[47] Sofern die Möglichkeit einer an individueller Zahlungsbereitschaft orientierten Preisdiskriminierung nicht besteht, resultierte aus einer Preissteigerung infolge der Schrankenregelung eine Umverteilung von denjenigen, die die Schranke in geringem Ausmaß nutzen, zu solchen Wirtschaftssubjekten, die sie umfangreich nutzen. Dabei wird sich nur zufällig eine systematische Bevorzugung wenig kaufkräftiger Individuen einstellen.

Unter Berücksichtigung des technischen Fortschritts (insbesondere Digitalisierung, Internet) und der bislang ungeklärten Frage nach der Ausgestaltung der Schranken als Reaktion darauf, besteht zudem die Gefahr, dass eine sozialpolitisch intendierte freie Nutzung zum privaten Gebrauch in ihr Gegenteil verkehrt würde. Wenn dazu nämlich zunächst Ausgaben in leistungsfähiges Equipment notwendig sind (z.B. PCs, Netzzugangskapazitäten, MP3-Player u.ä.), die eher von sozial Privilegierten aufgewandt werden können, erfolgte eine Umverteilung von „unten nach oben".[48] Die eine Schrankenregelung berücksichtigenden (c.p. höheren) Preise für Originale würden dann insbesondere von denjenigen bezahlt, die ursprünglich begünstigt werden sollten. Diese verfügen in vergleichsweise geringem Ausmaß über die technischen Voraussetzungen zur Inanspruchnahme der Schranken und müssten auf Originalprodukte „ausweichen" oder auf die Nutzung verzichten. Es besteht zwar auch die Möglichkeit, z.B. legale Kopien zur privaten Nutzung durch Dritte anfertigen zu lassen. Hiermit gehen allerdings Transaktionskosten einher.

47 Derartige Preisreaktionen sind nicht eindeutig vorherzusagen und einzelfallabhängig. Entscheidend sind die Elastizitäten der Nachfrage als auch der Substitutionscharakter von Kopien. Sofern die Nachfrager bei Preiserhöhungen auf die Nutzung von Kopien ausweichen, sind solchen Erhöhungen Grenzen gesetzt. Weichen nur preiselastische Nachfrager aus, verbleibt eine unelastische Nachfrage nach Originalen, mit größerem Potenzial zur Preiserhöhung (vgl. Committee on Intellectual Property Rights (2000), S. 189 f.). Auch könnte die Möglichkeit des „fair use" die Zahlungsbereitschaft der Konsumenten erhöhen, da mehr Nutzungsmöglichkeiten entstehen.

48 Dass besser Situierte aufgrund des nötigen Equipments die Schranken in größerem Ausmaß nutzen können ist hier als Annahme aufzufassen. Langfristige Entwicklungen im IuK-Bereich, inklusive der Kosten der Produkte, können zwar nicht vorhergesagt werden. Trotzdem ist die Annahme nicht unrealistisch, dass von zustimmungs- (und zahlungs-) freien Nutzungen von Informationsgütern in sämtlichen denkbaren Verwendungen besonders diejenigen profitieren, die über gute technische Voraussetzungen dazu verfügen. (z.B. Aufnahme/Distribution von Musik, Bildern, Filmen über Mobilfunktechnologie). Es böten sich hierzu empirische Untersuchungen an, wer tatsächlich von Schranken profitiert.

Wenn infolge technischer Zugriffs- und Kopierschutzmechanismen in Verbindung mit privaten Verträgen damit zu rechen ist, dass zustimmungs- und zahlungsfreie Nutzungen verhindert werden und z.B. einzelne Kopien – auch zum privaten Gebrauch – nur gegen Entgelt vorzunehmen sind,[49] mag der Aspekt der Ausgrenzung sozial Unterprivilegierter von der Teilhabe an der informationellen Entwicklung weitere Brisanz erfahren.[50] Das Ziel, einer derartigen Entwicklung gegenzusteuern kann hier durchaus diskussionswürdig sein. Dennoch zeigte sich, dass Schrankenregelungen als Lösungsansatz, basierend auf sozialpolitischer Motivation, als wenig überzeugend zu betrachten sind und sowohl allokativ als auch distributiv negativ wirken können.

2.5.4 Fazit und Implikationen: Substitutionswirkungen als Kriterium der Schrankenregelung

Im deutschen Urheberrecht existieren unterschiedliche Schrankenbestimmungen, die zustimmungsfreie Nutzungen wie z.B. das Kopieren, an sich urheberrechtlich geschützter Informationsgüter ermöglichen. Vor dem Hintergrund der Theorie der Property-Rights resultieren aus einer solchen Verdünnung der Verfügungsrechte negative Folgen für eine effiziente Allokation und für die Erzeugung von Produktionsanreizen, die den wesentlichen Zweck des Urheberrechts darstellen. Die Freiheit im Austauschprozess, zu individuellen Vertragshandlungen wird eingeschränkt. Ferner setzt die Ausgestaltung der Schranken die Kenntnis potenzieller Effizienz- und Wohlfahrtswirkungen voraus, die sich in den Regimen unterschiedlicher Eingriffsintensitäten ergeben. Hierbei ist allerdings das Informationsdefizit staatlicher Akteure zu berücksichtigen. Insbesondere wenn es sich auch um zukünftige Entwicklungen handelt und mitunter gegenläufige statische und dynamische Wirkungen zu vergleichen sind sowie Ergebnisse prognostiziert werden müssen, die sich im Rahmen alternativer Regelungen, die nicht real existieren, einstellen würden. Damit ist nicht nur die Gefahr einer Fehleinschätzung gegeben, sondern auch der Anreiz zu verstärkter Lobbytätigkeit derjenigen groß, die sich als potenzielle Verlierer bei bestimmten Entscheidungen sehen (vgl. Towse (2000), S. 184). Um eine ergebnisoffene, marktkonforme Entwicklung auf der Basis individueller Entscheidungen zu ermöglichen, gleichzeitig aber Nutzungen nicht zu verhindern, die diesem Bestreben prinzipiell nicht im Wege stehen, bedarf es deshalb einer begrenzten Anwendung von Beschränkungen, die einer stringenten Begründung unterliegen müssen und zudem nicht den Status quo zementieren.

---

49 Diese Entwicklung wird von Teilen der Interessenvertreter der Rechteinhaber angestrebt (vgl. o.V. (16.09.2003)).

50 Derartige Tendenzen sind nicht ausschließlich auf den Bereich der Privatkopie beschränkt. Es können auch Bibliotheken (z.B. digitale Zeitschriften), Archive u.v.m. negativ betroffen sein (siehe zu dieser Problematik ausführlich Lessig (2001)).

Zur Begründung von Schrankenbestimmungen existieren unterschiedliche Ansätze, die häufig nicht ökonomischer Natur sind und sich damit zum Teil einer Analyse entziehen. Die Existenz von Transaktionskosten bietet hingegen einen nachvollziehbaren Erklärungsansatz.[51] Dabei ist der Begriff der Transaktionskosten nicht zu eng auszulegen. Es handelt sich hierbei sowohl um Kosten, die ein Marktversagen verursachen, wodurch individuell vorteilhafte Transaktionen verhindert werden. Gleichfalls umfasst der Begriff auch die Kosten, die im Rahmen der Rechtsdurchsetzung anfallen. Damit ist auch der Ansatz kritisch zu betrachten, der allein aufgrund der technischen Entwicklung die Notwendigkeit der Ausnahmen verneint, da die Transaktionskosten sinken. Hier besteht die Gefahr, den Begriff der Transaktionskosten auf die bloßen Kosten bilateraler Vertragsbeziehungen zu reduzieren (vgl. Einhorn (2003), S. 4 f.). Technologisch bedingt geringere Informations- und Suchkosten ermöglichen zwar ein leichteres Auffinden des Urhebers bestimmter Informationen und über so genannte „Mouseklick-Lizenzen" können Verträge abgeschlossen werden. Dennoch lassen sich kaum sämtliche Nutzungsformen, wie z.B. Zitate, derart koordinieren. Des Weiteren sind infolge technologischer Entwicklungen auch Transaktionskosten steigernde Funktionen zu berücksichtigen. So erhöhen sich die illegalen Nutzungsmöglichkeiten, was einem opportunistischen Verhalten nach Vertragsabschluss gleichkommt. Auch nehmen die Rechtsverfolgungs und -durchsetzungskosten zu, insbesondere sofern sich die Handlungen in privatem Umfeld und über weltweite Datennetze in steigendem Ausmaß vollziehen (vgl. Picot (2003), S. 1).

Weiteres Vorliegen von Marktversagen im urheberrechtlichen Umfeld, beispielsweise aufgrund externer Effekte, lässt sich nicht ausschließen, allerdings bieten Schrankenregelungen hier keinen adäquaten Lösungsansatz. Gleiches gilt für Gerechtigkeitserwägungen und Umverteilungsziele. Als ein zusätzlicher Rechtfertigungsansatz für Schrankenregelungen können zudem „Anticommons-Probleme" fungieren, bei denen strategisches Verhalten unterschiedlicher Rechteinhaber von komplementären Ressourcen die Ursache für suboptimale Marktergebnisse darstellt, und zwar auch im Fall transaktionskostenloser Interaktionen. Diese werden in Kapitel 4.3 ausführlich analysiert (siehe dazu auch Buchanan/Yoon (2000); Parisi/Depoorter (2003)).

Abschließend soll noch einmal der zu Beginn des Abschnitts erwähnte Unterschied zwischen der enumerativen Struktur der deutschen beziehungsweise der

51 Auch der transaktionskostentheoretische Ansatz wird allerdings kritisiert (vgl. z.B. Bing (2002), S. 126 ff.; Merges (1996)). Wie erwähnt werden stattdessen alternative Mechanismen zur Senkung der Transaktionskosten diskutiert, z.B. Verwertungsgesellschaften, Technologien oder gesetzlich unterstützte, transaktionsfördernde Maßnahmen (z.B.Vertragsrecht).

EU-konformen Ausgestaltung von Schrankenregelungen und dem US-amerikanischen Prinzip des „fair use“ betrachtet werden, um darauf basierend Hinweise zur Ausgestaltung aufzuzeigen. Insbesondere vor dem Hintergrund des technischen Fortschritts und der bis dato rechtlich nur ansatzweise gelösten, damit einhergehenden Problematik der Schrankenausgestaltung, erlangen diesbezügliche Fragen zunehmend an Bedeutung (vgl. Schippan (2003b), S. 680). Dies umfasst beispielsweise den umfangreichen Komplex der (digitalen) Privatkopie als auch die kontrovers diskutierten Regelungen zugunsten von Bildungs- und Forschungseinrichtungen (vgl. Kaube (2003); Hoeren (2003a); Schmoll (2003); Schippan (2003a), S. 381).[52]

Das Enumerationsprinzip hat gegenüber dem „fair use“ amerikanischer Prägung, das nicht einzelne Handlungen explizit betrachtet, sondern grundlegende Voraussetzungen definiert[53] anhand derer beurteilt wird, ob Handlungen rechtsverletzend sind, den Vorteil einer höheren Rechtsklarheit ex ante (vgl. Schack (2001), S. 220). Eine Schwäche des Prinzips besteht jedoch darin, dass die Aufzählungen der Ausnahmetatbestände relativ schnell obsolet werden können und damit auf neue, bisher unbekannte Anwendungen und technische Nutzungsformen nicht angemessen und flexibel zu reagieren ist. Häufige Novellierungen wären die Folge, was sich in Anbetracht der widersprüchlichen Interessen und ausgeprägter Lobbytätigkeiten als langwierig und aufwendig erweist. Um dem entgegenzuwirken, könnte als stärker zu berücksichtigendes Beurteilungskriterium von Ausnahmeregelungen und in Anbetracht des originären Ziels des Urheberrechts als Anreizinstrumentarium die Frage nach dem Substitutionscharakter unterschiedlicher Nutzungen gelten.[54]

Sofern bestimmte Nutzungen wie z.B. Kopieren oder die Erstellung von „Folgegütern“[55] substitutiven Charakter zur Nutzung des ursprünglichen Informations-

---

52 Nach dieser Regelung können Bildungs- und Forschungseinrichtungen bestimmte Teile von Werken oder Beiträge aus Zeitschriften einem abgegrenzten Adressatenkreis öffentlich zugänglich machen, auch z.B. über Intranets (§ 52 a Abs. 1 UrhG).

53 Diese Voraussetzungen bestehen in vier Faktoren, anhand derer die Beurteilung eines „fair use“ erfolgt, diese sind: purpose and character of the use, nature of the copyrighted work, amount and substantiality of the portion used in relation to the copyrighted work as a whole, effect of the use upon the potential market for or value of the copyrighted work (vgl. Anderson/Brown (1993), S. 146; 17 U.S.C. § 107 (2000)).

54 Der Rechtfertigungsgrund der Transaktionskosten soll hierdurch nicht ersetzt werden. Wie oben geschildert, ist eine stringente Trennung der jeweiligen Ursachen nicht möglich. In Zweifelsfällen bedarf es weiterhin der Abwägung, ob hohe Transaktionskosten ein „fair use“ trotz Substitutionswirkung begründen.

55 In dem hier geschilderten Zusammenhang lassen sich „Folgegüter“ weit interpretieren, und subsumieren z.B. auch Kritiken, Parodien oder die Transformation von literarischen

gutes aufweisen, lässt sich ein finanzieller Schaden der Urheber und daraus folgend eine Minderung der Anreize unterstellen.[56] Haben die betroffenen Handlungen jedoch keine ersetzende Wirkung, so kann auch nicht von Einnahmeausfällen und Anreizminderungen ausgegangen werden, sodass ein „fair use" eine Rechtfertigungsgrundlage erführe. Das Urheberrecht fordert zwar eine Nichtbeeinträchtigung der „normale Werkverwertung", womit die Frage der Substituierbarkeit indirekt erwähnt wird, bleibt aber diesbezüglich relativ unbestimmt.

Positiv wirkt sich eine auf die Substitution bezogene Regel insbesondere dadurch aus, dass den Aspekten Anreiz und Nutzung besser entsprochen wird und auf häufig willkürlich erscheinende und unbestimmte administrative trade-off-Entscheidungen weitgehend verzichtet werden kann. Momentane oder auch zukünftige Nutzungsformen mit substituierender Wirkung, die jedoch explizit von Schrankenaufzählungen erfasst sind, ließen sich unterbinden, während solche Formen, die keine derartigen Wirkungen nach sich ziehen, allerdings nicht als Schranken definiert sind, ermöglicht würden. Dadurch lassen sich Wohlfahrt steigernde Effekte realisieren, da sowohl den Anreizen zur Produktion von Originalen entsprochen wird als auch „Folgeentwicklungen" entstehen, die auf bestehende Informationen/Informationsgüter zurückgreifen ohne diese und deren Marktpotenziale zu substituieren.

Ferner zeichnet sich ein an Substitutionswirkungen orientiertes Vorgehen dadurch aus, dass auf die administrative Definition von Gebrauchszwecken, Nutzungsintensitäten aber auch der Differenzierung zwischen kommerzieller und nichtkommerzieller Nutzung zur Beurteilung von Schrankenregelungen, wie sie das deutsche Urheberrecht vorsieht,[57] verzichtet würde. Auch derartige Definitionen unterliegen Abgrenzungsproblemen und Informationsdefiziten seitens der Entscheidungsträger, die die Effizienzwirkungen konterkarieren können. Widersprüche, die infolge bestimmter Schrankennutzungen auftreten, die sowohl substituierende als auch nicht substituierende Effekte verursachen können, wären zu vermeiden. So zeigt sich beispielsweise die Schrankenbestimmung zugunsten der Nutzung für Unterrichtszwecke als ambivalent. Während Kopien aus Lehrbüchern in Klassensatzstärke den Kauf der Originale durchaus ersetzen können und damit prinzipiell verlustbedingte Anreizminderungen hervorrufen, ist dies bei z.B. Inhalten aus Zeitungen oder Zeitschriften, die im Unterricht Verwendung finden, nicht der Fall.

Werken in audiovisuelle Form aber auch z.B. die Umwandlung von Musikstücken von CDs in MP3-Format.

56 Die Möglichkeiten der Vergütungspflicht oder der indirekten Aneignung des Mehrwertes infolge der Nutzung („indirect appropriability") bleiben hier unberücksichtigt.

57 Siehe zur Aufzählung der einzelnen Schranken §§ 45 ff. UrhG.

Insbesondere Entwicklungen im IuK-Bereich verschärfen diese Problematik und damit auch die Abgrenzungsfragen. Die in der Novelle des deutschen Urheberrechts infolge der EU-Richtlinie zur Informationsgesellschaft (vgl. hierzu ausführlich Kap. 3) vorgesehene Schrankenregelung zur öffentlichen Zugänglichmachung für Bildungs- und Forschungseinrichtungen erlaubt u.a. die digitale Nutzung von Unterrichtsmaterialien und deren „Vervielfältigung" an Bildschirmplätzen als auch die Einstellung von Werken/Werkteilen in interne Intranets (vgl. Schippan (2003a), S. 381 f.; § 52 a UrhG). Damit reicht prinzipiell die Anschaffung eines Exemplars pro Einrichtung aus. Sofern diese Einrichtungen jedoch bisher als hauptsächliche Nachfrager bestimmter Werke (z.B. Lehrbücher) galten, kann eine Substitutionswirkung mit negativen Anreizen angenommen werden (vgl. ähnlich Litman (2001), S. 180). Dies gilt gegebenenfalls auch dann, wenn es sich nur um geringe, aber zentrale Ausschnitte des gesamten Werkes handelt. Die technisch gleiche Nutzung von Materialien, die ursprünglich anderen Verwendungen als Forschung und Bildung galten (z.B. Zeitungen), kann hingegen Effizienz steigernd wirken, Nachfragerückgänge der ursprünglichen Konsumenten entstehen dadurch nicht.

Entscheidungsrelevant für eine Schrankenregelung sollte demnach nicht der absolute Zweck der Nutzung (hier: Unterrichtszweck), sondern die Substitutionswirkung auf das Original sein.[58] Diesbezüglich kann unterstellt werden, dass z.B. Lehrbücher originär für Unterrichtszwecke vorgesehen sind und die Nutzungen damit in Konkurrenzbeziehungen stehen. Dies wäre bei Zeitungen o.ä. nicht der Fall. Wesentlich ist damit der „relative Zweck" zwischen Original und Zweitwerk bzw. Kopie, der sich allerdings nicht ex ante über bestimmte Nutzungsformen definieren lässt (vgl. hierzu Anderson/Brown (1993), S. 168 ff.).

Analog lässt sich hinsichtlich weiterer Schrankenvoraussetzungen argumentieren, wie z.B. des Umfangs des genutzten Materials sowie der kommerziellen Nutzung.[59] Auch hier bietet die Analyse der ökonomischen Substitutionswirkung einen besseren Indikator als eine vor-ab-Spezifizierung. So können auch bereits Kopien geringen Umfangs den Originalkauf ersetzten und dadurch originäre Marktpotenziale beschneiden und Produktionsanreize mindern (z.B. Aufsatzkopien aus Sammelbänden oder einem Zeitschriftenjahrgang). Gleichzeitig muss eine komplette Übernahme nicht per se einen finanziellen Schaden bedeuten, sofern sie gänzlich anderen Verwendungen zugeführt wird als denjenigen, die

58 Die Berücksichtigung dieser Beziehung lässt sich zwar bei den urheberrechtlichen Schranken teilweise implizit unterstellen, eine stringente Ausrichtung daran erfolgt jedoch nicht.

59 Das deutsche/europäische aber auch das US-amerikanische Recht beschränken die Nutzung auf einen nicht näher definierten geringen Umfang und nicht kommerzielle Nutzung (vgl. Einhorn (2003), S. 4, 20 f.).

der Originalproduzent verfolgt. Sofern Nutzungsformen keine Substitution bedeuten, ist es unter Anreizgesichtspunkten für den Urheber zudem irrelevant, ob diese Nutzungen kommerziell erfolgen oder nicht, da seine Einnahmensituation dadurch nicht betroffen ist. Wenn allerdings nicht-substituierende Nutzungen nur aufgrund eines kommerziellen Charakters oder wegen eines umfangreichen Rückgriffs auf Originalwerke durch das Urheberrecht verhindert werden, wird die Entstehung neuer Produkte und Werke, die aus bestehenden Informationsgütern hervorgehen, ohne deren Marktpotenziale zu vermindern, verhindert, was als ökonomisch ineffizientes Ergebnis interpretiert werden kann (vgl. Einhorn (2003), S. 20 f.).

In dieser Form organisierte Schrankenregelungen zeigen damit eine Analogie zu in der jüngeren Literatur diskutierten Vorschlägen, das komplette Urheberrecht von der Handlung des Kopierens zu entkoppeln und stattdessen direkt auf die Einnahmepotenziale und damit die Anreize der (potenziellen) Urheber abzustellen (vgl. Committee on Intellectual Property Rights (2000), Ch. 4 (html-Version), S. 14 ff.; Litman (2001), S. 180 ff.). Vor der Existenz und Verbreitung der Digitaltechnologie konnte die Reproduktion als relativ guter Indikator zur Durchsetzung der Rechte der Urheber und zur Wahrung der Anreize fungieren, da z.B. Distribution, Veröffentlichung und Kontrolle der Nutzung direkt mit dem Akt der Vervielfältigung einhergingen und Kopien in stärkerem Maße eine Substitutionswirkung unterstellt werden konnte. Mit der Digitaltechnologie wird diese stringente Beziehung sukzessive vermindert. So sind zum bloßen elektronischen Zugang von Informationen bereits Kopiervorgänge notwendig (vgl. hierzu Committee on Intellectual Property Rights (2000), Ch. 4 (html-Version), S. 15 ff.). Es existieren ferner weitere elektronische Anwendungen (z.B. im Multimediabereich oder Musiksampling[60]) oder sind zukünftig möglich, die auf Vervielfältigungen beruhen und für die keine ökonomischen Konkurrenzbeziehungen zu den Originalen anzunehmen sind, selbst bei kommerzieller Nutzung. Auch für die Rechteinhaber bestehen zunehmend vervielfältigungsunabhängige Gelegenheiten zur Vermarktung ihrer Werke, womit die Indikatorfunktion der Kopie zur Ermittlung finanzieller Verluste schwindet (vgl. Litman (2001), S. 177).

Als eine wesentliche Schwierigkeit – insbesondere in praktischer Hinsicht – der hier vorgeschlagenen Ausgestaltung von Schrankenregelungen gilt die Feststellung bzw. die Quantifizierung der Substitutionswirkungen infolge der nicht au-

60 Hierbei dienen u.a. Kombinationen bestehender Musikstücke aber auch z.B. Textpassagen aus Filmen zur Produktion neuer Musikwerke. Diese haben dann häufig keinerlei Gemeinsamkeiten mehr mit den Ursprungswerken, richten sich damit an völlig andere Nachfragesegmente und üben keinen negativen Einfluss auf die Marktpotenziale ursprünglicher Urheber aus.

torisierten Nutzung. In vielen Fällen wird die Beurteilung, ob bestimmte Nutzungen urheberrechtlich geschützter Informationsgüter durch Dritte substitutiv wirken, erst nach der tatsächlichen Nutzung möglich sein, was die administrativen Kosten steigert.[61] Es müsste also zunächst zur potenziellen Rechtsverletzung kommen, deren Charakter dann ex post bewertet würde. Dies hätte eine fallweise Regelung zur Folge. Sollte keine Substitution von Einnahmepotenzialen des Rechteinhabers festgestellt werden, läge eine legitime Inanspruchnahme der Schrankenregelung vor. Die Beurteilung impliziert damit quasi eine gesetzliche Festlegung, welche – auch potenzielle – Nutzungsformen der Originalproduzent für sich beanspruchen kann, aus welchen Verwendungen dieser somit Einnahmen erzielen können soll.[62]

Eine solche Beurteilung der Substitutionswirkungen der Nutzung ließe sich gegebenenfalls anhand des Konzeptes des relevanten Marktes aus dem Bereich der Wettbewerbstheorie vornehmen.[63] Erfolgt z.B. die Nutzung eines bestehenden Informationsgutes zur Herstellung eines neuen Gutes, das auf einem anderen Markt verwertet wird als auf dem, den der Rechteinhaber mit seinem Originalwerk bedient, so lässt sich keine Konkurrenz- und damit Substitutionsbeziehung unterstellen. Die jeweiligen Güter werden von unterschiedlichen Konsumenten zu unterschiedlichen Zwecken nachgefragt. Als Beispielfälle können Parodien von Musikstücken mit gleicher Melodie oder von Theaterstücken mit gleicher Rahmenhandlung dienen (vgl. Einhorn (2003), S. 14 f.). Aus dem Bereich der digitalen Technologie kämen z.B. multimediale Lexika in Betracht, die bestimmte Musikstücke, Filmausschnitte oder auch Bilder zur Erklärung verwenden. Eine Substitutionswirkung hinsichtlich der Originale lässt sich hier nahezu ausschließen.

Während sich das Konzept des relevanten Marktes für bereits existierende Märkte weniger aufwendig erweist, stellen sich komplexe Fragen hinsichtlich potenzieller (Lizenz-) Märkte und bisher unbekannter bzw. nicht vermarkteter Nutzungsformen. Reservierte man den Rechteinhabern die Einnahmepotenziale bisher nicht bekannter Märkte, ist nicht auszuschließen, dass dies die Dynamik

61 Auch wird der Rechteinhaber zunächst Rechtsverstöße selbst feststellen, beweisen und zur Anklage bringen müssen, was nicht ohne einen gewissen Kostenaufwand erfolgen kann. Hierdurch dürften eher finanzkräftige Rechteinhaber in der Lage sein, sich vor illegalen Handlungen zu schützen. Dies trifft allerdings in gewissem Maße auch für das aktuelle System zu.

62 Prinzipiell ließen sich sämtliche aktuellen und zukünftig denkbaren Nutzungen zunächst dem Rechteinhaber zuschreiben, die dieser dann lizenzieren kann. Der Zweck des Urheberrechts besteht jedoch nicht in der Einnahmenmaximierung der Rechteinhaber. Zudem dürften Anreizwirkungen nicht bekannter Einnahmequellen auf die aktuelle Produktionsentscheidung vernachlässigbar sein.

63 Vgl. zu Marktabgrenzungskonzepten Schmidt (1999), S. 49 ff.; Knieps (2001), S. 48 ff.

der Entwicklung dieser Märkte und neuer Technologien schwächen würde, da die Urheber damit über ein „quasi-Vetorecht“ verfügten. Würden Schrankenregelungen angewendet, bestünde hingegen die Gefahr, dass sich die neuen Märkte als Konkurrenz etablieren und damit doch Anreiz mindernd wirkten. In diesem Zusammenhang wird somit auch die Frage relevant, ob eine finanzielle Schädigung eintritt, wenn bestimmte Nutzungen vorgenommen werden, die der Rechteinhaber selbst nicht ausführt und für die es auch keinen Lizenzmarkt gibt, dieser sich allerdings zukünftig etablieren ließe, z.B. infolge technologisch bedingt sinkender Transaktionskosten. Gälte eine „fair-use-Regel“, minderte dies den Anreiz, derartige, an sich Effizienz steigernde Marktlösungen oder institutionelle Verfahren zur Senkung der Transaktionskosten zu entwickeln (z.B. Verwertungsgesellschaften).

Daraus kann die Empfehlung abgeleitet werden, die Schrankenregelungen nicht zu zementieren und sie dann in Frage zu stellen, wenn sich marktliche Lösungen anbieten (vgl. Gordon (1982), S. 1619 ff.). Damit zeigt sich auch die pauschale Forderung nicht unproblematisch, dort Schrankenregelungen zu implementieren, wo keine Märkte existieren. Hier verhindern zwar zu hohe Transaktionskosten den effizienten Tausch. Allerdings könnten Märkte deshalb nicht existieren und die Suche nach Verfahren zur Senkung der Transaktionskosten unterbleiben, gerade weil Schranken existieren. Gegebenenfalls ließen sich Schranken deshalb zeitlich befristen und nur dann verlängern, falls sich keine Alternativen entwickeln konnten.

Ein Argument, keine Schranken auch für nicht konkurrierende Nutzungsformen zum Originalwerk zu gewähren, besteht in so genannten „Koordinationseffekten“ (vgl. Landes/Posner (1989), S. 353 ff.). Hätte der Urheber keine Rechte an „Folgeentwicklungen“ durch Dritte, so würde er möglicherweise mit der Veröffentlichung des Originalwerkes so lange warten, bis er selbst sämtliche abgeleiteten Produkte gleichzeitig auf den Markt bringen könnte. Dadurch würde die Veröffentlichung des ursprünglichen Produktes ineffizient verzögert (vgl. Einhorn (2003), S. 16).[64] Auch die Produktion der abgeleiteten Güter wäre gegebenenfalls weniger effizient als wenn sie durch Dritte vorgenommen würde, die diesbezüglich über komparative Vorteile verfügten. Die Gültigkeit dieses Arguments ist jedoch insoweit zu hinterfragen, ob als Anreiz zur Erzeugung des Originals die Einnahmenerwartung aus sämtlichen – auch unbekannten – Nutzungsformen nötig ist.

---

64 Als Beispiele für solche „Folgeentwicklungen“ ließe sich an Literaturverfilmungen, Merchandising oder Übersetzungen denken. Im Softwarebereich kämen z.B. Anwendungsprogramme für Betriebssysteme in Betracht, für deren Kompatibilität die Schnittstellen bekannt sein müssen.

Es zeigt sich somit, dass auch ein an Substitutionswirkungen orientiertes System nicht frei von administrativen und praktischen Problemen ist, allerdings in größerem Maße ökonomischen Grundsätzen entsprechen kann als das Enumerationsprinzip. Es ist flexibler als eine Aufzählung unterschiedlicher, zum Teil willkürlich erscheinender Ausnahmen, die häufig nicht dem urheberrechtlichen Ziel der Anreizgenerierung entsprechen und die der technologischen Entwicklung zwangsläufig hinterherhinken.

Um dem oben erwähnten Problem der fallweisen Regelung Rechnung zu tragen und damit eine höhere ex ante-Verlässlichkeit zu gewährleisten, käme die Definition bestimmter Nutzungsarten in Frage, für die keine Substitutionswirkung unterstellt wird. Unter die Schrankenregelung würde dann z.B. die Kreation von derartigen Gütern fallen, die zwar auf bestehende Informationsgüter zurückgreifen, aber eine neue, andere Bedeutung haben und damit andere Nachfragesegmente bedienen und somit die Anreize der Originalurheber nicht negativ beeinflussen (vgl. Einhorn (2003), S. 12). Eine solche Typisierung könnte allgemeiner erfolgen als die detaillierten, aktuellen Schrankendefinitionen, womit auch neue, zukünftige Nutzungsformen zu erfassen wären (vgl. Committee on Intellectual Property Rights (2000), Ch. 4 (html-Version), S. 16). In Zweifelsfällen käme eine nachträgliche Einzelfallentscheidung in Betracht.[65]

2.6 Der Zusammenhang von Anreiz und Entlohnung

Die Begründung und Rechtfertigung der IPR basiert wie geschildert auf der Generierung von Anreizmechanismen aufgrund derer die Urheber produktiv tätig werden und ihre Werke der Öffentlichkeit zugänglich machen, da ihnen die Kontrolle und die Verwertung der Werke zugesichert ist und sie damit die Möglichkeit zur Erzielung einer pekuniären Entlohnung haben. Diese Argumentationslogik setzt implizit die Gültigkeit der neoklassisch orientierten Annahme voraus, dass mit zunehmender finanzieller Entlohnung auch die Bereitschaft zur Produktion immaterieller Güter gesteigert wird bzw. überhaupt erst entsteht. Im Umkehrschluss bestünde somit bei fehlender Aussicht auf angemessene Entlohnung im Zweifelsfall überhaupt kein Anreiz zur Produktion, womit die Motivation ausschließlich von pekuniären Anreizen abhinge. Dass dies in der Praxis nicht der Fall ist, zeigen unterschiedliche Beobachtungen, beispielsweise die open-source-Bewegung im Rahmen der Softwareproduktion. Diese Software kann unentgeltlich genutzt werden, der Urheber verzichtet auf eine Entloh-

65 Ein Beispiel für derartige Einzelfallentscheidungen bietet der „Napster-Fall". Hier wurde nachträglich die Wirkung des Tausches von urheberrechtlich geschützten Musikdateien über das Internet hinsichtlich der Verwertungspotenziale der Rechteinhaber und damit die Substitutionswirkung beurteilt.

nung.[66] Eine Erörterung, aus welcher Motivation heraus die Produktion immaterieller Güter erfolgt, soll hier keinen expliziten Untersuchungsgegenstand bilden. Insbesondere auch deshalb nicht, weil diese Frage eher Relevanz im Bezug auf Kunstwerke im engeren Sinne hat als auf (digitale) Informationsgüter.

Trotzdem bleibt festzuhalten, dass neben einer extrinsischen Motivation – also durch finanzielle Anreize von außerhalb – auch eine intrinsische Motivation – aus inneren, nicht-pekuniären Motiven hervorgehender Antrieb – die Anreize und damit Quantität und Qualität der Herstellung der immateriellen Güter beeinflusst. Frey (2000, S. 139 ff.) weist in diesem Zusammenhang auf die Interdependenzen dieser Arten der Motivation hin, wodurch finanzielle Anreize die intrinsische Motivation vermindern können, woraus eine suboptimale Angebotsmenge resultiere. Dieser als Crowding-Out bezeichnete Effekt basiert vornehmlich darauf, dass z.B. mit einer als Anreiz gedachten staatlichen Finanzierung eines Künstlers eine gewisse Kontrolle einhergeht und ein bestimmtes Arbeitsergebnis erwartet wird, was negativ auf Motivation und Kreativität wirkt. Auch ein moral-hazard-Verhalten kann zur negativen Wirkung beitragen, da der Begünstigte u.U. eine Arbeit geringerer Qualität herstellen kann, die trotzdem die ex ante verhandelte Entlohnung einbringt.[67]

Nichtsdestotrotz stellen finanzielle Mittel eine Grundvoraussetzung für den Großteil der Produktion immaterieller Güter dar. Sollte diese sich nicht über den Marktmechanismus durch Marktpreise finanzieren lassen und auf pekuniäre Anreize, z.B. staatliche Subventionen, verzichtet werden, müsste der Hersteller/Künstler auf andere Art und Weise ein Einkommen erzielen (vgl. Towse (2001), S. 485). Aus mikroökonomischer Perspektive entstünden dann jedoch Opportunitätskosten in Form des Zeitverlustes, der für kreative Tätigkeiten nicht mehr zur Verfügung stünde, womit die produzierte Quantität und gegebenenfalls auch die Qualität sänke. Infolge eines höheren Einkommens kann c.p. mehr Zeit in die Produktion immaterieller Güter investiert und das Angebot gesteigert werden. Dies setzt zum einen die Möglichkeit zur Teilbarkeit und zur freien Wahl der Arbeitszeit voraus. Zum anderen müsste der Einkommenseffekt überwiegen, damit ein steigendes Einkommen die Reduzierung der Arbeitszeit be-

---

66 Ob nicht letztendlich doch der finanzielle Erfolg ausschlaggebend ist, der nach dem Aufbau einer Reputation durch die Programmiertätigkeit innerhalb einer bestimmten „peer-group" möglich ist, scheint nicht unwahrscheinlich und wird in der ökonomischen Literatur als Anreizmechanismus angeführt (siehe hierzu ausführlich Lerner/Tirole (2001)). Allerdings kann hierdurch die Existenz nichtpekuniärer Anreizfaktoren nicht gänzlich ausgeschlossen werden.

67 Die pekuniären Anreize, die das Urheberrecht generiert, können im Vergleich hierzu als weniger problematisch betrachtet werden, da diese über den Marktmechanismus entlohnt werden (siehe hierzu Frey (2000)).

wirkt. Es steigen zwar die Opportunitätskosten der Freizeit mit zunehmendem Einkommen. Sofern aber die kreative Tätigkeit in der Freizeit selbst einen hohen Nutzen bedeutet, auf den bei einer Ausdehnung der Arbeitszeit verzichtet werden müsste, erscheint die Annahme nicht unrealistisch. Über diesen Mechanismus ließe sich möglicherweise, wenn auch indirekt, an die oben zugrunde gelegte positive Beziehung zwischen finanziellen Mitteln und Produktions-/Kreationsaktivität anknüpfen.

Die Anbieter der Informationsgüter lassen sich unterscheiden in die „tatsächlichen" Urheber der Werke, z.B. Autoren, Musiker oder Softwareprogrammierer, und in die Produzenten und Verleger, die durch ihre Tätigkeit die Marktfähigkeit der Güter mit Hilfe von Kapitaleinsatz ermöglichen und die Distribution sowie das Marketing u.ä. übernehmen. Hinsichtlich der Produzenten und Verleger kann die Wirkung der finanziellen Entlohnung als Anreizmechanismus zur Investition und Produktion unterstellt werden. Faktoren der intrinsischen Motivation, die bei den Künstlern eher vermutet werden können, dürften hier keinen entscheidenden Einfluss haben, sodass für Produzenten eine Gewinnerzielungsabsicht angenommen wird. Die Möglichkeiten zur Gewinnerzielung durch die Produktion von Informationsgütern werden ihrerseits von der Ausgestaltung der Verfügungsrechte, die zum Großteil die Produzenten und Verleger kontrollieren, beeinflusst. Der in diesem Zusammenhang erwähnte Anreizmechanismus trifft damit sowohl auf die Künstler selbst als auch insbesondere auf die professionellen Produzenten und die gesamte Urheberrechtsindustrie[68] zu.

Bei der Analyse der Anreizmechanismen im Verlauf dieser Arbeit erfolgt von daher keine weitere Differenzierung bezüglich der Interessen von Autoren und Verlegern/Distributoren, sofern nicht explizit auf andere Annahmen hingewiesen wird. Untersuchungen der Beziehungen zwischen diesen beiden Gruppen lassen sich beispielsweise unter Anwendung der „Prinzipal-Agent-Theorie" vornehmen. Hierbei können Aussagen über die Auswirkungen alternativer institutioneller Arrangements hinsichtlich Risikoverteilung und Entlohnungsmodalitäten auf potenzielle Marktergebnisse gemacht werden, oder es kann z.B. die Verteilung der Einkommen zwischen den beiden Gruppen untersucht werden.[69] Eine derartige Differenzierung wird z.B. auch im anglo-amerikanischen „Copyright" nicht vorgenommen. Hier gelten größtenteils die gleichen Rechte für Verleger, Autoren sowie ausübende Künstler. Das kontinentaleuropäische Urheberrecht nimmt hingegen solch eine Unterscheidung vor und differenziert zwischen Urheberrechten für Autoren und Nachbarschaftsrechten oder verwandten Schutzrechten für gewerbliche Verleger und Produzenten, z.B. Hersteller von Tonträ-

68 Siehe zur Abgrenzung der Urheberrechtsindustrie Tabelle 1.
69 Vgl. hierzu unter anderen z.B. Alonso/Watt (2003).

gern (vgl. Towse (2001), S. 479). Da die Form der Ausgestaltung des Urheberrechts bzw. sämtlicher IPR einerseits die Anreize zur Produktion und andererseits die Zugangs- und Nutzungsmöglichkeiten der Öffentlichkeit beeinflusst, stellt sich die theoretische Frage nach einer optimalen Abwägung dieses trade-offs, der im folgenden nachgegangen werden soll.

2.7 Modelltheoretische Ansätze zu einer optimalen Intellectual-Property-Rights-Ausgestaltung

Die Suche nach einer Lösung des oben beschriebenen trade-off-Problems hinsichtlich der Minimierung des Wohlfahrtsverlustes infolge einer zu geringen Nutzung auf der einen und einer zu geringen Produktion auf der anderen Seite besteht nicht erst mit der sich ausweitenden Nutzung neuer IuK-Technologien. So veröffentlichte beispielsweise NORDHAUS sein weit beachtetes Modell zur Ermittlung des optimalen Patentschutzes bereits in den 60er Jahren des 20. Jahrhunderts.[70] Bei Untersuchungen des optimalen Patentschutzes stehen in erster Linie Patentlänge und Patentbreite und deren Wirkung auf Anreize zur Produktion sowie Nutzungsmöglichkeiten der „Öffentlichkeit" im Mittelpunkt der Betrachtung. Modelltheoretische Lösungsansätze zur Beurteilung unterschiedlicher Niveaus der IPR beziehen sich aber auch auf Urheberrechte/Copyrights, die den Gegenstand dieser Untersuchung darstellen und auf die im Folgenden deshalb detailliert eingegangen wird. Es soll sodann deren Aussagekraft und Eignung hinsichtlich der Analyse aktueller informationstechnologischer Problemstellungen sowie wirtschaftspolitischer Empfehlungen kritisch hinterfragt werden.

Eines der in der wissenschaftlichen Literatur am stärksten beachteten Modelle stellt dasjenige von LANDES und POSNER (1989) dar (vgl. Watt (2000), S. 128). Weitere Modelle bauen teilweise darauf auf oder stellen modifizierte Annahmen und Schwerpunkte in den Fokus. Grundlegende Wirkungszusammenhänge und Argumentationslogiken sind innerhalb der Modelle allerdings ähnlich, sie werden im folgen Abschnitt geschildert. Hierdurch sollen ein besseres Verständnis der Interdependenzen bezüglich der jeweiligen Akteure und ihrer Zielsetzungen erzielt werden sowie potenzielle Wirkungen auf die gesamtgesellschaftliche Wohlfahrtsentwicklung aufgezeigt werden, die von alternativen IPR-Ausgestaltungen und variierenden Rahmenbedingungen – z.B. infolge technischen Fortschritts – ausgehen. Wenn sich somit auch die theoretisch zu bestimmenden Optimallösungen nicht praktisch umsetzen lassen, so bieten die Modellaussagen dennoch nützliche Möglichkeiten für Mustervorhersagen, mit welchen Wirkun-

---

70 Vgl. hierzu Nordhaus (1969), sowie auch die Darstellung von Scherer (1972) zu diesem Modell.

gen aufgrund von Regime- und Bedingungsänderungen zu rechnen ist. Zudem wird im Verlauf der Untersuchung auf die in den Modellen entwickelte Argumentationsstruktur zurückgegriffen.

2.7.1 Grundannahmen und Wirkungszusammenhänge

Die Aufgabe des rechtlichen Schutzes immaterieller Güter wurde in der Erzeugung bzw. Erhaltung der Anreize zur effizienten Produktion dieser Güter durch die Anerkennung der exklusiven Nutzung und Verwertung gesehen. Andererseits wurde auch auf die damit entstehenden Probleme hinsichtlich der Effizienz von Zugang und Nutzung von nichtrivalisierenden Informationsgütern hingewiesen. Das Ziel der Rechtsausgestaltung sollte es somit sein, diesen gegenläufigen Interessen bestmöglich Rechnung zu tragen. Daraus lässt sich die theoretische Bedingung herleiten, Anreize in dem Umfang zu erzeugen, der die Differenz zwischen dem Nutzen der kreierten und genutzten Informationsgüter und den damit einhergehenden sozialen und administrativen Kosten maximiert (vgl. Besen/Raskind (1991), S. 5). Die sozialen Kosten resultieren dabei aus der beschränkten Nutzung der Informationsgüter, die an sich keine Grenzkosten verursachte.

Sofern die Property-Rights nicht definiert, nicht durchsetzbar oder nicht ausschließlich dem jeweiligen Urheber zugebilligt werden, können auch die Nutzer der Güter de facto Rechte in Anspruch nehmen, die beispielsweise im Kopieren der Güter bestehen. Die Beurteilung einer jedweden Rechteverteilung setzt von daher sowohl die Kenntnis der Auswirkungen der Kopiertätigkeit als auch die einer Implementierung bzw. Intensitätsvariation des Urheberrechtssystems voraus. Erstere betrifft insbesondere Aspekte, wie die Verfügbarkeit von Kopien auf die Nachfrage nach Originalen und damit auf die Gewinnerzielungsaussichten der Urheber wirkt. Zudem stellt sich die Frage nach Wohlfahrtswirkungen infolge der Kopiertätigkeit. Letztere betrifft Wirkungen der unterschiedlichen Rechteausgestaltungen auf den trade-off zwischen Zugang und Produktionsanreiz inklusive den damit verbundenen (Rechtsdurchsetzungs-) Kosten (vgl. Hakfoort/Willemsen (2000), S. 13). Diesbezüglich kann die relevante Literatur grob in „economics of copying“ und „economics of copyright“ eingeteilt werden (vgl. Landes/Posner (1989), S. 325; Hakfoort/Willemsen (2000), S. 13).

Die zur Behandlung dieser Fragen angewandten Modelle unterscheiden sich mit Blick auf die in ihnen zugrunde gelegten Annahmen, weshalb auch die Ergebnisse und Empfehlungen nicht einheitlich sind. Wesentliche Unterschiede bestehen beispielsweise darin, dass einerseits auf die Wirkung von Privatkopien (z.B. Besen/Kirby (1989)) andererseits auf die des gewerblichen Kopierens (z.B. Koboldt (1994)) abgestellt wird, woraus unterschiedliche Implikationen resultieren.

Ebenfalls von Bedeutung sind Qualität und Kosten der Kopien. Somit ist die Annahme des Substitutionsgrades relevant, der Rückwirkungen auf die Nachfrage nach Originalen hat und durch die jeweilige Kopiertechnologie bestimmt wird. Einfluss auf die Rechtsausgestaltung hat auch die Annahme bezüglich der Kostensituation. So sind die absolute Höhe insbesondere der Grenzkosten des Kopierens, der Verlauf der Grenzkostenkurve aber auch das Verhältnis der Grenzkosten bezüglich Originalanbietern und Kopisten von Bedeutung.

BESEN/KIRBY (1989) unterscheiden hinsichtlich des letzten Punktes zwischen effizientem und ineffizienten Kopieren, wobei ersteres dadurch definiert ist, dass die Grenzkosten zur Erstellung einer illegalen Kopie eines Kopisten geringer sind als die einer Originalkopie durch den Urheber. Der Substitution eines Originals durch eine Kopie wird dadurch eine ceteris paribus Wohlfahrt steigernde, weil Kosten sparende Wirkung zugesprochen. Ineffizientes Kopieren verursacht dementsprechend Wohlfahrtsverluste.[71] Hieraus lassen sich unterschiedliche Schlussfolgerungen für eine Rechtsausgestaltung ziehen. Des Weiteren bedarf es der Berücksichtigung, ob für den Originalanbieter die Möglichkeit besteht, sich die höhere Wertschätzung der Nutzer, die mit einer weniger restriktiven Urheberrechtsordnung einhergeht, durch höhere Preise für die Originale anzueignen. Dadurch könnte der Anbieter finanziell von der Kopiertätigkeit der Nutzer profitieren.[72] Hierzu sind insbesondere Preisdifferenzierungsstrategien geeignet, um von denjenigen Nutzern, die häufig kopieren, höhere Preise für das Original zu verlangen.

Es wird deutlich, dass ausgehend von den unterschiedlichen Annahmen unterschiedliche Wirkungen und damit auch Empfehlungen einhergehen und es somit auch allgemeinverbindliche, eindimensionale Problemlösungen nicht geben kann. Ebenfalls deutlich wird der Einfluss der technologischen Entwicklung auf relevante Annahmen, da Kosten und Qualität der Kopien technologieabhängig sind und sich zudem gegebenenfalls Möglichkeiten zur Preisdiskriminierung bieten, z.B. über elektronische, nutzungsabhängige Abrechnungsverfahren.

2.7.1.1 economics of copyright

Eine wesentliche Zielsetzung der hier subsumierten Modelle ist die theoretische Bestimmung von Wirkungsmechanismen unterschiedlicher Urheberrechtsausgestaltungen hinsichtlich des trade-offs zwischen Anreizerzeugung und Nutzungsmöglichkeiten. Hieraus werden Rückschlüsse auf die von unterschiedlichen Urheberrechtsintensitäten erzeugten Wirkungen auf die gesamtgesell-

71 Vgl. hierzu Abschnitt 2.7.1.2.
72 Vgl. hierzu Liebowitz (1985) sowie Abschnitt 2.7.1.2.

schaftliche Wohlfahrt gezogen, wobei als Kriterium die Summe aus Konsumenten- und Produzentensumme gilt (vgl. Landes/Posner (1989), S. 339).[73] Vor diesem Hintergrund lässt sich theoretisch eine wohlfahrtsmaximierende, optimale Urheberrechtsintensität bestimmen. Diese wäre dann erreicht, wenn durch eine Schutzintensivierung die marginale Wohlfahrtsteigerung infolge zusätzlicher Güterkreation gerade durch die damit einhergehende marginale Wohlfahrtsverringerung infolge geringerer Nutzungsmöglichkeiten kompensiert würde (vgl. Koboldt (1994), S. 103). Es sei nochmals darauf verwiesen, dass ein IPR-System ohne perfekte Preisdifferenzierung lediglich als Second-best-Ansatz bezüglich Kreation und Nutzung von nichtrivalisierenden Informationsgütern gilt (vgl. Kap. 2.4).

Die Modellausgestaltungen zeigen sich allerdings nicht einheitlich. So lässt sich die Wirkung der erzeugten Anreize sowohl auf die Qualität des jeweiligen Gutes als auch auf die Anzahl der Güter oder auf Kombination dieser Komponenten unterstellen, was allerdings die formale Analyse erheblich verkompliziert. NOVOS/WALDMAN (1984) beschreiben den Wohlfahrtsverlust durch Unterproduktion damit, dass die Originalanbieter aufgrund sich verschlechternder Gewinnmöglichkeiten infolge die Kopiertätigkeit die Qualität der erzeugten Güter herabsetzen (vgl. Watt (2000), S. 124). Zwar lässt sich eine positive Beziehung zwischen Qualität und Wohlfahrt unterstellen, allerdings scheint eine an objektiven Kriterien orientierte Bewertung der Qualität, insbesondere im Rahmen von Informationsgütern wie z.B. Musik, nicht unproblematisch.

LANDES/POSNER (1989) berücksichtigen in ihrem formalanalytischen Modell zur Bestimmung des optimalen Copyright-Schutzes hingegen quantitative Effekte. Sie analysieren zunächst die Wirkung von Variationen des Schutzniveaus[74] auf die Anzahl kreierter Werke, wobei zwei gegenläufige Anreizeffekte zu konstatieren sind: Mit steigender Schutzintensität steigt über zunehmende Bruttoprofite die Anzahl an produzierten Werken.[75] Gleichzeitig erhöht dieser Schutz aber auch die Kosten der Kreation eines Werkes, wodurch die Anzahl an produzierten Werken negativ beeinflusst wird (vgl. Landes/Posner (1989), S. 335). Diese

73 Auch hier wird der in Kapitel 2.6 geschilderte positive Zusammenhang von finanzieller Entlohnung und Produktionsanreiz zugrunde gelegt.

74 Das Schutzniveau wird dabei als eine Variable betrachtet, die den rechtlich zulässigen Ähnlichkeitsgrad zwischen einem Original und einem potenziell urheberrechtsverletzenden Werk (z.B. Kopie, Imitat), die geschützten Elemente eines Werkes und die Schutzdauer beinhaltet (vgl. Landes/Posner (1989), S. 333 f.).

75 Die Steigerung der Bruttoprofite resultiert daraus, dass ein zunehmender Schutz die Kosten der Kopisten erhöht und damit deren „Angebot" verringert. Diese Angebotslücke wird von den legalen Produzenten ausgefüllt, was unter gleich bleibenden Preisen die Bruttoprofite steigert (vgl. Landes/Posner (1989), S. 337).

Kosten steigernde Wirkung resultiert daraus, dass Produzenten und Autoren neuer Informationsgüter selbst häufig auf bereits bestehende Informationen oder Werke zurückgreifen und bestehendes Wissen in neue Werke einfließt. Mit zunehmender Schutzintensität steigen damit die Kosten für die Nutzung dieser Informationsgüter,[76] womit die Urheber neuer Werke selbst negativ von einem hohen Schutzniveau betroffen sind und die Gesamtzahl an neu produzierten Werken dadurch rückläufig sein kann (vgl. Landes/Posner (1989), S. 332).[77]

Darauf aufbauend lassen sich Schlüsse hinsichtlich der Entwicklung der Wohlfahrt ziehen. Dazu erfolgt eine Differenzierung zwischen der Wohlfahrt pro produziertem Gut und derjenigen, die aus der Gesamtanzahl der produzierten Güter resultiert. Eine Steigerung des Urheberschutzes wirkt hinsichtlich der Wohlfahrt pro Gut negativ, da die irreversiblen Fixkosten der Kreation auf Seiten des Produzenten steigen und gleichzeitig auch die Kopierkosten der Kopisten/Nutzer zunehmen. Das Landes/Posner-Modell berücksichtigt damit einen Wohlfahrtsverlust infolge eines hohen Schutzniveaus, der nicht der traditionellen Argumentation des Wohlfahrtsverlustes im Monopolfall entspricht, sondern sich aus der Kostenentwicklung seitens der Kopisten und der Produzenten herleitet (vgl. Landes/Posner (1989), S. 341).

Zur Beurteilung der Gesamtwohlfahrt ist zudem die positive Wirkung der Werkanzahl zu berücksichtigen. Die diesbezügliche Produktionsentscheidung ist von den Gewinnmöglichkeiten abhängig. Diese werden wiederum von der Konkurrenz- bzw. Wettbewerbssituation zu den möglichen Kopien beeinflusst.[78] Über ein höheres Schutzniveau werden die Kosten des Kopierens erhöht, wodurch die Anzahl an Kopien sinkt. Der Originalanbieter kann somit einen größeren Anteil der Nachfrage bedienen, was seine Bruttoprofite (ohne Berücksichtigung der Kosten der Kreation) erhöht und damit den Anreiz zur Werkkreation steigert. Zudem verringert sich mit den steigenden Kosten der Kopien der Wettbewerbsdruck, sodass Originalproduzenten die Möglichkeit zur Setzung höherer Preise

---

76 Die Kosten steigen z.B. direkt infolge höherer Lizenzzahlungen aber auch indirekt, wenn Produzenten geschützte Inhalte zu umgehen versuchen und ungeschützte ausfindig machen, oder durch Transaktionskosten bei zunehmender Verpflichtung zu Lizenzierungen.

77 Das Schutzniveau umfasst hierbei neben der Möglichkeit/Intensität zum Kopieren auch Aspekte wie Werkabgrenzung oder Schutzdauer. Erstreckte sich dieser Schutz z.B. auch auf Ideen, wird schnell deutlich, inwiefern die Kosten der Kreation von Originalen betroffen sind.

78 Die Konkurrenzbeziehung wird entscheidend vom Grad der Substituierbarkeit zwischen Originalen und Kopien beeinflusst. Stellen die Kopien vollständige Abbilder der Originale dar, liegt also kein Qualitätsverlust durch das Kopieren vor, so kann eine Wettbewerbsbeziehung zwischen Original und Kopie angenommen werden.

haben (vgl. Koboldt/Schmidtchen (1991), S. 305). Dadurch ließen sich ebenfalls die Bruttoprofite steigern.

Hieraus lässt sich somit der Schluss ziehen, dass die Werkanzahl mit steigendem Schutz zunimmt, solange dieser Effekt den der Kosten der Kreation überlagert (Landes/Posner (1989), S. 339). Hiervon kann für geringe Schutzniveaus ausgegangen werden, da dann die Kreationskosten relativ niedrig sind und die Möglichkeit zur Aneignung von Profiten verbessert wird. Je höher der Schutz, desto weniger zusätzlicher Nutzen lässt sich aus dem Ausschluss von dann ohnehin schon wenigen Kopisten ziehen, wohingegen die Kosten schon relativ hoch sind.[79] Unter der realistischen Annahme, dass von einer steigenden Werkanzahl eine positive Wohlfahrtwirkung ausgeht, können so Entwicklungen der Gesamtwohlfahrt bei unterschiedlichen Schutzniveaus beschrieben werden. Ein optimales Niveau hätte die geschilderten gegenläufigen Tendenzen derart zu berücksichtigen, dass die Gesamtwirkung maximiert würde (vgl. Landes/Posner (1989), S. 338 ff.).

Eine allgemeingültige Aussage, wo dieser optimale Level zu finden ist, lässt sich allerdings nicht machen. LANDES/POSNER (1989, S. 343 f.) geben jedoch basierend auf den modelltheoretischen Erkenntnissen folgende Hinweise, in welchem Bereich ein optimaler Level am ehesten zu finden wäre bzw. aufgrund welcher Entwicklungen und Parameter eher ein stärkerer oder schwächerer Schutz, verglichen mit dem Status quo, angeraten wäre. Zunächst lässt sich feststellen, dass ein optimales Schutzniveau nicht eine Maximierung der produzierten Werkanzahl generiert. Ein Niveau oberhalb des theoretisch optimalen würde zwar Anreize zur weiteren Produktion erzeugen, dies würde allerdings nicht den damit einhergehenden Wohlfahrtsverlust pro Werk, die steigenden Kosten der Kreation sowie die höheren Durchsetzungskosten rechtfertigen. Hinsichtlich dieses Ergebnisses sind auch wirtschaftspolitische Pauschalforderungen nach einem hohen Maß an Urheberrechtsschutz mit dem Ziel einer größtmöglichen Anzahl produzierter Werke kritisch zu betrachten.

Mit einer höheren Wohlfahrt pro Werk ist tendenziell ein höheres optimales Schutzniveau vereinbar. Da die Wohlfahrt pro Werk mit abnehmenden Grenzkosten der Kopie steigt, wird die optimale Intensität mit dem technischen Fortschritt der Kopiertechnologie steigen, da diese die Grenzkosten des Kopierens senkt.

---

79 Damit kann eine bestimmte Werkanzahl mit zwei unterschiedlichen Schutzniveaus erzielt werden. Bei der Suche nach einem optimalen Niveau ist es dann ausreichend, nur den ansteigenden Ast der Funktion zu berücksichtigen, da dieser mit einem geringeren Niveau einhergeht und dadurch eine höhere Wohlfahrt pro Werk erreicht wird. Zudem wird hier von abnehmenden Grenznutzen bei steigender Werkzahl ausgegangen.

Ersichtlich wurde zudem, dass das optimale Niveau dann umso höher ist, je schwächer die Wohlfahrt pro Werk auf Niveauvariationen des Urheberrechts reagiert, da dann mit steigendem Schutz der positive Wohlfahrtseffekt der zunehmenden Werkanzahl genutzt wird. Hingegen fällt das optimale Niveau geringer aus, je stärker die Kosten der Kreation darauf reagieren. Wohlfahrtssteigernde Effekte ließen sich deshalb dann erzielen, wenn den Nutzern eines Informationsgutes unterschiedliche Schutzniveaus auferlegt werden könnten, und zwar abhängig davon, ob die Nutzung den Charakter eines Inputfaktors zur Kreation weiterer Werke hat oder lediglich Kopien erstellt werden (vgl. hierzu Landes/Posner (1989), S. 343 f.).

2.7.1.2 economics of copying

Im Gegensatz zu der geschilderten Theorie der „economics of copyright" abstrahieren die Modelle der „economics of copying" von der Existenz eines institutionellen Schutzmechanismus. Kopieren wird damit annahmegemäß weder rechtlich noch infolge sozialer Normen unterbunden. Diese Annahme ermöglicht die Analyse der Wirkungen des Kopierens z.B. auf die Nachfrage nach Originalen und auf die Wohlfahrt. Im Mittelpunkt der Betrachtungen stehen somit auch Verhaltensanpassungen der Urheber auf das Kopieren, die dieses entweder unterbinden bzw. reduzieren sollen, z.B. über sinkende Preise für Originale. Oder aber es erfolgt der Versuch, von der Kopiertätigkeit finanziell zu profitieren. Grundlegend für die traditionelle, ökonomische Begründung für den rechtlichen Schutz eines Produzenten vor der Kopiertätigkeit der Nutzer – unabhängig ob in der Privatsphäre oder aus finanziellen Interessen – ist das Argument des Einkommensverlustes mit den geschilderten negativen Folgen für die Anreize zur Produktion. Eine fundierte Beurteilung des qualitativen Zusammenhanges zwischen Einkommen und Kopiertätigkeit sowie der daraus resultierenden Wohlfahrtseffekte setzt eine differenzierte Wirkungsanalyse voraus, die unterschiedlichen Annahmen und Voraussetzungen Rechnung trägt. Eine solche bieten unter anderem BESEN/KIRBY (1989) und BAKOS/BRYNJOLFSSON/LICHTMAN (1999).[80] Die hier gewonnenen Einsichten können dann auf die aktuell aufgeworfenen Probleme bezogen werden, woraus Rückschlüsse und wirtschaftspolitische Empfehlungen abgeleitet werden können oder auch Unzulänglichkeiten bezüglich der praktischen Anwendbarkeit zu Tage treten.

80 Die Analyse von Besen/Kirby wird als vielleicht „most complete and theoretically relevant" (Watt (2000), S. 32) bezeichnet, sodass hier auf eine Erläuterung weiterer, ähnlich strukturierter Untersuchungen verzichtet wird. Bakos/Brynjolfsson/Lichtman bedienen sich hingegen eines alternativen theoretischen Erklärungsansatzes, der die technologische Entwicklung möglicherweise angemessener berücksichtigt.

Einen wesentlichen Aspekt in den erwähnten Untersuchungen stellt die Fähigkeit der Anbieter von Informationsgütern dar, von der Wertschätzung sämtlicher Konsumenten – und damit auch derjenigen, die Kopien erstellen und nutzen statt direkt Originale des Produzenten/Autors zu erwerben – zu profitieren. Es lassen sich so zwei Fälle unterscheiden, die in der Literatur als „direct appropriability“ und „indirect appropriability“ bezeichnet werden (vgl. Liebowitz (1985), S. 946 f.). Ersterer ist dadurch gekennzeichnet, dass Anbieter von Originalen sich lediglich den direkten Nutzen der Käufer über die Preissetzung aneignen können. Dieser Nutzen resultiert nur aus dem bloßen Konsum des Gutes. Nutzen durch Kopien dieses Gutes bleiben unberücksichtigt. Der Käufernutzen muss damit zumindest dem geforderten Marktpreis entsprechen. Potenzielle Käufer/Nutzer von Kopien[81] sind demnach lediglich bereit, die Kosten der Kopie zu tragen, ohne sich an den Kosten zum Kauf des Originals gemäß ihrer Wertschätzung der Kopie zu beteiligen (vgl. Besen/Kirby (1989), S. 257). Letzterer beschreibt den entgegen gesetzten Sachverhalt, bei dem der Anbieter sich zusätzlich Erträge von den indirekten Nutzern (Nutzer von Kopien) über höhere Preise für das Original aneignen kann (vgl. Liebowitz (2003), S. 6).

Die Nutzer der Kopien leisten somit indirekt einen finanziellen Beitrag zum Erwerb des Originals. Die Zahlungsbereitschaft des Käufers – und darüber auch der Preis des Originals – übersteigt in diesem Fall dessen eigene Wertschätzung für das entsprechende Gut, da er sich die Nutzen der Kopisten teilweise monetär aneignen kann und diese über den höheren Marktpreis an den Anbieter des Originals weitergibt. Die Nachfrage nach Originalen beinhaltet damit die Wertschätzung der direkten als auch der indirekten Nutzer, die das Gut über Kopien nutzen (vgl. Besen/Kirby (1989), S. 257).

Zur Aneignung des indirekten Nutzens muss der Anbieter jedoch in der Lage zur Preisdifferenzierung sein, und zwischen Nutzern, die das Gut ausschließlich selbst nutzen und solchen, die es zusätzlich Kopisten zur Verfügung stellen (bzw. selbst kopieren), unterscheiden können. Ferner bedarf es der Unterbindung von Arbitragegeschäften. Anderenfalls müsste ein homogenes Nutzerverhalten vorliegen. Denn sofern alle in gleichem Umfang kopieren, könnte ein einheitlicher, höherer Preis gesetzt werden, der die höheren Wertschätzungen widerspiegelt.

---

81 Dass Kopien verkauft würden, stellt eine vereinfachende, theoretische Annahme dar. Hierdurch werden lediglich die Kosten der Kopie ausgedrückt, selbst wenn es sich um Privatkopien handelt. Zudem kann der Nutzer der Kopien mit dem ursprünglichen Käufer identisch sein. Der wesentliche Aspekt besteht in dem Sachverhalt, dass der zusätzliche Nutzen aus den Kopien nicht in den Marktpreis einfließt.

LIEBOWITZ (1985) – als Urheber dieser Differenzierung – betrachtete die Wirkung des Kopierens von wissenschaftlichen Zeitschriften. Die indirekte Aneignung von Erträgen vollzieht sich hier über die Differenzierung von Abonnementspreisen für Bibliotheken und Individualnutzer, wobei hinsichtlich ersterer eine stärkere Kopierintensität angenommen wird. Da mit der Möglichkeit zum Kopieren für die Bibliotheksnutzer der Wert der Bibliothek und damit deren Frequentierung steigt, nimmt auch die Zahlungsbereitschaft der Bibliothek zu, sofern deren Finanzierung an Nutzerinteressen beziehungsweise Nutzungsintensitäten ausgerichtet ist (vgl. Liebowitz (1985), S. 494). Alternativ ließe sich ein Eintrittsgeld für die Bibliotheksnutzung vorstellen.

Des Weiteren von Bedeutung sind die Annahmen hinsichtlich des Substitutionscharakters zwischen Original und Kopie sowie des Verlaufs und der Höhe der Grenzkosten für Originalkopien durch den Rechteinhaber und für Kopien durch Kopisten. Als ursächlich für den Fall der „direct appropriability" unterstellen BESEN/KIRBY jeweils konstante Grenzkosten und unvollkommene Substituierbarkeit. Die Existenz von Kopien – obgleich keine vollständigen Substitute – kann als Konkurrenzangebot zum Original interpretiert werden und senkt über die Zahlungsbereitschaft die Nachfrage und darüber hinaus den Gewinn maximierenden Preis für das Original.[82] Daraus resultiert eine Abnahme der Produzentenprofite, unabhängig von der entsprechenden Mengenreaktion[83] (vgl. hierzu Besen/Kirby (1989), S. 262). Letztere ist hingegen ausschlaggebend für die Reaktion der Konsumentenrente und damit auch für die Richtung der Entwicklung der Gesamtwohlfahrt. Diese erfährt dann einen Anstieg, wenn die Angebotsmenge steigt, sodass der Verlust an Produzentenrente in Konsumentenrente umverteilt wird. Ursprüngliche und neue Käufer von Originalen erfahren einen Zuwachs an Konsumentenrente (über niedrigere Preise) ebenso wie die „neuen" Kopisten.

Bei einer Abnahme der Angebotsmenge hängt die Wohlfahrtentwicklung davon ab, ob der Verlust an Produzentenrente, der nicht umverteilt wird, durch den Zuwachs an neu entstehender „Kopistenrente" kompensiert werden kann (vgl. hierzu Besen/Kirby (1989), S. 261 f.). Die Analyse verdeutlicht das Wohlfahrt steigernde Potenzial des Kopierens, das allerdings immer mit einem Verlust an Produzentenrente einhergeht, wodurch sich Fragen hinsichtlich der Anreizwirkung zur Produktion von Informationsgütern stellen. Diese Problematik kann jedoch mit der Annahme der „indirect appropriability" vermieden werden.

---

82 Das Ausmaß der Preissenkung hängt vom Grad der Substitutionsbeziehung und den Kopierkosten ab.

83 Die abgesetzte Gewinn maximierende Menge zum neuen, niedrigeren Preis kann größer oder kleiner ausfallen als die des Ausgangsgleichgewichts ohne Kopiermöglichkeit.

In diesem Fall werden steigende Grenzkosten der Kopie angenommen. Es ist jetzt von zunehmenden Preisen für Originale infolge des Auftretens der Kopien auszugehen, die den Nutzenzuwachs durch das Kopieren widerspiegeln. Die Argumentation basiert dabei auf der ökonomischen Clubtheorie. Das Kopieren wird als analog der gemeinsamen Nutzung („sharing") eines Gutes innerhalb eines Clubs betrachtet. So kaufen die Clubmitglieder gemeinsam ein Gut, das dann von allen Mitgliedern genutzt wird, wobei die Mitglieder einen finanziellen Beitrag zum Erwerb leisten. So wird z.B. eine Original-CD gekauft, die dann für alle Clubmitglieder kopiert wird. Über den „Clubbeitrag" kommt damit die Wertschätzung der Mitglieder – also der Kopisten – zum Ausdruck, die sich in höheren Preisen für das Original niederschlagen kann. Die steigenden Grenzkosten der Kopie resultieren aus einer steigenden Clubgröße, die hier einer zunehmenden Anzahl von Kopien entspricht, z.B. durch Transaktions- und Koordinationskosten.

Auch ohne eine formale Cluborganisation kann das Kopieren innerhalb kleiner sozialer Gruppen anhand dieser Theorie analysiert werden. So müssen z.B. die Kopisten nicht tatsächlich einen Beitrag zum Erwerb des Originals oder für den Erhalt der Kopie leisten. Stattdessen werden abwechselnd von unterschiedlichen „Mitgliedern" Originale erworben, die dann zum Kopieren zur Verfügung gestellt werden. Der Anreiz zum Erwerb eines Originals trotz eines Preises, der die individuelle Wertschätzung des Käufers übersteigt und trotz fehlender direkter finanzieller Beteiligung der Kopisten resultiert daraus, dass hierdurch die Option auf den Zugang zu Kopien anderer Originale entsteht, die andere „Mitglieder" erworben haben.

Auf der Grundlage der Clubtheorie ermitteln BESEN/KIRBY eine optimale Clubgröße, die hier der Anzahl der Kopisten/Kopien pro Originalwerk entspricht. Mit zunehmender Teilnehmerzahl gehen zunächst sinkende, sodann steigende durchschnittliche Kosten einher. Die optimale Größe, hier Nutzeranzahl, liegt im Minimum der u-förmig verlaufenden Durchschnittskostenkurve, wo sie bekanntermaßen von der ansteigenden Grenzkostenkurve geschnitten wird. Zahlen nun alle Mitglieder diesen Preis in Höhe der minimalen Durchschnittskosten an den ursprünglichen Käufer des Originals („Clubinitiator"), entsteht aufgrund des steigenden Grenzkostenverlaufs ein Umsatz, der die Kosten der Herstellung sämtlicher Kopien übersteigt. Dieser Überschuss geht in die Zahlungsbereitschaft des Originalkäufers zusätzlich zu dessen eigener Wertschätzung ein, sodass dem Nutzen der Kopisten in einem höheren Preis Rechnung getragen wird (vgl. Besen/Kirby (1989), S. 265). Dem Rechteinhaber wird es dadurch ermöglicht, sich Einnahmen anzueignen, die gegebenenfalls diejenigen übersteigen, die er bei einem Verbot des Kopierens über legale Verkäufe erzielt hätte (vgl. Liebowitz (2003), S. 6 ff.).

Aussagen bezüglich der Wohlfahrtsentwicklung bedürfen zusätzlich einer Betrachtung des Verhältnisses der Grenzkosten der Produktion von Originalkopien[84] durch den Rechteinhaber und Kopien durch Nutzer. Sofern die Grenzkosten von Originalkopien relativ höher sind als die der Kopien, wirkt das Kopieren positiv auf die Wohlfahrtsentwicklung, und zwar sowohl auf die Produzentenals auch auf die Konsumentenrente. Das Informationsgut kann dann kostengünstiger durch Kopieren genutzt werden, als durch die relativ teure Produktion zusätzlicher Originalkopien (vgl. Besen/Kirby (1989), S. 271). (Der Produzent setzt die höheren Preise, da er sich den Nutzen der Kopisten aneignen kann, ohne dass die relativ höheren Grenzkosten anfallen.) Dieser Zusammenhang wird als effizientes Kopieren bezeichnet. Sind sämtliche Grenzkosten niedrig, stellt sich ein Verlust an Produzentenrente und ein Gewinn an Konsumentenrente ein, womit der Gesamteffekt unbestimmt ist. Sofern die Grenzkosten des Kopierens hoch sind, entstehen beidseitige Wohlfahrtsverluste (vgl. Besen/Kirby (1989), S. 269, 280).

Es wird ersichtlich, dass es trotz Kopiertätigkeit möglich ist, sowohl Konsumenten- als auch Produzentenrente zu steigern und nicht wie im Fall der „direct appropriability" die gegenseitigen Effekte gegen einander abzuwägen. Wesentlich dafür ist die Existenz der „indirect appropriability", denn nur in diesem Fall besteht die Gelegenheit einer Pareto-Verbesserung (vgl. Watt (2000), S. 33). Eine praktische Anwendbarkeit in der Form der Bestimmung, bezüglich welcher Güter, Märkte u.ä. Kopieren Wohlfahrt steigernd wirkt ist allerdings schwierig und bedarf gesicherter Informationen hinsichtlich der Kostenstrukturen sowie der Möglichkeit einer Aneignung der indirekten Nutzen, aber wohl auch der Einsicht auf Seiten der relevante Akteure einschließlich ihrer Interessenvertreter. Dennoch bieten die theoretischen Ergebnisse Anhaltspunkte, die bei der Ausgestaltung urheberrechtlicher Regelungen zu berücksichtigen wären. Sofern z.B. die geschilderten Voraussetzungen zur Wohlfahrtssteigerung mit hoher Wahrscheinlichkeit für bestimmte Informationsgüter gegeben sind, wäre die Implementierung strenger, kostenintensiver Schutzvorschriften in Frage zu stellen. Scheinen die Potenziale zur indirekten Aneignung des Nutzens aus Kopien hingegen gering und sind Original und Kopie als enge Substitute aufzufassen, ließe der Urheberschutz Wohlfahrtgewinne erwarten.

Dass jedoch die Grenzkostenverläufe, die im Besen/Kirby-Modell ausschlaggebend für effizientes Kopieren und damit für die Beurteilung der Wohlfahrt sind, nicht alleinige Beurteilungsgrundlage für die Gewinnsituation der Originalpro-

---

84 Bei diesen Originalkopien handelt es sich nicht um neue Kreationen, sondern um Vervielfältigungen, die der Rechteinhaber von dem ursprünglichen Originalwerk ausgehend produziert. Technisch handelt es sich auch hier um Kopien. Die Bezeichnung „Originalkopie" soll Verwechslungen mit privaten Kopien durch Nutzer vorbeugen.

duzenten bei dem Auftreten von Kopiertätigkeit sein müssen, geht aus der Analyse von BAKOS/BRYNJOLFSSON/LICHTMAN (1999) hervor. In diesem Modell werden sowohl die Grenzkosten auf Produzenten- als auch auf Konsumentenseite als vernachlässigbar betrachtet, wodurch der Kosten senkenden technologischen Entwicklung, insbesondere im Bereich der Digitalisierung von Informationsgütern, Rechnung getragen werden kann. Von Relevanz ist vielmehr ein verändertes Nachfrageverhalten der Konsumenten aufgrund der Möglichkeit zur Kopie und damit gemeinsamen, gruppeninternen Nutzung eines Informationsgutes. Ausschlaggebend sind statt der Kosten die Wirkungen zweier Effekte, die im Rahmen dieses gemeinsamen Konsums von Informationsgütern („sharing") auftreten und die von BAKOS/BRYNJOLFSSON/LICHTMAN als „aggregation effect" und als „team diversity effect" bezeichnet werden.

Der erstgenannte Effekt ermöglicht es den Produzenten, höhere Gewinne mit dem Verkauf eines Informationsgutes an eine Gruppe zu erzielen, wenn dieses von den Gruppenmitgliedern vervielfältigt werden kann, statt jedem Konsumenten das Gut einzeln zu verkaufen und das Kopieren zu untersagen. Die Erklärung dieses Umstandes begründet sich in der geringeren Varianz der Wahrscheinlichkeitsverteilung hinsichtlich der Wertschätzung für ein bestimmtes Gut bei einer Nutzergruppe als bei den einzelnen Gruppenmitgliedern (vgl. hierzu Bakos/Brynjolfsson/Lichtman (1999), S. 123). Ein Anbieter wird somit höhere Gewinne erzielen können, wenn er das Gut an eine Gruppe verkauft, deren durchschnittliche Wertschätzung besser vorherzusagen ist, als wenn er versucht den unterschiedlichen individuellen Wertschätzungen durch den Preis Rechnung zu tragen, insbesondere bei fehlenden Möglichkeiten zur Preisdiskriminierung. Der Anbieter dürfte kaum in der Lage sein, die Konsumenten mit unterschiedlicher Wertschätzung zu identifizieren und entsprechende Preise zu setzten. Ein einheitlicher Marktpreis wird hingegen diejenigen mit einer geringen Wertschätzung vom Kauf abhalten (Wohlfahrtsverlust) und diejenigen mit einer hohen Wertschätzung mit einer Rente ausstatten. Der Gewinn ließe sich aber steigern, wenn einer Gruppe als ganzes annährend die Summe der unterschiedlichen Zahlungsbereitschaften als Preis auferlegt werden könnte. Diese gruppenspezifische Wertschätzung ist oftmals besser zu antizipieren als die der einzelnen Wirtschaftssubjekte.

Ein einfaches Zahlenbeispiel kann den geschilderten Sachverhalt verdeutlichen.[85] Die Wirtschaftssubjekte bewerten ein Informationsgut mit € = 3, 5, 7, 9, 11, 13. Der Gewinn maximierende, einheitliche Preis läge bei € = 7 und ermöglichte einen Gewinn in Höhe von € = 28. Würden nun z.B. – unter Abwesenheit von Transaktionskosten – Gruppen mit je zwei Mitgliedern gebildet, die jeweils

85 Zahlenbeispiel nach BAKOS/BRYNJOLFSSON/LICHTMAN (1999), S. 125.

die Summe der Zahlungsbereitschaften zahlen und innerhalb derer das Gut kopiert werden kann, könnte der Anbieter im Höchstfall einen Preis von € = 16 für die drei Informationsgüter verlangen und den maximalen Gewinn von € = 48 realisieren. Es sind aber auch andere Kombinationen denkbar, die nicht die gesamte Konsumentenrente abschöpfen aber dennoch die Profite trotz Kopiertätigkeit steigern. Somit wird deutlich, dass auch unabhängig von den unterstellten Grenzkostenstrukturen eine Wohlfahrtsteigerung durch die Kopiertätigkeit möglich ist, und zwar gleichzeitig auf Seiten von Konsumenten und Produzenten.

Allerdings wirkt diesem Profit erhöhenden Mechanismus der „team diversity effect" entgegen. Dieser drückt die Problematik aus, dass die bessere Vorhersehbarkeit der Wertschätzung einer Gruppe im Vergleich zu einzelnen Individuen – aus der ja die positiven Rückwirkungen auf die Profitsituation resultieren – dann umso mehr schwindet, je heterogener die Größen der unterschiedlichen Nutzergruppen ausfallen. Während bei der Annahme gleich großer Nutzergruppen von einer durchschnittlichen Wertschätzung ausgegangen werden kann, erschwert sich bei unterschiedlichen Gruppengrößen für den Anbieter die Beurteilung der Wertschätzung und damit die optimale Preisgestaltung. Auch dieser Effekt lässt sich an einem Zahlenbeispiel leicht verdeutlichen.[86] Existieren 10 Käufer mit einer einheitlichen Zahlungsbereitschaft von € = 3, so kann der Anbieter bei einem Preis von € = 3 einen Gewinn in Höhe von € = 30 erzielen. Bilden einige Nachfrager nun unterschiedlich große Gruppen, z.B. eine Gruppe mit zwei Mitgliedern und eine mit drei Mitgliedern – die übrigen fünf Konsumenten gehören keinen Gruppen an – dann weist zwar die erste Gruppe eine Zahlungsbereitschaft von € = 6, die zweite € = 9 auf, allerdings bleibt der Preis von € = 3 Gewinn maximierend, jedoch beträgt dieser Gewinn nur noch € = 21.

Der Gesamteffekt auf die Gewinnmöglichkeiten des Produzenten infolge des Auftretens der Kopiertätigkeit setzt sich aus den gegenläufig wirkenden Teileffekten zusammen. Die Gewinne des Originalproduzenten können immer dann gesteigert werden, solange die Güter in Gruppen gleicher Größe kopiert und genutzt werden. Es überwiegt der „aggregation effect". Vollzieht sich diese Nutzung in Gruppen unterschiedlicher Größe, ist dann mit geringeren Profiten zu rechnen, wenn die Vielfalt an Gruppengröße die Vielfalt der individuellen Wertschätzungen der Nutzer übersteigt. Es überwiegt der „team diversity effect". Sofern jedoch die Vielfalt an individueller Wertschätzung überwiegt lassen sich die Profite trotz unterschiedlicher Gruppengrößen steigern (vgl. hierzu BAKOS/BRYNJOLFSSON/LICHTMAN (1999), S. 123, 148).

86 Zahlenbeispiel nach BAKOS/BRYNJOLFSSON/LICHTMAN (1999), S. 126.

2.7.2 Kritische Beurteilung, praktische Eignung und Implikationen der Modelle

Ungeachtet der Tatsache, dass die Modellergebnisse hilfreiche Hinweise für die Beurteilung ökonomischer Wirkungen des Kopierens zu liefern vermögen und dafür auch plausible Erklärungen bieten, die der traditionellen Auffassung, und auch der in der Öffentlichkeit, insbesondere von den jeweiligen Interessenvertretern, geäußerten Argumentation zu wider laufen, lassen sich einige Einwände vorbringen. So bezieht sich beispielsweise das BESEN/KIRBY-Modell lediglich auf die kurzfristige Entwicklung. Sofern die Interessen von Produzenten und Konsumenten aber nicht gleichgerichtet tangiert sind, müssten für eine Beurteilung der gesamten Wohlfahrtswirkungen die entgegen gerichteten Effekte gegeneinander aufgewogen werden (können). Wäre infolge des Kopierens die Steigerung der Konsumentenrente größer als eine Abnahme der Produzentenrente, würde die Schlussfolgerung einer Wohlfahrtsteigerung die negativen Anreize für die Produktion zukünftiger Informationsgüter unberücksichtigt lassen und damit zu kurz greifen. Auch eine Gegenüberstellung des Ausmaßes von Gewinnen und Verlusten und anschließender Abschätzung, ob ein relativ großer, kurzfristiger Wohlfahrtsgewinn auf Konsumentenseite einen sich erst zukünftig gering auswirkenden Anreizverlust aufgrund einer relativ kleinen Gewinneinbuße zu kompensieren vermag, scheint hier problematisch. Selbst wenn solch eine Gegenüberstellung gelingen könnte, stellt doch die Quantifizierung der Wirkungen erhebliche Probleme dar, da dies die Kenntnis des Zusammenhangs von Profithöhe und des resultierenden Ausmaßes des Anreizes voraussetzen würde (vgl. hierzu Besen/Kirby (1989), S. 279). Diesbezüglich tritt das Problem der asymmetrischen Information auf, da der potenzielle Urheber typischerweise bessere Kenntnisse hat, welche Anreizhöhe für welches Leistungsniveau nötig ist (vgl. Watt (2004), S. 156).

Des Weiteren basieren die Modelle zur Analyse der „economics of copying" auf den Erkenntnissen der ökonomischen Theorie der Clubs, mit denen allerdings Phänomene des „small scale"- Kopierens untersucht werden können. Wenn hingegen statt der Clubs, in denen sich das Teilen und Kopieren der Güter vollzieht, globale Datennetze und file-sharing-Systeme angenommen werden, muss die Anwendbarkeit der Modellaussagen überprüft werden. Insbesondere dann, wenn die unterschiedlichen Clubgrößen von besonderer Relevanz für die Produzentenprofite und damit für die Anreizwirkungen sind. Die Vorstellung eines „Cluborganisators", der die Beiträge der Mitglieder einnimmt und damit die nachfragewirksame Wertschätzung gegenüber dem Anbieter zum Ausdruck bringt, kann im kleinen Maßstab plausibel erscheinen, wirkt im Bereich weltweiter Datennetze jedoch problematisch. Denn während in eher überschaubaren Clubs schon aufgrund sozialer Kontrollmöglichkeiten die Leistung eines finanziellen Beitrags der Mitglieder angenommen werden kann, stellen sich in weitestgehend anonymen Netzwerken Koordinations- und Organisationsprobleme nicht zuletzt durch freerider-Verhalten ein, das durch eine Cluborganisation gerade behoben werden soll (vgl. Bakos/Brynjolfsson/Lichtman (1999), S. 132).

Insbesondere wenn wie beim „file-sharing" die Bereitstellung eigener Dateien zum Austausch als Kosten verursachend angenommen wird, z.B. durch das zur Verfügung Stellen von knapper Rechner- und Netzzugangskapazität zum Zweck des Zugriffs von anonymen Clubmitgliedern, scheint ein freerider-Verhalten realistisch (vgl. hierzu Alexander (2002), S. 158). Die Anwendbarkeit technischer Zugangsbeschränkungen, um dieses Verhalten auszuschließen oder Beitragszahlungen in großen Clubs zu ermöglichen, wirft in diesem Zusammenhang das geschilderte grundlegende Problem des unkontrollierbaren Zugangs nur erneut auf.

Ein wesentlicher Aspekt des für den Rechteinhaber profitablen Kopierens besteht in der Möglichkeit der „indirect appropriability". Diese Möglichkeiten sind jedoch beschränkt und auf das Vorliegen bestimmter Voraussetzungen angewiesen. So vollzog sich die modellendogene Bestimmung der „indirect appropriability" über steigende Grenzkosten des Kopierens. Wenn dies für clubtheoretisch orientierte Kopiermodelle realistisch erscheint, so sind sowohl die Bedeutung dieser Grenzkosten an sich als auch die Annahme derartiger Kostenverläufe für die Digitaltechnologie in Frage zu stellen. Dies gilt insbesondere für „file-sharing-Technologien", wobei zudem ein nahezu perfekter Substitutionscharakter unterstellt werden kann. Die Kosten steigernde Organisation bei zunehmendem Kopiervolumen verliert hier an Bedeutung.

BESEN/KIRBY (1989) verzichten auf die weitere Analyse dieser Kombination von konstanten Grenzkosten und vollständiger Substitution, da sich das eher unbefriedigende Ergebnis einstellen würde, dass ein Anbieter gerade ein Originalwerk verkaufen könnte, über dessen Preis er seine Investitionsausgaben finanzieren müsste (vgl. Besen/Kirby (1989), S. 260). Wenn auch ein solches Verhalten im Zeitalter der Internettechnologie theoretisch nicht auszuschließen ist, so scheint es trotzdem nicht allgemein praktikabel, insbesondere hinsichtlich der Problematik der Realisierung der Einnahmen.[87] Selbst wenn der Rechteinhaber

87 Solch ein Verhalten ließe sich wohl schwerlich als praktische Empfehlung formulieren. Dennoch existieren Versuche im Internet, die in diese Richtung gehen und zeigen, dass ein derartiges Vorgehen nicht völlig illusorisch sein muss. So haben z.B. Künstler angekündigt, Werke bzw. Teile daraus zur Verfügung zu stellen, wenn vorher von den potenziellen Nutzern ein insgesamt ausreichender Finanzierungsbeitrag entrichtet wurde. Der Frage, inwiefern diese Methode einen effizienten Versuch darstellt, die Möglichkeiten des Internet zu nutzen oder sich als Geschäftsmodell etablieren kann, soll hier nicht

versucht, in dem anfänglichen Preis des Originals den zukünftigen Wert sämtlicher Kopien zu berücksichtigen, gelingt die indirekte Aneignung nicht. Der Wert der Kopien fällt mit zunehmender Kopienanzahl umso schneller, wofür die file-sharing-Technologie ursächlich ist (vgl. hierzu ausführlich Klein/Lerner/Murphy (2002), S. 206 f.).

Ausschlaggebend für eine Profiterzielung durch die indirekte Aneignung ist eine geringe Variabilität der pro Original hergestellten Kopien. Liegen hier jedoch nicht vorherzusagende Schwankungen vor, gelingt die Aneignung nicht (vgl. Liebowitz (2003a), S. 8). Denn sofern eine einheitliche Kopienanzahl pro Original nicht zu prognostizieren ist, lässt sich die gestiegene Wertschätzung nicht über einen einheitlichen Preis aneignen. Auch die alternativ nötigen Möglichkeiten zur Preisdifferenzierung sind äußerst begrenzt. Ein Rechteinhaber wird kaum in der Lage sein, beurteilen zu können, ob eine verkaufte CD für file-sharing verwendet wird oder keinerlei Kopien vorgenommen werden. Die hier geschilderten Formen der indirekten Aneignung bieten somit keine ausreichende Erklärung, ob Rechteinhaber auch von umfangreichen und häufigen Kopiertätigkeiten profitieren können, wie sie Technologien wie das file-sharing ermöglichen. Diesbezüglich existieren jedoch weitere Ansätze, z.B. das Vorliegen von Netzwerkeffekten, auf die im Abschnitt 2.7.3 eingegangen wird, oder Informationseffekte[88] (vgl. hierzu Liebowitz (2003a), S. 9 ff.; Peitz/Waelbroeck (2003), S. 13 ff.). Dennoch kann bezüglich derartiger Technologien und des Tausches in großen Gruppen die Forderung nach einem stärkeren Urheberschutz auf Grundlage der Modellergebnisse nachvollzogen werden, Potenziale zur Gewinnsteigerung scheinen vergleichsweise begrenzt (vgl. Gallaway (2001), S. 282).

Auch die praktische Aussagekraft von Modellen zur Wirkungsanalyse unterschiedlicher urheberrechtlicher Schutzniveaus ist kritisch zu betrachten. In diesen Modellen wird das durchaus komplexe und vielschichtige Rechtsinstitut des Urheberrechts in einer eindimensionalen Variablen dargestellt, die ihrerseits auf die Kosten des Kopierens wirkt. So beinhaltet diese Variable unter anderem Bereiche wie den Werkbegriff, die Dauer des Schutzes, sämtliche Ausnahmen und Schrankenregelungen sowie Aspekte bei möglichen Urheberrechtsverletzungen

nachgegangen werden. Boldrin/Levine (2000a/b) vertreten die gegenteilige Ansicht und zeigen formalanalytisch, dass auch ohne Schutz ausreichend Möglichkeiten bestehen, um sich den Wert der Informationsgüter von den Nutzern anzueignen.

88 Die grundlegende Idee dieser Effekte besteht darin, dass durch Kopien Informationsasymmetrien bezüglich der ex ante unbekannten Eigenschaften des Originals abgebaut werden können, wodurch dann die Nachfrage nach dem Original steigt. So wäre es z.B. denkbar, dass infolge des file-sharing von Musikdateien Präferenzen für bestimmte Künstler entstehen, deren CDs dann gekauft oder Konzerte besucht werden (vgl. Liebowitz (2003a), S. 9).

wie Verfolgung und Bestrafung (vgl. Koboldt/Schmidtchen (1991), S. 302 f.). Diese Komponenten wirken realiter mit unterschiedlicher Intensität und teilweise nur indirekt auf die Kosten. Zudem lassen sich Interdependenzen nicht ausschließen, wodurch die Aussagefähigkeit der eindimensionalen Darstellung relativiert wird. Würde beispielsweise über eine Ausdehnung der Schutzzeit eine Kostensteigerung des Kopierens erzielt, könnten inhaltliche Schrankenregelung im Gegenzug weniger restriktiv gestaltet werden oder der Werkbegriff eine andere Definition erfahren, sodass im gleichen Ausmaß eine Kostensenkung erfolgte. In welchem konkreten Ausmaß jedoch solche Änderungen vorgenommen werden müssten, damit sich deren Wirkungen gerade kompensieren, und sich über eine einzige Variable ausdrücken ließen, dürfte sich schwer bestimmen lassen.

Zudem ließe sich fragen, ob nicht andere Wirkungsmechanismen aufträten. So würden sich zwar die Kostenvariationen ausgleichen, aber trotzdem andere, zusätzliche Anreizaspekte unterschiedlich tangiert sein. Dann stellten sich bei ein und demselben eindimensionalen Schutzniveau in Abhängigkeit von dessen Zusammensetzung aus unterschiedlichen Komponenten unterschiedliche Ergebnisse ein. HAKFOORT (2002, S. 79 f.) zeigt beispielsweise in ähnlichem Zusammenhang, wie unterschiedliche Kombinationen von Schutzdauer und -intensität zwar die Produzentengewinne und damit die Anreize unverändert lassen, aber unterschiedliche Wohlfahrtsimplikationen aufgrund der Nutzungsmöglichkeiten hervorrufen. Dies wäre bei einer an Wohlfahrtskriterien orientierten Rechtsausgestaltung zu beachten. So lässt sich die Ermittlung eines optimalen Schutzniveaus ausgehend von einer Variablen und deren Eignung für praxisnahe Politikempfehlungen hinterfragen. Denn wenn auch die optimale Größe der Variablen formal bestimmt ist, müsste z.B. festgelegt werden, in welchem Ausmaß welche Komponenten hierin berücksichtigt werden müssten. Ausgehend von der Feststellung, dass mit steigendem Schutzniveau zunächst eine Wohlfahrtssteigerung und ab einem bestimmten Punkt eine Wohlfahrtsabnahme einhergeht, bedürfte es auch einer genauen Kenntnis darüber, bei welcher Größe sich der Status quo befindet (es sei denn es gibt noch kein Urheberrecht).

Ferner zeigt sich auch bei der Bestimmung eines optimalen Schutzniveaus die Problematik der Quantifizierung des Nutzens aufgrund erzeugter Anreize sowie der Kosten infolge einer zu geringen Nutzung. Hierzu bedürfte es der Kenntnis der Nachfragefunktion, allerdings bevor das entsprechende Informationsgut existiert (vgl. Watt (2004), S. 156). Schließlich bleibt auch bezüglich des Modells von LANDES/POSNER (1989) die Annahme eines steigenden Grenzkostenverlaufs des Kopierens zu konstatieren. Anderenfalls würden modellbedingt die Kopisten entweder das gesamte Angebot in Form von Kopien bereitstellen, womit die Produktion des Informationsgutes völlig unterbleiben würde, oder überhaupt keine Kopien anbieten, wodurch die Frage nach dem Urheberschutz irrelevant würde (Landes/Posner (1989), S. 334). Eine infolge der technologischen Entwicklung abnehmende Bedeutung der Grenzkosten, bzw. ein in Frage stellen der Annahme zunehmender Grenzkosten des Kopierens wäre hinsichtlich der Modellergebnisse problematisch.

Die dargelegte Kritik soll jedoch nicht darüber hinwegtäuschen, dass die Modelle tendenziell aufzufassende Empfehlungen begründen und Wirkungsrichtungen aufzeigen können, und sich somit besser als Grundlage politischen Handelns eigenen als beispielsweise Forderungen von Lobbyisten der Rechteinhaber. Zunächst lässt sich die eher trivial erscheinende Forderung nach einem weder zu intensiven noch zu schwachen Schutzniveau ökonomisch begründen, was für einen gewissen Mindestschutz spricht. Auch könnten Hinweise formuliert werden, in welchem Bereich eine optimale Intensität zu suchen wäre (vgl. Koboldt (1994), S. 110). Ebenso ist die Pauschalansicht zu widerlegen, je stärker der Schutz desto besser für die Urheber. Bei der Formulierung von Schutzregelungen müsste darauf geachtet werden, ob bzw. in welchem Ausmaß die Produktion neuer Werke (Kosten der Kreation) oder die Kosten des reinen Kopierens betroffen sind. Bei einer zunehmenden Relevanz von Informationsgütern wie z.B. Software steigt auch die Wahrscheinlichkeit, dass diese als Inputfaktoren fungieren und damit in steigendem Ausmaß die Kosten der Kreation betreffen. Auch lässt sich anhand des Modells zum Urheberschutz argumentieren, dass für unterschiedliche Güter und Nutzungsarten ein unterschiedliches Schutzniveau sinnvoll wäre, und zwar in Abhängigkeit der Elastizitäten der Wohlsfahrteffekte bezüglich der Schutzintensität. Wenn hier auch keine praxisrelevanten, genauen Aussagen zu machen sind, welche Güter in welchem Umfang zu schützen sind, so kann diese Kenntnis möglicherweise als Ausgangspunkt für empirische Untersuchungen dienen (vgl. Watt (2004), S. 168).

Ferner existiert neben dem Phänomen des file-sharing auch weiterhin das Kopieren in kleinen, relativ homogenen Gruppen, wie z.B. der Familie oder anderen sozialen Netzwerken. Zur Beurteilung dieses Kopierens, das ebenfalls von der technischen Entwicklung fundamental beeinflusst und regelmäßig von den Urheberrechtsinhabern, z.B. der Musik- oder Softwareindustrie, als ursächlich für Gewinneinbußen angeführt wird,[89] scheinen sich die Modellergebnisse aufgrund ihrer Annahmen hingegen besser zu eignen. Dem Umstand der digitalen Technologie trägt dabei das Modell von BAKOS/BRYNJOLFSSON/LICHTMAN (1999) Rechnung. Hier stehen Nachfragebeziehungen statt Kostenstrukturen im Vordergrund und das Modell zeigt Voraussetzungen auf, wie Rechteinhaber unab-

89 So führen z.B. die deutschen Phonoverbände die Privatkopie als hauptsächliche Ursache für den Umsatzrückgang von 30 % seit 1998 an (vgl. o.V. (28.10.2003); Jahreswirtschaftsbericht der deutschen Phonoverbände (2002)).

hängig von Grenzkostenannahmen trotz Kopieren Profite realisieren können. Damit bietet es Kriterien, anhand derer die Wirkung des Kopierens auf Produktionsanreize beurteilt werden kann. Es lässt sich dem Aspekt Rechnung tragen, dass fallspezifisch ein und dasselbe Ausmaß an Kopiertätigkeit die Gewinne der Rechteinhaber sowohl schmälern als auch steigern kann (vgl. Bakos/Brynjolfsson/Lichtman (1999), S. 148). Derartige Kriterien könnten Anhaltspunkte für die urheberrechtliche Ausgestaltung bieten.

So sind in bestimmten Fällen gleich große Gruppen zu unterstellen, womit die Aneignung der Summe der Zahlungsbereitschaften einfacher möglich wäre und vom Kopieren profitiert werden kann. Dies könnte z.B. das private Kopieren von Computer-Software betreffen, was in erster Linie innerhalb kleiner sozialer Netzwerke wie der Familie anzunehmen ist. Hierdurch wird die Kopienanzahl pro Werk relativ einfach abschätzbar und die Varianz der Wertschätzungen verringert. Als weiteres Beispiel gelten Formen des Pay-TV. Wenn auch innerhalb von Familien unterschiedliche Wertschätzungen für eine Software oder für unterschiedliche TV-Programminhalte anzunehmen sind, die für Dritte schwer zu beobachten sind, so kann die Wertschätzung der Familie als ganzes besser abgeschätzt werden. Diese dürfte zudem im Durchschnitt relativ gleich verteilt sein, sodass ein einheitlicher Preis gesetzt werden kann, ohne die individuellen Wertschätzungen zu kennen (vgl. hierzu Bakos/Brynjolfsson/Lichtman (1999), S. 147).

Aufgrund der Bedeutung des Kopierverhaltens (z.B. Anzahl der Kopien pro Werk, Gruppengröße) besteht für die Rechteinhaber ein Interesse, dieses so zu beeinflussen, dass sie davon profitieren können. Dies ließe sich z.B. über eine Minderung der Qualität bei häufigem Kopieren erreichen. So ließe sich die „Gruppengröße“ im Sinne des Urhebers beeinflussen (vgl. Bakos/Brynjolfsson/ Lichtman (1999), S. 142 ff.). Sofern ein bestimmtes Ausmaß an Vervielfältigung nicht zu unterbinden ist, die Zahl der Kopien pro Original allerdings erheblich variiert, kann es zudem für den Rechteinhaber theoretisch profitabel sein, das Kopieren zu fördern. Hierdurch könnte versucht werden, ein gleichmäßiges Ausmaß der Kopiertätigkeit zu erreichen, was durch die dann besseren Möglichkeiten zur Aneignung der Wertschätzungen profitabler sein kann als der Versuch, das Kopieren an sich zu unterbinden (vgl. Liebowitz (2003a), S. 9). Auch die Rechtsausgestaltung könnte dies gegebenenfalls berücksichtigen. So ließe sich z.B. eine genaue Anzahl an erlaubten Kopien festlegen, womit für bisherige „Nichtkopisten“ der Anreiz zum Kopieren zunähme und sich eine gleichmäßigere Verteilung ergäbe.

Eine weitere Voraussetzung zur Aneignung stellte die Fähigkeit zur Preisdiskriminierung in Abhängigkeit der Kopierintensität dar. Diesbezüglich kann nicht ausgeschlossen werden, dass technische Entwicklungen zukünftig bessere Möglichkeiten bieten, womit die Profitaussichten der Rechteinhaber infolge des Kopierens steigen. Zudem ist auch trotz digitaler Technologie eine weiterhin bestehende Relevanz der Grenzkosten nicht vollständig zu leugnen. Diese können z.B. in steigenden Opportunitätskosten oder in Koordinationskosten bestehen, wenn nicht über Datennetze, sondern in kleinen Gruppen kopiert wird.

Abschließend lässt sich somit festhalten, dass auch im Gebiet neuer Technologien weiterhin Möglichkeiten für die Urheber bestehen, sich den Nutzen infolge des Kopierens indirekt anzueignen, wovon beide Seiten – Produzenten und Nutzer – profitieren. In den Bereichen, in denen dies wahrscheinlich ist und Effizienzsteigerungen denkbar sind, bieten sich solche Marktlösungen bei moderatem Urheberrechtsschutz an. Eine differenzierte Beurteilung bedarf jedoch zusätzlich der Berücksichtigung weiterer Bereiche, die die Urheberrechtsgestaltung beeinflussen, wie z.B. die Wirkungen auf Wettbewerb und Marktstrukturen aber auch Durchsetzungsmöglichkeiten und administrative Kosten. Des Weiteren wären potenzielle Ausweichreaktionen der Anbieter bei einer möglichen Einschränkung ihrer Handlungsrechte zu antizipieren, z.B. in Form von technischen oder vertraglichen Schutz- und Zugangslösungen. Damit würden dann verbesserte Nutzungsmöglichkeiten für die Öffentlichkeit, die sich ökonomisch rechtfertigen und prinzipiell durch die Handlungsrechteverteilung erwirken ließen, von den Anbietern ausgeschlossen, die ihre Einnahmensituation gefährdet sähen.

Neben der Analyse qualitativer Wirkungen des Kopierens und der Ausgestaltung der Property-Rights mit Blick auf Anreize und Wohlfahrt, ist die Quantifizierung von Verlusten infolge des Kopierens relevant. Der folgende Abschnitt beschäftigt sich deshalb mit der damit verbundenen Problematik.

2.7.3 Bewertung des finanziellen Schadens der Rechteinhaber durch Kopiertätigkeit

Ein grundlegender Zweck des Urheberrechts besteht wie erwähnt darin, den Urhebern mit der Zuerkennung von Verfügungsrechten die Erzielung von Einnahmen zu ermöglichen, um somit Anreize zur Kreation zu erzeugen. Hierzu soll die nicht vom Urheber autorisierte Kopiertätigkeit durch Dritte unterbunden werden.[90] Anderenfalls bestünde die Gefahr, dass die relevanten Güter zu

90 Die im vorigen Abschnitt untersuchten qualitativen Wirkungen des Kopierens verdeutlichten, dass dieses nicht in allen Fällen zu finanziellen Verlusten und Anreizminderungen der Rechteinhaber und darüber zu Wohlfahrtverlusten führen muss. Wann immer negative Effekte allerdings auftreten, eignet sich das Urheberrecht, um diese zu unter-

Grenzkostenpreisen gehandelt würden, die allerdings nicht ausreichten, um die hohen Anfangsinvestitionen zu deren Erstellung zu decken. Trotz der Existenz eines Urheberrechts besteht insbesondere infolge des technischen Fortschritts die Möglichkeit zur Anfertigung und auch zum Vertrieb kostengünstiger Kopien. Diese können mit den Originalen des Rechteinhabers konkurrieren, wodurch dessen Verkaufserlöse und darüber die Innovationsanreize gemindert würden. Aus dem daraus entstehenden finanziellen Schaden des Rechteinhabers leitet sich häufig die Forderung nach einer strengeren Durchsetzung bzw. einer Intensivierung des Urheberschutzes ab. Je höher dieser Schaden ausfällt, desto stärker werden die Innovationsanreize von dem urheberrechtlich bezweckten Anreizniveau abweichen.

In diesem Kontext stellt sich deshalb die Frage nach Möglichkeiten und Methoden zur Quantifizierung tatsächlicher finanzieller Schäden für den Urheber infolge der Kopiertätigkeit. Diesbezüglich existieren unterschiedliche Vorgehensweisen und damit auch Ergebnisse, die zudem nicht unabhängig von damit in Verbindung stehenden Interessengruppen sind. Denn je höher die ausgemachten Schäden aus der urheberrechtswidrigen Nutzung, wie beispielsweise dem Tausch von Musikdateien über das Internet,[91] desto größer ist die öffentliche und politische Aufmerksamkeit und damit die Wahrscheinlichkeit eines legislativen Handelns, z.B. in Form einer restriktiveren Ausgestaltung und/oder Durchsetzung des Urheberrechts (vgl. Watt (2000), S. 33). Da hiermit wie geschildert aber auch negative Effekte und administrative Kosten sowie Transaktionskosten einhergehen, ist es zur Bestimmung einer angemessenen Balance zwischen Produktionsanreiz und Nutzung notwendig, die finanziellen Auswirkungen einer potenziellen Veränderung des Schutzniveaus vor dem Hintergrund tatsächlicher Schäden durch die Kopiertätigkeit möglichst realistisch beurteilen zu können (vgl. Besen (1987), S. 49 f.).

Hinsichtlich der quantitativen Beurteilung der Wirkung des Kopierens, stellt sich die Frage nach einer Differenzierung zwischen urheberrechtlich verbotenen,

---

binden oder zu mindern. Die folgenden Ausführungen unterstellen die Existenz eines Urheberrechts.

91 Unabhängig von der tatsächlichen, allerdings umstrittenen und international differierenden Rechtsprechung hinsichtlich des online-Tauschs, wird dieser im Folgenden unter dem Begriff des illegalen Kopierens subsumiert. Auch wenn der download von Dateien selbst nicht als illegal gilt, so setzt diese Handlung jedoch einen vorigen upload respektive die nicht legale zur Verfügung Stellung von urheberrechtlich geschützten Dateien voraus, womit die Gelegenheit zur legalen Handlung eine illegale voraussetzt. Der Gesetzentwurf der Bundesregierung zum „zweiten Korb“ des Urheberrechts verbietet die Kopie, sofern die Vorlage rechtswidrig genutzt wird. Wenn für Nutzer von Tauschbörsen offensichtlich ist, dass ein Angebot im Internet rechtswidrig ist, ist die Kopie untersagt (vgl. Bundesministerium der Justiz (BMJ) (2004), S. 2).

und damit illegalen Kopien und solchen, die durch urheberrechtliche Schranken erlaubt sind und damit nicht illegal wären (z.B. Privatkopie). Ließe sich das Ausmaß der Kopiertätigkeit empirisch ermitteln – z.B. über die Verkäufe von Trägermedien, wie CD-Rohlingen – was für sich schon äußerst problematisch sein dürfte, müsste noch zwischen legalen und illegalen Kopien differenziert werden (vgl. Committee on Intellectual Property Rights (2000), S. 190). Auch ist zu berücksichtigen, dass derart definierte legale Kopien prinzipiell in Konkurrenz zum Originalangebot stehen können und somit, in erster Linie von den Rechteinhabern, ebenso als ursächlich für entstehende Verluste angeführt werden wie illegale Kopien, insbesondere aufgrund neuer Kopiertechnologien (vgl. International Federation of the Phonographic Industry (IFPI) (2004)). Ferner sieht die Rechtsausgestaltung eine Kompensation für die entstehenden Verluste aufgrund der Schrankenregelung vor. Diese Kompensation erfolgt z.B. über Pauschalabgaben auf Kopiertechnologien. Zur Beurteilung der Schrankenregelungen sowie der Höhe von Pauschalabgaben ist die Kenntnis entstehender Einnahmeverluste durch diese Kopiertätigkeit hilfreich. Somit ist es sinnvoll, die infolge der Schranken vorgenommene Kopiertätigkeit bei der folgenden Untersuchung mit einzuschließen.

Über Verluste und negative Umsatz- und Verkaufsentwicklungen infolge der Kopiertätigkeit in der Urheberrechts- und insbesondere der Musikindustrie, für die zum Großteil die Zunahme des Internet basierten Tauschs von Musikdateien als auch die vermehrte Nutzung von CD-Brennern für die Erstellung privater Kopien von Musik-CDs verantwortlich gemacht werden, liegen unterschiedliche Daten vor. Für das Beispiel der Musikindustrie sollen z.B. folgende Daten der IFPI Auskunft über die Bedeutung der Kopiertätigkeit geben.[92]

Jahr	Umsatzwerte von Kopien in Mio. €					Jahresumsatz des deutschen Tonträgermarktes	
	Privat-Kopie	Kopien aus dem Internet	Schulhof-Piraterie[1)]	Gewerbsmäßige Piraterie	Summe	Gesamt in Mio. €	Veränderung in % zum Vorjahr
2001	2500	740	220	50	3510	2200	- 10,8
2002	3650	930	240	50	4870	2054	- 7,5
2003	4700	900	175	50	5825	1648	- 19,8

Tabelle 2: Umsatz und Kopiertätigkeit auf dem deutschen Tonträgermarkt

Quelle: Daten: IFPI (2002, 2003, 2004), eigene Darstellung

[1)] Bezeichnet den Verkauf von selbst erstellten Kopien im Freundes- und Bekanntenkreis.

92 Ähnliche Untersuchungen existieren für die Software- und Filmindustrie (vgl. hierzu z.B. Hachenberger (2003), S. 67 ff.).

Kritikwürdig erweist sich, dass die angewandten Methoden der in die Diskussion eingebrachten Untersuchungen bezüglich Kopiertätigkeit und entgangener Verkaufszahlen und Umsatzverlusten zum Großteil unerwähnt bleiben, unterschiedlichen Annahmen folgen oder wenig fundiert und damit deren Ergebnisse nicht realitätsnah erscheinen. Somit stellt sich die Frage nach dem praktischen Aussagegehalt derartiger Daten. So mögen zwar z.B. die oben exemplarisch dargestellten Umsatzwerte der vorgenommenen Kopien dramatisch erscheinen. Allerdings liefern sie weder eine eindeutige Erklärung für tatsächliche Umsatzrückgänge noch für die eigentlich interessierenden Anreizeffekte. Auch dürfen die Daten nicht als Umsatzverluste fehlinterpretiert werden und hohe finanzielle Einbußen der Urheber suggerieren, da nicht jede vorgenommene Kopie einen tatsächlichen Kauf des Originals ersetzt. Deshalb soll im Folgenden die Problematik der Schadensquantifizierung – auch vor dem Hintergrund der Technologieentwicklung – thematisiert werden.

2.7.3.1 Schadensmaße

Zunächst bedarf es einer adäquaten Definition des durch die Kopiertätigkeit verursachten Schadens.[93] Im Folgenden soll dieser Schaden als der Nettoeinkommensverlust der Rechteinhaber aufgrund reduzierter Verkäufe von Informationsgütern infolge der Kopiertätigkeit betrachtet werden (vgl. Committee on Intellectual Property Rights (2000), S. 189). Hinsichtlich der Schadensermittlung lassen sich nach BESEN (1987, S. 50) prinzipiell zwei Formen unterscheiden, die somit jeweils auf entgangenen Gewinnen basieren und nicht etwa auf entgangenen Verkaufszahlen oder der Häufigkeit von festgestellten oder vermuteten Kopiervorgängen.[94] So manifestiert sich ein Schaden in geringeren Gewinnen des Rechteinhabers, verglichen mit der hypothetischen Referenzsituation, in der kein Kopieren erfolgt. Ein Schaden tritt demnach dann nicht ein, wenn die Gewinne aus allen bisherigen Verwertungsarten trotz des Auftretens des Kopierens, z.B. als Folge einer neuartigen Kopiertechnologie, unberührt bleiben bzw. nicht sinken (vgl. Besen (1987), S. 50). Bei Anwendung dieser Definition entstünde dem Urheber zum Beispiel infolge eines nicht autorisierten online-Handels von Musikdateien im Internet, aber auch durch das Kopieren (und Verkaufen dieser Kopien) solange kein Schaden, wie die Gewinne aus dem „traditionellen" Verkauf von Original-CDs, -Schallplatten, -Kassetten u.ä. unverändert blieben.

93 Die Betrachtung beschränkt sich auf den Schaden für den Rechteinhaber. Aspekte wie z.B. entgangene Mehrwertsteuereinnahmen, Einnahmenverluste von Einzelhändlern und administrative Kosten für die Verfolgung und Ahndung des Kopierens sowie gegebenenfalls Beschäftigungseffekte seien hier vernachlässigt.

94 Diese Formen können prinzipiell noch weiter differenziert werden, allerdings bleiben die hier geschilderten Grundzusammenhänge weiter bestehen, sodass auf eine Differenzierung verzichtet wird.

Die praktische, empirische Erfassung von Gewinn beeinflussenden Substitutionswirkungen erweist sich hierbei jedoch als problematisch, insbesondere hinsichtlich dynamischer Entwicklungen. So müsste z.B. zu ermitteln sein, wie sich die Gewinne durch die traditionelle Verwertung im Zeitverlauf entwickelt hätten, wenn es nicht zu einer Kopiertätigkeit gekommen wäre. Dies beträfe z.B. sich ändernde Nachfragebedingungen. Gegebenenfalls verhindert das Kopieren trotz konstanter Gewinne der Rechteinhaber eine zukünftige Gewinnsteigerung, was dann zwar der Logik nach unter die Schadensdefinition fiele, aber kaum realistisch zu prognostizieren sein dürfte. Diese Erfassungsproblematik betrifft insbesondere neu entwickelte Produkte, für die der kopierfreie Referenzmaßstab nicht existent ist. Zudem kann ein potenzieller Rechteinhaber aufgrund erwarteter Kopiertätigkeiten gänzlich von der Produktion eines neuen Gutes Abstand nehmen, womit ein potenzieller Gewinn ex ante unterbunden würde (vgl. Committee on Intellectual Property Rights (2000), S. 190).

Derartige Schwierigkeiten hinsichtlich der praktischen Beurteilung des Schadens durch die Kopiertätigkeit gelten auch mit Blick auf die zweite mögliche Definition des Schadensmaßes. Diese berücksichtigt zusätzlich den entgangenen, potenziellen Gewinn des Rechteinhabers, den dieser erzielt hätte, sofern er die von ihm nicht autorisierte Nutzungs-/Verwertungsform angeboten und diesen Markt selbst bedient hätte (vgl. Besen (1987), S. 50). Es fiele nach dieser Definition bezüglich des online-Marktes auch dann ein Schaden an, wenn zwar die Einnahmen aus den „traditionellen" Verkaufsformen nicht beeinträchtigt würden, aber der Rechteinhaber über die Form des online-Dienstes selbst einen zusätzlichen Gewinn hätte erzielen können.

Trotz der erwähnten Schwachstellen bezüglich einer realitätsnahen, empirischen Beurteilung der Gewinnentwicklungen innerhalb dynamischer Prozesse ist es zur sinnvollen Quantifizierung des Schadens der Kopiertätigkeit notwendig, auf das Kriterium des Gewinns Bezug zu nehmen (vgl. u.a. Watt (2000), S. 36). Diese Größe ist ausschlaggebend für die Erzeugung der Anreize zur Kreation.

2.7.3.2 Schadensquantifizierung

Unabhängig von dem konkreten Schadensmaß erfordert eine monetäre Quantifizierung des Schadens in der Form entgangener Gewinne die Kenntnis von Preis- und Mengeneffekten, die in kausalem Bezug zur Kopiertätigkeit stehen. So bedarf es der Approximation von absetzbaren Mengen und Marktpreisen für die fiktive Situation der Nichtexistenz der Kopiertätigkeit, und damit der tatsächlichen (mengenmäßigen) Verkaufsverluste infolge des Kopierens. Die einfachste, allerdings die tatsächliche Verlust-Situation extrem überschätzende und damit weitgehend unbrauchbare Methode zur Ermittlung des Schadens besteht in der

Multiplikation der Anzahl beobachtbarer (oder geschätzter) Kopien respektive vorgenommener downloads eines Titels mit dem Marktpreis für das entsprechende legal vertriebene Produkt. Auf dieser Grundlage entstehen häufig die von Interessenvertretern der Rechteinhaber bezifferten hohen Verlustzahlen (vgl. hierzu Gayer/Shy (2002), S. 3 f.).[95]

Bei diesem „Rechteinhaber-Modell" werden allerdings entgangene Umsätze errechnet. Für die Beurteilung der relevanten Anreizwirkungen sind jedoch die Gewinne entscheidend. Deshalb müssten die mit zusätzlichen potenziellen Verkäufen einhergehenden Kosten für z.B. Produktion und Distribution von den Preisen abgezogen werden, wodurch der Schaden geringer ausfiele (vgl. Watt (2004), S. 160). Auch die genaue Ermittlung der Anzahl an angefertigten Kopien ist problematisch, da diese naturgemäß schwer beobachtbar sind. Zur Schätzung werden z.B. Verkaufszahlen von Leermedien (CD-Rohling u.a.) oder Kopiertechnologie herangezogen (vgl. Watt (2004), S. 160). Da diese Güter aber nicht ausschließlich zum Kopieren urheberrechtlich geschützter Inhalte genutzt werden, erweisen sich die Schätzungen als ungenau.

Hinsichtlich dieser Methode ist des Weiteren sofort ersichtlich, dass individuelle Verhaltensanpassungen der Wirtschaftssubjekte an sich ändernde institutionelle Bedingungen außer Acht bleiben und somit sowohl die angenommenen Verkaufsmengen als auch die unterstellten Preise einer ökonomischen Analyse nicht Stand halten. So impliziert ein derartiges Vorgehen, dass jede vorgenommene Kopie die Substitution eines Originalkaufes bedeutet und somit sämtliche Nutzer von Kopien in gleichem Umfang zu Käufern von Originalen würden, sofern die Möglichkeit des Kopierens (respektive des Tauschs über das Internet) nicht zur Verfügung stünde. Da jedoch das Kopieren gerade eine günstigere Alternative zum Kauf des Originals darstellt, kann gerade nicht ein solches gleichgerichtetes Ausweichverhalten angenommen werden, wobei die Preiselastizitäten unberücksichtigt blieben bzw. eine völlig inelastische Nachfrage unterstellt würde. Stünde nur noch das Original zur Verfügung, würden einige aktuelle Kopisten ganz auf die Nutzung verzichten.[96]

---

95 Selbst diese einfache Methode ist dann problembehaftet, wenn es sich um ältere urheberrechtsrelevante Güter handelt, die gar nicht mehr legal verfügbar sind (z.B. nicht mehr aufgelegte Bücher oder CDs) und für die folglich auch keine Marktpreise mehr existieren (vgl. Romer (2002), S. 214).

96 Verlässliche Schätzungen hinsichtlich des Anteils an den Kopien, die tatsächlich Käufe ersetzen sind problematisch. Relevante Untersuchungen gehen diesbezüglich von einem Anteil von 25-40 % aus. Für den Bereich des „Tauschs" von MP3-Musikdateien über das Internet wird ein Anteil von ca. 20 % unterstellt (Watt (2004), S. 160 f.).

Vor diesem Hintergrund muss auch die Beurteilung einer Verschärfung des Urheberrechts gesehen werden. Sollte dadurch die Anzahl der Kopien verringert werden, kann dies nicht per se mit einer Steigerung der Verkaufszahlen der Rechteinhaber in selbigem Ausmaß gleichgesetzt werden. Sofern kein vormaliger Kopiennutzer zum Käufer eines Originals wird, ändert sich ceteris paribus die Einnahmensituation der Rechteinhaber nicht. Es entstünde nach der obigen ersten Definition kein Schaden durch das Kopieren. Vielmehr käme es zu einem Wohlfahrtsverlust, weil der Nutzen aus der Kopiertätigkeit abnähme, ohne dass dies durch eine Nutzensteigerung an anderer Stelle aufgewogen würde (vgl. Landes/Lichtman (2003), S. 12).

Für eine aussagefähige Beurteilung des Schadensausmaßes ist deshalb die Berücksichtigung des individuellen Anpassungsverhaltens der Akteure notwendig, das sowohl Nachfrager als auch Anbieter betrifft. Eine wesentliche Schwierigkeit liegt dabei darin, das Verhalten in einer hypothetischen Situation zu antizipieren, in der die Kopiermöglichkeit nicht besteht. So erfordert die Ermittlung der potenziellen Nachfrage bisheriger Kopisten nach Originalen und damit der Erfassung der mengenmäßigen Auswirkung des Kopierens die Kenntnis des Preises des Gutes. Dieser Preis lässt sich allerdings nicht aus der aktuellen, beobachtbaren Marktsituation übernehmen, da sich die Preissetzung der Rechteinhaber nicht unabhängig von der Möglichkeit zum Kopieren vollzieht (vgl. Committee on Intellectual Property Rights (2000), S. 189). Sofern individuelle Vervielfältigungen einen Wettbewerbsdruck auf den Anbieter der Originale bedingen, wäre der aktuelle Marktpreis zu niedrig bemessen, verglichen mit der kopierfreien Situation, in der der Anbieter seine Monopolstellung zur Gewinnmaximierung nutzt.[97] Auch wenn zur Ermittlung des Anteils der Kopien, die tatsächlich legale Käufe substituieren z.B. auf Befragungen zurückgegriffen wird, ob das Informationsgut gekauft worden wäre, wenn die Möglichkeit zur Kopie entfiele,[98] so sind diese aufgrund der Unkenntnis des dann herrschenden Preises mit Ungenauigkeiten behaftet. Und selbst wenn die Bestimmung tatsächlicher Verkaufsmengenverluste gelänge, ließe sich daraus nicht verlässlich auf den monetären Schaden schließen, solange Unklarheit hinsichtlich des relevanten Preises herrscht, mit dem die Mengen zu bewerten sind (vgl. Besen (1987), S. 56 f.; Gayer/Shy (2002), S. 12 f.).

---

97 Sollten legale Substitute bestehen, wäre der Monopolpreis nicht realisierbar. Trotzdem vermindert sich bei der Abwesenheit des Kopierens die „Wettbewerbsintensität“, was tendenziell höhere Preise ermöglicht (vgl. Koboldt/Schmidtchen (1991), S. 305). Sollte das Kopieren durch den Einsatz technischer Schutzverfahren unterbunden werden, so ist zudem davon auszugehen, dass die Kosten für solche Schutzmechanismen selbst in den Produktpreis mit eingehen und diesen c.p. erhöhen.

98 Derartige Untersuchungen wurden im Rahmen des „Napster-Falls“ vorgenommen. Siehe hierzu ausführlich Liebowitz (2003a).

Eine realistische Bewertung der ökonomischen Schäden des Kopierens sollte also auf einem Vergleich der jeweiligen Gewinnsituationen der Rechteinhaber beruhen, die sich mit beziehungsweise ohne Kopiertätigkeit einstellen. Um die genannten Probleme hinsichtlich des Szenarios der Abwesenheit des Kopierens zu vermeiden, bietet sich die modelltheoretische Bestimmung des monopolistischen Gleichgewichts an, da so Unzulänglichkeiten z.B. bei Umfragen vermieden werden (vgl. hierzu Gayer/Shy (2002); Watt (2000), S. 37 ff.). Die so ermittelbaren zahlenmäßigen Verkaufsverluste durch die Kopiertätigkeit fallen verglichen mit dem oben geschilderten Vorgehen des „Rechteinhaber-Modells", aber auch mit der modelltheoretischen Ermittlung der Nachfrage (Verkaufszahlen) unter Beibehaltung der aktuellen Marktpreise geringer aus (vgl. Gayer/Shy (2002), S. 14).

Mit zunehmender Höhe des monopolistischen Preises infolge fehlender Kopiermöglichkeiten werden nicht nur weniger bisherige Nutzer von Kopien zu neuen Käufern von Originalen, sondern auch bisherige Originalkäufer schränken ihren Konsum ein. Da mit dieser Methode auch der monopolistische Gleichgewichtspreis bestimmt wird, ist gleichzeitig der monetäre Verlust zu ermitteln. Dieser ergibt sich aus der Differenz der potenziellen Gewinne im Monopolfall ohne Kopieren und der beobachtbaren Gewinne mit Kopieren. Dieses Maß berücksichtigt die geringeren Preise und die geringeren Mengen infolge des Kopierens. Zur theoretischen Ermittlung des monopolistischen Gleichgewichts bedarf es der Bestimmung von Nachfrage- und Kostenfunktion. Von daher erscheint eine pauschalierte Vorgehensweise bei der Bewertung der Missbrauchsschäden ausgeschlossen: Vielmehr müssten die jeweiligen Spezifika der Markt- und Branchensituation im Einzelfall analysiert werden. Hier kommt beispielsweise der Preiselastizität der Nachfrage Bedeutung zu, da hiervon das Ausmaß monopolistischer Preissetzungspotenziale beeinflusst wird.[99]

99 Sei eine sehr preiselastische Nachfrage derjenigen Konsumenten unterstellt, die bisher Kopien nutzten und ohne Kopiermöglichkeiten als potenzielle Nachfrager nach Originalen auftreten, dann zeigt sich das Potenzial zur monopolistischen Preissteigerung als begrenzt (die Gültigkeit der Annahme zur Elastizität spiegelt sich in der Tatsache wider, dass die Akteure gerade Kopien nutzen und damit ihrer Preissensibilität Ausdruck verleihen). In Abhängigkeit des Mengeneffekts beeinflusst dies die Wirkung auf die Gewinnsituation, die damit relativ gering sein kann (vgl. zu Monopolmacht und Elastizität Pindyck/Rubinfeld (1989), S. 342 ff.). Theoretisch lässt sich auch der Fall höherer Preise bei Kopiertätigkeit nicht ausschließen. Hierzu müssten preiselastische Nachfrager zum Großteil auf Kopien ausweichen, während nur preisinelastische Nachfrager Originale kaufen. Dann könnte der Rechteinhaber seine Monopolsituation ausnutzen, ohne mit Mengenrückgängen rechnen zu müssen (vgl. Committee on Intellectual Property Rights (2000), S. 189 f.).

Der Realitätsgehalt dieser Bestimmung monetärer Kopiereffekte wäre zu steigern, sofern die insbesondere auf Märkten für Informationsgüter relevanten Netzwerkeffekte Eingang in die Betrachtung fänden. Netzwerkeffekte bewirken dabei – wie bereits geschildert – eine Steigerung der individuellen Nutzenstiftung und damit der Wertschätzung eines Gutes mit zunehmender Netzwerkgröße, also mit der Anzahl der verbreiteten/genutzten Güter der gleichen Art (vgl. Liebowitz/Margolis (1998), S.168 ff.). Neben den inhärenten Nutzen, den das Gut stiftet, tritt damit ein zusätzlicher Nutzen, der aus der Größe des Netzwerks resultiert.[100]

Da derartige Netzwerke auch infolge der Verbreitung von Kopien an Größe gewinnen, wird ersichtlich, dass die Wertschätzung und damit Zahlungsbereitschaft und Nachfrage bezüglich Originalprodukten positiv von der Diffusion derartiger Kopien beeinflusst wird. Damit beinhaltet die gesamte verkaufte Menge einen gewissen Anteil, der auf die Existenz – auch illegaler – Kopien zurückzuführen ist. Existierten die Kopien hingegen nicht, wäre auch die Nachfrage nach Originalen geringer. In Abhängigkeit des Ausmaßes dieser Netzwerkeffekte sowie auch der Netzwerkgröße besteht – im Gegensatz zur traditionellen Annahme – die Möglichkeit sinkender Verkaufszahlen und Gewinne infolge der Verhinderung des Kopierens. Wenn ein absoluter Rückgang auch eher eine theoretische Ausnahme darstellt, so bleibt die Quantifizierung dieser Externalitäten für die tatsächliche Schadensbeurteilung dennoch gleichermaßen komplex wie aufschlussreich (vgl. Gayer/Shy (2002), S. 12 ff.).

Zudem ist auch die Preisgestaltung von den Netwerkeffekten nicht unberührt. Aufgrund der höheren Zahlungsbereitschaft der Original-Käufer infolge des Wertzuwachses durch die Externalitäten, lassen sich verglichen mit dem kopierfreien Szenario gegebenenfalls höhere Preise realisieren – ungeachtet der andernfalls bestehenden Monopolstellung –, was tendenziell Schaden mindernd wirkt (vgl. Hakfoort/Willemsen (2000), S. 24). Kopien, ob legal oder illegal, können somit die Gewinne des Rechteinhabers steigern. Dies wäre dann der Fall, wenn es ihm gelingt, sich die durch Kopisten erzeugte Wertsteigerung des Netzwerkes von den Nachfragern der Originale anzueignen (vgl. zu Netzwerkexternalitäten und den Wirkungen des Kopierens Takeyama (1994)).

Während Existenz und Relevanz von Netzwerkeffekten insbesondere bei Software ausgeprägt und weitgehend unumstritten sind, scheint dies bei Informationsgütern wie Musik, Büchern oder Filmen weniger eindeutig. Da jedoch diese

100 Es sei nochmals auf das Beispiel verwiesen, bei dem der Nutzen aus der Anwendung einer bestimmten Software steigt, sofern viele weitere Nutzer das gleiche Programm anwenden, weil dadurch Möglichkeiten zum Datenaustausch entstehen oder viele kompatible Anwendungsprogramme verfügbar sind.

Güter in hohem Maße vom Kopieren betroffen sind, wäre die Kenntnis solcher Externalitäten bei der Bewertung von Kopierschäden nötig. In diesem Kontext lassen sich so genannte „word of mouth"-Externalitäten anführen (vgl. hierzu Bensaid/Lesne (1996)). Hierbei werden infolge zunehmender Nutzungen Informationen über das Gut und dessen Qualität bekannt. Such- und Informationskosten für potenzielle Nachfrager sinken, weshalb auch hier aus der Verbreitung und Nutzung durch Dritte – ob legal oder illegal – eine Wertsteigerung (Kostensenkung) erfolgt (vgl. Hakfoort (2002), S. 74).

Durch verbreitete Nutzungen, z.B. in der Form auch illegaler Kopien von Musik, kann dem Künstler eine zunehmende Aufmerksamkeit zukommen, seine Reputation steigen und er eine größere „Fangemeinde" gewinnen (vgl. Landes/Lichtman (2003a), S. 12). Der so gestiegene Wert des „Gutes" lässt sich dann über eine zunehmende Nachfrage nach Originalen oder durch die Vermarktung komplementärer, ausschließbarer Güter aneignen, wie z.B. Bücher oder Konzerte, die eine zunehmend wichtige Einnahmequelle ausmachen (vgl. Horn (2002)).[101] Auch diese Potenziale fielen bei der Abwesenheit der Kopiertätigkeit geringer aus und bedürften im Zuge einer umfassenden Wirkungsanalyse einer eingehenden Quantifizierung.[102]

Neben den geschilderten direkten Interdependenzen zwischen Kopiertätigkeit und Gewinn- bzw. Schadensentwicklung sind für eine fundierte Betrachtung des Schadensmaßes weitere Faktoren relevant. So erfolgt die Nachfrage nach Informationsgütern nicht losgelöst von der gesamtwirtschaftlichen, konjunkturellen Entwicklung. Hier dürfte in rezessiven Phasen insbesondere zunächst für weniger lebensnotwendige Güter mit hoher Einkommenselastizität (was für derartige Informationsgüter unterstellt wird) ein Nachfragerückgang festzustellen sein (vgl. Watt (2000), S. 35). Eine Reaktion bezüglich der Ausgestaltung der Property-Rights infolge von Gewinnrückgängen bestimmter Branchen wäre dann unter Umständen unangemessen und nicht ursachenorientiert. Ferner zeigen sich das verfügbare Einkommens- und Zeitbudget der Nutzer zu Informations- und

101 So werden in Deutschland für Live-Musikveranstaltungen etwa 2,8 Milliarden Euro jährlich von den Haushalten ausgegeben. 85 – 90 % der Gewinne aus Konzertveranstaltungen gehen dabei an die Künstler (vgl. Horn (2002)). Allerdings dürfte die Verteilung der Einnahmen auf die Künstler relativ ungleichmäßig ausfallen, da eher bekannten Künstlern ein Großteil der Einnahmen zufließt (vgl. hierzu auch die ökonomische Theorie der „Superstars", z.B. Rosen (1981)).

102 In diesem Zusammenhang ist es denkbar, dass der Rechteinhaber selbst die Externalitäten durch eine gesteuerte Freigabe der Güter erzeugt. Allerdings würde dann u.U. die Hemmschwelle der Illegalität nicht mehr wirken, die bisher einige Käufer von Originalen von einer Kopiertätigkeit abhielt. Diese könnten sich dann auf die zunehmende Nutzung freier Güter beschränken (vgl. zur Diskussion derartiger Geschäftsmodelle z.B. Shapiro/Varian (1999a/b); Zerdick u.a. (2001)).

Unterhaltungszwecken als beschränkt. Sofern aber die Anzahl an zeit- und kostenintensiven Nutzungsalternativen insgesamt steigt (z.B. Mobilfunk, Internet, DVD, Computer-Spiele, umfangreiche Softwarepakete), ist eine Verschiebung zuungunsten einer Aktivität und der damit einhergehenden Einnahmerückgänge nicht auszuschließen und ökonomisch unproblematisch.

2.7.3.3 Fazit

In Anbetracht steigender Intensität der Kopiertätigkeit anlässlich der technologischen Entwicklung erlangt die Quantifizierung dadurch verursachter Verluste der Urheber aus ökonomischer Sicht zunehmend an Bedeutung. Theoretische Analysen derartiger Messkonzepte sowie deren empirische Eignung sind bisher in der wissenschaftlich relevanten Literatur unterrepräsentiert. Vielmehr wird häufig die Notwendigkeit der Stärkung der Urheberrechte aufgrund der bloßen Existenz von Kopiermöglichkeiten vorausgesetzt, ohne den Versuch zu unternehmen, daraus resultierende monetäre und damit anreizrelevante Effekte für die Rechteinhaber zu hinterfragen.

Die obigen Ausführungen verdeutlichen, dass eine fundierte Untersuchung die Berücksichtigung unterschiedlicher Parameter (z.B. Existenz und Ausmaß von Netzwerkeffekten, Elastizitäten) sowie des individuellen Verhaltens voraussetzt. Da beispielsweise eine Stärkung urheberrechtlicher Regelungen gesellschaftliche Kosten verursacht, ist es unerlässlich, die damit einhergehenden positiven Anreizeffekte (in der Form der Verringerung von entgangenen Gewinnen) zu erfassen, um auf der Grundlage eines ökonomischen Kosten-Nutzen-Kalküls eine Beurteilung der Handlung treffen zu können. Sollte das Rechtssystem zudem finanzielle, pauschale Entschädigungen für die Rechteinhaber wegen Urheberrechtsverletzungen bzw. Schrankenregelungen vorsehen, setzt dies ebenfalls die Kenntnis über eine dadurch erlittene Schadenshöhe voraus.[103] Sofern die Einnahmen aus derartigen Kompensationszahlungen deutlich von denjenigen abweichen, die in einem kopierfreien Markt erzielbar wären, stellen sich eine ineffiziente Allokation sowie verzerrte Anreize ein.[104]

---

103 Dies wäre beispielsweise für das deutsche Urheberrecht im Rahmen der Pauschalvergütungen für Leermedien und Geräte relevant. Auch fordert die EU-Richtlinie zum Urheberrecht in der Informationsgesellschaft für bestimmte Nutzungen einen „gerechten Ausgleich", der sich am Schaden orientieren solle (vgl. Richtlinie 2001/29/EG, Erwägungsgrund 35).

104 Bei der Anwendung einer „liability rule", die als ein nicht-exklusives Verfügungsrecht mit dem Anspruch auf eine ex post-Entschädigung interpretiert werden kann, kommt diesem Problem besondere Bedeutung zu (siehe hierzu Calabresi/Melamed (1972)).

Ferner wurde ersichtlich, dass eine Ermittlung des Ausmaßes der finanziellen Schäden nicht anhand pauschaler Konzepte erfolgen kann, sondern marktstrukturelle Faktoren Berücksichtigung finden müssen. So wird das Gewinnsteigerungspotenzial des Rechteinhabers infolge der Einschränkung der Kopiertätigkeit beispielsweise davon abhängig sein, inwiefern tatsächlich Monopolpreise realisiert werden können oder Konkurrenz zu Produkten anderen Anbieter besteht. Auch ist der Substitutionscharakter der Kopie ausschlaggebend für die tatsächliche Wirkung auf die Originalverkäufe. Je geringer dieser ist, desto geringer sind auch die Interdependenzen zum Originalmarkt (vgl. Watt (2000), S. 35).

Des Weiteren sind Netzwerkeffekte und damit deren beschriebene Wirkung auf unterschiedlichen Märkten auch unterschiedlich relevant, womit auch das Ausmaß des Handlungsbedarfs einer Einzelfallprüfung zu unterziehen wäre. Abschließend bleibt festzuhalten, dass die Ausgestaltung der IPR nicht unabhängig von den tatsächlichen Kopierschäden erfolgen soll, und somit auch die realistischen Gewinnpotenziale bei der Nichtexistenz der Kopien Eingang in die Analyse finden müssen, und diese zudem den damit einhergehenden sozialen Kosten gegenüber zu stellen sind.

2.8 Zusammenfassung

Als wesentliche Voraussetzung für eine effiziente Allokation von Ressourcen und Gütern und ein Funktionieren des Marktmechanismus bedarf es der Formulierung, Zuteilung und Durchsetzung von Verfügungsrechten. Sofern die betrachteten Güter die Eigenschaften von öffentlichen Gütern aufweisen, wie dies für Informationsgüter typischerweise der Fall ist, besteht das Problem des Marktversagens. Um der daraus resultierenden zu geringen bzw. unterbleibenden Bereitstellung dieser Güter zu begegnen, dient die Zuteilung von Verfügungsrechten durch die Institution der IPR, von denen das Urheberrecht ein Teilgebiet darstellt. Dieses soll zum einen Anreize zur Produktion der Informationsgüter generieren, indem es den Urhebern die Möglichkeit der Exklusivität der Nutzung und Verwertung sowie der Kontrolle zusichert. Zum anderen soll es die Diffusion der betreffenden Güter und damit deren möglichst effiziente Nutzung durch die Öffentlichkeit ermöglichen und muss damit diesen entgegengerichteten Tendenzen Rechnung tragen. Aufgrund der Nichtrivalität der Güter stellt sich trotz definierter Handlungsrechte keine effiziente Allokation ein.

Zur Bestimmung einer optimalen Abwägung der gegenteiligen Wirkungen von statischer und dynamischer Effizienz lassen sich modelltheoretische Erkenntnisse bemühen, deren praktischer Aussagegehalt allerdings nicht unerheblichen

Begrenzungen unterliegt. Dennoch lassen sich hierdurch die theoretischen Wirkungen des Kopierens sowie des Urheberrechts verdeutlichen. Dies bietet die Grundlage zur ökonomischen Beurteilung der Ausgestaltung des institutionellen Rahmens, was insbesondere deshalb hilfreich sein kann, da die Praxis juristisch dominiert ist und volkswirtschaftliche Effizienzziele relativ unberücksichtigt bleiben. Es wurde deutlich, dass in bestimmten Fällen eine Verdünnung der Property-Rights Effizienz steigernd sein kann. Dies gilt insbesondere, wenn hohe Transaktionskosten vorteilhafte Tauschvorgänge behindern. Daneben zeigte sich eine flexible Ausrichtung der Schrankenregelungen an dem Kriterium der Substitutionswirkung als sinnvoll. Insbesondere vor dem Hintergrund, dass schutzwürdige Informationsgüter vermehrt selbst als Inputgüter dienen, wäre eine zu restriktive Handhabung nicht im Sinne der Förderung von Innovation und Kreation.

Das Urheberrecht war und ist erneut technologischen Herausforderungen ausgesetzt, die momentan hauptsächlich durch die Entwicklung der Informations- und Kommunikationstechnologie sowie die Digitalisierung ausgelöst werden. Die theoretischen Untersuchungen haben gezeigt, dass die Problematik wesentlich diffiziler und komplexer ist als es allgemein hin den Anschein zu haben scheint. Neben Fragen bezüglich der Anwendung des Ausschlussprinzips, besteht z.B. die Möglichkeit, dass die Urheber von Informationsgütern nicht in jedem Fall negativ von einer weniger restriktiven Rechtsgestaltung betroffen sind, sondern unter gewissen Voraussetzungen und marktstrukturellen Gegebenheiten von der Kopiertätigkeit profitieren können. Für die Ausgestaltung des Urheberrechts ist es somit von Bedeutung, ob sich diese Potenziale und Voraussetzungen bestimmten Gütern, Märkten und/oder Nutzungsformen systematisch zuordnen lassen. Dabei spielt auch die Möglichkeit der Rechteinhaber eine Rolle, diese Voraussetzungen und Strukturen in ihrem Sinne zu beeinflussen. Eine vergleichsweise geringe Schutzintensität wäre in diesen Fällen, insbesondere unter Beachtung sämtlicher Kosten, einer restriktiven Alternative vorzugswürdig. Als Beispiel ließen sich Märkte mit ausgeprägten Netzwerkeffekten oder das Tauschen in kleinen Gruppen anführen.

Ferner zeigte sich, dass auch die Bewertung finanzieller Schäden durch die Kopiertätigkeit einer genaueren Analyse bedarf. Je nach Gutseigenschaften und Nachfragebedingungen sind die in der Öffentlichkeit kolportieren hohen Umsatz- und Gewinneinbrüche zu relativieren. Potenzielle Verhaltensanpassungen der Akteure in einem kopierfreien Referenzszenario sind dabei ebenso einzubeziehen wie externe Faktoren, die die Situation der Rechteinhaber neben der Kopiertätigkeit beeinflussen (z.B. Konjunkturentwicklung, Präferenzverlagerungen). Staatliches Handeln in Form eines intensiveren Urheberschutzes als Reaktion auf die proklamierten hohen Verluste ist somit kritisch zu hinterfragen, da hierdurch gleichzeitig die Nutzungsmöglichkeiten eingegrenzt und hohe soziale Kosten verursacht werden können. Zudem bleibt zu bedenken, dass das Urheberrecht aus wohlfahrtstheoretischer Perspektive systembedingt eine Second-best-Lösung darstellt. Auch wenn also ein theoretisch effizienter Ausgleich der geschilderten trade-off-Wirkungen gelingt, können in bestimmten Situationen alternative Formen besser geeignet sein, um die Produktion und Nutzung kreativer, innovativer Informationsgüter zu ermöglichen.

Bei Fragen zur Ausgestaltung der Verfügungsrechte bedarf es damit einer weitgehenden Berücksichtigung möglichst vieler ökonomischer Wirkungszusammenhänge. Auf welche Art die EU-Richtlinie auf die urheberrechtlichen Probleme der zukünftigen Informationsgesellschaft reagieren soll und wie dies zu beurteilen ist, wird Gegenstand der folgenden Analyse sein.

3 Die Ausgestaltung des Urheberrechts in der Bundesrepublik Deutschland und der Europäischen Union – Die Richtlinie 2001/29/EG

Neben dem in Deutschland gültigen Urheberrecht hat die Bundesrepublik auf internationaler Ebene den Urheberrechtsvertrag der World Intellectual Property Organization (WIPO) und den WIPO-Vertrag über Darbietungen und Tonträger unterzeichnet. Hierin werden urheberrechtliche Aspekte geregelt, die unter anderem die Entwicklung der digitalen Technologie und den elektronischen Geschäftsverkehr betreffen. Mit dem Ziel einer stärkeren Harmonisierung des urheberrechtlichen Rahmens innerhalb der Europäischen Gemeinschaft und als Reaktion auf die zunehmende Globalisierung sieht sich auch die Europäische Gemeinschaft als solche veranlasst, den WIPO-Verträgen beizutreten, wodurch die darin enthaltenen Regelungen in den Mitgliedsstaaten und auf Gemeinschaftsebene der Umsetzung bedürfen (vgl. BMJ (2002), S. 23 f.). Diese Regelungen wurden in der Richtlinie 2001/29/EG zur „Harmonisierung bestimmter Aspekte des Urheberrechts und der verwandten Schutzrechte in der Informationsgesellschaft“ (im Folgenden: Richtlinie bzw. bei Quellenbelegen RL 2001/29/EG)) fixiert, die am 22. Mai 2001 erlassen wurde und von den Mitgliedsstaaten bis zum 01. Januar 2003 in nationales Gesetz umgesetzt werden sollte.

Dies geschieht in der Bundesrepublik durch das „Gesetz zur Regelung des Urheberrechts in der Informationsgesellschaft“, das im Juli 2003 nach intensiver Diskussion den Vermittlungsausschuss passierte (vgl. Schippan (2003b), S. 678 ff.). Hiermit wird das in Deutschland geltende Urheberrecht nicht ersetzt, sondern derartig geändert oder ergänzt, dass es den rechtlichen Anforderungen der Richtlinie genügt und so den prognostizierten Erfordernissen der Entwicklung im Bereich der Informations- und Kommunikationstechnologien, insbesondere auch der Digitalisierung von Informationen, Rechnung trägt. Im Folgenden werden Begründungen und Ziele der Richtlinie sowie des daran ausgerichteten Gesetzes kurz erläutert. Es werden die Umsetzung der Richtlinie in deutsches Gesetz bezüglich der hier relevanten Aspekte skizziert und die wesentlichen rechtlichen Änderungen und Anpassungen im Bezug auf die hier besonders interessierende technologische Entwicklung (Digitalisierung/IuK-Technologie) dargestellt. Im weiteren Verlauf erfolgt dann eine kritische Beurteilung anhand einer ökonomischen Analyse. Hierbei soll die Frage Beachtung finden, inwiefern die Gesetzesnovelle tatsächlich geeignet erscheint, auf neue urheberrechtliche Probleme reagieren zu können, aber auch welche weiteren Wirkungen verursacht werden können. Hierzu soll das im vorangegangenen Kapitel dargelegte Instrumentarium Berücksichtigung finden und Hinweise zur Analyse liefern.

3.1 Begründung und Ziele

3.1.1 Harmonisierung

Schon die Bezeichnung der Richtlinie „zur Harmonisierung bestimmter Aspekte ...“ lässt unschwer eine zentrale Zielsetzung des Gesetzesvorhabens erkennen, nämlich eben die gemeinschaftsweite Harmonisierung der nationalen Rechtsausgestaltungen. Dies ist jedoch nicht als Selbstzweck aufzufassen, sondern soll vielmehr dem übergeordneten Ziel der Schaffung eines einheitlichen europäischen Binnenmarktes dienen, auf dem ein vor Verzerrung geschützter Wettbewerb ermöglicht werden soll (vgl. RL 2001/29/EG, Erwägungsgrund 1). Nationale Differenzen hinsichtlich des Urheberrechts und verwandter Schutzrechte würden mitunter der Verwirklichung der vier Freiheiten des Binnenmarktes entgegen stehen, da sie einen grenzüberschreitenden Handel mit urheberrechtsrelevanten Gütern und Dienstleistungen erschweren. Ein einheitlicher urheberrechtlicher Ordnungsrahmen soll hingegen die „... Entwicklung und den Vertrieb neuer Produkte und Dienstleistungen und die Schaffung und Verwertung ihres schöpferischen Inhalts schützen und fördern.“ (RL 2001/29/EG, Erwägungsgrund 2) und damit die Entwicklung der Informationsgesellschaft stärken.

Würden beispielsweise in unterschiedlichen Mitgliedsstaaten unterschiedliche rechtliche Voraussetzungen bezüglich der Möglichkeit zur exklusiven Verwertung oder Kopiertätigkeit gelten, wäre der grenzüberschreitende Handel dann gefährdet, wenn der Urheber/Produzent keine rechtliche Möglichkeit hätte, im Zielland eine von ihm nicht gewünschte Nutzung oder Kopiertätigkeit zu unterbinden. Auf die Wohlfahrt steigernde Allokation durch den internationalen Handel würde verzichtet. Infolge des einfacheren Zugangs zu den Inhalten und kostengünstigen Kopiermöglichkeiten aufgrund der technischen Entwicklung würde diese Problematik verschärft, insbesondere wenn z.B. aus Ländern mit restriktivem Urheberrecht über Datennetze auf Inhalte zugegriffen wird, die in Ländern ohne bzw. mit geringem Schutzniveau verfügbar gemacht werden.

Der Erwägungsgrund 4 weist auf die besondere Anreizfunktion eines harmonisierten Urheberrechts – und der sich daraus ergebenden Rechtssicherheit – zur Investition in Kreativität und Innovation hin. Es werden positive Wirkungen nicht ausschließlich auf die Inhalteproduktion unterstellt, sondern zudem auch auf die Entwicklung der Netzinfrastruktur und der Informationstechnologie als Ganzes sowie auf Teile der Industrie und des Kultursektors. Hiermit wird ein Beitrag zur Förderung von Wachstum und Wettbewerbsfähigkeit der europäischen Industrie begründet und damit einhergehende positive Beschäftigungswirkungen unterstellt. Somit wird dem Urheberrecht eine direkte Funktion bezüglich der gesamtwirtschaftlichen Entwicklung zugesprochen.

3.1.2 Technischer Fortschritt

Die Bezeichnung „... in der Informationsgesellschaft“ verdeutlicht eine zweite zentrale Zielsetzung der Richtlinie. Die Anpassung des Ordnungsrahmens an das sich ändernde technologische Umfeld betrifft damit u.a. Aspekte der Vervielfältigung und Verbreitung von Informationsgütern, die in großem Maße von der zunehmenden Digitalisierung betroffen sind (vgl. Art. 2, 4 RL 2001/29/EG). Auch die Zielsetzung der deutschen Gesetzesformulierung wird damit begründet, dass die Notwendigkeit einer Anpassung des am analogen Umfeld ausgerichteten Urheberrechts an die Entwicklung im Bereich der IuK-Technologie anerkannt wird (vgl. Referentenentwurf (2002), S. 23; Schippan (2003a, S. 378).

Im Erwägungsgrund 5 RL 2001/29/EG wird betont, dass die Bestimmungen im Bereich des Urheberrechts und verwandter Schutzrechte hinsichtlich der technischen Entwicklung anzupassen und zu ergänzen seien, damit u.a. neuen Formen der Verwertung Rechnung getragen wird. Gänzlich neuer Konzepte zum Schutze des „geistigen Eigentums“ bedürfe es hingegen nicht (vgl. RL 2001/29/EG, Erwägungsgrund 5). Hier, aber auch in weiteren Erwägungsgründen (z.B. 10, 25), wird insbesondere auf die neuen Verwertungsformen hingewiesen. Diese sind z.B. in on-demand-Diensten oder im elektronischen Geschäftsverkehr zu sehen, die im bisherigen Urheberrecht unbeachtet blieben. On-demand-Dienste (es wird auch von interaktiver Übertragung oder online-Diensten gesprochen, was hier als synonym angenommen wird) bieten der Öffentlichkeit die Möglichkeit, digitale Werke über das Internet abzurufen. Dies kann im Gegensatz zu traditionellen Formen der öffentlichen Wiedergabe (Rundfunk, Fernsehen) einzeln und von Orten und zu Zeiten nach Wahl geschehen.

Es wird deutlich, dass die Rechtsgestalter diesen Dienstleistungen, die durch die neuen Technologien ermöglicht werden, aber auch den immateriellen Produkten selbst, ein nicht unerhebliches Potenzial für die zukünftige wirtschaftliche Entwicklung beimessen. Über das in der Richtlinie geforderte hohe Schutzniveau (z.B. Erwägungsgründe 4, 9) und die Anpassung des Rechts an die neuen technologischen Herausforderungen soll somit ein Anreiz zur Investition in die Produktion dieser Güter als auch in die Entwicklung neuer Verwertungsformen geschaffen werden. In Verbindung mit der geforderten Harmonisierung soll auch diese Zielsetzung letztlich der Vorstellung eines funktionsfähigen, wettbewerblich organisierten Binnenmarktes Rechnung tragen und die (auch grenzüberschreitende) Verbreitung und Nutzung immaterieller Güter und die damit verbundenen Dienstleistungen fördern.

Im Gegensatz zur traditionellen kontinentaleuropäischen Rechtfertigung des Urheberschutzes scheinen die Begründungen der Richtlinie sich zunehmend auf ökonomische Aspekte und eine Stärkung des gesellschaftlichen Nutzens zu beziehen, die über die Entwicklung und Förderung marktwirtschaftlicher, wettbewerblicher Kräfte erreicht werden soll.[105] So wird eine stärkere Harmonisierung auch damit ökonomisch begründet, dass sich hierdurch produktionsbedingte Größenvorteile eher realisieren lassen (vgl. RL 2001/29/EG, Erwägungsgrund 6). Auch die anreiztheoretische Begründung, die einigen Erwägungsgründen implizit zugrunde liegt (s.o.), wird im Erwägungsgrund 10 direkt geschildert. Es soll darüber die Herstellung und EU-weite Verbreitung von neuen Gütern und die Anwendung neuer Verwertungsmethoden gefördert werden, von der – neben den Produzenten – auch die Nutzer profitieren. Die Nutzenorientierung kommt zudem darin zum Ausdruck, dass die Interessen der Nutzer direkt Berücksichtigung finden. So soll nicht nur den Rechteinhabern, sondern auch den Nutzern ein angemessener Rechtsrahmen vorgegeben werden, damit die neuen Technologien effizient zum Einsatz kommen und die Informationsgesellschaft gefördert wird (vgl. Referentenentwurf (2002), S. 23).

Hieraus lässt sich der Schluss ziehen, dass die Nutzer einen (wie auch immer bewerteten) angemessenen Zugang zu den relevante Gütern haben sollen, und zwar hinsichtlich Preis und Nutzungsmöglichkeiten. Anderenfalls überwiegte der Effekt der „Unternutzung“, womit die Informationsgesellschaft gerade keine Förderung erführe. In der Richtlinie (Erwägungsgrund 31) wird im Zusammenhang des notwenigen Interessenausgleichs zwischen Rechtsinhaber und Nutzer sowohl auf die Problematik der neuen elektronischen Medien als auch auf Harmonisierungsaspekte hingewiesen. Dieser Interessenausgleich soll in der Regel durch Ausnahmen und Beschränkungen bezüglich der Schutzrechte erreicht werden, z.B. durch die Gewährung des Kopierens in einem genau definierten Umfang. Wie oben erwähnt (Kapitel 2) verändert nun die technische Entwicklung die Rahmenbedingungen (z.B. digitale Kopie), sodass bisher dem Zweck des Interessenausgleichs dienliche Ausnahmen jetzt einer Neubewertung und gegebenenfalls einer Änderung bedürfen. Auch international unterschiedliche

105 Ob diese Ausrichtung der tatsächlichen Intention der Rechtsgestalter entspricht oder eher das Ergebnis einer intensiven Lobbyarbeit der Interessengruppen – insbesondere der Inhalteindustrie – ist, bedarf es zumindest zu hinterfragen. Ein Hinweis hierauf kann in der Aussage des Binnenmarkt-Kommissars FRITS BOLKESTEIN in einer Presseerklärung vom 14.02.2001 gesehen werden, nach der das Parlament im Mitentscheidungsverfahren „in einem bis dahin beispiellosen Maß dem massiven Druck von Lobbyisten ausgesetzt“ war (vgl. Bayreuther (2001), S. 431). Vor diesem Hintergrund könnte es sich z.B. anbieten, die Entstehung der Richtlinie aus Sicht der Public-Choice-Theorie zu analysieren, was in dem hier gewählten Umfang nicht vorgenommen werden soll.

Ausnahmen können eine – wie oben geschildert – nicht gewünschte Wirkung hinsichtlich der Funktionsfähigkeit des Binnenmarktes zur Folge haben.

Insbesondere sind von den Anpassungen an den technischen Fortschritt Regelungen bezüglich der Vervielfältigung, der öffentlichen Wiedergabe sowie technischer Schutzmaßnahmen betroffen, womit diese wesentliche Inhalte der Richtlinie darstellen, auf die im folgenden Abschnitt näher eingegangen wird.

3.2 Wesentliche Aspekte der Richtlinie und die Umsetzung in deutsches Recht

Kernelemente der Richtlinie stellen die Regelungen zum Vervielfältigungsrecht, zu Ausnahmen und Schranken hierzu, aber auch zu Aspekten der öffentlichen Wiedergabe sowie zum Schutz technischer Maßnahmen, mit denen eine Vervielfältigung verhindert werden soll, dar.

3.2.1 Vervielfältigungsrecht, Ausnahmen und Beschränkungen

Artikel 2 RL 2001/29/EG zwingt zur Gewährung des Vervielfältigungsrechts zugunsten der Urheber, der ausübenden Künstler, der Tonträger- und Filmhersteller sowie der Sendeunternehmen bezüglich deren jeweiligen Leistungen. Hinsichtlich des deutschen Urheberrechts entsprechend der §§ 15, 16 UrhG besteht hier kein Anpassungsbedarf (vgl. Dreier (2002), S. 29). Als Vervielfältigung selbst gilt mithin die „unmittelbare oder mittelbare, vorübergehende oder dauerhafte Vervielfältigung auf jede Art und Weise und in jeder Form“ (Art. 2 RL 2001/29/EG), sodass eine weit aufzufassende Definition zugrunde liegt, womit Rechtssicherheit im Binnenmarkt erzielt werden soll.

Die Ausgestaltung der Schrankenregelungen zur Vervielfältigung in Artikel 5 RL 2001/29/EG erfolgt enumerativ. Von den mehr als zwanzig – allerdings erschöpfend aufgeführten – Beschränkungen besitzt lediglich eine verbindlichen Charakter, die weiteren gelten als „Kann-Regelungen“, womit keine gemeinschaftseinheitliche Ausgestaltung vorausgesetzt werden kann. Verbindlich auszunehmen sind nur solche Vervielfältigungen, die vorübergehend oder begleitend und im Zuge des technischen Verfahrens zur Werknutzung notwendig sind, aber keine selbstständige wirtschaftliche Bedeutung haben (vgl. Art. 5 RL 2001/29/EG; § 44a UrhG).[106]

---

106 Diese Vervielfältigungen entstehen schon beim Betrieb eines PCs und sind u.a. auch Voraussetzung für das Funktionieren von Datenübertragungen in Netzwerken, ohne dass der Anwender dies beeinflusst.

Unter die „Kann-Vorschriften“ lassen sich unter anderem solche Vervielfältigungen subsumieren, die von natürlichen Personen zum privaten Gebrauch sowie von öffentlichen Bibliotheken vorgenommen werden, ferner zu Zwecken des Unterrichts- und Kirchengebrauchs. Allerdings darf kein kommerzieller Zweck verfolgt werden. Weitere Schranken dienen der wissenschaftlichen, kritischen und satirischen Auseinandersetzung, z.B. durch Zitieren oder Parodieren.[107] Teilweise ist hierbei ein gerechter Ausgleich für die Rechtsinhaber vorgesehen, womit deren Verfügungsrechte ihren exklusiven Charakter zugunsten von Vergütungsansprüchen verlieren. Die deutsche Umsetzung erfolgt diesbezüglich in dem § 53 UrhG.

Als Voraussetzung für die Anwendung sämtlicher in der Richtlinie aufgeführten Ausnahmen und Beschränkungen gilt, dass weder die normale Werkverwertung beeinträchtigt, noch die Interessen der Rechtsinhaber ungebührlich verletzt werden. Die konkrete Definition der „normalen Werkverwertung“ bleibt hier offen, sodass die Richtlinie den nationalen Regelungen Gestaltungsspielräume lässt.[108] Wenn auch heutzutage die online-Nutzung als normale Verwertung zu gelten hat, so lässt sich hieraus allerdings keine Ausnahme von der Gültigkeit der Schrankenregelungen für diesen Bereich ableiten (vgl. Schack (2002), S. 509).

Der Erwägungsgrund 44 der RL 2001/29/EG thematisiert in diesem Zusammenhang die potenziell gesteigerte wirtschaftliche Bedeutung, die diesen Schranken im Bezug auf neue, elektronische Technologien zukommen kann und weist für diesen Fall auf eine dann möglicherweise vorzunehmende engere Begrenzung der Ausnahmen hin. Hierin lässt sich einerseits die Intention der Richtlinie erkennen, auf Erfordernisse im Zuge der technischen Entwicklung mit der Anpassung des Ordnungsrahmens zu reagieren und somit die analoge und digitale Technologie unterschiedlich zu behandeln, da letzterer eine zunehmende wirtschaftliche Bedeutung zuerkannt wird. Diese Differenzierung wird auch im Rahmen der Vergütungsmodalitäten, die als Ausgleich für die Gewährung der Beschränkungen dienen, angesprochen.[109] Andererseits wird die dynamische Entwicklung berücksichtigt und eine Anpassung im Zeitverlauf vorgeschlagen, um so auf aktuelle, nicht vorhersehbare Entwicklungen angemessen reagieren zu können.

---

107 Vgl. zur ausführlichen Aufzählung Art. 5 RL 2001/29/EG.

108 Inwiefern bzw. ab welcher Intensität Vervielfältigungen zum privaten Gebrauch mit einer normalen Werkverwertung im Widerspruch stehen, lässt sich nicht pauschal beurteilen.

109 Zur unterschiedlichen Behandlung von digitalen und analogen Medien hinsichtlich urheberrechtlicher Schrankenregelungen, insbesondere der Privatkopie, vgl. Schack (2002).

3.2.2 Die öffentliche Wiedergabe

Mit dem Artikel 3 RL 2001/29/EG, der das Recht der öffentlichen Wiedergabe und der öffentlichen Zugänglichmachung betrifft, wird eine weitere Veränderung berücksichtigt, die sich aus der voranschreitenden Anwendung digitaler Technologien ergibt. Dieser Anwendung wird ein besonderes Entwicklungspotenzial zugeschrieben, weshalb eine harmonisierte Rechtsausgestaltung für nötig gehalten wird. Hierbei handelt es sich um on-demand-Dienste, also um die interaktive Werkübertragung über Netzwerke wie z.B. das Internet. Diese öffentliche Zugänglichmachung unterfällt dem Recht der öffentlichen Wiedergabe (vgl. Bayreuther (2001), S. 424).[110]

Das ausschließliche Recht, sämtliche Formen der öffentlichen Wiedergabe und damit auch der Zugänglichmachung – z.B. im Internet – zu erlauben oder zu verbieten, steht nach Art. 3 Abs. 1 RL 2001/29/EG (bzw. § 19a UrhG) dem Urheber des Werkes zu. Den Leistungsschutzberechtigten, also z.B. ausübenden Künstlern, Film- und Tonträgerherstellern, steht hinsichtlich der on-demand-Nutzung (Zugänglichmachung) ihrer jeweiligen Schutzgegenstände, also z.B. Aufzeichnungen von Darbietung und Filmen sowie Tonträgern, ebenfalls das Recht zu, diese zu erlauben oder zu verbieten. Dies stellt einen Gegensatz zu anderen Formen der öffentlichen Wiedergabe dar, da hierbei kein Verbotsrecht, sondern lediglich Vergütungsansprüche bestehen (vgl. Bayreuther (2001), S. 424 ff.; Dreier (2002), S. 30; Flechsig (2002), S. 5 ff.).

Schrankenregelungen bezüglich der öffentlichen Zugänglichmachung existieren z.B. zugunsten von Bildungs- und Forschungseinrichtungen. So gestattet z.B. der Artikel 5 RL 2001/29/EG bzw. § 52a UrhG, dass veröffentlichte kleine Teile eines Werks im Unterricht an Schulen und Hochschulen für einen bestimmten Adressatenkreis öffentlich zugänglich gemacht werden können (vgl. Schippan (2003), S. 381).

3.2.3 Der Schutz von technischen Maßnahmen

Die Rechteinhaber sind von der technischen Entwicklung nicht ausschließlich negativ tangiert, indem der nicht autorisierte Zugriff und das Vervielfältigen von Werken infolge dramatisch gesunkener Kopierkosten erheblich erleichtert wird und vielfach „natürliche“ Hindernisse schwinden, die eine Aneignung von Er-

110 Die Abgrenzung der on-demand-Nutzung ist in der Literatur nicht undiskutiert geblieben. So verweist z.B. DREIER (2002) auf Abgrenzungsfragen zum Senderecht und sich in Zukunft herausbildenden Formen der öffentlichen Wiedergabe, wie z.B. des Webcasting. Vgl. hierzu Dreier (2002), S. 30 f. sowie die dort angegebene Literatur.

trägen auch ohne einen rechtlichen Schutz gestatten.[111] Es besteht in zunehmendem Maße gleichzeitig auch die Möglichkeit zur Anwendung von Technologien zum Schutz vor illegalen Handlungen als auch zur sicheren Verbreitung und Kontrolle digitaler Inhalte. Diese ermöglichen Zugangskontrollen und Kopiersperren gegen unbefugte Werknutzung, aber auch elektronische Zahlungssysteme zur differenzierten Abrechnung unterschiedlicher Nutzungsformen und -intensitäten (vgl. hierzu ausführlich Bechtold (2002); Picot (2003), S. 2).

Als Reaktion auf die in der Praxis häufig faktisch wirkungslos erscheinenden rechtlichen Regelungen (z.B. millionenfacher Tausch von Musikdateien über Tauschbörsen)[112] wird solchen technischen Maßnahmen teilweise eine Schlüsselrolle bezüglich des Schutzes und damit der Sicherung der zukünftigen Produktion von Informationsgütern zugesprochen (vgl. unter vielen z.B. Poynder (2001); Dam (1999)). Es ist allerdings nicht auszuschließen, dass es in relativ kurzen Abständen zur Herstellung und Verbreitung, insbesondere unterstützt durch die IuK-Technik (Internet), zu Umgehungsmaßnahmen dieser Schutzmechanismen kommt.

An diesem Punkt setzt der Artikel 6 RL 2001/29/EG an,[113] der einen Rechtsschutz gegen derartige Umgehungen technischer Maßnahmen vorsieht, die dem Schutz der Urheberrechte und verwandter Schutzrechte dienen. Inbegriffen ist hierbei auch bereits der Schutz gegen Vorbereitungshandlungen zur Umgehung, worunter unter anderem die Herstellung, Einfuhr, Verbreitung und Vermietung von Umgehungstechnologien fallen, und womit nicht nur die bloße Umgehungshandlung selbst verhindert werden soll. Begründen lässt sich dies mit den vom Rechteinhaber kaum zu registrierenden – geschweige denn zu unterbindenden – tatsächlich stattgefundenen Umgehungshandlungen, insbesondere in globalen Datennetzen.

Da es den Rechteinhabern zunächst frei steht, ihre Inhalte vor nicht genehmigter Nutzung durch die Anwendung technischer Maßnahmen zu schützen, sind Interessenkonflikte insbesondere dann denkbar, wenn definierte Nutzungsformen

---

111 Solche „natürlichen“ Hindernisse bestehen z.B. in „first-mover-Vorteilen“, die es dem Urheber erlauben, ausreichend hohe Monopolrenten zu realisieren, bis potenzielle Kopisten, die nur zeitverzögert reagieren können, als Wettbewerber auftreten (vgl. hierzu und zu weiteren Möglichkeiten Koboldt (1991), S. 309).

112 Ob die in jüngster Vergangenheit durch die Interessengruppen der Urheberindustrien vorgenommenen Klagen gegen einzelne Tauschbörsennutzer die Wirksamkeit und Einhaltung rechtlicher Regelungen langfristig stärken können, lässt sich zurzeit nicht beurteilen.

113 Die deutsche Ausgestaltung in dem § 95 a-d UrhG ist eng, z.T. wortlautgleich, an die Richtlinie angelehnt (vgl. Schippan (2003a), S. 385). Damit lassen sich auch gleiche Wirkungen annehmen.

aufgrund von Schrankenbestimmungen zwar rechtlich zulässig wären, aber wegen der technischen Schutzvorkehrungen sowie des Verbots der Umgehung selbiger nicht möglich sind (z.B. digitale Privatkopie). Um dieser Problematik entgegenzuwirken und damit die Inanspruchnahme der unter anderem an Gemeinwohlbelangen orientierten, aber insbesondere auch anhand ökonomischer Effizienzkriterien zu rechtfertigenden Schranken zu ermöglichen, gestattet die Richtlinie ein Eingreifen der Mitgliedsstaaten. Dies betrifft den Fall, in dem von Seiten der Rechteinhaber nach angemessener Frist keine freiwilligen Maßnahmen ergriffen werden, um rechtmäßige Handlungen zu ermöglichen. In welcher Art und Weise die Rechteinhaber eine Nutzung ermöglichen bzw. staatliches Eingreifen geschehen soll, bleibt allerdings unspezifiziert. Ein zur Verfügungstellen von Informationen zur Umgehung von Schutzmaßnahmen für die nutzungsberechtigten Personen würde beispielsweise die Gefahr des Missbrauchs und des allgemeinen Bekanntwerdens dieser Informationen in sich bergen (z.B. Zugangscodes).

In jedem Fall bedarf es von Seiten des Gesetzgebers einer differenzierten Abwägung zwischen einem zu weitgehenden Schutz einerseits, der möglicherweise die durch Ausnahmeregelungen legitimierte Nutzung von Informationen verhindert und der Gewährung der Umgehung von technischen Maßnahmen andererseits, die allerdings zu illegalen Zwecken missbraucht werden kann (vgl. Dreier (2002), S. 38). Diese Verpflichtung, die die Nutzung der Schrankenregelungen ermöglichen soll, bezieht sich allerdings nicht auf sämtliche Schranken des Art. 5 RL 2001/29/EG, sondern zählt nur einige auf (vgl. Art. 6 Abs. 4 RL 2001/29/EG). Danach scheint es Mitgliedsstaaten nicht erlaubt, Maßnahmen gegen den Einsatz technischer Schutzvorkehrungen zu treffen, die z.B. die Schrankenbestimmung zur Kritikfreiheit betreffen, da diese nicht explizit genannt wird (vgl. Dreier (2002), S. 37). Zu erwähnen bleibt in diesem Zusammenhang, dass die geschilderte gesetzliche Durchsetzung von Schrankenregelungen, die aufgrund technischer Maßnahmen nicht in Anspruch genommen werden können, im Bereich der interaktiven on-demand-Dienste (online-Abruf) keine Anwendung findet, sodass hier dem Rechteinhaber die Entscheidungsgewalt über die Schrankennutzung der Öffentlichkeit zufällt (vgl. Dreier (2002), S. 37).

3.3 Kritische Analyse der Richtlinie

Die Intention der Richtlinie besteht wie geschildert in der Anpassung des urheberrechtlichen Ordnungsrahmens an neue Technologieformen sowie in der Harmonisierung der nationalen Gesetze innerhalb der EU, zwecks einer positiven Beeinflussung der binnenmarktlichen Entwicklung und wirtschaftlichen Prosperität, insbesondere im Bereich der Informationstechnologien. Inwiefern die dazu vorgesehenen Maßnahmen aus Sicht der ökonomischen Theorie geeignet erscheinen können und mit welchen Entwicklungen zu rechnen ist, soll im Folgenden analysiert werden. Daneben bedarf es der Beurteilung, ob bzw. in welcher Qualität den theoretischen Bedingungen eines Ausgleichs von Produktionsanreizen und Nutzungs- bzw. Verbreitungsmöglichkeiten der Informationsgüter entsprochen wird. Die Zielsetzung sollte wie geschildert darin bestehen, dass die Wohlfahrtsverluste durch Unterproduktion bzw. Unternutzung möglichst gering ausfallen. Die vorangegangenen Darstellungen haben die Komplexität hinsichtlich dieses trade-offs, insbesondere einer für praktische Zwecke geeigneten Instrumentalisierung, verdeutlicht.

Von daher wird auch die sich anschließende Analyse eher Tendenzaussagen liefern und potenzielle Entwicklungen aufzeigen können, die in Abhängigkeit von der Rechtsinstitution und unter Anwendung des ökonomischen, theoretischen Instrumentariums als denkbar und begründbar erscheinen, als absolute Vorhersagen zu machen. Insbesondere die Gültigkeit dieses Rechtsrahmens für sehr unterschiedliche und differenzierte Sachverhalte verhindert eine pauschalierte Beurteilung. So stellen die behandelten Informationsgüter einerseits Endprodukte bzw. Konsumgüter, andererseits Inputfaktoren für die weitere Produktion dar. Dies hat zur Folge, dass die Beurteilung der ökonomischen Wirkungen dies berücksichtigen und eine differenzierte Betrachtung vornehmen muss.

Zu diesem Zweck erscheint es für die folgende Untersuchung sinnvoll, die prognostizierten Wirkungen den mit der Richtlinie bezweckten Zielvorstellungen gegenüber zu stellen sowie auf potenzielle, tendenzielle Wohlfahrtswirkungen hinzuweisen, ohne diese zu quantifizieren. Als Zielvorstellungen galten: Die Förderung und Entwicklung der Informationsgesellschaft durch Produktion/Entwicklung/Investition/ von Informationsgütern und -dienstleistungen sowie der Ausbau der Netzinfrastruktur über die Anpassung des Urheberrechts an neue Informationstechnologien durch eine allgemeine Stärkung des Schutzniveaus.

Ferner ist es sinnvoll, nicht ausschließlich die geschilderte trade-off Argumentation hinsichtlich Produktionsanreiz und Nutzung einer Beurteilung zugrunde zu legen und auf dieser Basis eine Primärallokation zu bewerten. Zusätzlich bedarf es der Berücksichtigung potenzieller Wirkungen, die sich nach erfolgter Rechteverteilung einstellen. Insbesondere private Koordinations- und Transaktionsformen hinsichtlich des Austauschs von Verfügungsrechten sind diesbezüglich zu erwähnen. Hiervon sind mitunter Verhaltensweisen betroffen, die Rückwirkungen auf Märkte und Institutionen ausüben, die nicht unabhängig von der ursprünglichen Rechteverteilung sind und nicht primär in Verbindung mit der Anreizgenerierung stehen (z.B. Wettbewerbsverhalten, strategisches Verhalten, „cross-licensing"). Unterschiedliche Property-Rights-Regime entfalten unterschiedliche Wirkungen auf das Transaktionsverhalten und darüber auf ökonomische Ergebnisse. Damit beeinflussen derartige Wirkungen von Urheberrechtsausgestaltungen die Beurteilung eines Urheberrechtssystems (vgl. hierzu Merges (2000), S. 1862, 1867 sowie Kapitel 4.). Bevor einzelne Richtlinienregelungen im Fokus der Analyse stehen, soll allerdings zunächst eine kritische Bewertung einiger der Richtlinie zugrunde liegenden Annahmen, Zielsetzungen und Begründungen vorgenommen werden.

3.3.1 Analyse der Annahmen, Zielsetzungen und Begründungen

Eine wesentliche Zielsetzung der Richtlinie besteht in der Förderung des Binnenmarktes und eines unverzerrten Wettbewerbs, was durch eine zunehmende Harmonisierung der nationalen Urheberrechte erreicht werden soll (vgl. RL 2001/29/EG, Erwägungsgrund 1). Diese Harmonisierung schaffe die nötige Rechtssicherheit, die zur Erlangung der vier Freiheiten, insbesondere zum grenzüberschreitenden Handel mit Gütern und Dienstleistungen, sowie zu Investitionen sowohl in die Inhalteproduktion als auch in die Netzinfrastruktur beitrage. Ungeachtet positiver Wirkungen, die der Rechtssicherheit in Folge einer Harmonisierung im Binnenmarkt zuzusprechen sind und die hier nicht in Abrede gestellt werden sollen, kann die Qualität und Angemessenheit von harmonisierten Regelungen grundsätzlich hinterfragt werden. Dies wirft den bekannten Problemaspekt auf, welches Wissen und welche Informationen einem zentralen – hier dem europäischen – Gesetzgeber als Entscheidungsgrundlage zur Verfügung stehen und ob die darauf fußenden Regelungen tatsächlich zieladäquat sind. Es besteht dann die Gefahr, dass eine Wissensanmaßung erfolgt, aus der eine Rechtsgestaltung resultiert, die bezüglich der jeweiligen Probleme suboptimal wäre.

In den europäischen Mitgliedsstaaten bestehen zum Teil erhebliche Unterschiede bezüglich der ökonomischen Entwicklung, aber möglicherweise auch in Hinsicht auf nationale und bevölkerungsspezifische Präferenzen. Weitgehend einheitliche rechtliche Institutionen können somit nicht in allen Mitgliedsstaaten in gleichem Maße als geeignet erachtet werden und allokative Ineffizienzen nach sich ziehen. So werden sich optimal ausgestaltete Urheberrechtssysteme national dann unterscheiden, wenn die Bedeutung der Urheberrechtsindustrien deutlich divergiert. Gleiches gilt für unterschiedliche Einschätzungen bezüglich der Präferenzen für Folgeentwicklungen, die auf Bekanntem aufbauen (vgl. Müller (2000), S. 270 f.). Wohlfahrtssteigerungen infolge von Anreizerhöhungen fallen vergleichsweise gering aus, wenn keine Urheberrechtsindustrien oder Forschungs- und Innovationsstrukturen existieren. Netto-Importeure derartiger Güter werden deshalb ein größeres Interesse an möglichst freier Nutzung haben (vgl. Thumm (2000), S. 63).[114] Somit wäre zu hinterfragen, ob nicht im Zuge eines Institutionenwettbewerbs den spezifischen ökonomischen Strukturen als auch unterschiedlichen Präferenzen und national divergierenden Verhaltensweisen angemessenere Rechtsgestaltungen gefunden werden könnten (vgl. Frischtak (1995), S. 210).[115]

Auch aufgrund der rasanten Entwicklung der Technologie, die ja eine wesentliche Ursache der aktuellen Anpassung des Urheberrechts darstellt, könnte ein weitgehend einheitlicher und fixierter Rechtsrahmen problematisch erscheinen. So wäre nicht auszuschließen, dass neue Regelungen relativ schnell wieder obsolet werden, womit eine weitere Novellierung des Rechts nötig erschiene. Insbesondere im Zuge der relativ langwierigen Entscheidungsfindungsprozesse auf europäischer Ebene erscheint dieser Aspekt nicht zu unterschätzen. Bei wettbewerblich organisierten Institutionen könnten hingegen die Nationalstaaten ihre rechtlichen Rahmenbedingungen vergleichsweise schnell ändern und anpassen, und sich eine flexiblere Reaktion auf technische, aber auch auf ökonomische Entwicklungen und spezifische Präferenzen erreichen lassen.

Solch ein Wettbewerb der Systeme würde zudem das „hayecksche" Entdecken neuer, bisher nicht bekannter Institutionen voranbringen, wodurch die Qualität letzterer tendenziell verbessert und dadurch die Effizienz eines Rechtssystems gesteigert werden könnte. Die Gefahr eines Einschwenkens auf einen suboptimalen Institutionen-Pfad, der dann nicht mehr bzw. nur unter immensem Kostenaufwand (materiell und immateriell), zu verlassen wäre, ließe sich somit verringern. Der Ausgestaltung unterschiedlicher Rechtsrahmen käme in diesem Zusammenhang möglicherweise die Funktion eines Standortfaktors zu, der für die Nationalstaaten als Wettbewerbsparameter fungieren könnte. Ob auf diese Vorteile zu Gunsten der Harmonisierung verzichtet werden soll, wird in erster Linie eine politische Entscheidung bleiben, allerdings sollten die geschilderten ökonomischen Aspekte hierbei nicht außer Acht gelassen werden.

Während die Begründung der Harmonisierung in der Richtlinie hinsichtlich des grenzüberschreitenden Waren- und Dienstleistungsverkehrs plausible Argumen-

---

114 Hier zeigt sich eine Analogie zu der Diskussion des weltweiten Patentschutzes und des dabei auftretenden „Nord-Süd-Konflikts" (siehe hierzu Thumm (2000), S. 64 ff.).

115 Hier kann nicht auf sämtliche, diffizile Aspekte der Theorie des Institutionenwettbewerbs eingegangen werden und auch keine Untersuchung erfolgen, ob oder wie dieser im Bereich des Urheberrechts zur Anwendung kommen könnte. Es soll lediglich darauf hingewiesen werden, dass eine Harmonisierung der Rechtssysteme nicht der einzig gangbare Weg und zudem anfällig gegenüber der schon erwähnten Lobbytätigkeit der unterschiedlichen Interessengruppen ist, sodass eine an Effizienzkriterien orientierte pauschale Ausgestaltung möglicherweise schwerlich zu realisieren ist.

te aufweist – so entfällt beispielsweise die Wirkung unterschiedlicher nationaler Regelungen als nichttarifäres Handelshemmnis – bleiben mit Blick auf die ebenfalls genannten Wettbewerbsverzerrungen Fragen offen (siehe hierzu RL 2001/29/EG, Erwägungsgrund 1; Thumm (2000), S. 63). So gilt für das Urheberrecht das Territorialitätsprinzip, nach dem die Geltung der Urheberrechte auf den Staat begrenzt ist, der sie gewährt (vgl. Müller (2000), S. 277). Werden nun national unterschiedliche Schutzniveaus unterstellt, so gelten diese wegen des Territorialitätsprinzips auf den jeweiligen nationalen, relevanten Absatzmärkten für sämtliche Anbieter/Urheber – gleich welcher Nationalität und damit des gültigen Schutzniveaus in deren Heimatland – in gleichem Maße, sodass aus diesem Grunde eine Wettbewerbsverzerrung nicht anzunehmen ist (vgl. Müller (2000), S. 272).[116]

Die tatsächliche Ausgestaltung der Richtlinie relativiert allerdings die grundsätzlichen Forderungen in einigen Punkten. Entgegen der in den Erwägungsgründen der Richtlinie geforderten weitgehenden Harmonisierung gewährt der Art. 5 RL 2001/29/EG hingegen eine Vielzahl von Ausnahmen und Beschränkungen des Vervielfältigungsrechts und des Rechts der öffentlichen Wiedergabe, die fakultativer Natur sind, und von daher eine durchaus national unterschiedliche Ausgestaltung dieser Rechtsinstitute denkbar erscheint. Dadurch wird in begrenztem Umfang die Möglichkeit eines Wettbewerbs der Schrankensysteme geschaffen. Aufgrund dessen lassen sich Aussagen über die Wirkungen unterschiedlicher Beschränkungen im digitalen Umfeld anstellen, die an Hand theoretischer Überlegungen vielleicht nicht vorhanden waren, wodurch sich effiziente Regeln herauskristallisieren (vgl. Dreier (2002), S. 34). Der Gefahr der Zementierung einer unter Umständen zielinadäquaten Rechtsgestaltung wird durch die Verpflichtung der Kommission zur regelmäßigen Überprüfung der Auswirkungen der Richtlinie entgegen gewirkt. Auf potenzielle Fehlentwicklungen lässt sich dadurch reagieren und Erkenntnisse eines Systemwettbewerbs können aufgegriffen werden.

Im Erwägungsgrund 4 RL 2001/29/EG wird neben den Anreizen zur Inhalteproduktion auch auf Anreize zur Investition in die Netzinfrastruktur verwiesen, die aus der Harmonisierung in Verbindung mit einem hohen Schutzniveau resultieren sollen. Hieraus werden dann wiederum positive Rückwirkungen auf die eu-

116 Inwiefern sich nationale Regelungen hinsichtlich des grenzüberschreitenden Handels im Internet durchsetzen lassen und welche Entwicklungen davon auf die Wettbewerbssituation ausgehen, soll hier nicht weiter verfolgt werden. Auch die geschilderte Funktion nationaler Regeln als Wettbewerbsparameter wäre hiervon betroffen, wenn solche Regeln durch „weiche“ Drittstaaten umgangen werden können. Aufgrund der Existenz weltweiter Datennetze gilt diese Problematik allerdings auch bei einer EU-weiten Harmonisierung.

ropäische Industrie, namentlich im Bereich der Informationstechnologie, angenommen. Die zugrunde liegende Argumentationslogik erscheint zunächst schlüssig: Von einer florierenden Produktion immaterieller Inhalte (wegen der Anreize durch das hohe Schutzniveau) profitiert auch die dazugehörige, komplementäre, Informationstechnologie, sodass auch hier Investitionsanreize generiert werden. Hierunter fallen zum einen die Geräte/Hardware, die die Nutzung von digitalen Informationen und Inhalten ermöglichen, verbessern oder bequemer gestalten. Zum anderen die Netzinfrastruktur, die den Netzzugang ermöglicht, der Inhalteübertragung dient und Informationen einer breiten Öffentlichkeit zugänglich macht. Unter der durchaus realistischen Annahme, dass die Herstellung der relevanten Informationsgüter/Inhalte einerseits und die der Hardware und Infrastrukturdienste andererseits, nicht von den gleichen Unternehmen vollzogen werden, ist davon auszugehen, dass diese Unternehmen unterschiedliche Ziele und Interessen verfolgen.[117]

Die Betreiber der Netzinfrastruktur, also z.B. Internet-Service-Provider (ISP) und Telekommunikationsunternehmen, aber auch die Hersteller der Hardware, finanzieren sich (neben Werbeeinnahmen) über den Verkauf ihrer Produkte und Leistungen, also z.B. den Internetzugang, die Netznutzung und den PC. Die Einnahmen sind damit positiv mit der Anzahl der Nutzer korreliert. Je mehr Abonnenten ein Internetprovider oder Kunden/Zeit ein Telekomunternehmen an sich bindet, desto höher werden im Allgemeinen die resultierenden Einnahmen sein. Die Höhe der Werbeeinnahmen kann über die erzielten Kontakte zum Nutzer bestimmt werden.

Auf den hier betrachteten Märkten spielen Größenvorteile und Netzwerkeffekte eine zunehmende Rolle. Die Grenzkosten weiterer Nutzer sind dabei relativ gering, sodass mit zunehmender Nutzerzahl zusätzliche Einnahmen erzielt werden, ohne dass bedeutende zusätzliche Kosten anfallen. Damit ist eine Situation nicht unwahrscheinlich, in der nur ein oder wenige Anbieter den Markt bedienen, womit sich ein Wettbewerb „um“ statt „in dem Markt“ einstellt (vgl. Klodt (2003); Shapiro/Varian (1999b, 229 ff.). Damit werden also die Unternehmen an einer möglichst hohen Zahl an Nutzern interessiert sein. Es scheint nun allerdings nicht unrealistisch, dass sich die Nutzerzahl dann steigern lässt, wenn möglichst viele Inhalte möglichst günstig und bequem zugänglich sind. Genau diesem Sachverhalt wirkt allerdings ein hohes Schutzniveau, zumindest kurzfristig, tendenziell entgegen. Wenn aufgrund urheberrechtlicher Regelungen die Inhalte nur eingeschränkt nutzbar und nicht frei zugänglich wären (z.B. ein Kopie-

117 Durch den Zusammenschluss von AOL und Time/Warner ist in den USA ein Medienkonglomerat entstanden, das Inhalt und Distribution/Infrastruktur vereint. Auch wenn die Tendenz zu weiteren solchen Zusammenschlüssen existiert, stellen die relevanten Unternehmen momentan größtenteils unabhängige Einheiten dar.

ren und Speichern auf dem PC sowie die Weiterleitung zu anderen Nutzern unterbunden wäre), sondern hohe Kosten anfielen, sowohl für den Kauf der Inhalte als auch Transaktionskosten bei der Nutzung, dann resultierte hieraus wohl eine geringere Zahl an Nutzern und damit geringere Einnahmepotenziale für Anbieter der Technologien und Netzinfrastrukturdienste.

Die Nutzung und damit die Nachfrage nach der relevanten IuK-Technologie würden somit tendenziell durch ein geringeres urheberrechtliches Schutzniveau der Inhalte gesteigert. Finanziell profitieren können die Infrastrukturanbieter demnach dann, wenn das Schutzniveau niedrig ist. Dann werden viele Kunden die Dienste nutzen, und auch dann werden die Infrastrukturbetreiber Investitionen und Verbesserungen vornehmen. Die richtlinieninhärente Argumentation wäre damit umgekehrt.[118]

Bezüglich des Realitätsgehalts dieser umgekehrten Schlussfolgerung sei auf jüngste Entwicklungen des Bereichs der Informationstechnologien verwiesen. So ließe sich beispielsweise fragen, ob die Nachfrage und Anwendung von CD-Brennern und als Folge davon auch deren technische Weiterentwicklung, also technischer Fortschritt im Bereich der IuK-Technologie, ebenso verlaufen wäre, wenn ein Brennen von Musik-CDs aus Urheberrechtsgründen auch im privaten Bereich nicht möglich wäre.[119] Auch kann über die Anzahl der Internetzugänge, PC-/MP3-Player-Käufe und die Nutzung des Internet spekuliert werden, wenn die dort zugänglichen Inhalte ausnahmslos kostenpflichtig wären und z.B. nicht auf dem PC kopiert werden könnten oder erst Lizenzverträge mit den Rechteinhabern über sämtliche Nutzungsformen der geschützten Inhalte ausgehandelt werden müssten.

Gerade die Offenheit der Systeme statt eines intensiven Schutzes wird häufig als ursächlich für die boomende Entwicklung und Nutzung des Internet erkannt. In den Blickpunkt kommerzieller Interessen geriet das Medium erst, als eine ausreichend große Basis an potenziellen Kunden verfügbar war (vgl. Lessig (2001), S. 187). Technischer Fortschritt ist in diesem Bereich beispielsweise in der Qua-

118 Die hier geschilderte Argumentation bezog sich auf die Entwicklung der Netzinfrastruktur. Negative Effekte auf die Quantität und Qualität der Inhalte infolge eines geringen Schutzniveaus sind weiterhin zu berücksichtigen. Allerdings dürften auch die Infrastrukturbetreiber ein langfristiges Interesse an qualitativ guten Inhalten haben, um die Nachfrage nach ihren Dienstleistungen aufrechtzuerhalten. Zudem zeigt die jüngste Entwicklung, dass alternative Finanzierungsformen, wie z.B. online-Werbung, auch oder gerade bei einer freien Nutzung möglich sind, sodass nicht unweigerlich mit Qualitätsrückgängen zu rechnen ist (z.B. online-Bereitstellung von Zeitungen und Zeitschriften).

119 Zudem konnte sukzessive aufgrund von Massenproduktionsvorteilen eine aus Konsumentensicht positive Reduzierung der Marktpreise erreicht werden.

lität der Telekommunikationsnetze/Netzinfrastruktur zu sehen (z.B. ISDN, DSL, Breitbandkabel), dessen Diffusion sich bei einer geringeren Nutzung des Internet unter Umständen langsamer vollzogen hätte.[120] Den in der Richtlinie unterstellten Zusammenhang der positiven technologischen Entwicklung aufgrund eines hohen Schutzniveaus bedarf es somit zu hinterfragen. Anreize zur Investition in die Netzinfrastruktur und in die gesamte Informationstechnologie scheinen theoretisch auch (oder gerade) bei geringen Schutzniveaus existent.

Doch nicht nur in Bezug auf die Investitionsanreize zur Infrastrukturentwicklung bietet die Zielsetzung eines – wie auch immer definierten – hohen Schutzniveaus der Richtlinie (vgl. z.B. RL 2001/29/EG, Erwägungsgrund 4, 9) Anlass zur Kritik, sondern auch bei der Beurteilung der Anreize zur Produktion von Informationsgütern. So besteht gemäß der theoretischen ökonomischen Betrachtung der Kopiertätigkeit in Kapitel 2 durchaus die Möglichkeit zu Wohlfahrtsteigerungen infolge eines vergleichsweise geringen urheberrechtlichen Niveaus (bis hin zum illegalen Kopieren), auch in Verbindung mit einer Besserstellung des Rechteinhabers. Eine Pauschalierung und Anwendung eines einheitlichen hohen Niveaus kann deshalb in bestimmten Fällen, in Abhängigkeit spezieller Charakteristika der Güter, negative Konsequenzen nach sich ziehen, sodass ein hohes Schutzniveau nicht per se zur Förderung der Entwicklung zur Informationsgesellschaft beiträgt.[121]

Ähnlich wie im Bereich der Harmonisierung trägt auch hier die spezielle Richtlinienausgestaltung zur Relativierung der Kritik bei. So erkennt die Richtlinie die Unterschiede zwischen analoger und digitaler Vervielfältigung an und schlägt bezüglich der Schrankenregelung eine differenzierte Rechtsgestaltung vor (vgl. RL 2001/29/EG, Erwägungsgrund 38). Dies lässt sich im Sinne der in Kapitel 2.7 dargestellten Theorie begründen, dass bei technologisch bedingt sinkenden Kosten der Vervielfältigung eine Zunahme des Schutzniveaus angemessen erscheint,[122] auch wenn auf dieses Argument nicht explizit in der Richtlinie hingewiesen wird.[123] Vergleichsweise restriktiv erscheinen die Regelungen für den Bereich von online-Diensten. Dieser Verwertungsform wird ein erhebliches

---

120 Die Funktion der Verfügungsrechte, Märkte und Markttransaktionen erst zu ermöglichen, soll hier nicht in Abrede gestellt werden. Gerade im online-Bereich, bei dem sich der Aufbau kommerzieller Marktmodelle im Aufbau befindet, sind effiziente Regelungen unabkömmlich. Hier stehen auch nicht die IPR an sich zur Diskussion, sondern die Intensität des Schutzes.

121 Vgl. hierzu im einzelnen Kapitel 2.7.

122 Vgl. für detailliertere Ausführungen Kapitel 2.7; sowie Landes/Posner (1989), S. 336 ff.

123 In der Richtlinie wird in diesem Zusammenhang anhand der größeren wirtschaftlichen Bedeutung argumentiert, die die digitale Vervielfältigung im Vergleich mit der analogen erlangen wird. Diese kann aber wiederum u.a. auf die geringeren Kosten der digitalen Kopie zurückgeführt werden.

wirtschaftliches Potenzial vorausgesagt und sie wird z.T. von einigen Schrankenregelungen ausgenommen, um darüber eine Förderung und rasche Entwicklung der Informationsgesellschaft zu erzielen (vgl. RL 2001/29/EG, Erwägungsgrund 40, 44, 53).

In Analogie der obigen Ausführungen kann auch hier angemerkt werden, dass eine zu restriktive Regelung diese Intention möglicherweise konterkarieren kann, wenn die Angebote aufgrund zu geringer legaler Nutzungsmöglichkeiten den Konsumentenpräferenzen nicht entsprechen. Ist es beispielsweise aus urheberrechtlichen Erwägungen nicht möglich, über online-Dienste bezogene Musik zu kopieren, um sie in tragbaren Abspielgeräten oder im Auto zu hören, so verlieren diese Dienste aus Nutzersicht an Attraktivität. Wie geschildert, werden technische Schutzmaßnahmen vor einer Umgehung rechtlich geschützt. Sollten diese technischen Maßnahmen allerdings eine erlaubte Schrankennutzung verhindern, wird der Rechteinhaber veranlasst, die Nutzung zu ermöglichen. Von dieser Regelung explizit ausgenommen ist jedoch der online-Abruf (vgl. Art. 6 Abs. 4 Unterabs. 4 RL 2001/29/EG). Ob diese Regelung, die letztlich dem Rechteinhaber die Kontrolle über die Möglichkeit zur Inanspruchnahme von gesetzlich eingeräumten Schranken überträgt und selbst eine Schrankenbestimmung wie das Zitatrecht zu umgehen vermag,[124] einer Etablierung dieser Geschäftsmodelle dienlich ist, und den Präferenzen der Konsumenten entspricht und damit den Ausbau der Informationsgesellschaft fördert, kann zumindest bezweifelt werden.

3.3.2 Analyse der Regelungen zum Vervielfältigungsrecht und der Schrankenregelung

Besondere Bedeutung kommt im Rahmen der Analyse des Vervielfältigungsrechts den Ausnahmen und Beschränkungen der ausschließlichen Rechte der ursprünglichen Urheber und Rechteinhaber zu. Die einzige verbindlich festgelegte Beschränkung betrifft diejenigen Vervielfältigungshandlungen, die flüchtig und begleitend sind und einen wesentlichen Teil des technischen Verfahrens darstellen, um Werke überhaupt elektronisch zu nutzen oder in Netzwerken zu übertragen. Der Intention der Gesetzesregelung folgend erscheint diese Regelung zwangsläufig, da anderenfalls die Entwicklung der Informationsgesellschaft nahezu verhindert würde. Schon das bloße Aufrufen von „Webseiten" wäre urheberrechtlich bedenklich, da hierbei technisch bedingt temporäre Speicherungen im PC vorgenommen werden. Die Behandlung der weiteren Ausnahmen kann schon eher mit den angestrebten Zielsetzungen in Konflikt gera-

124 Sofern das Informationsgut ausschließlich online zugänglich ist und durch technische Maßnahmen geschützt ist, kann der Rechteinhaber nicht veranlasst werden, für die Nutzung gesetzlicher Schrankenbestimmungen Sorge zu tragen (vgl. Dreier (2002), S. 37).

ten. So ist die Gefahr nicht auszuschließen, dass aufgrund der weiterhin möglichen vielen unterschiedlichen Regelungen in den einzelnen Mitgliedsstaaten der freie Warenverkehr gehemmt und den Zielen des Binnenmarktes entgegengewirkt wird. Die Verbreitung und Nutzung von IuK-Technologien und den entsprechenden Diensten würde behindert. Für Anbieter von Informationsgütern entstehen beispielsweise Transaktionskosten, sofern vor einem grenzüberschreitenden Handel zunächst Kenntnisse sämtlicher urheberrechtlicher Ausnahmeregelungen der Zielländer eingeholt werden müssen.

Sofern das Verhalten von Anbietern und Nachfragern nicht von marktrelevanten Faktoren beeinflusst wird, sondern z.B. national unterschiedliche rechtliche Regelungen die Entscheidungen beeinflussen, besteht die Gefahr allokativer Verzerrungen, die eine effiziente Ressourcenallokation beeinträchtigen können. (Dies betrifft z.B. Standortentscheidungen eines Informationsgüterproduzenten aufgrund der freien Nutzung von Inputinformationen, obwohl andere ökonomische Faktoren für einen anderen Standort gesprochen hätten).

Eine bedeutende Stellung bei der Diskussion urheberrechtlich relevanter Themen nimmt die Ausnahmeregelung zur Privatkopie ein. Wie erwähnt ermöglicht die digitale Technologie hier immense Kopiermöglichkeiten zu vernachlässigbaren (Grenz-) Kosten. Die Urheberrechtsindustrien, unter anderem die Musikindustrie, sehen hierin eine wesentliche Gefahr für die Nutzung und damit den Wert ihrer Verfügungsrechte und führen die private Kopiertätigkeit als Ursache für rückläufige Umsatzentwicklungen an (vgl. IFPI (2004)).

Die Richtlinie und daran angelehnt auch die deutsche Umsetzung gestatten Vervielfältigungen zum privaten Gebrauch auf beliebige Träger und damit auch auf digitale Art und Weise, inklusive komprimierter Dateien, wie z.B. dem MP3-Format. Trotzdem anerkennt die Richtlinie die bestehenden Unterschiede und weist auch im Erwägungsgrund 38 darauf hin, dass der digitalen Privatkopie eine größere wirtschaftliche Bedeutung zukommt und den bestehenden Unterschieden Rechnung getragen werden solle. Inwiefern dies jedoch zu geschehen habe bleibt unbestimmt (vgl. hierzu Davies (2001), S. 313).

In der deutschen Umsetzung wird hingegen explizit auf eine differenzierende Behandlung digitaler und analoger Technologien verzichtet (vgl. Bundesregierung (2002), S. 48; Schippan (2003), S. 383). Eine solche Differenzierung würde allerdings den theoretisch hergeleiteten Empfehlungen entsprechen, mit denen sich bei einer Senkung der Kopierkosten eine Zunahme der Schutzintensität begründen ließe, um ein effizienteres Schutzniveau zu ermöglichen (vgl. Kapitel 2.7). Eine Verringerung des allgemeinen Schutzniveaus kann allerdings aus der Regelung nicht gefolgert werden. Durch technische Schutzmaßnahmen wird es den Rechteinhabern nämlich ermöglicht, digitale Kopien, auch zum privaten Gebrauch, zu verhindern (vgl. hierzu 3.3.4). Aufgrund der Schrankenregelung zum privaten Gebrauch lässt sich zudem ein Anspruch auf eine digitale Kopie nicht begründen, da lediglich die Vervielfältigung auf einem beliebigen Träger gestattet ist, und die jeweiligen technischen Schutzmaßnahmen weiterhin analoge Kopien gestatten.[125]

Unabhängig von den Aspekten technischer Schutzmaßnahmen würde die aktuelle Rechtsausgestaltung zur Digitalkopie, aufgrund der traditionellen theoretischen Annahmen, den Anreiz zur Produktion von Informationsgütern hemmen. Kopien werden billiger, qualitativ besser und einfacher herzustellen, womit die Nachfrage danach, hier in Form privater Kopiertätigkeit, zunimmt und Käufe des entsprechenden Originals, zumindest in einem gewissen Umfang, substituiert werden.[126] Zusätzlich verschärfen Kopien im MP3-Dateiformat und die Möglichkeit der Verbreitung über das Internet diese Entwicklung. Dadurch sinken c.p. die Profite der Rechteinhaber und damit auch die Produktionsanreize, was eine abnehmende Vielfalt an Informationsgütern mit sich brächte und langfristig negative Wohlfahrtseffekte generierte (welfare loss due to underproduction). Entsprechend der Argumentationslogik der Richtlinie wirkt dies negativ auf die Entwicklung und Förderung der Informationsgesellschaft.

Allerdings wirken die oben geschilderten positiven Effekte, die mit der zunehmenden Verbreitung der Technologien durch die größeren Nutzungsmöglichkeiten der Inhalte entstehen, diesen Tendenzen entgegen. Dies gilt insbesondere dann, wenn die Rechteinhaber die Chancen der indirekten Aneignung der zusätzlichen Wertschätzung der Konsumenten nutzen können (indirect appropriability). Je mehr Anbieter solche Strategien nutzen, desto stärker werden diese Effekte ausgeprägt sein. Eine abschließende Beurteilung der Wirkungsrichtung bleibt damit allerdings unbestimmt. Erfolgt die indirekte Aneignung ausschließlich über den Preis für das Originalwerk,[127] wäre c.p. tendenziell mit steigenden Preisen der betreffenden Informationsgüter zu rechnen, die bei fehlender Mög-

125 Die juristischen Meinungen zu dem hier angesprochenen Problemkomplex – ob digitale Kopien ermöglicht werden müssen – sind in der relevanten Literatur zwar nicht eindeutig, die Tendenz scheint aber die oben geschilderte Richtung zu unterstützen. Vgl. z.B. Schack (2002), S. 504 f.; v. Diemar (2002), S. 592 f.

126 Über die genaue Wirkung und das Ausmaß der privaten Kopiertätigkeit auf die Substitution von Originalen herrschen unterschiedlich Ansichten. Die theoretische Annahme, dass mit verbesserter Kopiertechnologie c.p. die Substitution von Originalen zunimmt, wird hingegen in der relevanten Literatur vorausgesetzt und scheint plausibel (vgl. z.B. Besen/Kirby (1989)).

127 Die indirekte Aneignung kann z.B. neben höheren Preisen für das Original über den Verkauf von komplementären Produkten erfolgen, aber auch über (zunächst) nichtmonetäre Ziele, wie den Aufbau einer Reputation.

lichkeit zur Preisdiskriminierung auch von denjenigen Konsumenten zu zahlen wären, die keine Kopien vornähmen. Obgleich hiervon wohl keine merklichen Auswirkungen auf das allgemeine Preisniveau ausgehen, wie dies auch der Gesetzentwurf betont (vgl. Bundesregierung (2002), S. 26), können einzelne Preissteigerungen in Folge der Rechtsausgestaltung nicht ausgeschlossen werden.

Der infolge der Privatkopie zunächst einmal entgangenen Möglichkeit zur Einnahmenerzielung, und damit auch zur Anreizgenerierung, kann über die Zuerkennung von Ausgleichsansprüchen zugunsten der Urheber entgegengewirkt werden. Diese sind in der Richtlinie für die Privatkopie nicht zwingend vorgeschrieben, können jedoch von den Mitgliedsstaaten vorgenommen werden. Ob solche Ausgleichsansprüche die potenziellen Verluste aus privater Kopiertätigkeit zu relativieren vermögen, hängt von deren Höhe, aber auch von den jeweiligen angewandten Verfahren ab. Aussagen bezüglich der Anreizwirkungen wären somit spekulativ. Es sollte in diesem Zusammenhang allerdings berücksichtigt werden, dass neben den entgangenen Einnahmen aus der Substitution z.B. eines Verkaufs einer Musik-CD theoretisch auch die Produktions- und Vertriebskosten dieser CD eingespart werden könnten und eine Ausgleichszahlung damit in der Nettowirkung attraktiver würde. Hierauf müssten die Produzenten allerdings mit ihrem Produktionsverhalten reagieren (z.B. Produktion „on demand“, bei der nur die tatsächlich verkauften Produkte auch produziert würden).

Die Analyse der ökonomischen Wirkung solcher Ausgleichsansprüche hat zudem auch Effekte zu berücksichtigen, die eher indirekt anfallen oder die im Gefolge der Vereinnahmung und Verteilung dieser Ansprüche entstehen (z.B. die Rolle der Verwertungsgesellschaften bezüglich deren Monopolstellung und effizienter Vertragsausgestaltungen[128]). Durch eine Abgabe auf technische Geräte und Trägermedien, die sich zur privaten Kopie eignen, entstehen z.B. negative Allokationswirkungen auf den relevanten Märkten für diese Produkte. Auch würden Nichtkopisten von einer pauschalen Belastung betroffen. Des Weiteren spielen Aspekte der internationalen Wettbewerbsfähigkeit, der mit einer Abgabe belasteten Produzenten hier eine Rolle, sofern national unterschiedliche Regelungen existierten (vgl. Zecher (2002), S. 455). Da allerdings genaue rechtliche Regelungen zur digitalen Privatkopie als auch hinsichtlich der Anpassung von Vergütungssystemen erst in einem so genannten „zweiten Korb“ vorgenommen werden sollen und damit nicht Gegenstand der aktuellen Gesetzesnovelle sind, entziehen sich diese Aspekte einer weitergehenden Analyse (vgl. Schippan (2003b)).

128 Siehe hierzu u.a. Bing (2001); Alonso/Watt (2003).

Die deutsche Richtlinienumsetzung erlaubt neben der Gleichbehandlung der analogen und digitalen Vervielfältigung zu privaten Zwecken weiterhin die Herstellung dieser Kopien durch Dritte (Bundesregierung (2002), S. 48). Wenn auch eine gegenteilige Lösung kaum zu überwachen wäre, wird hierdurch c.p. der Anreiz zur Kopiertätigkeit ausgedehnt und damit die Gefahr erhöht, dass die Kopien potenzielle Käufe von Originalen ersetzen, womit der Anreiz zur Kreation gemindert wird. Zusätzlich verschärft wird diese Problematik durch die Möglichkeit der online-Übertragung in Netzwerken. Hier erfolgt eine weitere Kostenreduktion der Kopie und der Übertragung. Dies betrifft auch die Transaktionskosten, die bislang eine Herstellung durch Dritte vergleichsweise unattraktiv gemacht haben. Eine zunehmende Substitution von Originalen durch digitale Kopien erscheint aufgrund dieser institutionellen Regel nicht unwahrscheinlich.

In diesem Zusammenhang bedarf es jedoch auch der Berücksichtigung der Auswirkungen eines potenziellen Verbots der privaten Vervielfältigung, auch durch Dritte, wie es mitunter von den Interessenvertretern der Urheberrechtsindustrien gefordert wird (vgl. o.V. (28.10.2003)). In diesem Fall sind zwei Aspekte von besonderer Relevanz. Zum einen müssten Nutzer und Rechteinhaber bei Fragen der Nutzungsmöglichkeiten, die Vervielfältigungshandlungen voraussetzen, direkt in Verhandlungen treten und vertragliche Regelungen abschließen, was häufig mit prohibitiv hohen Transaktionskosten verbunden sein dürfte. Zum anderen ließe sich eine Kontrolle und Überwachung zur Verhinderung von illegalen Nutzungen kaum bewerkstelligen und wäre somit ebenfalls von extremen (administrativen) Transaktionskosten begleitet (vgl. hierzu die Ausführungen in 2.5). Zudem käme praktisch erschwerend hinzu, dass die erwähnten Pauschalvergütungszahlungen (z.B. Abgaben auf Trägermedien und Geräte) nicht mehr zu rechtfertigen wären. Die Urheber könnten bei einer Aufhebung dieser Vergütungen letztendlich weniger Einnahmen verbuchen als im Falle der beschriebenen Schrankenregelung, sofern das Kopieren nicht zu unterbinden wäre. Die höheren administrativen Kosten infolge der Rechtsüberwachung und -durchsetzung stellten zudem einen volkswirtschaftlich unproduktiven Ressourcenverzehr dar, da die hierfür aufgewendeten finanziellen Mittel in anderen Verwendungen einer allokativen Verbesserung dienen könnten.

Besonders relevant ist der Aspekt der Anfertigung digitaler Kopien durch Dritte für den Kopienversand, wie er von Bibliotheken angeboten wird. Ein Verbot der Kopienerstellung durch Dritte würde diese an sich effiziente, Kosten sparende Vertriebsform verhindern. Allerdings lässt sich diesem Versand eine hohe Substitutionswirkung zum originären Verlagsgeschäft unterstellen, da Bibliotheken keine Zeitschriften mehr abonnieren und vorhalten müssten, sofern entsprechende Dokumente ohne Zustimmung der Rechteinhaber über Versanddienste (wie z.B. Subito) kurzfristig und lokal unbegrenzt zu beziehen sind (vgl. Schmoll

(2003)). Viele weitere Nachfrager neben Bibliotheken sind als Abonnenten insbesondere wissenschaftlicher Zeitschriften nicht anzunehmen. Damit vermag die Ausgestaltung des Urheberrechts eine negative Wirkung auf die zukünftige Situation wissenschaftlicher Verlage auszuüben, wenn die primäre Nachfrage ausfällt.[129] Sofern diesen eine Qualitätssicherungsfunktion wissenschaftlicher Publikationen zugesprochen wird, kann eine abnehmende Qualität derartiger Veröffentlichungen nicht ausgeschlossen werden (vgl. Schmoll (2003); Rauner (2002)). Bei Wegfall dieser Funktion würden die Informationskosten steigen. Es ist jedoch gleichfalls zu fragen, inwiefern die aufgezeigte Entwicklung nicht lediglich einen Strukturwandel in der Verlagsbranche bedeutet (vgl. Kaube (2003)), und ob sich nicht alternative Mechanismen der Qualitätssicherung etablieren. Die Nutzer und Verfasser der Publikationen werden an solchen Mechanismen ein ausgeprägtes Interesse haben. Gegebenenfalls bedarf es eines Paradigmenwechsels bezüglich der Aufgaben der Verlage. Primäre Funktion des Urheberrechts sollte es nicht sein, die Verlage durch öffentliche Einrichtungen zu finanzieren.

Das Gesetz nimmt ferner eine Differenzierung zugunsten nichtkommerzieller Betreiber von Versanddiensten (z.B. Bibliotheken) vor (vgl. Schippan (2003a), S. 384). Aus urheberrechtlicher, anreiztheoretischer Sicht ist jedoch in erster Linie die Intensität der Substitution ausschlaggebend. Sofern der Kauf des Originalgutes ersetzt wird, ist es für den Rechteinhaber unerheblich, ob dies auf kommerzieller Basis geschieht. Zudem werden potenzielle, kommerzielle Anbieter ohne sachliche ökonomische Grundlage benachteiligt. Dies mindert den Anreiz zur Etablierung von innovativen Geschäftsmodellen, da sich deren Anbieter u.a. transaktionskostenintensiven Lizenzverhandlungen und monopolistischen Gebühren gegenüber sähen, was einen Wettbewerbsnachteil gegenüber nichtkommerziellen Einrichtungen bedeutet. Dies wirkt der angestrebten informationstechnologischen Entwicklung tendenziell entgegen (vgl. Börsenverein des Deutschen Buchhandels (2003), S. 6 ff.; Schippan (2003a), S. 385). Vor dem geschilderten Hintergrund kann nicht ausgeschlossen werden, dass fiskalischen Interessen – namentlich den Budgets nichtkommerzieller, öffentlich finanzierter Einrichtungen – besondere Berücksichtigung bei der Ausgestaltung der Schranken zukam und nicht ökonomischen Kriterien (vgl. Kaube (2003)).

---

129 Vor dem Hintergrund dieser Schilderungen ließe sich fragen, ob die derzeit zu beobachtenden Tendenzen zum „Zeitschriftenwachstum“ und zu steigenden Preisen mit den erwähnten Wirkungen in Einklang zu bringen sind. Dabei ist allerdings zu berücksichtigen, dass die Entwicklung sowohl eines zeitlichen Anpassungsprozesses bedarf und neben dem Urheberrecht weitere Faktoren Einfluss haben. Die steigenden Preise könnten ein Indiz für eine Strategie der indirekten Aneignung durch die Verlage sein, um sich den steigenden Wert der Kopien anzueignen.

Relativierung erfahren die auf den ersten Blick als wenig restriktiv erscheinenden Regelungen in zweifacher Hinsicht. Zum ersten kommen die Ausnahmen und Beschränkungen nach Art. 5 Abs. 5 RL 2001/29/EG nur dann zur Anwendung, wenn sie die normale Werkverwertung nicht beeinträchtigen und die berechtigten Interessen der Rechteinhaber nicht ungebührlich verletzen. Wann hiervon jedoch auszugehen ist, bleibt eine in der Praxis nicht leicht zu beantwortende Frage, die zudem von Einzelfallentscheidungen betroffen sein dürfte. Ob hierunter nicht bereits die Substitution des Kaufs eines Originalwerkes durch das Anfertigen einer Kopie durch einen Dritten zu sehen ist, ließe sich hinterfragen. In Anbetracht der Tatsache, dass die Anfertigung von sieben Vervielfältigungsstücken urheberrechtlich als privater Gebrauch legitimiert ist und ebenso die nicht-öffentliche Weitergabe dieser Exemplare an Dritte, wie auch die Nutzung dieser Kopien als erneute Kopiervorlage (maximal sieben Exemplare) gesetzlich gestattet ist, erscheint die Frage nach der Interessenverletzung der Urheber nicht trivial (vgl. Schack (2002), S.501 f.). Gerade durch den Wegfall „natürlicher“ Kopierbarrieren, wie beispielsweise die abnehmende Qualität von Kopien zweiter und weiterer Generationen sowie die Probleme bei der „Distribution“ der Kopien, dürfte die Grenze zur Verletzung der Urheberinteressen bei digitalen Vervielfältigungen wesentlich schneller erreicht sein als bei analogen.

Zum anderen besteht für die Rechteinhaber die Möglichkeit zur Nutzung technischer Schutzmaßnahmen, die auch die an sich zulässigen Handlungen der Nutzer unterbinden können. Vor einer Umgehung dieser Maßnahmen bietet die Richtlinie Schutz. Dadurch lassen sich einerseits die Ausnahmen und Beschränkungen des Vervielfältigungsrechts in ihrer tatsächlichen Wirkung wesentlich verringern[130] und andererseits eine differenziertere Behandlung der unterschiedlichen Techniken erreichen. Eine Beurteilung dieser Regelung erfolgt im Abschnitt 3.3.4.

3.3.3 Analyse der Regelungen zur öffentlichen Wiedergabe

Wenn auch die Bestimmungen zur öffentlichen Wiedergabe nicht ausschließlich auf die online-Nutzung, also den Abruf bestimmter Informationen über digitale Netze (on-demand-Nutzung), Anwendung finden, sondern daneben auch die eher traditionellen Formen betreffen, sind bei der Beurteilung der Auswirkungen dieser Rechtsausgestaltung hier die Aspekte der online-Nutzung von besonderem Interesse. Diese können zukünftig eine wirtschaftlich nicht unbedeutende Vertriebsform darstellen, finden im bisherigen Ordnungsrahmen jedoch keine gesonderte Berücksichtigung (vgl. RL 2001/29/EG, Erwägungsgrund 4, 6).

130 Gegner eines restriktiven Urheberrechts sehen hierin z.T. das Ende der Privatkopie und das Verschwinden der Informationsbasis aus der Öffentlichkeit (vgl. unter vielen Lessig (2002); David (2004)).

Viele digitale Informationsgüter, die über Datennetze der Öffentlichkeit zugänglich gemacht und somit „on-demand“ genutzt werden können, stehen in einer engen Substitutionsbeziehung zu ihrem nicht in Netzwerken bereitgestellten Widerpart, der über die traditionellen Distributionskanäle vertrieben wird und auf materielle Trägermedien angewiesen ist. Als Beispiele ließen sich hier u.a. Musik, Software, Texte und zunehmend auch Filme im Dateiformat im Gegensatz zu CDs, CD-Roms oder Büchern anführen. Gälte für diese Produkte das in der Richtlinie bestimmte ausschließliche Recht der Urheber, die öffentliche Wiedergabe zu erlauben oder zu verbieten nicht, so bestünde die Gefahr, dass Dritte die zuvor rechtmäßig erworbenen Güter öffentlich, und zu geringeren Kosten als die Originalproduzenten, zugänglich machten.[131] Wegen der engen substitutiven Beziehungen der Güter, die mit Hilfe der jeweiligen Verwertungsformen vertrieben werden, erschienen Einnahmeausfälle der Produzenten mit der Konsequenz des Anreizverlustes hinsichtlich der Güterproduktion wahrscheinlich, was sich in einer sinkenden Vielfalt an zukünftig produzierten Informationsgütern und damit auch negativen Konsequenzen für die Konsumenten niederschlüge. Ein „konkurrierendes“, kostenpflichtiges on-demand-Angebot des Originalproduzenten unterläge derselben Problematik und würde unter Umständen gänzlich unterbleiben.

Die grundlegende Rechtfertigung der Gewährung der Urheberrechte für die online-Nutzung scheint hier in der Tradition der Begründung der IPR treffend. Die angenommene Substitutionsbeziehung sollte jedoch nicht zu dem, insbesondere von den entsprechenden Interessenvertretern z.B. der Musikindustrie häufig ins Feld geführten, Umkehrschluss verleiten, dass jeder vorgenommene download den tatsächlichen Kauf eines Originals ersetzt, der bei der fehlenden Möglichkeit zum download ansonsten stattgefunden hätte und damit zu Umsatzeinbußen in dem entsprechenden Ausmaß führt. Wahrscheinlicher ist vielmehr, dass eine Vielzahl an downloads gerade wegen ihrer Unentgeltlichkeit vorgenommen wird, aber nicht im Verhältnis von eins zu eins Käufe des Originalwerkes ersetzt (vgl. Romer (2002), S. 215; Kap. 2.7.3). Bei der oben erwähnten Substitutionsbeziehung wird im Gegensatz hierzu nicht von der Anzahl der vorgenommenen downloads ausgegangen, sondern eine zunächst bestehende Nachfrage nach Originalen angenommen. Diese, und die damit verbundenen Umsätze, werden dann allerdings in Abhängigkeit von den verfügbaren download-Möglichkeiten und dem Substitutionscharakter sinken.

131 Dies resultiert aus der oben erläuterten Tatsache, dass solche „Kopisten“ weder Herstellungs- und Entwicklungskosten tragen, noch einen gewissen Risikoaufschlag kalkulieren müssen, da der Erfolg des betreffenden Gutes bereits bekannt ist. Bei hinreichend geringen Kopierkosten bzw. Kosten der Zugänglichmachung können sie die Originalproduzenten unterbieten (letztlich unentgeltliche Bereitstellung im Internet, die den Grenzkosten von Null entspricht).

Die nicht selten angeführte Argumentation, dass auch eine unentgeltliche, nicht autorisierte Zugänglichmachung im Sinne der Urheber sei, da hieraus Werbeeffekte resultierten, die ihrerseits eine gesteigerte Nachfrage nach den Originalprodukten und damit eine Umsatzsteigerung nach sich zögen, kann in diesem Zusammenhang nicht überzeugen.[132] Zum einen besteht eine direkte Konkurrenzbeziehung zwischen den „legalen" und „illegalen" Produkten, sodass davon ausgegangen werden muss, dass der Konsum illegaler Produkte den legaler teilweise ersetzt und damit die Einnahmen des Produzenten schmälert. Zum anderen scheint es gerechtfertigt, dass es dem Urheber frei stehen sollte zu entscheiden, ob – und in welchem Umfang – er seine Güter (unentgeltlich) aus Werbezwecken im Internet zur Verfügung zu stellen und dadurch seine Einnahmen zu steigern gedenkt (vgl. hierzu Klein/Lerner/Murphy (2002), S. 205). Ebenso denkbar wären Gewinn reduzierende Effekte, sodass es einer geeigneten Gegenüberstellung von entgangenen Einnahmen durch die Substitution und zusätzlichen Einnahmen aufgrund des Werbeeffekts bedarf, die nur der Urheber selbst treffen kann. Die geschilderte Möglichkeit, dass der Rechteinhaber infolge der Werbe- oder Informationsfunktion des Kopierens profitieren kann, soll hier nicht in Frage gestellt werden. Allerdings lässt sich eine pauschale Legitimierung damit kaum rechtfertigen.

Als wesentliche Aspekte bei der Beurteilung der IPR zeigten sich die trade-off-Beziehung zwischen Anreizen zur Informationsproduktion und Informationsverbreitung sowie die damit einhergehenden Wohlfahrtseffekte. Auch bei der ökonomischen Analyse der Richtlinie in puncto online-Nutzung kann diese Betrachtung dienlich sein. In diesem Zusammenhang lässt sich die Frage stellen, ob nicht durch eine weniger restriktive Gestaltung des Rechts eine Wohlfahrtsverbesserung zu erzielen wäre. Sofern für ältere Informationsgüter, die noch in den vom Urheberrecht geschützten Zeitraum fallen, keine ausreichend große Nachfrage bzw. Zahlungsbereitschaft am Markt geäußert wird, werden sich deren materielle Produktion und Distribution für den Produzenten finanziell nicht mehr rentieren. Die Folge wäre möglicherweise ein völliges Verschwinden bestimmter Informationsgüter vom Markt, wie z.B. Musik-CDs oder Bücher, und damit deren Nichtverfügbarkeit für potenzielle Konsumenten, für deren geringe Nachfrage sich die Produktion nicht lohnt.

Infolge der technischen Möglichkeit zum download dieser speziellen Informationsgüter in digitalen Netzwerken könnte allerdings den Präferenzen dieser Konsumenten entsprochen und dadurch eine Erhöhung deren Wohlfahrt erzielt wer-

132 So führte z.B. die Verteidigung im „Napster-Fall" das Argument an, die Nachfrage nach Originalen würde infolge der download-Möglichkeiten steigen (vgl. A&M Records, Inc. v. Napster, Inc. (2001)). Empirische Studien zeigen diesbezüglich keine klaren Kausalzusammenhänge (vgl. hierzu Liebowitz (2003), S. 17 ff.).

den. Mit einem entgegen gerichteten Wohlfahrtseffekt auf Produzentenseite, der auf die zukünftige Herstellung anreizmindernd wirken und einen negativen Nettoeffekt verursachen könnte, wäre in diesem Falle nicht zu rechnen. Erstens leisten die Erträge aus der exklusiven Nutzung der Verfügungsrechte, die erst in ferner Zukunft anfallen, einen eher marginalen Beitrag zur aktuellen Produktionsentscheidung. Damit schwindet aber auch die Bedeutung hinreichend alter, gering nachgefragter Güter auf aktuelle Anreizwirkungen.

Zweitens gehen dem Urheber keine Einnahmen verloren, da ohne die download-Tätigkeit ebenfalls keine Einnahmen hätten realisiert werden können, wenn das Gut nicht mehr verfügbar wäre. Selbst wenn das Gut noch verfügbar wäre, für die Beschaffung allerdings derart hohe Transaktionskosten anfallen, die den erwarteten Nutzen aus dem Konsum des Gutes übersteigen, dass ein Kauf unterbleibt, ließe sich die Argumentation aufrecht erhalten. Käme die Transaktion nicht zustande, erzielte der Rechteinhaber auch kein Einkommen. Zusätzlich bliebe aber auch der Nutzen auf Konsumentenseite aus (vgl. Gordon (1994), S. 361).

Das Argument, dass die Entscheidung über das online-Angebot dem Urheber vorbehalten bleiben sollte, vermag in dem hier geschilderten Kontext (aus wohlfahrtstheoretischen Überlegungen) dann weniger zu überzeugen, wenn der Rechteinhaber auf die Möglichkeit zur Bereitstellung des Originals, auch online, verzichtet. Im Gegensatz zu obiger Situation existiert hier keine Substitution von Originalprodukten.[133] Die Gesetzesausgestaltung kann hier Wohlfahrtseinbußen wegen einer Unternutzung verursachen, die sich vermeiden ließen, sofern kein ausschließliches Recht zur Zugänglichmachung für materiell nicht mehr verfügbare Informationsgüter gälte, die auch nicht vom Rechteinhaber online angeboten werden (vgl. ähnlich Börsenverein des Deutschen Buchhandels (2003), S. 14). Von der Argumentationslogik her entspricht der Aspekt der Frage nach der optimalen Dauer des Urheberrechts.

Weitere potenziell wohlfahrtsmindernde Effekte aufgrund der in der Richtlinie vorgesehenen ausschließlichen Rechte der Urheber, aber auch der Leistungsschutzberechtigten, bezüglich der online Zugänglichmachung der jeweiligen Schutzgegenstände lassen sich nicht ausschließen. So erhalten die Rechteinhaber die alleinige Entscheidungsgewalt darüber, ob ihre Informationsgüter überhaupt mit Hilfe neuer elektronischer Vertriebs- und Verwertungsmethoden genutzt

133 Dass bei Nichtverfügbarkeit des betreffenden Gutes ersatzweise auf ein aktuelles Gut zurückgegriffen wird, sei hier ausgeschlossen. Dabei kann es durchaus der Intention der Rechteinhaber entsprechen, die Nachfrage auf neue Produktvarianten zu lenken und alte Güter nicht mehr anzubieten. Derartige Strategien eigenen sich jedoch eher für z.B. Software und weniger für Literatur oder Musik.

werden. Dies hat unmittelbaren Einfluss auf die technische und methodische Entwicklung dieser Distributionsverfahren und deren Nutzungs- und Durchsetzungschancen in der Öffentlichkeit. Gerade diese Entwicklung hin zur „Informationsgesellschaft" ist allerdings eine zentrale Intention der Richtlinie.

Wenn beispielsweise bestimmte Industrien an ihren hergebrachten Geschäftsmethoden festhalten und mit Rückgriff auf urheberrechtliche Regelungen einen Strukturwandel auf diesem Gebiet zu verhindern wissen, wird die Entwicklung gehemmt und das Gegenteil von dem erzielt, was eigentlich erreicht werden sollte. Zudem besteht die Gefahr gesamtgesellschaftlicher Effizienzverluste, sofern neue Technologien Kostensenkungen ermöglichen, auf die anderenfalls verzichtet würde. Damit wird faktisch die Entscheidung über Anwendung und Fortschritt neuer, Effizienz steigernder Technologien in gewissem Maße von bestimmten Industrien mit beeinflusst, die über die Rechte an Inhalten verfügen, sofern zu diesen Rechten keine Substitutionskonkurrenz existiert, womit ihnen eine „bottleneck-Funktion" zukommt (vgl. Romer (2002), S. 215; Kap. 4).

Problematische und wohl eher kontraproduktive Effekte bezüglich der ursprünglichen Zielsetzung der Richtlinie könnten infolge der Gewährung des exklusiven Rechtes der Leistungsschutzberechtigten bei der online-Verwertung entstehen. Im Gegensatz zu anderen Formen der öffentlichen Wiedergabe, wie z.B. Film-, Fernseh- und Radioproduktionen, wird den Leistungsschutzberechtigten (z.B. ausübende Künstler, Tonträgerhersteller) hinsichtlich des online-Abrufs das Recht eingeräumt, die Nutzung der jeweiligen Schutzgegenstände (z.B. Verwendung von Tonträgern in Filmproduktionen oder Radiosendungen) zu verbieten. Bei anderen Formen der öffentlichen Wiedergabe besteht dieses Verbotsrecht nicht, es ist lediglich eine angemessene Vergütung vorgesehen.

Folge dieser Rechtsausgestaltung kann somit beispielsweise sein, dass Filmproduzenten oder Radiosender an der online-Verwendung und -Verwertung ihrer eigenen, möglicherweise schon lange Zeit in ihren Archiven lagernden, Produktionen gehindert werden bzw. von der Zustimmung der Tonträgerhersteller sowie sämtlicher mitwirkender Künstler abhängig wären (vgl. hierzu Flechsig (2002), S. 6 f.). Diese speziell auf die online-Nutzung abgestellte Regelung soll, im Sinne der Richtlinie, über ein hohes Schutzniveau Rechtssicherheit und die Förderung netzvermittelter Übertragung erreichen (vgl. RL 2001/29/EG, Erwägungsgrund 25). Einer möglichst breiten Anwendung der interaktiven Übertragung wird allerdings eher entgegen gewirkt. Während Nutzungsrechte von Filmproduzenten oder Rundfunkanstalten bezüglich eigener Produktionen eingeschränkt und Transaktionskosten unter Umständen derart erhöht werden, dass eine on-demand-Bereitstellung gänzlich unterbleibt, scheinen Einnahmenpotenzial und Anreizwirkung auf Seiten der Leistungsschutzberechtigten vernachlässigbar, insbesondere wenn es sich um alte Produktionen handelt.

Die derartige Ausgestaltung lässt sich ökonomisch somit schwerlich mit dem trade-off-Argument zugunsten einer gesteigerten Anreizgenerierung rechtfertigen. Potenziellen Konsumenten entgehen damit Nutzungsmöglichkeiten, mit der Folge eines Verzichts auf eine Wohlfahrtssteigerung (welfareloss due to underutilisation). Auch auf den Ausbau und eine zunehmende Nutzung neuer Technologieformen wird sich die Regelung eher negativ auswirken, sodass auch in diesem Punkte den Vorstellungen der Richtlinien widersprochen wird.

Unter der Annahme, dass der Produzent für die online-Nutzung sämtliche Lizenzen von den unterschiedlichen Rechteinhabern erwerben muss, lässt sich zudem preistheoretisch erklären, dass auch bei Nichtberücksichtigung der Transaktionskosten wohlfahrtsmindernde Ineffizienzen auftreten, wenn als Referenzsituation ein einziger gewinnmaximierender Monopolist angenommen wird, der alle Rechte inne hat (z.B. eine Verwertungsgesellschaft). Dies resultiert aus dem Umstand, dass sich jeder Rechteinhaber als gewinnmaximierender Monopolist verhält und bei Komplementarität der Inputgüter (das sind die Rechte aus Sicht des Filmproduzenten) strategisches Preissetzungsverhalten vorherrscht. Dadurch fallen die Lizenzkosten insgesamt höher aus als in der Referenzsituation, und es kommt zu einer Unternutzung der Rechte. Auch die Situation der Anbieter (hier die Leistungsschutzberechtigten) ließe sich über ein preiskoordiniertes Verhalten verbessern, da sich über geringere Preise eine Maximierung der Gesamtgewinne erreichen ließe. Das strategische Preissetzungsverhalten führt hier zur Situation eines Gefangenendilemmas mit suboptimalem Ergebnis.[134]

Eine Beschränkung des ausschließlichen Rechts zur öffentlichen Zugänglichmachung existiert zugunsten von Unterricht und Forschung (vgl. Schippan (2003a), S. 381). Kleine Teile von veröffentlichten Werken können demnach einem abgegrenzten Benutzerkreis (z.B. Unterrichtete und Wissenschaftlicher) genehmigungsfrei öffentlich zugänglich gemacht werden, z.B. über ein internes Intranet. Trotz der Einschränkungen hinsichtlich des Nutzungszwecks, des Umfangs sowie der potenziellen Benutzer, kann diese Regelung die Anreize zur Investition und Produktion neuer Werke langfristig mindern. Auch hier ist der Substitutionsaspekt relevant und zudem können die Begünstigten in vielen Fällen als die primären oder teilweise einzigen Nutzer betrachtet werden, sodass die Marktnachfrage negativ betroffen wäre. Selbst wenn nur geringe Teile verfügbar gemacht werden (z.B. einzelne Aufsätze) kann diese Wirkung unterstellt werden.

134 Die Argumentation beruht auf der Anwendung der Theorie der Anticommons. Vgl. zur ausführlichen Darstellung Kap. 4.3, sowie Depoorter/Parisi (2002).

Eine partielle Nutzung wissenschaftlicher Zeitschriften ist häufig, sodass die Verfügbarkeit eines Aufsatzes zur Substitution der gesamten Ausgabe ausreichen kann. Sollten mehrere Berechtigte kleine Teile verfügbar machen, ist nicht auszuschließen, dass sich diese zum Umfang des gesamten Originals ergänzen (vgl. Schippan (2003), S. 382).

Ferner ist nicht zu garantieren, dass die Informationsgüter tatsächlich nur in den abgegrenzten Nutzerkreisen verbleiben. Zudem ist von Bedeutung, dass im hier geschilderten Kontext eine Lizenzierung auf privatvertraglicher Basis möglich und bereits praktiziert wird, womit das Argument hoher Transaktionskosten als ein wesentlicher Rechtfertigungsgrund zugunsten der Beschränkung entfällt. So bieten viele wissenschaftlichen Verlage ihre (zumindest aktuellen) Publikationen – auch Aufsatzweise – online an, wodurch diese zu geringen Transaktionskosten zugänglich sind (vgl. Börsenverein des Deutschen Buchhandels (2003), S. 3). Damit ist die Notwendigkeit der Zurverfügungstellung ohne Genehmigung im Intranet aus ökonomischer Perspektive zu bezweifeln. Eine mögliche marktliche Bereitstellung wird erschwert, womit sich die Regelung wenig richtlinienkonform hinsichtlich der Förderung kommerzieller online-Nutzungen zeigt.

3.3.4 Analyse der Regelungen zum Schutz technischer Maßnahmen

3.3.4.1 Allgemeine Vorbemerkungen

Durch die Regelungen zum Schutz technischer Maßnahmen ist eine deutliche Tendenz zur Erhöhung des urheberrechtlichen Schutzniveaus im digitalen Bereich zu erkennen. Damit wird die Aussage aus dem Abschnitt 3.3.2 hinsichtlich der fehlenden Differenzierung zwischen analoger und digitaler Technologie teilweise relativiert. Theoretisch wird den Rechteinhabern durch die Anwendung technischer Schutzmaßnahmen, jedenfalls im online-Bereich, die Möglichkeit zur Verhinderung jedweder Kopiertätigkeit (aber auch sämtlicher weiterer nicht autorisierter Nutzungsmöglichkeiten) eingeräumt, selbst wenn diese durch rechtliche Schranken explizit gestattet sei (vgl. Bundesregierung (2002), S.65; Uhl (2003)).

Genau genommen betreffen allerdings die hier behandelten Aspekte, nämlich die Anwendung technischer Verfahren zum Schutz von Informationen und Daten bzw. die Umgehung dieses technischen Schutzes, nicht primär urheberrechtsrelevante Fragen. Denn das Urheberrecht kann als eine Ausprägung hoheitlicher Regulierung aufgefasst werden. Durch spezielle institutionelle Ausgestaltungen soll über eine Beeinflussung von Anreizmechanismen auf das Verhalten der Individuen eingewirkt werden, und zwar unter der Annahmen sich rational und nutzenmaximierend verhaltender Wirtschaftssubjekte, deren Handlungen auf Wahlentscheidungen beruhen. Es soll ein als effizient erachtetes Verhalten und darüber ein effizientes ökonomisches Ergebnis generiert werden. Dieses angestrebte Ergebnis beruht auf normativen Werturteilen, welche selbst, als auch die Auswahl alternativer institutioneller Arrangements, über die dieses Ergebnis erzielt werden soll, auf der Grundlage gesellschaftlicher Zustimmung beruhen sollten.[135]

Wird nun die Möglichkeit zur Durchsetzung des Ausschlussmechanismus durch den Einsatz technologischer Schutzsysteme verbessert, vermögen solche Systeme faktisch die Aufgabe urheberrechtlicher Institutionen zu übernehmen. Sie beschränken den Zugang und die Nutzung in einer vom Rechteinhaber bestimmten Art und Weise, ohne die erwähnten Wahlentscheidungen der Konsumenten weiterhin zu ermöglichen oder bestimmte Anreize zu setzen. Zudem müssen sie nicht auf gesellschaftlich akzeptierten Normen beruhen. Ein technisches Schutzniveau wird sich damit nicht an gesellschaftlich gewünschten Wohlfahrts- und Effizienzkriterien bezüglich der geschilderten trade-off-Entscheidung im Rahmen der Urheberrechtausgestaltung orientieren müssen (z.B. hinsichtlich einer zeitlich begrenzten Schutzdauer).[136] Es stellt somit keine Form der Regulierung im traditionellen rechtsökonomischen Verständnis dar, sondern eine technische Beschränkung, die ein bestimmtes Verhalten verhindert (vgl. Elkin-Koren/Salzberger (1999), S. 575 ff.). ELKIN-KOREN/SALZBERGER (1999) erwähnen in diesem Zusammenhang, dass zukünftig „[i]n Cyberspace, the target of regulation may become the technologies that affect users` behaviors rather than the behaviors themselves“ (S. 576). In diesem Zusammenhang seien auch die über das Gesetz induzierten negativen Anreize zur Umgehung von Schutztechnologien zu sehen (vgl. ebenda, S. 576 f.).

Allerdings bleibt anzumerken, dass auch in diesem Fall nicht die Technologie selbst, sondern weiterhin menschliches Verhalten der Ansatzpunkt gesetzlicher Regelungen bleibt. Diese wirken jedoch – über den Umweg des Verhaltens bezüglich der Technologie – nur noch indirekt auf das eigentlich zu regulierende Verhalten. Da die in diesem Kontext zu beobachtenden Handlungen jedoch be-

---

135 Bezüglich dieser Aussage sei von einer demokratischen Gesellschaftsordnung ausgegangen. Zum komplexen und von daher in dieser Untersuchung nicht differenziert zu behandelnden theoretischen Problemaspekt gesellschaftlicher Regeln und Institutionen siehe z.B. Brennan/Buchanan (1985).

136 Auch durch die staatliche Ausgestaltung/Regulierung lässt sich keine effiziente Allokation zusichern. Dennoch kann hier trotz bürokratischer Eigeninteressen und des Einflusses von Lobbyisten ein größeres Interesse an einer effizienten, grenzkostenorientierten Nutzung von Informationsgütern unterstellt werden, und sei es auch nur aus wahlstrategischen Gründen.

deutenden Einfluss auf die Werknutzung und -verwertung haben, finden die Regelungen Eingang ins Urheberrecht.

Die vorgenommenen Ausgestaltungen der EU-Richtlinie basieren zu weiten Teilen auf US-amerikanischen Erfahrungen und dortigen Rechtsinstitutionen wie dem „Digital Millennium Copyright Act" von 1998 (vgl. Cowan/Harison (2001b), S. 31). Ebenso wie in den USA sind auch die hiesigen Gesetze von Kritiken unterschiedlichster Intentionen betroffen, in erster Linie von den relevanten Interessenvertretern. Extreme Befürchtungen beschreiben die Gefahr eines weitgehenden Austrocknens des öffentlich zugänglichen Informationspools (vgl. z.B. David (2004)). Die Brisanz und Komplexität, die mit einer genauen Rechtsgestaltung einhergehen, kommen beispielsweise auch darin zum Ausdruck, dass der deutsche Gesetzgeber bei der Umsetzung der Richtlinie zunächst darauf verzichtet hat, überhaupt eine Regelung hinsichtlich der Inanspruchnahme der Privatkopierschranke vorzunehmen, wenn die entsprechenden Inhalte technisch kopiergeschützt sind. Stattdessen wird in diesem Zusammenhang auf die Notwendigkeit zur weiteren Prüfung dieser Frage verwiesen, die in einem „zweiten Korb" zu späterem Zeitpunkt angegangen werden soll (vgl. Bundesregierung (2002), S. 32).

Ökonomisch betrachtet stellen funktionierende technische Schutzvorkehrungen vor unerlaubter Nutzung und Kopiertätigkeit ein Instrument zur Herstellung der Ausschließbarkeit von Nichtzahlern dar. Dank dieser Technologien lassen sich allerdings nicht nur unautorisierte Kopien verhindern, sondern theoretisch auch sämtliche Nutzungsformen des Informationsgutes durch den Rechteinhaber bestimmen und kontrollieren. So ist es beispielsweise denkbar, dass Musikdateien, die auf legalem Wege über das Internet erworben wurden, nicht nur nicht kopiert werden können, sondern auch nur in begrenzter Häufigkeit abspielbar sind (vgl. Schaaf/Hofmann (2003), S. 9 f.). Urheberrechtlich an sich gestattete Nutzungsformen, insbesondere diverse Schrankenregelungen, lassen sich damit aushebeln, wodurch die „Gefahr" der Substitution des öffentlichen Rechts durch private Entscheidungen entsteht (vgl. zu diesem Problemkomplex Lessig (2001), insbes. S. 219 ff.).

Würden technisch geschützte Werke ausschließlich in der Form des online-Abrufs veröffentlicht, wäre auch die teilweise Vervielfältigung zu Zitat- oder Kritikzwecken ohne die Zustimmung der Rechteinhaber nicht zulässig. In diesen Kontext fügt sich die Diskussion ein, inwiefern geltende Ausgestaltungen des Urheberrechts (oder das gesamte Prinzip des Urheberrechts) lediglich als Second-best-Lösungen in Ermangelung bisher fehlender First-best-Lösungen anzusehen sind, die im Gefolge der technischen Entwicklung ihre (ökonomische) Rechtfertigung verlieren. Wie erwähnt ließe sich vorstellen, dass perfekt funktionierende Schutzmechanismen an sich rechtlich bisher gestattetes Kopieren unterbinden, auf der anderen Seite hingegen (weitgehend) transaktionskostenfreie Verhandlungen bzw. Vertragsabschlüsse ermöglichen.[137]

Vertragliche Übereinkünfte träten in diesem Falle an die Stelle gesetzlicher Regeln. Die häufig angeführte Kritik gegen solchen vertraglichen Interaktionen, sie würden geltendes Recht umgehen, also in diesem Fall z.B. Kopieren für private Zwecke unmöglichen machen, wäre dann nicht mehr aufrecht zu erhalten, wenn als Begründung für die rechtlichen Schranken ausschließlich ein Marktversagen aufgrund von zu hohen Transaktionskosten angenommen wird.[138] Die Vertragspartner könnten sich nun zu geringen Transaktionskosten über die Verteilung der Verfügungsrechte zu beiderseitigem Vorteil einigen. Die Schrankenregelungen erfüllen somit keinen Selbstzweck, sondern stehen im Dienste einer effizienteren Allokation. Sofern diese allerdings über Verhandlungslösungen zu realisieren ist, verlieren die rechtlichen Institutionen ihre ökonomische Rechtfertigung und werden obsolet (vgl. Dam (1999), S. 402 ff.). Somit ließe sich ein Markt für Informationen und Informationsgüter etablieren, der effiziente Ergebnisse erbringen könnte. Produzenten erhielten die Möglichkeit zur anreizsteigernden Einnahmenerzielung, Nutzer müssten auf der Grundlage von Grenznutzenerwägungen ihre Kaufentscheidung treffen und individuelle Zahlungsbereitschaften offenbaren.

Zudem bestünde Gelegenheit zu einer an Konsumentenpräferenzen orientierten Produkt- und Preisdifferenzierung. So könnte ein nicht zu kopierendes Informationsgut zu einem relativ geringeren Preis angeboten werden als das gleiche Gut, bei dem allerdings die Möglichkeit einer gewissen Anzahl von Kopien besteht. Trotz der geschilderten Effizienz-Effekte infolge der Nutzung von Marktmechanismen, die wiederum über die Herstellung der Ausschließbarkeit erreicht wird, bleibt die Nichtrivalität samt der daraus resultierenden Folgen einer gesellschaftlichen Unternutzung der Informationsgüter.[139] Von daher behält auch die Forderung an das Urheberrecht dahingehend Gültigkeit, dass eine weite Verbreitung und Nutzung der Informationen erfolgen soll, die wohlfahrtsförderlich wirkt. Auch bei den geschilderten vertraglich organisierten Austauschbeziehungen existiert weiterhin das Problem der monopolistischen Preissetzung, sofern eine

---

137 So ermöglicht das Internet ein vergleichsweise schnelles Auffinden von Rechteinhabern (z.B. wenn die Werke über Links zur Internetseite des Urheber/Anbieters führen). Über „Mouseklicklizenzen" können Verträge abgeschlossen werden, bei denen z.B. unterschiedliche Nutzungsintensitäten zu wählen sind.

138 Die auf den Transaktionskosten beruhende ökonomische Begründung der Schrankenregelungen ist allerdings nicht die einzig denkbare. Auch Argumente wie freie Meinungsäußerung u.a. sind hier von Relevanz. Vgl. hierzu 2.5.

139 Dies wäre nur bei einer perfekten Preisdiskriminierung nicht der Fall.

Preisdifferenzierung nicht möglich ist. Das durch das Urheberrecht gewährte Monopol wird lediglich durch die Anwendung der Technik ersetzt, sodass sich auch die an den Effizienzkriterien der vollkommenen Konkurrenz ausgerichteten Preise zu Grenzkosten (hier nahe oder gleich Null) unter der Gültigkeit der Annahmen eines Gewinnmaximierungsstrebens der Anbieter nicht einstellen werden. Es existieren weiterhin die erläuterten statischen Wohlfahrtsverluste.[140]

Technologisch bedingt effektive Ausschlussmechanismen böten die Gelegenheit, mehr Nutzungsvariationen als vorher, zu höheren (Monopol-) Preisen anzubieten.[141] Als Folge wären einerseits höhere Gewinne und damit stärkere Anreize zur Produktion, andererseits größere Wohlfahrtsverluste aufgrund der monopolistischen Preise denkbar. Die Gefahr, dass die positiven Wohlfahrtswirkungen[142] von den zusätzlich einhergehenden totalen Wohlfahrtsverlusten überkompensiert werden können, muss bei der Beurteilung des ins Rechtssystem implementierten Schutzes technischer Maßnahmen berücksichtigt werden (vgl. Benkler (1999), S. 424 f.).

Diese geschilderten negativen Wohlfahrtseffekte lassen sich allerdings wie erwähnt durch Formen der Preisdifferenzierung verringern. Es wäre dann nicht mehr von einem monopolistischen Einheitspreis auszugehen, sondern von unterschiedlichen Preisen für unterschiedliche Käufer. Aus volkswirtschaftlicher (allokativer) Sicht wäre dies positiv zu bewerten, wenn dadurch eine größere Nutzerzahl das Gut konsumieren könnte und der statische Wohlfahrtsverlust abnähme. Je genauer die individuellen Preise den individuellen Zahlungsbereitschaften entsprächen, desto geringer wäre der statische Wohlfahrtsverlust.

---

140 Ob die Annahme der Monopolstellung der Anbieter relevanter Informationsgüter in Anbetracht einer gewissen Existenz von Substitutionsbeziehungen durchweg als erfüllt betrachtet werden kann lässt sich – wie bereits erwähnt – hinterfragen. Realistischer erscheint die Marktform der monopolistischen Konkurrenz (vgl. Koboldt/Schmidtchen (1991), S. 300). Bei der Betrachtung der dortigen Preisbildung (z.B. Tangentenlösung oder excess capacity-Theorem) bleiben die obigen Aussagen in qualitativer Hinsicht jedoch weiterhin gültig (siehe zur Marktform der Monopolistischen Konkurrenz z.B. Woll (1987), S. 207 ff.).

141 Je besser die Schutzmechanismen funktionieren, desto höher werden die Kosten für eine potenzielle Umgehung des Schutzes sein. Ist die Umgehung rechtlich untersagt, gehen in diese Kosten noch Faktoren wie die Höhe der möglichen Strafe sowie die Entdeckungswahrscheinlichkeit ein. Mit steigenden Umgehungskosten nimmt die Bereitschaft zum legalen Kauf zu und damit auch die Möglichkeit, höhere Preise zu setzen. Vgl. im Weiteren 3.3.4.2.

142 Diese resultieren aus der Produktion neuer, zusätzlicher Produkte und der damit einhergehenden zunehmenden Vielfalt.

Gerade im Bereich digitaler Informationsgüter eignen sich technische Maßnahmen, mit denen sich Zugangs- und Nutzungsmodalitäten kontrollieren lassen, zur Unterstützung der Preisdifferenzierung. Diese kommt z.B. in Bündelungsstrategien oder im sog. „versioning" zum Ausdruck. Die erste Strategie beschreibt das Zusammenfassen mehrerer Informationsgüter, für die unterschiedliche Zahlungsbereitschaften existieren, in einem Bündel. Dadurch lässt sich für ein Bündel ein höherer Preis erzielen, als über Einzelpreise der Güter. Die Bündelung wirkt wie eine individuelle Preisdifferenzierung für die einzelnen Güter. Z.B. besteht ein Bündel aus den Informationsgütern A und B, wobei das Wirtschaftssubjekt 1 eine Zahlungsbereitschaft für das Gut A von € = 3, für das Gut B von € = 5 habe. Für ein Wirtschaftssubjekt 2 gelten genau umgekehrte Zahlungsbereitschaften. Der Bündelpreis betrüge dann € = 8, der Umsatz € = 16. Über Einzelpreise ließe sich höchstens ein Umsatz von € = 12 erzielen. Betrügen z.B. die Kreationskosten jeweils € = 7, so würde die Bündelung die Kreation und damit die Nutzung erst möglich machen (vgl. hierzu Klodt (2003), S. 114 ff.).

Bei der Strategie des „versioning" werden unterschiedliche Qualitäten eines an sich gleichen Gutes zu unterschiedlichen Preisen angeboten, um so eine (Selbst-)Selektion von Nachfragern zu erreichen, die unterschiedliche Zahlungsbereitschaften haben (vgl. hierzu Varian (2000b), S. 190 ff.).[143] Es bleibt jedoch zu berücksichtigen, dass es sich bei diesen Strategien nicht um eine vollkommene Preisdifferenzierung handelt, womit weiterhin Wohlfahrtsverluste anfallen, die als potenzielle Ursache für ein legislatives Handeln in Frage kommen. Ferner gibt auch die Durchführung der technologiegestützten Preisdifferenzierung selbst Anlass zur Kritik. So lassen sich beispielsweise bestimmte, an sich übliche Nutzungsmöglichkeiten und Wahlhandlungen wie z.B. der Weiterverkauf eines nicht mehr benötigten Gutes verhindern, um Arbitragehandlungen zu unterbinden (siehe hierzu ausführlich Boyle (2000), S. 2025). Dennoch bietet es sich an, wenn technische Schutzverfahren zur Anwendung kommen, das Potenzial der Preisdifferenzierung zu nutzen, auch wenn es sich aus wohlfahrtsökonomischer Sicht nicht um eine perfekte Lösung handelt.

Neben den geschilderten Wirkungszusammenhängen stellten sich beim Einsatz technischer Schutz-, Kontroll-, und Abrechnungsverfahren auch Fragen bezüglich Privatsphäre, Anonymität und Datenschutz, wenn z.B. Zugang und Nutzungsintensität von bestimmten Informationen von dem jeweiligen Rechteinha-

143 Beispiele für diese Strategie sind u.a. Informationsdienste für die Übermittlung von Börsendaten, wobei der Preis von der Aktualität abhängt; Computerprogramme mit unterschiedlicher Verarbeitungsgeschwindigkeit für Studenten und professionelle Anwender; Digitalfotographien in unterschiedlicher Auflösungsqualität (vgl. Varian (2000b), S. 196).

ber überwacht werden. Im folgenden Untersuchungsrahmen steht allerdings die ökonomische Analyse im Mittelpunkt, sodass auf weitere gesellschaftspolitisch relevante Aspekte im Einzelfall lediglich hingewiesen wird.

Unabhängig von dieser Diskussion und der durchaus sinnvollen Fragestellung, ob bzw. inwiefern durch die technische Entwicklung vermehrt Marktmechanismen an die Position rechtlicher Regelungen treten (können), wodurch diese unter Umständen in Frage zu stellen sind, sieht die Richtlinienausgestaltung eine Koexistenz von gültigen rechtlichen Schrankenregelungen und technischen Schutzmaßnahmen vor, wobei letztere sich prinzipiell zur vertragsorientierten Anwendung eignen. Im Folgenden werden potenzielle Auswirkungen der konkreten Ausgestaltung analysiert, auf die oben geschilderte Diskussion der „Substitution des Rechts durch Vertrag" wird nicht weiter eingegangen. Allerdings könnte die komplette Ausnahme des online-Bereichs von der Schrankendurchsetzung als ein erster Schritt in die oben aufgezeigte Richtung gedeutet werden, wenn dies auch nicht explizit angeführt wird, sondern nur auf die Gewährleistung eines sicheren Umfelds hingewiesen wird (vgl. RL 2001/29/EG, Erwägungsgrund 39, 53, sowie Bechtold (2002), S. 317).

In diesem Zusammenhang stellt sich zudem die Frage nach der Intention des deutschen Gesetzesentwurfs zur Umsetzung der Richtlinie, zunächst auf eine Regelung bezüglich der Privatkopierschranke im Falle der Anwendung technischer Schutzmaßnahmen zu verzichten. Bei einem erheblichen Absinken von Transaktionskosten im Zuge technologischen Fortschritts könnten dann Markttransaktionen in den Vordergrund treten und die Schranken nur noch eine unwesentliche Rolle spielen. In welchem Maße und bezüglich welcher Anwendungen und Handlungen die Höhe der Transaktionskosten tatsächlich derart dramatisch betroffen ist, dass eine Nichtberücksichtigung angemessen erscheint, ist zudem keine zu vernachlässigende, geschweige denn pauschal mit der technischen Entwicklung zu beantwortende Frage. Zudem sei in diesem Zusammenhang auf die oben geschilderte Problematik der monopolistischen Anbieter komplementärer Güter und der daraus resultierenden Wohlfahrtseffekte verwiesen, die eine alternative Rechtfertigung zur Schrankenregelung bietet. Des Weiteren bestehen trotz der Annahme einer potenziellen Marginalisierung der Transaktionskosten weiterhin angemessen zu rechtfertigende Ausnahmen bei der Anwendung urheberrechtlicher Regelungen in Form einer Beschränkung der Verfügungsrechte.[144]

144 Zu nennen wären in diesem Zusammenhang z.B. Ausnahmen zugunsten einer kritischen Auseinandersetzung mit literarischen oder auch anderen Werken sowie zum Zweck der Parodie. Selbst wenn mit dem Urheber direkt verhandelt werden könnte, hätte dieser unter Umständen ein Interesse, solche Veröffentlichungen zu verhindern (siehe ferner Kap 2.5).

3.3.4.2 *Ausgestaltungsbezogene Wirkungsanalyse*

Zum Schutz vor der Nutzung (z.B. Zugang oder Kopieren) unterschiedlichster Werke, die nicht vom Rechteinhaber autorisiert ist, existiert eine Vielzahl von technischen Verfahren und Maßnahmen. Auf deren technische Ausgestaltung soll hier nicht weiter detailliert eingegangen werden.[145] Gemeinsam scheint diesen Systemen jedoch anzuhaften, dass sie bislang unter mehr oder weniger großem Aufwand zu umgehen und damit zur Erfüllung ihres primären Zwecks nur bedingt tauglich sind. In einem vom Deutschen Multimedia Verband (dmmv) und dem Verband der privaten Rundfunk- und Telekommunikationsanbieter (VPRT) in Auftrag gegebenen Gutachten zur „Datenpiraterie im Internet" kommen beispielsweise die Verfasser zu dem Urteil, die „Inhalte, die über CD, DVD und das Internet verbreitet werden, sind heute technisch katastrophal schlecht vor Verfälschung und unberechtigter Vervielfältigung geschützt." (Pfitzmann u.a. (2002), S. 3). Dies treffe auch für urheberrechtlich geschützte Inhalte zu.

Trotz der Tatsache, dass theoretisch eine Vielzahl von Schutzmaßnahmen umgangen werden kann und damit nie völliger Schutz vor illegalem Kopieren gegeben sein wird, erfüllen derartige Maßnahmen dann ihren Zweck, wenn sie die Kosten der Umgehung (und damit indirekt die Zugangs- oder Kopierkosten) soweit erhöhen, dass diese für den Großteil der Nutzer, der nicht über die technischen Fähigkeiten und Anreize zur Umgehungshandlung verfügt, den Nutzen aus der illegalen Handlung übersteigen und ein legaler Kauf des Gutes präferiert wird. Anfällig gegen illegale Nutzungen sind geschützte Inhalte insbesondere dann, wenn die Umgehungssysteme leicht verfügbar und anwendbar sind, wodurch sie einer großen Nutzerzahl den Zugang gestatten.

Dies ist beispielsweise durch eine Bereitstellung von Umgehungssoftware im Internet der Fall. Damit sinken wiederum die Kosten illegaler Nutzung, da keine eigenen Aufwendungen zur Umgehung anfallen, sondern lediglich die Kosten des Zugangs zur Umgehungstechnik/-software entstehen, die gerade bei einer Bereitstellung im Internet vernachlässigbar sein können. Es ist damit für ein Zusammenbrechen der marktlichen Bereitstellung von Informationsgütern in diesem Fall theoretisch ausreichend, wenn ein Schutzsystem nur einmal umgangen wird und der Umgehungsmechanismus veröffentlicht oder z.B. im Internet als Software zur Verfügung gestellt wird. Das geschützte Informationsgut kann dann wieder von einer Vielzahl von Anwendern kopiert werden (vgl. Samuelson/Scotchmer (2002), S. 1639 ff.). Dies zeigt die potenzielle Anfälligkeit auch

145 Für einen umfangreichen Überblick über die technischen Schutzmaßnahmen sowie diesbezüglich relevante rechtliche Aspekte vgl. Bechtold (2002); Grimm (2003).

technisch ausgereifter Systeme, die von der überwiegenden Mahrzahl der Nutzer der Informationsgüter nicht durch eigene Anstrengungen zu umgehen wären.

Als Reaktion auf diese Problematik kann nun das in der Richtlinie geforderte und ins deutsche Urheberrecht implementierte Verbot sowohl der Umgehung selbst als auch der Herstellung und Verbreitung von Umgehungsvorrichtungen, -software, -dienstleistungen u.ä. verstanden werden. Potenzielle Umgehungshandlungen werden in der Regel in der Privatsphäre geschehen, womit sie sich einer Überwachung weitgehend entziehen oder anderenfalls diese einen hohen administrativen Aufwand verursachen würde. Ob ein solcher – zumal in Anbetracht der wohl eher als gering einzustufenden technischen Fähigkeiten der einzelnen Nutzer – im Verhältnis zum möglichen Schaden durch die illegale Nutzung im Einzelfall steht, darf bezweifelt werden (vgl. Koelman (2001), S. 2). Wesentlich zentraler erscheint somit der Aspekt der Rechtsdurchsetzung hinsichtlich der Herstellung, Verbreitung und Verfügbarkeit der relevanten Umgehungstechniken. Der im Zuge einer Verbreitung dieser Techniken entstehende Schaden dürfte für den Rechteinhaber als wesentlich bedeutsamer beurteilt werden, als eine einmalige Umgehung z.B. im privaten Bereich. Auch wenn letztendlich die massenhafte tatsächliche Umgehung und damit einhergehende Kopiertätigkeit die finanziellen Interessen der Rechteinhaber tangiert, so muss doch die vorherige Verbreitung der dafür nötigen Technik und Verfahren als ursächlich betrachtet werden. Sie stellt das eigentliche Gefährdungspotenzial dar (vgl. Bayreuther (2001), S. 429).

Des Weiteren werden auch die in diesem Zusammenhang anfallenden Verbreitungshandlungen naturgemäß in größerem Maße in der Öffentlichkeit erfolgen als die bloße Umgehung eines Schutzes selbst. Deshalb stehen Aufwand und Ertrag von Kontrolle und Rechtsdurchsetzung in einem angemesseneren Verhältnis als bei der tatsächlich erfolgten Umgehung. Von dieser Warte aus betrachtet ist auch die im deutschen Gesetz vorgesehene strafrechtliche Freiheit bei der (trotzdem illegalen) Umgehung technischer Schutzmaßnahmen für den privaten eigenen Gebrauch im Gegensatz zur Herstellung und Einfuhr der dazu nötigen Technik unter Kosten-Nutzen-Aspekten verständlich (vgl. Hoeren (2003b), S. 47). Die Kritik an diesem „Wertungswiderspruch“, die diese Ungleichbehandlung bemängelt, kann somit nicht geteilt werden (vgl. zu dieser Kritik z.B. Sieber (2002), S. 172 ff.). Die rechtliche Ausgestaltung kann als eine Form der indirekten Haftung interpretiert werden. Selbst wenn die Produzenten von Umgehungstechnologien selbst keine Urheberrechtsverletzungen begehen, oder diese auch infolge der Nutzung der Technologien nicht entstehen müssen, ist deren Produktion untersagt. Unter den hier geschilderten Voraussetzungen stellt die indirekte Haftung eine effizientere Haftungsform als die direkte dar. Hierzu muss das angestrebte Ergebnis mit geringeren Kosten erzielt werden, was im geschilderten Fall der Umgehungshandlung unterstellt werden kann (vgl. hierzu Landes/Lichtman (2003b), insb. S. 119).

Unabhängig von der Beurteilung der Verteilung der Verfügungsrechte verhindern technische Schutzmechanismen, sowie ein Verbot der Umgehung selbiger, die Kopiertätigkeit. Damit wird eine Ursache für das geschilderte Marktversagen im Bereich von Informationen/Informationsgütern gemindert und die definierten Verfügungsrechte lassen sich in größerem Ausmaß durchsetzen. Anbieter und Rechteinhaber erhalten so die Wahlmöglichkeit, technische Verfahren anzuwenden und damit nicht genehmigte Nutzungen zu verhindern. Hierüber lassen sich Einnahmen erzielen, da der Zugang und die Nutzung der Güter nur bei Zahlung des geforderten Preises erfolgt, sodass der in diesem Kontext unterstellte Anreizmechanismus zur Produktion positiv wirkt. Dieser Zusammenhang entspricht damit seiner Wirkung nach einer Stärkung des Urheberrechts.

Bezüglich der mit der Richtlinie angestrebten Etablierung elektronischer Geschäftsmethoden (allgemein Entwicklung zur „Informationsgesellschaft") wird sich ein besserer Schutz der Inhalte positiv auswirken. Die Bereitschaft, digitale Inhalte über Netzwerke wie das Internet auf kommerzieller Basis zu vertreiben, wird entscheidend von der Möglichkeit zur Durchsetzung des Ausschlussprinzips für nicht Zahlungswillige beeinflusst, das Vertrauen in die entstehenden Märkte gestärkt (vgl. Benkler (1999), S. 423). Neue, effiziente Distributionsmethoden können sich so entwickeln und im Zuge des „trial and error" im Wettbewerb verbessert werden. Die Etablierung neuer, zusätzlicher Verwertungskanäle und Geschäftsmethoden kann darüber hinaus theoretisch Anreize, nicht nur zur Nutzung bereits vorhandener, sondern zur Produktion zusätzlicher Güter schaffen. Diese können bezüglich ihrer Eigenschaften genau auf die jeweiligen Verwertungsmethoden oder auch auf Nutzerpräferenzen abgestimmt werden. Hier kommen beispielsweise Produktdifferenzierungen dergestalt in Betracht, dass digitale Güter, z.B. Software, individuell auf die Bedürfnisse der jeweiligen Nutzer zugeschnitten sind (vgl. Shapiro/Varian (1999), S. 32 f., 55 ff.).[146] Auf der anderen Seite muss jedoch auch in Betracht gezogen werden, dass die Rechteinhaber aufgrund der gesetzlichen Ausgestaltung die Möglichkeit erlangen, bis dato übliche Anwendungen und damit die Entwicklung effizienter Nutzungsformen zu verhindern, wie beispielsweise qualitativ hochwertige Kopien zu geringen Kosten im persönlichen Bereich.

146 SHAPIRO/VARIAN u.a. bezeichnen die Methoden der Produktdifferenzierung als „Versioning". Obgleich diese Methoden in der Literatur meist als „Gegenmaßnahme" bei fehlendem Urheberschutz diskutiert werden, lassen sie sich auch in dem hier vorgebrachten Kontext als Beispiel anführen.

Der Versuch, Informationsgüter vor unberechtigtem Zugriff zu schützen, besteht nicht erst seit dem Auftauchen der digitalen Technologie in Verbindung mit der weiten Verfügbarkeit notwendiger Hardware wie PCs.[147] Obgleich hierdurch die Problematik in zunehmendem Maße auf die (wirtschafts-) politische Agenda gebracht wurde, mit dem bisherigen Ergebnis der rechtlichen Ausgestaltung im Urheberrecht. Die Entwicklung der verwandten Systeme war dabei häufig von einem technologischen Wettlauf zwischen Maßnahmen zum Schutz und entsprechenden Gegenmaßnahmen zur Umgehung desselbigen gekennzeichnet. Technischer Fortschritt, insbesondere in Form des Internets, ist dabei der Herstellung und Verbreitung solcher Umgehungsmaßnahmen entgegengekommen. Zum einen sind Geschwindigkeit und Ausmaß der Verbreitung und damit die Verfügbarkeit gestiegen. Zum anderen kann eine Vielzahl voneinander unabhängiger Anwender mit Hilfe vernetzter PC-Systeme räumlich getrennt kooperieren und damit „bessere" Lösungen schneller entwickeln (vgl. Farchy/Rochelandet (2003), S. 152).

Verglichen mit einem idealisierten Referenzsystem, das die Respektierung sämtlicher urheberrechtlicher Regelungen voraussetzt, sind die Aufwendungen für die Herstellung von Maßnahmen und Gegenmaßnahmen als ökonomisch ineffizienter, vergleichsweise unproduktiver, Ressourcenverzehr zu interpretieren. Das in diesen Entwicklungen gebundene Humankapital wäre aus volkswirtschaftlicher Sicht in anderen, produktiven Verwendungen effizienter eingesetzt. Aber auch die direkten Kosten sowie Opportunitätskosten sind zu berücksichtigen. Mit technologisch bedingt steigender Intensität dieser „Wettläufe" und damit kürzeren Zeitintervallen zwischen den Entwicklungen von Maßnahme und Gegenmaßnahme, steigen c.p. auch die damit einhergehenden Kosten und Effizienzeinbußen (vgl. Elkin-Koren/Salzberger (1999), S. 560 f.). Ein wirksames Umgehungsverbot technischer Schutzinstrumente vermag einen Ressourcen verschwenderischen „Wettlauf" zwischen Maßnahme und Gegenmaßnahme zu unterbrechen und so zu Effizienzsteigerungen beizutragen. Die Rechteinhaber müssen damit c.p. weniger Kosten aufwenden, als dies bei fehlendem Umgehungsschutz der Fall wäre (vgl. Samuelson/Scotchmer (2002), S. 1641). Anfallende Kostenersparnisse können gegebenenfalls in den Preisen an die Nutzer weiter gereicht werden. Somit kann dem in der Richtlinie vorgesehenen Schutz technischer Maßnahmen eine Effizienz steigernde Funktion zugeschrieben werden (vgl. Elkin-Koren/Salzberger (1999), S. 577).

147 Derartige Versuche sind z.B. in der Koppelung der Informationen mit rivalen Gütern zu sehen. Technische Mechanismen stellen z.B. die Passwortabfrage aber auch hardwarespezifische Lösungen dar. Letztere sind z.B. „Dongles" oder „Set-Top-Boxen" zur Entschlüsselung von TV-Programmen (siehe hierzu ausführlich Bechtold (2002), S. 80 ff.).

Wie bereits geschildert vermag der Einsatz von Schutzmaßnahmen die nicht vom Rechteinhaber autorisierte Kopiertätigkeit zu verhindern, womit die gleiche Intention verfolgt wird, wie mit dem Urheberrecht. Ein wesentlicher Unterschied besteht jedoch darin, dass infolge des Einsatzes wirksamer technischer Verfahren die rechtsverletzende Handlung von vornherein unterbunden wird und damit auch vorsätzlich illegale Handlungen verhindert werden können, sodass ein ex ante-Schutz gewährt wird. Das Urheberrecht stellt im Vergleich dazu einen ex post-Schutz dar. Der Urheber hat Ansprüche auf Schadensersatz und Unterlassung, allerdings muss es dazu zunächst zur entsprechenden rechtsverletzenden Handlung gekommen sein (vgl. Bechtold (2002), S. 279). Auf dieser Grundlage lässt sich konstatieren, dass der ex ante-Schutz Effizienzvorteile aufweist, da hier Kosten in geringerem Ausmaß anfallen. So entstehen keine administrativen Kosten, die beispielsweise in der Inanspruchnahme des Rechtssystems sowie in Kosten hinsichtlich der Aufdeckung und Verfolgung des Rechtsverstoßes zu sehen sind. Die Aufwendungen für die Bereitstellung der Schutzsysteme werden somit vergleichsweise gering ausfallen (vgl. Elkin-Koren/Salzberger (1999), S. 575).

Ferner resultieren aus einem ex post-Schutz gegebenenfalls langwierige Verfahren, bis zu deren Urteilen bereits hohe Umsatzeinbußen aus der illegalen Nutzung entstanden sein können. Benachteiligt wären dadurch „kleine" Rechteinhaber, die derartige Einbußen nicht über einen längeren Zeitraum kompensieren könnten. Auch werden eher finanzstarke, „große" Rechteinhaber in der Lage sein, illegale Nutzungen zu entdecken, nachzuweisen und juristisch dagegen vorzugehen als „kleine" Rechteinhaber, die womöglich teure Rechtsstreitigkeiten scheuen und nicht über die nötigen „Monitoring"-Möglichkeiten verfügen. Die Richtlinienregelungen bieten nun rechtlichen Schutz vor potenziellen Umgehungshandlungen und fördern damit den Einsatz technischer Schutzvorkehrungen, wodurch die geschilderten Effizienzvorteile und Kosteneinsparungen im Gegensatz zum traditionellen Urheberrecht zum Tragen kommen (vgl. Landes/Lichtman (2003b), S. 119).

a) Wirkungen auf den Wettbewerb

Im Zuge der Anwendung der Rechtsausgestaltung sind allerdings auch negative Entwicklungen nicht auszuschließen, sondern in Abhängigkeit der jeweiligen zu betrachtenden Güter sowie weiterer institutioneller Rahmenbedingungen zum Teil eher wahrscheinlich. Für eine Beurteilung der richtlinienintendierten Wirkungen müssen somit die positiven Effekte aus Anreizgenerierung und Effizienzsteigerung den potenziell negativen Effekten gegenübergestellt werden. Pauschal gültige Aussagen werden jedoch auch in diesem Zusammenhang in Anbetracht der weitgehend fehlenden Möglichkeiten zur Quantifizierung dieser gegenläufigen Effekte nicht möglich sein. Zudem behandeln die gesetzlichen Regelungen, trotz bestimmter Ausnahmebereiche, eine Vielzahl unterschiedlicher Güter in gleicher Art und Weise. In Abhängigkeit der unterschiedlichen Charakteristika dieser Güter sowie verschiedenartiger Strukturen der Märkte, auf denen diese Güter gehandelt werden, ist jedoch mit differenzierten Wirkungszusammenhängen und Ergebnissen zu rechnen, sodass auf dieser Grundlage auch keine pauschalen Handlungsempfehlungen abzuleiten sind (vgl. hierzu Hakfoort (2002), S. 80 ff.). Es böten sich damit speziellere, auf den Einzelfall bezogene (empirische) Untersuchungen an, für die die folgende Analyse eine Grundlage bieten kann.

Im Gegensatz zu der oben geschilderten Wirkung der Vermeidung tendenziell Ressourcen verschwendender Technologiewettläufe zwischen Schutzmaßnahme und Gegenmaßnahme, birgt die rechtliche Institution des Umgehungsschutzes die Gefahr in sich, dass es zu negativen Wettbewerbseffekten auf den Märkten für die geschützten Informationsgüter als auch hierzu komplementärer Güter kommt. Derartige Komplementärgüter bestehen z.B. in der Hardwaretechnologie, wie z.B. PCs oder DVD-Player, mit denen die geschützten Informationsgüter wie z.B. Software oder DVDs genutzt werden. Bei dieser Analyse spielen der Ablauf des Wettbewerbsprozesses und das Verhalten der Marktteilnehmer sowie die Form der Generierung technischen Fortschritts als ein Ziel des Wettbewerbs eine wesentliche Rolle. Kennzeichnend für die technische Entwicklung und das Hervorbringen marktfähiger Innovationen ist in den hier betrachteten Wirtschaftssektoren häufig die Relevanz der „follow-on-Innovation". Dies bedeutet, dass auf bestehendem, angewandtem Wissen sowie auf Kenntnissen über die Funktionsweise verfügbarer Technologien aufgebaut, dieses Wissen weiter entwickelt wird und damit Verbesserungen und Innovationen realisiert werden (vgl. hierzu u.a. Scotchmer (1991), S. 31 ff.).

Die für das innovative Verhalten notwendige Aneignung dieser Kenntnisse über Funktionsweisen bestehender Anwendungen vollzieht sich dabei in großem Umfang über „reverse engineering" (vgl. Samuelson/Scotchmer (2002), S. 1642). Dadurch kann eine neue Entwicklung zwar prinzipiell substitutiven Charakter bezüglich des Pionierproduktes haben und auf dieses einen Wettbewerbsdruck ausüben, vermag aber beispielsweise auch in komplementären Produkten zu bestehen, für deren Kompatibilität die Funktionsweise der ursprünglichen Technik bekannt sein muss (z.B. Schnittstellen bei unterschiedlicher Software oder Kompatibilität bei Hardware/Software-Systemen wie z.B. DVD und DVD-Player).[148]

148 Als Gründe für „reverse-engineering" lassen sich vornehmlich anführen: Entwicklung kompatibler Produkte und Serviceleistungen, Verbesserung eines Produktes, Reparatur/Änderung eines Produktes, Wissensaneignung hinsichtlich angewandter Techniken,

Mit der Herstellung von Konkurrenzprodukten geht auch hier der Prozess des vorstoßenden und nachahmenden Wettbewerbs einher, der im theoretischen Idealfall Anreize zu innovativem, an den Präferenzen der Nachfrage orientierten Unternehmerverhalten erzeugt. Als Resultat ließen sich dann unter anderem eine gesteigerte Angebotsvielfalt im Sinne der Konsumentenpräferenzen als auch tendenziell sinkende Preise erwarten (vgl. zu den theoretischen Wettbewerbsfunktionen z.B. Schmidt (1999), S. 28 ff.; Kantzenbach (1967), S. 16 ff.).

In diesem Kontext bedarf es der Klarstellung, dass es sich bei dem hier beschriebenen Prozess des „reverse engineering" gerade nicht um das bloße Kopieren von Informationen/Informationsgütern zum Zweck eines „freeriding" handelt. Vielmehr sollen innovative, verbesserte Produkte existierende Informationen als Grundlage nutzen. Es werden somit nicht komplette Informationsgüter lediglich übernommen, sondern die Kenntnis technischer Funktionsweisen (Arten und Möglichkeiten der Lösung bestimmter technischer Probleme) von z.B. nur Teilkomponenten genutzt (vgl. Scotchmer (1991)). Damit wird auch der Intention der IPR, hier also insbesondere neben den Urheberrechten dem Patentrecht, nicht zuwider gehandelt (vgl. Samuelson/Scotchmer (2001), S. 55). Ein Pionierproduzent behält somit die Möglichkeit zur Aneignung von Innovationsgewinnen zur Amortisierung von Investitionen durch seinen Wettbewerbsvorstoß. Denn „follow-on-Innovationen" werden erst mit einer gewissen Zeitverzögerung auf den Markt treten, weil es neben der Nutzung der relevanten Informationen noch der Entwicklung eigener, zusätzlicher Komponenten bedarf.

Die wettbewerbsbeeinträchtigende Wirkung der Richtlinienausgestaltung kann nun daraus resultieren, dass auf dem Gebiet der Informationsgüter ein „reverse-engineering" dann nicht möglich ist, wenn technische Schutzmechanismen den Zugang zu den relevanten Informationen und damit das Lernen von Funktionsweisen verhindern. Der aus innovativem und imitierendem Verhalten bestehende Wettbewerbsprozess kann dadurch unterbrochen werden. Damit geht ein abnehmender Wettbewerbsdruck für einen etablierten Anbieter einher, der Marktzutritt von potenziellen Newcomern wird behindert, was tendenziell in einem geringen Ausmaß von technischem Fortschritt seinen Niederschlag finden kann.

Etablierten Anbietern wird die Möglichkeit zum Erhalt und Ausbau ihrer Marktstellung gegeben, mit der Gefahr, dass die dem Wettbewerb zugesprochenen positiven Wirkungen nicht zu realisieren sind. Folglich kann ein monopolistisches Preissetzungsverhalten nicht ausgeschlossen werden, wenn das Rechtsinstitut einen quasi-Schutz vor der ansonsten disziplinierenden Wirkung der potenziel-

---

Herstellung eines Konkurrenzproduktes. Vgl. Pooley (1999) (zitiert bei Samuelson/Scotchmer (2001), S. 5).

len Konkurrenz etabliert (vgl. zur potenziellen Konkurrenz u.a. Knieps (2001), S. 21 ff.; Krakowski (1988), S. 39 ff.). Auch kann für eine vor Konkurrenz geschützte Monopolstellung eine geringere Innovationsneigung unterstellt werden, da die Notwendigkeit zu Produktverbesserungen und Preissenkungen geringer ist als in einer Wettbewerbssituation.

Die Grenzen zwischen dem durch das Urheberrecht angestrebten temporären Schutz vor einem Wettbewerb durch „freerider-Verhalten" und der Nutzung dieser Rechte zur Marktabschottung auch von Konkurrenten, die nicht mit bloßen Kopien, sondern eigenen innovativen Produkten auf den Markt treten könnten, werden sich fließend gestalten. Diesbezügliche Beurteilungen sollten jedoch berücksichtigen, dass das Ziel der IPR nicht in der Verhinderung von Konkurrenz auf bestimmten Märkten oder in ganzen Branchen zu sehen ist.

Als ein Beispiel der geschilderten Problematik können technische Schnittstellen von Software dienen, sofern diese durch das Urheberrecht geschützt sind und ein technischer Schutz nicht umgangen werden darf. Fungiert z.B. ein Betriebssystem als quasi-Standard (z.B. Microsoft-Windows), so ist ein Marktzutritt konkurrierender Systeme kaum möglich, sofern keine Kompatibilität zu diesem Standard besteht. Solange aufgrund technisch geschützter Software des etablierten Anbieters ein potenzieller Wettbewerber keine Interoperationalität des eigenen Systems mit bestehenden Daten und Anwendungsprogrammen herzustellen in der Lage ist, bleibt der Etablierte vor einem zunehmenden Wettbewerbsdruck verschont. Anreize zu innovativem Verhalten werden dadurch gemindert (vgl. hierzu Katz/Shapiro (1999), S. 38 ff.; sowie ausführlich 4.2).

Der rechtliche Umgehungsschutz könnte selbst dann die Nutzung von Informationen verhindern, wenn diese selbst gar nicht schutzwürdig im Sinne von Patenten/Urheberrechten sind, sondern z.B. aus gemeinfreien Informationen und Wissen bestehen oder abgelaufene IPR beinhalten. Eine solche Entwicklung wirkte dann der ökonomischen Intention der IPR entgegen. Denn es entstünden weiterhin statische Wohlfahrtsverluste, da die Informationen nicht zu Grenzkostenpreisen genutzt würden, aber gleichzeitig der Schutz aufgrund des Anreizarguments nicht gerechtfertigt erschiene, wenn beispielsweise rechtliche Schutzfristen abgelaufen wären (vgl. David (2004)).

Neben den wettbewerbsbeschränkenden Tendenzen auf dem Markt für Konkurrenzprodukte bestimmter Informationsgüter mit tendenziell substituierendem Charakter besteht die Gefahr der Begünstigung wettbewerbsbeschränkenden Verhaltens, das Märkte für komplementäre Güter betrifft (vgl. Poynder (2001), S. 137). Als Beispiele hierfür lassen sich Systeme anführen, die aus Hard- und Softwarekomponenten bestehen, wie z.B. PCs und Software oder DVD-Player und DVDs aber auch solche, die ausschließlich Software betreffen (vgl. Lichtman (2000), S. 615).[149] Verfügen die Rechteinhaber auf ihren relevanten Märkten über eine gewisse Marktmacht, was nicht zuletzt aufgrund der Gewährung der IPR beruht, bietet der Umgehungsschutz der Richtlinie die Möglichkeit zur Übertragung dieser Marktmacht auf komplementäre Märkte. Die dort vorherrschenden Marktstrukturen lassen allerdings in der Regel durchaus kompetitive Koordinierungsmechanismen zu. Seien annahmegemäß die Inhalte der Rechteinhaber, z.B. Software oder Musikdateien, durch technische Maßnahmen in Form von Verschlüsselungen oder digitaler Wasserzeichen geschützt, so müssen die komplementären Abspielgeräte diese erkennen und entschlüsseln können. Dazu müssen deren Produzenten Kenntnisse über die Funktionsweise der Schutzmechanismen haben, beispielsweise in der Form des Zugangs zu bestimmten Softwareabschnitten oder Quellcodes (vgl. Bechtold (2002), S. 101 ff.).

Aufgrund der Richtlinienausgestaltung bedarf es somit zur Produktion entsprechender Geräte einer Lizenzierung der Rechteinhaber, da es sich anderenfalls um rechtswidrige Umgehungstechnologien handelt, selbst wenn der Zweck der Umgehung nicht in der Verletzung originärer Urheberrechte besteht (vgl. Art 6 Abs. 2 RL 2001/29/EG). Marktmächtigen Rechteinhabern, wie z.B. der US-amerikanischen Film- oder Musikindustrie, ist damit die Möglichkeit gegeben, die Entwicklung auf komplementären Märkten in nicht unerheblichem Ausmaß zu beeinflussen. Für potenzielle Wettbewerber auf dem Markt für komplementäre Güter, die neue, zukunftsträchtige Technologien als Alternativen zu Hergebrachtem entwickeln, vermag die Richtlinienregelung als Marktzutrittsschranke zu fungieren. Die Entwicklung des technischen Fortschritts und eine an Konsumentenpräferenzen ausgerichtete Angebotsbereitstellung mit Preis senkenden Effekten können beeinträchtigt werden. Die rechtliche Regelung kann zur Marktabschottung instrumentalisiert werden und erweist sich nicht als wettbewerbs- und technologieneutral (vgl. Schaaf/Hofmann (2003), S. 11).[150]

---

149 Diese Software-Software-Systeme beschreiben z.B. komplementäre Beziehungen zwischen PC-Betriebssystemen und Anwendungsprogrammen. Zudem beinhalten Hardwareprodukte wie z.B. Abspielgeräte selbst wieder integrierte Software. Zum Abspielen von Musikdateien ist neben dem PC eine Software von Nöten, die die digitalen Informationen der Dateien in Musik umwandeln.

150 Ein anschauliches Beispiel aus den USA bietet in diesem Zusammenhang das für DVDs angewandte Verschlüsselungssystem CSS (Content Scramble System). Nur mit lizenzierten Abspielgeräten und PC-Betriebssystemen können DVDs (legal) genutzt werden. Das Linux-Betriebssystem ist z.B. diesbezüglich inkompatibel. Die Umgehung des technischen Schutzes zu dem Zweck, legal erworbene DVDs auch auf Linux-Systemen abspielen zu können, stellte einen Verstoß gegen den der Richtlinienregelung analogen DMCA dar, was tendenziell die Weiterentwicklung und potenzielle Innovationen hinsichtlich alternativer Technologien hemmen kann (vgl. hierzu Lessig (2002), S. 188 ff.).

Ähnliche Wirkungen können im Zuge einer formalen Standardsetzung auftreten.[151] Insbesondere bei der jüngst zu beobachtenden Tendenz, DRM-Lösungen zu entwickeln, die Hard- und Softwarekomponenten verzahnen (sog. „vertrauenswürdige Systeme", „Trusted Computing") und auf bestimmte Standards festgelegt sind, können Innovationen behindert werden, sofern diese nicht kompatibel bzw. zertifiziert sind. Es ist dann nicht auszuschließen, dass der Bestand an Dateien und Informationsgütern inkompatibel zu diesen zukünftigen, innovativen Technologien wäre, was deren Marktchancen und Entwicklung und damit die Wettbewerbsintensität hemmt. Auch könnten inkompatible Informationsgüter gegebenenfalls nicht in Verbindung mit der in das System eingebundenen Hardware (z.B. PC) genutzt werden, deren Ziel jedoch u.a. lediglich die Verhinderung der Nutzung illegaler Kopien sein soll (vgl. Schaaf/Hofmann (2003), S. 11; König/Neumann (2003), S. 1138 ff.).

Hinsichtlich des ökonomisch zu rechtfertigenden Anreizes zur Produktion von Informationsgütern als Zweck des Urheberrechts – auch hierdurch erfolgt eine gewisse Wettbewerbsbeschränkung – vermag diese Richtlinienwirkung nicht beizutragen. Denn dadurch, dass lediglich diejenigen Geräte, die die von den Rechteinhabern bevorzugten und lizenzierten Technologien verwenden bzw. einem formalen Standard entsprechen, in der Lage sind, die Inhalte wiederzugeben, entstehen weder zusätzliche Anreize zur Produktion der nichtrivalen Güter noch wird damit potenziellen Einnahmeverlusten auf Seiten der Inhalteproduzenten vorgebeugt. Es sind dagegen eher Nachfragesteigerungen nach Inhalten denkbar, wenn infolge eines intensiveren Wettbewerbs auf dem Markt der komplementären Güter mehr mögliche Nutzer der Inhalte verfügbar sind. Der Inhaltenutzung in Verbindung mit alternativen Komplementärgütern kann auch nicht per se eine urheberrechtsverletzende Wirkung unterstellt werden, so-

---

Zudem weist LESSIG darauf hin, dass CSS ein Kopieren der DVDs im Gegensatz zur Nutzung auf nicht lizenzierten Geräten nicht verhindert (vgl. Lessig (2002), S. 189), was der Intention des Urheberrechts nicht entspricht. Ähnliche Fragen betreffen Software, die es ermöglicht, geschützte „Konsolenspiele" auf dem PC zu nutzen (vgl. hierzu EFF (2003)).

151 Hinsichtlich einer solchen Standardsetzung stellen sich z.B. Fragen, ob staatliche Entscheidungsträger, Zusammenschlüsse der jeweiligen betroffenen Industrien oder Vertreter beider Seiten die Standards festlegen sollten und über welchen Kenntnisstand diese (insbesondere staatliche Stellen) verfügen. Zu analysieren wären dann auch Wirkungen auf den Konsumentennutzen und mögliches „Rentseeking-Verhalten" der in den Prozess involvierten Parteien. So lässt sich die Verfolgung von Partialinteressen bestimmter Rechteinhaber nicht ausschließen, die versuchen, ihre Technologie als formalen Standard zu etablieren, auf den potenzielle Konkurrenten dann angewiesen wären. Vgl. zu dem Komplex Standardisierung/Standardsetzung u.a. Farrell/Saloner (1986), Katz/Shapiro (1986), Kleinemeyer (1998), sowie Kap. 4.2.

dass die ökonomische Rechtfertigung dieser und ähnlicher Rechtsregeln problematisch erscheint (vgl. Romer (2002), S. 215).

Während in der momentanen Betrachtung die Film- und Musikindustrie im Fokus stehen, ist die Ausweitung der Problematik bei einem Voranschreiten der technologischen Entwicklung und der zunehmenden Rolle, die der Informationstechnologie in sämtlichen Bereichen zukommt, nicht zu unterschätzen. Statt eines funktionsfähigen Wettbewerbs bekämen bestimmte Rechteinhaber und Industrien „veto power over new technologies that threaten its current business model“ (Romer (2002), S. 215). Die mit der Richtlinie angestrebte Förderung des Wettbewerbs sowie der informationstechnologischen Entwicklung (vgl. RL 2001/29/EG, Erwägungsgrund 4) könnte somit in den geschilderten Bereichen konterkariert werden. Von einer effizienten, an Marktdaten und -signalen orientierten Ressourcenallokation auf dem Markt der betroffenen komplementären Güter kann dann nicht mehr ausgegangen werden. Vielmehr besteht die Gefahr der Festlegung auf bestimmte, von den Rechteinhabern präferierten Technologien, die weiteren Innovationen eher im Wege stehen (vgl. Samuelson (1999), S. 14).

Auch die in die Richtlinie explizit aufgenommene Formulierung, dass der Rechtsschutz nicht dazu verpflichte, ausschließlich Geräte zu entwerfen, die den technischen Schutzmaßnahmen entsprechen (vgl. RL 2001/29/EG, Erwägungsgrund 48), vermag hier wohl faktisch wenig Abhilfe zu schaffen. Denn wenn Gerätehersteller wettbewerbsfähig sein wollen, müssen ihre Geräte mit der Mehrzahl der angebotenen Inhalte kompatibel sein. Sofern die Gefahr besteht, dass alternative Technologien als rechtswidrig eingestuft werden, verringert sich ex ante der Anreiz zu deren Entwicklung. Auch die in der Richtlinie aufgezählten Schranken können die Problematik verhinderter Kompatibilität durch den Einsatz von IPR nicht lösen, und zeigen sich als zu inflexibel (vgl. Rahnasto (2003), S. 170).

b) Wirkungen hinsichtlich nicht urheberrechtsverletzender Handlungen und Technologien

Ein weiterer Kritikpunkt des rechtlichen Schutzes technischer Maßnahmen betrifft das Verhältnis zwischen vor Zugriff und Nutzungen geschützten[152] Infor-

152 Ob durch die rechtliche Ausgestaltung der Richtlinie in der Praxis lediglich die Ausübung bestimmter Nutzungsrechte wie das Kopieren technisch verwehrt wird, oder ob eine Zugangskontrolle entsteht, scheint aus der Richtlinienformulierung nicht eindeutig hervorzugehen und lässt sich nicht pauschal beurteilen. Vgl. zu diesem Problemkomplex und den unterschiedlichen Wirkungen, die gegebenenfalls zu erwarten sind u.a. Koelman (2000), S. 5 ff.

mationsgütern und derartig legalen Handlungen, die keinen urheberrechtsverletzenden Charakter aufweisen, aber infolge der technischen Mechanismen verunmöglicht werden. Ziel des rechtlichen Schutzes ist die Verhinderung der Umgehung technischer Schutzmechanismen zum Zwecke von Handlungen, die gegen urheberrechtliche Regelungen verstoßen und damit Einnahmen und Anreize mindern. Dies impliziert die Annahme, dass mögliche Umgehungen solcher Techniken ausschließlich erfolgen, um das Urheberrecht zu verletzten, oder zumindest dies zur Folge haben.

Den Ausgang des folgenden Kritikpunktes stellt die ökonomische Begründung für die Ausgestaltung des Urheberrechts als Anreiz generierendes Instrument zur Überwindung potenziellen Marktversagens dar.[153] Denn wird die Position des Rechteinhabers durch bestimmte Handlungen der Nutzer hinsichtlich der Anreizwirkung nicht negativ tangiert (entstehen ersterem also keine pekuniären Verluste[154]), dann lässt sich auch die administrative Zuerkennung der entsprechenden exklusiven Verfügungsrechte nicht ökonomisch rechtfertigen. Hieraus resultierten negative Wohlfahrtseffekte, die anderenfalls vermeidbar wären, ohne im Gegenzug die Anreize von (potenziellen) Urhebern einzuschränken (vgl. Bechtold (2002), S. 329; Kap. 2.5).

Da die Verwendung technischer Schutzmaßnahmen und deren rechtlicher Schutz vor Umgehungshandlungen prinzipiell auch nicht rechtsverletzende Handlungen verhindert, besteht jedoch die Gefahr einer Verschiebung der Rechtepositionen zu Gunsten der Urheber, mit ineffizienten gesamtwirtschaftlichen Folgewirkungen (vgl. Branstetter Cohen (2003), S. 976 ff.). Hierbei ist zunächst zwischen denjenigen Handlungen zu differenzieren, die in Form der Schrankenregelungen möglich sein sollen und solchen, die in den Schrankenregelungen keine Berücksichtigung finden, aber trotzdem nicht als Urheberrechtsverletzung gelten. Die Problematik hinsichtlich der Schrankenregelungen wird zwar in der Richtlinie aufgegriffen, allerdings bietet die Ausgestaltung Anlass zur Kritik. So lässt sich durch die Regelungen nämlich nicht garantieren, dass die Inanspruchnahme der an sich gesetzlich zugesicherten Schranken tatsächlich im angemessenen Umfang möglich ist.[155]

---

153 Vgl. hierzu Kap. 2.

154 Von nichtpekuniären Interessen wie z.B. der Reputation o.ä. eines Werkherstellers sei hier abstrahiert.

155 In der vorliegenden Untersuchung soll und kann keine vollständige Analyse dieses Problemaspektes vorgenommen werden. Die Richtlinie sieht z.B. vor, dass die Rechteinhaber auf freiwilliger Basis die Ausübung der Schrankenregelungen ermöglichen. Erst bei einem Scheitern kommt ein staatliches Handeln in Betracht. Wie dieses allerdings von statten gehen soll, bleibt unerwähnt und damit (zumindest zum jetzigen Zeitpunkt) spekulativ. Die Schrankenberechtigten haben auch die Möglichkeit, ihre Rechte zivil-

Ein Umgehen von Schutzmechanismen als „Selbsthilfe“, auch zur Nutzung legaler Zwecke, bleibt nach der gängigen Rechtsauffassung untersagt (vgl. Dreier (2002), S. 39). Zudem erfassen die Ausnahmen, die trotz der Anwendung technischer Schutzsysteme ermöglicht werden sollen, nicht sämtliche erschöpfend genannten Beschränkungen, die in der im Artikel 5 RL 2001/29/EG für die Fälle vorgesehen sind, in denen es sich nicht um technisch geschützte Güter handelt. Sofern diese Ausnahmen sich ökonomisch sinnvoll rechtfertigen lassen, scheint eine solche Differenzierung nicht sachlogisch.[156]

Auch die Sinnhaftigkeit einer nicht-Berücksichtigung der Schrankenregelungen beim online-Abruf, bei dem somit letztlich der Rechteinhaber über die Möglichkeiten der Schrankenausübung entscheiden kann, lässt sich insbesondere vor dem Hintergrund der Zielsetzung der Förderung und Entwicklung der Informationsgesellschaft hinterfragen. Den Nutzern werden dann gerade in diesem Bereich weniger Nutzungsmöglichkeiten zur Verfügung stehen, verglichen mit traditionellen Distributionsformen. Dies senkt die Wertschätzung und damit c.p. die Anreize, den online-Handel in Anspruch zu nehmen, wodurch dieser gegenüber den traditionellen Distributionsformen benachteiligt würde (vgl. ifrOSS (2002), S. 8 f.).

Wie oben erwähnt, lässt sich die geschilderte Entwicklung der „Schwächung“ der Ausnahmeregelungen dahingehend interpretieren, dass vermehrt vertragliche, direkte (individuelle) Austauschbeziehungen zwischen den Akteuren hinsichtlich Zugangs- und Nutzungsmodalitäten anstelle administrativer (Schranken-) Regelungen entstehen (vgl. Goldmann/Liepe (2002), S. 368). Sofern aus solchen marktlichen Mechanismen eine effizientere Koordination von Verfügungsrechten resultierte, erschiene eine ökonomische Rechtfertigung der Beschränkungen problematisch.

Auf die Richtlinienregelungen angewendet bedeutete dies, dass infolge der technologischen Entwicklung die Begründungen für die Schranken obsolet wären.

---

rechtlich geltend zu machen (vgl. Dreier (2002), S. 39). Hier dürften jedoch Hemmnisse in Form hoher Transaktionskosten sowie der relativ schlecht zu organisierenden Interessen einer Vielzahl heterogener Individuen – gegenüber z.B. Vertretern weltweit agierender Musikkonzerne – eine nicht unwesentliche Rolle spielen, sodass faktisch eine Stärkung der Position der Rechteinhaber anzunehmen ist (vgl. zu dieser kritischen Auseinandersetzung u.a. Hugenholtz (2000)).

156 Eine dieser betroffenen Ausnahmen stellt die erwähnte Kritik- und Zitierfreiheit dar (vgl. Dreier (2002), S. 37). Sollte demnach ein Werk ausschließlich in digitaler, vor Vervielfältigung technisch geschützter Form vorliegen, entfällt theoretisch die Möglichkeit, Ausschnitte hiervon für Kritikzwecke zu vervielfältigen. Für den Abbau von Informationsasymmetrien ist es jedoch unerheblich, in welcher technischen Form das Werk vorliegt.

Trotz der Verminderung von Schranken begründenden Transaktionskosten aufgrund der Entwicklungen in der IuK-Technologie kann jedoch nicht von deren Abstinenz ausgegangen werden, die für eine effiziente Allokation der Rechte nach dem Coase-Theorem von Nöten wäre. Dies bedeutet jedoch nicht, dass im Vergleich zur Status quo-Situation nicht dennoch eine Effizienzsteigerung möglich erschiene. Neben den Transaktionskosten bestehen jedoch weitere ökonomische Rechtfertigungsgründe der Beschränkungen, die einem gänzlichen Verzicht darauf im Wege stehen.[157]

Sollte mit der Richtlinie und auch der daran orientierten deutschen Ausgestaltung der geschilderte Weg zur „Individualisierung" eingeschlagen werden, beträfe dies auch die derzeitige Form der Pauschalvergütung. In dem Maße, in dem individuelle Lizenzierungen und damit vertragliche Interaktionen durch technische Mechanismen – und damit der Ausschluss „Zahlungsunwilliger" – vorgenommen würden, verlören kollektive Vergütungssysteme in Form von Pauschalabgaben auf Trägermedien und Geräte ihre ökonomische Rechtfertigung. Dieser Aspekt findet im Richtlinientext allerdings keine angemessene Berücksichtigung.[158] Aus der parallelen Anwendung beider Vergütungssysteme entstünde jedoch eine doppelte Finanzierung durch den Nutzer. Eine Pauschalvergütung erschiene dann ungerechtfertigt, wenn die Ursache ihrer Begründung, nämlich die Inanspruchnahme einer Schrankenregelung, infolge des Einsatzes technischer Schutzmechanismen entfiele (vgl. Goldman/Liepe (2002), S. 371).

Das Abstellen auf rein vertragliche Lösungen und eine konsequenterweise damit einhergehende Abschaffung bzw. Minderung der Pauschalvergütung zwingt jedoch faktisch sämtliche Rechteinhaber, technische Schutz- und Lizenzierungsmethoden anzuwenden, wenn sie ihre Rechte wahrnehmen wollen. Diese technischen Methoden sind jedoch gegebenenfalls kostenintensiv und können somit insbesondere kleinere Rechteinhaber benachteiligen und darüber deren Anreize zur Innovation reduzieren. Eine abnehmende Wettbewerbsintensität kann daher wegen der Notwendigkeit zur Anwendung technischer Maßnahmen nicht ausgeschlossen werden (vgl. Grassmuck (2003), S. 2).[159]

---

157 Vgl. zu diesen weiteren Gründen Kapitel 2.5 sowie Gordon/Bone (2000).

158 Der Erwägungsgrund 35 könnte als Hinweis auf die geschilderte Situation interpretiert werden. Technische Maßnahmen werden nicht sämtliche Ausnahmen ersetzen können, sodass die Pauschalvergütung weiterhin zu rechtfertigen ist. Allerdings der Höhe nach in Abhängigkeit des Einsatzes von Schutzmechanismen und nur bezüglich bestimmter Medien, was in der praktischen Ausgestaltung äußerst problematisch sein dürfte und zudem temporär anzupassen wäre.

159 Langfristig sind diesbezüglich allerdings Anpassungsreaktionen kleinerer Anbieter in Form einer Zusammenarbeit denkbar, um die Entwicklungskosten technischer Schutz-/Lizenzmethoden zu senken. Diesbezüglich wäre jedoch zu fragen, inwiefern diese Technologien produktspezifischen Anforderungen genügen müssen, womit nicht eine

Ungeachtet der Inanspruchnahme gesetzlicher Schrankenregelungen sind weitere Handlungen von Nutzern und Anwendern denkbar, die nicht als Eingriff in die Rechte der Urheber zu interpretieren sind und damit auch deren Anreize zum Ressourceneinsatz zur Herstellung der relevanten Informationsgüter nicht schmälern.[160] Diese Handlungen setzten jedoch die Überwindung technischer Schutzvorkehrungen voraus und würden infolge der Richtlinienausgestaltung unterbleiben. Effizienz- und Wohlfahrtseinbußen wären die Folge, denen keine „Entlohnung“ von Werkherstellern gegenübersteht. Eine Pareto-Verbesserung erschiene in diesen Situationen möglich, denn der Konsumentennutzen ließe sich steigern, ohne im Gegenzug (auch potenzielle) Urheber schlechter zu stellen.

Im Gegensatz zu den Nutzern von Informationsgütern, deren Position tendenziell eher geschwächt wird, erfahren die Anbieter eine Stärkung. Vor dem Hintergrund des Einsatzes technischer Zugangs- und Nutzungskontrollen ist nicht auszuschließen, dass auch nicht urheberrechtsschutzfähige Informationen auf Kosten des „öffentlichen Besitzes“ einer freien Inanspruchnahme durch die Öffentlichkeit entzogen werden.[161] Mit der Aussicht auf finanzielle Rückflüsse vermag ein Anreiz erzeugt werden, Informationsgüter aus dem öffentlichen Besitz oder Kombinationen daraus (unter Aufwendung geringfügiger Modifikationen) zu privatisieren und durch technische Verfahren (unentgeltlichen) Zugriff und Nutzungsmöglichkeiten zu be- oder verhindern (vgl. Ginsburgh (2001), S. 1635 ff.). Innovationen und Werkschöpfungen, die ihrerseits auf diesen Informationen aufbauen, die prinzipiell zu Grenzkosten genutzt werden könnten, werden dadurch verteuert oder unterbleiben im Zweifelsfall gänzlich. Ebenso werden

---

Technologieentwicklung von vielen Anbietern unterschiedlicher Produkte genutzt werden kann.

160 Eine abschließende Darstellung der angesprochenen Handlungen kann hier nicht vorgenommen werden. Prinzipiell bestehen auch Überschneidungen mit denen, die bezüglich der Wettbewerbswirkungen diskutiert wurden (z.B. Herstellung von Kompatibilität). Des Weiteren wäre an technische Änderungen und Anpassungen der Informationsgüter zum besseren eigenen Gebrauch oder an die selbstständige Behebung von Fehlfunktionen zu denken, die durch ein Umgehungsverbot von Schutzmechanismen ausgeschlossen werden könnten (vgl. ähnlich Quah (2002), S. 385). Aber auch das individuelle Zusammenstellen von digitalen Dateien, Archiven oder Musiksammlungen unterbliebe, trotz legal erworbener Originale. Auch wenn diesbezüglich Ausnahmeregelungen in Betracht kämen, stellte sich die Frage nach einer legalen Verfügbarkeit nötiger „Umgehungswerkzeuge“.

161 Aufgrund des nichtrivalen Charakters von Informationen bedeutet dies nicht, dass selbige komplett verschwinden und wie materielle, rivale Güter gänzlich von öffentlicher in private Verfügung gelangen. Allerdings kann der freie, unkomplizierte Zugriff, insbesondere auf zukünftig privat kreierte Informationen eingeschränkt werden. Dies brächte u.U. prohibitive Transaktionskosten bei der Informationssuche bzw. -nutzung mit sich.

Konsumgelegenheiten eingeschränkt, ohne dass es auf der anderen Seite einer notwendigen Entlohnungsfunktion für aufgewandte Investitionen bedarf.[162]

Vielmehr ist eine Anreizminderung nicht auszuschließen, tatsächlich neue Informationsgüter zu produzieren. Stattdessen werden produktive Ressourcen (neben finanziellen Mitteln auch Humankapital und Zeit) eingesetzt, um bestehende Güter und Informationen aus dem öffentlichen Besitz aufzubereiten und kommerziell, z.B. über Lizenzvergaben, zu nutzen. Eine solche Entwicklung stellte dann eine Verschwendung volkswirtschaftlicher Ressourcen dar, die künstlich Knappheit erzeugt (vgl. David/Foray (2001), S. 13 f.). Diese Problematik kann insbesondere im Bereich der Produktion von Datenbanken beobachtet werden, bei der faktisch Anreize erzeugt werden, weniger neue Datenbankinhalte als vielmehr neue Zusammenstellungen bereits verfügbarer Daten zu erzeugen (vgl. David (2000), S. 26 f.).[163] Wenn auch diese Zusammenstellungen und gegebenenfalls deren Aktualisierungen Wohlfahrt steigernd wirken können, so muss der damit einhergehende Wohlfahrtsverlust durch die Unternutzung dem gegenübergestellt werden, womit negative Gesamtwirkungen nicht auszuschließen sind. Insbesondere wenn es sich um marginale Aktualisierungen und Änderungen der Datenbanken handelt, die eine Verlängerung der Schutzdauer ermöglichen, sind negative Effekte wahrscheinlich (vgl. Koboldt (1997), S. 136).

Die geschilderte Entwicklung würde die bezweckte ökonomische Wirkung des Urheberrechts in ihr Gegenteil verkehren. Das Ziel des Urheberrechts besteht darin, eine Einnahmenerzielung zu ermöglichen, um so Anreize zu schaffen, neue Informationen zu kreieren und verbreitet nutzbar zu machen. Die hier beschriebene Entwicklung hätte hingegen zur Folge, dass Einnahmen entstehen, ohne dass neue Informationen generiert würden und gleichzeitig die Verfügbarkeit bestehender, frei zugänglicher Informationen beschränkt würde (vgl. ähnlich Branstetter Cohen (2003), S. 979).

Neben der geschilderten Diskussion bezüglich Nutzungen, denen keine Anreiz mindernden Wirkungen unterstellt werden können, sind auch potenzielle Folgen für die Anwendung und Entwicklung von Informationstechnologien zu analysieren, die nicht per se als rechtsverletzend zu beurteilen sind. Diese ermöglichen

---

162 Prinzipiell können in diesem Kontext auch sämtliche Informationsgüter als Beispiel angeführt werden, deren urheberrechtliche Schutzfrist abgelaufen ist, die allerdings weiterhin technisch geschützt bleiben (vgl. David (2004), S. 32).

163 Der Bereich der Datenbanken wird gesondert durch die EU-Datenbankrichtlinie reguliert. Die dort relevanten ökonomischen Anreizmechanismen lassen sich jedoch teilweise auf das Gebiet weiterer Informationen/Informationsgüter übertragen, für die die beschriebenen technischen Schutzmechanismen Anwendung finden. Vgl. zur ökonomischen Analyse der EU-Datenbankrichtlinie z.B. Koboldt (1997).

Anwendungen, die im Einklang mit den urheberrechtlichen Prinzipien stehen, aber dennoch von der Richtlinienregelung negativ betroffen sein könnten. Dies gilt für technische Anwendungen, die gleichzeitig illegale als auch legale Nutzungen ermöglichen. Aus der Sicht eines Rechteinhabers bewirken erstere eine Verringerung des Wertes urheberrechtlich geschützter Güter, letzteren kommt diesbezüglich entweder kein Einfluss zu oder sie können den Wert steigern (vgl. Klein/Lerner/Murphy (2002), S. 208). Maßnahmen, die die Intention verfolgen, Anreiz schädigende Handlungen zu verhindern, bergen jedoch oftmals die Gefahr in sich, gleichzeitig auch legale Nutzungen zu verhindern und damit Handlungsrechte der Nutzer zu beschneiden. Der Ausschluss jeglicher Nutzungen verursacht in diesem Zusammenhang negative Rückwirkungen auch auf solche Technologien, die legale Verhaltensweisen unterstützen.

Als Beispiel für die geschilderte Entwicklung ließe sich die Musikbranche anführen (vgl. Klein/Lerner/Murphy (2002), S. 208). So bietet ein MP3-Player zum einen die legale Gelegenheit, originale Audio-CDs in Dateiformat zu speichern und mobil zu nutzen, was tendenziell deren Wert steigert. Hiervon kann der Urheber über höhere Preise profitieren. Zum anderen steigt jedoch der Anreiz, auch Musikdateien aus illegalen Tauschbörsen zu nutzen, wodurch der Wert der Informationsgüter aus Sicht des Rechteinhabers abnimmt. Eine Verwendung und der rechtliche Schutz von Kopierschutzmaßnahmen, mit denen illegales Verhalten („Tauschbörsennutzung“) verhindert werden soll, könnten dann auch die private „Umwandlung“ von CDs in MP3-Dateien für legale Zwecke technisch unmöglich machen und vermögen darüber zur Beeinträchtigung technologischer Innovationen beizutragen. Die Etablierung neuer, alternativer Techniken wird verhindert oder verzögert, womit auf einen zukünftig potenziell effizienteren Ressourceneinsatz verzichtet wird (z.B. könnten Kosten bei der Produktion und Distribution aber auch einer zukünftigen Entsorgung des Trägermediums CD entfallen). Das Potenzial der Neuerungen sollte hingegen im Idealfall über Markt- und Wettbewerbsmechanismen bestimmt werden. Als langfristig Effizienz steigernd würde es sich zudem auswirken, wenn finanzielle Ressourcen, statt in die Produktion von Kopierschutzmechanismen und deren rechtlichen Schutz, in die Entwicklung von Technologien flössen, mit denen illegale und legale Handlungen besser zu differenzieren wären. Dies gilt insbesondere dann, sofern sich die Rechteinhaber die Wertsteigerung ihrer Informationsgüter über Preissetzungen (teilweise) aneignen können, die mit den vermehrten Nutzungsmöglichkeiten einhergehen (vgl. Klein/Lerner/Murphy (2002), S. 206 ff.).

Des Weiteren sind Folgen zu berücksichtigen, die direkt mit dem Rechtsschutz gegen Umgehungstechnologien in Verbindung stehen. Um die Umgehung technischen Schutzes zu unterbinden, sieht der Art. 6 Abs. 2 RL 2001/29/EG ein

Verbot von hierzu bestimmten Hilfsmitteln und Verfahren vor. In diesem Zusammenhang ist es jedoch denkbar, dass Technologien existieren oder zukünftig entwickelt werden, die sich sowohl zur Umgehung technischer Schutzverfahren als auch zu anderen, legalen Anwendungen eignen (vgl. Koelman (2001), S. 1). Der Richtlinientext geht zwar auf diese Möglichkeit indirekt ein, indem Rechtsschutz gegen solche Verfahren vorgesehen ist, die hauptsächlich der Umgehung dienen und ansonsten nur einen begrenzten wirtschaftlichen Zweck verfolgen, allerdings dürfte eine praktikable Abgrenzung im Zweifelsfall – insbesondere in dynamischer Perspektive – nicht unproblematisch sein. Für die Entwicklung innovativer Technologien, die zukünftig auch für Umgehungshandlungen verwandt werden könnten, stellen die Unsicherheit bezüglich der Legalität und denkbare Haftungsansprüche jedoch ein Hemmnis dar. Bestimmte technische Entwicklungen, deren zukünftiges (legales) Potenzial noch unbekannt sein mag, würden somit be- oder verhindert (vgl. Branstetter Cohen (2003), S. 979).[164]

Ähnlich gelagert stellt sich der Aspekt der Inanspruchnahme urheberrechtlicher Schrankenregelungen dar, die aufgrund freiwilliger Maßnahmen der Rechteinhaber ermöglicht werden soll (vgl. Art. 6 Abs. 4 RL 2001/29/EG). Würde eine Umgehung in bestimmten Fällen für bestimmte Berechtigte vorgesehen, so bedürfte es der entsprechenden technischen Hilfsmittel, die dann allerdings auch prinzipiell in illegaler Verwendung zur Anwendung kommen könnten. Eine an sich gleiche Nutzungsweise hätte dann sowohl legalen als auch illegalen Charakter, was von dem technischen Hilfsmittel jedoch nicht zu unterscheiden wäre. Folglich wäre im Endeffekt also entweder die Regelung zum Umgehungsverbot wirkungslos – falls Umgehungstechniken zum Zweck der Nutzung der Schranken verfügbar wären – was die illegale Kopiertätigkeit annahmegemäß steigert. Oder es müsste in bestimmten Fällen auf die Inanspruchnahme der Handlungsrechte, die aus den Schrankenregelungen resultieren, verzichtet werden. Da letztere zur Effizienz steigernden Allokation beitragen können, ziehen beide Entwicklungen Effizienzverluste nach sich. Deren Quantität ist jedoch kaum zu bestimmen, sodass auch pauschale politische Handlungsempfehlungen eher subjektiver Art sein werden (vgl. hierzu Koelman (2001), S. 1 f.).

Schließlich sind negative Effekte eines Umgehungsschutzes hinsichtlich wissenschaftlicher Forschung und Entwicklung auf dem Gebiet technischer Schutz-

164 Aktuell sind insbesondere die Hersteller von Kopierprogrammen negativ von der Rechtsausgestaltung betroffen. Deren Programme ermöglichen neben Kopien von nicht geschützten auch solche von kopiergeschützten Programmen. Obwohl auch zukünftig die Privatkopie nicht als illegal gilt, werden doch Produktion und Vertrieb von Hilfsmitteln hierzu unterbunden. Betroffene Produzenten sehen vor dem Hintergrund, dass etwa 90 % aktueller DVDs und CDs kopiergeschützt sind, ihre Entwicklungsinvestitionen, Nutzungsrechte und Produkte als wertlos geworden an (vgl. Uhl (2003)).

maßnahmen nicht auszuschließen. Diese vollziehen sich in hohem Maße über Experimentieren und Testen von verfügbaren Schutzsystemen, was auch die Umgehung beinhaltet (vgl. Committee on Intellectual Property Rights (2000), S. 311 ff.). Dies geschieht allerdings nicht mit dem Ziel der Urheberrechtsverletzung. Zwar sind Umgehungshandlungen zum Zweck von Forschung und Entwicklung als Ausnahmeregelung vorgesehen (vgl. RL 2001/29/EG, Erwägungsgrund 48). Im Rahmen von wissenschaftlichen Publikationen oder Diskussionen von Ergebnissen und Verbesserungsvorschlägen in der Öffentlichkeit (z.B. auch im Internet) bezüglich existierender Systeme, stellt sich jedoch die Frage, ob diese Handlungen nicht unter das Verbot der Zugänglichmachung von Umgehungshilfsmitteln fallen, insbesondere wenn Details der Schwachstellen angewandter Systeme behandelt werden (vgl. Grassmuck (2001), S. 7).[165]

Forschung und Entwicklung als ein Element wirtschaftlicher Dynamik wären damit in diesem Bereich gehemmt oder unterlägen zumindest Unsicherheiten, wovon auch langfristig die Rechteinhaber als Anwender der Systeme negativ betroffen wären. Ob die Anwender durch ein Verbot solcher Publikationen und Diskussionen vor Anreiz mindernden wirtschaftlichen Verlusten bewahrt werden, lässt sich zumindest bezweifeln. Nicht verlässliche Schutzsysteme könnten trotz der Existenz eines rechtlichen Umgehungsschutzes die Anreize zur Verwertung von Informationsgütern z.B. über Datennetze verringern. Deshalb kann eine Verbesserung dieser Schutzsysteme sinnvoll sein, obwohl deren Umgehung prinzipiell untersagt ist.

c) Preistheoretische Betrachtung

Im folgenden Abschnitt soll die Wirkung der Institution des Umgehungsschutzes auf die preisliche Entwicklung der jeweiligen Informationsgüter untersucht werden.[166] Die Differenz zwischen Marktpreis, den der effektive Urheberrechts-

---

165 Exemplarisch sei hier auf Fälle aus den USA verwiesen. Der DMCA sieht wie die EU-Richtlinie das Verbot der Umgehung und Veröffentlichung/Verbreitung von Umgehungshilfsmitteln vor. Im Rahmen eines von der Musikindustrie ausgeschriebenen Wettbewerbs zur Umgehung unterschiedlicher Schutzsysteme zum Zwecke der Überprüfung von deren Praxistauglichkeit verfassten Wissenschaftler ein Paper für eine Fachkonferenz. Auf Drängen und Androhung rechtlicher Schritte seitens der Musikindustrie wurde die Veröffentlichung des Papers dann jedoch verhindert. Vgl. hierzu ausführlicher z.B. Samuelson/Scotchmer (2001), S. 53 f. Ähnlich gelagerte Probleme sind prinzipiell auch in Anbetracht der Ausgestaltung der EU-Richtlinie und der deutschen Umsetzung denkbar.

166 Dieser Aspekt ist in der aktuellen Literatur nur am Rande berücksichtigt worden. Zudem existieren gegensätzliche Erwartungen. So gehen z.B. ELKIN-KOREN/SALZBERGER (1999, S. 575) von sinkenden Preisen durch den Einsatz des Kopierschutzes aus. Dies wird damit begründet, dass die Preise dann nicht mehr die Kosten der Rechtedurchset-

schutz ermöglicht, und Grenzkosten beeinflusst den Umfang des anfallenden statischen Wohlfahrtsverlustes. In dem Falle, in dem dieser Wohlfahrtsverlust nicht durch die dynamischen Effizienzgewinne aus den Anreizeffekten kompensiert wird, entstehen gesamtwirtschaftliche Wohlfahrtsverluste. Damit kommt den durch die Rechtsausgestaltung induzierten Preiswirkungen eine wesentliche Bedeutung zu. Am Beispiel der US-amerikanischen Musikindustrie schätzt beispielsweise ROMER (2002, S. 214 f.) für das Jahr 2000 einen statischen Wohlfahrtsverlust aufgrund der Diskrepanz zwischen monopolistischem Marktpreis und Grenzkosten, der mit dem Gesamtumsatz der Musikindustrie vergleichbar sei.[167]

Die folgende Darstellung unterstellt annahmegemäß, dass aufgrund des Urheberrechts ein (temporäres) Monopolrecht entsteht und sich der Rechteinhaber somit als rational handelnder, Gewinn maximierender Monopolist verhält. Potenzielle Kopisten, die durch die Umgehung technischer Schutzmaßnahmen die Informationsgüter illegal nutzen und/oder weiterverbreiten, werden als potenzielle „Wettbewerber" betrachtet, da die Kopien als perfekte Substitute gelten sollen. Die Kostenfunktion, die für diese Konkurrenten gilt, wird dabei u.a. von den Kosten bestimmt, die bei der Herstellung der Kopien anfallen. Bei der Ermittlung des (langfristigen) gewinnmaximalen Preises des Monopolisten werden nun neben den Nachfragebedingungen und den eigenen Kostenverläufen auch die (potenziellen) Wettbewerber berücksichtigt. Somit kann zur Preisbestimmung die Theorie des Limit- Pricing angewandt werden.[168]

Vor diesem Hintergrund ist der monopolistische Anbieter bestrebt, seine Marktposition zu verteidigen und versucht über die strategische Preissetzung ein Konkurrenzangebot zu unterbinden. Der kurzfristig gewinnmaximale Cournot-Preis (p^M), der oberhalb der minimalen durchschnittlichen totalen Kosten der Wettbewerber (DTK_{min}^W) angenommen wird, hätte Marktzutritte der Konkurrenten zur Folge, was sich in dem hier beschriebenen Beispiel in einer Zunahme der Kopiertätigkeit ausdrückt. Die hierfür anfallenden Kosten lägen unterhalb des Preises für den Erwerb eines Originals. Um dies zu unterbinden, muss der Limit-

---

zung sowie die erwarteten Verluste der Anbieter infolge fehlender Rechtedurchsetzung decken müssten und deshalb sänken. Dagegen unterstellen SAMUELSON/SCOTCHMER (2002, S. 1640) steigende Preise, und zwar aufgrund des geringeren Wettbewerbsdrucks durch „Konkurrenzangebote" von Kopisten.

167 Diese eher grobe Schätzung beruht auf einem Vergleich zwischen grenzkostenlosen downloads von Musikdateien aus dem Internet und zu Marktpreisen angebotener Tonträger.

168 Siehe für eine ausführliche theoretische Darstellung des Konzepts des Limit-Pricing z.B. Scherer/Ross (1990), S. 353 ff.; Pepall/Richards/Norman (2002), 286 ff. Im Folgenden wird ein Modell des potenziellen Zutritts kleiner Wettbewerber unterstellt.

Preis (p^L) so gewählt werden, dass es potenziellen Wettbewerbern gerade nicht gelingt, ein Angebot bereitzustellen, mit dem sie ihre DTK_{min}^W zu decken in der Lage sind, sodass der Marktzutritt von vornherein unterbleibt (vgl. Scherer/Ross (1990), S. 356 ff.). Gewinne für den etablierten Anbieter sind dann möglich, sofern dessen durchschnittlichen totalen Kosten (DTK^A) bei der angebotenen Menge unterhalb des Limit-Preises liegen. Der Gewinn ist allerdings kleiner als im klassischen Monopolfall, der monopolistische Anbieter wird gehindert, den Cournot-Preis zu realisieren. Die Abbildung 2 verdeutlicht die Erläuterung.

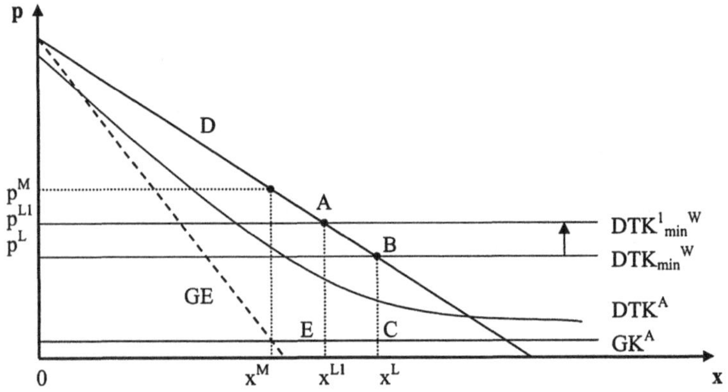

Abb. 2: Limit-Pricing bei Rechtsschutz vor Umgehung technischer Schutzmaßnahmen

Quelle: Eigene Darstellung, in Anlehnung an Scherer/Ross (1990), S. 358

p	Preis pro Werkausgabe des Informationsgutes
p^M	Monopolpreis
p^L/p^{L1}	Limit-Preis ohne/mit rechtlichem Schutz vor der Umgehung technischer Maßnahmen
x	Menge der Werkausgaben des Informationsgutes
x^M	Menge der abgesetzten Werkausgaben zum Monopolpreis
x^L/x^{L1}	Menge der abgesetzten Werkausgaben zum Limit-Preis ohne/mit Umgehungsschutz
D	Nachfrage
GE	Grenzerlöse
GK^A	Grenzkosten der Herstellung von Werkausgaben des Informationsgutes
DTK^A	Durchschnittliche totale Kosten des Originalanbieters
DTK_{min}^W/ $DTK^1{}_{min}^W$	Minimum der durchschnittlichen totalen Kosten eines Wettbewerbers (Kopisten) ohne/mit Umgehungsschutz

Im Kontext der Bestimmung des Limit-Preises stellt damit die Kostenstruktur potenzieller Konkurrenten (Kopisten) eine kritische Größe dar. Diese Kosten beinhalten neben den direkten Kopierkosten, die im Zuge der Anfertigung der Kopie anfallen sowie den erwarteten Strafkosten im Falle der Entdeckung, diejenigen Kosten, die für die Umgehung angewandter technischer Schutzmaßnahmen anfallen. Ein rational handelndes Individuum wird damit den Kauf eines Originalproduktes durch eine (selbsterstellte oder von Dritten bezogene) Kopie substituieren, wenn die Kopierkosten, inklusive der Umgehungskosten, geringer sind als der Kaufpreis des Originals.[169] Der rechtliche Umgehungsschutz der Richtlinie bewirkt, wie bereits geschildert, eine Steigerung der Kopierkosten. Diese resultieren beispielsweise aus der angestrebten Nichtverfügbarkeit der Umgehungshilfsmittel als auch aus zu befürchtenden Strafen im Falle der Aufdeckung illegaler Handlungen. Diese Wirkung entspricht der rechtlichen Intention. Der Umfang der Kopiertätigkeit soll zugunsten von Käufen originaler Produkte eingeschränkt werden.

Unter Berücksichtigung der obigen Ausführungen zum Limit-Pricing bedeutet die Kostensteigerung potenzieller Wettbewerber eine Verlagerung der DTK_{min}^{W} noch oben ($DTK^{1}_{min}{}^{W}$). Daraus resultiert dann aber gleichzeitig, dass der etablierte Anbieter in die Lage versetzt wird, seinen Marktzutritt verhindernden Limit-Preis nach oben, in Richtung des Cournot-Preises anzuheben, ohne mit Absatzeinbußen wegen zunehmender Kopieranreize rechnen zu müssen. Im Gegensatz zu der teilweise vertretenen Ansicht, der Einsatz wirksamer technischer Schutzverfahren führe zu Preissenkungen der betroffen Güter,[170] stellten sich bei Gültigkeit der hier dargelegten Annahmen tendenziell Preissteigerungen ein.[171] Die Anbieter bekämen die Möglichkeit zur Ausweitung der Profite, gleichzeitig ist jedoch mit einer Zunahme des statischen Wohlfahrtsverlustes zu rechnen. Dieser wird in der Graphik durch das Trapez ABCE verdeutlicht.

Trotz der Notwendigkeit der Anreizgenerierung, die eine ausreichende Entlohnung der Urheber voraussetzt, zu der ein Umgehungsverbot beitragen kann, bedarf es der Beachtung möglicher negativer Konsequenzen steigender Preise der Informationsgüter. Der damit einhergehende statische Effizienzverlust wurde

169 Inwiefern moralische Bedenken und soziale Normen einer illegalen Kopiertätigkeit im Wege stehen und das Kopieren trotz geringer direkter Kosten somit unterbleibt, ist eine Frage, der hier nicht weiter nachgegangen wird. Es wäre jedoch denkbar, diese Aspekte als indirekte Kosten zu interpretieren, sodass die Kopierkosten den Preis des Originals damit überstiegen. Problematisch hierbei erscheint allerdings eine genaue Quantifizierung dieser Kostenbestandteile.

170 Vgl. hierzu Elkin-Koren/Salzberger (1999), S. 575 sowie Fn. 166

171 Es sei hier davon ausgegangen, dass die Preiselastizitäten der Nachfrager nicht wesentlich differieren.

oben im Rahmen der monopolistischen Preissetzung thematisiert. Sofern die betrachteten Informationsgüter Inputcharakter aufweisen, sind jedoch auch negative Wirkungen hinsichtlich des Anreizes zur Herstellung neuer Produkte nicht auszuschließen, die auf diese Inputs angewiesen sind, bzw. es bestünde auch bei diesen neuen Produkten eine Tendenz zu Preissteigerungen, sofern die gestiegenen Produktionskosten in den Preisen weitergegeben werden.[172] In Anbetracht des Problems einer Quantifizierung der gegenläufigen Effizienzwirkungen lässt sich die Frage stellen, ob es aus einer gesamtgesellschaftlichen Perspektive nicht vorteilhafter wäre, ein größeres Maß an Produktionsanreizen mindernden illegalen Umgehungshandlungen zuzulassen, und eine weniger restriktive Auslegung zu verfolgen.[173] Hinsichtlich einer Gesamtbeurteilung bleibt somit zu berücksichtigen, dass ein wirksamer Umgehungsschutz nicht nur die Zahl der Kopien vermindert und darüber die Gewinne der Rechteinhaber steigern kann, sondern dass gleichfalls Preiseffekte zu berücksichtigen sind. Diese betreffen auch diejenigen legalen Nutzer, die bei fehlendem Umgehungsschutz nicht als Kopisten tätig waren.

Bei der Verfolgung der Limit-Preis-Strategie kommt der Glaubwürdigkeit des etablierten Anbieters eine erhebliche Bedeutung zu.[174] Denn sollte z.B. aufgrund produktionstechnischer Beschränkungen eine Marktzutritt verhindernde Limit-Preis-Mengenkombination nicht realisierbar sein, weil die entsprechende nachgefragte Menge gar nicht kostendeckend hergestellt werden kann, sind Markteintritte nicht zu verhindern. Dies schränkt das Drohpotenzial Etablierter ein und relativiert damit negative Folgen der Marktzutrittsbeschränkung. Die Betrachtung der geschilderten Eigenschaften von Informationsgütern macht in diesem Kontext jedoch deutlich, dass relativierende Faktoren der geschilderten Art hier weitgehend irrelevant sein dürften, was hauptsächlich aus den geringen Grenzkosten resultiert. Variationen der Ausbringungsmenge verursachen relativ geringe Kosten und sind flexibel vorzunehmen, womit die Zutritt beschränkende Wirkung aufrechterhalten bleibt.

Neben den dargelegten Preis erhöhenden Effekten wegen der Steigerung der Kopierkosten sind gleichzeitig Effekte zu berücksichtigen, die einem Preisan-

172 In welchem Ausmaß eine solche Preisüberwälzung gelingen kann ist abhängig von den jeweiligen Preiselastizitäten der Nachfrage. Damit bleibt eine pauschale Schlussfolgerung hinsichtlich der Produktionsanreize neuer Güter zwar unbestimmt. Da jedoch eine allgemein unelastische Nachfrage nicht unterstellt werden kann, verbleibt ein Teil der gestiegenen Kosten beim Produzenten und verringert c.p. dessen Anreize.

173 Zu einem ähnlich gearteten Vorschlag vgl. Samuelson/Scotchmer (2002), S. 1630 ff.

174 Der etablierte Anbieter muss nicht unbedingt permanent den Limit-Preis setzen, sondern glaubhaft drohen, ihn dann setzten zu können, wenn ein Marktzutritt erfolgen sollte. Siehe zu den theoretischen Grundlagen hierzu Scherer/Ross (1990), S. 358 ff.

stieg entgegenwirken mögen und eher indirekt aus den technischen Schutzverfahren resultieren. Annahmegemäß bedingt der Rechtsschutz letzterer eine Stärkung der Position der Urheber, was Anreize generiert und c.p. zur vermehrten Produktion von Informationsgütern führt. Da allerdings das Budget der Nutzer sowohl in zeitlicher als auch in finanzieller Hinsicht Beschränkungen unterliegt, konkurrieren die zahlenmäßig steigenden Produkte um das konstante Budget der Nachfrager, wodurch zunehmend (intermediale) Substitutionsbeziehungen entstehen, welche tendenziell Preissteigerungspotenziale mindern.

3.4 Fazit

Den Gegenstand der vorangegangenen Analyse bildete die Richtlinie 2001/29/EG zur „Harmonisierung bestimmter Aspekte des Urheberrechts und der verwandten Schutzrechte in der Informationsgesellschaft" sowie deren Umsetzung in deutsches Recht, womit das Urheberrecht den Anforderungen an die informationstechnologischen Entwicklungen angepasst werden soll. Dabei stand zum einen die Frage nach der Eignung der Ausgestaltung zur Lösung der in erster Linie technologieinduzierten urheberrechtlichen Probleme im Mittelpunkt. Zum anderen wurden Wirkungen betrachtet, mit denen im Verlauf der Implementierung der Richtlinie aus ökonomischer Perspektive zu rechnen ist.

Die zentralen Zielsetzungen der Richtlinie bestehen in der EU-weiten Harmonisierung des urheberrechtlichen Ordnungsrahmens sowie in dessen Anpassung an die technologische Entwicklung. Hierdurch sollen der europäische Binnenmarkt gefördert und der freie Handel und unbeschränkte Wettbewerb ermöglicht werden. Insgesamt lässt die Zielsetzung eine zunehmend an ökonomischen Zielen orientierte Ausgestaltung des Urheberrechts erkennen.

Als kritikwürdig erweist sich jedoch, dass infolge einer Harmonisierung – die zwar die Rechtssicherheit steigern und nichttarifäre Handelshemmnisse verringern kann – weder auf nationale Differenzen des wirtschaftlichen Entwicklungsstandes noch auf unterschiedliche nationale Präferenzen Rücksicht genommen wird, was allokativ ineffizient wirken kann. Auf die Potenziale eines Systemwettbewerbs, vergleichsweise flexibel auf neue Situationen reagieren zu können und neue, effiziente institutionelle Arrangements zu „entdecken" würde verzichtet. Auch die pauschale Unterstellung des positiven Zusammenhangs von hohem Schutzniveau und hoher Produktionsintensität von Informationsgütern bzw. intensivem Ausbau der Netzinfrastruktur bieten Anlass zur Kritik. In Abhängigkeit bestimmter Voraussetzungen, die im vorigen Kapitel analysierte wurden (z.B. Netzwerkeffekte, „indirect appripriability"), besteht in bestimmten Fällen die Möglichkeit, dass sowohl die Rechteinhaber als auch die Nutzer von einem geringen Schutzniveau profitieren können, womit positive Wohlfahrtseffekte einhergehen. Eine an ökonomischen Effizienzkriterien orientierte Ausgestaltung bedarf der Berücksichtigung der Wohlfahrtseffekte des trade-offs zwischen Anreiz und Nutzung, statt der pauschalen Forderung eines hohen Schutzniveaus.

Die wesentlichen Aspekte der Richtlinie bestehen im Vervielfältigungsrecht, dem Recht der öffentlichen Wiedergabe sowie dem rechtlichen Schutz vor der Umgehung technischer Systeme, mit denen sich der Zugang zu und die Nutzung von Informationsgütern kontrollieren lassen.

Bezüglich des Vervielfältigungsrechts sind insbesondere die Ausnahmeregelungen ökonomisch relevant. Diese entsprechen allerdings vielfach nicht den ökonomischen Anforderungen an ein effizientes Urheberrecht und können Anreiz mindernd wirken. Dies zeigte sich z.B. dadurch, dass z.T. gerade die Schrankenbegünstigten einen bedeutenden Anteil der Nachfrage ausmachen würden (z.B. Bibliotheken). Damit geht eine nicht unerhebliche Substitution des Einnahmenpotenzials der Rechteinhabe einher.

Auch die Differenzierung bezüglich der Ausnahmeregelung zum Kopienversand zugunsten nichtkommerzieller Einrichtungen (z.B. Bibliotheken) ist ökonomisch nicht zu rechtfertigen. Dadurch entstehen kommerziellen Anbietern solcher Dienstleistungen, die ihrerseits Lizenzen von den Rechteinhabern zu erwerben hätten, sachlich nicht zu rechtfertigende Wettbewerbsnachteile. Innovative Geschäftsmodelle und damit die von der Richtlinie angestrebte Förderung und Nutzung der Informationstechnologie würden unterbleiben. Zudem ist es aus anreiztheoretischer Perspektive nicht relevant, ob eine Nutzung durch Dritte kommerziell erfolgt, sondern ob eine Substitution des Einnahmenpotenzials stattfindet. Deshalb sollte in erster Linie der Substitutionscharakter das Kriterium der Ausnahmeregelung sein.

Auch zur Beurteilung der Regelungen zur öffentlichen Widergabe in Form der online-Nutzung von Informationsgütern spielt die Substitutionswirkung auf die originäre Verwertung durch den Rechteinhaber eine wesentliche Rolle. Ausnahmeregelungen der öffentlichen Zugänglichmachung bestehen z.B. zugunsten von Unterricht und Forschung. Auch hier ist die Richtlinienregelung dahingehend zu kritisieren, dass von den Schranken gerade diejenigen in hohem Maße profitieren, die als wesentliche Nachfrager der genutzten Inhalte gelten können. Zudem werden die Informationsgüter, die von den Ausnahmen betroffen sind, also z.B. einzelne Aufsätze, auch von den Rechteinhabern selbst online angeboten, sodass Lizenzierungen auf individueller, vertraglicher Basis möglich sind. Die Ausnahmeregelung konterkariert somit dieses mögliche Verwertungspotenzial und verzerrt die marktliche Allokation. Zudem verliert hier ein wesentlicher

Rechtfertigungsgrund der Schrankenregelung an Bedeutung – nämlich hohe Transaktionskosten, die individuelle Lizenzverhandlungen und marktliche Austauschbeziehungen verhindern können.

Ein zentraler Gegenstand der Urheberrechtausgestaltung besteht in dem Schutz vor einer Umgehung von technischen Maßnahmen, die eingesetzt werden, um Informationsgüter vor einem nicht autorisierten Zugang bzw. Nutzungsverhalten zu schützen (z.B. Verschlüsselung, Kopierschutz). Diese Maßnahmen erlauben damit die Anwendung des Ausschlussprinzips, dessen Nichtdurchsetzung eine Ursache für Marktversagen und Unterinvestition und -produktion sein kann. Die Technologien erlauben zudem die Möglichkeit zur individuellen vertraglichen Interaktion hinsichtlich der Lizenzierung bestimmter Nutzungsformen zu geringen Transaktionskosten. Marktliche Austauschbeziehungen könnten so zunehmend urheberrechtliche Regelungen ersetzen und Einnahmen und Anreize für die Rechteinhaber erzeugen. Dennoch bleibt die Eigenschaft der Nichtrivalität der Informationsgüter relevant, womit sich bei einem Ausschluss potenzieller Nutzer gegebenenfalls das Problem der Unternutzung stellt. Allerdings bieten gerade Informationsgüter in Verbindung mit technischen Schutz- und Abrechnungsverfahren die Gelegenheit zur individualisierten Produkt- und Preisdifferenzierung. Dies ermöglicht zumindest eine Minderung potenzieller Wohlfahrtsverluste durch die Unternutzung bei monopolistischen Preisen.

Der rechtliche Umgehungsschutz technischer Maßnahmen – sowohl hinsichtlich der Umgehung selbst als auch bezüglich Produktion und Vertrieb von Umgehungshilfsmitteln – bietet die Möglichkeit zur Effizienzsteigerung. So lassen sich zum einen Ressourcen verschwendende „Wettläufe" zwischen immer neuen Schutzmaßnahmen und entsprechenden Gegenmaßnahmen zu deren Umgehung vermeiden. Zum anderen bieten technische Maßnahmen, verglichen mit dem Urheberrecht, einen ex ante-Schutz, der potenzielle Rechtsverletzungen von vornherein unterbindet, statt auf die kostenintensive spätere Rechtsdurchsetzung zu vertrauen.

Mit der durch technische Verfahren erzeugten Kontrolle über Zugang und Nutzung der Informationen/Informationsgüter durch die Rechteinhaber stellen sich allerdings zunehmend Fragen mit Blick auf eine effiziente Informationsnutzung sowie auf weitere problematische Wirkungen der Rechtsausgestaltung. Diese zeigten sich beispielsweise in dem Einfluss der Rechteinhaber auf den Wettbewerb über das Maß hinaus, das urheberrechtlich gerechtfertigt ist, um Anreize zu erzeugen und Schutz vor Kopisten und Imitatoren zu gewähren. Damit ließe sich die Rechtsausgestaltung zur horizontalen und vertikalen Marktabschottung durch die Rechteinhaber missbrauchen und es könnte die Entwicklung bestimmter Technologien verhindert werden, was der Zielsetzung der Richtlinie widerspräche.

Ferner zeigte sich, dass infolge des Einsatzes technischer Maßnahmen auch Handlungen und die Nutzung und Entwicklung bestimmter Technologien unterbunden werden können, die keine Urheberrechtsverletzung darstellen. Damit verursachen sie auch keine negativen Wirkungen auf die Einnahmen und die Anreize der Rechteinhaber. Folglich kommt es zu statischen Wohlfahrtsverlusten infolge der Unternutzung, ohne im Gegenzug positive dynamische Effekte zu erzeugen.

In Anbetracht der Ergebnisse lässt sich festhalten, dass der Umgehungsschutz zwar die Position der Rechteinhaber stärkt und Anreize bietet, Informationsgüter über marktliche, vertragliche Beziehungen zu verwerten. Allerdings gehen damit negative Wirkungen bezüglich der Nutzungsmöglichkeiten nichtrivaler Güter einher. Zudem lässt sich die Ausgestaltung in bestimmten Fällen zur Wettbewerbsbeschränkung instrumentalisieren, was nicht mit der Erzeugung von Innovationsanreizen zu rechtfertigen ist. Im Gegenteil können weitere Entwicklungen und Innovationen, die ihrerseits auf der Nutzung von Informationen aufbauen, erschwert werden. Eine intensivere Analyse von Urheberrecht und Wettbewerb bildet den Gegenstand der folgenden Ausführungen.

4 Wesentliche Determinanten zur Beurteilung der urheberrechtlichen Ausgestaltung unter Berücksichtigung der Interdependenzen von Urheberrecht und Wettbewerb

Die Analyse der Richtlinie beziehungsweise der deutschen Umsetzung zeigte bereits die Existenz unterschiedlicher Wettbewerbsprobleme infolge der Urheberrechtsausgestaltung. Diese Probleme sind insbesondere dann wahrscheinlich, wenn sich die Ausgestaltung zunehmend und einseitig auf den Schutz und die Anreizfunktion der Verfügungsrechte konzentriert, aber weitere Wirkungen, die mit dieser Ausgestaltung einhergehen und unter anderem den Wettbewerb auf unterschiedlichen Märkten betreffen, unberücksichtigt lässt.

Deshalb ist es für die Analyse und die Ausgestaltung des Urheberrechts notwendig, auch derartige Wirkungen zu betrachten, die nicht primär in Verbindung mit der Anreizgenerierung oder der illegalen Kopiertätigkeit zu sehen sind, sondern die sich z.B. im Zuge des Transfers von Nutzungsrechten ergeben. Auch für diese Wirkungen ist dabei die vorgenommene primäre Rechteverteilung mit ausschlaggebend. Solche Wirkungen betreffen dabei z.B. Wettbewerbs- und Allokationsprozesse auf Märkten, die in keinem oder nur in indirektem Zusammenhang mit der Produktion auf den eigentlichen urheberrechtsrelevanten Märkten für immaterielle Güter stehen.[175] Dadurch können die Rechteinhaber aufgrund ihrer exklusiven Verfügungsrechte auch solche Märkte und dortige Entwicklungen beeinflussen, auf die sich der rechtliche Urheberschutz gar nicht bezieht.

So kann z.B. durch die Verweigerung einer Lizenzierung zur Nutzung bestimmter urheberrechtlich geschützter Informationsgüter, eine bestehende Marktmacht auf einen angrenzenden Markt ausgeweitet werden, auf dem diese Güter Inputfaktoren darstellen. Hieraus resultieren Fragen hinsichtlich potenzieller Zugangsverpflichtungen zu bestimmten Informationsgütern, womit das Spannungsverhältnis zwischen Wettbewerb und Urheberrecht deutlich wird.[176] Ferner wird auch das Potenzial deutlich, Urheberrechte strategisch – z.B. als Marktzutrittsschranke – zu nutzen, um sich Vorteile zu verschaffen, die über das be-

175 RAHNASTO (2000) bezeichnet derartige Wirkungen als externe Effekte des Copyright im Gegensatz zu internen Effekten, die die Anreizwirkungen des Schutzes betreffen.

176 Ein Beispiel für diese Problematik stellt der „Magill-Fall“ dar. Hier wurden durch den EuGH unterschiedliche Fernsehveranstalter zur Lizenzierung ihrer urheberrechtlich geschützten Fernsehprogramminformationen verpflichtet, um auf dem Markt für Programmzeitschriften Wettbewerb möglich zu machen (vgl. z.B. Temple Lang (2002), S. 7 f.).

zweckte Maß des Urheberrechts hinausgehen können, die aber die Ausgestaltung des Rechts erst ermöglicht.

Solche Problemaspekte berücksichtigende Analysen sind allerdings bisher in urheberrechtlichen Untersuchungen weitgehend unbeachtet geblieben (vgl. Picker (2002a), S. 1; Rahnasto (2003), S. 2 f.). Auch die Richtlinienregelung berücksichtigt derartige Wirkungen auf den Wettbewerb auf angrenzenden Märkten nicht, sondern verschärft die Problematik eher. Vor diesem Hintergrund sollen deshalb im Folgenden derartige Probleme näher beleuchtet und deren Ursachen und Wirkungen dargestellt und analysiert werden, da auch sie die Wirkungsrichtung der IPR-Ausgestaltung beeinflussen und zusätzliche Ansatzpunkte bezüglich der Rechteausgestaltung liefern können.

Auf dieser Grundlage werden dann potenzielle Lösungsansätze analysiert, um auch diesen Wirkungen der IPR adäquat Rechnung zu tragen. Als Reaktion auf wettbewerbliche Fehlentwicklungen steht prinzipiell das wettbewerbspolitische Instrumentarium zur Verfügung, dessen Eignung für eine Anwendung bezüglich der IPR und der Besonderheiten der Informationsgüter untersucht wird. Da jedoch die IPR-Ausgestaltung derartige wettbewerbliche Fehlentwicklungen entscheidend mit beeinflusst, stellt sich die Frage nach Anpassungen innerhalb des Urheberrechts, um die Probleme von vornherein zu unterbinden.

Die hier interessierenden urheberrechtsbedingten Wettbewerbsprobleme können insbesondere dann von Bedeutung sein, wenn Rechteinhaber vertikal integriert sind und die Nutzung und damit die Lizenzierung der geschützten Informationsgüter für einen funktionsfähigen Wettbewerb auf angrenzenden Märkten notwendig sind. Dieser Fall, der in erster Linie aus dem Verhalten der Rechteinhaber resultiert, wird im folgenden Abschnitt 4.1 untersucht. Zur Illustration dient dabei aus aktuellem Anlass das Beispiel der Musikindustrie.

Ein weiterer Sachverhalt, bei dem Interdependenzen zwischen Wettbewerb und Urheberrecht zu berücksichtigen sind, leitet sich aus marktstrukturellen Entwicklungen her, die für viele Informationsgüter typisch sind. Hierbei handelt es sich um Netzwerkeffekte und die Bedeutung technischer Standards und Kompatibilitäten, die z.B. im Software-Bereich anzutreffen sind. Diese bilden den Untersuchungsgegenstand des Abschnitts 4.2.

Abschließend wird im Abschnitt 4.3 der Frage nachgegangen, wie sich die Zunahme privater Ausschlussrechte an Informationsgütern auf die Allokation von Lizenzen zur Nutzung dieser Güter auswirkt, wenn diese Güter komplementäre Inputfaktoren darstellen.

4.1 Wettbewerb, vertikale Integration und Informationsgüter – Beispiel Musikindustrie

Zunächst soll der Zusammenhang zwischen Urheberrechtsausgestaltung und daraus resultierenden potenziellen Wettbewerbsbeschränkungen infolge vertikaler Integrationen[177] bzw. vertikaler Marktabschottung im Mittelpunkt der Betrachtung stehen. Ausgehend von der in bestimmten Bereichen zu konstatierenden Stärkung der Position der Rechteinhaber klangen bereits im Zuge des geschilderten Umgehungsschutzes wettbewerbsrelevante Fragestellungen an. Hier wird auf das Beispiel der Musikindustrie in Verbindung mit der technischen Möglichkeit der online-Distribution zurückgegriffen, die als zukunftsträchtiges, innovatives Geschäftsmodell gesehen werden kann. Die Richtlinienregelungen sollen zwar zur Förderung derartiger Nutzungsformen beitragen, berücksichtigen jedoch potenzielle Auswirkungen auf angrenzende Märkte nicht. Es werden deshalb die Problematik denkbarer Wirkungen der IPR-Gestaltung hinsichtlich der Möglichkeit zu Wettbewerbsbeschränkungen analysiert und darauf basierend Handlungsempfehlungen diskutiert.[178]

Vertikale Integrationen durch Rechteinhaber von Informationsgütern sind ferner im Fernsehmarkt denkbar, z.B. bezüglich der Inhalte- und Programmebene (vgl. Kruse (1997), S. 263 ff.). Ein weiteres Beispiel bietet die Verbindung von Märkten für die Produktion von technischen Geräten (z.B. Kopiergeräte) einerseits und für Reparatur und Service hinsichtlich dieser Geräte andererseits. Dabei

177 Sofern sich ein Unternehmen auf mehreren aufeinander folgenden Stufen der Güterproduktion oder -verteilung betätigt, ist es als vertikal integriert aufzufassen (vgl. Knieps (2001), S. 151).

178 Die dargestellte Problemstellung ist nicht ausschließlich auf die Musikindustrie und die Distributionsebene beschränkt, sondern besitzt prinzipiell für sämtliche Informationsgüter Relevanz (z.B. Filme, Datenbanken, Computersoftware und technische Schnittstellen, vgl. Committee on Intellectual Property Rights (2000), Ch. 2). Des Weiteren sei hier angenommen, dass sich prinzipiell kommerzielle online-Vertriebsformen langfristig etablieren lassen, die nicht durch die Existenz illegaler Tauschbörsen vom Markt verdrängt werden. Empirische Untersuchungen weisen in diesem Zusammenhang auf das Bestehen dieses kommerziellen Potenzials hin, sodass die Annahme nicht als realitätsfern gilt. So kommen z.B. GALLAWAY/KILLNER (2001) zu dem empirischen Ergebnis, dass eine Zahlungsbereitschaft besteht und damit auch Profite der Anbieter theoretisch denkbar erscheinen, sofern ein an den Konsumentenpräferenzen orientiertes Angebot, z.B. mit intertemporaler Preisdiskriminierung, existiert. Cheng/Png (2000) analysieren modelltheoretisch den Einfluss der Preisgestaltung auf den Anreiz zum illegalen Kopieren und kommen zu dem Resultat, dass die Anbieter hinsichtlich ihrer Preisentscheidungen Mitverantwortung für illegale Kopiertätigkeit tragen, die sich infolge niedrigerer Preise vermindern ließe, woraus positive Wohlfahrtswirkungen resultierten. Auch konnten erste online-Dienste erfolgreich implementiert werden (vgl. o.V. (18.11.2003)).

sind unabhängige Anbieter von Service- und Reparaturleistungen auf Zugang und Nutzung von urheberrechtlich geschützter Software angewiesen, die zur Steuerung der Geräte genutzt wird und die zur Fehlersuche und -behebung notwendig ist. Eine Verweigerung zur Lizenzierung, die auch eine eigene Programmierung der passenden Software verhindert, kann so den Wettbewerb auf dem Servicemarkt beschränken (vgl. Noll (2004), S. 86 ff.).

4.1.1 Negative Wirkungen der vertikalen Integration

4.1.1.1 Voraussetzungen

Die Analyse wettbewerblicher Fragestellungen unter Berücksichtigung des Einflusses urheberrechtlicher Ausgestaltungen basiert auf der Annahme, dass infolge der Zuteilung der IPR dem begünstigten Wirtschaftssubjekt eine nicht unerhebliche Markmacht auf dem relevanten Markt zukommen kann. Eine ähnliche Wirkung lässt sich unterstellen, falls einem bereits marktmächtigen Akteur exklusive Verfügungsrechte an einem bestimmten immateriellen Gut zugesprochen werden. Es ist zwar dem Urheberrecht inhärent, dass es de jure weder Marktmacht noch eine Monopolstellung verleiht, unter bestimmten Umständen kann jedoch de facto eine solche Position entstehen. Zumindest lässt sich unterstellen, dass der Inhaber exklusiver Verfügungsrechte einem unvollkommenen Wettbewerb ausgesetzt ist, wodurch er über einen autonomen (monopolistischen) Preissetzungsspielraum verfügt (vgl. Kim/Andrew (2002), S. 10 f.; vgl. zum monopolistischen Spielraum Woll (1987), S. 207 f.). Letztlich sind somit zur Beurteilung der Marktposition die Existenz potenzieller oder aktueller Substitute sowie die direkte Preiselastizität der Nachfrage relevant (vgl. Gallagher (2002), S. 91 f.).

Im Falle der hier im Fokus stehenden Musikindustrie lässt sich von einer marktmächtigen Position der fünf führenden Musikverlage (der sog. Major-Verlage) ausgehen. Insbesondere bei Berücksichtigung des „online-Vertriebsmarktes“ ist eine derartige dominante Stellung auf der Ebene der Inhalte anzunehmen. Diesbezüglich gründeten einerseits die Unternehmen AOL Time Warner, Inc., Bertelsmann AG, und EMI Group PLC den Vertriebsservice „MusicNet“ sowie Vivendi Universal SA und Sony Music den online-Service „Pressplay“, die die Verwertung der jeweiligen Kataloge im online-Bereich koordinieren sollten (vgl. Röttgers (06.08.2001)). Innerhalb dieser Joint Ventures erfolgt von den teilnehmenden Anbietern faktisch eine gegenseitige Lizenzierung der jeweiligen Inhalte, was der Wirkung nach einem Patenpool gleichkommt (vgl. Harrison (2002), S. 465)[179]. Die Möglichkeit zur Ausübung von Marktmacht der Rechteinhaber kann zudem dann unterstellt werden, wenn die Rechte kollektiv über eine unregulierte Verwertungsgesellschaft vermarktet werden, sodass potenziellen Nachfragern nur ein Anbieter entgegen steht (vgl. Gallagher (2002), S. 92).

Hinsichtlich der Betrachtung urheberrechtlicher Auswirkungen auf Wettbewerbsaspekte liegt es zunächst einmal in der Natur des Urheberrechts, den freien Wettbewerb in gewissem Maße zu beschränken, um so notwendige Investitionsanreize zur Herstellung neuer Güter zu erzeugen. Diese gesetzlich geregelten „Wettbewerbsbeschränkungen" lassen sich allerdings nur für solche Märkte und Güter rechtfertigen, die die im Kapitel 2 geschilderten Eigenschaften aufweisen und anderenfalls von einem wohlfahrtsmindernden Marktversagen betroffen wären.[180]

Die folgenden Darstellungen beziehen sich jedoch auf die aus den IPR in Verbindung mit Marktmacht resultierenden Möglichkeiten zur Übertragung/Verlagerung der Markt- bzw. Monopolmacht von Märkten für immaterielle Inhalte auf angrenzende, nachgelagerte Märkte durch wettbewerbsbeschränkendes Verhalten.[181] Ein wesentliches Charakteristikum der nachgelagerten Märkte besteht dabei darin, dass diese aufgrund ihrer ökonomischen Eigenschaften prinzipiell wettbewerblich zu organisieren wären. Infolge vertikaler Integration besteht jedoch für Unternehmen des Inhaltemarktes die Möglichkeit zur Errichtung von Marktzutrittsschranken auf nachgelagerten Märkten wie dem Distributionsmarkt, sofern der Zugang zu Inhalten des Monopolmarktes eine wesentliche Voraussetzung für Aktivitäten auf dem nachgelagerten Markt darstellt. Hieraus können Effizienzverluste resultieren. Ebenso ist jedoch das Potenzial Effizienz steigernder Wirkungen aufgrund der vertikalen Integration in Erwägung zu ziehen. Beim Vorherrschen kompetitiver Marktbedingungen stellt eine vertikale Integration hingegen keine Probleme hinsichtlich Wettbewerb und Effizienz dar. Derart integrierte Unternehmen konkurrieren mit nicht-integrierten Wettbewerbern auf den jeweiligen Märkten, sodass unter der Annahme idealer

179 Die folgende Analyse der vertikalen Integration betrifft das potenzielle Verhalten dieser Joint Ventures auf nachgelagerten Märkten. Wettbewerbsaspekte der horizontalen Ebene stehen nicht im Vordergrund. Ähnliche Joint Ventures wurden im Film-Bereich von den dort marktmächtigen Akteuren zur online-Vermarktung von „video-on-demand" gegründet. Einerseits Disney und Fox, andererseits Sony, Warner Bros., Universal, Paramount und MGM (vgl. Picker (2002a), S. 2).

180 Vgl. hierzu Kapitel 2.

181 Zusätzlich zur Beeinflussung der Ergebnisse auf nachgelagerten Märkten besteht die Möglichkeit, die infolge urheberrechtlicher Regelungen administrativ verfügte Marktposition auf dem originären Markt weiter auszudehnen.

Konkurrenzbedingungen ökonomisch effiziente Ergebnisse zu erwarten sind (vgl. Kruse (1997), S. 247).

Im hier betrachteten Zusammenhang mag die Auffassung vertreten werden, unerwünschten Entwicklungen, bei denen sowohl Urheberrecht als auch Wettbewerbsrecht involviert sind, unter Anwendung des Wettbewerbsrechts entgegenzuwirken. Sofern jedoch die urheberrechtliche Verfügungsrechtestruktur als ursächlich gilt, besteht gegebenenfalls die Möglichkeit über deren Korrektur eine unter Kosten-Nutzen-Aspekten als auch unter dem Gesichtspunkt der Effektivität bessere Lösung zu erreichen.[182]

4.1.1.2 Informationen als essential facilities

Vor der Analyse des von der IPR-Regelung beeinflussten Verhaltens und der damit einhergehenden Ergebnisse bedarf es kurz der Darstellung des nachgelagerten Marktes. Dieser lässt sich als Markt der digitalen Distribution oder online-Vertrieb (online-Service) bezeichnen und ermöglicht es, digitale Inhalte ohne materielle Träger über Netzwerke an Konsumenten zu übermitteln. Damit stellt er für die Inhalteanbieter eine zusätzliche Vertriebsform dar, die eine ähnliche Funktion erfüllt wie herkömmliche Platten- und CD-Verkaufsgeschäfte für materiell gebundene Informationen und durch die ein Beitrag zur Kostensenkung und Effizienzsteigerung des Vertriebs zu leisten ist (vgl. Harrison (2002), S. 467). Daneben bietet diese Vertriebsform jedoch auch Gelegenheiten zur Erbringung von Mehrwertdiensten, sodass sie als innovative Dienstleistung betrachtet werden kann. Infolgedessen wird die herkömmliche Form der Distribution unter Wettbewerbsdruck gesetzt und es können weitere Anreize für Innovationen – z.B. in der Form neuer Geschäftsmodelle oder besonderer, zusätzlicher Serviceleistungen sowie neuer Technologien (z.B. Übertragungstechnologie) – erzeugt werden.[183]

---

182 Hinsichtlich einer Untersuchung der Musikindustrie konstatiert z.B. HARRISON (2002), dass aus US-amerikanischer Antitrust-Perspektive eine Oligopolisierung des online-Service-Marktes kaum zu unterbinden wäre. Unabhängig von allgemeinen Fragen der Wettbewerbsintensität im Oligopol/Duopol kann im hier vorliegenden konkreten Fall ein wettbewerbsbeschränkendes koordiniertes Verhalten nicht ausgeschlossen werden, das unter Anwendung des Wettbewerbsrechts nicht zu ahnden wäre (vgl. Harrison (2002)). Auch COTTER (1999) weist in diesem Kontext darauf hin, dass zur Behebung negativer wettbewerblicher Entwicklungen, die aus einer suboptimalen Balance von Anreiz und Zugang resultieren, eine Modifikation der urheberrechtlichen Verfügungsrechte zu präferieren sei (vgl. Cotter (1999), S. 11).

183 Solche Mehrwertdienste bestehen z.B. in zusätzlichen Serviceleistungen der online-Vertriebe, die sich auf bestimmte Musikgenres spezialisieren oder es im Gegensatz zum üblichen CD-Album ermöglichen, individualisierte Alben, entsprechend unterschiedlicher Konsumentenpräferenzen, zusammenzustellen (Bundling-Strategien) oder auch nur

Als eine wesentliche Voraussetzung für die Etablierung eines kompetitiven online-Distributionsmarktes gilt, in Analogie zu anderen wettbewerblich organisierten Märkten auch, ein freier Marktzutritt und -austritt (vgl. Eucken (1952), S. 264-270). Dafür ist unter anderem wiederum ein diskriminierungsfreier Zugang zu den Inputfaktoren von Nöten, die in dem hier betrachteten Kontext u.a. die Musikdateien darstellen. Deren Nutzung für Vertriebszwecke bedarf in Abhängigkeit der IPR-Ausgestaltung der Lizenzierung durch die Rechteinhaber.

Die Kontrolle über Inputfaktoren in Verbindung mit der Verweigerung oder Beschränkung des Zugangs lässt sich nach dem Konzept von STIGLER als Marktzutrittsschranke interpretieren (vgl. Stigler (1968), S. 67 ff.). Unter Berücksichtigung der erläuterten dominanten Marktstellung der fünf führenden Musik-Verlage stellt damit der Zugang zu deren Inhalten eine kritische Größe beim Aufbau eines wettbewerblich organisierten online-Distributionsmarktes dar, insbesondere vor dem Hintergrund, dass diese Unternehmen ihrerseits im online-Vertrieb und somit als vertikal integrierte Wettbewerber auf diesem Markt auftreten können. „[W]ithout access to the music of major record labels a new online service would be at a severe competitive disadvantage.“ (Harrison (2002), S. 480). Damit liegt eine ähnliche Situation vor, wie sie z.B. im deutschen Fernseh-Markt existierte. Hier verfügte die Kirch-Gruppe über eine marktbeherrschende Position für Film- und Sportrechte, die einen bedeutenden Inputfaktor für Fernsehprogramme darstellen. Ein erfolgreicher Markteintritt von unabhängigen Fernsehveranstaltern, die keinen Zugang zu diesen Rechten hatten, war damit nahezu unmöglich (vgl. hierzu Kruse (1997), S. 256).

Im hier betrachteten Zusammenhang soll zudem im Folgenden angenommen werden, dass die Kataloge der führenden Musik-Verlage für den Aufbau und die langfristige Wettbewerbsfähigkeit eines online-Dienstes komplementäre Inputfaktoren darstellen. Aufgrund der Individualität der unterschiedlichen Musikproduktionen, lässt sich deshalb ein fehlender Zugang zu dem Katalog eines Rechteinhabers nicht durch den Katalog eines anderen „eins zu eins“ ersetzten (vgl. hierzu Harrison (2002), S. 472).[184]

---

einzelne Titel eines Albums zu kaufen. Auch bietet es Künstlern, die weder über einen Plattenvertrag noch über ausreichend finanzielle Mittel zur Eigenproduktion und Vermarktung verfügen, vergleichsweise günstige Gelegenheiten, ihre Musik zu veröffentlichen, wodurch das Angebot steigt und annahmegemäß positive Wohlfahrtwirkungen entstehen. Des Weiteren wird die technologische Begrenztheit von Übertragungskapazitäten verringert, beispielsweise beim Vergleich des terrestrischen mit dem online-Radio, welches ebenso wie „pay-per-listen-Angebote“ als innovative Distributionsform gilt (vgl. zum Aspekt der Relevanz der online-Distribution ausführlich Picker (2002a)).

184 Diese Annahme ist nicht dahingehend zu interpretieren, dass die Verlage nicht im Wettbewerb untereinander stünden. Dies gilt z.B. für den Wettbewerb um bestimmte Künstler. Für einen online-Dienst können sich jedoch Wettbewerbsnachteile ergeben, wenn

Damit wird die Abhängigkeit der Marktergebnisse auf dem nachgelagerten Markt vom Verhalten der Rechteinhaber bezüglich der Zugangsgewährung deutlich und damit auch von der IPR-Ausgestaltung, da letztere das mögliche Verhalten beeinflusst. Die Gesamtheit der Informationsgüter der jeweiligen Rechteinhaber – also hier die Kataloge der dominanten Musik-Verlage –, deren Nutzung eine Voraussetzung für ein wettbewerbsfähiges online-Angebot darstellt, wirkt wie ein wesentlicher Inputfaktor. Damit ähnelte sie einer essential facility[185] („wesentliche Einrichtung"), was auch für andere Informationsgüter möglich ist (vgl. hierzu Aoki/Small (2002), S. 1, Cotter (1999), S. 1 ff.). Analog zur materiellen essential facility (z.B. Hafenanlagen, leitungsgebundene Versorgungsinfrastruktur) bestehen auch an immateriellen Gütern Verfügungsrechte, die eine Ausschlussmöglichkeit gegenüber Dritter bieten, wobei letztere auf den Zugang zu diesen Gütern zum Zwecke der Erbringung eigener Leistungen angewiesen sind (vgl. Mailänder (1997), S. 275).

Die Frage, ob Informationen/Informationsgüter als essential facilities gelten, ist insbesondere vor dem Hintergrund denkbarer regulatorischer Eingriffe als Reaktion auf Wettbewerbshemmnisse interessant, wie sie im Rahmen der essential facilities-doctrine zur Anwendung kommen.[186] Hiernach kann in bestimmten Fäl-

---

Konkurrenten über ein umfassenderes Angebot verfügen, da sie Zugang zu allen Katalogen haben. Die Bereitstellung eines Angebots trotz fehlender Nutzungsrechte einiger Musikverlage ist zwar nicht auszuschließen. So könnten z.B. geringe Preise als Wettbewerbsstrategie genutzt werden, um trotz eines geringen Angebotes, Kunden zu gewinnen. Allerdings sind Größenvorteile durch economies of scale und Netzwerkeffekte von Konkurrenten mit einem größeren Rechterepertoire nicht zu unterschätzen. Diese Anbieter könnten ebenso geringe, wenn nicht geringere Preise für die entsprechenden Titel setzten, während für solche Titel, an denen sie exklusive Rechte halten, höhere Preise möglich wären. Ein langfristiger Wettbewerb wäre dann in Frage zu stellen. Werden zudem inkompatible Dateiformate oder Abspielgeräte verwandt, mindert dies die Wettbewerbsfähigkeit von Anbietern mit beschränktem Zugang zu den Inhalten weiter.

185 Eine Einrichtung gilt dann als wesentlich, wenn (1) der Zutritt zu einem komplementären Markt ohne Zugang zu der Einrichtung nicht realisierbar ist, (2) eine Duplizierung der Einrichtung mit angemessenem Aufwand unmöglich ist und Substitute nicht verfügbar sind (vgl. Knieps (2001), S. 102 f.).

186 Die Ansicht, ob Informationen/Informationsgüter als essential facilities, also als „wesentliche Einrichtung" aufzufassen sind, ist nicht einheitlich. Da sie jedoch zunächst einmal der Definition einer essential facility nicht widersprechen, sollen sie hier unter diesem Begriff subsumiert werden (vgl. Aoki/Small (2002), S.1 f.; Temple Lang (2000), S. 378, 388 ff.). Definitorische Probleme stellten sich dann ein, sofern Endprodukte zum Verbrauch nicht als essential facilities gelten, die Gesamtheit der Musikstücke der Rechteinhaber jedoch als Endverbrauchsgut angesehen würde. TEMPLE LANG ((2000), S. 380, 397) setzt in diesem Zusammenhang die Notwendigkeit der Erbringung eines Mehrwertdienstes voraus, womit Informationen zur bloßen Distribution und zum Wei-

len die Verpflichtung bestehen, eine wesentliche Einrichtung Dritten diskriminierungsfrei zur Verfügung zu stellen.[187] Diese Doktrin stammt ursprünglich aus dem US-amerikanischen Antitrustrecht und fand über den Artikel 82 EGV sowie über § 19 Abs. 4 Nr.4 GWB Eingang in das europäische und deutsche Wettbewerbsrecht (vgl. Schwintowski (1999), S. 842).

Bisher ist es nur in geringem Maße zur Anwendung derartiger Regelungen im Bereich von urheberrechtsrelevanten Gütern gekommen, wobei auch der Begriff der essential facility nicht explizit genutzt wurde (vgl. Temple Lang (2002), S. 7; (2000), S. 378). Zudem ist eine zweifelsfreie Beurteilung hinsichtlich der Wesentlichkeit der in Frage stehenden Einrichtig – sowohl physisch als auch immateriell – oftmals nicht möglich, wie auch das Beispiel aus dem Bereich der Musikindustrie zeigt. Ferner unterliegt eine solche Beurteilung temporären Veränderungen, wenn nämlich z.B. aufgrund technischen Fortschritts Substitutionsmöglichkeiten entstehen, aufgrund derer eine Einrichtung ihren Charakter der Wesentlichkeit verliert.

Informationsgüter, die durch IPR geschützt sind, können prinzipiell die Voraussetzungen der wesentlichen Einrichtung erfüllen. Dabei kann es sich theoretisch z.B. um ein einzelnes geschütztes Gut handeln, dessen Nutzung notwendig ist, um auf einem anderen Markt ein Angebot bereitstellen zu können. Eine exakte Kopie des geschützten Gutes wird durch das Recht unterbunden. Somit bedarf es der Beurteilung, ob die Möglichkeit zur Produktion nicht rechtsverletzender Substitute besteht. Hierbei spielt die Ausgestaltung der IPR eine Rolle, da diese u.a. die erlaubte Ähnlichkeit zu einem geschützten Gut festlegt. Ist es physisch und/oder rechtlich nicht möglich, zu vertretbaren Kosten ein Substitut herzustellen, wäre dies ein Indiz für eine wesentliche Einrichtung (vgl. Aoki/Small (2002), S. 4 f.). Im hier betrachteten Kontext würde z.B. ein einzelnes Musikstück nicht die Voraussetzung der wesentlichen Einrichtung erfüllen. Für die Gesamtheit der Musikstücke, an denen die jeweiligen dominanten Musik-Verlage exklusive Verfügungsrechte innehaben, scheint dies hingegen eher denkbar.

---

terverkauf nicht als essential facilities gelten. Es ließen sich diesbezüglich aber die Kataloge der dominanten Musikverlage bzw. die Lizenzen zu deren Nutzung als wesentliche Inputgüter auffassen und die gesamte Dienstleistung des online-Service als entsprechendes Endprodukt (vgl. Fn. 183). Hier bestehen vielfältige Möglichkeiten zur Erbringung von Mehrwertdiensten, die über die bloße Bereitstellung der Informationsgüter zum Verkauf hinausgehen, wie z.B. neue Technologien, besondere Suchfunktionen, Angebote von zusätzlichen, komplementären Informationen und Gütern, Kritiken, individualisierte Angebote u.a. (vgl. hierzu Schögel (2002), S. 524 ff.).

187 Vgl. zur essential facilities-doctrine ausführlich z.B. Knieps (2001), S. 103 ff.; Rottenbiller (2002).

Dennoch ließe sich einwenden, dass der Zugang zu den Katalogen aller dominanten Rechteinhaber nicht notwendig sei, um einen Wettbewerb auf dem Markt für die online-Distribution zu gewährleisten. Die Wesentlichkeit der Kataloge der dominanten Verlage wäre damit in Frage gestellt. Dies hätte z.B. zur Folge, dass unterschiedliche online-Dienste jeweils Teilmengen des potenziellen Gesamtrepertoires an Inhalten anbieten könnten, sofern der Zugang nicht völlig verweigert wird. Kunden müssten dann von unterschiedlichen Anbietern die unterschiedlichen Musikstücke erwerben, was allerdings die Transaktionskosten erheblich erhöhte und die Kundenakzeptanz und damit die Entwicklung des Sektors gegebenenfalls be- oder verhinderte.

So wären z.B. für die Nutzung unterschiedlicher Angebote mehrfache Abonnementgebühren zu entrichten. Es bedürfte der Kenntnis, welcher Musiker bei welchem Verlag unter Vertrag wäre und welcher online-Anbieter über welche Lizenzrechte verfügt. Ansonsten wäre eine zeitintensive Suche nach bestimmten Titeln nötig. Allerdings könnten sich diesbezüglich Informationsdienste als hilfreich erweisen. Ein weiterer Kostenaspekt ergibt sich dann, wenn die einzelnen Anbieter jeweils unterschiedliche, inkompatible Abspielgeräte (Hardware) zur Nutzung ihres Angebotes anbieten, mit denen keine Konkurrenzangebote in Anspruch zu nehmen wären.[188] Die Konsumenten müssten mehrere Abspielgeräte erwerben, wollten sie nicht nur das Angebot eines Anbieters nutzen.

Diesbezüglich ließe sich eine Analogie zur wettbewerbspolitischen Praxis herstellen. So hätte im „Magill-Fall" argumentiert werden können, eine Nutzung sämtlicher Programminformationen zur Herstellung von umfassenden Programmzeitschriften sei nicht nötig, da mehrere Zeitschriften für unterschiedliche Programme hätten erworben werden können (vgl. hierzu Forrester (2002), S. 9 ff.).

Ein weiterer Aspekt, der die Annahme der Eigenschaft der Musik-Kataloge, ähnlich einer wesentlichen Einrichtung zu wirken unterstützt, resultiert aus den bereits erwähnten eher geringen Wettbewerbspotenzialen von Anbietern, die nur über eine Teilmenge an Lizenzen verfügen, sofern diese mit Anbietern konkurrieren, die die Gesamtmenge offerieren (vgl. Fn. 184).[189] Unter der Annahme, dass die Kataloge der unterschiedlichen Verlage keine Substitute darstellen, wäre zudem die Wettbewerbsintensität zwischen den online-Diensten mit begrenztem Angebot geringer, als wenn alle potenziellen online-Anbieter die gleichen

188 Dies gilt z.B. für das Abspielgerät (iPod) der Firma Apple.

189 Hierfür kann die aktuelle Entwicklung ein Indiz liefern. So bietet die Firma Apple als erster online-Service ein Angebot, das die Lizenzrechte aller fünf großen Musikverlage beinhaltet (vgl. Crolly (2003a)) und verfügt über einen weltweiten Marktanteil an legalen downloads von über 70 % (Stand: September 2004) (vgl. Hillenbrand (2004)).

Zugriffsmöglichkeiten auf die Inputfaktoren hätten. Würde z.B. jeder der fünf führenden Musikverlage einen eigenen online-Dienst anbieten, so wäre die Wettbewerbsintensität relativ gering. Ein hoher Preis eines Anbieters, wird in der Regel nicht dazu führen, dass auf dessen Angebot verzichtet wird, wenn keine geeigneten Substitute existieren. Sofern die Musik eines oder mehrerer individuell präferierter Künstler von einem Anbieter angeboten wird, dessen Preise vergleichsweise hoch sind, wird dies in der Regel nicht dazu führen, die individuellen Präferenzen zu ändern und auf andere Anbieter auszuweichen.

Schließlich besteht die theoretische Möglichkeit für die Rechteinhaber oder auch für deren Joint Ventures, ihr Angebot überhaupt nicht bzw. nur zu diskriminierenden Bedingungen an Dritte zu lizenzieren. Hierauf wird im folgenden Abschnitt näher eingegangen.

Zuvor sei noch auf besondere Unterschiede zwischen einer essential facility im Sinne physischer Einrichtungen und immaterieller Güter verwiesen. Ein solcher resultiert z.B. aus der Ursache der jeweiligen Existenz. So sind für das Bestehen einer materiellen essential facility die physischen Gegebenheiten ausschlaggebend, die eine Duplizierung mit angemessenem Aufwand verhindern (z.B. Schieneninfrastruktur). Ein Informationsgut erfährt hingegen aufgrund der Struktur der Verfügungsrechte den Charakter einer wesentlichen Einrichtung, sodass potenzielle Nichtzahler auszuschließen sind. Die Ausübung von Marktmacht ist hinsichtlich der physischen essential facility bei der Abwesenheit rechtlicher Institutionen möglich (z.B. keine Pflicht zur Netzöffnung). Bezüglich eines Informationsgutes stellt erst das Vorhandensein dieser rechtlichen Institutionen die Voraussetzung zur Erlangung von Marktmacht dar. Ferner ist bei der Beurteilung von Informationsgütern die prinzipielle Duplizierbarkeit zu berücksichtigen, die gerade (fast) keinen physischen Beschränkungen unterliegt, sondern von der Rechtsausgestaltung abhängt. Dies verdeutlicht wiederum, dass die Möglichkeiten und die Kosten zur Vervielfältigung – im Gegensatz zur physischen essential facility – über die Gestaltung der Verfügungsrechte zu beeinflussen sind und damit auch das Ausmaß der Marktmacht und der damit einhergehenden potenziellen negativen Auswirkungen (vgl. hierzu auch Aoki/Small (2002), S. 5 f.).

Ausgehend von diesen grundlegenden Annahmen erfolgt nun eine Analyse potenziellen Marktverhaltens und davon beeinflusster Ergebnisse unter Berücksichtigung der IPR-Ausgestaltung. Dabei sollen Erkenntnisse des Prinzips der essential facility einfließen, die sich auch bei der darauf folgenden Diskussion denkbarer Lösungsansätze als dienlich erweisen.[190]

4.1.1.3 Wettbewerbsbeschränkende Nutzung der Intellectual-Property-Rights

Bei einer marktmächtigen Position im vorgelagerten (upstream) Markt für die Produktion immaterieller Inhalte bietet sich dem Anbieter die Möglichkeit, durch vertikale Integration in Verbindung mit wettbewerbsbeschränkendem Verhalten Marktzutrittsschranken zu errichten. Darüber kann die Marktmacht auf den nachgelagerten (downstream) Markt der Distribution ausgedehnt und dort der Wettbewerb beeinträchtigt oder im Extremfall gänzlich verhindert werden (vgl. Schmidt (1999), S. 139 f.). Im hier zu analysierenden Kontext stellt der Zugang zu den relevanten Inhalten als Inputfaktoren eine wesentliche Voraussetzung für einen funktionsfähigen Wettbewerb auf der downstream-Ebene dar. Damit kommt dem Lizenzierungsverhalten der Rechteinhaber eine besondere Rolle zu, wobei dieses in enger Verbindung zur geltenden Rechtsausgestaltung zu betrachten ist. In der Literatur werden unterschiedliche Strategien zur Übertragung der Marktmacht diskutiert, von denen diejenigen, die im hier untersuchten Sachverhalt als besonders relevant erscheinen, im Folgenden erläutert werden.[191]

a) Zugangsverweigerung

Eine Verhaltensstrategie zur Übertragung der Marktmacht (sog. leverage effect) besteht in einer völligen Verweigerung des Zugangs zu den Inputgütern des vorgelagerten Anbieters für aktuelle und potenzielle newcomer. Sei annahmegemäß die Substitutionselastizität hinsichtlich der Inputs kleiner (bzw. gleich) eins, entstünde infolge der Zugangsverweigerung eine nicht zu überwindende Marktzutrittschranke (vgl. Scherer/Ross (1990), S. 524). Hinsichtlich des online-Service-Marktes könnten sich die Major-Verlage auf eine Strategie der Kreuzlizenzierung ihrer jeweiligen Inputs einigen, anderen (potenziellen) online-Anbietern jedoch den Zugang verweigern, womit für diese ein Zutritt auf dem nachgelagerten Markt und eine profitable Tätigkeit erheblich erschwert, wenn nicht gänzlich unterbunden würde.

---

190 Es erfolgt hier keine vollständige Analyse sämtlicher Verhaltensstrategien aus dem Theoriebereich der vertikalen Integration und der essential facility und der damit einhergehenden wettbewerbspolitischen Probleme (siehe hierzu z.B. Rottenbiller (2002)). Vielmehr finden diejenigen theoretischen Aspekte Berücksichtigung, die im Kontext von IPR sowie der online-Technologie relevant erscheinen.

191 Vgl. zur umfangreicheren Darstellung z.B. Rottenbiller (2002) sowie die dort angegebene Literatur.

In Anbetracht der geringen Marktanteile unabhängiger Verlage (ca. 80 % der Veröffentlichungen erfolgen durch die fünf führenden Musikverlage (vgl. Silva/Ramello (2000), S. 419)) bliebe für solche online-Anbieter lediglich ein kleines Reservoir an verfügbaren Inputs, woraus eine mit den Major-Verlagen vergleichsweise schwache Wettbewerbsposition entstünde. Ob diese Wettbewerbsposition – insbesondere in Anbetracht der Konsumentenpräferenzen für populäre Musik, die fast ausschließlich von den Major-Verlagen angeboten wird,[192] – für die Etablierung eines kompetitiven online-Distributionsmarktes ausreicht, lässt sich zumindest bezweifeln, wenn es auch letztlich eine empirische Frage bleibt (vgl. Harrison (2002), S. 482).

Ferner besteht aus wettbewerbstheoretischer Sicht keine Notwendigkeit zur völligen Beherrschung des nachgelagerten Marktes durch den upstream-Monopolisten, um die Funktionsfähigkeit des Wettbewerbs anzuzweifeln. Hierfür erscheint bereits eine wesentliche Wettbewerbsbeeinträchtigung ausreichend zu sein (vgl. Schwintowski (1999), S. 850). Berücksichtigt man zudem die relevanten Kostenstrukturen, so ist auch diesbezüglich von einem nicht unerheblichen Wettbewerbsnachteil kleiner Anbieter auszugehen. Die (fixen) Kosten für Einrichtung und Betrieb eines online-Service dürften weitgehend unabhängig von der Zahl der Nutzer und der verkauften Musikdateien sein. Aufgrund der Eigenschaften der digitalen Dateien fallen jedoch mit einer steigenden Verkaufsanzahl (downloads) keine wesentlichen zusätzlichen Produktionskosten an, sodass große Anbieter mit geringeren Durchschnittskosten operieren (Fixkosten-Degression) und entsprechende Größenvorteile realisieren, die dann als Wettbewerbsvorteil wirken können (vgl. zu Kostenstrukturen und Wettbewerb Fritsch/Wein/Ewers (1999), S. 179 f.).

Unabhängig von Fragen eines denkbaren Wettbewerbs mit alternativen Inhalten bleibt allerdings zu konstatieren, dass ein verweigerter Zugang zu den Inhalten der fünf führenden Musikverlage den Wettbewerb auf der Distributionsebene mit diesen Inhalten beschränkt und als Eintrittsbarriere aufzufassen ist, sofern eine geringe Substitutionsmöglichkeit angenommen wird, wie es bei Musikstücken, aber auch bei anderen Informationen/Informationsgütern nicht unüblich ist (vgl. Harrison (2002), S. 488, Picker (2002a); Cotter (1999); Kretschmer (1999), S. 166). Theoretisch besteht ein Anreiz zu dem geschilderten Effizienz mindernden, wettbewerbsbeschränkenden Verhalten der Rechteinhaber dann, wenn die damit einhergehenden Gewinne insgesamt größer sind, als diejenigen, die sich infolge der Gewährung eines Zugangs zu entsprechenden Lizenzgebühren erzielen ließen.

192 Derzeit lässt sich z.B. der Anteil der Bevölkerung in Deutschland, der Popmusik konsumiert auf ca. 90 % beziffern (vgl. Flender (2001), S. 111).

b) Diskriminierende Preissetzung

Hinsichtlich des Verhaltens bei derartigen Lizenzierungen existiert jedoch ebenfalls die Möglichkeit zur Wettbewerbsbeschränkung und damit zur Ausweitung der Marktmacht auf den nachgelagerten Distributionsmarkt. So kann eine diskriminierende Preissetzung hinsichtlich der Lizenzgebühren zur Nutzung der Informationsgüter für aktuelle wie potenzielle Konkurrenten den gleichen Ausschlusseffekt haben wie eine völlige Verweigerung des Zugangs. In diesem Falle stellt der Rechteinhaber den Wettbewerbern höhere Zugangsentgelte in Rechnung als sich selbst bei der internen Verrechnung bzw. seinen integrierten Unternehmensteilen des downstream-Marktes. Dabei ist anzunehmen, dass die interne Verrechnung zu Grenzkostenpreisen der Nutzung erfolgt (vgl. Rottenbiller (2002), S. 62). Diese entsprächen auch den statischen Effizienzanforderungen für einen Zugang unter Wettbewerbsbedingungen. Verglichen mit der Nutzung materieller Einrichtungen (z.B. Netzinfrastrukturen) werden diese Grenzkostenpreise bezüglich der hier betrachteten Lizenzierung immaterieller Güter nahe oder gleich Null sein, da die Nutzung weder zusätzliche (Produktions-)Kosten noch Abnutzungen verursacht.

Damit steigen die Produktionskosten der Konkurrenten, wodurch ihnen ein Wettbewerbsnachteil erwachsen kann, da sie c.p. höhere Preise verlangen müssen als der integrierte Anbieter, was langfristig zu Marktaustritten und einer abnehmenden Wettbewerbsintensität führt (vgl. Temple Lang (2000), S. 396 ff.). Verfügt der monopolistische Anbieter zudem (bereits) über eine ausreichende downstream-Marktmacht, sodass seine Preissetzung für Konkurrenten relevant ist, kann er die dortigen Preise zusätzlich senken, womit diesen die Funktion einer Preisobergrenze zukommt, wodurch (potenzielle) Wettbewerber zusätzlich unter Druck geraten („price squeeze") (vgl. Temple Lang (2000), S. 396 f.). Daraus resultierende positive Effekte auf der Konsumentenebene infolge gesunkener Preise werden dann von kurzfristiger Natur sein, wenn langfristig die Übertragung der monopolistischen Stellung des Rechteinhabers vom ursprünglichen auf den nachgelagerten Markt gelingt und zusätzlich Marktzutrittsbarrieren wirken. Dann können auf dem nachgelagerten Markt Monopolpreise gefordert werden, die keine disziplinierende, potenzielle Konkurrenz hervorrufen.

Eine weitere Strategie im Rahmen des Lizenzierungsverhaltens vertikal integrierter, marktmächtiger Anbieter, der im Hinblick auf Informationsgüter und der geschilderten online-Distribution besondere Relevanz zukommen kann, betrifft den Zugang zu online-Vertriebsdiensten für unabhängige Inhalteproduzenten. Im Beispielfall der Musikindustrie würden die fünf dominanten Musik-Verlage unabhängigen Verlagen die Vermarktung deren Inhalte über die Distributionskanäle der dominanten Verlage verwehren. Dies könnte als Marktzutrittbarriere betrachtet werden, die den Wettbewerb auf der Ebene der Inhalteproduktion beschränkt. Die wesentliche Einrichtung stellten in diesem Fall nicht mehr die Informationen dar, sondern der online-Vertrieb, also der Distributionskanal. Es entstehen Rückwirkungen auf dem Markt für Inhalte, die den Wettbewerb dort beschränken, allerdings über das Ausmaß hinaus, welches durch urheberrechtliche Regeln bedingt ist.

Relativierend wirkt jedoch zweierlei. Zum einen stellt der online-Vertrieb (momentan) lediglich eine Möglichkeit zur Distribution dar, sodass andere Vertriebsformen alternativ genutzt werden können. Zum anderen ist der Aufbau weiterer online-Dienste und damit die Existenz mehrer Anbieter nebeneinander zu relativ geringen Kosten theoretisch denkbar, womit die Wesentlichkeit der Einrichtung in Frage zu stellen ist.[193] Aspekte der essential facility blieben außer Acht. Eine Zugangsverweigerung zu den online-Diensten der dominanten Verlage hätte somit keinen marktausschließenden Effekt, wie dies im Falle des Zugangs zu den Inhalten eher der Fall wäre (vgl. Harrison (2002), S. 482). Diese Form der Verhaltensstrategie steht zudem nicht in direkter Beziehung zur IPR-Ausgestaltung, sondern betrifft allgemeine wettbewerbstheoretische und -politische Fragen, weshalb sie hier nicht weiter berücksichtigt wird.[194]

---

193 Ein Beweis hierfür kann in der Existenz unterschiedlicher und relativ kurzfristig etablierter Musiktauschbörsen gesehen werden, woraus sich schließen lässt, dass dies auch für kommerzielle Dienste zu bewerkstelligen sein sollte.

194 Indirekt ist eine Verbindung zur IPR-Ausgestaltung jedoch nicht auszuschließen. Wenn auch eine Zugangsverweigerung zum online-Dienst zunächst keine urheberrechtlichen Fragen tangiert, so bleibt zu berücksichtigen, dass der Aufbau einer marktmächtigen Stellung im online-Vertrieb infolge einer Marktmachtübertragung denkbar erscheint (vgl. z.B. Harrison (2002); Music OnLine Competition Act of 2001 (2001)). Damit wäre der Ursprung dieser Marktposition größtenteils in der Verfügbarkeit der immateriellen Inputgüter zu sehen. Der Zugang zu letzteren wird jedoch durch die IPR-Ausgestaltung definiert, sodass die Problematik bei Gültigkeit einer alternativen IPR-Ausgestaltung nicht relevant wäre. Auch die Beurteilung, ob ein solcher online-Service als wesentliche Einrichtung aufzufassen ist, kann nicht abschließend vorgenommen werden. So erscheint es nicht undenkbar, dass dieser Vertriebsform zukünftig eine bedeutende Position zukommt und damit Alternativen (zumindest zu konkurrenzfähigen Kosten) sukzessive verschwinden. Ferner besteht infolge von Netzwerkeffekten und inkompatiblen Dateiformaten die Möglichkeit, dass sich lediglich der Service der Major-Labels durchsetzt, womit Aufbau und profitabler Betrieb alternativer Systeme verhindert würden. Ähnlichkeiten lassen sich hinsichtlich der Diskussion um den Aufbau des digitalen Fernsehens in der Bundesrepublik sehen. Der Distributionsinfrastruktur (u.a. Verschlüsselungs- und Abrechnungssysteme sowie Digital-Decoder) hätte die Funktion eines Bottleneck-Faktors zukommen können, die sich im Besitz der Kirch-Gruppe befunden hätte, die über eine dominante Position im vorgelagerten Inhaltemarkt verfügte. Im Ergebnis waren Marktzutrittsschranken und weitere Wettbewerbsbeschränkungen zu befürchten (vgl. ausführlich Kruse (1997), S. 262 ff.).

c) Bündelungsstrategien

Als wettbewerbsbeeinträchtigendes Verhalten, mit dessen Hilfe eine Übertragung der Marktmacht auf einen angrenzenden Markt erreicht werden kann, wird ferner die Bündelungsstrategie (auch Tying, Bundling, Kopplungsverhalten) angeführt (vgl. Schmidt (1999), S. 133). Hierbei wird der Kauf des Monopolgutes an den gleichzeitigen Erwerb eines weiteren, allerdings unterschiedlichen und an sich separat zu vertreibenden Produktes desselben Herstellers gekoppelt (vgl. Knieps (2001), S. 236). Aktuelle und potenzielle Konkurrenten auf dem Markt für das gekoppelte Produkt erfahren eine Benachteiligung bzw. sehen sich einer Marktzutrittsbarriere gegenüber, womit der Wettbewerb beschränkt wird. Hinsichtlich der Analyse der Musikindustrie erscheint die Bündelungsstrategie als Instrument zur Marktmachtübertragung weniger relevant, da die Verlage in der Regel keine Güter anbieten, die auf unterschiedlichen Märkten gehandelt werden und sich zur Kopplung eignen.

Würde allerdings eine Lizenzierung in der Form einer Pauschallizenz erfolgen, die eine „alles-oder-nichts-Entscheidung“ verlangte, käme dies einer Bündelungsstrategie nahe (sog. „block-booking“). Hierbei würden mehrere Produkte eines Monopols – also der gleichen Marktebene – gekoppelt. Mit einer derartigen Strategie wird allerdings eher eine Preisdifferenzierung und darüber die Aneignung von Konsumentenrente verfolgt als eine Marktmachtübertragung (vgl. Harrison (2002), S. 479; Knieps (2001), S. 237 ff.).[195] Wettbewerbspolitische Relevanz vor dem Hintergrund der Exklusivität immaterieller Verfügungsrechte kommt der Kopplung als Strategie zur Marktmachtübertragung jedoch im Bereich der Software zu. Im „Microsoft-Fall“ wurde diesbezüglich die Bündelung des eigenen Browsers „Internetexplorer“ sowie des „Media-Players“ auf der Betriebssystemplattform Windows unter Wettbewerbsgesichtspunkten beanstandet. Es wurde eine Verpflichtung Microsofts diskutiert, Internetbrowser konkurrierender Anbieter ebenfalls mit dem Betriebssystem vertreiben zu müssen oder eine Version des Betriebssystems anzubieten, die den „Media-Player“ nicht beinhaltet. Diese Fragen sind als Indiz für die zunehmende Relevanz der Ausgestaltung der Verfügungsrechte zu interpretieren, deren Wirkungen über die ur-

195 Die Preisdifferenzierung resultiert wie bereits geschildert daraus, dass die Käufer des Produktbündels unterschiedliche Zahlungsbereitschaften für die Bestandteile des Bündels haben, auch wenn sei letztlich das gleiche Bündel zum gleichen Preis erwerben. Die Einnahmen des Anbieters, die aus diesem Preis resultieren, sind höher als die Einnahmen, die er bei einem Verkauf der einzelnen Produkte erzielen könnte (vgl. Knieps (2001), S. 237 f.).

sprünglich im Mittelpunkt stehenden originären Märkte der Produktion immaterieller Inhalte hinausgehen.[196]

4.1.2 Effizienzsteigerndes Potenzial vertikaler Integration

Den geschilderten Wettbewerb beschränkenden, Effizienz mindernden Effekten einer vertikalen Integration stehen gegebenenfalls Potenziale zur Effizienzsteigerung gegenüber, die es zu berücksichtigen gilt. Diese resultieren hauptsächlich aus Transaktionskostenersparnissen (siehe hierzu u.a. Williamson (1990), S. 96 ff.) sowie der Vermeidung doppelter Monopolaufschläge für den Fall, dass nicht-integrierte Unternehmen auf den entsprechenden Märkten jeweils über ein gewisses Ausmaß an Marktmacht verfügen, womit sich Preise oberhalb der Grenzkosten durchsetzten ließen (siehe hierzu u.a. Knieps (2001), S. 151 ff.). Im Folgenden wird zunächst eine theoretische Darstellung der relevanten Argumentation vorgenommen, um dann im anschließenden Abschnitt deren potenzielle Bedeutung für das Beispiel der Musikindustrie zu betrachten.

4.1.2.1 Transaktionskostenersparnisse

Im Zuge unternehmerischen Handelns kommt es zu einer Vielzahl an Transaktionen, die sich auch auf unterschiedlichen vor- und nachgelagerte Marktstufen vollziehen. In der Regel gestalten sich diese Transaktionen, die als ein Austausch von Verfügungsrechten aufzufassen sind, jedoch nicht kostenfrei, sondern verursachen Transaktionskosten. Diese fallen mit der Benützung von Märkten an und lassen sich in Such- und Informationskosten, Verhandlungs- und Entscheidungskosten sowie Überwachungs- und Durchsetzungskosten untergliedern (vgl. zum Begriff der Transaktionskosten ausführlich Richter/Furubotn (1999), S. 50 ff.; Williamson (1990), S. 22 ff.).

Im Falle von Interaktionen zwischen Unternehmen ließen sich diese Transaktionskosten reduzieren, sofern der marktliche Austausch durch unternehmensinterne Transaktionen substituiert würde, weil innerhalb eines Unternehmens derartige Kosten gerade nicht oder zumindest in geringerem Maße auftreten. Die entsprechenden Transaktionen würden also nicht mehr über Märkte und auf Grundlage vertraglicher Beziehungen, sondern in vertikal integrierten Einheiten abgewickelt, wobei die Kosten der Inanspruchnahme der Märkte nicht mehr anfielen (vgl. Coase (1937), S. 386 ff.; Williamson (1971), S. 114 ff.).

---

196 Ausführlichere wettbewerbstheoretische Analysen des „Microsoft-Falles“ liefern z.B. Cotter (1999); Picker (2002b); Pepall/Richards/Norman (2002), S. 201 ff.; Stapper (2003).

Insbesondere sind die Wirkungen und Kosten infolge unvollständiger Verträge und opportunistischen Verhaltens bei Markttransaktionen relevant. Vor Abschluss eines Vertrages können aufgrund der begrenzten Rationalität der handelnden Wirtschaftssubjekte nicht sämtliche potenziell eintretenden Umweltzustände antizipiert und berücksichtigt werden. Ebenso wenig ist exakt festzustellen, ob sich die Verhandlungspartner nach Abschluss des Kontrakts tatsächlich vertragsgemäß verhalten, da nicht sämtliche beobachtbaren Ergebnisse mit dem jeweiligen Verhalten in eine eindeutige, kausale Verbindung zu bringen sind. Dies bietet jedoch den Anreiz zu Opportunismus, womit der Versuch bezeichnet werden kann, durch ex post vertragswidriges Verhalten individuelle Vorteile zu erlangen. Hieraus kann im Zweifelsfall ein gänzliches Scheitern der Transaktion und damit eine Schmälerung allokativer Effizienz resultieren (vgl. hierzu Picot (1991), S. 147). Eine Überwachung dieses Verhaltens aber auch der Ansatz, möglichst vollständige Verträge zu kreieren, verursachen hohe Aufwendungen. Im Rahmen der vertikalen Integration entfallen Probleme derartiger Vertragsbeziehungen, sodass ein Schutz vor opportunistischem Verhalten entsteht (vgl. hierzu Richter/Furubotn (1999), S. 92 ff., 178 f.).

Insbesondere bei spezialisierten Transaktionen, für die spezifische, irreversible Investitionen nötig sind, ist die Gefahr des opportunistischen Verhaltens besonders groß. Die investierende Partei ist von dem vertragsgemäßen Verhalten des Partners zunehmend abhängig, da ansonsten mit Verlusten zu rechnen wäre, weil sich die getätigten Investitionen mit zunehmender Spezifität immer weniger für eine alternative Verwendung eignen. Ein Wechsel des Vertragspartners ist nicht oder nur zu hohen Kosten denkbar. Durch vertikale Integration lässt sich dieses Risiko marktlicher Transaktionen verringern und somit der Anreiz zu derartigen, prinzipiell Effizienz erhöhenden Investitionen steigern (vgl. hierzu Williamson (1990), S. 96 ff.; Richter/Furubotn (1999), S. 184 f.; Picot (1991), S. 147 ff.).

Den geschilderten Transaktionskosten sind jedoch auch bei hierarchischer Organisation anfallende Kosten gegenüberzustellen, die mit der Komplexität interner Transaktionen tendenziell steigen und insbesondere von der Faktorspezifität beeinflusst werden, sodass auch hier Effizienzeinbußen zu berücksichtigen sind (vgl. Schmidt (1999), S. 139 f.; Williamson (1990), S. 102 f., 149 ff.).[197]

197 Eine abschließende Beurteilung der Effizienzwirkungen vertikaler Integration kann und soll hier nicht vorgenommen werden. Hierzu müsste neben anderem z.B. die Möglichkeit zur Verbesserung des notwendigen Informationsstandes hinsichtlich eines Abbaus der Unvollkommenheit von Verträgen berücksichtigt werden. Ebenso wäre der Aspekt von Skalenerträgen von Relevanz, auf die bei vertikaler Integration im Vergleich zur Marktorganisation gegebenenfalls verzichtet würde. Siehe hierzu Williamson (1990); Richter/Furubotn (1999).

4.1.2.2 *Vertikale Integration und doppelte Marginalisierung*

Effizienz steigernde Effekte vermag die vertikale Integration ferner beim Vorliegen einer doppelten Marginalisierung ("double marginalization") zu generieren. Letztere ist durch Anbieter auf vor- und nachgelagerten Märkten gekennzeichnet, die jeweils über Marktmacht verfügen, womit ihnen eine Preissetzung oberhalb des vollständigen Konkurrenzniveaus – bis hin zum Monopolpreis – ermöglicht wird. Der Anbieter auf dem nachgelagerten Markt agiert dabei als Nachfrager nach Inputgütern des vorgelagerten Marktes, auf dem er jedoch keine Nachfragemacht ausübt und den dortigen (Monopol-) Preis als Datum auffasst (vgl. Knieps (2001), S. 160). Zudem existieren annahmegemäß keine Input-Substitutionsmöglichkeiten für den Produzenten des nachgelagerten Marktes (vgl. Pepall/Richards/Norman (2002), S. 442 f.).

Das Problem der doppelten Marginalisierung beschreibt nun den Effizienzverlust, der bei vertikalen Transaktionen nicht integrierter bzw. sich nicht kooperativ verhaltender, markmächtiger Unternehmen im Vergleich zu integrierten Unternehmen auftreten kann. Dabei bestehen Interdependenzen hinsichtlich des Verhaltens der Unternehmen, die sich ohne Koordination suboptimal auf die individuellen und damit auch auf die gemeinsamen Gewinnmöglichkeiten auswirken. Entscheidend ist dabei das gewinnmaximierende Verhalten der unabhängigen Akteure dergestalt, dass auf beiden Ebenen ein Monopolaufschlag auf die jeweiligen Grenzkosten vorgenommen wird. Für den downstream-Anbieter stellt der Preis des upstream-Anbieters, der bereits einen monopolistischen Gewinnaufschlag beinhaltet, einen Anteil an seinen Grenzkosten dar, auf die er selbst zusätzlich einen Aufschlag gemäß der Gewinnmaximierungs-Bedingung Grenzkosten gleich Grenzerlöse setzt (vgl. Pepall/Richard/Norman (2002), S. 437 ff.). Damit kommt es zu einer Allokationsverzerrung, die diejenige weiter verschärft, welche infolge des Monopols auf der upstream-Ebene entsteht (vgl. Knieps (2001), S. 162). Der geforderte Preis für das Endprodukt wird sich damit ceteris paribus erhöhen, die absetzbare Menge verringern.

Infolge einer vertikalen Integration[198] der Unternehmen entstünde ein „einfaches" Monopol mit dem Ziel der Gewinnmaximierung bezüglich ausschließlich des Endproduktpreises. Das upstream-Produkt würde intern zu Grenzkosten verrechnet und der doppelte Monopolaufschlag entfiele (vgl. Pepall/Richard/Norman (2002), S. 440). Im Ergebnis resultierten hieraus einerseits ein geringerer Endproduktpreis und eine höhere Absatzmenge. Andererseits ließe sich zudem der Gesamtgewinn beider Anbieter steigern, sodass sowohl Konsumenten- als

198 Ein gleiches Ergebnis wie durch die vertikale Integration wäre in dem hier geschilderten Zusammenhang durch ein koordiniertes Verhalten und Verhandlungen denkbar (vgl. hierzu Knieps (2001), S. 160).

auch Produzentenrente zunähmen, was verglichen mit der Situation ohne vertikale Integration einen wohlfahrtserhöhenden Effekt hätte (vgl. Pepall/Richard/Norman (2002), S. 441).

Die vertikale Integration würde also dazu führen, dass lediglich auf dem Endproduktmarkt Monopolgewinne abgeschöpft werden. Der so entstehende Gewinn fällt größer aus als derjenige, der sich infolge einer Abschöpfung der Monopolgewinne zunächst auf dem vorgelagerten Inputmarkt und dann auf dem nachgelagerten Endproduktmarkt einstellen würde. Durch eine potenzielle Monopolpreissetzung auf dem vorgelagerten Markt steigen die Kosten des Produzenten des Endprodukts, da die gehandelten Güter Inputfaktoren für den Endproduktmarkt darstellen. Aus einer dann vorgenommenen Monopolpreissetzung auch für das Endprodukt resultiert ein höherer Preis, als wenn das Inputgut zu Grenzkostenpreisen erworben werden könnte. Da die Nachfragebedingungen des Endproduktmarktes von dem Verhalten des Anbieters der Inputgüter unberührt bleiben, geht mit dem höheren Preis für das Endprodukt eine geringere Absatzmenge einher, womit sich der Gesamtgewinn verringert. Eine Erhöhung des Endproduktpreises über den Monopolpreis, der sich bei Inputpreisen zu Grenzkosten einstellt, kann also den Gesamtgewinn nicht weiter steigern (vgl. hierzu, insbesondere zur formalen Herleitung Knieps (2001), S. 160 ff.).

Das Ausmaß des Effizienzverlustes infolge einer doppelten Marginalisierung hängt davon ab, inwiefern die Marktrealitäten es unabhängigen Anbietern erlauben, tatsächlich Preise oberhalb der Grenzkosten bis hin zum Monopolpreis durchzusetzen. Auch die Existenz potenzieller Substitute wäre zu berücksichtigen. So könnte es sich z.B. ab einer bestimmten Preishöhe eines monopolistisch angebotenen Inputgutes (z.B. Stahl für die Produktion von Autos) für einen monopolistischen Autohersteller lohnen, auf ein an sich teureres Substitut (z.B. Aluminium) auszuweichen. Je wahrscheinlicher solche Substitutionsmöglichkeiten sind, desto geringer wären die Problematik der doppelten Marginalisierung und das Effizienzsteigerungspotenzial der vertikalen Integration (vgl. Pepall/Richard/Norman (2002), S. 442 f.). Inwiefern der Fall der doppelten Marginalisierung für das Beispiel der Musikindustrie realistisch erscheint, wird im folgenden Abschnitt hinterfragt.

4.1.3 Wettbewerbstheoretische Schlussfolgerung

Die Ausführungen verdeutlichten, dass vertikale Integrationen insbesondere marktmächtiger Anbieter, die über wesentliche Inputgüter verfügen, sowohl positive als auch negative Effekte hinsichtlich der Effizienz- und Wohlfahrtskriterien bedingen können. Allgemeingültige Aussagen zur Beurteilung der Vorteilhaftigkeit sind allerdings anhand der theoretischen Analyse nicht möglich. Hierzu bedarf es vielmehr einer eingehenden Auseinandersetzung mit dem bestimmten Einzelfall auf der Grundlage empirischer Untersuchungen. Trotzdem scheinen tendenzielle Aussagen dahingehend realistisch, dass die ökonomischen Integrationsvorteile in der Regel nicht an das Ausmaß der positiven Wirkungen eines intensiven Wettbewerbs bei vertikaler Separation heranreichen (vgl. hierzu Kruse (1997), S. 251, 257).

Ferner scheinen alternative Reaktionsmuster hinsichtlich der Voraussetzungen, die als ursächlich für eine vertikale Integration unterstellt werden, nicht ausgeschlossen. So ist beispielsweise ein Abbau der Unvollständigkeit von Verträgen und damit die Eindämmung opportunistischen Verhaltens im Rahmen marktlicher Koordination infolge der Verbesserung von Informationsstand und -verarbeitung denkbar. Hierbei ließen sich insbesondere die Transaktionskosten durch den Einsatz neuer Informationstechnologien senken (vgl. Picot (1991), S. 148). So könnte das vertragsrelevante Verhalten der Gegenseite zu geringeren Kosten nachvollzogen oder kontrolliert und damit Unsicherheit abgebaut werden, was eine Entwicklung zugunsten von Markttransaktionen bewirkt. Es kämen diesbezüglich auch beispielsweise Transaktionen in Betracht, die sich im Internet vollziehen. So erhöhte sich für einen Lizenzgeber von Informationsgütern die Transparenz hinsichtlich des Verhaltens des Lizenznehmers, sofern letzterer die lizenzierten Informationen für online-Dienste verwendet.[199]

Angewandt auf die (potenziellen) Entwicklungen in der Musikindustrie scheinen die dargelegten Argumente eine vertikale Integration der Major-Verlage mit dem online-Vertrieb aus ökonomischer Perspektive kaum rechtfertigen zu können. Der Gefahr eines opportunistischen Verhaltens seitens potenzieller Lizenznehmer, die als unabhängige online-Distributoren agieren, dürfte durch vertragliche Ausgestaltungen angemessen entgegengewirkt werden. Deren Verhalten ließe sich von den Rechteinhabern zunehmend überwachen, da das Angebot im Internet erfolgt, womit es allgemein zugänglich und weitgehend transparent ist (z.B. Anwendung bestimmter Kopierschutzverfahren). Damit verringert sich ceteris paribus ein denkbarer Effizienzvorsprung vertikaler Integration.

Ein Aspekt, dem vor dem hier betrachteten Hintergrund eine gewisse Relevanz zukommen könnte, stellt die Verbindung der Spezifität notwendiger Investitionen mit der jeweiligen Marktphase des betrachteten Sektors dar (vgl. Kruse hierzu (1997), S. 261). Befindet sich ein Sektor in der Aufbauphase, bei dem der Zugang zu Inputgütern eine wesentliche Voraussetzung für das Angebot eines Dienstes ist, kann bei marktlicher Koordination für den Anbieter des Dienstes,

199 Gleichzeitig können neue Technologien jedoch auch eine Transaktionskostensteigerung und damit die Förderung opportunistischen Verhaltens bewirken. Ein Beispiel hierfür lässt sich in der Kostenreduktion für illegales Kopieren ausmachen.

aber auch für den Inhaber der Inputs, ein hohes Investitionsrisiko bestehen. Die Akteure begeben sich gegenseitig in ein relativ starkes Abhängigkeitsverhältnis, das sich bezüglich der Verhandlungspositionen zum Opportunismus eignet. So bestehen dann nur geringe Anreize zur Investition in den Aufbau eines online-Vertriebsdienstes, sofern der gesicherte Zugang zu den wesentlichen Inhalten risikobehaftet und langfristig vom Verhalten des Inhaltebesitzers abhängig ist.[200] Risiken für den Inhalteproduzenten wären dann denkbar, wenn sich lediglich ein oder wenige Diensteanbieter am Markt etablieren, die dann im Zeitverlauf die Vertragsbedingungen einseitig diktieren können und ein alternatives online-Angebot hierzu wegen Marktzutritt beschränkender Netzwerkeffekte nur schwer zu etablieren wäre.[201]

Vor diesem Hintergrund brächte eine vertragliche Ausgestaltung, die derartige Risiken und Unsicherheiten weitgehend adäquat berücksichtigt, hohe Transaktionskosten mit sich, sodass der Aufbau des Sektors effizienter und schneller durch ein vertikal integriertes Unternehmen zu realisieren wäre.[202] Ob dies aller-

---

200 Welchen Grad an Irreversibilität derartige Investitionen aufweisen ist unklar. Die „bloße" Übertragungstechnologie und Abrechnungsverfahren ließen sich möglicherweise in alternativen Verwendungsformen nutzen. Es müssen jedoch z.B. auch Investitionen in eine komplementäre Gerätetechnologie (Abspielgeräte) und in Marketingmaßnahmen getätigt werden, um eine große Anwenderbasis aufzubauen.

201 Diese Problematik ist insoweit relevant, sofern der online-Service über eine zunehmend dominante Position verfügt und Inhalteanbieter auf den Zugang angewiesen wären. Eine derartige Entwicklung scheint dann nicht unrealistisch, sofern starke Netzwerkeffekte und eine große „installierte Basis" vorliegen und sich die angewandte Technologie als proprietärer Standard etabliert hat, sodass hohe Wechselkosten vorliegen. Der (kurzfristige) Aufbau eines alternaiven, inkompatiblen online-Service erschiene dann problematisch. Der Anreiz der Konsumenten, einen derartigen online-Service zu nutzen wäre gering, da u.U. bestehende Dateisammlungen nicht mehr genutzt werden könnten. Ein newcomer hätte dadurch Schwierigkeiten, eine ausreichend große Anzahl an Nutzern an seinen Service zu binden, die eine profitable Tätigkeit ermöglichen, sodass den Netzwerkeffekten die Funktion einer Marktzutrittsschranke zukommt (vgl. hierzu u.a. Shapiro/Varian (1999b), S. 241 ff.). Als Wechselkosten sind sämtliche Kosten aufzufassen, die im Zuge der Anwendung einer neuen Technologie oder eines neuen Standards anfallen. Diese umfassen z.B. das Erlernen des Umgangs mit der neuen Technik aber auch die Investitionen in die neue Hard- und Software. Ebenso sind diejenigen Kosten zu berücksichtigen, die im Zuge der Nutzung der alten Technologie aufgewandt wurden und die bei einem Wechsel als sunk costs aufzufassen wären, wie z.B. inkompatible Dateien, womit sie der Bereitschaft zu einem Wechsel entgegenstehen (vgl. Shapiro/Varian (1999b), S. 243).

202 Die aufgezeigte Problematik weist eine gewisse Ähnlichkeit zur Entwicklung des digitalen Fernsehens in der Bundesrepublik auf. Auch hier ist der Anreiz zur Investition in die notwendige Infrastruktur gering, sofern nicht sicher ist, ob diese dann auch zur Programmvermarktung tatsächlich genutzt wird und sich als Standard etablieren kann. Zudem würde eine vertikale Integration ganz allgemein denkbare Inkompatibilitäten bei

dings für die Rechtfertigung der vertikalen Integration der Major-Verlage ausreicht und Effizienzgewinne bewirkt, die die negativen Folgen überkompensieren, ist fraglich. Zudem erscheinen alternative, administrative Möglichkeiten aus volkswirtschaftlicher Perspektive langfristig sinnvoller, die einerseits einen diskriminierungsfreien Zugang zu den wesentlichen Inhalten sowie andererseits zu den Distributionskanälen garantieren und damit die Investitionsanreiz hemmenden Unsicherheiten verringern können (vgl. ähnlich Kruse (1997), S. 265 f.).

Diesbezüglich kämen z.B. Durchleitungs- und Zugangsverpflichtungen eines Betreibers der Distributionsinfrastruktur in Betracht, wie sie z.B. aus dem Bereich leitungsgebundener Industrien bekannt sind. Auf der Inhalteebene ließe sich an einen Kontrahierungszwang denken, wie er z.B. für Verwertungsgesellschaften bezüglich der Rundfunknutzung existiert.

Zudem hat das Beispiel der Musiktauschbörse Napster gezeigt, dass die „lock-in-Effekte“ (und damit die Wechselkosten) als gering zu beurteilen waren. Nach dem gerichtlichen Verbot, weiterhin den Tausch geschützter Inhalte zu ermöglichen, konnten sich schnell alternative Angebote etablieren, denen auch keine zu hohen Investitionskosten im Wege standen. Auf der „Kundenebene“ bedurfte es lediglich der Installation einer neuen Software (vgl. Schögel (2002), S. 512 f.). Dies ließe sich als ein Indiz für eine geringere Abhängigkeit interpretieren, als dies in anderen Technologiefeldern der Fall ist (z.B. PC-Betriebssystem-Software, CD-Technologie).[203] Die Marktzutritt beschränkende Wirkung der Netzwerkeffekte scheint damit hier eher gering ausgeprägt. Potenzielle Wettbewerber mit der Möglichkeit zum kurzfristigen Markteintritt senkten somit den Anreiz zum opportunistischen Verhalten, wodurch die Effizienz der Wettbewerbslösung im Vergleich zur vertikalen Integration zunimmt.

Dagegen muss allerdings berücksichtigt werden, dass der Dateistandard (MP3) unverändert geblieben ist, womit die bestehenden Dateien weiter verwendet werden konnten, und zwar sowohl mit Hilfe der PC-Software als auch in Verbindung mit komplementärer Hardware (MP3-Player). Sollte dies im Rahmen kommerzieller Angebote aufgrund inkompatibler, proprietärer Technologien und des Vorliegens ausgeprägter Netzwerkeffekte nicht möglich sein, existierte eine Marktzutrittsbeschränkung, was einem schnellen Aufbau eines Konkur-

---

technischen Schnittstellen eher vermeiden, sodass auch Transaktionskosten für die Einigung und Festlegung hinsichtlich kompatibler Schnittstellen und Standards eingespart würden (vgl. hierzu Kruse (1997), S. 259, 265 f.).

203 Würde beispielsweise einem Inhalteanbieter die Anwendung der CD-Technologie versagt (bzw. verteuert), so wäre eine breite Vermarktung der Inhalte über alternative Technologien problematisch.

renzangebotes weiterhin entgegenstünde.[204] Entscheidend für die Beurteilung des Ausmaßes der Marktzutrittsschranke ist in diesem Zusammenhang folglich nicht allein der Netzwerkeffekt, sondern zusätzlich die Intensität des Schutzes der Verfügungsrechte (hier bezüglich Technologie/Dateiformat) und darüber die Höhe der Wechselkosten (vgl. Porter (2001), S. 68).

Ein weiterer Transaktionskosten senkender Effekt infolge eines gemeinsamen online-Angebotes der großen fünf Musikverlage betrifft die Endverbraucher-Ebene. Hier entfielen gegebenenfalls Such- und Informationskosten für die Nutzer, sofern sämtliche Titel aller Anbieter gleichzeitig verfügbar und mit einander zu vergleichen wären. Dies steigerte dann die Wettbewerbsintensität zwischen den einzelnen zusammengeschlossenen Musikverlagen innerhalb des online-Dienstes. Zur Erzielung derartiger Wirkungen ist jedoch das gemeinsame Angebot der marktmächtigen Anbieter keine notwendige Bedingung. Die gleichen Ergebnisse ließen sich über unabhängige online-Anbieter generieren, sofern sie denn über den uneingeschränkten Zugang zu den jeweiligen Katalogen der Musikverlage verfügen (vgl. Harrison (2002), S. 478).

Neben den Transaktionskosten gilt die doppelte Marginalisierung als Erklärungsansatz potenzieller Effizienzsteigerungen einer vertikalen Integration. Die wesentliche Voraussetzung dafür bestand in der Konstellation monopolistischer Strukturen auf beiden Marktebenen. Herrschen im Gegensatz dazu auf einer Ebene Konkurrenzbedingungen, führt dies dort zu einem Wettbewerbspreis, der keinen Aufschlag auf die Grenzkosten erlaubt, womit aber auch die doppelte Marginalisierung eliminiert wird, sodass vertikale Integrationen keine Effizienzzuwächse bedingen (Pepall/Richard/Norman (2002), S. 442). Damit ist es unter der Annahme monopolistischer Lizenzpreise („upstream“) zur Beurteilung der Wirkung einer vertikalen Integration entscheidend, ob der online-Vertriebsmarkt („downstream“) kompetitive Strukturen zulässt oder zur Monopolisierung neigt.

---

204 Welches Dateiformat mit welchen Schutz-, Zugangs- und Nutzungsmöglichkeiten in kommerziellen Diensten zur Anwendung gelangt scheint zurzeit nicht eindeutig. Da der momentane de facto Standard MP3 wenig Gelegenheit zur Anwendung von Schutztechnologien bietet, ist insbesondere die Musikindustrie bemüht, mit dem SDMI einen „sicheren“, alternativen Standard aufzubauen (vgl. hierzu Bechtold (2002), S. 115 f.). Inwiefern dann die Möglichkeit besteht, Abspielgeräte wie MP3-Player weiterhin zu nutzen oder eigene CDs anzufertigen ist unklar. Vor diesem Hintergrund kann auch der Versuch Microsofts gesehen werden, einen eigenen online-Service mit den dazu passenden Abspielgeräten zu implementieren. Eine Zielsetzung ist hier die Verbreitung des eigenen Dateiformates („Windows Media Audio“) auf Kosten des „offenen“ MP3-Formates (vgl. Crolly (2004)). Deutlich wird somit, dass Wechselkosten zukünftig nicht vollkommen irrelevant erscheinen. Denkbar ist zwar die parallele Anwendung mehrer Technologien, was allerdings die Nutzung verkompliziert und zusätzliche Kosten verursacht.

Würde im letzteren Fall ein Angebot durch einen unabhängigen Anbieter bereitgestellt und würde dieser monopolistische Preise fordern, bestünde die Gefahr der doppelten Marginalisierung mit den geschilderten Effizienzverlusten gegenüber der Integrationslösung.

Bei der Betrachtung des online-Vertriebsmarktes bestehen zunächst einmal keine grundlegenden Bedenken, die gegen eine wettbewerbliche Organisation sprächen (vgl. Picker (2002), S. 1 f.). Unter diesen Voraussetzungen ergäbe sich die Situation eines dominanten Anbieters der wesentlichen Inputs auf dem vorgelagerten Inhaltemarkt (bzw. eines Joint Ventures oder Oligopols mit gegebenenfalls abgestimmtem Verhalten) und einer Konkurrenzsituation auf der nachgelagerten Vertriebsebene, der auch ein vertikal integrierter online-Service ausgesetzt wäre. Wenn der Inhalteanbieter den unabhängigen online-Diensten für den Zugang zu den Inhalten Monopolpreise, seinem eigenen Unternehmen hingegen Grenzkostenpreise[205] berechnet (aber auch wenn er überhaupt nicht auf der nachgelagerten Stufe tätig ist), führt dies im Endeffekt auf dem wettbewerblichen Markt des Endproduktes zu den gleichen Mengen- und Preiskombinationen, als ob der monopolistische Anbieter vertikal integriert und auf beiden Ebenen Monopolist wäre (vgl. hierzu Rottenbiller (2002), S. 102 ff.).[206] Damit gleichen sich folglich auch die statischen Effizienzwirkungen, womit sich eine vertikale Integration und eine Verweigerung der Lizenzierung unabhängiger Anbieter auf dem nachgelagerten Markt als Mittel zur Effizienzseigerung nicht rechtfertigen ließen.[207]

---

205 Da es sich bei dem Zugang zu den Inhalten um eine Lizenzierung handelt und durch die Nutzung der bestehenden Informationsgüter keine Kosten entstehen, werden die theoretisch in Rechnung zu stellenden Grenzkosten hier nahe oder gleich Null sein. Es fallen damit für den integrierten Anbieter faktisch keine Lizenzgebühren an (vgl. Noll (2004), S. 87).

206 Dies rührt daher, dass der Preis auf dem Endproduktmarkt dem Monopolpreis entspricht. Für die konkurrierenden Anbieter beinhalten deren Grenzkosten den Monopolpreis für den Zugang zu den Inhalten. Die Grenzkosten des vertikal integrierten Anbieters sind hingegen geringer. Wegen der Wettbewerbssituation stellt sich ein Preis in Höhe der Grenzkosten der konkurrierenden Anbieter ein. Der integrierte fordert hingegen den Monopolpreis, der dann dem Wettbewerbspreis zu den (hohen) Grenzkosten der Wettbewerber entspricht, wobei lediglich der integrierte Anbieter (Monopol)-Gewinne erzielt (vgl. hierzu Kaserman/Mayo (1995), S. 304 f.; Rottenbiller (2002), S. 102 f.).

207 Diese Aussage betrifft die Effizienzwirkungen der vertikalen Integration hinsichtlich des Vergleichs zwischen einem monopolistischen und einem wettbewerblichen Markt für das Endprodukt. Die oben erwähnten potenziellen Effizienzwirkungen, z.B. durch sinkende Transaktionskosten, bleiben davon unberührt.

In Anbetracht der bereits geschilderten Möglichkeit[208] eines sich aufgrund von Skalen- bzw. Netzwerkeffekten als Standard etablierenden online-Services, dem dann eine monopolistische Stellung zukäme, erschiene die Problematik der doppelten Marginalisierung relevant.[209] Allerdings zeigte die vorangegangene Argumentation, dass das Potenzial hierfür nicht die Ausmaße aufweist, die in anderen Technologiefeldern existieren.

Die Ausführungen legen den Schluss nahe, dass auf Grundlage der dargelegten theoretischen Erkenntnisse eine Entwicklung zur vertikalen Integration und Monopolisierung der online-Distribution im Bereich der Musikindustrie keine relevanten Effizienzsteigerungen verspricht. Vielmehr fallen die geschilderten Wettbewerbsbeschränkungen negativ ins Gewicht, und es besteht zudem die Gefahr, dass der Aufbau und die Entwicklung einer effizienten Distributionsmethode, welche die etablierten Strukturen und Anbieter unter Druck setzen, strategisch behindert werden.[210]

Die negativen Folgen eines beschränkten Wettbewerbs infolge der Übertragung von Marktmacht auf dem Markt der online-Distribution sind sowohl statischer als auch dynamischer Natur. In statischer Hinsicht lassen sich die bekannten Wohlfahrtverluste aufgrund monopolistischer Preis-Mengenkombinationen anführen (vgl. Scherer/Ross (1990), S. 15 ff.). Hierdurch wird das Postulat der optimalen Allokation, das als eine ökonomische Zielfunktion des Wettbewerbs zur Wohlfahrtmaximierung gilt, verletzt (siehe zu diesen Zielen Schmidt (1999), S. 28 ff.; Knieps (2001), S. 5).

Konsequenzen in dynamischer Hinsicht sind schon naturgemäß aufgrund ihres evolutorischen Charakters schwerer zu analysieren und zu quantifizieren. Trotzdem lassen sich tendenzielle Entwicklungen prognostizieren, die ein beschränkter Wettbewerb auf der Ebene der online-Distribution auszulösen vermag. Mit fehlenden Möglichkeiten des Zugangs zu Inputs sinkt der Anreiz zur Innovation neuer Distributionsverfahren durch newcomer. Dies betrifft sowohl die technologische Entwicklung als auch alternative, innovative Geschäftsmodelle, mit

208 Vgl. Fn. 201.

209 Diesbezüglich sei unterstellt, dass der Betreiber des online-Service keine Nachfragemacht gegenüber dem Inhalteanbieter besitzt, sodass dieser den Monopolpreis fordern kann.

210 Je größer das Ausmaß und die Verfügbarkeit von online-Diensten, umso wahrscheinlicher ist das Sinken der Umsätze im Bereich des traditionellen Vertriebs. Dieser wird von der Musikindustrie weitgehend kontrolliert und bietet die Möglichkeit zur Aneignung von Renten (vgl. Varian (2000)). Die Verhinderung eines kompetitiven online-Marktes, der diese Renten vermindern kann, könnte somit im Interesse der Musikindustrie liegen.

negativen Folgen für den technischen Fortschritt und die Entstehung neuer Märkte (vgl. Picker (2002), S. 11).

Ebenfalls auf die technische Entwicklung wirkt sich die Entscheidungsgewalt über die Verwendung von Dateiformaten aus. Über eine Monopolisierung des nachgelagerten Marktes der online-Distribution ergibt sich für die Rechteinhaber die Gelegenheit, einen de-facto-Industriestandard durchzusetzen, wenn keine weiteren Anbieter auf dem Markt mit alternativen Dateiformaten agieren. Über die Definition des Formates kann dann eine Beeinflussung, aber auch Beeinträchtigung technischer Nutzungsmöglichkeiten auf der Konsumentenebene erreicht werden (vgl. Committee on Intellectual Property Rights (2000), Ch. 2, S. 12 f.). Hinsichtlich eines solchen Standards besteht die Möglichkeit, dass dieser aus technischer Sicht, insbesondere bei fehlendem Zwang zur Weiterentwicklung aufgrund der monopolistischen Angebotsstruktur, als inferior zu beurteilen wäre.[211]

Sofern ein solcher Standard etabliert ist und breite Anwendung erfährt, verhindern ausreichend hohe Wechselkosten ein Umschwenken auf einen technisch überlegenen Standard. Damit wird auch dann der Anreiz zur Entwicklung derartiger neuer Formate gemindert, wenn keine ausreichenden Chancen für deren Durchsetzung erwartet werden. Über die Kontrolle des Standards, die aus der Inhaberschaft der Urheberrechte an den Inhalten hervorgeht, insbesondere wenn es sich um proprietäre Standards handelt, lässt sich darüber ein nicht unerheblicher Einfluss auf die gesamte Entwicklung und Struktur des betreffenden Industriesektors erreichen, der in keiner Verbindung zur theoretischen Rechtfertigung der Gewährung der entsprechenden Urheberrechte steht (vgl. Committee on Intellectual Property Rights (2000), Ch. 2, S. 12).

Da die Anwendung und Nutzung der Informationsgüter in der Regel komplementäre Produkte erfordert, die eine Kompatibilität aufweisen müssen, wird der Einfluss des Standards auch auf diese Technologien und deren Entwicklung deutlich.[212] Im Bereich der online-Musik besteht die Intention der Musik-Verlage verständlicherweise darin, über einen sicheren Datei-Standard dem Problem der massenhaften Kopiertätigkeit Herr zu werden, der keine oder nur eingeschränkte Kopien ermöglicht. Die Anbieter komplementärer Hardware und Software wären darüber veranlasst, ihre Produkte zwecks Interoperationalität an diesem Standard zu orientieren, was unternehmerische Freiheitsgrade einschränkt und die Kontrolle über derartige Entwicklungen zumindest zum Teil in die Hände der Rechteinhaber legt (vgl. Romer (2002), S. 213, Lessig (2002), S. 201). Ne-

211 Vgl. zu dieser Thematik u.a. Lewin 2002; Farrell/Saloner (1986); Kapitel 4.2.

212 Die Problematik stellt sich bereits bei der CD- und insbesondere DVD-Technik. Siehe hierzu auch die Ausführungen in Kapitel 3.4.

gative Auswirkungen auch auf die Wettbewerbssituation auf diesen Märkten können sich damit nicht ausschließen lassen. Anreize zu technischem Fortschritt und zur Entwicklung innovativer Technologien werden tendenziell gemindert.[213]

Schließlich sind Rückkoppelungseffekte auf die Wettbewerbssituation des vorgelagerten Inhaltemarktes zu konstatieren, die durch eine Monopolisierung des downstream-Marktes erreicht werden können. Nach der „dynamic two level entry theory“[214] besteht das eigentliche Ziel der vertikalen Integration nicht in der Erlangung von Marktmacht auf dem nachgelagerten Markt, um dort Renten abzuschöpfen,[215] sondern in der Errichtung von Marktzutrittsschranken auf dem vorgelagerten Markt (vgl. Salop (1999), S. 95).

Im Falle eines wettbewerblichen downstream-Marktes mit mehreren alternativen online-Service-Anbietern stünden einem newcomer auf der Produzentenebene der Inhalte unterschiedliche Absatzkanäle zur Verfügung, die zu den Inhalten als komplementär aufzufassen sind. Die Existenz dieser installierten Basis erleichtert damit den Zutritt auf dem vorgelagerten Markt. Gelingt hingegen den etablierten Anbietern eine Übertragung der Marktmacht, müssten die potenziellen newcomer neben den Inhalten zusätzlich einen online-Service anbieten, was insbesondere bei der Existenz von Netzwerkeffekten und Inkompatibilitäten den Anreiz zum Marktzutritt mindert. Vor dem Hintergrund des Potenzials, welches das Internet unabhängigen Produzenten zur Veröffentlichung und Vermarktung ihrer Inhalte bietet, kann die „Gefahr“ einer Verringerung der Marktmacht aus der Sicht der dominanten Musik-Verlage gesehen werden. Die Errichtung von Marktzutrittsschranken gemäß einer „two level entry theory“ böte somit vor einer Intensivierung des Wettbewerbs Schutz.

Eine hieraus resultierende Stärkung der Marktposition auf dem urheberrechtsrelevanten Markt der Inhalteproduktion lässt sich mit Hilfe der ökonomischen Begründung für das Urheberrecht nicht rechtfertigen. Letzteres verleiht zwar eine temporäre Monopolstellung, um vor einem Anreiz mindernden freerider-Verhalten zu schützen, dies betrifft jedoch lediglich die Verfügungsrechte an

213 Als ein Beispiel für eine derartige Entwicklung mag der Neustart von Napster als kommerzieller Service dienen. So können die Musikdateien direkt lediglich auf einen digitalen Audio-Player der Firma Samsung geladen werden. Wenn auch eine Umwandlung der Dateien zur Nutzung unabhängiger MP3-Geräte zurzeit möglich ist, zeigt sich das zukünftige, wettbewerbsrelevante Potenzial, insbesondere sofern diese Umwandlungsmöglichkeiten technisch und rechtlich verhindert würden (vgl. Crolly (2003)).

214 Siehe zur ausführlicheren Darstellung dieser Theorie z.B. Salop (1999), S. 93 ff.

215 Nach dem „single monopoly profit Ansatz“ der Chicago-School bestünde kein Anreiz zur wettbewerbsbeschränkenden Übertragung von Marktmacht für einen Monopolisten, da sich Monopolprofite nur einmal abschöpfen lassen und dies auf dem ursprünglichen Monopolmarkt geschehen kann (vgl. Salop (1999), S. 93 f.; Kapitel 4.2).

einem konkreten Werk. Der Wettbewerb unterschiedlicher Anbieter unterliegt keinerlei Beschränkungen, da ja gerade der Anreiz zur Produktion und damit die Vielfalt an Informationsgütern gesteigert und dem Konsumenteninteresse entsprochen werden soll.

Es wurde deutlich, dass die Beschränkungen des Wettbewerbs und die daraus resultierenden ökonomischen Ergebnisse bei dem geschilderten Verhalten der Akteure über das Maß hinausgehen, das vom Urheberrecht bezweckt und als Anreiz zur produktiven Tätigkeit gerechtfertigt werden kann. Verluste durch freerider-Verhalten sollen verhindert werden und auch die Kontrolle über die Distribution bzw. die Freiheit zur exklusiven Lizenzierung oder die Zurückweisung einer Lizenzierung entspricht prinzipiell der Intention des Urheberrechts, solange sich ein derartiges Verhalten auf den vom Urheberrecht betroffenen Markt beschränkt (vgl. Temple Lang (2000), S. 389).

Sofern allerdings dies zum Zweck oder mit der Folge der Errichtung von Marktzutrittsschranken auf angrenzende Märkte geschieht und die aus der Zuteilung der Property-Rights gegebenenfalls resultierende dominante Marktposition missbräuchlich ausgenutzt wird, muss die Frage gestellt werden, ob eine derartige Entwicklung weiterhin vom Rahmen des Urheberrechts gedeckt ist. Von besonderer Relevanz muss vor diesem Hintergrund die Gelegenheit zur Anreiz generierenden Aneignung von Einnahmen sein. Eine aus ökonomischer und urheberrechtlicher Sicht gerechtfertigte Verbindung von Anreizerzeugung auf dem Markt der Produktion und Wettbewerbsbeschränkung auf dem Markt der Distribution besteht jedoch hier nicht (vgl. Harrison (2002), S. 482 ff.). Dies gilt insbesondere unter Beachtung der oben analysierten negativen Folgewirkungen der Marktmacht auf der Distributionsebene, die bei der Beurteilung des Urheberrechts oftmals keine angemessene Berücksichtigung findet, obwohl die Strukturen des Vertriebsmarktes von der Ausgestaltung der Urheberrechte direkt beeinflusst werden (vgl. Picker (2002a), S. 10).

Um die Wettbewerbspotenziale auf dem Markt der elektronischen Distribution zur Entfaltung kommen zu lassen und in deren Gefolge den technischen Fortschritt von Distributions- und IuK-Technologien sowie die Entwicklung innovativer Geschäftsmodelle und neuer Märkte als Impetus ökonomischer Prosperität zu fördern, aber auch gleichzeitig den Wettbewerb auf dem Markt der Inhalteproduktion nicht über das urheberrechtlich bestimmte Maß zu beschränken, werden vermehrt nicht-exklusive Rechtestrukturen diskutiert. Diese bestehen z.B. in Zugangsverpflichtungen, „liability rules" oder gesetzlichen Zwangslizenzregelungen (vgl. Liebowitz (2003b), S. 2).[216] Eine Diskussion derartiger Maßnahmen aus ökonomischer Sicht bildet deshalb den Untersuchungsgegenstand des folgenden Abschnitts.

Die aktuelle Entwicklung im Bereich des online-Vertriebs könnte die hier geschilderten Entwicklungen und Wettbewerbsprobleme und damit auch die Analyse potenzieller Lösungsansätze in Frage stellen. In der frühen Anfangsphase des kommerziellen online-Musikvertriebs verweigerten zwar die führenden Musik-Verlage die Lizenzierung ihres Repertoires gegenüber unabhängigen Dritten bzw. lizenzierten nur in beschränktem Umfang, was als Versuch einer Marktmachtausdehnung aufgefasst werden könnte (vgl. Noll (2004), S. 89). Derzeit existieren allerdings mehrere unabhängige online-Anbieter, sodass wenigstens zum Teil eine Lizenzierung stattgefunden hat. Ob dafür die von den US-Wettbewerbsbehörden angestrengten Untersuchungen ausschlaggebend waren, bliebe zu hinterfragen.

Prinzipiell scheint somit ein Wettbewerb auf dem online-Sektor denkbar, wenn auch über die tatsächlichen Lizenzbedingungen keine Informationen bekannt sind (z.B. Einfluss der Rechteinhaber auf verwandte Technologien und Preisgestaltung). Allerdings ist auch zu berücksichtigen, dass sich der Markt erst in einer sehr frühen Phase befindet und schlüssige Aussagen deshalb spekulativ wären. Zudem lässt sich eine ausgeprägte Wettbewerbsintensität bei einem Marktanteil des Marktführers Apple von über 70 % bezweifeln (Stand: 2004; vgl. Hillenbrand (2004)). Inwiefern für diesen hohen Marktanteil die Tatsache ausschlaggebend ist, dass Apple als erster online-Anbieter über die Lizenzen aller großen fünf Musik-Verlage verfügte und diesen Wettbewerbsvorsprung aufgrund von Netzwerkeffekten sowie des komplementären, aber zu anderen Diensten inkompatiblen, Abspielgerätes ausbauen konnte, ist nicht eindeutig. Allerdings kann ein nicht unerheblicher Einfluss unterstellt werden. Zudem wären für die Beurteilung der Wettbewerbsintensität die Berücksichtigung der Preissetzung auf dem online-Markt sowie die Höhe der Lizenzgebühren relevant. Diesbezüglich fehlen jedoch geeignete Vergleichsmaßstäbe.

---

216 So fordert z.B. LESSIG eine Zwangslizenz (compulsory license) für den Bereich der online-Musik wie sie auf dem Gebiet des Kabel- und Satellitenfernsehens im US-amerikanischen Recht existiert (vgl. Lessig (2001), S. 201 f., 254 f.). Ferner beinhaltet die US-amerikanische Gesetzesinitiative des „Music Online Competition Act (MOCA)“ die Forderung nach diskriminierungsfreiem Zugang konkurrierender online-Dienste zu den Inhalten der Major-Joint-Ventures (vgl. MOCA § 4 (b)). LANDES/LICHTMAN (2003) diskutieren indirekte Haftungsregeln, NETANEL (2002) propagiert Nutzungsabgaben zur Finanzierung eines freien file-sharing.

Ungeachtet der aktuellen Situation und eines zurzeit zu beobachtenden Wettbewerbs, bleibt jedoch das Lizenzierungsverhalten der Rechteinhaber – insbesondere bei koordiniertem Handeln – für die zukünftige Wettbewerbsentwicklung ausschlaggebend. Ein langfristiger Zugang zu den wesentlichen Inhalten, auch für potenzielle newcomer, lässt sich somit nicht garantieren, nur weil er zurzeit zugunsten einiger Lizenznehmer erfolgt. Damit besteht für die Rechteinhaber trotz aktuell vorgenommener Lizenzierung weiterhin die Möglichkeit, eine solche zu verweigern oder diskriminierend zu gestalten, und darüber Einfluss auf die Entwicklung des online-Vertriebs, aber auch auf die relevante Technologie zu nehmen. Somit bleiben auch die obige Analyse und darauf aufbauend auch die Diskussion potenzieller Lösungsansätze hinsichtlich des Zugangs zu wesentlichen Informationen relevant.

Es sei an dieser Stelle zudem nochmals erwähnt, dass die hier am Beispiel der Musikindustrie analysierte Entwicklung grundsätzlich für sämtliche Bereiche von Bedeutung ist, bei denen über IPR geschützte Güter involviert sind und ähnliche Bedingungen vorliegen. Dies betrifft in erster Linie die (potenzielle) Existenz von nachgelagerten, prinzipiell kompetitiven Märkten, wobei der Zugang zu den geschützten Inhalten eine wesentliche Voraussetzung zur Angebotsbereitstellung ist und den Rechteinhabern eine gewisse Marktmacht zukommt. Neben Informationsgütern sind hiervon auch z.B. Produkte betroffen, die urheberrechtlich geschützte Komponenten (z.B. Software) beinhalten. So könnte beispielsweise ein Hersteller von Druckern die wettbewerbliche Bereitstellung von kompatiblen Druckerpatronen unterbinden, da die Kompatibilität über Software gesteuert wird (vgl. Schaaf/Hofmann (2003), S. 11). Ähnliche Probleme stellen sich beim Patentschutz im Bereich von Forschung und Entwicklung. Sofern die geschützten „Güter" notwendig für marktfähige, wettbewerbliche Anwendungen oder weitere Forschungsvorhaben sind, kommt dem Lizenzierungsverhalten besondere Bedeutung zu. Damit lassen sich auch die im Folgenden untersuchten Lösungsansätze weitestgehend auf alternative Problemstellungen übertragen.

4.1.4 Lösungsvorschlag Zwangslizenz

In den vorangegangenen Ausführungen wurde die Gefahr negativer Entwicklungen in der Folge eines verwehrten oder beschränkten Zugangs zu wesentlichen Informationen verdeutlicht. Damit zeigte sich auch die Ähnlichkeit zur Problematik der essential facility, wie sie insbesondere im Bereich physischer Einrichtungen in der Wettbewerbstheorie bekannt ist. Als Regulierungsinstrument steht hierfür die essential facilities-doctrine bereit, die einen diskriminierungsfreien Zugang zu eben diesen wesentlichen Einrichtungen gewähren soll, um funktionsfähigen Wettbewerb auf komplementären Märkten zu ermöglichen (vgl. hierzu u.a. Schwintowski (1999); Knieps (2001), S. 101 ff.; Temple Lang (2000)).

Auf dem Gebiet urheberrechtlich relevanter, immaterieller Güter wie Informationen, kann das Institut der Zwangslizenz bzw. der gesetzlichen Lizenz als Pendant hierzu aufgefasst werden (vgl. Temple Lang (2002)). Im weiteren Verlauf dieser Untersuchung subsumiert der Begriff der Zwangslizenz – sofern eine andere Differenzierung nicht explizit angeführt wird – in Anlehnung an den internationalen Sprachgebrauch („compulsory license“) derartige Fälle, in denen Dritten der Zugang zu urheberrechtlich geschützten Werken ohne Zustimmung der Rechteinhaber gestattet ist, sowohl unentgeltlich als auch gegen Zahlung einer angemessenen Lizenzgebühr (vgl. Gallagher (2002), S. 87).

4.1.4.1 Rechtspraxis

Das deutsche Urheberrecht unterscheidet zwischen Zwangslizenz und gesetzlicher Lizenz (vgl. Merz (1987), S. 310). Erstere bewahrt das Ausschließlichkeitsrecht des Urhebers und fordert lediglich einen Kontrahierungszwang, wobei der Rechteinhaber die „angemessenen“ Vertragsbedingungen der Nutzung selbst festlegen kann, dann allerdings die Nutzung jedem gestatten muss, der diese Bedingungen erfüllt; das Verbotsrecht bleibt hingegen erhalten, jedoch haben potenzielle Nutzer die Möglichkeit, den Lizenzvertrag gerichtlich durchzusetzen (vgl. Schack (2001), S. 42 f., 202; Merz (1987), S. 310). Die gesetzliche Lizenz nimmt dem Urheber im Gegensatz dazu seine Entscheidungsfreiheit, womit das Informationsgut zustimmungsfrei zur Nutzung verfügbar wird, der Urheber damit sein Verbotsrecht verliert, und nur nachträglich den gesetzlichen Vergütungsanspruch geltend machen kann. Eine eigene Vertragsgestaltung ist dem Urheber dann nicht mehr möglich (vgl. Schack (2001), S. 42, 202 f.; Merz (1987), S. 310).

Diese beiden Ausprägungsformen kommen nur in relativ restriktivem Ausmaß zur Anwendung und betreffen auch in ihrer Rechtfertigung die oben geschilderten Problembereiche nur marginal, womit sie sich einer diesbezüglichen Anwendung entziehen dürften. So existiert zwar im deutschen Urheberrecht eine wettbewerbspolitisch begründete Zwangslizenz zur Verhinderung von Monopolisierungstendenzen, allerdings lediglich zugunsten von Tonträgerherstellern gemäß § 61 UrhG. Hiernach soll der Urheber jedem Tonträgerhersteller die gleichen Vervielfältigungs- und Verbreitungsrechte zu angemessenen Bedingungen gewähren, sofern er diese Rechte einem Tonträgerhersteller eingeräumt hat (vgl. § 61 Abs. I UrhG). Diese Regelung weist allerdings keine besondere praktische Bedeutung auf und läuft zudem dann ins Leere, wenn der Interpret eines Musikwerkes (auch der Urheber selbst) über Exklusivverträge an ein Unternehmen gebunden ist und über § 61 UrhG nicht verpflichtet werden kann, seine Leistung auch zugunsten eines anderen Unternehmens zu erbringen (vgl. hierzu Schack

(2001), S. 354). Insbesondere in dem hier betrachteten Kontext dürfte diese Art der Zwangslizenz keine Rolle spielen.

Gesetzliche Lizenzen werden im deutschen Urheberrecht implizit transaktionskostentheoretisch begründet und finden dementsprechend dort Anwendung, wo eben derart hohe Transaktionskosten im Zuge einer individuellen Lizenzierung bei der Interaktion mit unterschiedlichen Rechteinhabern unterstellt werden, die als nicht zumutbar gelten. Als Beispiele lassen sich diesbezüglich massenhafte Nutzungsvorgänge anführen, die sich einer individuellen Steuerung und Kontrolle entziehen, wie beispielsweise Fotokopien und zulässige Vervielfältigungen für den Eigengebrauch (vgl. Schack (2001), S. 42 f., 204). Die infolge fehlender Lizenzvereinbarungen entfallenden Einnahmen der Rechteinhaber sollen über gesetzliche Vergütungsansprüche kompensiert werden, wie sie z.B. die Abgabe auf Geräte und Leerkassetten gemäß § 54 UrhG vorsieht.

Die Begründung einer gesetzlichen Lizenz mit hohen Transaktionskosten, die individuelle, vorteilhafte Transaktionen verhindernden, scheint die oben geschilderte Problematik im online-Bereich nicht zu erfassen. Denn individuelle Lizenzverhandlungen mit den Rechteinhabern oder den sie vertretenden Verwertungsgesellschaften verursachen für konkurrierende online-Dienste-Anbieter nicht derart prohibitiv hohe Transaktionskosten – insbesondere bei der Anwendung diese Kosten reduzierender Informationstechnologien –, die einer effizienten Rechteallokation per se im Wege stehen. Damit scheinen die zwar im Urheberrecht existierende Zwangslizenz und die gesetzliche Lizenz keine problemadäquaten Instrumente hinsichtlich des oben geschilderten Problembereiches darzustellen, da ihrer Anwendbarkeit eine andere Begründung zugrunde liegt. Ein weiterer kurzer Blick hinsichtlich geltender Rechtspraxis richtet sich somit auf die europäische sowie die deutsche Wettbewerbspolitik.

Im europäischen Wettbewerbsrecht findet die Zwangslizenz für urheberrechtlich geschützte Güter vor dem Hintergrund der essential facilities-doctrine Anwendung und fällt damit in den Bereich des Art. 82 EGV (vgl. Temple Lang (2002)). Als Voraussetzung für die Erteilung einer Zwangslizenz gilt danach neben dem Vorliegen einer dominanten Marktposition ein Missbrauch selbiger seitens des Rechteinhabers, der sich in ausbeuterischem oder in wettbewerbswidrigem Verhalten manifestiert (vgl. Temple Lang (2000), S. 388).[217] Der zentrale Aspekt der essential facilities-Theorie, und damit der Anwendung der

217 Als missbräuchliches Verhalten gilt in diesem Zusammenhang unter anderem die Weigerung eines dominanten Unternehmens, IPR, mit denen neue, nachfrageträchtige Produkte produziert werden könnten, zu nutzen oder zu lizenzieren, um eigene existierende Produkte vom Wettbewerbsdruck zu befreien (vgl. hierzu und zu weiteren Tatbeständen des missbräuchlichen Verhaltens ausführlicher Temple Lang (2002), S. 18).

Zwangslizenz, betrifft die Übertragung von Marktmacht und damit das Problem der Monopolisierung (vgl. Schwintowski (1999), S. 849).

Die konkreten Voraussetzungen zur Erteilung einer Zwangslizenz bestehen folglich in einer dominanten oder monopolistischen Marktposition und der Existenz zweier angrenzender Märkte, wobei der Wettbewerb auf dem nachgelagerten Markt infolge der verweigerten Lizenzierung beschränkt wird. Die Nutzung des Informationsgutes des dominanten Rechteinhabers ist somit notwendig für Wettbewerber, um auf dem nachgelagerten Markt agieren zu können. Es existieren keine Substitute und die Wettbewerber sind nicht in der Lage, das Gut bzw. ein Funktionsäquivalent selbst zu produzieren. Das Informationsgut erfüllt damit die Voraussetzungen einer wesentlichen Einrichtung. Ferner muss der Rechteinhaber auch auf dem angrenzenden Markt über eine dominante Position verfügen bzw. eine solche durch die Lizenzverweigerung erlangen oder stabilisieren. Der Wettbewerb auf dem angrenzenden Markt wird also durch der Verweigerung der Lizenzierung unterbunden.

Des Weiteren darf keine objektive Rechtfertigung der Verweigerung vorliegen.[218] Schließlich muss der nachgelagerte Markt ausreichend Gelegenheit für die Erbringung wettbewerblicher Mehrwertleistungen bieten und nicht eine bloße Distribution oder lediglich einen Weiterverkauf der Produkte des originären Marktes darstellen (vgl. Temple Lang (2002), S. 15 ff.). Damit wird deutlich, dass eine Verweigerung zur Lizenzierung eines IPR durch einen dominanten Rechteinaber dann keine Zwangslizenz gemäß Art. 82 EGV nach sich ziehen kann, solange hiervon lediglich der originäre Markt betroffen ist, für den das Verfügungsrecht gewährt wird. Je deutlicher allerdings unterschiedliche Märkte abgrenzbar sind und je stärker potenzielle Wettbewerbsbeschränkungen auf dem nachgelagerten Markt als Folge der Lizenzverweigerung wirken, desto eher kann die Zwangslizenz zur Anwendung kommen (vgl. Temple Lang (2002), S. 19).

Inwiefern die im vorigen Abschnitt thematisierte online-Distribution in der Musikindustrie diese Voraussetzungen erfüllen wird, lässt sich nicht abschließend und einheitlich beurteilen. Dazu bedürfte es unter anderem der Feststellung der Existenz von Marktmacht und in diesem Zusammenhang der Abgrenzung des relevanten Marktes, was nicht unerhebliche Probleme aufweisen dürfte.[219] So

218 Eine solche Rechtfertigung besteht z.B., wenn eine Lizenzierung im Widerspruch mit einer Verbesserung oder Weiterentwicklung des Informationsgutes stünde oder Sicherheitsstandards verletzt würden (vgl. zu den Rechtfertigungsgründen ausführlich Temple Lang (2002), S. 22 f.).

219 Vgl. zum Konzept des relevanten Marktes Herdzina (1984), S. 72 ff.; Kaufer (1980), S. 6 ff., 22 ff.; Knieps (2001), S. 48 ff.

müsste unter anderem geklärt werden, ob die dominanten Musik-Verlage als unabhängige Wettbewerber im Markt betrachtet werden, womit weniger Anhaltspunkte für eine monopolistische Position zu konstatieren wären. Dagegen ist jedoch zu beurteilen, ob die Kataloge der einzelnen fünf großen Anbieter gegeneinander substituierbar sind und damit im Wettbewerb stehen, was hier nicht angenommen wurde.

Auch könnten gemeinsame Vertriebs- und Lizenzmodelle der Rechteinhaber den Untersuchungsgegenstand darstellen. Hinsichtlich der Marktabgrenzung stellte sich beispielsweise die Frage, ob der relevante Markt lediglich die Musikproduktion und/oder den online-Service oder aber die gesamte Unterhaltungsindustrie umfasst. Die Entscheidung hinsichtlich Marktmacht und Wesentlichkeit der Informationsgüter wird von dieser Abgrenzungsentscheidung fundamental beeinflusst. Die EG-Kommission unterstellt für die digitale Distribution von Musik über das Internat einen eigenen Markt, der den des Vertriebes über CDs u.ä. nicht einschließt (vgl. Wissenschaftlicher Beirat (2001), S. 25).

Das deutsche Wettbewerbsrecht regelt den Zugang zu wesentlichen Einrichtungen im § 19 Abs. 4 Nr. 4 GWB als Teil der Missbrauchsaufsicht marktbeherrschender Unternehmen, wobei als wesentliche Einrichtungen Netze und andere Infrastruktureinrichtungen genannt werden. Ob bzw. inwiefern Informationsgüter bei dieser Formulierung als „wesentliche Einrichtungen" aufgefasst werden können, wie dies im europäischen Wettbewerbsrecht der Fall ist, bliebe zu hinterfragen.

Damit bleibt abschließend festzuhalten, dass das europäische Wettbewerbsrecht und die darin enthaltene Möglichkeit der Zwangslizenz den Besonderheiten von Informationsgütermärkten wie der Musikindustrie eher Rechnung trägt als das deutsche Urheberrecht. Dennoch existieren auch in der Wettbewerbspolitik bislang keine angemessenen Kriterien für einen diskriminierungsfreien Zugang zu wesentlichen Informationsgütern (vgl. ähnlich Klodt (2003), S. 117; Noll (2004), S. 89). Es bedürfte hier einer Einzelfallentscheidung, die unter anderem mit den oben kurz skizzierten Problemaspekten des relevanten Marktes sowie der Anerkennung der Erbringung von Mehrwertleistungen konfrontiert wäre. Eine allgemeingültige Beurteilung hinsichtlich als wesentlich erachteter IPR würde damit allerdings nicht erreicht.[220]

---

220 Ein Beispiel für das uneinheitliche Vorgehen der europäischen Rechtsprechung bietet der sog. „IMS-Health"-Fall. Hier wurde eine Zwangslizenz zur Nutzung eines auf regionalgeographischer Einteilung beruhenden Formates zur Datenanalyse im Pharmabereich angeordnet, das von der Firma IMS entwickelt wurde. Die Kritik an dieser Entscheidung richtete sich insbesondere darauf, dass kein missbräuchliches Verhalten und keine Tendenzen zur Monopolisierung angeführt wurden, keine zwei abgrenzbaren

Somit stellt sich die Frage nach der Aufnahme geeigneter Regelungen in das Urheberrecht. Hierzu bedarf es der Definition von Kriterien, anhand derer auf Effizienzsteigerungen infolge der Ausübung einer ex ante Zwangslizenz im Vergleich mit wettbewerbspolitischen Instrumenten geschlossen werden kann. Hieraus lassen sich dann Hinweise für deren Anwendung formulieren. Eine solche Ausgestaltung sollte dabei möglichst allgemein für urheberrechtlich relevante Güter in Betracht kommen, sofern die nötigen Voraussetzungen erfüllt wären. Dazu ist eine Analyse weiterer Wirkungen der Zwangslizenz von Nöten, da diese einen nicht unerheblichen Eingriff in die Verfügungsrechte darstellt. Zur Beantwortung dieser Fragen sollen die folgenden Ausführungen einen Beitrag leisten.

4.1.4.2 Ausgestaltungsaspekte

a) Grundlagen

Wie oben erwähnt bietet insbesondere die EU-rechtliche Ausgestaltung die Möglichkeit zur Reaktion auf Wettbewerbsprobleme der hier betrachteten Art. Stellen Informationen wesentliche Einrichtungen dar, und wird eine Verweigerung der Lizenzierung als missbräuchlich und wettbewerbsbeschränkend und damit als Möglichkeit zur Marktmachtübertragung beurteilt, kommen in Abhängigkeit der oben geschilderten Voraussetzungen gegebenenfalls administrative Zugangsverpflichtungen in Betracht, wie sie die essential facilities-doctrine bzw. daran orientierte Formulierungen des Wettbewerbsrechts ermöglichen. Im Bereich urheberrechtlich geschützter Güter weist die Rechtsprechung diesbezüglich nur eine relativ geringe Anzahl konkreter Fälle als Anhaltpunkte auf (siehe hierzu Stapper (2003); EuGH (2003)). Wohl nicht zuletzt deshalb, da sich diese Problematik erst mit der in jüngster Zeit zunehmenden wirtschaftlichen Bedeutung von Informationen und den intensivieren Schutzbemühungen ergibt. Die Fälle zeigen zudem ein uneinheitliches Vorgehen und stehen nicht immer im Einklang mit den theoretischen Voraussetzungen, die zur Anwendung der essential facilities-doctrine als notwendig erachtet werden, welche als Analyseinstrumentarium dienlich sein kann (vgl. z.B. Korah (1998)).

Ursachen hierfür können u.a. darin begründet liegen, dass sich die Beurteilung, ob diese notwendigen Voraussetzungen gegeben sind, aufgrund der Charakteristika der Informationsgütermärkte als besonders schwierig erweist. Dies betrifft neben den genannten Aspekten der Marktabgrenzung und der Definition von

---

Märkte vorlagen und die Entwicklung alternativer geographischer Einteilungen zu Analysezwecken gegeben sei. Voraussetzungen zur Feststellung eines essential facility-Falles wären damit nicht erfüllt und die Rechtsprechung wenig nachvollziehbar (vgl. hierzu Hull/Atwood/Perrine (2002), S. 36-39; Temple Lang (2002), S. 27 ff.).

Marktmacht auch Fragen hinsichtlich des Verhaltens, das in diesem Bereich unter Umständen anders bewertet werden muss als es die „traditionelle" Wettbewerbspolitik bislang tut.[221] Ferner existiert die inhärente Widersprüchlichkeit zur Intention des Urheberrechts, gerade Exklusivität herzustellen.

Doch auch für den Fall, in dem ein Vorliegen der nötigen Voraussetzungen als eindeutig unterstellt werden soll und den Eingriff legitimieren könnte, sind Probleme bei der Anwendung der essential facilities-doctrine – bzw. dazu analoger Verfahren – zu berücksichtigen. Diese zeigen sich unter anderem in dem ex post-Charakter des wettbewerbsrechtlichen Eingriffs (vgl. Ramello (2003), S. 138). So wird in Deutschland bislang lediglich im Bereich der Telekommunikation eine ex ante-Regulierung hinsichtlich des Zugangs zu wesentlichen Einrichtungen der Netzinfrastruktur praktiziert. Ansonsten erfolgen ex post-Kontrollen durch die Kartellbehörden auf der Grundlage des § 19 Abs. 4 Nr. 4 GWB (vgl. Haucap/Kruse (2004), S. 267 f.). Rückschlüsse aus der Diskussion um eine ex post oder ex ante-Regulierung bezüglich des Zugangs zu wesentlichen Einrichtungen lassen sich auch für die Analyse des hier relevanten Untersuchungsbereichs urheberrechtlicher Regelungen nutzen und anhand des Beispiels der online-Distribution veranschaulichen.

Ein wesentlicher Nachteil einer ex post-Kontrolle resultiert aus der fehlenden Planungssicherheit für potenzielle newcomer auf den Wettbewerbsmärkten. Infolge der Abhängigkeit von der einzelfallbezogenen Beurteilung bestimmter Verhaltensweisen durch die Aufsichtsbehörden sinkt die langfristige Verlässlichkeit (vgl. Haucap/Kruse (2004), S. 269). Das schmälert wiederum von vorn herein die Anreize, spezifische Investitionen in z.B. die Distributionsinfrastruktur vorzunehmen, wenn der notwendige Zugang zu den wesentlichen Inhalten nicht langfristig gesichert ist. Wettbewerbs- und Effizienzsteigerungspotenziale blieben ungenutzt.

Ein zusätzlicher Negativaspekt der ex post-Aufsicht liegt in der zeitlichen Verzögerung begründet, die mit der Entscheidungsfindung staatlicher Institutionen einhergeht (vgl. Haucap/Kruse (2004), S. 269). Dies zögert eine Wettbewerbsintensivierung durch neue, innovative Marktteilnehmer hinaus. Etablierte Anbieter können diesen Zeitvorsprung nutzen, um z.B. beim Vorliegen von Netzwerkeffekten und hinreichend hohen Wechselkosten eine installierte Basis zu errichten oder Lernkostenvorteile zu realisieren. Infolge eines solchen Ausbaus der

---

221 Hierfür sind wiederum die Marktstrukturen ausschlaggebend, die sich z.B. in der besonderen Bedeutung von Netzwerkeffekten oder der Notwendigkeit zum Aufbau einer „kritischen Masse" an Nutzern ausdrücken. Das Verhalten spiegelt dann gegebenenfalls eine als wettbewerbskonform anzuerkennende Reaktion hierauf wider. Siehe hierzu ausführlich Wissenschaftlicher Beirat (2001); Klodt (2003); Kapitel 4.2.

Marktposition ließe sich die Wettbewerbsintensität selbst dann noch mindern, wenn ein Zutritt nach erfolgter Entscheidung ermöglicht würde.

Um dem Problem der fehlenden Planungssicherheit bzw. eines „hold-up-Verhaltens“ der Rechteinhaber vorzubeugen, bei dem nach aufgenommen Geschäftsbeziehungen und getätigten Investitionen ein bislang lizenzierter Zugang nun verweigert wird oder nur zu verschlechterten Bedingungen möglich ist („installed-base-opportunism“), wird in der Literatur vorgeschlagen, wettbewerbspolitische Interventionen auf derartige nachträgliche Politikänderungen der Rechteinhaber zu beziehen (vgl. dazu z.B. Katz/Shapiro (1999), S. 65 f.).

Solche Vorschläge lassen jedoch die damit induzierten Anreizwirkungen außer Acht. Denn es muss gefragt werden, ob nicht mit einer faktischen Verhinderung eines späteren Strategiewechsels Anreize erzeugt werden, von vornherein auf eine Strategie der umfangreichen Lizenzierung zu verzichten, wenn diese nicht mehr geändert werden kann. Dies könnte im Endeffekt einem restriktiveren Lizenzierungsverhalten von Beginn an Vorschub leisten und wäre damit kontraproduktiv.

Negative Wirkungen der ex post-Kontrolle lassen sich durch eine ex ante-Regulierung mindern, da hierdurch Transparenz, Planungssicherheit als auch die Wirkungsgeschwindigkeit erhöht werden können. Diese Faktoren erweisen sich insbesondere für den Wettbewerb auf dynamischen, in der Entstehung befindlichen Märkten als äußert bedeutsam. Als nachteilig bei diesem Ansatz bleibt allerdings zu konstatieren, dass die Verhaltensweisen der relevanten Akteure in Abhängigkeit der Marktstrukturen antizipiert und auf dieser Grundlage Entscheidungen getroffen werden müssen, wohingegen bei der nachträglichen Aufsicht die tatsächlichen Marktgegebenheiten zugrunde gelegt werden können (vgl. Haucap/Kruse (2004), S. 269). Handlungsparameter werden so beschränkt, was sich wiederum negativ auf den Wettbewerb auswirken kann und die Gefahr von Effizienz mindernden Fehleinschätzungen seitens der Regulierer in sich birgt.

In Anbetracht der dargelegten Aspekte lässt sich zwar keine Pauschalaussage hinsichtlich der Überlegenheit einer Regulierungsvariante anführen. Allerdings sprechen insbesondere bei Marktentwicklungen mit hoher Zeitreagibilität und einer nötigen Planungssicherheit für newcomer die Argumente für einen ex ante-Ansatz, um Wettbewerbs- und Effizienzpotenziale zu realisieren. Dadurch lässt sich die Gefahr mindern, dass suboptimale Marktrealitäten geschaffen werden, die sich dann nach einem erfolgten Urteil der Wettbewerbsbehörden nicht oder nur zu hohen volkswirtschaftlichen Kosten revidieren lassen. Ferner erweist sich diese Alternative auch gegenüber der Einflussnahme von Partikularinteressen als weniger anfällig, wenn von vornherein die Bedingungen geklärt sind.

Hinsichtlich der Frage nach dem Zugang zu wesentlichen Informationen ließe sich vor diesem Hintergrund eine Lösung mit ex ante-Elementen im Urheberrecht statt im Wettbewerbsrecht unter Anwendung der Missbrauchsaufsicht implementieren. Wie oben erwähnt existieren hier zwar bereits Beschränkungen der Exklusivität, allerdings betreffen diese nicht vornehmlich die dargestellten Wettbewerbsprobleme auf angrenzenden Märkten, für die die Ausgestaltung der Urheberrechte mit ursächlich ist. Derartige Ausnahmeregelungen betreffen vielmehr, sofern sie überhaupt wettbewerbspolitisch motiviert sind, oftmals diejenigen Märkte, für die die Rechteallokation ursprünglich angedacht war. Negative Wirkungen auf angrenzende Märkte bleiben dabei jedoch unberücksichtigt. So können bestimmte Verhaltensweisen der Rechteinhaber durch das geltende Recht durchaus gedeckt sein, da keine Beschränkungen auf dem primären Markt entstehen, die über das urheberrechtlich akzeptable Maß hinausgehen. Allerdings könnten sich dadurch negative Effekte auf angrenzenden Märkten einstellen, ohne dass diese ausreichend berücksichtigt werden (vgl. Rahnasto (2003), S. 206).

Ein weiterer Vorteil eines ex ante-Ansatzes besteht in der Umgehung der problembehafteten Aspekte der Marktabgrenzung sowie der Marktmachtdefinition im Einzelfall. Diese stellen Voraussetzungen für wettbewerbspolitisches Handeln dar. Es ist jedoch vorstellbar, dass aus gewissen Verhaltensweisen, wie z.B. der Zugangs- bzw. Lizenzverweigerung, auch dann negative Wettbewerbskonsequenzen resultieren, wenn keine Marktmacht festzustellen ist (vgl. Rahnasto (2003), S. 206). Zugang und Nutzung könnten gesamtgesellschaftliche Effizienzvorteile ermöglichen.

Im Hintergrund der Diskussion um Marktdominanz steht die Frage nach dem Substitutionscharakter der jeweiligen Informationsgüter. Sofern ausreichend Anbieter substitutiver Güter verfügbar sind, wird sich kaum eine Marktmacht nachweisen lassen. Hinsichtlich potenzieller Substitutionsbeziehungen wäre die Beurteilung durch die Nachfrager relevant, inwiefern deren Bedürfnisse auch von anderen Gütern befriedigt werden könnten. Pauschale Aussagen sind deshalb nicht möglich. Aber auch wenn viele Informationsgüter gerade durch ihre Einzigartigkeit gekennzeichnet sind und somit keine direkten Substitute existieren, kann deshalb nicht auf eine monopolistische oder marktdominante Stellung des jeweiligen Rechteinhabers geschlossen werden (vgl. Ullrich (2001), S. 387 f.).

Nichtsdestotrotz kann der Zugang zu solchen Informationen, insbesondere wenn es sich um komplementäre Güter handelt, zur Erzeugung neuer Güter und Dienstleistungen eine wesentliche Voraussetzung bedeuten, auch ohne dass der Rechteinhaber über eine dominante Marktposition im traditionellen wettbewerbstheoretischen Sinne verfügt.[222]

Ein denkbarer Lösungsansatz für die hier dargestellten Problemaspekte könnte in einem Kontrahierungszwang zugunsten der digitalen Distribution bestehen, dem die Rechteinhaber unterworfen wären. Dies wäre ein ähnliches Vorgehen, wie es im Rahmen der Kabelweitersendung praktiziert wird. Auch hier besteht ein Recht auf Vertragsabschluss für die Kabelnetzbetreiber gegenüber den Rechteinhabern hinsichtlich der Inhaltenutzung (siehe hierzu ausführlich Weisser/Höppner (2003); Levy (1999)). Bei einem solchen Vorgehen bestünde zunächst die Möglichkeit zur vertraglichen Einigung. Bei deren Scheitern hat der potenzielle Lizenznehmer einen rechtlich durchsetzbaren Anspruch auf Vertragsabschluss, wobei die wesentlichen Bedingungen administrativ bestimmt werden könnten (vgl. Weisser/Höppner (2003), S. 598 ff.). Ein Vorteil dieser Regelung läge darin, dass die Verhandlungsposition der schwächeren Marktseite gestärkt und damit der Anreiz zur Erzielung individueller Übereinkünfte gesteigert würde (vgl. Ergas (2002), S. 5).

Die geschilderten Wettbewerbsprobleme auf dem nachgelagerten Markt ließen sich infolge dieses Vorgehens mindern. Marktzutrittsschranken für potenzielle newcomer würden verringert, wodurch sich dynamische, Effizienz steigernde Entwicklungen entfalten könnten. Eine höhere Verlässlichkeit und schneller Zugang würden Investitionsanreize steigern und verbesserten zudem die Aussicht auf die Akquirierung von Risikokapital, weil die latente Gefahr von kostenintensiven Urheberrechtsverletzungen beseitigt würde. Diese lässt potenzielle Kapitalgeber momentan zurückhaltend agieren. Damit gingen möglicherweise allokative Verbesserungen einher, weil im Vergleich mit anderen Verwendungen höhere Grenzerträge des Kapitals zu erzielen wären.

Neben dem diskriminierungsfreien Zugang zu den Inhalten sollte gleichzeitig auch die Wahl der angewandten Technologie sowie der Einsatz sonstiger Handlungsparameter den Marktteilnehmern überlassen bleiben. Damit ließe sich eine

---

222 Analoge Beispiele finden sich im Bereich des Patentschutzes, z.B. bei Genpatenten. So erlangt der Inhaber eines Patents an einem bestimmten Gen die Rechte für sämtliche Nutzungsformen dieses Gens, also z.B. die Anwendung bestimmter Medikamente und Behandlungsmethoden. Wenn auch keine Monopolstellung dieses Rechteinhabers angenommen wird, so kann das Lizenzierungsverhalten dennoch bedeutende Auswirkungen auf die Entwicklung des nachgelagerten Marktes haben (siehe hierzu Noll (2004), S. 90 ff.).

Technologieneutralität sicherstellen und der Wettbewerb um die beste(n) Technologie(n) unterstützen. Wäre dies nicht gewährleistet, müsste mit Verzerrungen auf den jeweiligen Märkten gerechnet werden. Ein Beispiel hierzu bietet das US-amerikanische Recht zur Nutzung der Musikkataloge für online-Radio-Angebote („Webcasting“), wobei die Nutzung an die Einhaltung restriktiver Bedingungen geknüpft ist. Diesbezüglich garantiert beispielsweise der DMCA eine Zwangslizenz nur für „geeignete“ online-Radio-Anbieter, die als Pendant zum traditionellen Radio gesehen werden können. Die Definition der Geeignetheit umfasst dabei zahlreiche Verhaltensbeschränkungen und greift in unternehmerische Handlungsfreiheiten ein. So wird z.B. die Programmgestaltung beeinflusst, da festgelegt ist, wie häufig bestimmte Titel/Interpreten in einem bestimmten Zeitraum gesendet werden dürfen. Auch sind detaillierte Programmankündigungen untersagt. Ferner ist die Kooperation mit den Musikverlagen erforderlich und es bedarf des Einsatzes verfügbarer Technologien zur Verhinderung von downloads (siehe hierzu ausführlich Lincoff (2001), S. 169 f.).

Des Weiteren unterscheiden sich die Nutzungsbedingungen hinsichtlich der Lizenzgebühren zugunsten des traditionellen Radios, selbst wenn dieses online über das Internet gesendet wird. Solche Bedingungen wirken wettbewerbsverzerrend, können den Eintritt in innovative Märkte erschweren und eine potenzielle Angebotsvielfalt beschränken, wodurch Wohlfahrtseinbußen entstehen können (vgl. hierzu Picker (2002), S. 14 f.). Derartige Entwicklungen – ob durch institutionelle Rahmenbedingungen oder durch das Verhalten der Rechteinhaber verursacht – gilt es zu vermeiden.

Die Forderung nach einem nicht diskriminierenden Zugang, der nicht an bestimmte Bedingungen geknüpft ist, würde auch die Möglichkeiten von dominierenden Rechteinhabern mindern, Einfluss auf die Hardware-Märkte zu erlangen. Ließe sich hingegen über die Lizenzierungspraxis ein Standard vorschreiben, könnten Wettbewerb und technologische Entwicklung auf diesen Märkten beeinträchtigt und Kontrollmöglichkeiten der Rechteinhaber ausgedehnt werden (siehe hierzu ähnlich Koenig/Neumann (2003); Altes (2000), S. 484). Dieser Einfluss ginge jedoch über den urheberrechtlich bezweckten hinaus. Die hier gewährte Exklusivität sollte sich lediglich auf die Marktebene des kreierten Gutes beziehen.

In ähnlichem Kontext kann auch die jüngste Entwicklung der kommerziellen online-Dienste zur Musikdistribution betrachten werden. Da diese sich noch in der Anfangsphase befinden, sind zwar keine endgültigen Schlussfolgerung möglich, es können aber gegebenenfalls tendenzielle Aussagen gemacht werden. Dabei soll nicht primär eine Analyse der aktuellen Situation erfolgen, die schnell obsolet sein könnte, sondern diese vielmehr als Beispiel zur Veranschaulichung der allgemeinen Problematik dienen, die auch für weitere Branchen und Bereiche relevant sein kann und damit prinzipiell ihre Gültigkeit behält.

So bietet die Firma Apple einen online-Dienst (iTunes) an, wobei die Musikdateien u.a. auf einem portablen Abspielgerät (iPod) gespeichert werden können. Inhalte alternativer online-Dienste sind hingegen nicht direkt auf dem Gerät speicherbar (vgl. Nolde (2004)). Auch existieren bislang keine alternativen Geräte, mit denen das Angebot von iTunes nutzbar ist. Da die parallele Anwendung mehrerer Geräte und Dienste aus Konsumentensicht als wenig attraktiv erscheint, bleibt der Wettbewerb auf die gesamten Software-Hardware-Systeme beschränkt.[223] Als ein wesentlicher Wettbewerbsparmeter dient dabei das verfügbare Musikangebot, das wiederum von der Lizenzierungspraxis abhängt. Ein denkbarer Wettbewerb sowohl auf Geräte- als auch auf Diensteebene für sich unterbliebe, wodurch auf Effizienzgewinne verzichtet würde. Sofern sich ein Systemstandard durchsetzt, wird der nachträgliche Wechsel, insbesondere zu Newcomerangeboten, c.p. erschwert. Entscheidend für den Markterfolg eines Systems kann damit in hohem Maße ein früher Marktzutritt sein, der die Etablierung eines Standards ermöglicht, und weniger die Qualität oder die Konsumentenpräferenzen bezüglich der Technologie. Somit zeigt sich der Einfluss der Rechteinhaber auf die Marktentwicklung, infolge des Lizenzierungsverhaltens.

Sollte der Rechteinhaber nicht vertikal integriert sein, stellt sich die Frage nach dem Anreiz zur partiellen Lizenzverweigerung, da dies den Gewinnmaximierungsinteressen entgegen steht (vgl. Lincoff (2001), S. 170). Denkbar erscheint hier, dass der Rechteinhaber an den Einnahmen aus dem Verkauf der Abspielgeräte finanziell partizipiert und dies gegebenenfalls als Bedingung zur Lizenzvergabe macht. Setzt sich nur ein Standard durch, besteht die Aussicht auf Monopolgewinne. Ein Wettbewerb auf der Geräteebene – mit verursacht durch eine breite Inhaltelizenzierung – würde die Preise hingegen in Richtung Grenzkosten senken. Sollten die Einnahmen aus der Beteiligung an den Monopolgewinnen höher sein als diejenigen aus einer breiteren Lizenzierung mit anschließend Wettbewerb intensivierender Wirkung, wäre die Strategie attraktiv. Zudem ließen sich über den Einfluss auf die Technologie auch die Nutzungsmöglichkeiten leichter bestimmen und kontrollieren und illegale Vervielfältigungen beschränken. Diese Wirkung kann auch als eine Ursache für die Koppelung von Hard- und Software-Komponenten gesehen werden.

Online-Anbieter, die nicht in der Lage sind, zusätzlich eine eigene Hardwaretechnologie (Abspielgeräte) anzubieten, wären bei einem Wettbewerb der Sys-

223 Die Firmen Sony und Microsoft sind im Begriff Konkurrenzsysteme anzubieten (vgl. Nolde (2004); o.V. (28.05.2004))

teme benachteiligt. Infolge fehlender gegenseitiger Kompatibilitäten, wie oben geschildert, sinkt die Attraktivität solcher Dienste. Aktuelle Entwicklungen in den USA lassen sich hier als Beispiel heranziehen. So ist die Firma Real Networks bestrebt, dass mit dem Abspielgerät von Apple auch das eigene online-Musik-Angebot genutzt werden kann (vgl. Nolde (2004); Herkenhoff (2004)). Ob diese Problematik wettbewerbspolitisch relevant ist, scheint zunächst eher unwahrscheinlich.[224] Stellte sich allerdings eine Situation ein, in der über eine Standardisierung der Technologie der Wettbewerb auf dem online-Markt beschränkt würde, ist die Beurteilung weniger eindeutig. Damit würde der Zugang zur Technologie bzw. die Kompatibilität zum Engpassfaktor. Administrative Reaktionen hierauf könnten darin bestehen, parallel zum Zugang zu wesentlichen Inhalten auch einen diskriminierungsfreien Zugang zur Technologie zu ermöglichen. Das hieße, dass das Angebot auch unabhängiger online-Dienste mit den verfügbaren Abspielgeräten von Apple zu nutzen sein müsste. Ein ähnlicher Ansatz solcher parallelen „must-carry-Regelungen" wird im Bereich des Kabelfernsehmarktes erörtert (siehe hierzu Levy (1999), S. 395).

b) Alternative Varianten

Ein bedeutender Kritikpunkt der Zwangslizenzen wird in den negativen Auswirkungen auf die Möglichkeit zur Einnahmenerzielung und den daraus resultierenden Anreizverzerrungen und dynamischen Effizienzverlusten gesehen (vgl. z.B. Shapiro (2002); Merges (1996)). Der Zwangszugang im hier geschilderten Kontext soll einen funktionsfähigen Wettbewerbsprozess auf nachgelagerten Märkten gewährleisten und dabei möglichst wenig negative Einflüsse auf die ursprünglichen Anreizentscheidungen der Rechteinhaber ausüben.

Hierzu kommen unterschiedliche Varianten in Betracht. Bei derartigen Überlegungen bezüglich der Wirkungen auf Einnahme- und Anreizpotenziale steht implizit die normative Frage im Hintergrund, welche Potenziale einem Innovator exklusiv vorbehalten werden sollen.[225] Im hier relevanten Zusammenhang wäre dies unter anderem die Frage, ob Urheberrechte für Nutzungsformen und Märkte gelten sollen, die zum Zeitpunkt der Kreation unbekannt und deren Entstehung nicht vorhersehbar waren. Diese beeinflussen die ex ante-Entscheidung zur Kre-

224 Unterschiedliche Entwicklungsmöglichkeiten eigener Hardwareprodukte können kaum eine Ursache für ein potenzielles Wettbewerbsversagen darstellen. Die Firma Real Networks bietet jedoch eine Software an, die es ermöglicht, auch Musik anderer online-Anbieter auf dem Abspielgerät der Firma Apple zu nutzen. Diesbezüglich stellt sich die Frage, ob hierdurch gegen das Urheberrecht verstoßen wird, da der Softwareschutz des Abspielgerätes überwunden wird (vgl. Herkenhoff (2004)). Dieser Schutz schützt damit nicht nur das Gerät vor Imitationen, sondern auch den online-Dienst vor Wettbewerb.

225 Siehe hierzu ausführlich Kapitel 2.5.3.

ation nicht, womit sie keine positiven Anreizwirkungen erzeugen, allerdings Wohlfahrtsverluste aufgrund monopolistischer Preissetzung hervorrufen.

Dies berücksichtigende Zugangsregelungen stehen allerdings vor der Herausforderung, dass dem Rechteinhaber zwar eine Kenntnis zukünftiger Nutzungsformen und Märkte im Detail nicht bekannt sein muss, dass aber eine grobe Vorstellungen hinsichtlich bestimmter Anwendungsformen gegeben sein kann. Potenzielle Einnahmeerwartungen gehen dann mit Wahrscheinlichkeitswerten in die Entscheidungsfindung ein und wirken auf die Anreize (vgl. Landes/Posner (2002), S. 4). Stellt sich für die Rechteinhaber im Nachhinein heraus, dass Investitionen zur Entwicklung und Herstellung wegen rechtlicher Regelungen nicht amortisiert werden können, so senkt dies langfristig die Risikobereitschaft und kann Innovationen verhindern oder verzögern. So konnte z.B. das Marktpotenzial der digitalen Technologie von Informationsgüterproduzenten vermutet werden, wenn auch die genauen Anwendungsmöglichkeiten wie beispielsweise der Dateientausch oder -kauf via Internet nicht explizit bekannt waren.

Unter der Annahme, dass ein fehlender Schutz für unbekannte Nutzungsformen keine anreizmindernde Wirkung hat, sind hinsichtlich der Zugangsregelungen ferner Auswirkungen auf den originären Markt zu berücksichtigen. Hier stellt sich die Frage, ob neue Nutzungsformen substituierenden, neutralen oder komplementären Charakter haben. Aus wohlfahrtstheoretischer Sicht ist damit relevant, ob (zumindest) die gleiche Menge an Gütern auch kreiert worden wäre, wenn die Nutzung in neuen Verwendungen nicht exklusiv möglich wäre (vgl. Picker (2002a), S. 12). Sollten neue Nutzungsformen die Einnahmepotenziale auf dem ursprünglichen Markt vermindern, wäre aus Anreizaspekten eine Gültigkeit der Exklusivität auch auf dem neuen Markt ökonomisch zu rechtfertigen.

Auch eine solche Beurteilung dürfte sich in der Praxis als nicht einfach erweisen, wie das Beispiel der online-Distribution zeigt. Selbst bei der vollkommen unentgeltlichen (illegalen) Nutzung der Inhalte im Napster-Fall ist eine fundierte Wirkungsanalyse hinsichtlich der Einnahmensituation äußerst problematisch. Insbesondere von Interessengruppen angeführte Umsatz- und Gewinnrückgänge lassen sich nicht eindeutig auf den Internettausch zurückführen. Bei einer unterstellten, nahezu perfekten Substituierbarkeit der Güter, müsste in Anbetracht der immensen Anzahl der getauschten Daten zudem aufgrund modelltheoretischer Überlegungen der Verkauf der Originale in viel stärkerem Maße rückläufig gewesen sein, als es empirisch zu beobachten war (vgl. hierzu Liebowitz (2003a), S. 16 ff.).

Ungeachtet dessen soll im Folgenden unterstellt werden, dass ein administrierter Zugang zu den wesentlichen Informationsgütern und deren Nutzung in Konkurrenz zur Verwertung durch die Rechteinhaber steht, sodass negative Effekte bezüglich Einnahmen und Anreizen auftreten. Es sollen potenzielle Varianten dargestellt werden, die dem Rechnung tragen, ohne den Wettbewerb über das zu rechtfertigende Maß hinaus zu beschränken.

Diesbezüglich zeigen sich zwei Bereiche relevant. Zum einen eine anreizgerechte Gestaltung der Entgelte, zum anderen die Art des Zugangs. Hinsichtlich der Entgelte, die an den Rechteinhaber auch dann zu entrichten sind, wenn bei Gültigkeit eines Kontrahierungszwangs o.ä. die Nutzung nicht verweigert werden kann, sollte eine weitgehend marktkonforme und somit an den Nutzungsmöglichkeiten orientierte Lösung beabsichtigt werden. Hierzu käme eine Methode in Betracht, bei der die Höhe der Lizenzgebühren vom wirtschaftlichen Erfolg des Nutzers (hier: online-Anbieters) abhängt. Als Bemessungsgrundlage könnte z.B. der Umsatz oder die Reichweite herangezogen werden. Je höher die Abonnenten-/Nutzerzahl desto höher könnten die Entgelte sein. Ein solches Vorgehen wäre damit ähnlich der aktuellen Praxis der Inhaltenutzung durch Verwerter wie z.B. Rundfunkveranstalter, die Gebühren an die Verwertungsgesellschaften (z.B. GEMA, VG Wort) abführen (siehe dazu ausführlich Bing (2002), S. 158 ff.; Lincoff (2001)). Hier wird die Tarifhöhe gemäß § 13 III 1 WahrnG anhand der „geldwerten Vorteile" aus der Verwertung bestimmt und bezieht sich auf den Umsatz (vgl. Schack (2001), S. 524 f.). Die Rechteinhaber könnten direkt an der Verwertung partizipieren, was bei einer Pauschallizenz weniger genau möglich wäre.

Allerdings bleibt festzuhalten, dass die absolute Tarifhöhe damit nicht bestimmt ist und ein solches Verfahren einer marktlichen Preisfindung unterlegen ist. Nutzungsbedingte Wertschätzungen der Verwerter kommen nicht zum Ausdruck. Aufgrund technologischer Entwicklungen scheint jedoch zumindest eine detaillierte Bestimmung und Kontrolle tatsächlich genutzter Informationsgüter, hier z.B. vertriebener Musiktitel, denkbar. Dies steigerte einerseits die Möglichkeit einer genaueren, erfolgsabhängigen Entgeltung. Andererseits könnte der Wettbewerb unter den Rechteinhabern, und damit der Anreiz zur Kreation intensiviert werden, je genauer die Einnahmen mit der tatsächlichen Nutzung einzelner Werke korrelieren und nicht lediglich pauschale Umsatzgrößen den Maßstab bilden (vgl. ähnlich Bing (2002), S. 256). Eine ausführlichere Analyse der Problematik der Entgeltbestimmung soll hier unterbleiben. Stattdessen sollen unterschiedliche Zugangsmodalitäten betrachtet werden, die zum Teil auch das Entgeltproblem verringern.

(1) verzögerter Zugang

Als ein erster Vorschlag käme das oben geschilderte gesetzlich verfügte Zugangsrecht zu wesentlichen Informationsgütern für Dritte mit einer gewissen Zeitverzögerung in Betracht, die allerdings wesentlich kürzer ausfallen sollte als die Schutzfrist des aktuellen Urheberrechts. Nach Ablauf dieser Frist können die Informationsgüter von Wettbewerbern genutzt werden, ohne dass der Rechteinhaber dies verhindern könnte. Hiermit ließe sich die „entweder-oder-Entscheidung" bezüglich einer sofortigen Zwangslizenz oder aber der Reservierung sämtlicher Nutzungspotenziale zugunsten der Rechteinhaber mit ihren jeweiligen negativen Konsequenzen vermeiden.

Während der festgesetzten Schutzdauer bestünde dann für den Rechteinhaber die Möglichkeit zur exklusiven Verwertung, auch zur Lizenzierung auf individualvertraglicher Basis. Während dieser Periode können Kosten der Kreation gedeckt und Monopolrenten erwirtschaftet werden, womit Anreizwirkungen erhalten bleiben. Gerade bei relativ kurzen Produktlebenszyklen und auf Märkten mit Netzwerkeffekten sind derartige, wenn auch vergleichsweise kurze, „first-mover-Vorteile" nicht zu unterschätzen. Das Wissen des Rechteinhabers um einen zukünftigen Wettbewerb infolge der Zugangmöglichkeiten zu den wesentlichen Informationen wird tendenziell Anreize zur effizienten Nutzung und Ausschöpfung möglichst vieler Potenziale schaffen (vgl. Stapper (2003), S. 213). Davon können auch positive Effekte für die Konsumenten ausgehen.

Neben der Länge der exklusiven Zeitperiode ist die Elastizität der Nachfrage von fundamentaler Bedeutung. Der Rechteinhaber muss die Möglichkeit haben, hohe Preise für neue, geschützte Güter zu erzielen, während alte Güter, für die bereits ein Zugang besteht, aufgrund des Wettbewerbs vergleichsweise geringe Preise haben werden. Dies setzt aber eine inelastische Nachfrage bezüglich der neuen Güter voraus, zumindest bei einer gewissen Anzahl von Käufern. Anderenfalls würden die Konsumenten, trotz fehlender Substitute, mit ihrem Kauf so lange warten, bis die Güter ihre Exklusivität verlieren und zu Wettbewerbspreisen erhältlich wären (vgl. ähnlich Koboldt/Schmidtchen (1991), S. 311). Der Schutzzeitraum wäre für die Anreizgenerierung dann irrelevant. Für die Rechteinhaber besteht jedoch die Möglichkeit zur Beeinflussung der Elastizitäten. So sind diverse Marketingverfahren ebenso vorstellbar wie ein eigenes, attraktives online-Angebot, um ein Warten der Konsumenten zu verhindern. Ferner ließe sich dieser Gefahr durch die Länge der Schutzdauer begegnen.[226]

---

226 Gegebenenfalls könnte die Schutzdauer flexibel ausgestaltet werden, und sich z.B. am Erfolg in Form verkaufter Einheiten orientieren. Je höher die Verkaufszahlen des Originalproduzenten, desto eher könnte der Zugang erfolgen. Auch relativ teure „Nischenproduktionen" mit geringer Massentauglichkeit ließen sich so produzieren, weil die

Zusätzlich zu den gesteigerten Wettbewerbspotenzialen für den nachgelagerten Markt, sind infolge der sich einstellenden intertemporalen Preisdiskriminierung auch Effizienzgewinne zu erzielen. Nutzer mit inelastischer Nachfrage für neue Inhalte wären bereit, höhere Preise, entsprechend ihrer Zahlungsbereitschaft, zu entrichten. Konsumenten mit geringerer Zahlungsbereitschaft nehmen hingegen eine längere Wartezeit in Kauf. Für ältere Inhalte stellt sich dann ein Wettbewerbspreis in der Höhe der Grenzkosten ein, was eine allokativ effiziente Nutzung ermöglichte (vgl. Galloway/Kinnear (2001), S. 285 f.). Das Ergebnis käme so der theoretischen Forderung einer effizienten Preissetzung für solche Güter nahe, die durch hohe Fixkosten der Produktion und geringe Grenzkosten gekennzeichnet sind, wie es typischerweise für Informationsgüter der Fall ist. Zur anreizbewahrenden Kostendeckung gilt diesbezüglich die Ramsey-Preisbildung als effizient (vgl. Fritsch/Wein/Ewers (1999), S. 226 ff.; Knieps (2001), S. 80 ff.).

Diese besagt, dass mit abnehmender Elastizität der Nachfrage höhere Preise zur Kostendeckung zu setzen sind (vgl. David (2004), S. 31). Voraussetzung hierfür ist die Abgrenzung unterschiedlicher Nutzergruppen gemäß deren Nachfrageelastizitäten, um unterschiedliche Preise verlangen zu können sowie die Unterbindung von Arbitragegeschäften. Zur Approximation dieser Elastizitäten kann der Zeitpunkt des Zugangs herangezogen werden. Je geringer die Elastizität, desto größer die Bereitschaft, für eine sofortige Nutzung auch Preise weit oberhalb der Grenzkosten zu akzeptieren. Konsumenten mit hoher Elastizität nehmen hingegen längere Wartezeiten in Kauf.[227]

Gleichzeitig ließe sich die Gefahr der illegalen Nutzung verringern. Mit der Aussicht auf ein günstiges legales online-Angebot würde die Bereitschaft der Konsumenten mit hoher Elastizität sinken, die (Transaktions-) Kosten der Illegalität (z.B. Straf- und Entdeckungswahrscheinlichkeit, schlechte Qualitäten) auf sich zu nehmen (vgl. Galloway/Kinnear (2001), S. 283). Nach Ablauf der

Schutzdauer unter Umständen nicht abläuft. Technische Verfahren ließen sich zur genauen Erfassung z.B. verkaufter Dateien über das Internet nutzen (vgl. Halusa (2003)). Ein nicht unbedeutender administrativer Einfluss wäre hier allerdings offensichtlich, weil festgelegt werden müsste, welche Einnahmen unter Anreizgesichtspunkten nötig wären. Hier stellen sich zudem Probleme von Informationsasymmetrien und Lobbytätigkeiten z.B. bezüglich der Beurteilung tatsächlicher Produktionskosten, die als Beurteilungsmaßstab dienen könnten.

227 In ähnlicher Weise erfolgt eine intertemporale Preisdifferenzierung für Bücher. Zunächst werden gebundene Ausgaben zu einem hohen Preis angeboten, um dann nach einem gewissen Zeitraum die Taschenbuchversion für diejenigen Konsumenten mit hoher Elastizität anzubieten. Dabei unterscheiden sich die Grenzkosten der Produktion der beiden Varianten nur marginal und sind für die Preissetzung unerheblich (vgl. Pindyck/Rubinfeld (2003), S. 538 ff.).

Schutzdauer wäre der diskriminierungsfreie Zugang für Verwertungsformen auf nachgelagerten Märkten denkbar, sodass Wettbewerbsangebote implementiert würden. Ob oder in welcher Höhe Entgelte von den Diensteanbietern an die Rechteinhaber zu entrichten wären, müsste im Einzelfall diskutiert werden. Prinzipiell ließen sich die Anreize für die Rechteinhaber über die Festlegung des Zeitraums beeinflussen. Alle weiteren Rechte, insbesondere auf horizontaler E-bene und hinsichtlich traditioneller Verwertungsformen wie z.B. der Offlinemedien (CDs u.a.), blieben weiterhin exklusiv in der Verfügung des Rechteinhabers. Sofern nach Ablauf der exklusiven, kurzen Schutzphase der Zugang zu den Informationsgütern für die Verwerter nicht unentgeltlichen erfolgen soll, verringerte sich zwar die Problematik der administrativen Entgeltbestimmung im Vergleich zum sofortigen Zugang, da bereits ein Teil der Investitionen in der Schutzphase amortisiert werden konnte. Dennoch bliebe sie erhalten, wenn auch in geringerem Ausmaß. Somit stellt sich die Frage nach stärker marktorientierten Ansätzen.

(2) Verpflichtung zur Lizenzversteigerung

Ein solcher Ansatz könnte in der Verpflichtung des Rechteinhabers bestehen, nach einer gewissen Schutzdauer eine zuvor festgelegte Anzahl an Lizenzen versteigern zu müssen (vgl. Meessen (2004), S. 99). Die Gefahren für den Wettbewerb wären dadurch verringert, da dann mehrere Anbieter untereinander und mit dem Rechteinhaber konkurrieren. Eine Einflussnahme des Letzteren auf die Entwicklung nachgelagerter Märkte ließe sich so reduzieren, auch wenn die Wettbewerbsintensität geringer ausfiele als bei der oben geschilderten Lösung, da dort theoretisch mehr potenzielle Verwerter Zugangsmöglichkeiten erhalten. Es ist zwar denkbar, dass der Rechteinhaber zusätzlich zu den versteigerten Lizenzen weitere Lizenzen vergibt. Dennoch dürfte der Wettbewerb nicht derart intensiv ausfallen, wie im Falle des unbeschränkten Zugangs. Bei einer relativ geringen Anbieterzahl – in Abhängigkeit der versteigerten Lizenzen – ist eine Verhaltensabstimmung nicht auszuschließen. Diesbezüglich wäre das Wettbewerbsrecht allerdings die angemessene Kontrollinstitution. Je nach Ausgestaltung der Lizenzbedingungen sind die Nutzungs- und Verwertungsmöglichkeiten definiert, die gegebenenfalls auch differenziert ausfallen und damit unterschiedlichen Entgelten unterliegen können. Im Anschluss an einen definierten Zeitraum könnten weitere Lizenzen versteigert werden oder ein nicht limitierter Zugang in Frage kommen.

Im Vergleich mit z.B. zu ersteigernden Nutzungslizenzen für einzelne Patente besteht im Zusammenhang mit der online-Verwertung allerdings die Problematik darin, dass es sich um die Nutzung eines Repertoires handelt, wobei der Zufluss weiterer, aktueller Inhalte während der Lizenzperiode anzunehmen ist.

Dies müsste angemessen berücksichtigt werden. So würde sich die erste vollständige Schutzphase nicht auf den Katalog als solchen beziehen, sondern auf die einzelnen Inhalte. Die Lizenz könnte dann z.B. die Nutzung der bestehenden Inhalte zum Zeitpunkt der Ersteigerung und neue Inhalte erst mit Zeitverzögerung beinhalten. Dies würde zwar den administrativen Aufwand erhöhen, aber dem Aspekt der dynamischen Effizienz Rechnung tragen. Anderenfalls bestünde kaum ein Anreiz zur Kreation neuer Inhalte, wenn keine exklusiven Renten erzielt werden können und die Höhe der Lizenzeinnahmen unabhängig von zusätzlichen Inhalten ist.

Ein wesentlicher Vorzug dieser Variante ist in der wettbewerblichen Preissetzung infolge des Auktionsverfahrens zu sehen (vgl. Meessen (2004), S. 99). Zur Preisfindung lassen sich private Informationen der relevanten Marktakteure hinsichtlich der Wertschätzung sowie des prognostizierten Marktpotenzials für die Rechte nutzen. Die Teilnehmer an dem Versteigerungsverfahren werden in der Regel über einen besseren Informationsstand verfügen als staatliche Behördenvertreter, die ansonsten mit der Entgeltfestlegung im Zuge einer Zwangslizenzierung beauftragt wären (vgl. Kremer (1998), S. 1146 ff.).[228] Zudem dürften die anreizrelevanten Einnahmen der Rechteinhaber höher ausfallen, wenn auch eine vollständige Amortisierung der Kosten, allein durch die Versteigerungserlöse nicht anzustreben ist, da bereits in der Phase der Exklusivnutzung Renten angeeigneten werden können und der Wert der Güter für nachfolgende Verwerter möglicherweise durch einen Aktualitätsverlust gemindert ist.[229]

Durch die Versteigerung gelangen die Lizenzen zu denjenigen Verwertern, die ihnen die höchste Wertschätzung beimessen. Dies lässt auf eine effiziente Verwendung schließen, sodass die Rechte an den Ort ihrer höchsten Nutzenstiftung gelangen. Dabei verfügen die Lizenznehmer gegebenenfalls auch über bessere Informationen oder Ideen hinsichtlich bestimmter Verwertungsformen und Marktpotenziale als die Rechteinhaber selbst. Diese Anwendungen können somit letztlich zur Effizienzsteigerung im Sinne der Konsumenten beitragen und Innovationen hervorbringen (vgl. ähnlich Blind/Edler (2001), S. 24). Der Rech-

228 Eine Umgehung der bezweckten Wirkung einer solchen Versteigerung durch missbräuchliches Verhalten – z.B. durch die Ersteigerung der Lizenzen von verbundenen Unternehmen – wäre prinzipiell denkbar. Dies müsste durch ergänzende Regelungen und Maßnahmen verhindert werden.

229 Dieser Wertverlust widerspricht z.T. der Annahme, dass Informationsgüter nichtrival sind. In Abhängigkeit der Nutzungsintensität würde dann der Nutzen für weitere Verwender gemindert. Es könnte eine Art Überfüllungs-/Übernutzungsexternalität eintreten, sofern die Nutzung der Informationsgüter durch ein Individuum die Nutzungs- und Verwertungsmöglichkeiten für weitere Individuen verringern würde, ohne dass dies über den Marktpreis internalisiert würde (siehe hierzu und den daraus folgenden Implikationen ausführlich Landes/Posner (2003), S. 222 ff.).

teinhaber kann durch die Versteigerung auch an ihm bislang unbekannten Nutzungsformen finanziell partizipieren, da letztere die Zahlungsbereitschaft des Lizenznehmers beeinflussen und sich im Preis niederschlagen. Je höher die Potenziale derartiger neuer Verwertungsformen, desto höher wird das Gebot des betreffenden Akteurs sein. Administrierte Preise würden diese Potenziale aufgrund fehlender Informationen nicht preislich einbeziehen. Das oben aufgeworfene Problem einer „Reservierung" und damit Verzögerung unbekannter Nutzungen würde insoweit gemindert, als dass der Rechteinhaber diese nicht verhindern kann, aber teilweise davon profitiert, was unter Anreizgesichtspunkten als positiv zu werten ist. Prinzipiell wäre diesbezüglich eine freiwillige Lizenzierung denkbar. Eine solche lizenzierte Verwertung durch Dritte würde aber möglicherweise in Konkurrenz zu anderen, traditionellen Verwertungsformen des Rechteinhabers stehen und diese einem steigenden Wettbewerbsdruck aussetzen, dort Gewinne mindern und deshalb eher unterbleiben (vgl. Blind/Edler (2001), S. 24).

In der ersten Schutzphase hat der Rechteinhaber alle Möglichkeiten zur Verwertung. Diesbezüglich entsprechen die Effizienzwirkungen (intertemporale Preisdifferenzierung) den im vorigen Abschnitt (1) geschilderten. An die Phase der versteigerten Nutzung kann sich die Versteigerung einer weiteren, größeren Zahl von Lizenzen anschließen oder der Schutz auslaufen. Auch ein entgeltlicher Zugang ließe sich einrichten. Die negativen Konsequenzen der Entgeltbestimmung fielen dabei weniger stark ins Gewicht, da bereits ein Großteil der anreizrelevanten Investitionen amortisiert ist.

Die Zahl der anfänglich zu versteigernden Lizenzen könnte in Abhängigkeit von Markt- und Kostenstrukturen und damit für unterschiedliche Gruppen von Informationsgütern variieren. So ließe sich den Besonderheiten unterschiedlicher Branchen und Güter Rechnung tragen. Je mehr potenzielle Wettbewerber z.B. auf dem nachgelagerten Markt aktiv sind, desto mehr Lizenzen könnten versteigert werden, um Konzentrationstendenzen zu verhindern. Je höher z.B. branchenspezifische, notwendige Ausgaben für die Kreation der Informationsgüter sind, desto weniger Lizenzen wären zu versteigern, bzw. desto länger sollte die Schutzphase bis zu einer Versteigerung ausfallen. So ließen sich Einnahmepotenziale sichern und Innovationsanreize erhalten. Auch unterschiedlich lange Innovationszyklen ließen sich so berücksichtigen.[230]

230 Eine abschließende Analyse sämtlicher Differenzierungsmöglichkeiten soll hier nicht verfolgt werden. Diesbezüglich bieten sich weitere theoretische und praktische Untersuchungen an. Mit zunehmender Differenzierung steigen jedoch auch die administrativen Kosten, was bei der Ausgestaltung zu beachten ist.

(3) kurze, verlängerbare Urheberrechte

Ein weiterer Vorschlag, mit dem der Zugang zu Informationen verbessert und damit der Wettbewerb auf nachgelagerten Märkten ermöglicht werden kann, besteht in der Gewährung vergleichsweise kurzer, exklusiver Urheberrechte, die der Rechteinhaber allerdings gegen Zahlung einer Gebühr um eine bestimmte Dauer verlängern kann (vgl. Noll (2004), S. 94; sowie ausführlich Landes/Posner (2002)).[231] Verzichtet der Rechteinhaber auf eine Verlängerung, fällt das Informationsgut in die „public domain" und ist für sämtliche Nutzungsformen frei verfügbar. Die Entscheidung zur Verlängerung basiert dabei auf dem individuellen Kosten-Nutzen-Kalkül des Rechteinhabers. Letzteres wird wiederum u.a. durch den Informationsstand bezüglich zukünftiger Einnahme- und Marktentwicklungen beeinflusst. Auch spielt die institutionelle Ausgestaltung hinsichtlich der Länge der Schutzintervalle, einer denkbaren Begrenzung der Verlängerungsmöglichkeiten sowie der Gebührenhöhe eine erhebliche Rolle.

Theoretisch könnte ein derartiges System – sofern unbeschränkte Verlängerungen zulässig wären – für sämtliche Güter einen permanenten Schutz bieten. Damit wäre es restriktiver als die Status quo-Ausgestaltung und würde der ökonomischen Rechtfertigung für zeitlich limitierte Property-Rights widersprechen (siehe zu dieser Rechtfertigung Kapitel 2.5.3). Eine solche permanente Verlängerung dürfte jedoch nur für eine begrenzte Anzahl an Gütern relevant sein (vgl. Crampes/Langinier (2000), S. 244 ff.).[232] Dies wären insbesondere diejenigen Güter, die aus Sicht der Rechteinhaber ökonomisch besonders wertvoll sind. Die durchschnittliche Dauer des urheberrechtlichen Schutzes aller Güter würde somit im Vergleich zum aktuellen System sinken.

Infolge kurzer, verlängerbarer Rechte würde unter diesen Annahmen eine vergleichsweise größere Menge an Informationsgütern frei zur Verfügung stehen als im Status quo. Diese könnten als Inputs für wettbewerbliche Verwendungen oder auch als Ausgangspunkt für Folgeinnovationen fungieren. Mit Blick auf

231 Um dem Problem der administrativen Gebührenbestimmung zu entgehen, ließe sich auch hier eine Versteigerung der Rechte in Erwägung ziehen. Damit verlöre allerdings der Urheber ggf. die Möglichkeit zur eigenen Verwertung, was unter Anreizaspekten zu analysieren wäre.

232 Diesen Schluss stützen empirische Untersuchungen. Zwischen 1883 und 1964 waren z.B. in den USA Verlängerungen der vergleichsweise kurzen Schutzdauer zu geringen Gebühren möglich. Nur weniger als 11 % der Werke wurden allerdings nach Ablauf der Schutzfrist verlängert (vgl. Landes/Posner (2002), S. 2 f.). Auch in vielen nationalen europäischen Patentsystemen, wo Gebühren für die Verlängerung der Schutzfrist anfallen, zeigen empirische Untersuchungen ähnliche Entwicklungen, wobei die maximale Schutzfrist häufig nicht in Anspruch genommen wird (vgl. Crampes/Langinier (2000), S. 244 ff.).

das Beispiel der online-Musik wäre eine Vielzahl an Titeln öffentlich verfügbar, die einen Wettbewerb auf dem nachgelagerten Distributionsmarkt eher ermöglichte.

Es ist allerdings zu konstatieren, dass der durchschnittliche Wert der zugänglichen Güter tendenziell abnehmen wird, da die Schutzfrist der wertvollen Güter verlängert wird (vgl. Landes/Posner (2002), S. 3). Da diese gerade nicht in die „public domain" fielen, könnte die wettbewerbsfördernde Wirkung somit hinterfragt werden, sofern die Rechteinhaber weiterhin über den Zugang zu den tatsächlich wesentlichen Gütern exklusiv verfügen (vgl. Meessen (2004), S. 99). Für eine genaue Beurteilung wäre die Kenntnis notwendig, welche qualitative Bedeutung einer geringen Anzahl nicht zugänglicher Werke für den Markterfolg zukommt. Diese ist einzelfallabhängig und entzieht sich einer theoretischen Aussage. Ferner ließe sich über die Ausgestaltung der Verlängerungsmodi und Gebühren Einfluss nehmen.

Positiv ist zudem anzumerken, dass für nicht verlängerte Inhalte kostengünstige oder freie online-Nutzungen ermöglicht würden. Auch wenn diese keine „hochwertigen" Inhalte bieten, besteht die Möglichkeit zur von Rechteinhabern unabhängigen Anwendung unterschiedlicher Technologieformen, wie z.B. Dateistandards u.ä. Dies kommt tendenziell Innovationen und technischer Entwicklung entgegen. Zudem sind die unvollkommenen Informationen des Rechteinhabers bezüglich zukünftiger Verwertungspotenziale bestimmter Güter zu berücksichtigen. So ist nicht auszuschließen, dass der Schutz vermeintlich wertloser Güter nicht verlängert wird und solche Güter in die „public domain" gelangen, die sich nach einer gewissen Zeit (wieder) als wertvoll erweisen. Damit wären auch derartige wertvolle Güter frei verfügbar (z.B. „Revival-Mode").

Auch die absolute Anzahl an produzierten Informationsgütern wäre durch verlängerbare Rechte zu steigern. Prinzipiell bietet die Möglichkeit zur Verlängerung eine unendliche Schutzfrist (sofern keine Obergrenze besteht). Dadurch steigen c.p. die Anreize zur Kreation und damit die Gesamtzahl der Informationsgüter. Hiermit nähme dann auch die Zahl an frei verfügbaren Gütern zu, denn diese stellen den Anteil der gesamt produzierten Güter dar, der nicht verlängert wird (vgl. Landes/Posner (2003), S. 212).

Verglichen mit dem System des Status quo kann also von einem größeren Bestand an frei verfügbaren Informationsgütern ausgegangen werden. Dies senkt die durchschnittlichen Kosten der Nutzung, die neben den direkten Zugangspreisen aus Transaktionskosten bestehen. Da nur noch für die Verwertung verlängerter Rechte Lizenzen notwenig sind, werden die Transaktionskosten insgesamt, die infolge der Lizenzierungen anfallen, c.p. aufgrund des Mengeneffekts sinken (vgl. Landes/Posner (2002), S. 7 f., 41). Insbesondere bei Nutzungen, die einen relativ geringen eigenen Wert haben, für den sich die in Kaufnahme hoher Transaktionskosten nicht lohnt, und die bislang unterbleiben, wären Effizienzsteigerungen denkbar. Hiervon sind z.B. Zusammenstellungen von Informationen oder Dateien betroffen, bei denen die einzelne Information für sich genommen einen geringen Wert hat. Diese Kostensenkungen können sich positiv auf die wettbewerbliche Nutzung auswirken.[233]

Die Beurteilung potenzieller (statischer) Wohlfahrteffekte zeigt sich insofern als nicht trivial, als dass Informationen darüber verfügbar sein müssten, durch welche Güter die Wohlfahrtsverluste erzeugt werden. Sofern hierfür hauptsächlich die aus Sicht der Rechteinhaber wertvollen, und damit weiterhin geschützten Güter ausschlaggebend wären, blieben die Wohlfahrtseffekte nahezu unverändert (vgl. Landes/Posner (2002), S. 11, 41). Mit der Möglichkeit einer unendlichen Schutzfristverlängerung könnte theoretisch selbst von zunehmenden Wohlfahrtsverlusten ausgegangen werden. Aus ökonomischer Perspektive lässt sich allerdings bereits die aktuelle Schutzdauer als de facto permanent interpretieren (vgl. Noll (2004), S. 83 ff., 94).[234] Insofern würde keine Verschlechterung eintreten, ansonsten ließe sich die Verlängerung nach oben begrenzen. Sollte allerdings auch der intensive Schutz derjenigen Güter Wohlfahrtsverluste bedingen, die im System erneuerbarer Rechte nicht verlängert würden, so ließe sich eine Verbesserung der Situation erreichen. Hinsichtlich der analysierten Wirkungen – auch mit Blick auf den Wettbewerb – ist somit der jeweilige Referenzrahmen nicht außer Acht zu lassen.

Bezüglich der Implementierung des Systems verlängerbarer Rechte ist es aus anreiz- sowie aus wohlfahrtstheoretischer Sicht relevant, dass die Möglichkeit zur Verlängerung des Urheberschutzes lediglich für Güter gilt, die zum Zeitpunkt der Einführung noch nicht produziert sind, also nicht rückwirkend für bestehende Güter anwendbar ist. Wären anderenfalls existierende Güter betroffen, so hätte dies keinerlei zusätzliche Anreizwirkungen. Diese Güter wurden bereits unter Status quo-Bedingungen produziert, bei denen bekannt war, dass der Schutz zu einem bestimmten Zeitpunkt endet. Dies erlaubt den Schluss, dass die Investitionen unter den bisherigen Bedingungen zu amortisieren waren, ansonsten hätte die Kreation nicht stattgefunden. Eine potenzielle Verlängerung bewirkte damit nur eine Aneignung von zusätzlichen Renten mit einhergehenden

233 Im hiesigen Kontext beträfe das die Nutzung für die online-Distribution. In allgemeinerem Zusammenhang kann die Entwicklung von Folgeinnovationen angeführt werden, die auf bestehenden Gütern aufbaut.

234 Unter Zugrundelegung realistischer Opportunitätskosten des Kapitals kann sich ein Rechteinhaber unter der aktuellen Ausgestaltung über 99,9 % des Gegenwartswerts zukünftiger Einnahmen aneignen (vgl. Noll (2004), S. 84 f.).

Wohlfahrtsverlusten, da die allokativ effiziente Nutzung zu Grenzkostenpreisen – die auch den Wettbewerb auf nachgelagerten Märkten intensivieren könnte – verhindert würde, ohne gleichzeitig dynamisch effizient zu wirken (vgl. Landes/Posner (2002), S. 10).

Die Möglichkeit zur Verlängerung der Rechte hat ferner den positiven Effekt einer Minderung von Rent-seeking-Aktivitäten. Diese Aktivitäten sind besonders dann intensiv, wenn der Urheberschutz für Informationsprodukte mit bedeutendem Marktpotenzial in naher Zukunft endet. Es besteht dann der Anreiz zur Lobbyingtätigkeit hinsichtlich einer rückwirkenden Verlängerung der allgemeinen Schutzdauer. Dadurch ließen sich der Übergang der Güter in die „public domain" hinauszuzögern und weiterhin Monopolgewinne realisieren.[235] Die damit einhergehenden Wohlfahrtseinbußen und volkswirtschaftlichen Ressourcenverschwendungen des Lobbyingprozesses ließen sich durch permanent verlängerbare Rechte mindern. Die Verlängerung läge dann im Ermessen des Rechteinhabers, sodass kein Grund zur politischen Einflussnahme bestünde.

Zudem beträfen Verlängerungen in erster Linie nur die wertvollen Güter, wohingegen ein erfolgreiches Rent-Seeking auch den Schutz für sämtliche weitere Güter verlängerte. In diesem Fall wäre die freie Nutzung auch von Gütern verhindert, deren Rechteinhaber selbst keinerlei Aufwendungen für eine Verlängerung in Kauf genommen hätten (vgl. Landes/Posner (2003), S. 221). Problematisch dabei zeigt sich allerdings, dass während des Übergangszeitraums eines Systemwechsels nur bei rückwirkender Anwendung die Neigung zum Rent-Seeking wirksam zu mindern ist, was allerdings mit den oben erwähnten Anreiz- und Wohlfahrtsaspekten konfligiert.

Die Diskussion verdeutlichte, dass ein System verlängerbarer Rechte prinzipiell geeignet sein kann, um die geschilderten Schwächen der aktuellen Urheberrechtsausgestaltung – auch hinsichtlich des Informationszugangs für den Wettbewerb auf nachgelagerten Märkten – zu mindern. Wie andere Vorschläge auch, bietet es kein Patentrezept und das Ausmaß der geschilderten Effekte ist abhängig von der genauen Ausgestaltung. Je höher die Neigung zur Verlängerung der Rechte und je höher der Anteil der für den Wettbewerb wesentlichen Inhalte, die nicht in die „public domain" gelangen, desto geringer sind die wettbewerbsintensivierenden Effekte. Die administrativ steuerbaren Parameter, wie die Länge

235 Diesbezüglich wurde in jüngster Zeit die Verlängerung des US-amerikanischen Copyright um 20 Jahre im Rahmen des so genannten „Sonny Bono Acts" diskutiert. Ausschlaggebend hierfür wurde die intensive Lobbytätigkeit des Disney-Konzerns erachtet, dessen Urheberrechte an mehreren Zeichentrickcharakteren zu enden drohten. Die Verlängerung sichert weitere Einnahmen aus exklusiver Nutzung bereits existierender „Werke" (vgl. Landes/Posner (2003), S. 220 ff.).

der Schutzintervalle, die maximale Anzahl an Verlängerungen und die Höhe der Verlängerungsgebühr, bieten jedoch die Möglichkeit zur Flexibilität. Damit ließe sich auch leichter den unterschiedlichen Gutseigenschaften Rechnung tragen.

So könnten für unterschiedliche Informationsgüter differenzierte Schutzzeiten und Verlängerungsgebühren gelten. Als Ansatzpunkte kämen z.B. die durchschnittlichen Produktionskosten oder Produktlebens- und Innovationszyklen in Frage. Für bestimmte Branchen oder Gütergruppen, die durch relativ hohe Entwicklungs- und Produktionskosten gekennzeichnet sind, deren Amortisierung nur langfristig möglich ist, könnten von vornherein ein längerer Schutz oder geringere Gebühren für die Verlängerung gelten. Zudem ließe sich die Flexibilität durch Wahlmöglichkeiten für die Rechteinhaber steigern. So wären unterschiedlich lange Schutzfristen in Relation zur anfallenden Gebührenhöhe individuell zu wählen.

Neben potenziellen Fehlanreizen bezüglich der Kostendisziplin durch die Berücksichtigung der Kosten bei der Ausgestaltung sind auch Informationsdefizite staatlicher Akteure zu bedenken. Ein weiterer relevanter Aspekt betrifft deren Anreizstrukturen. In Abhängigkeit der Verwendung der Verlängerungsgebühren sowie potenzieller Bearbeitungsgebühren ist bei den relevanten Behörden ein Interesse nicht auszuschließen, die Verlängerungsgebühren hoch und die Schutzzeiträume kurz zu gestalten, um Einnahmen zu maximieren und eine umfangreiche Behördenausstattung zu rechtfertigen. Dies dürfte einer an ökonomischen Effizienzkriterien orientierten Ausgestaltung jedoch widersprechen.[236] Dennoch bietet das System nicht nur Möglichkeiten zur Minderung der dargelegten Wettbewerbsprobleme. Zugangspreise sowie Transaktionskosten ließen sich senken und die Verfügbarkeit an freien Informationsgütern steigern. Auch bislang unbekannte Nutzungsformen, technologische Entwicklungen oder Geschäftsmodelle können von einer größeren „public domain" profitieren, was dem Innovationsklima zuträglich sein kann.[237]

---

236 Ähnliche Anreizmechanismen werden im Rahmen der Patentierung diskutiert. So werden z.B. die Entscheidungen hinsichtlich der Patentwürdigkeit sowie die Neigung zur relativ häufigen Patenterteilung auch für eher triviale Erfindungen damit begründet, dass für jede Untersuchung zur Patentanmeldung nicht unerhebliche Gebühren anfallen. Je mehr Untersuchungen durchgeführt werden, desto mehr Gebühreneinnahmen stehen in Aussicht und umso höher ist damit der Anreiz zu Patenterteilung, um auch zukünftig ausreichend Anreize zur Patentanmeldung zu sichern (vgl. Kilger (2003)). Dem stünde eine gesetzlich ablehnendere Haltung hinsichtlich des Patentschutzes entgegen, die sich gegebenenfalls aber ökonomisch begründen ließe.

237 Dies gilt für den gesamten Bereich von Informationen/Informationsgütern. So basieren Innovationen nicht ausschließlich auf geplanten Vorhaben, mit denen ein bestimmtes Ziel verfolgt wird und für die eine gezielte Beschaffung der notwendigen Input-Informationen vorauszusetzen ist. Auch können sie aus zufälligen Entdeckungen, Wei-

Zudem kann eine Verlässlichkeit und Rechtssicherheit erzeugt werden, sofern die Regulierungsparameter keinen dauerhaften Schwankungen unterliegen, was sich in einer Anfangsphase im Sinne eines „trial and error-Verfahrens" wohl aber nicht verhindern ließe. Damit können Wettbewerbs- als auch Anreizaspekte besser und flexibler berücksichtigt werden als durch ein starres Urheberrecht mit anschließendem wettbewerbspolitischen Eingriff, der seinerseits Werturteilen und Vermutungen bezüglich zukünftiger Entwicklungen unterliegt (vgl. Meessen (2004), S. 98).

Unabhängig von konkreten Ausgestaltungsvarianten, mit denen sich die negativen Anreizwirkungen gesetzlicher Eingriffe ins Marktgeschehen teilweise mindern lassen, sind derartige Eingriffe nur dort zu rechtfertigen, wo tatsächlich eine Notwendigkeit im ökonomischen Sinne besteht und es aus gesamtwirtschaftlicher, komparativer Kosten-Nutzen-Perspektive sinnvoll erscheint. Das grundlegende Spannungsverhältnis zwischen dem urheberrechtlichen Ziel der Anreizerzeugung und einem staatlichen Eingriff durch eine Zwangslizenz, z.B. zur Intensivierung des Wettbewerbs, ist dabei zu berücksichtigen. Über das Urheberrecht erfolgt die Zuteilung von Property-Rights, um so infolge individualvertraglicher Interaktionen eine Marktallokationen und Wettbewerb hinsichtlich der relevanten Informationsgüter zu gewährleisten. Diesem Ansatz widersprechen prinzipiell administrative, nicht marktkonforme Eingriffe, da diese die notwendigen Freiheiten im Austauschprozess einschränken. Diese Wirkungen sind hinsichtlich potenzieller Beschränkungen der Rechte nicht außer Acht zu lassen.

4.1.5 Fazit

Den Ausgangspunkt der vorangegangenen Untersuchung bildete der Einfluss der Rechtsausgestaltung auf das Transaktionsverhalten der Rechteinhaber. Es wur-

---

terentwicklungen/Folgeinnovationen hervorgehen, deren Wahrscheinlichkeit sich dann erhöht, wenn eine möglichst große Zahl an potenziellen Basisinformationen frei verfügbar ist. Geschützte Informationen würden zu diesem Zwecke nicht genutzt, da ex ante nicht bekannt ist, ob bzw. welche Ergebnisse sich zufällig z.B. durch Experimentieren erzeugen lassen (vgl. hierzu ähnlich Boyle (2000), S. 2033 f.). Als Beispiel mag hier die Entwicklung der open-source-Software dienen. „Unfertige" Programme und Anwendungen sind frei zugänglich und können so weiterentwickelt und hinsichtlich bestimmter Nutzeranforderungen optimiert werden. Da der Erfolg derartiger Aktivitäten jedoch schwer vorhersehbar ist, würden Lizenzierungen nicht vorgenommen. Insbesondere nicht kommerzielle Anwender und kleine Unternehmen, die häufig ein besonderes Innovationspotenzial auszeichnet, profitieren von einem freien Zugang zu einer Großzahl an Informationen. Dies wirkt sich positiv auf Wettbewerb und Innovationen aus (vgl. Blind/Edler u.a. (2003), S. 25 ff.). Auch Güter, die von den ursprünglichen Rechteinhabern nicht als verlängerungswürdig angesehen werden, können sich dabei als Informationsgrundlage eignen.

den urheberrechtlich geschützte Inhalte betrachtet, denen die Funktion einer wesentlichen Einrichtung nach wettbewerbspolitischem Verständnis zukommen kann. Für einen funktionsfähigen Wettbewerb auf angrenzenden Märkten stellt damit der Zugang zu den Inhalten eine unverzichtbare Voraussetzung dar. Als Beispiel wurden die Musikindustrie und der online-Vertrieb als nachgelagerter Markt betrachtet. Es können hier Anreize und Möglichkeiten für die Rechteinhaber bestehen, ihre Dominanz auf dem Inhaltemarkt – für die die Rechtsausgestaltung eine Ursache ist – auf den nachgelagerten Distributionsmarkt auszudehnen und dort den Wettbewerb zu beschränken.

Hierzu können eine vertikale Integration und/oder wettbewerbswidriges Lizenzierungsverhalten genutzt werden. Es ließe sich damit unter anderem Einfluss auf die Entwicklung und Anwendung von Technologien und Standards gewinnen. Positive Wirkungen der vertikalen Integration vermögen in der hier betrachteten Situation die negativen Effekte eines fehlenden oder beschränkten Wettbewerbs nicht zu kompensieren. Die damit einhergehenden Effizienzverluste können auch nicht mit der urheberrechtlich bezweckten Anreizgenerierung begründet werden. Somit stellte sich die Frage nach potenziellen Ansätzen, um langfristig kompetitive Strukturen auf dem nachgelagerten Markt zu gewährleisten.

Diesbezüglich ließe sich auf das wettbewerbspolitische Instrumentarium zurückgreifen, z.B. in Form der essential facilities-doctrine. Da die Ausgestaltung der Urheberrechte als eine grundlegende Ursache für die geschilderte Wettbewerbsproblematik gelten kann, wurde über die Implementierung einer zwangslizenzlichen Regelung im Urheberrecht nachgedacht, um so auch die Probleme eines wettbewerbspolitischen ex post-Ansatzes zu vermeiden. Das Konstrukt der Zwangslizenz findet im deutschen und europäischen Urheberrecht nur sehr begrenzt Anwendung und ist zudem umstritten.[238] Aus ökonomischer Sicht ist dies zunächst verständlich, da rechtlich zuerkannte Verfügungsrechte und die Vertragsfreiheit über das Maß existierender Schrankenregelungen hinaus beschränkt werden und durch administrative Eingriffe in den Preismechanismus dieser seine relevanten Funktionen verliert und der Marktmechanismus außer Kraft gesetzt wird. Insbesondere vor dem Hintergrund einer traditionell hauptsächlich auf hohen Transaktionskosten basierenden Rechtfertigung und der gleichzeitigen Aussicht auf deren Sinken infolge neuer Technologien, scheint eine ablehnende Haltung gegenüber derartigen Eingriffen nachvollziehbar.

---

238 SCHACK (2001), S. 523 f. bezeichnet beispielsweise die Zwangslizenz als mit Recht verpönt, andere Autoren, wie z.B. LESSIG (2002), GALLAGHER (2001) betonen hingegen die positiven Wirkungen. Der deutsche Gesetzgeber hat eine Entscheidung bei der thematisch ähnlich gelagerten Frage hinsichtlich Privatkopie und Pauschalvergütung bei der Novellierung des Urhebergesetzes zunächst vertagt (vgl. Schippan (2003a/b)).

Eine Anwendung ähnlicher Institutionen ist jedoch in anderen Wirtschaftsbereichen, insbesondere allerdings für Güter mit ausgeprägteren Privatguteigenschaften, nicht unüblich, wobei Wettbewerbsaspekte im Mittelpunkt stehen. Beispiele bieten Zugangsregelungen zu Leitungen und Netzwerken (z.B. Schienen-, Telefonnetz, Stromleitungen u.a.). Ferner wurden aber auch Fälle im Rahmen des europäischen Wettbewerbsrechts entschieden, die Tendenzen in Richtung einer Nichtexklusivität für Güter mit öffentlichen Gutseigenschaften, wie urheberrechtsrelevante Informationen, aufweisen, wenn diesen ein wesentlicher Inputcharakter zukommt (vgl. z.B. „Magill-Fall“ und „HMS-Health-Fall“).

Ein wesentlicher Kritikpunkt derartiger Regelungen besteht dabei in negativen Anreizwirkungen. Zu deren Verminderung wurden unterschiedliche Ausgestaltungsvarianten vorgeschlagen. So käme hinsichtlich bestimmter Nutzungsformen (hier am Beispiel der online-Distribution demonstriert) die Möglichkeit zu einem – verglichen mit einer sofortigen Zwangslizenz – verzögerten Zugang zu den wesentlichen Informationen für potenzielle Verwerter in Betracht. Dies ermöglichte dem Rechteinhaber zunächst während der Phase des exklusiven Schutzes die Aneignung von Renten, um die getätigten Investitionen zu amortisieren. Nach Ablauf dieser Schutzphase besteht dann die Möglichkeit für Dritte, die wesentlichen Informationsgüter für bestimmte Zwecke zu nutzen, um auf nachgelagerten Märkten einen Wettbewerbsprozess zu gewährleisten, für den die Nutzung der Informationsgüter eine wesentliche Voraussetzung darstellt. Die Dauer der Schutzphase sowie die Höhe eines Zugangsentgelts wären administrativ zu bestimmen. Als Kriterien kämen diesbezüglich Nachfrageelastizitäten und Produktlebenszyklen in Betracht, da diese die Möglichkeiten zur Aneignung der nötigen Renten beeinflussen.

Ein stärker marktorientierter Ansatz, den Zugang zu wesentlichen Informationen zu gewähren und die Anreize zu wahren, zeigte sich in der Verpflichtung der Rechteinhaber, nach einer Schutzphase eine festgelegte Anzahl an Lizenz zu versteigern. Dadurch erhöhte sich die Wettbewerbsintensität bezüglich der Verwertung, und es ließe sich der Einfluss, den die Rechteinhaber durch das Lizenzierungsverhalten auf die Entwicklung nachgelagerter Märkte nehmen können, mindern. Der Versteigerungsprozess ermöglicht Lizenzpreise, die stärker an Marktdaten orientiert sind als administrativ verfügte Zwangslizenzgebühren. Damit ließen sich Probleme einer administrativen Preissetzung mindern. Die Marktteilnehmer verfügen in der Regel über bessere Informationen hinsichtlich potenzieller Verwertungsmöglichkeiten der Informationsgüter als staatliche Instanzen, was sich in den Preisen eines Versteigerungsverfahrens widerspiegelt. Auch die Rechteinhaber erhalten somit eine an Marktrealitäten ausgerichtete Entlohnung.

Ein weiterer Vorschlag, Anreizen und wettbewerblicher Nutzung Rechnung zu tragen, besteht in der Gewährung kurzer, exklusiver Urheberrechte, die vom Rechteinhaber gegen Gebühr zu verlängern sind. Tendenziell werden die aus Sicht der Rechteinhaber als ökonomisch wertvoll erscheinenden Rechte verlängert, sodass sich diesbezüglich keine Änderungen zum Urheberrecht des Status quo ergeben, das faktisch eine unbegrenzte Schutzdauer bietet. Nicht verlängerte Rechte stehen allerdings nach kurzer Zeit der freien Nutzung zur Verfügung. Da nur eine gewisse Anzahl der Rechte verlängert wird, steigt somit im Vergleich zum Status quo das Potenzial an wettbewerblich zu nutzenden Informationsgütern. Auch diese nicht verlängerten Rechte bieten die Möglichkeit, als Grundlage für innovative Nutzungen, Weiterentwicklungen und Wettbewerbskonzepte zu fungieren. Ferner ist das langfristige Verwertungspotenzial von Informationsgütern nicht immer vorherzusehen, weshalb auch ökonomisch wertvolle Güter mitunter nicht verlängert werden. Zudem lassen sich durch die geschilderte Ausgestaltung (Transaktions-)Kosten der Lizenzierung mindern.

Eine Flexibilität ließe sich dadurch erreichen, dass Parameter wie Schutzintervalle und Verlängerungsgebühren nicht einheitlich, sondern für unterschiedliche Gütergruppen oder Branchen differenziert ausgestaltet werden können. Als Kriterien bieten sich Entwicklungs- und Produktionskosten und Innovations- und Produktlebenszyklen an, um so den Unterschieden hinsichtlich aufzuwendender Kosten und Nachfragestrukturen eher gerecht zu werden, als es mit einem einheitlichen Schutzsystem möglich ist.

Die grundlegende Problematik bezüglich Anreizen und wettbewerblicher Nutzung lässt sich allerdings auch durch Ausgestaltungsmöglichkeiten nicht gänzlich vermeiden. Um nicht der Gefahr eines „Nirwana-Ansatzes" zu unterliegen, bei dem ein nicht zu verwirklichender, theoretischer Referenzmaßstab herangezogen wird, bedarf es bei der Berücksichtigung der Vorschläge gerade der praktischen Unzulänglichkeiten. Dabei stellen sich Fragen nach der Ausgestaltung der Lizenzbedingungen – insbesondere der Gebühren – und den damit einhergehenden administrativen Kosten und tatsächlich verursachten Anreizwirkungen auf die Entscheidungsträger.

Ferner existiert eine grundlegende Kritik an einem Vorgehen in Anlehnung an den essential facilities-Ansatz, da dieser aus dem Bereich materieller Güter – insbesondere Infrastruktureinrichtungen – stamme und sich nicht für immaterielle Güter instrumentalisieren lasse (siehe Ullrich (2001)). Während im materiellen Bereich die Inanspruchnahme von Infrastruktureinrichtungen für Wettbewerbszwecke nur temporär erfolge und deshalb Transportcharakter habe und die Einrichtung damit im Besitz des Inhabers bleibe, falle die Einrichtung im Bereich immaterieller Güter (hier das Informationsgut) mit in den bleibenden Besitz des Nutzers. Dieser könnte die Information somit auch für andere Zwecke verwenden (vgl. Ullrich (2001), S. 396 f.).

Interpretiert man Güter jedoch im ökonomischen Sinne als Rechtebündel, so scheint diese Differenzierung weniger deutlich. Es werden in beiden Fällen mehreren Wirtschaftssubjekten bestimmte Nutzungsrechte an einer Ressource eingeräumt. Der Unterschied resultiert dabei aus dem Informationsparadoxon, dass nämlich die Information im Rahmen ihrer Nutzung unweigerlich bekannt wird und bekannt bleibt und deshalb quasi mit besessen wird. Diese Eigenschaft sollte keine Rechtfertigung liefern, Informationsgüter überhaupt von einer Zugangsregulierung auszunehmen, da deren Nutzung fundamentale Bedeutung für Wettbewerb und Innovation haben kann.

Schließlich bleibt zu berücksichtigen, dass administrative Maßnahmen die Anreize für die Suche nach privaten, effizienten Lizenzlösungen mindern und auch vorherrschende Marktstrukturen festschreiben. So bestünde z.B. bei Zugriffsmöglichkeiten auf die Kataloge der führenden Musikverlage wenig Notwendigkeit, durch alternative Produktionen und die Förderung unabhängiger Künstler, Konkurrenzbeziehungen zu diesen Verlagen zu etablieren (vgl. Crews (2001)).

Trotz denkbarer privater Lösungsalternativen – auch im Bereich der Musikindustrie z.B. durch „Lizenzpools“– bleibt die geschilderte Problematik zwischen restriktiven IPR und dem Wettbewerb bestehen, wenn auch beide Institutionen prinzipiell gleiche Zielsetzungen verfolgen, wie z.B. die Förderung von ökonomischer Effizienz, Innovationen und technischem Fortschritt. Insbesondere die zunehmende Bedeutung der Informationsgüter und deren Nutzungsmöglichkeiten in innovationsintensiven Industrien machen die Analyse der Wirkungen der Rechtsausgestaltung sowie des Verhaltens der relevanten Akteure nötig, gerade unter Berücksichtigung eines funktionsfähigen Wettbewerbs (vgl. Takigawa (2003), S. 887). Hierbei sind besondere Eigenschaften der Informationsgüter zu berücksichtigen, die ihrerseits die Marktstrukturen beeinflussen und die im bisherigen Untersuchungsverlauf zum Teil erwähnt wurden. Dabei handelt es sich um Netzwerkeffekte und um die Bedeutung technologischer Standards. Deren Einfluss auf die Auswirkungen der IPR und den Wettbewerbsprozess soll im folgenden Kapitel untersucht werden.

4.2 Netzwerkeffekte und Standardisierung

Die vorangegangene Analyse behandelte Aspekte der vertikalen Integration in Verbindung mit der Ausgestaltung des urheberrechtlichen Rahmens am Beispiel der Musikindustrie. Den Inhalten kamen hier die Eigenschaften von wesentlichen Inputs zu, womit sich Fragen bezüglich des Wettbewerbs und des Zugangs/der Nutzung der geschützten Informationsgüter stellten. In diesem Zusammenhang wurde auch das Konzept der essential facility diskutiert. Ob die geschilderte Situation aus juristischer Sicht diesen Tatbestand erfüllt, ist nicht eindeutig (vgl. Ramello (2003), S. 137 f.). Gleiches gilt für eine normative Bewertung aus ökonomischer Perspektive, ob ein derartiger Eingriff erfolgen solle. Es ließe sich alternativ über eine Änderung der IPR-Struktur nachdenken, sodass bestimmte Nutzungsformen per se nicht unter den Urheberschutz fallen sollten oder die Rechtezuteilung nachträglich aufgehoben oder geändert werden könnte, sofern negative Wirkungen überwiegen (vgl. hierzu Rahnasto (2003)).

Thematisch ähnlich gelagert zeigen sich Entwicklungen im Bereich von (virtuellen) Netzwerken, wie sie für urheberrechtsrelevante Güter häufig typisch sind, z.B. bei Computer-Software oder bei Protokollen zur Internetkommunikation (vgl. hierzu Shapiro/Varian (1999a/b); Menell (1998), S. 2; Takigawa (2003)). Hierbei sind in stärkerem Maße marktstrukturelle Entwicklungen bedeutsam, für die spezifische Eigenschaften der Informationsgüter ursächlich sind. Für die Marktergebnisse sind diesbezüglich insbesondere Aspekte der Kompatibilität und der Standardisierung von Relevanz, die ihrerseits von der IPR-Gestaltung betroffen sind, womit sich Fragen nach Wettbewerbswirkungen und dem Zugang zu wesentlichen Informationen stellen. Derartige Netzwerke, die den Untersuchungsgegenstand des folgenden Abschnitts bilden, setzen sich aus unterschiedlichen, kompatiblen Informationsgütern wie zum Teil auch aus komplementärer Hardware zusammen. Vor diesem Hintergrund ist zu fragen, wie die Wirkung von Standards und Kompatibilitäten ökonomisch zu beurteilen ist, wie sich die Struktur der IPR darauf auswirkt und ob gegebenenfalls ein Handlungsbedarf erforderlich scheint.

4.2.1 Netzwerkökonomische Grundlagen

Ein wesentliches Differenzierungsmerkmal zwischen Märkten für Informationsgüter und Märkten für „traditionelle" Produkte besteht in den für viele Informationsgüter typischen Netzwerkeffekten, die bereits im Verlaufe dieser Untersuchung thematisiert wurden. Diese Effekte bestehen darin, dass der Nutzen, den ein Konsument aus einem Informationsgut zieht, nicht ausschließlich aus dem intrinsischen Wert des Gutes in Form qualitativer Produkteigenschaften besteht. Zusätzlich wird der Nutzen durch die Anzahl weiterer Nutzer des gleichen Gutes beeinflusst (vgl. Menell (1998), S. 2; Liebowitz/Margolis (1998), S. 168).

Diese Güter werden häufig nicht isoliert, sondern in Systemen mehrer interoperabler Komponenten genutzt. Derartige Systeme bestehen z.B. im Softwarebereich aus einem Betriebssystem, mehreren Anwendungsprogrammen, Hardwarekomponenten aber auch dem Nutzertraining bezüglich spezifischer Kenntnisse (vgl. Katz/Shapiro (1999), S. 32). Der zusätzliche individuelle Nutzen aus einer großen Anzahl weiterer Nutzer besteht in den steigenden Kommunikationsgelegenheiten innerhalb des Netzwerkes, z.B. über einen Austausch von Dateien von Textverarbeitungsprogrammen.[239] Aber auch die Möglichkeit, erworbenes, fachspezifisches Wissen/Training für Softwareanwendungen auch nach einem möglichen Arbeitsplatzwechsel weiterhin verwerten zu können steigert den individuellen Nutzen aus einem Netzwerk (vgl. Menell (1998), S. 3). Diesbezüglich wird typischerweise von direkten Netzwerkeffekten gesprochen.

Indirekte Netwerkeffekte resultieren hingegen aus einer steigenden Verfügbarkeit von komplementären Produkten, wie z.B. einer Vielzahl von unterschiedlichen Anwendungsprogrammen bei steigenden Nutzerzahlen eines bestimmten Betriebssystems (vgl. hierzu Liebowitz/Margolis (1998), S. 169). Je mehr alternative Komplementärgüter existieren, desto attraktiver wird das ursprüngliche Gut. Dieser Sachverhalt erzeugt Rückkoppelungseffekte, da einerseits die Kaufentscheidung bezüglich eines Betriebssystems von der Varietät an kompatiblen Anwendungsprogrammen beeinflusst wird und andererseits das Angebot an Anwendungsprogrammen seinerseits von der Anzahl der genutzten, kompatiblen Betriebssysteme abhängt. Auch direkte Netzwerkeffekte bewirken diese sich selbst verstärkenden Tendenzen. Je größer ein Netzwerk ist, desto größer ist der zusätzliche Nutzen und damit der Anreiz für ein neues Mitglied, sich zugunsten dieses Netzwerkes an Stelle einer möglichen Alternative zu entscheiden. Je größer also der Markt für ein bestimmtes Informationsgut mit ausgeprägten Netzwerkeffekten ist, desto höher werden Wertschätzung und Zahlungsbereitschaft der Konsumenten für dieses Gut, woraus nachfrageseitige economies of scale entstehen (vgl. Katz/Shapiro (1986), S. 824).

Die geschilderten Netzwerkeffekte stellen damit eine Form positiver Externalitäten dar. Durch die Entscheidung eines Wirtschaftssubjektes aufgrund eines individuellen Nutzenkalküls an einem bestimmten Netzwerk teilzunehmen, steigt gleichzeitig der Wert des Netzwerkes für alle anderen Teilnehmer (installierte Basis). Der soziale Nutzen ist folglich größer als der private. Sofern keine Internalisierung dieser Externalität erfolgt, wäre das Netzwerk zu klein und damit vergleichsweise ineffizient. Hieraus ließe sich schlussfolgern, dass weitere Mitglieder aus wohlfahrtstheoretischer Perspektive gewünscht seien, um die Netzwerkeffekte auszuschöpfen. Wenn somit aufgrund unterschiedlicher möglicher Rahmenbedingungen unterschiedliche Intensitäten von Netzwerkeffekten gene-

239 Ein Standardbeispiel derartiger Netzwerkeffekte stellt das Telefonnetzwerk dar. Je mehr Verbindungsmöglichkeiten infolge zusätzlicher Nutzer existieren, umso höher ist der Nutzen jedes individuellen Mitglieds. Sei x die Anzahl der Mitglieder, dann bestehen x (x-1) Verbindungsmöglichkeiten.

riert würden, wären diejenigen als vorteilhaft einzustufen, die stärkere Netzwerkeffekte bedingen.[240]

Als notwendige Voraussetzung für die Realisierung der Netzwerkeffekte gilt eine Standardisierung wesentlicher, technischer Komponenten, damit die relevanten Informationsgüter untereinander kompatibel sind. Produkte, die einem einheitlichen Standard unterliegen wirken als „Subsysteme", die ein übergeordnetes Gesamtsystem bilden (vgl. Shurmer/Lea (1995), S. 380). Im Softwarebereich sind hier insbesondere Schnittstellen zwischen den unterschiedlichen Programmen betroffen (vgl. Blind/Edler (2001), S. 21). So müssen z.B. Anwendungsprogramme wie Textverarbeitung oder Tabellenkalkulation mit dem Betriebssystem kompatibel sein, um die indirekten Effekte nutzen zu können. Ebenso müssen die Dateiformate interoperabel sein, damit eine Kommunikation zwischen den Anwendern möglich ist, die annahmegemäß Nutzen steigernd wirkt. Gleiches gilt für die Verbindung von Soft- und Hardware, aber auch bezüglich des technischen Systems und des menschlichen Anwenders und dessen spezifischen Fähigkeiten. Sofern sämtliche Komponenten eines Systems kompatibel wären, gäbe es ein Netzwerk mit maximaler Größe, wobei die Nutzen aus den Netzwerkeffekten maximiert wären (vgl. Katz/Shapiro (1999), S. 55). Güter und Netzwerke hätten dann einen höheren Wert, je mehr komplementäre Komponenten verfügbar wären (vgl. Economides (1999), S. 210). Unter der obigen Annahme durchweg positiver Externalitäten bewirkte eine zunehmende Kompatibilität damit Wohlfahrtsteigerungen (vgl. Menell (1998), S. 3).

Die geschilderten Rückkoppelungseffekte auf Märkten mit Netzwerkeffekten mit der Wirkung nachfrageseitiger Skalenerträge ermöglichen einem Anbieter mit großen Marktanteilen, bleibende bzw. sich verstärkende Vorteile, womit sich eine Analogie zur Theorie natürlicher Monopole zeigt (vgl. Liebowitz/Margolis (1998), S. 171 f.).[241] Hierdurch ergibt sich die Tendenz auf Netz-

---

240 Es wird hier also unterstellt, dass der Effekt, den ein zusätzlicher Nutzer auf Dritte ausübt, immer positiv ist. Im Prinzip wäre auch eine optimale Netzwerkgröße denkbar, bei der Externalitäten internalisiert wären und ein weiterer Nutzer negative Externalitäten bewirken würde, z.B. durch Überfüllungseffekte (vgl. hierzu Liebowitz/Margolis (1998), S. 170 f.).

241 Neben den nachfrageseitigen Netzwerkeffekten ist die Angebotsseite zu berücksichtigen, um Aussagen hinsichtlich einer Analogie zum natürlichen Monopol zu machen. So können z.B. Produktions- oder Managementrestriktionen eine effiziente Bedienung des Marktes durch nur ein Unternehmen verhindern (vgl. Liebowitz/Margolis (1998), S. 173 f.). Trotz der Netzwerkeffekte wäre dann ein Wettbewerb zwischen inkompatiblen Netzwerken möglich. Andererseits entstehen aber gerade infolge der Produktionscharakteristika von Informationsgütern durch die geringen Grenzkosten auch angebotsseitige Größenvorteile, die damit die Tendenz zur Konzentration eher verstärken (vgl. Katz/Shapiro (1999), S. 35).

werkmärkten, ab einer bestimmten kritischen Masse an Nutzern zugunsten nur eines von mehreren alternativen (inkompatiblen) Systemen zu kippen. Dies hat zur Folge, dass sich im Extremfall lediglich ein dominantes System – und damit dessen Anbieter – auf Wettbewerbsmärkten behauptet, welches damit zum de-facto-Industriestandard avanciert.[242] Eine derartige Entwicklung kann z.B. auf dem Markt für PC-Betriebssysteme beobachtet werden, wo die Firma Microsoft mit dem Betriebssystem Windows einen de-facto-Standard etablieren konnte (vgl. hierzu u.a. Stapper (2003), S. 180 ff.). Kompatibilitäten und Standards ermöglichen also die positiven Wirkungen von Netzwerkeffekten und beeinflussen auch die Zugangsmöglichkeiten zu einem de-facto-Standard nicht unerheblich. Dennoch sind nicht ausschließlich positive ökonomische Entwicklungen zu unterstellen, womit es einer differenzierteren Wirkungsanalyse bedarf.

4.2.2 Ökonomische Bedeutung von Standards und Kompatibilitäten

Neben den geschilderten positiven Netzwerkeffekten sind weitere Wirkungen infolge einer weitreichenden Standardisierung zu berücksichtigen. Kompatibilitätsstandards können dabei auf unterschiedliche Weise generiert werden. Zum einen durch administrative Handlungen infolge eines koordinierten politischen Prozesses oder auch auf freiwilliger, kooperativer Basis betroffener Interessenvertreter, wobei eine bestimmte Technologie als Standard bestimmt wird (formale Standards). Zum anderen durch das wettbewerbliche Marktgeschehen, bei dem in der Regel zunächst mehrere inkompatible Systeme konkurrierend nebeneinander stehen und sich im Extremfall lediglich eines durchsetzt (de-facto-Standard) (vgl. Stapper (2003), S. 175; Shurma/Lea (1995), S. 382).[243]

Ein wesentlicher Gesichtspunkt betrifft Auswirkungen der Standardisierung auf den Wettbewerb auf unterschiedlichen Marktebenen. Bei bestehender Kompatibilität zwischen komplementären Produkten wie z.B. dem PC-Betriebssystem und Anwendungsprogrammen sind sämtliche Anbieter in der Lage, einzelne Komponenten zum Netzwerk anzubieten anstatt ein komplettes System konzi-

---

242 Sofern keine Kompatibilität zu anderen Produkten besteht, ist die potenzielle Konkurrenz relativ gering. Die Kosten der Nutzer bei einem Wechsel zu einem alternativen System wären dann sehr hoch, da bestehende Produkte, Dateien u.ä. nicht mehr genutzt werden könnten. Zudem müsste aufgrund der Netzwerkeffekte eine große Anzahl an Konsumenten wechseln oder der intrinsische Nutzen aus einem alternativen Gut derart hoch sein, dass sich ein Wechsel auch ohne die Vorteile des Netzwerkes lohnt. Dies dürfte nur bei radikalen Innovationen der Fall sein.

243 Als Beispiel für die formale Standardsetzung lassen sich Tätigkeiten von Organisationen wie dem European Telecommunications Standardization Institute (ETSI) anführen, das Telekommunikationsstandards festlegt. De-facto-Standards sind z.B. die QWERTY-Schreibmaschinentastatur, der VHS-Video-Standard oder das Microsoftbetriebssystem für PCs (vgl. Rahnasto (2003), S. 186).

pieren und vermarkten zu müssen. Dies steigert die Vielfalt an derartigen Gütern und intensiviert somit den Wettbewerb innerhalb eines standardisierten Systems. Infolgedessen können sinkende Preise und innovative Produktentwicklungen unterstellt werden (vgl. Blind/Edler (2001), S. 22; Katz/Shapiro (1999), S. 55). Ferner entstehen den Herstellern Potenziale zu Produktionskosteneinsparungen. Denn die Produkte müssen bei Kompatibilität nicht für unterschiedliche Standards jeweils in kleineren Losgrößen produziert werden, sondern nur in einem einheitlichen Format, wodurch Ressourcen sparende Größenvorteile und Lerneffekte zu realisieren sind (vgl. Farrell/Saloner (1986), S. 940; Katz/Shapiro (1994), S. 110).[244]

Infolge einer Standardisierung entstehen jedoch auch negative Folgen für den Wettbewerb und potenzielle Innovationen. So wird die Freiheit der Entwickler komplementärer Güter hinsichtlich bestimmter Produktmerkmale und -eigenschaften beschränkt, was einer steigenden technologischen Vielfalt entgegen wirkt. Unter kommerziellen Gesichtspunkten werden nur Anreize bestehen, Entwicklungen im Rahmen der Standardtechnologie vorzunehmen. Zusätzlich entstehen beim Vorliegen unterschiedlicher individueller Präferenzen Nutzenverluste für solche Konsumenten, für die der etablierte Standard die vergleichsweise schlechtere Alternative darstellt, die allerdings zu deren Nutzung quasi „gezwungen" sind (vgl. Katz/Shapiro (1986), S. 824).[245] Neben derartigen statischen Nutzeneinbußen entstehen auch dynamische, da gewisse technologische Entwicklungsrichtungen von vornherein ausgeschlossen werden, die zukünftig überlegene Innovationen hervorgebracht hätten (vgl. Katz/Shapiro (1999), S. 56). Es kommt dann zu einer Konfliktsituation zwischen der Realisierung von Netzwerkvorteilen einerseits und Innovationen sowie einer Netzvielfalt andererseits (vgl. Wissenschaftlicher Beirat (2001), S. 13).

Im Gegensatz zur Intensivierung des Wettbewerbs auf der Ebene der Komplementärprodukte innerhalb des Standards kann bezüglich der Ebene des Standard setzenden Produktes (z.B. PC-Betriebssystem) eine beschränkende Wirkung entstehen. Eine hohe Akzeptanz des Standards, verbunden mit einem Bestand an komplementären Gütern und spezialisiertem Fachwissen, verringert die Mobili-

---

244 So entfällt z.B. die Notwendigkeit, ein Anwendungsprogramm für viele unterschiedliche Betriebssysteme anzupassen.

245 Dieser „Zwang" resultiert entweder daraus, dass langfristig nur eine Technologie existiert, oder aber dass für alternative Technologien keine attraktiven Komplementärgüter vorhanden sind (Würde z.B. ein PC-Betriebssystem von einzelnen Nutzern wegen dessen technischen Eigenschaften bevorzugt, lägen aber keine adäquaten Anwendungsprogramme vor, oder wäre ein Datenaustausch nur begrenzt möglich, fiele die Entscheidung gegebenenfalls zuungunsten dieser Technologie aus, um die Netzwerkeffekte eines anderen Systems zu nutzen (vgl. Klodt (2003), S. 116).

tät der Konsumenten hinsichtlich eines kompletten Systemwechsels. Diese Faktoren bewirken somit eine Markteintrittsbarriere für Konkurrenten, die den Standard vor Wettbewerb schützt und damit Innovationen der Basistechnologie erschwert. Lediglich in dem Fall, in dem der zusätzliche Nutzen aus einem neuen Produkt, denjenigen aus der Kompatibilität der alten Technologie überkompensiert, wäre ein Umschwenken denkbar (vgl. Blind/Edler (2001), S. 21; Shurmer/Lea (1995), S. 381). Ein neuer Anbieter müsste glaubhaft machen können, dass seine Technologie zum Standard werden und Netzwerkeffekte in gleichem Ausmaß ermöglichen wird. Dies steigert allerdings fixe wie versunkene Kosten und erschwert somit den Eintritt inkompatibler, wenn auch technisch überlegener Produkte (vgl. Church/Ware (1998), S. 240). Dadurch entsteht die Gefahr einer dauerhaften Festlegung auf einen inferioren, sozial ineffizienten Standard (vgl. Pepall/Richards/Norman (2002), S. 674; Farrell/Saloner (1986), S. 940 ff.). Der Anbieter eines etablierten Standards wäre vor Außenseiterkonkurrenz weitgehend geschützt, womit sich Tendenzen zur Monopolisierung in standardisierten Netzwerkmärkten erklären lassen. Als Beispiel kann auch hier der Softwarebereich mit dem Betriebssystem von Microsoft herangezogen werden, dem eine monopolähnliche Stellung zukommt (vgl. Klodt (2003), S. 116).

Wettbewerbstheoretisch ist die Frage relevant, ob in derartigen Fällen eine potenzielle Konkurrenz disziplinierend auf das Verhalten eines Monopolisten einwirkt. Dazu müsste der Markt bestreitbar sein, was wiederum durch die Kompatibilität einer innovativen Technologie mit dem Basisstandard erreicht würde. Im Softwarebereich hieße das, dass ein innovatives Betriebssystem mit der installierten Basis an Anwendungsprogrammen, Dateien u.ä. kompatibel zu sein hätte. Sofern es dem Monopolisten allerdings gelingt dies zu verhindern, wären Außenseiterkonkurrenz und die Marktbestreitbarkeit relativ gering. Die Anwendungsprogramme wirken somit als Marktzutrittsschranke.

Die aktuelle Entwicklung im Softwarebereich hinsichtlich des alternativen und zu Microsoft inkompatiblen Betriebssystems Linux zeigt jedoch, dass auch ohne Kompatibilität Wettbewerbsdruck zu erzeugen ist und der Markt entgegen theoretischer Annahmen bestreitbar wäre. Hier wird sich zukünftig zeigen müssen, inwiefern Linux tatsächlich eine Alternative für den Massenmarkt sein kann oder ob es sich eher um ein kurzfristiges „Modephänomen" handelt, das hauptsächlich von technisch interessierten und versierten Anwendern genutzt wird. Vor diesem Hintergrund kommt aus ökonomischer Sicht der Frage Bedeutung zu, ob eine Offenhaltung von Netzwerken durch offene Standards ein (wettbewerbs-)politisches Handlungserfordernis darstellt oder ob marktwirtschaftliche Koordinationsmechanismen den Netzwerkmärkten inhärenten Konzentrationstendenzen entgegenwirken können (vgl. hierzu Klodt (2003); Wissenschaftlicher

Beirat (2001)).[246] Die aufgezeigten Entwicklungen werden im Zuge der Gewährung von IPR für Kompatibilitätskomponenten zunehmend verkompliziert, worauf im folgenden Abschnitt näher eingegangen wird.

Zuvor soll jedoch noch detaillierter der Frage nachgegangen werden, unter welchen Voraussetzungen eine Verhinderung oder Verzögerung gesellschaftlich an sich erwünschter Innovationen und Standards als Kostenfaktor der Standardisierung möglich erscheint, um auch hieraus Schlussfolgerungen bezüglich der IPR-Strukturen ziehen zu können. Es geht damit um die Frage, ob bzw. wie sich im Wettbewerb – entgegen traditioneller, idealisierter Annahmen – ineffiziente Lösungen, hier in Form von Technologien respektive de-facto-Standards, entwickeln können.

Als Ausgangspunkt dient die Annahme eines sich im Wettbewerb zwischen unterschiedlichen, inkompatiblen Technologien durchsetzenden Standards. Es existiert eine installierte Basis, wie sie z.B. die Nutzer des Windows-Betriebssystems darstellen. Zur Analyse, ob sich eine für alle Nutzer technologisch vorteilhafte Alternative durchsetzt, die somit eine Nutzensteigerung aus gesamtgesellschaftlicher Perspektive bedeutet, bedarf es der Berücksichtigung auftretender externer Effekte.[247] Ein potenzieller Anwender einer innovativen, überlegenen Technik kann den Ausgangspunkt eines neuen, sich entwickelnden Netzwerkes darstellen. Damit steigert er wegen der Netzwerkeffekte die Attraktivität dieses Netzes für nachfolgende Anwender. Diese Form der Nutzenstiftung bei Dritten wird ein Individuum bei der Entscheidung in der Regel aber nicht in Betracht ziehen, sofern nicht mit einer Internalisierung zu rechnen ist.[248]

Ferner kann ein „früher" Nutzer selbst nicht von Netzwerkeffekten profitieren, womit er einen vergleichsweise hohen Anteil an anfallenden Inkompatibilitätskosten trägt (vgl. Farrell/Saloner (1986), S. 942). Diese würden sich mit zuneh-

---

246 Im „Linux-Beispiel" kommt der Strategie, das Konkurrenzprodukt Linux zum Preis von Null anzubieten besondere Bedeutung für dessen Attraktivität zu. Ein derartiges Vorgehen, bei dem auf die Durchsetzung der IPR verzichtet wird, um sich auf andere Anreiz- und Entlohnungsmechanismen zu verlassen, kann allerdings nicht für sämtliche Informationsgüter als funktionsfähig vorausgesetzt werden. Das Beispiel kann deshalb nicht verallgemeinert werden und sich daraus auch keine per se Entscheidung gegen potenziellen Handlungsbedarf ableiten lassen (vgl. zur ökonomischen Analyse des open-source-Modells u.a. Mustonen (2003); Kogut/Metiu (2001); Lerner/Tirole (2002)).

247 Vgl. zum Folgenden, insbesondere hinsichtlich einer formalen Darstellung, Farrell/Saloner (1986)).

248 Insbesondere bei einer großen Anwenderzahl sind die Internalisierungsmöglichkeiten auf der Nutzerebene gering. Eher denkbar erscheint es hingegen, dass ein Inhaber („sponsor") eines Netzwerkes/einer Technologie über die Preissetzung eine Internalisierung erreicht (vgl. Liebowitz/Margolis (1998), S. 169).

mender Größe des Netzwerkes verringern, wodurch nachfolgende Anwender immer weniger dieser Kosten zu tragen hätten, bis sich bei ausreichender Größe positive Effekte einstellen. Daraus resultiert aber der individuelle Anreiz, mit der Entscheidung zu warten, um diese Kosten zu minimieren. Dadurch wird die Wahl der Technologie jedoch verzögert, wenn nicht verhindert. Als Folge bliebe der relativ ineffiziente Standard bestehen.

Die Entscheidungen bezüglich der Systemwahl unterschiedlicher Individuen beeinflussen sich also gegenseitig. Damit handelt es sich spieltheoretisch um die Situation eines Gefangenendilemmas mit zwei stabilen Nash-Gleichgewichten. Die Wahl der jeweils gleichen, kompatiblen Technologie (alt oder neu) wird individuell der Entscheidung für unterschiedliche, inkompatible Lösungen vorgezogen, da sich Netzwerkeffekte einstellen. Die Akzeptanz der neuen Technologie brächte allerdings eine Pareto-Verbesserung, die jedoch unterbleibt, da keiner den ersten Schritt in Richtung eines inkompatiblen Systems zu machen wagt (vgl. Pepall/Richards/Norman (2002), S. 666 f.).

Ob sich letztlich eine neue Technologie durchsetzen und als Standard fungieren kann, hängt davon ab, ob neue Anwender trotz Inkompatibilitätskosten die überlegene Technologie wählen, wie schnell sich ein Netzwerk errichtet, welchen Nutzen das Gut auch ohne breite Anwenderzahl stiftet, aber auch wie groß die installierte Basis der alten Technologie ist (vgl. Farrell/Saloner (1986), S. 942, 946). Der letzte Punkt ist deshalb von Bedeutung, da infolge möglicher Wechsel und weniger zusätzlichen Mitgliedern der „alten“ Technologie die Netzwerkeffekte schrumpfen bzw. aufhören zu wachsen. Je größer die Wahrscheinlichkeit, dass die neue Technologie zum Standard wird, desto größer ist die Gefahr, mit der alten Technologie zu „stranden“, was das geschilderte Beharrungsvermögen mindert und die Wechselbereitschaft erhöht.

Eine derart gesteigerte Wechselbereitschaft kann jedoch auch zur Akzeptanz einer zwar neuen, aber technologisch vergleichsweise inferioren Technologie führen. Die Kosten, die ein Wechsel mit sich brächte, würden den Nutzen daraus nicht rechtfertigen.[249] Ausschlaggebend zeigt sich hier die Externalität, die durch die zunehmende Adoption der neuen Technik auf die alte installierte Basis wirkt. Sofern die neue Technologie für einige Nutzer auch ohne intensive Netzwerkeffekte individuelle Vorteile gegenüber der alten Technologie bietet, werden sich diese zu deren Gunsten entscheiden, auch wenn ein Systemwechsel gesamtgesellschaftlich ineffizient wäre und die erwähnten Kosten verursachte. Ausschlaggebend für die individuelle Akzeptanz einer neuen Technologie kön-

249 Die Kosten entstehen dabei neben den direkten Kosten für Neuanschaffungen z.B. durch den Wertverlust inkompatibler Produkte sowie durch den Verlust von Humankapital in Form von softwarespezifischen Fähigkeiten.

nen ferner Erwartungen der Nutzer sein, die neue Technologie würde zukünftig zum neuen Standard werden. Dadurch wird eine zunehmende Attraktivität sowohl für neue Nutzer als auch für potenzielle Systemwechsler geschaffen, da in steigendem Maße von Netzwerkeffekten profitiert werden kann. Gleichzeitig, und das ist hier der entscheidende Aspekt, wirken aber negative Externalitäten auf den bisherigen Standard, da für dessen Nutzer die Netzwerkeffekte sinken bzw. geringer ausfallen als zuvor angenommen, je mehr Wechsel zur neuen Technologie stattfinden. Mit der Befürchtung eines somit sukzessive sinkenden Netzwerknutzens und schließlich mit der alten, inkompatiblen Technologie „übrig zu bleiben", erhöht sich die Wechselbereitschaft, was wiederum den negativen externen Effekt auf die verbliebenen Nutzer verstärkt. Um einer solchen negativen Entwicklung von vornherein zu entgehen, mag der individuelle Anreiz bestehen, möglichst schnell die neue Technologie, die vermeintlich zum zukünftigen Standard avanciert, anzunehmen, obwohl sich diese – verglichen mit dem bisherigen de-facto-Standard – als sozial inferior herausstellt (vgl. Farrell/Saloner (1986), S. 942 ff.).

Auch in dieser geschilderten Situation stellt sich spieltheoretisch ein stabiles, wenngleich Pareto-suboptimales Gleichgewicht ein. Aufgrund der Annahme, der andere Akteure wechsele zur neuen Technologie, wird selbst der Wechsel vollzogen, um nicht auf Netzwerkeffekte verzichten zu müssen. Das neue Gleichgewicht ist dann zwar einer Situation mit Inkompatibilität vorzuziehen, der Ausgangssituation hingegen unterlegen (vgl. Pepall/Richards/Norman (2002), S. 666 ff.).

Trotz des Wohlfahrt steigernden Potenzials von Kompatibilität und Standardisierung auf Märkten für Informationsgüter mit Netzwerkeffekten sind negative Effekte nicht außer Acht zu lassen. Es zeigten sich ambivalente Wirkungen auf die Wettbewerbsintensität, die auch von den unterschiedlichen Formen der Standardsetzung beeinflusst werden. So ist im Zuge einer de-facto-Standardisierung im Wettbewerb inkompatibler Systeme mit einem intensiven Wettbewerb um den Markt zu rechnen, also so lange, bis sich ein System als Standard etablieren konnte. Hier herrschen besonders große Anreize zur Innovation, um potenzielle Nutzer überzeugen und damit den Standard durchsetzen zu können. Im Zuge dieses Wettbewerbs sinken auch die Preise für die betroffenen Güter, wie z.B. Betriebssysteme im Softwarebereich oder PCs im Hardwarebereich (vgl. Shy (2001), S. 36, 61). Auch eine unentgeltliche Abgabe bestimmter Güter ist diesbezüglich denkbar. Nach erfolgter Standardisierung ist eine geringere Wettbewerbsintensität anzunehmen, insbesondere wenn der siegreiche Akteur Kontrolle über kompatible Anwendungen ausübt (vgl. Shapiro (2002), S. 25).

Im Anschluss an eine formale Standartsetzung kann sich hingegen eine vergleichsweise intensive Konkurrenz im Markt ergeben, auf einen Wettbewerb um die beste Standard setzende Basistechnologie wird jedoch verzichtet. Die Effizienz des Standards ist dabei nicht gewährleistet und ein kompletter Systemwechsel durch Außenseiterkonkurrenz erweist als noch schwieriger als dies bei Gültigkeit eines de-facto-Standards der Fall wäre. Eine allgemeingültige Aussage hinsichtlich Wettbewerbsintensität und Standardisierung lässt sich somit nicht vornehmen, sondern zeigt sich einzelfallabhängig. Würden beispielsweise die Wettbewerbs- und Innovationseffekte eines ex ante-Wettbewerbs inkompatibler Systeme („um den Markt") höher bewertet als diejenigen, die sich nach formaler Standardisierung („im Markt") einstellen, könnte der Verzicht auf ein horizontale Kompatibilität der Systeme sinnvoll erscheinen (vgl. Katz/Shapiro (1999), S. 57 f., 64).[250]

Des Weiteren wurde deutlich, dass unter bestimmten Bedingungen aus Wettbewerbsprozessen stabile, aber ineffiziente Gleichgewichtslösungen hervorgehen können und sich inferiore Standards etablieren. Relativierend muss diesbezüglich jedoch angemerkt werden, dass die bloße Existenz von Netzwerkeffekten nicht bereits hinreichend für die aufgezeigten Probleme ist. Ausschlaggebend ist dabei die Analogie zur Theorie des natürlichen Monopols mit der Folge nur eines sich durchsetzenden Standards aufgrund der Netzwerkeffekte. LIEBOWITZ/MARGOLIS (1998) weisen darauf hin, dass eine solche Entwicklung auf spezifischen Voraussetzungen beruht, die in vielen Fällen eher unrealistisch erscheinen. Vielmehr sei oftmals die Existenz mehrerer paralleler, inkompatibler Netzwerke durchaus möglich und damit auch effiziente Ergebnisse im Wettbewerb.

So könne beispielsweise die Annahme unbegrenzt positiver Netzwerkeffekte angezweifelt werden, womit ab einer gewissen Netzwerkgröße keine positiven Effekte mehr von zusätzlichen Teilnehmern ausgehen.[251] In diesem Falle könnten in Abhängigkeit der Marktgröße mehrere effiziente Netze nebeneinander

250 Zu berücksichtigen ist in diesem Zusammenhang zudem die Art und Weise der formalen Standardsetzung. Hier sind wettbewerbspolitisch bedenkliche Aspekte möglich. So können sich z.B. Konkurrenten auf Kosten Dritter auf Standards einigen, die jeweils eigene Komponenten kombinieren und weitere Wettbewerber zur Lizenzierung zwingen. Auch Standardisierungen unter staatlicher Ägide geben Anlass zur Kritik. So sind Informationsdefizite und Lobbyanfälligkeit nicht auszuschließen. Ferner zeigt sich gerade der Bereich der Informationsgüter von einer besonderen Dynamik, sodass Regelungen, die im administrativen Prozess zu Stande kommen, gegebenenfalls bei Inkrafttreten bereits technologisch obsolet sind (vgl. Shy (2001), S. 6).

251 Hierfür könnten z.B. Restriktionen im Bereich der Produktion oder der Netzwerkverwaltung ausschlaggebend sein. Auch negative Effekte durch zusätzliche Netzwerkmitglieder sind grundsätzlich vorstellbar. Im Softwarebereich wäre z.B. an eine mit zunehmender Netzwerkgröße steigende Anfälligkeit gegen Viren, Würmer u.ä. zu denken.

bestehen und miteinander konkurrieren (vgl. Liebowitz/Margolis (1998), S. 173).

Sollten ferner heterogene Interessen bei den Anwendern bezüglich technologieimmanenter Eigenschaften bestehen, wäre ebenfalls eine Koexistenz mehrerer Netze denkbar. Produktcharakteristika wären dann aus Konsumentensicht wichtiger als die Netzwerkgröße, und der Nutzen aus einer großen Vielfalt an Produkten würde denjenigen der Kompatibilität überwiegen (vgl. Katz/Shapiro (1994), S. 106). Auch lässt sich nicht ohne weiteres unterstellen, dass jedes zusätzliche Mitglied die gleichen Netzwerkeffekte für die bisherigen Anwender erzeugt. Diesbezüglich wäre die Bildung unterschiedlicher, in sich homogener Netzwerke denkbar. Ebenso wäre ein koordinierter Wechsel einer Gruppe mit homogenen Interessen einfacher zu bewerkstelligen und damit die Gefahr des Verharrens in einem inferioren Standard geringer. Es käme dann nicht zur Standardisierung auf ein einziges System, das für bestimmte Interessen suboptimal wäre (vgl. Liebowitz/Margolis (1998), S. 174).[252]

Wenn auch derartig relativierende Umstände existieren, sind die geschilderten potenziell negativen Auswirkungen im Zuge des Auftretens von Netzwerkeffekten und Standards nicht zu unterschätzen. Dies gilt insbesondere dann, wenn Aspekte der privaten Kontrolle von Standards und daraus resultierendes wettbewerbsbeschränkendes Verhalten involviert sind. Obgleich kompatible Systeme gesamtgesellschaftlich Nutzensteigerungen versprechen, können Individualinteressen an Inkompatibilitäten und der privaten Kontrolle von Standards bestehen, zu deren Durchsetzung sich insbesondere private Verfügungsrechte an Informationsgütern eignen. Im folgenden Abschnitt steht somit die Beziehung zwischen IPR und Standardisierungsaspekten im Mittelpunkt.

4.2.3 Wettbewerbsrelevante Wirkungen von Intellectual-Property-Rights bei der Existenz von Netzwerkeffekten

4.2.3.1 Verhaltensbedingte Wirkungen

Mit zunehmender Relevanz von Netzwerkeffekten, Kompatibilitäten und Standards für den Markterfolg und damit für die Einnahmepotenziale auf den betroffenen Märkten der Informationsgüter, steigen für deren Entwickler und Rechte-

252 Es wäre möglich, dass z.B. Anwender unterschiedlicher beruflicher Fachrichtungen auch unterschiedliche Software nutzen, die für ihre Belange den höchsten Nutzen verspricht, und die zwar innerhalb der Profession kompatibel wäre und große Netzwerkeffekte ermöglicht, mit Anwendern anderer Fachrichtungen jedoch nicht. Da ein Datentausch mit letzteren keine wesentlichen Netzwerkeffekte generieren würde, erscheint auch eine Kompatibilität zu deren angewandten Programmen nicht notwendig.

inhaber die Anreize zur Beeinflussung und Kontrolle der Standards. Dies gilt insbesondere dann, wenn aufgrund marktstruktureller Voraussetzungen die Aussicht auf eine de-facto-Standardisierung besteht (vgl. Shurmer/Lea (1995), S. 378). Eine solche Kontrolle lässt sich über exklusive Verfügungsrechte an wesentlichen, Standard setzenden Systemkomponenten gewinnen.[253] Potenzielle Hersteller komplementärer Produkte sind dann auf den Zugang zu derartigen Komponenten angewiesen, um die notwendige Kompatibilität herzustellen. So müssen z.B. im Software-Bereich die Entwickler von Anwendungsprogrammen über Schnittstelleninformationen zum Betriebssystem verfügen, um Interoperationalität zu garantieren (vgl. Stapper (2003), S. 178).

Die Schnittstellen sind dabei Programmbestandteile des Betriebssystems, womit sie prinzipiell dem Urheberschutz unterfallen können.[254] Damit bedarf die Nutzung von Schnittstelleninformationen einer Lizenzierung durch den Rechteinhaber. Schnittstellen existieren zwischen Software auf horizontaler wie vertikaler Ebene, also z.B. zwischen zwei Betriebssystemen bzw. Betriebssystem und Anwendungsprogramm, als auch zwischen Software und Hardware sowie zwischen Hardwarekomponenten. Infolge urheberrechtlich geschützter Schnittstellen obliegt es dem Rechteinhaber zu entscheiden, ob und unter welchen Bedingungen kompatible Produkte zulässig sind, womit auch die Etablierung eines einheitlichen, offenen Standards sowie die Erzeugung von damit einhergehenden Netzwerkeffekten beeinflussbar sind.

Neben der Anreizfunktion der IPR besteht so die Gelegenheit zu deren strategischem Einsatz. Der eine IPR-Ausgestaltung traditionell begleitende trade-off bezüglich der Wohlfahrtswirkungen von Anreiz und Nutzung wird in Abhängigkeit der Intensität der Netzwerkeffekte verstärkt. Je weniger letztere infolge der Durchsetzung starker Verfügungsrechte und abnehmender Kompatibilität zur Geltung kommen, desto größer sind die damit einhergehenden Wohlfahrtseinbußen (vgl. Farrell (1995), S. 368 f.). Ein Rechteinhaber kann Marktzutritte und damit die Wettbewerbsintensität sowohl auf der Ebene der Standardtechnologie als auch im Bereich komplementärer Anwendungen – theoretisch bis hin zur Monopolisierung – beeinflussen (vgl. Church/Ware (1998), S. 241).

Von Kompatibilitäten und der Realisierung der Netzwerkeffekte profitieren jedoch nicht ausschließlich die Nachfrager, sondern auch die Anbieter der Infor-

253 Auch technische Schutzmaßnahmen können derartige Kontrollfunktionen ermöglichen.

254 Immaterialgüterrechtlich geschützte Standards sind ferner in vielen weiteren Bereichen relevant, wie z.B. der CD-Technologie oder IBM-kompatibler PCs (vgl. Shapiro/Varian (1999b), S. 301; Rahnasto (2003), S. 187).

mationsgüter.[255] Damit stellt sich die Frage, ob oder wann überhaupt Anreize zur Verhinderung von Kompatibilität durch eine Verweigerung der Lizenzierung geschützter Informationen bestehen, die unter bestimmten Voraussetzungen wirtschaftspolitische Eingriffe nach ziehen können (vgl. Katz/Shapiro (1999), S. 63).

Durch starke Netzwerkeffekte und die Verfügbarkeit einer großen Anzahl kompatibler Anwendungsprogramme steigt der Wert der Basistechnologie und dadurch das Einnahmenpotenzial der Rechteinhaber. Somit müsste eher eine Neigung zur Kompatibilität existieren. Besteht hingegen die Aussicht, dass sich infolge eines Wettbewerbs inkompatibler Systeme um den Markt nur eines als Gewinner durchsetzt, dem dann eine monopolistische Position als de-facto-Standard zufällt, erweist sich die Verfolgung einer Inkompatibilitätsstrategie als rational. Das heißt, dass über die Lizenzerteilung versucht wird, ein Angebot kompatibler Produkte auf horizontaler Ebene zu verhindern, z.B. alternative, kompatible Betriebssysteme.

Besondere Bedeutung hinsichtlich der Strategiewahl kommt der Marktstruktur dahingehend zu, ob sich Anbieter unterschiedlicher Technologien in symmetrischer oder asymmetrischer Situation befinden. Das bedeutet, sofern mehrere Unternehmen in etwa über die gleichen Marktpositionen verfügen und nicht mit einer de-facto-Standardisierung nur eines Anbieters zu rechnen ist bzw. ein langwieriger, kostenintensiver Wettbewerb mit ungewissem Ausgang „um den Markt“ zu befürchten ist, besteht eher die Tendenz zur Kompatibilität. Dies senkt den Wettbewerbsdruck und ermöglicht zudem Kooperationen, z.B. bezüglich einer formalen Standardisierung.

Eine asymmetrische Situation ist dadurch gekennzeichnet, dass ein Anbieter bereits über eine dominante Position verfügt bzw. die Aussicht auf eine solche Position besteht, sofern inkompatible Strategien verfolgt werden. Voraussetzungen hierfür sind insbesondere die Reputation des Anbieters, dessen installierte Basis als auch Erwartungen der Nutzer, dass sich die Technologie tatsächlich als inkompatibler Standard durchsetzt (vgl. Katz/Shapiro (1999), S. 63). Unter diesen Voraussetzungen besteht die Aussicht, den Wettbewerb um den Markt für sich zu entscheiden, sodass Inkompatibilität bevorzugt wird. Die Kontrolle des Standards verspricht dann eine dominante Position, vor allem auf Märkten mit ausgeprägten Netzwerkeffekten (vgl. Shapiro (2002), S. 26).

255 Bezüglich der Verbraucher lässt sich ein positiver Nettonutzeneffekt aus den geschilderten Vor- und Nachteilen der Standardisierung unterstellen. Der Nutzen aus Netzwerkeffekten und Intrasystemwettbewerb dürfte also in der Regel die Kosten infolge einer geringeren Technologievielfalt überwiegen (vgl. auch Shapiro/Varian (1999b), S. 305 f.).

Insbesondere für potenzielle newcomer wirken die Faktoren der installierten Basis und der Reputation des etablierten Anbieters als Marktzutrittsschranken. Die durch IPR verhinderte Kompatibilität beschränkt die Möglichkeiten des Marktzutritts und des (potenziellen) Wettbewerbs (vgl. Katz/Shapiro (1994), S. 110). Dies gilt gleichermaßen auf horizontaler wie auf vertikaler Ebene. Ohne den Zugang zur installierten Basis an Nutzern und komplementären Anwendungen sind die Marktchancen eines inkompatiblen Konkurrenzproduktes zum Basisstandard gering. Ein Rechteinhaber eines de-facto-Standards kann somit über die Kompatibilitätsentscheidung eine monopolistische Position erreichen oder aufrechterhalten und erlangt so die Kontrolle über eine wesentliche Engpasseinrichtung („bottleneck-Einrichtung"), sofern der Markt die Voraussetzungen einer „winner-take-all"-Situation aufweist (vgl. Menell (1998), S. 8). Es besteht die Möglichkeit, über das Lizenzierungsverhalten diese Position auf angrenzende Märkte zu übertragen und auch dort den Wettbewerb zu beschränken. Die resultierenden Renten lassen die Entscheidung zur Inkompatibilität attraktiv erscheinen. Allerdings können damit gesamtgesellschaftliche Wohlfahrtsverluste einhergehen (vgl. Blind/Edler (2001), S. 24).

Die Kontrolle über einen de-facto-Standard als monopolistische Engpasseinrichtung muss allerdings nicht zwangsläufig zu wettbewerbswidrigem Verhalten führen. Sofern sich der Inhaber der Einrichtung den gesamten Wert eines Systems über Marktpreise entweder von Nutzern oder von Herstellern alternativer Systemkomponenten – für die der Zugang notwendig ist und die mit ihren Produkten den Gesamtwert des Systems steigern – aneignen kann, besteht keine rationale Begründung für potenzielle Wettbewerbsbeschränkungen. Vielmehr kann ein Anreiz unterstellt werden, einen effizienten, innovativen Wettbewerbsmarkt für Anwendungsprogramme zu fördern, um den anzueignenden Gesamtnutzen des Systems dadurch zu maximieren (vgl. Farrell/Weiser (2003), S. 20 f.). Das System wäre effizient, ein Ausschluss würde keine zusätzlichen Profite ermöglichen (vgl. Ordover/Willig (1999), S. 106).

Beispielsweise kann ein System aus einer Basiskomponente A und unterschiedlichen Anwendungskomponenten B bestehen, die jeweils nur in gemeinsamem Gebrauch einen Nutzen stiften. A wird dabei von einem Monopolisten produziert (z.B. über IPR geschützter de-facto-Standard), der auch die Angebotsmöglichkeit komplementärer Produkte B beeinflussen kann (Lizenzierung des Zugangs) und damit B selbst als Monopolist anbieten könnte. Bei einem unbeschränkten Wettbewerb auf dem Markt für B stellt sich dort ein Grenzkostenpreis $P_B = GK_B$ ein. Bei einer Zahlungsbereitschaft der Systemnutzer für das Gesamtsystem in Höhe von z würde der Monopolist bei einem Preis $P_A = z - GK_B$ seinen Gewinn pro Konsument maximieren. Dieser wäre $G = z - (GK_A + GK_B)$. Eine Monopolisierung auch des Marktes für B könnte dort einen Preis $P_B = z -$

P_A ermöglichen, wobei der Gewinn pro Konsument allerdings $G = z - (GK_A + GK_B)$ bliebe (vgl. Church/Ware (1998), S. 269). Eine Steigerung des Preises für B würde eine Senkung des Preises für A notwendig machen, da anderenfalls die Basiskomponente nicht mehr gekauft würde. Es besteht damit theoretisch kein Anreiz für den monopolistischen Anbieter der Basiskomponente, den Zugang und damit die Kompatibilität für Anbieter von Anwendungsprodukten zu beschränken, da dies keine Gewinnsteigerung ermöglicht. Eher scheinen langfristige Effizienzeinbußen bezüglich des gesamten Systems nicht auszuschließen, wenn z.B. auf Wettbewerbs- und Innovationseffekte im Bereich der Anwendungen verzichtet würde, die das gesamte System attraktiver machen. Ein Ausschluss wäre dann ineffizient.

Anreize, Anbietern komplementärer Produkte den Zugang zu verwehren, bestehen jedoch in solchen Fällen, in denen sich dadurch die Einnahmen des Systemanbieters dennoch steigern lassen. Eine mögliche Wertminderung des Systems, und damit Ineffizienzen in gewissem Ausmaß, würden dann in Kauf genommen. Diese Möglichkeiten zur Einnahmensteigerung existieren beispielsweise dann, wenn konkurrierende Anbieter von Anwendungsprodukten (B) aufgrund ihres Angebots die Gelegenheit erhalten, auf einem zusätzlichen, unabhängigen Markt (C), auf dem auch der „bottleneck-Besitzer" tätig ist, als Wettbewerber des Letzteren zu agieren. Sollten sich economies of scale und economies of scope zwischen den Märkten (B und C) realisieren lassen, könnte dies den Wettbewerbsdruck auf dem unabhängigen Markt (C) intensivieren. Eine Verweigerung der Kompatibilität des Anwendungsprodukts (B) zum Systemmarkt (A) würde dann den Konkurrenten auch auf dem unabhängigen Markt (C) schwächen und den Wettbewerbsdruck dort mindern. Aus der Sicht des „bottleneck-Besitzers" können dann höhere Einnahmen auf dem unabhängigen Markt (C) die Einnahmen mindernden Ineffizienzen auf dem Systemmarkt (A) überkompensieren (vgl. Ordover/Willig (1999), S. 107).[256]

Ebenfalls rational erschiene ein an sich ineffizienter Ausschluss potenzieller Anbieter von Anwendungskomponenten, sofern deren Angebot eine optimale Preisdifferenzierungsstrategie hinsichtlich alternativer Anwendungsprodukte des

256 Als aktuelles Beispiel aus dem Software-Bereich können Dienstleistungsangebote wie z.B. Finanzdienstleitungen (Markt C) angeführt werden, die von den Anbieten von Browsersoftware (Markt B) Microsoft und Netscape über das Internet vertrieben werden, wobei die Browsersoftware als Vertriebsbasis fungiert. Ein Ausschluss von Netscape könnte zwar für einige Konsumenten das gesamte System (Windows) unattraktiver machen und hier Einnahmerückgänge bewirken (Markt A), allerdings könnte der geminderte Wettbewerb auf der Dienstleistungsebene (Markt C) diese Verluste für Microsoft mehr als ausgleichen (vgl. Ordover/Willig (1999), S. 107). Ähnliches gilt für den Verkauf von Werbefläche auf der Browserebene.

Rechteinhabers verhindert und damit Gewinnpotenziale beschneidet (vgl. hierzu Ordover/Willig (1999), S. 107; Farrell/Weiser (2003), S. 24 ff.). Sofern ein monopolistischer Anbieter der Basistechnologie auch auf einem kompetitiven Markt für Anwendungen tätig ist, muss er hier den Wettbewerbspreis akzeptieren. Eine Monopolisierung dieses Marktes bietet allerdings die Möglichkeit zur Preisdiskriminierung. Für unterschiedliche Nutzergruppen können dann entsprechend der Zahlungsbereitschaften unterschiedliche Preise berechnet werden.[257] Hierdurch erfolgt eine Umverteilung von Konsumenten- in Produzentenrente, die die Gewinne des Anbieters steigert.

Der Ausschluss der Wettbewerber von diesem Markt gilt allerdings als Voraussetzung für die Durchführung der Preisdiskriminierung, da anderenfalls Produzenten mit Konkurrenzangeboten die hohen Preise für das Segment mit hoher Zahlungsbereitschaft, die oberhalb des Wettbewerbspreises liegen, unterbieten könnten. Die Preisdiskriminierung wäre nicht aufrecht zu erhalten. Es entstünde ein Anreiz, die Preise im unteren Segment zu erhöhen (vgl. Church/Ware (1998), S. 269; Farrell/Weiser (2003), S. 24 ff.).

Die höheren zusätzlichen Gewinne durch diese Preisdifferenzierungsstrategie auf dem Markt für Anwendungsprogramme – verglichen mit der Situation des lizenzierten Zugangs – können den Wertverlust des gesamten Systems überkompensieren. Dieser Wertverlust resultiert dabei wie erwähnt aus der Wettbewerbsbeschränkung auf dem Anwendungsmarkt infolge des Ausschlusses. Auch wenn sich der Rechteinhaber aufgrund des Wertverlustes weniger Einnahmen über das Basisprodukt aneignen kann, bietet die Preisdifferenzierung einen Anreiz zur Monopolisierung des nachgelagerten Marktes.

Die resultierenden Effizienz- und Wohlfahrtswirkungen sind nicht eindeutig zu bestimmen. Sofern ohne die Preisdiskriminierung weniger Konsumenten bedient wurden, sind Wohlfahrtsteigerungen denkbar. Dies gilt insbesondere im Vergleich mit einem einheitlichen Monopolpreis. Allerdings ist zu berücksichtigen, dass es sich in der Praxis in erster Linie um Preisdifferenzierung dritten Grades handeln dürfte (siehe zur Theorie der Preisdifferenzierung z.B. Knieps (2001), S. 205 ff.). Wohlfahrtsverluste treten dabei dann auf, sofern die exogene Eintei-

---

257 ORDOVER/WILLIG (1999) verweisen diesbezüglich auf die Preisdifferenzierung beim Microsoft-Office-Paket, die entsprechend unterschiedlicher Zahlungsbereitschaften für die geschäftliche Nutzung einerseits sowie die private Nutzung andererseits erfolgt. Ein günstigeres Konkurrenzprodukt für den Geschäftsbereich würde die Preise hier senken und könnte damit die geringen Preise für den Privatbereich und darüber die Preisdiskriminierung unrentabel werden lassen. Es müsste auf Gewinnsteigerungen durch die Abschöpfung von Konsumentenrente verzichtet werden (siehe ähnlich auch Stolpe (2003)).

lung der Konsumentenklassen die tatsächlichen Elastizitäten nur unzureichend widerspiegelt. Ferner gelten innerhalb der einzelnen Klassen einheitliche Preise, sodass, verglichen mit einem einheitlichen Gesamtmarkt mit monopolistischer Preissetzung, eine outputreduzierende Wirkung eintreten kann und so eine Effizienzminderung entsteht (vgl. Pepall/Richards/Norman (2002), S. 133). Ermöglicht hingegen auch die Preisdifferenzierung dritten Grades die Bedienung neuer Konsumentengruppen, so sind Wohlfahrtssteigerungen denkbar (vgl. Knieps (2001), S. 221 f.). Eindeutige Aussagen bezüglich der Output- und der Wohlfahrtswirkungen lassen sich somit nicht anstellen.

Die höheren Gewinne durch die Umwidmung von Konsumenten- in Produzentenrente können prinzipiell die Anreize zur Innovation steigern, was positive Wirkungen hinsichtlich der dynamischen Effizienz verspräche. Dem entgegenzuhalten ist jedoch zum einen die tendenziell eher geringe Innovationsneigung im Monopol. Zum anderen die durch den Ausschluss bewirkte verminderte bzw. verhinderte Wettbewerbsintensität auf dem Markt für komplementäre Güter, wodurch effiziente Innovationen und ein Preiswettbewerb im Sinne der Konsumenten unterbleiben. Langfristig dürften somit die negativen Wettbewerbswirkungen schwerer wiegen als potenzielle Effizienzgewinne (vgl. Farrell/Weiser (2003), S. 26).

Ein weiterer Anreiz zur Beschränkung des Zugangs für Anbieter komplementärer Produkte besteht in der bereits oben erwähnten Möglichkeit, dass diese Produkte die Monopolstellung auf dem ursprünglichen Markt gefährden. Eine große installierte Basis an Anwendungsprogrammen erleichtert den Markteintritt auf dem vorgelagerten Markt. Anderenfalls müsste ein komplettes Konkurrenzsystem angeboten werden, was hohe Kosten verursachen würde. Auch wenn also mit einem solchen Verhalten der Monopolgewinn nicht gesteigert werden kann, so lässt sich die Marktdominanz zementieren (vgl. Farrell/Weiser (2003), S. 26 ff.).

Dem „Microsoft-Fall" liegt eine entsprechende Argumentation zugrunde. Hierbei ist der Versuch Microsofts, über die Machtposition auf dem Markt für Betriebssysteme (als Engpasseinrichtung) auch den vertikalen Browsermarkt zu kontrollieren, dahingehend interpretiert worden, das Monopol für Betriebssysteme vor Konkurrenz zu schützen. Denn mit Hilfe von Browsersoftware wie z.B. dem Netscape Navigator lassen sich ursprünglich Betriebssystem originäre Funktionen ausführen, wie z.B. die Nutzung weiterer Anwendungsprogramme, sodass Browser als Plattform in einer Konkurrenzbeziehung zum Betriebssystem stehen. Ferner bietet der Browser eigene Schnittstellen für Anwendungsprogramme. Letztere können dadurch betriebssystemunabhängig genutzt werden, sofern sie zum Browser kompatibel sind. Eine Etablierung dieser technologischen Entwicklung würde so die Marktzutrittsschranken auf dem Markt für Betriebssysteme reduzieren, die die installierte Basis an Anwendungsprogrammen bisher errichtet (vgl. Stapper (2003), S. 180 ff.; Salop (1999), S. 100 ff.; Fichert (1998), S. 347).

Somit wird deutlich, dass durchaus Anreize bestehen, IPR wie Urheberrechte an wesentlichen Informationsgütern zum Zwecke der Wettbewerbsbeschränkung zu nutzen, auch wenn dies auf den ersten Blick als ökonomisch nicht rational erscheint. In Abhängigkeit der Wohlfahrtseffekte stellen sich somit Fragen hinsichtlich eines Handlungsbedarfs mit Blick auf die Ausgestaltung der Zugangsmöglichkeiten und darüber der IPR. Diesbezüglich bedarf es der Berücksichtigung weiterer Wettbewerbswirkungen auf Netzwerkmärkten.

So ist aufgrund abnehmender Wettbewerbsintensität nach erfolgter Standardisierung auf der horizontalen Ebene des Basisstandards mit Preisen oberhalb des Konkurrenzniveaus zu rechnen (vgl. Menell (1998), S. 7). Obgleich in der Phase des Wettbewerbs um den Markt von zunächst vergleichsweise geringen Preisen auszugehen ist – bis hin zur unentgeltlichen Abgabe in Einzelfällen –, so werden sich diese nach erfolgter Standardisierung erhöhen, da kein Konkurrenzdruck mehr disziplinierend wirkt. Infolge geringerer Kompatibilität verringert sich zudem der Nutzen aus den Netzwerkeffekten. Des Weiteren können Innovationen und technischer Fortschritt negativ durch einen kontrollierten Standard beeinflusst werden. Mit abnehmender Wettbewerbsintensität verringert sich auch die Notwendigkeit für den Rechteinhaber des Standards zur Produktinnovation und Weiterentwicklung der Technologie, da er nicht mit einer Bedrohung durch Außenseiterkonkurrenz rechnen muss. Analog den geschilderten Preiswirkungen sorgt auch hinsichtlich der Innovationen ein Wettbewerb um den Markt zunächst für stärkere Anreize. Sobald sich ein de-facto-Standard etablieren konnte, schwindet jedoch die Innovationsneigung.

Auch für mögliche Konkurrenten ist in Anbetracht der Marktzutrittsschranken aufgrund hoher Wechselkosten der installierten Basis der Anreiz zu Innovationen gering (vgl. Menell (1998), S. 8). Nur mit einem komplett neuen System ließe sich der Markt bestreiten. Dieses müsste jedoch dem Standard so deutlich überlegen sein, dass die Nutzer bereit wären, die hohen Wechselkosten in Kauf zu nehmen. Wie oben geschildert, hätten jedoch frühe Adoptoren auf Netzwerkeffekte zu verzichten. Ihr Wechsel erzeugte vielmehr positive externe Effekte für zukünftige Nutzer, wodurch die Wechselbereitschaft aus gesamtgesellschaftlicher Perspektive zu gering ausfällt. Restriktive IPR an der etablierten Standardtechnologie erschweren diesen Wechsel zusätzlich und fördern damit das Beharrungsvermögen inferiorer Technologien, weil Innovationen, die technisch an sich kompatibel wären und einen Wechsel zu geringen Kosten ermöglichen könnten, durch den etablierten Rechteinhaber mit einer Kompatibilitätsverweigerung be-/ oder verhindert werden können.

Gleichfalls wären Innovationsanreize hinsichtlich komplementärer Produkte gemindert, die hohe, irreversible Anfangsinvestitionen voraussetzen, sofern keine Aussicht oder langfristige Sicherheit besteht, dass eine Lizenzierung erfolgt, die die Kompatibilität ermöglicht. Diese Sicherheit besteht insbesondere in den Fällen nicht, in denen vormals offene oder lizenzierte Schnittstellen durch den Einsatz von IPR geschlossen werden können, nachdem die Technologie zum de-facto-Standard wurde. Besteht die reale Gefahr eines derartigen ex post-Opportunismus, wird der Anreiz zu Investition in Forschung und Entwicklung komplementärer Produkte gemindert. Damit ließe sich also durch IPR die Kontrolle über Schlüsselschnittstellen sichern, zu denen der Zugang eine nötige Voraussetzung für Innovationen darstellt. Letztere können dadurch vom Rechteinhaber verhindert werden (vgl. Menell (1998), S. 8; Katz/Shapiro (1999), S. 64). Diesbezüglich stellen sich Fragen nach einem potenziellen Handlungsbedarf, z.B. in der Form von Zwangslizenzen, die im Verlauf der Untersuchung aufgegriffen werden.

Relativierend bleibt jedoch anzumerken, dass im Beriech der Informationsgüter eine potenzielle Außenseiterkonkurrenz in Form konkurrierender, inkompatibler Netzwerke trotz urheberrechtlichem Schutz und vorliegenden Netzwerkeffekten nicht gänzlich auszuschließen ist. Diese ist umso wahrscheinlicher, je geringer c.p. die notwendigen Investitionen in den Aufbau eines konkurrierenden Netzwerkes, inklusive einer installierten Basis sind. Im Bereich der Informationsgüter sind diese Kosten verglichen mit traditionellen Netzwerken wie z.B. dem Telefonnetz relativ gering und die Innovationsraten relativ hoch, wodurch aktuelle technische Standards stärker unter Wettbewerbsdruck stehen und gegebenenfalls obsolet werden. Es wäre dann eine Situation sich ablösender, temporärer Monopole denkbar, bei der die Innovationsanreize langfristig erhalten blieben. Die positiven Wohlfahrtseffekte dieser Innovationstätigkeit können durchaus die negativen Effekte infolge der temporären Monopole überwiegen. Entscheidend dafür zeigt sich also die Stabilität der Netzwerkmonopole, die umso geringer ist, je geringer die Höhe der Investitionskosten in alternative Systeme und je weniger intensiv die Netzwerkeffekte sind (vgl. Landes/Posner (2003), S. 395 f.).[258]

Im Gegensatz zu den Wettbewerbsproblemen durch die de-facto-Standardisierung können IPR auf den Märkten für Informationsgüter mit starken Netzwerkeffekten auch wettbewerbsintensivierende Wirkungen haben, mit denen

258 Detailliertere Aussagen, in welchen Sektoren oder hinsichtlich welcher Güter derartige Voraussetzungen wahrscheinlich sind, bedürfen einer Einzelfallbetrachtung.

Innovationsanreize und disziplinierende Wirkungen auf die Preissetzung einhergehen. Wie erwähnt wird die Wettbewerbsintensität dann hoch sein, solange mehrere Anbieter inkompatibler Technologien um den Markt konkurrieren. Sofern die Marktstrukturen mehrere inkompatible Netzwerke nebeneinander zulassen oder der Markt nicht kurzfristig zugunsten eines Standards „kippt", was eine Monopolisierung zur Folge haben kann, bleibt dieser Wettbewerb langfristig erhalten. Als Bedingungen, die eine Koexistenz der Netzwerke und damit einen solchen Wettbewerb begünstigen und damit ein „Kippen" begrenzen, gelten insbesondere Nutzerheterogenitäten sowie Produktdifferenzierungen (vgl. Katz/Shapiro (1994), S. 106). Je unterschiedlicher also die Präferenzen der Nutzer und je bedeutsamer bestimmte Produktmerkmale, desto wahrscheinlicher ist die Stabilität des Wettbewerbsprozesses zwischen den inkompatiblen Systemen. Netzwerkeffekte werden dann zwar in geringerem Ausmaß realisiert, gegebenenfalls sind jedoch unterschiedliche Produktcharakteristika von größerer Bedeutung.

Ein fehlender oder geringer IPR-Schutz erhöhte hingegen die Kompatibilität, da potenzielle Produzenten von Konkurrenzprodukten kompatible Produkte anbieten können, ohne auf eine Lizenzerteilung angewiesen zu sein oder gegen Urheberrechte zu verstoßen. Dies könnte allerdings einer zu frühen Festlegung bzw. einer impliziten Akzeptanz eines Standards Vorschub leisten und den Wettbewerb somit „in den Markt" verlagern. Dieser würde über kompatible Produkte ausgetragen, aber Innovationsanreize und Preiswettbewerb hinsichtlich der Standardtechnologie tendenziell mindern. Je größer aber die Aussicht auf einen IPR-bedingten Schutz der eigenen Technologie vor Wettbewerb für einen erfolgreichen Innovator wäre, desto intensiver wäre der Wettbewerb um den Markt (vgl. Landes/Posner (2003), S. 395). Je nachdem, welchem dieser Effekte – „Wettbewerb um den Markt" oder „Wettbewerb in dem Markt" – größere Bedeutung beigemessen wird, sind die Wirkung und Ausgestaltung des IPR-Schutzes zu beurteilen.

Vor diesem Hintergrund ließe sich das Beispiel der Koexistenz mehrerer sog. Spielkonsolen (Hardware) anführen, deren komplementäre Produkte (Spiele-Software) untereinander inkompatibel sind (vgl. Pepall/Richards/Norman (2002), S. 668).[259] Der Hardware-Markt zeichnet sich durch eine Innovationsintensität aus, die in der Entwicklung verbesserter, leistungsfähigerer Plattformen in regelmäßigen Abständen zum Ausdruck kommt.[260] Obgleich der direkte Ver-

259 Auf diesem Markt konkurrieren die Firmen Microsoft, Nintendo und Sony mit ihren jeweiligen „Spielcomputern".

260 So wurde z.B. das Produkt „Playstation" der Firm Sony durch die „Playstation 2" ersetzt und es existiert bereits eine Vorankündigung der Einführung einer „Playstation 3". Gleichfalls wird mit der Produktion einer Folgeversion von Microsofts Produkt der „X-

gleichsmaßstab einer hypothetischen Situation ohne IPR und mit kompatiblen Technologien naturgemäß fehlt, kann die aktuelle Entwicklung dahingehend interpretiert werden, dass die Anbieter mit Innovationen und Produktvorankündigungen versuchen, den Markt zu Gunsten ihres jeweiligen inkompatiblen Systems zum „Kippen“ zu bringen oder zumindest ein solches zu Gunsten der Konkurrenz zu unterbinden (vgl. ähnlich Pepall/Richards/Norman (2002), S. 668).

Ein urheberrechtlicher Schutz von Kompatibilitätskomponenten bietet ferner die Möglichkeit zur Internalisierung von Netzwerkexternalitäten[261] und vermag somit zur Effizienzsteigerung beizutragen. Ursächlich hierfür zeigt sich die Tatsache, dass die IPR eine Preissetzung oberhalb der Grenzkosten und damit suprakompetitive Gewinne erlauben. Die Aussicht auf diese zukünftigen Gewinne ermöglicht wiederum ein „penetration pricing“ in der Anfangsphase des Produktlebenszyklus. Hierbei wird zunächst keine Kostendeckung verfolgt und neuen, „frühen“ Nutzern werden über geringe Preise Vorzugstarife gewährt. Das Ziel einer solchen zeitlichen Preisdifferenzierung ist der Aufbau einer installierten Basis und darüber die Einführung oder Standardisierung einer Technologie. Von dieser Preissetzung können sowohl die Basistechnologie als auch komplementäre Güter betroffen sein. Ist die kritische Masse an Nutzern erreicht, nimmt die Attraktivität der Technologie wegen der Netzwerkeffekte zu, sodass die „späten“ Nutzer bereit sind, höhere Preise zu zahlen. Diese ermöglichen Gewinne, mit denen die früheren Verluste zu kompensieren sind, die aufgrund der geringen Preise (gegebenenfalls unentgeltliche Abgabe der Güter) entstehen.

Läge kein Schutz durch die IPR vor, bestünde ein freier Marktzutritt für Konkurrenzanbieter kompatibler Produkte, woraufhin sich Grenzkostenpreise einstellen, die jedoch keine ausreichenden Gewinne zur nachträglichen „Finanzierung“ eines „penetration pricing“ über höhere Preise ermöglichen. Diese Form der Preissetzung kann als (teilweise) Internalisierung der positiven Externalitäten interpretiert werden, die die „frühen“ Anwender der Technologie in der Startphase für nachfolgende Nutzer erzeugen, da sie zum Aufbau des Netzwerkes beitragen. Über die geringen Preise werden die positiven Externalitäten, die die frühen Adoptoren erzeugen, quasi internalisiert. Die nachfolgenden Nutzer tragen über den „Umweg“ der höheren Preise zur Internalisierung bei. Dies steigert das Ausmaß der frühen Nutzung der Technologie, das aus rein individuel-

---

box“ gerechnet. (vgl. http://www. computerbase.de/news/hardware/prozessoren/ 2004/ februar/cellchip_playstation3_2005/, abgerufen am 24.02.2004).

261 Bisher – wie auch im Großteil der relevanten Literatur – wurde nicht explizit zwischen Netzwerkeffekten und -externalitäten differenziert. Liebowitz/Margolis (1998) weisen darauf hin, dass sofern eine Internalisierung erfolgt, der Terminus der Externalität nicht mehr sachgerecht sei. Unabhängig von einer Internalisierung bleibt allerdings der Nutzeneffekt auf Dritte bestehen.

lem Kalkül bei Gültigkeit von kostendeckenden Preisen in der Anfangsphase zu gering ausfallen würde, da gerade die Nutzenstiftung für Dritte unberücksichtigt bliebe (vgl. ähnlich Katz/Shapiro (1986), S. 824 f.; Wissenschaftlicher Beirat (2001), S. 33).

IPR an Kompatibilitätskomponenten können damit über diese Internalisierungsfunktion Effizienzsteigerungen hinsichtlich der Netzwerkgröße bedingen und gegebenenfalls die Anwendung einer ganzen Technologie erst ermöglichen. Gegebenenfalls sind in der Anfangsphase überhaupt keine Einnahmen zu erzielen, sodass ohne die zeitliche Preisdifferenzierung die Technologie nicht auf den Markt gelangen würde. In welcher Höhe allerdings die Monopolgewinne nötig sind, entzieht sich der theoretischen Analyse. Des Weiteren wären alternative Lösungsformen in Betracht zu zeihen, da die geschilderten negativen Folgen im Falle der Monopolisierung nicht zu vernachlässigen sind.

Neben den geschilderten Wirkungen von IPR in Verbindung mit Netzwerkeffekten, die sich primär aus dem Verhalten der Rechteinhaber ableiten, sind ferner Auswirkungen relevant, die eher struktureller Natur sind beziehungsweise sich aus den Gutseigenschaften ergeben, und die damit ein Abweichen des tatsächlichen vom bezweckten Schutzniveau bedingen können.

4.2.3.2 Differenzen zwischen faktischem und legalem Schutzniveau

Die folgende Analyse thematisiert das Auseinanderfallen von faktischem und legalem, bezwecktem Schutzniveau. In Verbindung mit Netzwerkeffekten können sich die IPR stärker auswirken als es die institutionelle Ausgestaltung vorsieht, und zwar hinsichtlich der Schutzdauer als auch des Umfanges. Die mit der Rechteausgestaltung bezweckte Balance wird verzerrt, was sich in Effizienzverlusten manifestiert, da vom bezweckten Schutzniveau abgewichen wird, das annahmegemäß ökonomischen Effizienzanforderungen für Märkte ohne Netzwerkeffekte genüge.[262]

Mit Blick auf die Schutzdauer sind insbesondere „first-mover-Vorteile“ von Bedeutung. Hierbei erlangt derjenige, der einen Markt zuerst betritt bzw. eine Innovation einführt einen Wettbewerbsvorteil vor nachfolgenden Konkurrenten. Diese Vorteile ermöglichen Monopolgewinne, die, verglichen mit den theoretischen Vorstellungen eines vorstoßenden und nachahmenden Wettbewerbsprozesses, auch langfristig sein können, sofern sich die „first-mover-Vorteile“ aufrechterhalten oder ausbauen lassen. Als Ursache langfristiger Vorteile kommen beispielsweise der Aufbau von dauerhaften Nachfragepräferenzen oder Lern-

262 Die folgenden Ausführungen basieren auf Farrell (1995).

kurveneffekte in Betracht, die mit andauernder Marktpräsenz stetige Kostenreduktionen ermöglichen und Preise oberhalb der Grenzkosten erlauben (vgl. hierzu Scherer/Ross (1990), S. 584 ff.; Koboldt/Schmidtchen (1991), S. 310 f.).

Als Beispiel lässt sich der Aufbau eines Markennamens anführen. Während einer Schutzphase wird dieser Name im Zusammenhang mit einer Technologie oder einem Produkt etabliert. Nach Ablauf der Schutzfrist können dann Imitate auf den Markt treten, die jedoch aufgrund des fehlenden Bekanntheitsgrades einen Wettbewerbsnachteil haben. Lägen keine „first-mover-Vorteile" vor, so würden diese Imitate als gleichwertige Substitute gelten und dementsprechend Wettbewerbsdruck erzeugen. Ein ebenso langer gesetzlicher Schutz vor derartigen Imitaten, wie er für Güter ohne „first-mover-Vorteile" angemessen wäre, ist somit nicht notwendig, um die nötigen Anreize zur Innovation zu erzeugen, wenn der jeweilige Markenname langfristige „first-mover-Vorteile" und auch nach Ablauf der Schutzfrist Gewinne sichert.

Auf Märkten mit Netzwerkeffekten sind diese Vorteile besonders bedeutsam, da sie den Aufbau einer installierten Basis fördern, welche – wie geschildert – als Marktzutrittsschranke wirkt und die Position des ersten Anbieters stärkt (vgl. Pepall/Richards/Norman (2002), S. 201). Es besteht die Möglichkeit zur Etablierung eines Standards. Starke IPR bieten Schutz vor Imitatoren und horizontalkompatiblen Anwendungen (z.B. alternative Betriebssysteme, die die gleichen Anwendungsprogramme nutzen können), wodurch der Auf-/Ausbau einer inkompatiblen installierten Basis erleichtert und gefördert wird, die an sich aufgrund des „first-mover-Vorteils" bereits Wettbewerbsvorteile verspricht. Auch nach Ablauf der Schutzfrist bleiben diese Vorteile weiterhin bestehen. Selbst wenn nur eine kurze – oder im Extremfall gar keine – Schutzfrist für z.B. Software mit Netzwerkeffekten besteht, hat der Innovator gegebenenfalls ausreichend Gelegenheit zur Errichtung der installierten Basis und darüber zur Gewinnerzielung, wodurch Innovationsanreize geschaffen werden.[263] Die lange gesetzliche Schutzdauer, die für Güter ohne Netzwerkeffekte angemessen sei, wäre dann nicht nötig, um Anreize zur Innovation im Bereich der Netzwerkgüter zu erzeugen. Die installierte Basis an Nutzern, die aufgrund des „first-mover-Vorteils" errichtet wurde, bietet Anreize für weitere Nutzer, sich ebenfalls für diese Technologie zu entscheiden (vgl. Farrell (1995), S. 370). Nach Ablauf einer gesetzlichen Schutzfrist erschweren somit die Netzwerkeffekte weiterhin einen Marktzutritt. IPR in Verbindung mit ausgeprägten Netzwerkeffekten haben deshalb faktisch einen Schutzdauer verlängernden Effekt (vgl. Farrell (1995), S. 369 f.).

263 BREYER (1970) argumentiert, dass diese Vorteile bereits ausreichend seien können, um die Kreationskosten zu decken und damit Anreize zu schaffen, sodass ein Urheberrecht nicht zu rechtfertigen wäre.

Unter der Annahme eines für Güter ohne Netzwerkeffekte optimal gestalteten zeitlichen Schutzniveaus, wäre dieses bei der Existenz von Netzwerkeffekten und den hier typischerweise stark ausgeprägten „first-mover-Vorteilen" zu lang und damit ökonomisch ineffizient. Selbst im Falle von frei zugänglichen Schnittstelleninformationen würde die Programmierung eines kompatiblen Konkurrenzproduktes und der Aufbau einer eigenen installierten Basis Zeit in Anspruch nehmen. Während dieser könnte ein etablierter Anbieter nicht nur Gewinne erzielen, sondern auch Produktverbesserungen vornehmen, Kosteneinsparungen durch Lern- und Größeneffekte realisieren oder ein Präferenzen schaffendes Image aufbauen, sodass langfristig Wettbewerbsvorteile gesichert werden können. Auch die z.T. irreversiblen Investitionen der Anwender, die zum Erlernen des Umgangs mit der Software nötig sind, also die Schnittstelle zwischen Mensch und Software, erhöhen die individuellen Wechselkosten und stellen für den Etablierten einen bleibenden Wettbewerbsvorteil dar.

Neben die zeitliche Dimension treten den qualitativen Schutzumfang betreffende Wirkungen der IPR in Verbindung mit Netzwerkeffekten. Wie geschildert besteht unter bestimmten Voraussetzungen die Tendenz auf Netzwerkmärkten zur Etablierung eines Standards und damit nur einer Technologie. Nicht kompatiblen Konkurrenzprodukten bleiben Marktzutritt und -erfolg durch die Wirkung starker Netzwerkeffekte verwehrt. Durch die Durchsetzung von IPR, die lediglich bestimmte Ausdrucksformen der Informationsgüter betreffen mögen, aber keinesfalls die ganze Produktidee, können potenziell kompatible Produkte ausgeschlossen werden. Dies umfasst selbst Güter, die bezüglich der Ausdrucksform ausreichend differenzierende Eigenschaften aufweisen. Daraus resultiert, dass sich der Umfang des IPR-Schutzes faktisch auf den gesamten Markt ausdehnt und der Rechteinhaber die Kontrolle über Marktzutritte erlangt. Somit erfährt effektiv die Idee selbst, anstatt des bloßen Ausdrucks einer Idee einen Schutz vor Wettbewerbern, was dem grundlegenden Konzept des Urheberrechts zuwider läuft (vgl. Farrell (1995), S. 370).

Der Wert, den sich der Rechteinhaber aneignen kann, resultiert zu großen Teilen aus den Netzwerkeffekten und nicht aus den geschützten Produkteigenschaften, die theoretisch aus Schnittstellenspezifikationen bestehen können, die selbst willkürlich gewählt sein mögen. Ein Schutzniveau, das diese Renten ermöglicht, wäre demnach ineffizient, da es nicht bloß die soziale Nutzenstiftung der Produkteigenschaften betrifft, die die kreative Tätigkeit des Urhebers ausdrücken (vgl. Farrell (1989), S. 48 f.). Das tatsächliche Schutzniveau wird über das im Urheberrecht bezweckte Maß hinaus verstärkt. Die gleiche Intensität des IPR-Schutzes, die auf Märkten ohne Netzwerkeffekte annahmegemäß ökonomische Effizienzkriterien erfüllt, erweist sich im hier geschilderten Fall, in dem der

IPR-Schutz faktisch den gesamten Markt und damit quasi den Schutz einer Idee betrifft, als zu hoch.

Einen weiteren relevanten Gesichtspunkt, der sich aus der Situation eines „winner-take-all-Wettbewerbs“ herleitet, stellen damit einhergehende zu hohe Gewinne dar. In Analogie zur Theorie des Patentwettlaufs[264] lassen sich ähnliche Ergebnisse auch bei Urheberrechten für Informationsgüter mit ausgeprägten Netzwerkeffekten zeigen. Der Anbieter, der sich in einem solchen Wettbewerbsprozess „um den Markt“ durchsetzt, ist in der Lage, Monopolgewinne zu realisieren. In Abhängigkeit der Möglichkeit zur Preisdiskriminierung kann sich der Monopolist Einnahmen bis zur Höhe der kompletten Nutzenstiftung der Technologie (z.B. einer Software), ausgedrückt durch die individuellen Zahlungsbereitschaften, aneignen. Dies entspräche zunächst den Effizienzforderungen des Urheberrechts. Außer Acht bleiben bei dieser Betrachtung jedoch diejenigen Anbieter, die sich im Wettbewerb um den Markt nicht durchsetzen konnten.

In einer Situation, in der der aktuelle Gewinner nicht teilgenommen hätte, wäre jedoch ein Konkurrent an dessen Position getreten, der seine Technologie als Standard eingeführt hätte. Die technologische Entwicklung/Innovation wäre nicht völlig unterblieben. Der eigentliche Beitrag des aktuellen Gewinners besteht deshalb nicht in der Einführung der gesamten Technologie als solchen, sondern lediglich in dem Nutzenzuwachs, der dadurch entsteht, dass das Produkt früher auf dem Markt ist als es ohne die Präsenz dieses Anbieters der Fall gewesen wäre. Ferner kann der Nutzenbeitrag in der Differenz bestehen, um die die aktuelle Technologie derjenigen eines alternativen Gewinners überlegen sein mag.[265] Die hieraus resultierende Nutzensteigerung kann unter Umständen relativ gering ausfallen (vgl. hierzu Farrell (1995), S. 371; Shavell (2001), S. 542).

Ein effizientes Anreizsystem zur Erzeugung nichtrivaler Informationsgüter sollte Gewinne als Anreize in der Höhe generieren, die dem gesamtgesellschaftlichen Nutzenzuwachs aus der Kreation des Informationsgutes entsprechen (vgl. Abschnitt 2.4). Im hier geschilderten Fall wäre dies der Zeitraum, um den das Produkt früher verfügbar wäre bzw. der Qualitätsvorsprung vor einer alternativen Technologie. Ermöglichen hingegen IPR in Verbindung mit Netzwerkeffekten eine „winner-take-all-Situation“, so entspricht der anzueignende Gewinn stattdessen der gesamten Nutzenstiftung des Informationsgutes. Das faktische Schutzniveau fällt höher aus als theoretisch vom Urheberrecht bezweckt. Daraus

---

264 Vgl. zur Schilderung des Modells des Patentwettlaufs z.B. Knieps (2001), S. 247; Pepall/Richards/Norman (2002), S. 613 ff.

265 Ebenso wäre es denkbar, dass sich aufgrund des zeitlichen Vorsprunges eine unterlegene Technologie etabliert (s.o.).

ergeben sich ineffiziente Anreize zur Überinvestition, da die privaten Erträge des „Gewinners“ den sozialen Nutzen übersteigen (vgl. Shavell (2003), Ch. 12, S. 6). Letzterer besteht in einer geringfügig schnelleren Verfügbarkeit der Technologie, die mit hohen Aufwendungen des Anbieters „erkauft“ wird, was eine gesamtgesellschaftliche Ressourcenverschwendung bedeutet.

Des Weiteren bleibt zu konstatieren, dass sich mit zunehmender Bedeutung von Netzwerkeffekten der statische Wohlfahrtsverlust vergrößert, der sich infolge monopolistischer Preissetzung ergibt, welche wiederum durch die Gewährung der IPR ermöglicht wird. Nicht nur diejenigen potenziellen Nutzer des Informationsgutes, die durch Preise oberhalb der Grenzkosten bzw. ihrer Zahlungsbereitschaft vom Konsum ausgeschlossen werden, erfahren eine Nutzeneinbuße („traditioneller“ Wohlfahrtsverlust), sondern auch die tatsächlichen Nutzer. Letztere müssen auf den Nutzen aus positiven externen Effekten verzichten, die von den Interaktionsmöglichkeiten mit den „abgeschreckten“ Nutzern ausgegangen wären („Netzwerkeffekt-bedingter“ Wohlfahrtsverlust).[266] Je größere Bedeutung diesen direkten Netzwerkeffekten in einem bestimmten Markt zukommt, desto größer sind die Effizienzverluste durch monopolistische Preise infolge eines intensiven IPR-Schutzes (vgl. Farrell/Shapiro (1992), S. 40 ff.).[267]

Auch die indirekten Netzwerkeffekte sind betroffen. Sofern die Preise für den Basisstandard steigen, sinkt die Nachfrage, womit sich das Netzwerk verkleinert. Je kleiner dieses ist, desto geringer ist auch der Anreiz zur Produktion und Entwicklung komplementärer Güter. Neben dieser abnehmenden Gütervielfalt könnten die Preise für verfügbare Güter steigen, da auf Größenvorteile verzichtet werden muss. Der Nutzenverlust für die Netzwerkteilnehmer übersteigt deshalb den bloßen Preisanstieg des Basisgutes (vgl. Church/Ware (1998), S. 242).

Die dargelegte Analyse verdeutlichte Wirkungszusammenhänge im Rahmen der Ausgestaltung von IPR auf Märkten, die durch Netzwerkeffekte gekennzeichnet sind, wie z.B. der Softwareindustrie. Dabei ergaben sich wettbewerbsrelevante Probleme, die aus proprietären de-facto-Standards und geschützten Schnittstellen resultieren können, zu denen der Rechteinhaber den Zugang verweigert oder diskriminierend gestaltet.[268] Zudem wurde deutlich, dass die Existenz von Netz-

266 Zusätzlich bleiben auch die von den aktuellen Nutzern erzeugten Externalitäten hinter dem möglichen Potenzial zurück.

267 Hierbei sei ein einheitlicher Monopolpreis unterstellt und somit von Preisdifferenzierungsmöglichkeiten seitens des Anbieters abstrahiert.

268 Neben de-facto-Standards sind auch formale Standards aus ökonomischer Sicht nicht unproblematisch. Auch hier sind Fragen hinsichtlich IPR an Komponenten eines formalen Standards nicht unerheblich. Allerdings lassen sich diese Aspekte eher im vertraglichen Rahmen der Standardsetzung behandeln als dies bei de-facto-Standards der Fall

werkeffekten die negativen Wirkungen einer IPR-Ausgestaltung verstärkt. Verglichen mit „traditionellen“ Märkten ist damit die gleiche Schutzintensität als zu hoch zu bewerten, womit ökonomischen Effizienzanforderungen widersprochen wird. Die Rechteinhaber erlangen eine zu intensive Marktmacht. Hieraus kann sich die Diskussion um einen potenziellen wirtschaftspolitischen Handlungsbedarf ableiten. Im Mittelpunkt stehen dabei Fragen bezüglich Zugang und Nutzung von wesentlichen Informationen (z.B. Schnittstellen bei Software) auch für Wettbewerber des Rechteinhabers, womit das Prinzip der essential facility, das bereits im Rahmen der online-Distribution thematisiert wurde, Relevanz erlangen könnte. Anstatt über das Instrumentarium der Wettbewerbspolitik ließen sich hingegen auch über die Ausgestaltung der IPR die analysierten Auswirkungen beeinflussen.

4.2.4 Wirtschaftspolitischer Handlungsbedarf?

Ein potenzieller Handlungsbedarf lässt sich gegebenenfalls aus den negativen Wirkungen der geschilderten IPR-induzierten Kontrolle eines Standards ableiten. Entstehende Dominanz und Zutrittsschranken auf innovativen Märkten sowie Anreize zur Übertragung der Markmacht durch missbräuchliches Verhalten bergen die Gefahr von Wettbewerbsverzerrungen und Innovationshemmnissen in sich. Ebenso wie durch den Verzicht auf die Nutzung möglicher Netzwerkeffekte gehen damit Wohlfahrtsverluste einher. Marktendogene Entwicklungen können die Problematik zwar mindern. So zeigen sich Beispiele freiwilligen Verzichts auf die Inanspruchnahme starker Schutzrechte, um über eine weite Verbreitung die eigene Technologie zu fördern (vgl. Farrell (1995), S. 373). Ferner existieren multilaterale Vereinbarungen zur kooperativen Standardsetzung (vgl. Shapiro (2001b), S. 81 ff.). Allerdings garantieren derartige individuelle Verhaltensweisen keinen Schutz vor den dargelegten Problemen.

Als ein denkbares Regulierungsinstrument käme neben der Verringerung der IPR-Intensität vor diesem Hintergrund die essential facilities-doctrine in Betracht. Hierdurch ließen sich geschützte Informationen – z.B. Schnittstellenspezifikationen von Computersoftware – administrativ zugänglich machen, womit theoretisch die Potenziale für den Wettbewerb auf horizontaler wie auf vertikaler Ebene gesteigert würden und Netzwerkeffekte eine breitere Realisierung erführen. Obgleich keine einheitliche Meinung zur konkreten Anwendung im Bereich urheberrechtlich geschützter Güter, insbesondere hinsichtlich der notwen-

---

ist, womit nicht primär die Ausgestaltung der IPR selbst, sondern der Institutionen der Standardsetzung betroffen sind (z.B. Informationspflicht über Urheberrechte/Patente an Standardkomponenten, Lizenzverpflichtungen als Voraussetzung zur Partizipation an der formalen Standardsetzung, u.v.a.m. Vgl. Shurmer/Lea (1995); Shapiro/Varian (1999a), Ch. 8).

digen Voraussetzungen, zu herrschen scheint,[269] so wurde auf das Konzept explizit als auch implizit bereits im EU-Recht zurückgegriffen (siehe hierzu u.a. Anderman (2002); EuGH (2003)).

An dieser Stelle soll auch nicht primär der Frage nachgegangen werden, ob oder wann Informationsgüter die juristischen Voraussetzungen zur Anwendung eines Gesetzes zur Nutzung wesentlicher Einrichtungen erfüllen (können). Vielmehr bedarf es der Untersuchung, ob eine solche Anwendung bezüglich der dargelegten Problemstellung aus ökonomischer Sicht als ein sinnvoller und praktikabler Ansatz zu betrachten wäre, auch wenn die Voraussetzungen als erfüllt gelten sollten. Somit wird die Annahme zugrunde gelegt, dass ein de-facto-Standard auf Märkten mit ausgeprägten Netzwerkeffekten, z.B. für PC-Betriebssysteme, eine quasi Monopolstellung mit dem Charakter einer Engpasseinrichtung bedeutet. Der Zugang stellt dann eine notwendige Voraussetzung für eine Angebotsbereitstellung auf angrenzenden Märkten dar, z.B. für Anwendungssoftware, womit ein proprietärer Standard zur wesentlichen Einrichtung würde (vgl. Farrell (1995), S. 372; Ordover/Willig (1999), S. 105 f.).[270] Der IPR-Schutz ermöglicht sodann dem Monopolisten die Entscheidung hinsichtlich der Herstellung kompatibler Anwendungen durch Dritte über eine Lizenzverweigerung respektive diskriminierende Vertragsbedingungen. Hierüber könnte der Wettbewerb auf dem originären als auch auf angrenzenden Märkten beschränkt und diese monopolisiert werden. Die Verhinderung der Kompatibilität wirkt damit quasi wie eine Lieferverweigerung mit der Wirkung vertikaler Wettbewerbsbeschränkungen (vgl. dazu Stapper (2003), S. 208 ff.).

4.2.4.1 Essential facilities-doctrine als Lösungsansatz

a) potenzielle Vorteile

Die Anwendung des Prinzips der essential facilities-doctrine scheint zunächst einmal deshalb attraktiv, da auf Netzwerkmärkten mit intensivem IPR-Schutz gerade solche Wettbewerbsituationen vorliegen, für die dieses Regulierungsinstrument – wenn auch zunächst für materielle Infrastruktureinrichtungen – konzipiert ist. Geschützte Standards ließen sich administrativ öffnen, der Wettbewerb intensivieren. Dies wirkte auch auf dem Markt des Standard setzenden

269 Siehe als Beispiel zugunsten einer solchen Anwendung z.B. Stapper (2003), dagegen z.B. Cotter (1999).

270 Es sei hier nochmals darauf hingewiesen, dass die Tendenz zur de-facto-Standardisierung und damit zur Monopolisierung auf Netzwerkmärkten keine zwingende Notwendigkeit ist, wie dies die Literatur des Öfteren impliziert (so z.B. Stapper (2003), S. 204). Auch die Existenz paralleler Netzwerke im Wettbewerb scheint durchaus realistisch (vgl. Liebowitz/Margolis (1998), S. 173 ff.).

Produktes, da durch eine zunehmende Verfügbarkeit von komplementären Anwendungen sowie der Kenntnis von Schnittstelleninformationen Marktzutrittsschranken abgebaut und damit Innovationsanreize erzeugt würden. Eine Anreizminderung aufgrund beschränkter Verfügungsrechte wäre hingegen dann nicht zu erwarten, solange ein ursprünglicher Monopolist weiterhin von ausreichenden „first-mover-Vorteilen“ profitiert. Ferner ist der Zugang zu Informationen, die zur Herstellung von Kompatibilität nötig sind, nicht mit der Möglichkeit zur Imitation des ganzen Produktes gleichzusetzen, sodass individuelle Produkteigenschaften und unterschiedliche Qualitätsmerkmale als Wettbewerbsparameter nutzbar sind (vgl. Stapper (2003), S. 209 ff.). Der Wettbewerb verlagert sich „in den Markt“ und findet insbesondere in späteren Phasen des Produktlebenszyklus statt (vgl. Katz/Shapiro (1994), S. 111).

Ein wesentlicher Vorteil der essential facilities-doctrine besteht in deren Marktbezug. Primäres Ziel ist somit nicht der Zugang zu als wesentlich betrachteten Einrichtungen als Selbstzweck, sondern der Erhalt und die Förderung des Wettbewerbs (vgl. Schwintowski (1999), S. 849). Insbesondere im Vergleich mit einer potenziellen Herabsetzung des IPR-Schutzes von bestimmten Schnittstelleninformationen zeigen sich diesbezüglich Vorteile. So kann eine höhere Anreizwirkung zu Innovation unterstellt werden, wenn keine Pflicht zur Öffnung besteht, solange keine Marktmacht bzw. deren Ausdehnung vorliegt. Für newcomer kann dies Innovationsanreize generieren, insbesondere wenn ein Marktzutritt auf mehreren vertikalen Ebenen vollzogen wird (z.B. mit Betriebssystem und Anwendungssoftware).

Des Weiteren entfällt eine explizite Definition hinsichtlich der Schutzwürdigkeit bestimmter Informationen und Schnittstellenspezifikationen. Diese wäre einerseits technisch anspruchsvoll, insbesondere unter Berücksichtigung der raschen technologischen Entwicklung im IuK-Sektor, wodurch häufig Anpassungen sowie Ergänzungen notwenig wären.[271] Andererseits existieren alternative Möglichkeiten für den Rechteinhaber, auch über die Durchsetzung von IPR, die nicht direkt Schnittstellen betreffen, den Zugang zu wesentlichen Informationen und damit die Herstellung von Kompatibilität zu unterbinden, womit eine Ausnahme von Schnittstellen ins Leere liefe (vgl. Lichtman (2000), S. 637).[272] Nicht zuletzt

---

271 Die komplexe Problematik wird z.B. deutlich, da definitionsbedingt prinzipiell jede Zeile eines Computerprogramms als Schnittstelle aufgefasst werden könnte (vgl. Stapper (2003), S. 199).

272 Auch ohne expliziten Schutz von Schnittstellen bedarf es zur Herstellung von Kompatibilität des Öfteren der Nutzung bestimmter Programmbestandteile, wodurch weiterhin Urheberrechtsfragen aufgeworfen werden, die Rechtsstreitigkeiten nach sich ziehen können. LICHTMAN (2000) verweist diesbezüglich z.B. auf prominente Fälle in den

dürfte die Novelle des Urheberrechts, die die Umgehung von technischem Schutz verbietet, die Herstellung von Interoperationalität praktisch erschweren, auch wenn Schnittstelleninformationen keinen Urheberschutz genießen, allerdings durch Schutzverfahren technisch unzugänglich sind. Vor diesem Hintergrund könnte selbst eine Ausnahme vom Urheberschutz nicht ausreichend sein, sondern eine explizite Verpflichtung zur nicht diskriminierenden Veröffentlichung angemessen erscheinen, insbesondere unter der Berücksichtigung des Faktors Zeit, der einen besonderen Einfluss auf den Markterfolg ausüben kann (vgl. Shapiro (2002), S. 13).

b) potenzielle Probleme

Definition des Marktes und der Marktmacht

Bei der weiteren Beurteilung sind jedoch gewichtige Probleme zu beachten, die sich gegen eine Anwendung der essential facilities-doctrine anführen lassen. Kriterien der Anwendung bestehen in der dominanten Marktposition eines Rechteinhabers sowie in dessen Wettbewerbsverhalten (vgl. Schwintowski (1999), S. 852 f.). Dies setzt zunächst die Abgrenzung des relevanten Marktes sowie die Beurteilung der Marktposition voraus, was sich bereits auf „traditionellen" Märkten als nicht immer unproblematisch erweist. Im hier zu analysierenden Kontext der Informationsgüter stellt sich die Frage, ob und in welcher Form unterschiedliche Komponenten, die in der Interaktion ein Gesamtsystem bilden, als unabhängige Güter auf unterschiedlichen Märkten oder als ein komplexes Produkt auf einem Markt aufzufassen sind. Hier sind keine Pauschalaussagen möglich, sondern mitunter komplexe Einzelfallbetrachtungen von Nöten. Diese Abgrenzung hat Rückwirkungen auf die entsprechenden Folgerungen, denn je enger die Marktabgrenzung, desto wahrscheinlicher die Feststellung von Marktmacht, bedingt durch die Ausübung von IPR (vgl. Anderman (2002), S. 4).

Zudem beeinflusst die Art der Abgrenzung die Möglichkeiten zur individuellen Produktgestaltung und könnte deshalb unternehmerische Freiheitsgrade einschränken. So stellte sich beispielsweise im „Microsoft-Fall" die Frage, ob die technische Verbindung des Internetbrowsers oder des Media-Players mit dem Betriebssystem als Koppelung unabhängiger Produkte und damit gegebenenfalls wettbewerbspolitisch relevant oder lediglich als innovative Ausstattungsverbesserung eines Produktes, nämlich des Windows Betriebssystems, zu beurteilen sei. Mit zunehmender Komplexität der Produkte, die aus mehreren IPR-

USA aus dem Bereich der Unterhaltungselektronik (Sega Enterprises Ltd. v. Accolade, Inc. und Atari Games v. Nintendo).

relevanten Komponenten bestehen, steigt die Schwierigkeit dieser Beurteilung. Je wahrscheinlicher administrative Eingriffe aufgrund enger Marktdefinitionen aber sind, desto geringer wird der Anreiz zur Innovation ausfallen. Auf die Realisierung von Effizienz steigernden Größenvorteilen (economies of scope) würde möglicherweise verzichtet (vgl. Katz/Shapiro (1999), S. 75 f.).

Neben den Aspekt der Definition des relevanten Marktes tritt die Beurteilung der Marktmacht. Wie geschildert besteht in Abhängigkeit der Intensität der Netzwerkeffekte die Tendenz zur de-facto-Standardisierung mit im Zweifelsfall nur einem Anbieter. Hieraus lässt sich jedoch nicht per se auf eine bedeutende Marktmacht mit dem Potenzial zur Wettbewerbsbeschränkung schließen. Vielmehr können sich gerade im Bereich der IuK-Technologie derartige Strukturen trotz hoher Marktanteile und IPR-bedingter Zutrittsschranken als fragil und temporär erweisen (vgl. Anderman (2002), S. 1 f.). Dies erhält die Wettbewerbsintensität um den Markt, sodass temporäre Monopolisten relativ schnell durch innovativere Anbieter mit Produkten der nächsten Generation im Sinne eines „Schumpeterschern Wettbewerbs" ersetzt werden können (vgl. Farrell/Katz (2001), S. 3).[273] Der Wettbewerbsprozess folgt hier nicht mehr der traditionellen Annahme von Innovation und nachfolgender Imitation, sondern zeichnet sich dann durch eine schnelle Innovationsabfolge aus, bei der neue Produkte der Konkurrenten so viel besser sind, dass die Wechselkosten in Kauf genommen werden (vgl. Wissenschaftlicher Beirat (2001), S. 21). Damit bleibt der Markt bestreitbar, wodurch sich hinsichtlich des Verhaltens des gerade aktuellen Monopolisten in Anlehnung an die Theorie der „contestable markets" eine disziplinierende Wirkung einstellt (siehe zur Theorie der „contestable markets" Baumol/Panzar/Willig (1982)).

Bezüglich wettbewerbspolitischer Zugangsregelungen müsste unterschieden werden können, ob die geschilderten temporären Monopole vorliegen oder ob es sich um langfristig vor Wettbewerb geschützte, marktbeherrschende Anbieter handelt. Möglicherweise überdauert ein administrativer Prozess der Entscheidungsfindung und Realisation die Präsenz des Monopolisten.[274] Besondere Schwierigkeiten bereitet in diesem Zusammenhang die bedeutende Rolle der Zeit. Es lässt sich nicht ausschließen, dass selbst temporäre Monopole in ihrer

---

273 Eine befürchtete, permanente „lock-in-Situation" tritt in diesem Fall aufgrund technischen Fortschritts nicht ein. So z.B. bei Schallplatten und CDs, Video und DVD oder der Digitalphotographie (vgl. Cotter (1999), S. 8).

274 Der hier erwähnte Wettbewerb um den Markt garantiert allerdings nicht, dass sich jeweils der effizienteste Konkurrent durchsetzt. Aus wohlfahrtstheoretischer Perspektive kann somit dennoch ein administrativer Eingriff angezeigt erscheinen, um den „richtigen Monopolisten" zu finden. Dies betrifft allerdings keine Fragen des Zugangs und soll deshalb nicht näher verfolgt werden (siehe hierzu ausführlich Farrell/Katz (2001)).

kurzen Existenzphase negativen Verhaltensweisen und Entwicklungen Vorschub leisten. Auf dynamischen Märkten können bereits kurze Intervalle, langfristige Entwicklungspfade generieren, von denen später nicht mehr, oder nur unter Aufwand hoher Kosten, abgewichen werden kann. Dies spräche für eine Regulierung auch in den relativ kurzen Phasen der Marktdominanz (vgl. Anderman (2002), S. 2). Es stellt sich somit das Problem des Erkennens, auf welchen Märkten auch temporäre Monopole Wettbewerbsbeschränkungen und ineffiziente Entwicklungen verursachen und auf welchen nicht.

In diesem Zusammenhang ist auch der Aspekt des technischen Fortschritts zu sehen, der Alternativen zum de-facto-Standard hervorbringen und damit dessen Obsoleszenz bewirken kann, was die Wesentlichkeit der Einrichtung aufhebt.[275] Ein wirtschaftspolitischer Eingriff würde überflüssig. Da allerdings nicht vorherzusehen ist, ob und wann derartige Technologien verfügbar sind, stellen sich auch hier Informationsprobleme für einen potenziellen Regulierer, der möglicherweise von der technischen Dynamik eingeholt wird. Allerdings ließe sich unter Verweis auf dieses Argument nahezu jedem Eingriff die ökonomische Rechtfertigung entziehen, wenn auf potenzielle Technologiefortschritte mit Substitutionscharakter für aktuelle Engpasseinrichtungen verwiesen würde (vgl. ähnlich Schwintowski (1999), S. 849).

Wettbewerbsbeschränkendes Marktverhalten

Zusätzlich zur Definition von Marktmacht stellt das Marktverhalten ein Kriterium zur Beurteilung von Wettbewerbsbeschränkungen und einer potenziellen Zugangsverpflichtung zu wesentlichen Einrichtungen dar. Dies betrifft z.B. diskriminierende Preissetzung, „predatory pricing", Lizenzverweigerungen oder Koppelungsgeschäfte (vgl. Anderman (2002) S. 2; Art. 82 EGV). Auch diesbezüglich zeigen sich auf Netzwerkmärkten im Vergleich zu „traditionellen" Märkten Unterschiede, die eine eindeutige Bewertung der Wettbewerbswirkungen erschweren. Bestimmte Verhaltensweisen, die gewöhnlich als Indiz für missbräuchliches Verhalten interpretiert werden, können im Bereich von Informationsgütern und Netzwerkmärkten wettbewerbskonformen Charakter aufweisen (vgl. Farrell/Katz (2001), S. 2).

Dies betrifft beispielsweise den Wettbewerbsprozess um den Markt in Verbindung mit der hier typischen intertemporalen Preisdifferenzierung („penetration pricing") zum Aufbau der kritischen Masse. Während in der ersten Phase die

275 Ein Beispiel hierfür aus dem Bereich Telekommunikation betrifft die Wesentlichkeit der Netzinfrastruktur, die bei voranschreitender Entwicklung des Mobilfunks oder weiterer Alternativen die Funktion als Engpasseinrichtung einbüßen kann, was eine Zugangsregulierung in Frage stellt (vgl. Schwintowski (1999), S. 849).

Konkurrenten geringe Preise für die Informationsgüter verlangen oder Produkte sogar verschenken, um mit ihrer Basistechnologie den Markt zu „gewinnen", erfolgt sodann in der zweiten Phase der Versuch, durch höhere Preise Gewinne zu erzielen und die früheren Verluste zu kompensieren (vgl. Wissenschaftlicher Beirat (2001), S. 33). Ohne ein derartiges Vorgehen ließe sich in Abhängigkeit der Marktstrukturen auf einigen Märkten kein Angebot bereitstellen. Denn reagieren z.B. risikoaverse Nachfrager aufgrund von Unsicherheiten über den zukünftigen Standard mit Zurückhaltung, wird der Aufbau der notwendigen kritischen Masse nicht erreicht, sofern von Beginn an keine geringen, sondern z.B. kostendeckende Preise gesetzt werden. Auf Effizienz steigernde Netzwerkeffekte würde verzichtet (vgl. Farrell/Katz (2001), S. 3). Die geschilderte Preisstrategie entspricht somit nicht dem wettbewerbswidrigen Versuch, den Markt durch „unter-Kosten-Preise" zunächst zu monopolisieren, um dann langfristig mit monopolistischen Preisen, Renten abzuschöpfen. Es handelt sich vielmehr um einen Wettbewerbsprozess um den Markt, der aufgrund der Netzwerkeigenschaften nur einen Anbieter zulässt.

Auch hinsichtlich einer potenziellen Kompatibilitätsverpflichtung mit dem Ziel, Wettbewerbsbeschränkungen zu verhindern, sind die Besonderheiten von Netzwerkmärkten zu beachten. Infolge einer potenziellen wettbewerbspolitischen Verpflichtung zur Kompatibilität intensivierte sich der Wettbewerb auch auf der Ebene der Basistechnologie,[276] was die Möglichkeiten zur intertemporalen Preisdifferenzierung verminderte, da in der zweiten Phase lediglich Wettbewerbspreise zu erzielen wären, über die sich die anfänglich geringen Preise nicht ausgleichen ließen. Sofern Rechteinhaber eine derartige Verpflichtung antizipieren, sinkt der Anreiz zur Innovation von vornherein. Die Etablierung eines (temporären) Monopols kann wie geschildert aber unvermeidlich sein und wäre nicht das ineffiziente Resultat eines missbräuchlichen Preisverhaltens. Ein wettbewerbspolitischer Eingriff mit dem Ziel der Verhinderung von Monopolmacht, der die Besonderheiten von Netzwerkmärkten nicht berücksichtigt, unterliegt damit der Gefahr, eher Ineffizienzen zu verursachen (vgl. Farrell/Katz (2001), S. 29 ff.).

Eine Weigerung zur Herstellung der Kompatibilität oder auch die Anwendung diskriminierender Lizenzbedingungen, die nur bestimmten oder eigenen vertikal integrierten Entwicklern von Komplementärgütern Zugang zu wesentlichen Informationen erlauben, müssen ferner nicht den Versuch einer wettbewerbswidrigen Übertragung von Marktmacht darstellen. Sie können auch die legitime Ausübung der Exklusivität der Verfügungsrechte bedeuten und gegebenenfalls

276 Dies geschieht entweder direkt, wenn die Kompatibilitätsverpflichtung auch konkurrierende Plattformen auf horizontaler Ebene betrifft oder indirekt, wenn es unabhängigen Anbietern gelingt, über ihren Bestand an komplementären Anwendungen eine eigene Plattform zu etablieren.

eine Voraussetzung sein, das Standardgut überhaupt anzubieten. Eine Kompatibilitätsverpflichtung würde es hingegen Konkurrenten erlauben, von der Existenz des Netzwerkes zu profitieren, zu dessen Errichtung der ursprüngliche Rechteinhaber unter Ressourceneinsatz einen wesentlichen Beitrag geleistet hat. Dies kann den Anreiz mindern, Investitionen in den Netzaufbau vorzunehmen (vgl. Wissenschaftlicher Beirat (2001), S. 33).

Ein weiterer wettbewerbspolitisch relevanter Verhaltensaspekt betrifft die Kopplung von Gütern an ein Monopolprodukt, um darüber den Wettbewerb auf dem Markt für das „gekoppelte“ Gut zu beschränken bzw. den Markt zu monopolisieren. Weist aber z.B. auch der vermeintlich zu monopolisierende, nachgelagerte Markt für komplementäre Anwendungsprogramme Netzwerkstrukturen auf, so könnte ein Verhalten wie die Kopplung oder auch die freie Abgabe dieser Güter als zu rechtfertigende Wettbewerbsstrategie und nicht als Versuch der Monopolausdehnung gewertet werden (vgl. Wissenschaftlicher Beirat (2001), S. 34). So ließe sich im „Microsoft-Fall“ hinsichtlich der Kopplung des Browsers an das Betriebssystem argumentieren, dass Microsoft keine andere Strategie verfolgte als der Konkurrent Netscape, der seinen Browser ebenfalls unentgeltlich abgab, in der Hoffnung den Markt für sich zu gewinnen und über Komplementärprodukte (auf dem Server-Markt) Gewinne zu erzielen. Das Verhalten Microsofts hätte somit wettbewerbsintensivierende Wirkung auf dem Browser-Server-Markt, was tendenziell mit sinkenden Preisen einherginge (vgl. Picker (2002b), S. 132). Sofern auch auf dem nachgelagerten Markt aufgrund von Netzwerkeffekten die Etablierung nur eines Anbieters ohnehin unvermeidlich wäre, schwindet auch die Gefahr der ineffizienten Monopolisierung durch z.B. Kopplungsstrategien. Vielmehr könnte eine vertikale Integration doppelte Monopolaufschläge vermeiden, die dann denkbar erscheinen, wenn dem Monopolisten des originären Marktes aus wettbewerbspolitischen Motiven besondere Verhaltensbeschränkungen auferlegt würden, die dessen Präsenz auf dem nachgelagerten Markt unterbinden (vgl. ähnlich Farrell/Weiser (2003), S. 14).

Abschließend stellt sich zur Beuteilung eines diskriminierenden Verhaltens sowie eines möglicherweise gesetzlich erzwungenen Zugangs die Frage nach der Anreizwirkung der IPR. So könnte vorausgesetzt werden, dass Innovationen induzierende Einnahmepotenziale sich nicht bloß auf den Markt des Standardproduktes beziehen. Sofern die Aussicht auf die Aneignung des gesamten Netzwerkwertes, also inklusive angrenzender Märkte, für die Innovationsentscheidung ex ante ausschlaggebend ist, sollte auch die Zugangsverweigerung nicht als missbräuchliches Verhalten beurteilt werden. Der Zwang zur Kompatibilitätsherstellung bewirkte dann Anreizminderungen, da die Gefahr besteht, dass Investitionen zum Aufbau des gesamten Netzwerkes nicht amortisierbar sind (vgl. Anderman (2002), S. 5; Katz/Shapiro (1999), S. 65).[277] Diesbezüglich ergibt sich das oben angeführte Problem der adäquaten Marktabgrenzung. Auch stellt sich die Frage, in welchem Ausmaß der Rechteinhaber des Standards zum entstehenden Nutzen der gesamten Technologie beigetragen hat und sich diesen aneignen können sollte bzw. in welchem Ausmaß der Gesamtnutzen auf Netzwerkeffekten beruht, die er nicht direkt zu verantworten hat (vgl. Stapper (2003), S. 212 f.).

Verhaltensregulierung

Neben den dargelegten Schwierigkeiten einer sachgerechten Beurteilung der notwendigen Voraussetzungen zum Rückgriff auf das wettbewerbspolitische Instrument der essential facilities-doctrine existieren weitere, grundsätzliche Bedenken bezüglich einer Anwendung dieses Instruments auf IPR-bedingte Probleme. Auch in Fällen, für die die Voraussetzungen zweifelfrei als erfüllt gelten können und somit tatsächlich Ineffizienzen und Wettbewerbsbeschränkungen bestehen, die sich mit einem offenen Zugang zu Standards bzw. der Herstellung von Kompatibilität mindern ließen, wären gegebenenfalls alternative Maßnahmen vorzuziehen. Der Grund hierfür liegt unter anderem in dem Umstand, dass mit Zugangs- oder Kompatibilitätsverpflichtungen auf ein bestimmtes Verhalten des Rechteinhabers reagiert bzw. dieses reguliert würde. Als ursächlich für ein als ineffizient beurteiltes Verhalten zeigen sich aber zu weiten Teilen die institutionellen Anreizstrukturen, die im hier betrachteten Kontext vom Urheberrecht gesetzt werden. Konsequenter wäre es vor diesem Hintergrund daher, das Anreizsystem, statt die daraus resultieren suboptimalen Verhaltensweisen zu verändern (vgl. Ramello (2003), S. 137 f.; Cotter (1999), S. 11).

Mit einem derartigen Vorgehen ließe sich gleichzeitig der Widerspruch vermeiden, zunächst über das IPR-System mit der Zuteilung von Verfügungsrechten Exklusivität zu herzustellen, um über ein gewisses Ausmaß an Wettbewerbsbeschränkung Anreize zur Innovation zu erzeugen, und dann im Falle besonders erfolgreicher Innovationen (de-facto-Standardisierung) mit dem Instrument des Wettbewerbrechts die erteilten Verfügungsrechte wieder zu beschneiden, um die Wettbewerbsintensität zu steigern (vgl. ähnlich Farrell (1995), S. 327 f.; Katz/Shapiro (1999), S. 65). Eine derartige Gegensätzlichkeit kann sich in nicht zu unterschätzenden Anreizminderungen niederschlagen, insbesondere wegen

277 Dies betrifft den oben geschilderten Problemaspekt, ob ein Rechteinhaber unter Anreizgesichtspunkten sämtliche – insbesondere zum Zeitpunkt der Innovationsentscheidung noch unbekannte – Einnahmepotenziale ausschöpfen können sollte. Wären die relevanten Einnahmegelegenheiten zu großen Teilen bekannt, würde eine normative Entscheidung erschwert. Wären sie noch unbekannt, hätten sie vergleichsweise wenig Einfluss auf aktuelle Innovationsentscheidungen.

der nur schwer prognostizierbaren administrativen Eingriffswahrscheinlichkeit.[278]

Ein weiterer Kritikpunkt der Anwendung der essential facilities-doctrine im Bereich der Informationsgüter betraf die geschilderte ex post-Orientierung. Gerade infolge intensiver Netzwerk- und lock-in-Effekte kann eine vergleichsweise geringe Zeit ausreichen, um mit Hilfe von Wettbewerbsbeschränkungen vollendete Tatsachen von langfristiger Dauer zu schaffen. Der Einsatz käme dann unter Umständen zu spät und hätte nur noch geringfügige Effekte.

Ein bedeutsamer, allerdings in der Literatur zuweilen nicht ausreichend gewürdigter, Hinderungsgrund eines effektiven Einsatzes ist ferner in der praktischen Ausgestaltung zu sehen, unter der eine Zugangsverpflichtung erfolgt.[279] Dies betrifft in erster Linie gesetzlich beeinflusste Zugangsentgelte, die für die Inanspruchnahme der essential facility zu entrichten wären, sofern der Rechteinhaber nicht zur unentgeltlichen Offenlegung veranlasst werden sollte, was allerdings ex ante zusätzliche Anreizprobleme erzeugte (vgl. zur notwendigen Preisregulierung Knieps (2001), S. 104 ff.). Verzerrende Wirkungen administrierter Preise sowie weitere Regulierungskosten können somit positive Wettbewerbswirkungen überkompensieren (vgl. ähnlich Shapiro (2002), S. 10; Cotter (1999), S. 11).

Eine Preisregulierung oder die Kontrolle der Einhaltung nicht diskriminierender Preise, die sich schon im Rahmen der Regulierung materieller Engpasseinrichtungen als komplex erweisen, dürften für immaterielle Informationsgüter noch schwieriger sein. Das staatliche Informationsproblem wird mit dem Fehlen potenzieller Anknüpfungspunkte zur Preisregulierung steigen. So fallen bei immateriellen Produkten im Gegensatz zu materiellen Einrichtungen z.B. keine nennenswerten Grenzkosten der Nutzung oder Erhaltungsinvestitionen an, die bei Preissetzungen im Rahmen der Regulierung Beachtung finden könnten (vgl. zur Theorie der Preisregulierung Knieps (2001), S. 83 ff.). Dennoch verursachte eine unzureichende Kostenerstattung negative dynamische Anreizeffekte. Investitionen in den Aufbau von Netzwerken unterblieben gegebenenfalls, sofern Wettbewerber infolge der Kompatibilität davon profitieren, ohne an den Kosten beteiligt zu sein (vgl. Wissenschaftlicher Beirat (2001), S. 33). Neben Produktcharakteristika sind hier z.B. Aufwendungen für Marketing, Distribution u.ä. nötig, um die installierte Basis zu errichten.

278 Hierfür bietet die juristische Praxis der jüngsten Fälle in der EU mit Blick auf Zugangsfragen zu immateriellen Rechten ein anschauliches Beispiel (vgl. dazu u.a. EuGH (2003)).

279 So lassen z.B. Schwintowski (1999) oder Stapper (2003) die Problematik der administrativen Preissetzung/ -regulierung in ihren Analysen außer Acht.

Auch sind negative Rückwirkungen infolge einer Preisregulierung denkbar. Ausgangspunkt dafür ist zunächst die Annahme der Gültigkeit der von Vertretern der Chicago-School propagierten „single monopoly profit theory“ (siehe hierzu z.B. Bork (1978); Kap. 4.1). Wie erwähnt, nimmt diese an, dass sich der Monopolist den gesamtmöglichen Gewinn über die Preissetzung auf dem ursprünglichen, vorgelagerten Monopolmarkt aneignen kann. Eine Monopolausdehnung auf nachgelagerte Märkte verspräche keine weiteren Gewinnpotenziale, weshalb kein Anreiz zur Wettbewerbsminderung besteht. Eine Tätigkeit auf angrenzenden Märkten geschehe allenfalls aus vorteilhaft zu bewertenden Effizienzgesichtspunkten, die wettbewerbstheoretisch unproblematisch seien (vgl. Salop (1999), S. 93 f.).[280]

Erfolgt allerdings vor diesem Hintergrund ein administrativer Eingriff, infolgedessen der (Monopol-)Preis, den der Rechteinhaber für den Zugang zur wesentlichen Einrichtung erheben würde, reguliert wird, so verhindert dies die Aneignung des gesamten Monopolgewinns. Mit der Regulierung verbessern sich zwar die Möglichkeiten des Zugangs für Konkurrenten. Gleichzeitig bietet sich jedoch nun die Möglichkeit für den Rechteinhaber, auf nachgelagerten Märkten durch dortige Wettbewerbsbeschränkungen Gewinnpotenziale zu realisieren, die durch die Regulierung auf dem vorgelagerten Markt entgangen sind. In einer Situation, in der keine Regulierung hinsichtlich des Zugangs vorgenommen würde, bewirkte der Versuch einer Gewinnsteigerung durch die Monopolisierung des nachgelagerten Marktes – unter idealisierten Annahmen – Gewinneinbußen in gleicher Höhe auf dem vorgelagerten Monopolmarkt, womit ein diesbezüglicher Anreiz entfällt. Werden die Gewinnmöglichkeiten auf dem vorgelagerten Markt jedoch bereits durch die Zugangs- und Preisregulierung gemindert, so wird jetzt eine Steigerung des Gesamtgewinns durch die Monopolisierung des nachgelagerten Marktes möglich (Baxter's Law) (vgl. hierzu Farrell/Weiser (2003), S. 22 f.). Ein wettbewerbspolitisch motivierter Eingriff verursachte somit erst den Anreiz zu Wettbewerbsbeschränkungen mit Effizienzverlusten als Folge.

Zusätzlich entstünde ein zunehmender administrativer Aufwand, sofern auch diesbezüglich staatliche Handlungen als Reaktion vorgenommen würden. Erschwerend kämen die Beurteilungsschwierigkeiten des wettbewerbsbeschränkenden Verhaltens hinzu, das sich in nicht offensichtlichen, impliziten Formen vollziehen kann, wie sie z.B. selektive Lizenzen darstellen, die zwar keine ex-

280 Die „single monopoly profit theory“ basiert auf sehr restriktiven Annahmen, deren Vorliegen in der Realität unwahrscheinlich sein dürfte (vgl. Rottenbiller (2002), S. 58 ff.; Schwintowski (1999), S. 849). Die Möglichkeit, an einer im Wettbewerb bereitgestellten Vielzahl an Komplementärgütern über den Verkauf des Basisproduktes zu partizipieren, scheint hingegen eher realistisch (vgl. Farrell/Weiser (2003)).

pliziten Restriktionen beinhalten, aber nur denjenigen gewährt werden, die sich im Sinne des Lizenzgebers verhalten (vgl. hierzu Shapiro (2002), S. 14 ff.).[281]

Die Ausführungen verdeutlichen potenzielle Schwächen hinsichtlich einer Anwendung der essential facilities-doctrine im geschilderten Sachverhalt. Bezüglich einer Zugangs- bzw. Kompatibilitätsverpflichtung wäre zunächst zu klären, ob eine Zugangsverweigerung tatsächlich Ausdruck eines ineffizienten Verhaltens ist, oder ob nicht der Rechteinhaber eines Standards ein Eigeninteresse an einer Vielzahl komplementärer Anwendungen hat. Ferner zeigte sich, dass die Beurteilung von Marktdominanz, aber auch von Verhaltensweisen auf Märkten mit Netzwerkeffekten hinsichtlich des Wettbewerbscharakters nicht immer zweifelsfrei erfolgen kann. Fehlerkosten infolge einer hieraus resultierenden, aber unangebrachten Regulierung können ein beachtliches Ausmaß erreichen (vgl. ähnlich Farrell/Weiser (2003), S. 43).

Dennoch sind Fälle eindeutig missbräuchlichen Verhaltens denkbar, die prinzipiell einen Eingriff rechtfertigen. Hier bedarf es dann der Auswahl adäquater Maßnahmen mit möglichst hohem Zielerrechungsgrad und geringen volkswirtschaftlichen und administrativen Kosten. Ob eine Zugangs-/Kompatibilitätsverpflichtung im Stile der essential facilities-doctrine in dem hier analysierten Kontext diese Forderung erfüllt, lässt sich bezweifeln, sodass im Folgenden nach Lösungen im Bereich der IPR-Ausgestaltung zu suchen ist.

Als Beispiel für die hier erläuterte Problematik kann wiederum der „Microsoft-Fall“ dienen (vgl. hierzu Halusa (2004); Scheerer (2004)). So verlangt die EU-Kommission bezüglich einer Entscheidung des Frühjahres 2004 neben einem Bußgeld die Offenlegung der Schnittstellenspezifikationen zwecks Interoperationalität von Konkurrenzprodukten auf dem Markt für Netzwerkserversoftware sowie die Entkopplung des Media-Players vom Betriebssystem Windows (vgl. o.V. (25.03.2004)). Inwieweit damit tatsächlich Kompatibilität und Wettbewerb gefördert werden, bliebt zunächst abzuwarten. Hinsichtlich einer wahrscheinlichen Verhandlung vor dem Europäischen Gerichtshof werden sich zudem die geschilderten Probleme einer eindeutigen Marktabgrenzung und Verhaltensbeurteilung, bezüglich Informationsasymmetrien sowie der Eingriffsintensität in unternehmerische Freiheiten bei der Produktgestaltung als auch in Eigentumsrechte stellen.

Zwar bezeichnet die Wettbewerbsbehörde in diesem Zusammenhang den Quellcode, nicht jedoch die Schnittstellen als Kern des schutzwürdigen „geistigen Ei-

281 Z.B. könnte Microsoft nur diejenigen PC-Händler zur Installation des Windowsbetriebssystem lizenzieren, die nicht gleichzeitig bestimmte Anwendungsprogramme installieren, ohne dies offen als Vertragsgrundlage zu fixieren.

gentums“, womit letzteres nicht tangiert sei (vgl. o.V. (25.03.2004)). Hier dürften sich jedoch Definitionsprobleme einstellen (s.u.). Ferner ist mit einem langwierigen Verfahren zu rechnen, da Microsoft eine Klage vor dem Europäischen Gerichtshof angekündigt hat (vgl. Knop (2004)). In dessen Verlauf können wettbewerbswidrige Marktrealitäten geschaffen werden, auf die zukünftige Entscheidungen keinen rückwirkenden Einfluss mehr haben. Die technische Entwicklung könnte zudem möglicherweise die jetzt relevanten Produkte (z.B. Media-Player) zum Zeitpunkt einer Entscheidung obsolet machen. Ein allgemein praktikabler Lösungsansatz hinsichtlich eines wettbewerbsintensivierenden Zugangs zu geschützten Netwerkmärkten, der über den spezifischen Sachverhalt des Microsoft-Falls hinausgeht, stellt sich damit nicht ein, sodass weiterhin die IPR selbst einen Ansatzpunkt bieten können.

4.2.4.2 Intellectual-Property-Rights-Ausgestaltung als Lösungsansatz

Eine zentrale Voraussetzung, um komplementäre Produkte (z.B. Textverarbeitungssoftware) zu einem Basisstandard (z.B. Betriebssystem) anzubieten, besteht in der Möglichkeit, Kompatibilität herzustellen (Zugang zum Standard). Damit ließen sich Wohlfahrt erhöhende Netzwerkeffekte realisieren. Auch zur Steigerung der Bestreitbarkeit des Marktes für den Basisstandard wäre Interoperationalität förderlich. Dies ließe sich über die Ausgestaltung der Verfügungsrechte erreichen, da diese dem Rechteinhaber die Durchsetzung der Inkompatibilität ermöglichen. Hieraus leiten sich dann auch die Forderungen ab, Netzwerkeigenschaften, wesentliche Schnittstellen und für die Kompatibilität sonstige notwendige Komponenten und Programmcodebestandteile z.B. für Computer-Software vom Urheberschutz auszunehmen (vgl. z.B. Farrell (1989), S. 47; Menell (1998), S. 9; Shapiro (2002), S. 13).

Vorteile bestünden dabei, verglichen mit wettbewerbspolitischen Maßnahmen, darin, dass durch Änderungen des institutionellen Rahmens, die Anreize der handelnden Individuen beeinflusst würden. Diese zeigen sich ursächlich für ineffiziente Verhaltensweisen. Letztere könnten somit ex ante unterbunden werden. Des Weiteren ließe sich eine größere Verlässlichkeit herstellen. Einmal gewährte Verfügungsrechte können in vollem Ausmaß in Anspruch genommen werden, ohne mit unter Umständen wettbewerbspolitisch zweifelhaften Eingriffen rechnen zu müssen, an die sich eventuell langwierige Rechtesstreitigkeiten anschließen. Im Vergleich zur Situation eines intensiven Schutzniveaus, das dann fallweise beschränkt wird, wären damit sowohl hinsichtlich der Anreizeffekte als auch der geschilderten administrativen Kosten und Probleme positive Wirkungen realistisch (vgl. Shapiro (2002), S. 13 f.). Potenzielle hold-up-Situationen, die aus Änderungen der Rahmenbedingungen nach erfolgten Investitionen resultieren, ließen sich so vermeiden, Unsicherheiten verringern.

Ein wettbewerbspolitisch motiviertes Handeln wird dadurch nicht ausgeschlossen, allerdings ließen sich ambivalente Fälle und damit die Gefahr von Ressourcen verschwendenden Fehleingriffen reduzieren. Die obigen Ausführungen verdeutlichten die Abhängigkeit einer ökonomisch effizienten IPR-Schutzintensität von den variierenden und damit nicht genau zu prognostizierenden Marktbedingungen (z.B. Intensität von Netzwerkeffekten, „winner-take-all-Situation"). Damit kann aber auch eine IPR-Ausgestaltung ex ante – insbesondere für dynamische Märkte – nicht genau sein, womit weiterhin Raum für die Wettbewerbspolitik besteht (vgl. Dumont/Holmes (2002), S. 161). Dennoch sind tendenzielle Marktentwicklungen und -strukturen, wie z.B. Netzwerkeffekte, durchaus vorhersehbar und auf bestimmte Markt- und Technologieformen abzugrenzen, die sich für die Gestaltung des IPR-Systems in Anbetracht der oben geschilderten Wirkungszusammenhänge nutzen lassen.

a) Ausnahme von Kompatibilitätskomponenten vom IPR-Schutz

Als theoretisch „stringenter" Ansatz käme zunächst die Ausnahme sämtlicher Komponenten/Schnittstellen von einem urheberrechtlichen Schutz in Betracht, die für die Herstellung von Kompatibilität und Standardisierung nötig sind, um so Wettbewerbsprobleme zu verhindern und Wohlfahrt fördernde Netzwerkeffekte zu realisieren (vgl. Farrell (1989), S. 47; Blind/Edler (2001), S. 24). Konflikte mit der Intention des Urheberrechts sind dabei weitestgehend nicht existent, es sei denn, die Schnittstellen sind selbst Gegenstand innovativer, kreativer Anstrengungen. Das Recht soll zwar vor freerider-Verhalten und damit Anreiz mindernder Kopiertätigkeit schützen, aber keine monopolartige Marktposition gewährleisten, nur weil besondere Marktstrukturen eine solche Tendenz begünstigen (vgl. Farrell (1995), S. 370; Menell (1998), S. 10). Ein intensiverer Wettbewerb differenzierter Produkte, die auf einem Standard basieren und Innovationen ermöglichen, läuft somit dem Zweck des Urheberrechts nicht zuwider. Auch standardisierte Schnittstellen bieten ausreichend Gelegenheit für variierende Produkteigenschaften (vgl. Menell (1998), S. 10; Stapper (2003), S. 209 f.).

Zudem wurde bereits oben erwähnt, dass der soziale Nutzen eines Systems sowie die de-facto-Standardisierung zu weiten Teilen aufgrund von Netzwerkeffekten, und damit auch durch den Beitrag von Nutzern und Anbietern komplementärer Produkte entstehen, während die Schnittstellenspezifikation der Basistechnologie eher zufällig sein kann. Eine Aneignung der gesamten Wertschätzung infolge des Schutzes letzterer widerspräche der ökonomischen Effizienzgrundlage (vgl. Farrell (1989), S. 47 ff.). Der erwähnten Diskrepanz von vorgesehenem und tatsächlichem Schutzniveau infolge der Netzwerkeffekte ließe sich gegebenenfalls mit dem Verzicht auf einen Urheberschutz für Schnittstellen und kompatibilitätsrelevante Produkteigenschaften Rechnung tragen. Dennoch sind Schwächen eines solchen Ansatzes zu beachten, die ein differenzierteres Vorgehen im Rahmen der IPR sinnvoll erscheinen lassen.

Denkbare Probleme einer per se-Ausnahme von Kompatibilitätskomponenten

Eine zunächst einmal eher technische Schwierigkeit liegt in einer eindeutigen Definition der relevanten Schnittstellen bzw. sonstigen Kompatibilitätskomponenten. Hier ist ein Informationsdefizit staatlicherseits, insbesondere hinsichtlich dynamischer Technologieentwicklungen, nicht von der Hand zu weisen.[282] Nicht auszuschließen ist des Weiteren, dass Kenntnisse und Nutzungsmöglichkeiten von bestimmten ungeschützten Informationen und Programmcodebestandteilen nicht nur die Interaktion zwischen unterschiedlichen Programmen u.ä. erleichtern, sondern auch die Imitation bestimmter Programme oder Funktionen ermöglichen, was der urheberrechtlichen Intention widerspräche.[283] Ein fehlender Schutz wirkte sich dann nicht nur förderlich auf die Kompatibilität aus, sondern verursachte gleichzeitig negative Innovationsanreize.

Ebenfalls negative Anreizwirkungen sind in den Fällen zu erwarten, in denen Schnittstellen nicht bloß aus willkürlich gewählten Alternativen bestehen. Vielmehr kann deren Spezifikation auch selbst im Ressourcen verbrauchenden Prozess erfolgen und funktionalen Anforderungen zu genügen haben, die die Qualität der Güter direkt beeinflussen, was sich durch zufällig gewählte Datenabfolgen nicht gleichwertig erzielen lässt (vgl. Besen/Raskind (1991), S. 18). Mit Blick auf die Produzenten kompatibler Anwendungen ist eine Unsicherheit bezüglich der (un-)geschützten Informationen zu konstatieren, die die Nutzung beeinflusst. Wenn zwar die Herstellung von Kompatibilität rechtlich gestattet ist, aber eine eindeutige ex ante-Definition der dazu notwendigen Informationen fehlt, besteht im Einzelfall die Gefahr versehentlicher Urheberrechtsverletzungen, kostenintensiver Rechtsstreitigkeiten sowie hoher Schadensersatzforderungen, die vornehmlich kleine, innovative Anbieter abschrecken können.

Selbst wenn sich eine angemessene Definition nicht schutzwürdiger Schnittstellen formulieren ließe, die keine negativen Anreizeffekte nach sich zöge, beruhte

282 In diesem Zusammenhang weist z.B. STAPPER (2003, S. 199) auf die Tatsache hin, dass in keinem der jüngsten, relevanten Rechtsurteile, die sich mit Aspekten von Schnittstellen und Kompatibilität auseinandersetzen, der Begriff der Schnittstelle näher definiert wurde.

283 So äußert z.B. Microsoft die Befürchtung, dass die Weitergabe technischer Schlüsseldaten, die die Kommunikation alternativer Produkte mit dem Windowsbetriebssystem verbessern soll, gleichzeitig die Herstellung von Plagiaten erleichtern würde (vgl. Scheerer (2004)).

diese doch auf rein funktionalen, technischen Kompatibilitätskriterien, die keinerlei Marktbezug aufweisen (vgl. Stapper (2003), S. 200 ff.). Die Marktsituation zeigte sich jedoch in obiger Wirkungsanalyse als wesentliche Ursache für Effizienz mindernde Kompatibilitäts- und Wettbewerbsprobleme. Relevante Zutrittsschranken für Anbieter von komplementären und konkurrierenden Produkten sind nur bei einem monopolistischen de-facto-Standard problematisch. Im Falle konkurrierender Systemanbieter im Wettbewerb ohne Marktmacht ist hingegen die Verfolgung einer offenen Strategie erfolgversprechender und damit der Anreiz zur breiten Lizenzierung wahrscheinlicher als eine Zugangsverweigerung (siehe hierzu Shapiro/Varian (1999b), S. 259 ff.). Die Gefahr einer Marktmachtübertragung scheidet hier ebenso aus. Folglich entfällt in derartigen Situationen die Notwendigkeit des Eingriffs.

Daneben bleibt zu berücksichtigen, dass nicht sämtliche Märkte, auf denen Netzwerkeffekte und Kompatibilitäten eine Rolle spielen, notwendigerweise zur de-facto-Standardisierung mit nur einer möglichen Technologie und Wettbewerbsbeschränkungen neigen, was eine marktorientierte ex ante-Beurteilung erschwert (vgl. hierzu Liebowitz/Margolis (1998)).

Eine Ausnahme der definierten Schnittstellen vom Urheberschutz beträfe so neben den beabsichtigten Adressaten im Falle der Marktmacht auch sämtliche weitere Rechteinhaber. Dies wäre aus ökonomischer Perspektive solange irrelevant, als auch damit positive Nettoeffekte – z.B. infolge zunehmender Netzwerkeffekte – einhergehen oder zumindest keine negativen Konsequenzen zu erwarten wären, was sich jedoch nicht allgemein unterstellen lässt. So könnten für potenzielle Innovatoren ohne Marktmacht Anreizminderungen entstehen, sofern keine Aussicht auf Aneignung der Renten auch auf nachgelagerten Märkten besteht (vgl. Anderman (2002), S. 5). Hauptsächlich in der Produkteinführungsphase verspricht ein Angebot „aus einer Hand“, insbesondere durch kleinere Anbieter, oftmals Effizienzgewinne, verglichen mit einer Situation des offenen Zugangs und vielen Anbietern von Komplementärprodukten.

Diese Vorteile resultieren z.B. aus einer schnelleren Produktdurchsetzung, unterschiedlichen „start-up-Strategien“ wie z.B. intertemporaler Preisdifferenzierung, die bei fehlendem Schutz nicht möglich wäre, oder auch kurzfristigen, qualitätssteigernden Modifikationen insbesondere bezüglich der Schnittstellen, was bei einer offenen Strategie Kompatibilitätsprobleme mit Produkten anderer Hersteller erzeugte. So lässt sich auch das Vertrauen der Konsumenten in die Funktionsfähigkeit des Systems steigern, was bei unkoordiniert produzierten Komponenten mitunter nicht der Fall wäre. Ferner verringert sich die Gefahr von doppelten Monopolaufschlägen, die dann gegeben wäre, wenn sich (zunächst) nur ein unabhängiger Anbieter komplementärer Produkte durchsetzte (vgl. hierzu Farrell/Weiser (2003), S. 14 f.).

Ebenfalls negative Wirkungen auf die Anreize potenzieller Systeminnovatoren lassen sich dann unterstellen, wenn Konkurrenten ein Marktzutritt auf horizontaler Ebene nach kurzer Zeit geling, der auf dem Zugang zur installierten Basis an kompatiblen Anwendungen basiert. Diese Konkurrenten können sich die Netzwerkeffekte zu Nutze machen, die der ursprüngliche Innovator durch seine Investition angestoßen hat. Antizipiert ein potenzieller Innovator solche Entwicklungen, unterbleibt die Investition gegebenenfalls von Beginn an, sofern keine ausreichenden Einnahmemöglichkeiten angenommen werden, über die eher große, marktdominante Anbieter verfügen (vgl. ähnlich Katz/Shapiro (1999), S. 65).

Ferner mindert ein fehlender Schutz Anreiz und Notwendigkeit, konkurrierende, inkompatible Alternativtechnologien zu entwickeln. Die Produktion komplementärer Anwendungen für eine bestehende Technologie erweist sich als weniger risikoreich und kostenintensiv als die Entwicklung eines komplett neuen Konkurrenzsystems. Es lassen sich dann zwar vermehrt Netzwerkeffekte nutzen, der geschilderte Wettbewerb um den Markt unterbleibt jedoch, das Innovationspotenzial wird gemindert. Auch die Gefahr des Verharrens einer obsoleten, inferioren Technologie steigt, was als volkswirtschaftlicher Kostenfaktor interpretiert werden kann (vgl. Katz/Shapiro (1994), S. 106). Gerade auf Märkten, die nicht nur Raum für eine Technologie bieten, sinken Vielfalt und Wahlmöglichkeiten. Infolge der Kompatibilität vermindert sich die Aussicht auf einen „Schumpeterschen“ Wettbewerb sich ersetzender, nicht marginaler Innovationen, der gesamtgesellschaftliche Nutzensteigerungen erzeugen kann (vgl. Farrell (1989), S. 49).

Ein fehlender urheberrechtlicher Schutz für Schnittstellen wird zudem bei den Rechteinhabern Anreize erzeugen, auf alternative Maßnahmen zurückzugreifen, mit denen sich die Herstellung der Kompatibilität ebenfalls verhindern oder zumindest verzögern lässt. Hierzu kämen beispielsweise komplexe Schnittstellenformulierungen in Betracht, die eine schnelle Verständlichkeit und Übernahme für Konkurrenten unmöglich machen und darüber deren Kosten erhöhten. Ressourcen würden dabei allerdings in derartige, unproduktive Anstrengungen gelenkt, die gegebenenfalls in anderen Verwendungen (z.B. wirkliche Produktverbesserungen) eine höhere Grenzproduktivität versprächen. Es ist dann nicht auszuschließen, dass sich diejenigen Anbieter im Wettbewerb etablieren, die die kompliziertesten und unverständlichsten Schnittstellen verwenden. Dies müssen jedoch nicht unbedingt diejenigen sein, die aus Konsumentensicht die Technologie mit der größten Nutzenstiftung anbieten (vgl. Lichtman (2000), S. 634).

Ebenso könnten häufige und rasche Produktdifferenzierungen und „up-dates" mit variierenden Schnittstellen vorgenommen werden, damit unabhängige Entwickler ihre komplementären Produkte ebenfalls anpassen müssen, was nur mit einem time-lag möglich ist und was auf dynamischen Märkten ein erheblicher Wettbewerbsnachteil sein kann (vgl. ähnlich Farrell/Weiser (2003), S. 19). Auch diese Strategie ist nicht notwendigerweise im Sinne einer gesamtgesellschaftlichen Nutzensteigerung, da die Produktdifferenzierungen teilweise nur marginale Qualitätsverbesserungen erbringen (vgl. Wissenschaftlicher Beirat (2001), S. 34).

Schließlich kann ein Anreiz entstehen, mit einer innovativen Systemtechnologie erst dann auf den Markt zu treten, wenn ausreichend eigene Komplementärgüter verfügbar sind, um ein Angebot aus einer Hand bereit zu stellen. Bei offenem Zugang zu den relevanten Informationen bestünde hingegen die Gefahr, dass sich Konkurrenzprodukte schneller am Markt etablieren. Dadurch verzögerte sich jedoch die Markteinführung innovativer Produkte, was gerade der Intention des Urheberrechts widerspräche. Auch ließe sich die Verzögerung nutzen, um nur eine vom Rechteinhaber bevorzugte Auswahl an Produzenten von Anwendungsprogrammen mit den nötigen Informationen auszustatten. Ein derartiges Verhalten entspräche indes einer ineffizienten Substitution fehlender urheberrechtlicher Kontrolle (vgl. Lichtman (2000), S. 634 f.).

b) Verkürzte Schutzfrist für netzwerkrelevante Güter

Mit einer völligen Ausnahme der Schnittstellen vom urheberrechtlichen Schutz ließen sich zwar die oben geschilderten Wettbewerbsprobleme mindern und positive Kompatibilitätseffekte nutzen. Gleichzeitig ergeben sich aber Schwierigkeiten hinsichtlich einer konkreten, verlässlichen Abgrenzung der schutzwürdigen Informationen und es ist mit dynamischen Effizienzverlusten infolge von Fehlanreizen zu rechnen. Als problematisch zeigte sich die fehlende Rücksichtnahme auf die Marktsituation, obwohl gerade diese eine wesentliche Voraussetzung für das wettbewerbswidrige Verhalten darstellt.

Theoretisch denkbar wäre somit ein Lösungsansatz, bei dem der Urheberschutz bezüglich der Schnittstellen lediglich beim Missbrauch einer marktbeherrschenden Stellung in Form eines de-facto-Standards entfällt (vgl. ähnlich Stapper (2003), S. 200; Rahnasto (2003)). Solange eine Technologie (z.B. Software) keine Standardfunktion erfüllt, besteht auch für Anbieter komplementärer Anwendungen keine Notwendigkeit zum Zugang bzw. zur Kompatibilität.

Erst wenn die Technologie zum de-facto-Standard geworden ist, kann der Zugang aus Wettbewerbs- und Effizienzgründen notwenig sein. Ein solch marktorientiertes Vorgehen, welches dem Urheberrecht (bisher) fremd ist, wäre allerdings mit den geschilderten Schwierigkeiten der Beurteilung von Marktmacht und -verhalten behaftet und käme dem essential facilities-Ansatz nahe (vgl. Stapper (2003), S. 201). Um diesen Problemen zu entgehen, aber dennoch den Marktbezug nicht aus dem Blickfeld zu verlieren, ließe sich über einen indirekten Lösungsansatz nachdenken. Marktdominanz in Form der Kontrolle über einen de-facto-Standard hinsichtlich einer bestimmten Technologie, wenn auch temporär und fragil, entsteht auf den hier betrachteten Märkten für Informationsgüter im Zeitablauf mit zunehmender Akzeptanz der Nachfrager.

Als wesentliche Bestimmungsfaktoren der Intensität dieser Dominanz sowie der Geschwindigkeit für deren Aufbau gelten insbesondere Netzwerkeffekte und Konsumentenpräferenzen (Homogenität). Je stärker die Netzwerkeffekte und je geringer der Wunsch der Konsumenten nach Vielfalt (bzw. die natürliche Möglichkeit zur Vielfalt)[284], desto wahrscheinlicher ist die Situation eines „winner-take-all-Wettbewerbs“ mit einer schnellen Etablierung nur eines Anbieters (vgl. Dumont/Holmes (2002), S. 159; Klodt (2003), S. 121).[285] Da die so entstehende Marktmacht wiederum Voraussetzung für die geschilderten negativen Wirkungen der IPR-Nutzung ist, ließen sich die IPR in Abhängigkeit dieser Faktoren ausgestalten, um so einen Marktbezug zu ermöglichen. Je ausgeprägter Netzwerkeffekte und Homogenität, desto kürzer könnte der IPR-Schutz ausfallen, da dann eine Monopolisierung und die negativen Wirkungen der IPR umso wahrscheinlicher sind. So ließe sich erreichen, dass der IPR-Schutz immer dann gering ist, wenn es zu einer Marktdominanz kommt, damit die IPR nicht wettbewerbswidrig instrumentalisiert werden. Produzenten kämen dann im Idealfall zunächst in den Genuss des Schutzes, womit sich die geschilderten negativen Effekte, insbesondere die Anreizprobleme vermeiden ließen und innovative Technologien entwickelt würden. Der für einen Markterfolg notwendige Zeitraum zum Aufbau einer installierten Basis wird damit gewährt. Auch potenzielle Preisdifferenzierungsstrategien (penetration pricing) ließen sich anwenden.

Erfolgt im Zeitablauf eine marktstrukturell unvermeidbare Monopolisierung in Abhängigkeit der Intensität der Netzwerkeffekte,[286] sollten nach bestimmter Zeit

---

284 So unterliegen bestimmte Ausdrucksformen natürlichen Beschränkungen. Dies betrifft die Differenzierung zwischen Idee und Ausdruck. Das US-amerikanische Copyright gewährt z.B. kein Urheberrecht, sofern sich bestimmte (nicht schützbare) Ideen nur auf eine Weise ausdrücken lassen, um so nicht eine Monopolisierung von Ideen quasi durch die Hintertür zu ermöglichen (vgl. z.B. Stapper (2003), S. 195 ff.).

285 Neben diesen beiden Faktoren wirken zudem produktionsseitige Skalenerträge.

286 Neben den Netzwerkeffekten sind weitere Faktoren ausschlaggebend für die Monopolisierungstendenzen (z.B. Homogenität der Präferenzen, Produktdifferenzierungen). Auch

– ebenfalls in Abhängigkeit der Netzwerkeffekte – die Urheberrechte (an den Schnittstellen), die sich ansonsten als Marktzutrittsbarrieren anwenden ließen, entfallen. Wohlfahrt steigernde Kompatibilitätseffekte können so realisiert und Wettbewerbsbeschränkungen vermieden werden. Im hypothetischen Idealfall wird zu dem Zeitpunkt, zu dem sich ein monopolistischer de-facto-Standard etabliert, quasi automatisch die Bestreitbarkeit der Märkte (hinsichtlich Basisstandard und Anwendungen) durch den Wegfall der IPR an den Schnittstellen ermöglicht. Je stärker die Netzwerkeffekte, umso eher kommt es zur Monopolisierung und desto kürzer sollten die Schutzrechte an den wesentlichen Schnittstellen sein.

Hinsichtlich der Praktikabilität der vorgeschlagenen Urheberrechtsausgestaltung ist ersichtlich, dass eine detaillierte Berücksichtigung der Faktoren, insbesondere der Netzwerkeffekte sowie der Homogenität der Präferenzen, die zur Monopolisierung führen, im Einzelfall nicht möglich ist. Dennoch besteht die Möglichkeit, z.B. für unterschiedliche Güterarten, unterschiedliche Intensitäten von Netzwerkeffekten zu bestimmen. Dies könnte z.B. technologie- oder branchenspezifisch vorgenommen werden. Somit könnte in Abhängigkeit der Intensität der Netzwerkeffekte von unterschiedlichen Technologien oder Branchen, die Dauer des Urheberschutzes für kompatibilitätsrelevante Informationen (z.B. Schnittstellen) variieren.[287] Wenn so auch nicht sämtliche Faktoren adäquat berücksichtigt werden können, so ließe sich dennoch eine Verbesserung hinsichtlich des Status quo erzielen, bei dem ein einheitliches Urheberrecht für unterschiedlichste Sachverhalte gilt.

Anreizminderungen, die insbesondere mit einem fehlenden Schutz in der Anfangsphase einhergehen, ließen sich vermeiden bzw. verringern. Dem Rechteinhaber wird temporär die monetäre Aneignung des gesamten Netzwerkwertes ermöglicht, was zur Amortisierung aufgewandter Entwicklungskosten beiträgt. Hierdurch eintretende statische Ineffizienzen (aufgrund privat anzueignender Renten, die den sozialen Nutzen des Produktes übersteigen) sind mit dynamischen Effizienzsteigerungen zu rechtfertigen. Das kurze Schutzintervall bietet zudem die Gelegenheit „first-mover-Vorteile" zu erlangen, die im Rahmen der hier relevanten Informationsgüter mit ausgeprägten Netzwerkeffekten selbst nach Ablauf des Schutzes für Schnittstellen einen bedeutenden Wettbewerbsvorsprung bieten können (vgl. Boldrin/Levin (2002b); Farrell (1995), S. 370). Denn die dann zugänglichen Schnittstelleninformationen stellen allein noch keine hin-

für diese Faktoren ließen sich ähnliche Überlegungen hinsichtlich der IPR-Ausgestaltung anstellen.

287 Aussagen, für welche Güterarten oder Branchen welche Schutzfristen gelten sollen, können in dieser theoretischen Analyse nicht vorgenommen werden. Auf der Grundlage der hier dargelegten Theorie würden sich empirische Untersuchungen eignen.

reichende Voraussetzung für ein wettbewerbsfähiges Angebot potenzieller Konkurrenten dar. Produktspezifisches Humankapital und Erfahrungen der Entwickler, Größenvorteile in der Produktion sowie Präferenzen und Anwendungskenntnisse (Training) der Konsumenten, die trotz technischer Kompatibilität die Produkte des ursprünglichen Anbieters vorziehen, bieten die Möglichkeit zum Erhalt und Ausbau der aufgebauten Marktposition.

Ebenfalls bleibt während der Schutzphase der innovatorische Wettbewerb inkompatibler Technologien wahrscheinlicher, der dazu beitragen kann, dass die „beste" Technologie zum Standard avanciert. Nach Ablauf des Schutzes erfolgt der Wettbewerb primär innerhalb des Standards, und zwar insbesondere bezüglich komplementärer Anwendungsprodukte aber auch hinsichtlich der Basistechnologie selbst. Denn je mehr interoperable Anwendungsmöglichkeiten verfügbar sind, desto besser sind auch die Wettbewerbschancen für eine alternative Plattform, weil bei Kompatibilität die Notwendigkeit zum „two level entry" entfällt. Die durch inkompatible Anwendungsprogramme errichtete Marktzutrittsschranke („applications barrier to entry") hinsichtlich des Plattformmarktes wird mit dem Wegfall des Schutzes verringert (vgl. Koboldt (2003), S. 5 f.). Für den bisherigen Monopolisten ergibt sich infolge des zunehmenden potenziellen Wettbewerbs auf der Plattformebene ein stärkerer Anreiz zu effizientem und innovativem Verhalten.

Gleichzeitig kann eine an der Intensität branchenspezifischer Netzwerkeffekte orientierte Schutzfristdifferenzierung mit kürzeren Fristen als sie die aktuelle Ausgestaltung bietet, als ein Ansatz interpretiert werden, die oben geschilderte Differenz zwischen faktischem und angestrebten Schutzniveau auf Märkten mit Netzwerkeffekten zu vermindern. Dies verspräche Effizienzsteigerungen, sofern die ursprüngliche Ausgestaltung für „Nicht-Netzwerkindustrien" ökonomischen Effizienzanforderungen genügte. Erhalten bliebe allerdings die Problematik der Definition der Schnittstellen, für die nach Ablauf der festgelegten Frist der Schutz ausläuft. In Anbetracht obiger Ergebnisse hinsichtlich der Aneignungsmöglichkeiten zur Förderung dynamischer Effizienz auch bei schwächerem rechtlichen Schutz („first-mover-Vorteile", Diskrepanz von faktischem und bezweckten Schutz, Geheimhaltung von Informationen durch komplexe Ausgestaltung) sollte im Zweifelsfall das Verbot der bloßen Imitation wesentlicher Produkteigenschaften als Orientierung dienen. Eine Übernahme von Programmcodebestandteilen, die zur Herstellung von Kompatibilität und Wettbewerb notwenig ist, sollte dann nicht unter den urheberrechtlichen Schutz fallen, sofern das Konkurrenzprodukt ansonsten nicht als Imitat zu betrachten ist (vgl. Menell (1998), S. 10; Hakfoort (2002), S. 74).

Der Vorschlag eines kürzeren, variablen Schutzes zeigt sich auch insoweit als anreizkonform, als dass die hier betrachteten Informationsgüter, wie z.B. Software, im Vergleich mit „traditionellen" urheberrechtsrelevanten Gütern meist relativ kurze Innovations- und Produktlebenszyklen aufweisen (vgl. Wissenschaftlicher Beirat (2001), S. 41). Damit besteht ohnehin der Anreiz für Rechteinhaber, möglichst schnell die aufgewandten Investitionen zu amortisieren. Analog der Charakteristika eines Bestsellers ist deshalb eine im Zeitverlauf schnell sinkende Nachfrage zu unterstellen und eine höhere Diskontrate hinsichtlich der Ermittlung des Gegenwartswertes seitens der Rechteinhaber anzunehmen. Der Zeitraum zur Gewinnerzielung ist somit vergleichsweise beschränkt, womit die lange Schutzdauer des Status quo nicht nötig wäre. Aufgrund dieser Besonderheiten lässt sich aus ökonomischer Sicht eine kürzere Schutzdauer als die des Status quo rechtfertigen und gerät somit auch nicht in Konflikt mit Innovationsanreizaspekten (vgl. hierzu Koboldt/Schmidtchen (1991), S. 318). Damit sind aber auch hinsichtlich der vorgeschlagenen Form des kurzen, variablen Schnittstellenschutzes mögliche Befürchtungen bezüglich negativer Anreizwirkungen zu relativieren.

Die Analyse zeigte, dass die Ausgestaltung der IPR Potenzial bietet, um auf die geschilderten Wettbewerbs- und Kompatibilitätsprobleme zu reagieren und das Wohlfahrt steigernde Potenzial der Netzwerkeffekte zu realisieren. Schwächen und Unzulänglichkeiten wettbewerbspolitischer und regulierender Eingriffe wären zu vermeiden. Letztere haben dabei sowohl inhaltliche als auch administrative Ursachen. Gleichfalls ließen sich negative Wirkungen eines kompletten Schutzverzichts umgehen. Die in diesem Rahmen diskutierten Lösungsvorschläge haben gemein, dass sie tendenziell in Richtung einer geringeren Schutzintensität mit dem Ziel von Wohlfahrtssteigerungen wirken. Allerdings existieren auch Ansätze, die eben dieses Ziel mit einem stärkeren Schutzniveau zu erreichen suchen (siehe hierzu Kitch (1977), Lichtman (2000)). Ob und wie diese den hier dargestellten Überlegungen konträr sind und welche Schlüsse im Zuge einer differenzierten Betrachtung daraus gegebenenfalls zu ziehen sind, soll im Folgenden thematisiert werden.

c) Intensivierung des IPR-Schutzes

Im vorangegangenen Kontext standen Wirkungen von IPR in Verbindung mit Netzwerkeffekten, Standards und Kompatibilitäten im Mittelpunk, die aufgrund normativer Überlegungen schwächere/kürzere IPR und damit Beschränkungen der Kontrolle der Rechteinhaber rechtfertigen können. Daraufhin wurden Handlungsempfehlungen diskutiert. Im Mittelpunkt standen Technologien, die aus Systemen vertikaler und/oder horizontaler Komponenten bestehen, wie sie z.B.

Betriebssysteme und Anwendungsprogramme im Bereich der Software darstellen.

Unter bestimmten Voraussetzungen, die auf Märkten für derartige Systeme nicht unrealistisch sind, lassen sich jedoch Entwicklungen aufzeigen, die infolge offen gestalteter Zugangsmöglichkeiten zu wesentlichen Einrichtungen Ineffizienzen bedingen, und zwar unabhängig von Anreizwirkungen.[288] Letztere müssen durch schwächere IPR in Netzwerkmärkten – wie oben erwähnt – nicht negativ betroffen sein. Hieraus könnte die Forderung nach stärkerem Schnittstellenschutz, Kontroll- und Ausschlussmöglichkeiten für Rechteinhaber abgeleitet werden, die die aktuelle urheberrechtliche Ausgestaltung zurzeit nicht erlaubt, sondern vielmehr wettbewerbspolitische Bedenken hervorrufen würde. Vor diesem Hintergrund bedarf es der Frage, ob die oben dargelegten Empfehlungen zur Minderung des IPR-Schutzes einer Effizienzsteigerung dann gegebenenfalls im Wege stehen und es einer Neubewertung bedarf. Dazu wird im Folgenden kurz die Problematik sowie der Lösungsvorschlag stärkerer IPR diskutiert (vgl. hierzu ausführlich Lichtman (2000)).

IPR als Koordinationsinstrument

Den Untersuchungsgegenstand bilden Plattformtechnologien[289], die sich aufgrund ihres innovativen Charakters noch in der Anfangsphase des Produktlebenszyklus befinden. Daraus folgt, dass die Anbieter sowohl der Plattform als auch der komplementären Anwendungen hierzu über einen Wettbewerbsvorsprung verfügen, der zumindest temporär eine Preissetzung oberhalb des Wettbewerbspreises erlaubt. Die Preissetzung erfolgt unabhängig und entsprechend des individuell Gewinn maximierenden Kalküls. Die Preise sind allerdings interdependent dergestalt, dass eine Preissenkung für ein Anwendungsprogramm c.p. auch die Nachfrage nach der Plattform steigert und darüber deren Verbrei-

---

288 Offen gestaltete Zugangsmöglichkeiten bedeuten in diesem Zusammenhang, dass unabhängige Produzenten komplementäre Güter zur Plattform anbieten können, ohne dass der Rechteinhaber der Plattformtechnologie dies unterbinden könnte. Eine derart offene Strategie wird dabei z.T. auch bewusst von diesen Rechteinhabern verfolgt, indem die nötigen Schnittstellen allgemein offen gelegt werden und potenzielle Entwickler komplementärer Anwendungen diese nicht selbst z.B. durch kostenintensives „reverse engineering" herausfinden müssen. Diese Strategie soll über eine Vielzahl von Anwendungsmöglichkeiten das Gesamtsystem möglichst attraktiv machen und das innovative Potenzial des Marktes dezentral nutzen und so Anwendungen, Ideen und neue Märkte hervorbringen, was dem Rechteinhaber allein nicht möglich gewesen wäre.

289 Als Plattformtechnologien definiert LICHTMAN Güter, deren Verfügbarkeit den Wert davon unabgängig gekaufter Güter steigert. So stellt z.B. ein PC-Betriebssystem eine Plattform dar, während ein Textverarbeitungs- oder Tabellenkalkulationsprogramm als Anwendungsprogramm fungiert (vgl. Lichtman (2000), S. 615).

tung. Je geringer z.B. der Preis einer Textverarbeitungssoftware, desto mehr potenzielle Nutzer werden sich zum Kauf auch des notwenigen PCs/Betriebssystems entscheiden (vgl. Lichtman (2000), S. 620 ff.).

Infolge dieser gestiegenen Verbreitung der Plattform erhöht sich auch die Nachfrage nach weiteren, plattformkompatiblen Anwendungen, deren Nutzenstiftung allein für sich keine Kaufentscheidung zugunsten der Plattform bewirkt hätte. Ist letztere jedoch bereits vorhanden, erfolgt der Kauf. Im Falle von Preissteigerungen stellen sich die entgegen gesetzt negativen Nachfrageeffekte ein. Damit erzeugen Preisentscheidungen einzelner Anbieter von Anwendungsprogrammen über den Wirkungsmechanismus der Plattformverfügbarkeit Externalitäten für andere Anbieter der gleichen Marktebene, die bei der Entscheidung unberücksichtigt bleiben und sich nicht in den individuellen Preisen widerspiegeln und somit nicht über den Markt internalisiert werden (vgl. Lichtman (2000), S. 616, 624 f.).[290]

Hieraus resultiert in Verbindung mit der Annahme des monopolistischen Preissetzungsspielraumes, dass die individuell rationalen Preise der Anwendungsprogrammanbieter unter Effizienzgesichtspunkten zu hoch sind und der gemeinsam mögliche Gewinn deshalb geringer ausfällt als er bei niedrigeren, koordinierten Preisen sein könnte.[291] Ein Anreiz zur individuellen Preissenkung besteht nicht, da nicht davon ausgegangen werden kann, dass auch die anderen Anbieter unabhängiger Güter die Preissenkung erwidern. Die gestiegene Nachfrage nach deren Gütern infolge der Externalität kann vielmehr Anreize zur Preissteigerung bewirken (vgl. Lichtman (2000), S. 618, 629). Dies erzeugte dann negative Rückwirkungen auf den Preis senkenden Anbieter. Zusätzlich zu den Anbietern von Anwendungsprogrammen profitieren von einer Koordination zudem der Plattformanbieter durch die c.p. steigende Nachfrage als auch die Konsumenten infolge geringerer Preise. Es sind somit Effizienzsteigerungspotenziale vorhanden, da die Differenz zwischen Preis und Grenzkosten verringert werden kann. Da auch die Gewinnsituation der Anbieter verbessert wird, entstehen Innovationsanreize, was auch die dynamische Effizienz steigert.

---

290 Hierbei handelt es sich nicht um pekuniäre Externalitäten im gewöhnlichen Sinne. Die Güter können vollkommen unabhängig voneinander sein, sodass keine Marktbeziehungen zwischen ihnen bestehen und die Externalitäten somit keine veränderten Knappheitsrelationen verdeutlichen (siehe zu pekuniären Externalitäten z.B. Frisch/Wein/Ewers (1999), S. 93).

291 Die Argumentation leitet sich aus der Theorie der Oligopolpreissetzung hinsichtlich komplementärer Güter her (siehe hierzu z.B. Pepall/Richards/Norman (2002), S. 194 ff.). Im hier behandelten Fall bestehen jedoch auch Interdependenzen bei voneinander gänzlich unabhängigen Gütern.

Derartige Effizienzpotenziale sind prinzipiell durch freiwillige Koordination des individuellen Verhaltens auszuschöpfen, die insbesondere über vertragliche Vereinbarungen oder auch Integrationen zu realisieren sind (vgl. Pepall/Richards/Norman (2002), S. 199). LICHTMAN (2000) konstatiert diesbezüglich, dass jedoch gerade im Bereich innovativer, sich entwickelnder Technologien und Märkte („emerging platform technologies"), wie sie im Bereich der IuK-Technologie typisch sind, ein Rückgriff auf diese traditionellen Koordinationsformen wenig Erfolg versprechend sei. Ursächlich hierfür zeige sich, dass auf entstehenden Märkten die (zukünftigen) relevanten Akteure nicht bekannt oder noch nicht auf dem Markt präsent seien, was koordinierte Interaktionen im Vorfeld erschwere (vgl. Lichtman (2000), S. 617).

Die Sicherstellung eines koordinierten Vorgehens ließe sich stattdessen über eine starke Kontrollfunktion des Plattforminhabers bewerkstelligen, der das Verhalten der Produzenten von Anwendungsprogrammen direkt beeinflussen kann. Hierzu eignen sich umfangreiche IPR an den wesentlichen Schnittstellen, die eine Lizenzierung zur Herstellung kompatibler Anwendungen an bestimmte Bedingungen, insbesondere hinsichtlich Preissetzung und Gewinnverteilung knüpfen. So ließen sich Effizienz- und Gewinnsteigerungen oder im Zweifelsfall die Durchsetzung der kompletten Technologie erst ermöglichen. Der Plattforminhaber wäre in der Lage, die Herstellung kompatibler Anwendungen zu untersagen, sollte nicht die von ihm festgelegte (den Gesamtgewinn maximierende) Preissetzung erfolgen. Ein derartiges Vorgehen, das der Wirkung nach einem Kartell oder Preisabsprachen ähnelt, steht zunächst im Widerspruch zu obigen Thesen und ist auch mit dem aktuellen Urheber- und Wettbewerbsrecht nicht vereinbar, die solche bedingten Lizenzen und Verhaltensbeschränkungen verhindern sollen (vgl. hierzu Lichtman (2000), S. 618, 631 ff.).

Beurteilung des Vorschlags und Implikationen

Der hier dargestellte Effizienz steigernde Lösungsansatz zur Stärkung der Koordination des nachgelagerten Marktes über eine Zugangskontrolle basiert auf der impliziten Annahme, dass die von den Externalitäten über die Plattformdistribution betroffenen Informationsgüter nicht in substitutiver Beziehung zueinander stehen und deshalb von Preissenkungen anderer Anbieter profitieren. Dadurch steigerte sich der Gesamtgewinn. Handelt es sich jedoch um Substitute, so verursachen Preissenkungen eines Anbieters in der Regel Nachfrage- und Gewinnrückgänge des anderen, unabhängig von der Externalität. Statt Gewinnsteigerungen wäre vielmehr ein zunehmender Wettbewerb wahrscheinlich, der zwar die Preise, aber auch gleichzeitig die Gewinne senkt. Der Anreiz, individuell zu hohe Preise zu fordern entfällt. Die Preise verharren allerdings auch nicht auf dem Gewinn maximierenden Niveau der Koordination (was dem Monopolfall entspricht), sondern sinken darüber hinaus in Richtung Wettbewerbspreis. Der Effekt auf den Gesamtgewinn des Marktes hängt somit vom Ausmaß der Substitutionsmöglichkeiten ab. Je größer diese sind und damit die Wettbewerbsintensität ist, desto geringer sind die Gewinne. Bei innovativen Technologien ist die Annahme geringer Substitutionsmöglichkeiten unter den Anwendungsprogrammen zunächst realistisch. Mit zunehmender Verfügbarkeit und Entwicklung der Technologie ist dann hingegen von einem steigenden Angebot auch austauschbarer Programmalternativen auszugehen.

Eine über starke Kontrollrechte ermöglichte Koordination der Preise kann zwar auch im Falle substitutiver Güter die Gewinne der Anbieter steigern. Im Gegensatz zu obiger Schilderung geschehe das allerdings dann – verglichen mit unkoordiniertem Vorgehen – durch höhere statt durch geringere Preise und auf Kosten der gesamtgesellschaftlichen Wohlfahrt infolge von Wettbewerbsbeschränkungen. Bei starken IPR des Plattforminhabers mit der Möglichkeit zur Preiskontrolle des nachgelagerten Marktes sind ferner Anreize zur weiteren Verhaltenskoordination nicht auszuschließen, um Preise und den gemeinsamen Gewinn über dem Wettbewerbsniveau zu halten. Potenzielle newcomer und Konsumenten würden benachteiligt. Für die Ausgestaltung des IPR-Systems lässt sich deshalb aus der Analyse keine pauschale Forderung nach einer Ausdehnung von Kontroll- und Koordinationsmöglichkeiten ableiten. Stattdessen bedarf es der Berücksichtigung der Verfügbarkeit substitutiver Güter.

Potenzielle Handlungsempfehlungen erweisen sich als problematisch, da ex ante aber auch ex post kaum zu prognostizieren bzw. verifizieren ist, ob/wann die positiven Koordinationseffekte in negative umschlagen werden. Das Missbrauchspotenzial uneingeschränkter Koordinationsmöglichkeiten ist allerdings nicht zu unterschätzen. Insbesondere wenn newcomer mit überlegener Technologie und geringeren Preisen einen Großteil der Nachfrage auf sich zu ziehen drohen, könnte die Möglichkeit zur Kontrolle dies verhindern. Selbst wenn im Rahmen einer starken IPR-Ausgestaltung nur eine Preisobergrenze durch den Plattforminhaber formuliert werden kann, um zwar einerseits die zu hohen Preise zu vermeiden aber andererseits einen denkbaren Preiswettbewerb zu ermöglichen, ist nicht auszuschließen, dass zur reibungslosen Kompatibilität notwendige Informationen vom Plattforminhaber nur unzureichend oder verspätet offenbart werden (vgl. hierzu Shapiro (2002), S. 14 ff.). Die Feststellung eines solchen Verhaltens dürfte zumindest problematisch sein.

Zusätzlich zu wettbewerbsbeschränkenden Wirkungen könnte so auch der Anreiz zur Innovation durch newcomer gemindert werden. Neben der Koordination des Preises, lässt sich außerdem nicht ausschließen, dass weitere, wettbewerbswidrige Verhaltensabstimmungen der Vertragsparteien vorgenommen werden, auch wenn diese nicht explizit durch die Ausgestaltung des Urheberrechts gedeckt sind.[292] Zur Sicherung der Effizienz käme nur eine ex post-Kontrolle in Frage. Es müsste dabei ermittelt werden, ob die koordinierten Preise tatsächlich Effizienz steigernde Wirkungen haben oder ob schon ein potenzieller Wettbewerb beschränkt wird. Dies verursacht einen erheblichen administrativen Aufwand und konfrontiert ferner mit Informationsasymmetrien zuungunsten staatlicher Instanzen.

Dennoch bleibt das geschilderte Externalitätenproblem relevant. Insbesondere Informations- und Kommunikationstechnologien zeichnen sich zunehmend durch eine „modulare" Produktions- und Nutzungsweise aus, bei der sich Produkte und Systeme aus diversen Komponenten zusammensetzen, an denen unterschiedliche Wirtschaftssubjekte Property-Rights halten (vgl. hierzu Farrell/Weiser (2003), S. 5 ff.; Lessig (2001), S. 92; Takigawa (2003), S. 885 ff.; ähnlich Rahnasto (2003), S. 4 ff.). In Anbetracht der oben geschilderten ineffizienten Ergebnisse aufgrund des rationalen Individualkalküls ließen sich durch ein koordiniertes Verhalten deshalb durchaus Effizienzgewinne realisieren. Nicht zuletzt aus Transaktionskostenerwägungen sollte die Koordinationsfunktion dem Plattforminhaber zufallen. Hinsichtlich eines dies ermöglichenden IPR-Systems könnte der Vorschlag eines im Vergleich zum Status quo wesentlich verkürzten – dafür umfangreicheren – Schnittstellenschutzes auch hier hilfreich sein.

Die Forderung, Schnittstellen aus Kompatibilitäts- und Wettbewerbsaspekten per se vom Schutz auszunehmen, um Netzwerkeffekte zu nutzen, wäre im hier geschilderten Kontext sich entwickelnder Technologien kontraproduktiv. Der Anreiz zur Gewinn maximierenden Preissetzung seitens unabhängiger Anbieter von Komplementärgütern mit unbeschränktem Plattformzugang erzeugte vermeidbare Ineffizienzen. Gleiches ist für den Einsatz wettbewerbspolitischer Instrumente zwecks Zugangsverpflichtung anzunehmen. Außerdem wird in der Einführungsphase ein Rechteinhaber eher einen Anreiz haben, seinen Einfluss infolge eines starken IPR-Schutzes zur Effizienzsteigerung des nachgelagerten Marktes zu nutzen, anstatt zum Ausschluss potenzieller Anbieter komplementärerer Anwendungen (vgl. Lichtman (2000), S. 630). Insbesondere zumal komplementäre Produkte die Attraktivität des gesamten Systems steigern, woran der Rechteinhaber partizipiert. Hinsichtlich entstehender Technologien, für die zunächst keine Existenz substitutiver Anwendungen unterstellt wird und deren Anbieter aufgrund ihres Wettbewerbsvorsprungs über (temporäre) Marktmacht

292 Diesbezüglich kämen z.B. Absprachen in Betracht, in denen der Produzent von Anwendungsprogrammen sich verpflichtet, diese nicht auch für konkurrierende Plattformen zur Verfügung zu stellen.

verfügen, wäre somit zunächst ein ausgedehnter, die Koordination ermöglichender IPR-Schutz des Plattformherstellers Effizienz steigernd.

Nach einer von der jeweiligen Technologie und/oder von Marktstrukturen wie z.B. Anbieterzahlen und/oder der Innovationsgeschwindigkeit abhängigen Zeitspanne ist ein wachsendes Angebot an alternativen Informationsgütern realistisch, wodurch der Wettbewerb auf der Ebene der Anwendungen intensiviert wird. Damit steigt die Gefahr negativer Koordinationswirkungen. Der IPR-Schutz mit der Möglichkeit zur Koordination, insbesondere bezüglich der Preissetzung, sollte somit nur von kurzer Dauer sein. Die Bestimmung der genauen Länge entzieht sich zwar einer theoretischen Analyse. Es käme aber eine Differenzierung in Abhängigkeit der oben genannten Faktoren, wie z.B. der technologiespezifischen Innovationsgeschwindigkeit in unterschiedlichen Sektoren oder der Marktstrukturen in Betracht. Wenn z.B. in kurzer Zeit mit einem großen Angebot an substitutiven Komplementärprodukten zu rechnen ist, dann sollte der Schutz vergleichsweise kurz ausfallen, da ein intensiver Wettbewerb anzunehmen ist, der anderenfalls durch die Koordination der Preise behindert werden könnte. Die Anbieter der Komplementärprodukte verfügen in dieser Wettbewerbssituation nicht über einen Preissetzungsspielraum, weshalb auch die geschilderten Externalitäten nicht auftreten, deren negative Wirkung durch die Koordination verhindert werden kann.

Wenn hingegen z.B. hohe Anfangsinvestitionen für ein Angebot an Komplementärgütern erforderlich sind und nur eine geringe Wettbewerbsintensität zu erwarten ist, bietet sich ein längerer Schutz an, um die Koordinationseffekte nutzen zu können, ohne einen potenziellen Wettbewerb zu beschränken.

Unabhängig von der Differenzierung in Abhängigkeit der unterschiedlichen Faktoren spricht für eine zeitliche Beschränkung des intensiven Schutzes, dass mit zunehmender Etablierung der Technologie die relevanten Marktakteure eher bekannt sein werden, sodass anstelle des Urheberrechts traditionelle Koordinationsformen (z.B. Verträge oder Integrationen) angewandt werden können, sofern dadurch weiterhin Effizienzsteigerungen denkbar wären.

4.2.5 Fazit

Den Ausgangspunkt der vorangegangenen Analyse bildeten die besonderen Eigenschaften der Informationsgüter, die in Netzwerkeffekten und in der Bedeutung von Standards und Kompatibilitäten bestehen. Mit steigender Netzwerkgröße erhöht sich der individuelle Nutzen jedes einzelnen Mitgliedes, da Interaktionsgelegenheiten zunehmen, sofern keine optimale Größe existiert, ab deren Überschreiten keine zusätzlichen Nutzen mehr anfallen. Als Beispiel kann ein

PC-Betriebssystem gelten, das es den Nutzern ermöglicht, untereinander Dateien auszutauschen und unterschiedliche, kompatible Anwendungsprogramme zu nutzen.

Eine Voraussetzung für den Aufbau eines solchen Netzwerkes besteht in der Kompatibilität der jeweiligen Netzwerkkomponenten, was sich über einen einheitlichen Standard erreichen lässt (z.B. technische Schnittstellen). Die Kompatibilität ermöglicht somit die Realisierung von Netzwerkeffekten, die wiederum eine Wohlfahrtssteigerung bewirken. Märkte, die durch starke Netzwerkeffekte gekennzeichnet sind, weisen dabei häufig die Tendenz auf, sich auf einen de-facto-Standard festzulegen, womit sich im Wettbewerb unterschiedlicher technischer Standards nur ein Anbieter durchsetzt, dem dann eine monopolartige Stellung zufallen kann.

Hinsichtlich der Wettbewerbswirkungen bei der Existenz eines solchen Standards ist zu konstatieren, dass sich der Wettbewerb innerhalb der standardisierten Technologie bzw. des Systems vollzieht. Folgen wären somit sinkende Preise und innovative Entwicklungen im Rahmen kompatibler Anwendungen, z.B. im Bereich von Anwendungsprogrammen für ein standardisiertes Betriebssystem. Hingegen wird die Freiheit zur technischen Entwicklung eingeschränkt, wenn nur im Bereich der standardisierten Technologie kommerziell lohnende Entwicklungen möglich sind. Bestimmte Entwicklungsrichtungen und innovative Technologien werden dann aufgrund der Inkompatibilität behindert, womit die technische Vielfalt abnimmt und potenziellen Konsumenteninteressen nicht entsprochen wird. Es existiert somit ein Spannungsverhältnis zwischen der Realisierung von Netzwerkvorteilen einerseits und Innovationen und einer Netzvielfalt andererseits.

Für die Anbieter komplementärer Güter (z.B. Anwendungsprogramme für ein Standardbetriebssystem) stellt die Herstellung der Kompatibilität zum Standard eine Voraussetzung für den Marktzutritt dar. Damit wird die Bedeutung der Kontrolle über den Standard deutlich. Eine solche Kontrolle lässt sich über exklusive Verfügungsrechte an der standardisierten Technologie erreichen (z.B. IPR an Schnittstellen) und bietet die Möglichkeit zur Verhinderung der Herstellung kompatibler Produkte durch Wettbewerber. Der Standard wirkt damit wie eine monopolistische Engpasseinrichtung. Es zeigte sich, dass unter bestimmten Bedingungen ein Anreiz für den Rechteinhaber bestehen kann, die dominante Marktposition auf dem vorgelagerten Markt des Standardgutes (z.B. Betriebssystem) auf angrenzende Märkte (z.B. Anwendungsprogramme) durch Lizenzverweigerungen auszudehnen und den Wettbewerb zu beschränken. Dies hätte eine Abnahme der Innovationsneigung zur Folge und würde das Wohlfahrt steigernde Potenzial durch Netzwerkeffekte mindern. Die IPR lassen sich somit strategisch und wettbewerbswidrig nutzen, fungieren als Marktzutrittsschranke und können Kompatibilitäts- und Netzwerkeffekte vermindern.

Des Weiteren wurde deutlich, dass die Intensität der Netzwerkeffekte ursächlich dafür sein kann, dass die Wirkung der IPR verstärkt wird. Eine IPR-Ausgestaltung, die für „traditionelle" Märkte einen angemessenen Ausgleich zwischen Innovationsanreizen und Nutzungsmöglichkeiten gewährte, würde auf Märkten für Informationsgüter mit Netzwerkeffekten ein intensiveres Schutzniveau und damit eine größere Markmacht bewirken, als es ursprünglich bezweckt und anreiztheoretisch ökonomisch zu rechtfertigen wäre.

Aufgrund der dargelegten Probleme stellt sich die Frage nach einem politischen Handlungsbedarf. Innerhalb der aktuellen Ausgestaltung des Urheberrechts bietet sich diesbezüglich kein adäquater Lösungsansatz an. Das Instrumentarium der Wettbewerbspolitik käme gegebenenfalls in Betracht, wodurch sich z.B. der Zugang zu wesentlichen Informationen herstellen ließe, um so Kompatibilität und Wettbewerb auf nachgelagerten Märkten zu ermöglichen. Dies könnte über den essential facilities-Ansatz erreicht werden, sofern der Zugang zu dem de-facto-Standard, also die Herstellung der Kompatibilität, eine notwendige Voraussetzung ist, um auf dem angrenzenden Markt ein Angebot bereitzustellen. Im Zuge einer potenziellen Anwendung zeigten sich jedoch Probleme hinsichtlich der Anreizeffekte sowie der richtigen Beurteilung, der einen wettbewerbspolitischen Eingriff rechtfertigenden Voraussetzungen. Diese sind auf Netzwerkmärkten mitunter anders zu bewerten als auf „traditionellen" Märkten, wodurch die Wettbewerbspolitik vor neue Herausforderungen gestellt wird.

So wird z.B. die Definition des relevanten Marktes dadurch erschwert, dass sich Informationsgüter häufig aus sehr vielen Komponenten zusammensetzen, die für sich als unabhängige Güter auf unterschiedlichen Märkten zu betrachten sein könnten (stellen z.B. der Internetbrowser und der Media-Player der Firma Microsoft eigenständige Produkte auf eigenen Märkten dar, oder bilden sie Bestandteile eines innovativen PC-Betriebssystems?). Hinsichtlich der Beurteilung der Marktmacht besteht das Problem, dass der Markt infolge starker Netzwerkeffekte gegebenenfalls nur einen Anbieter zulässt. Allerdings existiert aufgrund schneller Innovationsabfolgen und vergleichsweise kurzer Produktlebenszyklen die Möglichkeit, dass derartige Monopole schnell abgelöst werden und damit das Potenzial zur Wettbewerbsbeschränkung gering und der Markt bestreitbar ist. Bei der Beurteilung der Marktmacht müsste somit zwischen temporären und langfristigen Entwicklungen unterschieden werden.

Auch hinsichtlich der Beurteilung des Marktverhaltens existieren denkbare Schwierigkeiten, da bestimmte Handlungen im Bereich netzwerkrelevanter Informationsgüter wettbewerbskonforme Strategien darstellen, die ansonsten als wettbewerbsbeschränkend gewertet werden könnten. Dies gilt z.B. für die intertemporale Preisdifferenzierung in der Form des „penetration pricing", die den Aufbau der kritischen Masse im Wettbewerbsprozess ermöglichen kann und nicht den Versuch darstellt, Wettbewerber mit unlauteren Mitteln zu verdrängen. Die richtige Beurteilung wettbewerbswidriger Verhaltensweisen gewinnt damit zunehmend an Komplexität.

Zusätzliche Kritikpunkte bezüglich der Anwendung des essential facilities-Ansatzes bestehen einerseits in praktischen Problemen der Durchführung, z.B. hinsichtlich der Bestimmung eines angemessenen Zugangsentgeltes. Andererseits würde mit dieser Art der Regulierung auf ein bestimmtes Verhalten reagiert, für das die institutionellen Anreizstrukturen, namentlich die des Urheberrechtes, mit ausschlaggebend sind. Statt eine Regulierung der Verhaltensweisen vorzunehmen, wäre es somit sinnvoller, die Anreizstrukturen der IPR-Ausgestaltung selbst zu verändern.

Eine denkbare Ausgestaltung des urheberrechtlichen Rahmens könnte der besonderen Bedeutung der Kompatibilität Rechnung tragen, indem diesbezüglich eine geringere Schutzintensität gewährt wird. Allerdings zeigten sich auch hier teilweise propagierte Pauschallösungen eines Schutzverzichts für Kompatibilitätsaspekte (z.B. Schnittstellen) als wenig zielführend und zu undifferenziert. Neben der Anreizproblematik sind dabei auch Wettbewerbsgesichtspunkte zu bedenken. So wäre z.B. ein Innovationen fördernder Technologiewettbewerb unwahrscheinlich, wenn es infolge gänzlich fehlender Schutzmöglichkeiten zu einer zu frühen Standardisierung käme (vgl. Rahnasto (2003), S. 190). Hier müssten somit die Vorteile eines solchen Wettbewerbs inkompatibler Technologien gegen die Nachteile aufgrund der Verringerung der Realisierung von Netzwerkeffekten abgewogen werden. Ferner hätte eine solche Ausnahme vom Urheberschutz keinen Bezug zur Marktsituation. Diese zeigt sich jedoch als bedeutsam, denn sofern ein Rechteinhaber über keinerlei Marktmacht verfügt, wäre auch die Herstellung der Kompatibilität zu dessen Produkten keine notwendige Voraussetzung für einen funktionsfähigen Wettbewerb.

Eine diese Faktoren optimal berücksichtigende Ausgestaltung der Urheberrechte dürfte zwar praktisch kaum möglich sein, dennoch können die analysierten Wirkungen Hinweise für Ansätze liefern, die dem Status quo überlegen wären. Es kämen hier die erwähnten, relativ kurzen Schutzintervalle – differenziert nach der Intensität branchenspezifischer Netzwerkeffekte – in Betracht. Die Schwächen einer gänzlichen Ausnahme der Schnittstellen vom Urheberschutz ließen sich so vermeiden. Die Schutzphase bewahrt die Anreize und kann zur Erzielung von „first-mover-Vorteilen" genutzt werden. Je ausgeprägter die Netzwerkeffekte, desto wahrscheinlicher bzw. schneller die Etablierung eines monopolistischen de-facto-Standards. Damit gewinnen einerseits die negativen Wirkungen einer Zugangsverweigerung sowie andererseits die Möglichkeiten zur Herstellung kompatibler Produkte aus wettbewerbstheoretischer Sicht an Bedeutung. Deshalb ließe sich die Dauer des Schutzes für Schnittstellen, deren Kenntnis und Nutzung zur Herstellung der Kompatibilität notwendig ist, mit zunehmender Intensität der Netzwerkeffekte verkürzen. Auch die im vorangegangen Abschnitt geschilderten Variationen verlängerbarer und zu versteigernder Rechte könnten im hier geschilderten Zusammenhang der aktuellen Ausgestaltung überlegen sein.

Ferner zeigte sich, dass die (zeitlich befristete) Zuteilung exklusiver Rechte auch eine Effizienz steigernde Koordinationsfunktion bedingen kann. Dabei fungierte der Rechteinhaber einer Plattformtechnologie über die IPR als Koordinator. Dieser hat unter bestimmten Annahmen ein Eigeninteresse an einer Vielzahl von Herstellern kompatibler Anwendungen, weil dadurch der Wert seines Gesamtsystems steigt und er deshalb gerade nicht den Zugang zu seiner Technologie beschränken würde. Ein freier Zugang bei fehlenden IPR könnte jedoch aufgrund unkoordinierter Preissetzungen der Anbieter komplementärer Güter negative Externalitäten und damit Wohlfahrtsverluste bedingen, die durch die Koordination vermeidbar wären. Umfangreichere, aber kürzere Rechte als sie die aktuelle Ausgestaltung bietet, könnten in Ermangelung alternativer Koordinationsformen sinnvoll sein. So könnte die Zugangsgewährung an eine vom Rechteinhaber koordinierte Preissetzung geknüpft sein, die die Externalitäten vermeidet und damit die Wohlfahrtsverluste mindert.

Die Existenz der Externalitäten und damit die positiven Koordinationseffekte zeigten sich insbesondere für neu entstehende Technologien in der Anfangsphase relevant, bei denen unterschiedliche Anbieter Komplementärgüter, die untereinander nicht im Wettbewerb stehen, zu einer Plattformtechnologie (z.B. Betriebssystem) anbieten. Entwickelt sich allerdings im Zeitverlauf ein Wettbewerb zwischen den komplementären Gütern (z.B. Textverarbeitungssoftware u.ä.), besteht die Gefahr, dass die Koordination diesen Wettbewerb beschränkt. Deshalb sollte auch diesbezüglich der IPR-Schutz, der die Koordination ermöglicht, nur von kurzer Dauer sein. Diese Dauer könnte für unterschiedliche Güter variieren und sollte von Faktoren abhängig sein, die für das Auftreten von konkurrierenden Komplementärgütern relevant sind. Mit zunehmendem Wettbewerb unter diesen Gütern, schwinden die positiven Koordinationseffekte aus gesellschaftlicher Perspektive. Damit zeigte sich, dass auch diese Rechtfertigung eines intensiven IPR-Schutzes dem Vorschlag der verkürzten Schutzdauer nicht widerspricht. Fehlt allerdings ein Koordinator, so sind die Wirkungen ausgedehnter Urheberrechte an Informationsgütern wiederum anders zu beurteilen.

Diese Problematik wird im folgenden Abschnitt Gegenstand der Untersuchung sein.

4.3 Die Fragmentierung von Property-Rights

Wird beispielsweise aus wettbewerbstheoretisch intendierten Gründen ein Zusammenschluss oder ein koordiniertes Verhalten bestimmter Inhaber exklusiver Verfügungsrechte unterbunden, so bewirkt dies eine vergleichsweise größere Zahl unabhängiger, konkurrierender Anbieter auf dem relevanten Markt, wodurch sich wettbewerbsspezifische Probleme, wie sie oben thematisiert wurden, gegebenenfalls mindern lassen.[293] Unter bestimmten Voraussetzungen, die im hier behandelten urheberrechtlichen Kontext in mehr oder weniger ausgeprägtem Umfang vorliegen können, besteht jedoch die Möglichkeit, dass infolge eines unabhängigen, strategischen Handelns dieser Rechteinhaber Wohlfahrtsverluste anfallen, die über das Maß des „traditionell" durch IPR bewirkten Wohlfahrtsverlustes hinausgehen. Ursächlich hierfür ist die in Analogie zur bekannten Thematik der „Tragedy of the Commons" (vgl. hierzu Hardin (1968)) als Anticommons (vgl. hierzu Heller (1998)) bezeichnete Problematik. Die folgende Analyse fokussiert dabei Koordinations- und Transaktionsaspekte, die nach erfolgter Rechteverteilung, somit hinsichtlich der Sekundärallokation, eine Rolle spielen, aber von der Ausgestaltung der Primärallokation beeinflusst werden.

4.3.1 Theorie der Anticommons

In jüngster Vergangenheit hat die Diskussion um das Konzept der sog. Anticommons in der ökonomischen Theorie und in der ökonomischen Analyse des Rechtes zunehmend an Bedeutung gewonnen (vgl. u.a. Schulz/Parisi/Depoorter (2002), S. 595). Dieses Konzept betrachtet Situationen, in denen mehrere Rechteinhaber Ausschlussrechte bezüglich der Nutzung einer knappen Ressource haben, ohne dass ein einzelner über ein effektives Nutzungsprivileg verfügt (vgl. Heller/Eisenberg (1998), S. 2). Damit besitzen faktisch alle Rechteinhaber ein Vetorecht, mit dem sie eine effiziente Ressourcennutzung verhindern können, sodass das Problem der Unternutzung besteht. Die geläufige Problematik der Übernutzung aufgrund fehlender Ausschlussrechte bzw. aufgrund der Zuteilung paralleler Nutzungsrechte an einer Ressource für mehrere Wirtschaftssubjekte ist eingehend in der ökonomischen Literatur diskutiert worden. Derartige Fälle,

---

293 Bezogen auf das Beispiel der Musikindustrie könnte eine Verhinderung der gemeinsamen online-Vertriebsaktivitäten der fünf großen Musikverlage (Major-Verlage) unterstellt werden. Statt eines gemeinsamen Pools an Lizenzen würde dann jeder Verlag sein Angebot unabhängig anbieten, womit sich die Gefahr einer Verlagerung der Marktmacht verringerte.

bei denen hingegen mehrere Individuen über parallele Ausschlussrechte verfügen, wurden dagegen vergleichsweise wenig beachtet. Dennoch kann die daraus resultierende Unternutzung eine ökonomische Ressourcenverschwendung bedeuten, die quantitativ mit derjenigen der Übernutzung bei fehlenden Ausschlussrechten vergleichbar sein könnte (vgl. Buchanan/Yoon (2000), S. 2 ff.). Damit erscheinen das Problem der Anticommons sowie die Suche nach Lösungsansätzen als durchaus bedeutsam.

Die in ökonomischer Diskussion und Literatur geläufige Problematik der sog. Commons oder Gemeingüter resultiert aus der Übernutzung einer knappen Ressource, an der keine Verfügungsrechte bestehen, oder an der mehrere Wirtschaftssubjekte Nutzungsrechte halten und nicht von der Nutzung ausgeschlossen werden können. Bei der individuellen Entscheidung hinsichtlich der Nutzungsintensität werden lediglich die privaten Grenznutzen den privaten Grenzkosten gegenübergestellt. Die sozialen Grenzkosten, die durch die individuelle Nutzung anfallen, bleiben hingegen unberücksichtigt. Sie bestehen z.B. in entgangenen gesellschaftlichen Nutzungsmöglichkeiten, sodass die Produktivität anderer Inputs oder Nutzungen geschmälert wird. Dies hat aus gesamtwirtschaftlicher Sicht eine zu intensive Nutzung zur Folge, negative Externalitäten werden nicht internalisiert, womit die Ressourcenallokation ineffizient ist (vgl. Rosen/Windisch (1992), S. 224 ff.). Die Ressource wird selbst dann noch genutzt, wenn deren (soziale) Grenzproduktivität negativ ist. Eine Lösung des Problems besteht in der Zuteilung genau definierter Verfügungsrechte zugunsten eines Entscheidungsträgers, die sowohl Nutzungs- als auch Ausschlussrechte beinhalten. Im Idealfall werden dann sämtliche externen Effekte internalisiert.

Eine Situation, in der im Gegensatz zum Gemeingüter-Fall mehrere Wirtschaftssubjekte anstelle der Nutzungsrechte gleichzeitig über Ausschlussrechte an einer Ressource verfügen, bezeichnet die Problematik der Anticommons, die gleichfalls eine ineffiziente Allokation bedingt (vgl. Buchanan/Yoon (2000), S. 3 f.). Da im Fall der Anticommons keine individuell durchsetzbaren Nutzungsrechte existieren, wäre zur Inanspruchnahme der Ressource die Zustimmung sämtlicher Inhaber von Ausschlussrechten notwendig. Dies betrifft auch die einzelnen Inhaber der Ausschlussrechte selbst, sofern sie eine Nutzung vorzunehmen gedenken.

Die gesondert zu erlangenden Nutzungsrechte für die Inanspruchnahme der Ressource – z.B. über Lizenzen – weisen also einen komplementären Charakter auf. Verweigert nur ein Rechteinhaber den Zugang, kann die gesamte Ressource nicht genutzt, und ein Gut, zu dessen Produktion diese notwendig ist, nicht hergestellt werden. Ebenso geht mit einem hohen Zugangspreis eines Rechteinhabers ceteris paribus die nachgefragte Menge nach dessen Lizenzen zurück, was wegen der Komplementarität auch die nachgefragte Menge nach den weiteren nötigen Zugangsrechten anderer Anbieter vermindert. Hieraus entsteht die Gefahr der Unternutzung bis hin zum kompletten Verzicht auf die Nutzung. Zudem steigen mit der Anzahl nötiger Zugangsrechte die Transaktionskosten und damit die Wahrscheinlichkeit, dass Investitionen unrentabel erscheinen und unterbleiben. Diese Transaktionskosten bleiben bei der folgenden Argumentation jedoch unberücksichtigt, da sie nicht allein ausschlaggebend und zudem gegebenenfalls temporär sind.[294]

Eine solche Anticommons-Situation besteht z.B. dann, wenn an einem Grundstück mehrere Individuen über Ausschlussrechte hinsichtlich der Nutzung verfügen. Zur Nutzung des Grundstückes, z.B. zur Bebauung, müsste somit von allen Rechteinhabern eine Genehmigung erworben werden. Verweigert nur ein Rechteinhaber diese Genehmigung bzw. verlangt er einen prohibitiv hohen Preis, ist jegliche Nutzung ausgeschlossen. Auch die anderen Rechteinhaber können dann ihre Nutzungsrechte, selbst wenn sie mit einem potenziellen Käufer/Pächter eine Einigung erzielt haben, nicht verwerten. Die Nachfrage nach einer jeden Lizenz hängt damit nicht nur vom Preis dieser Lizenz, sondern auch von den Preisen der übrigen Lizenzen ab.

Während in diesem Beispiel von einer gemeinsamen Ressource (z.B. ein Grundstück oder ein Umweltgut) ausgegangen wurde, an der mehrere unabhängige Akteure gleichzeitig Ausschlussrechte besitzen, lässt sich analog von einem potenziellen Nutzer ausgehen, der zur Produktion eines neuen Gutes oder einer Dienstleistung auf mehrere unverzichtbare, komplementäre Inputs angewiesen ist, an denen unterschiedliche Akteure jeweils ein Ausschlussrecht besitzen. Hierbei kann es sich um materielle, aber auch um immaterielle Inputs handeln, wie z.B. durch exklusive IPR (= Ausschlussrechte) geschützte Güter. Die Gesamtheit der relevanten Inputs kann somit in Anlehnung an die obige Darstellung als eine Ressource mit fragmentierten Ausschlussrechten aufgefasst werden, die zur Produktion im Ganzen notwendig ist.

Sollte z.B. ein umfassendes Werk mit Beiträgen sämtlicher Nobelpreisträger für Ökonomie veröffentlich werden, so stellen die einzelnen Aufsätze die relevanten Inputfaktoren dar, die es zu lizenzieren gälte (vgl. ähnlich Depoorter/Parisi (2002), S. 459). Verweigert ein Autor seine Zustimmung, so würde dies zwar nicht die gesamte Veröffentlichung verhindern, allerdings die Qualität mindern, sodass die Aufsatzsammlung nicht mehr als vollständig zu vermarkten wäre.

294 So ist es denkbar, dass die Transaktionskosten infolge technischer Entwicklungen gemindert werden. Wären sie alleinige Ursache für eine Unternutzung, wäre dieses Problem damit möglicherweise gelöst. Dies ist jedoch nicht der Fall, wie die weitere Argumentation verdeutlicht.

Ähnliche Beispiele lassen sich aus dem Multimediabereich anführen, wo z.B. zur Herstellung eines digitalen Lexikons Lizenzen zur Nutzung unterschiedlichster Fotos, Texte, Musik- und Filmausschnitte nötig wären.

Doch nicht nur Lizenzverweigerungen, sondern auch die Höhe der Preise für die jeweiligen Lizenzen beeinflussen die Herstellung neuer Produkte oder weitere Forschung und Entwicklung, die auf der Nutzung bestehender Informationsgüter aufbauen. Je höher die Lizenzpreise sind, desto geringer ist das Ausmaß an den neuen Produkten oder Entwicklungen. Aus der Unternutzung der Informationsgüter kann dann ein aus gesellschaftlicher Sicht zu geringes Niveau derartiger Produkte oder weiterführender Entwicklungen resultieren.

Als ein Beispiel zur Verdeutlichung der praktischen Problemrelevanz können Entwicklungen im Bereich der Biotechnologie angeführt werden. Hier entstehen neue Produkte (z.B. Therapie- und Diagnoseverfahren) in großem Ausmaß aus der Kombination IPR-relevanter Inputfaktoren (z.B. Informationen über Genfragmente und DNA-Sequenzen). Infolge des zunehmenden IPR-Schutzes (z.B. Patente für Grundlagenforschung und Universitätserfindungen) hat die Anzahl der Wirtschaftssubjekte, die über relevante Ausschlussrechte verfügen, zugenommen. Die Nutzung dieser Informationen und damit weitere Entwicklungen, z.B. im Bereich angewandter Forschung, sind damit in steigendem Maße von potenziellen Ineffizienzen betroffen (vgl. Heller/Eisenberg (1998), S. 3).

Aufgrund der Annahme des Individualkalküls der Rechteinhaber – es erfolgt also kein koordiniertes Handeln – wird auch dann vom Ausschlussrecht Gebrauch gemacht, wenn die Nutzung der gemeinsamen Ressource durch ein Wirtschaftssubjekt gesamtgesellschaftliche Erträge verspräche. Auf die zusätzliche Nutung der Ressource im Bereich positiver Grenzproduktivitäten würde verzichtet (vgl. Schulz/Parisi/Depoorter (2002), S. 595). Infolge der „Nicht-Nutzung" der Ressource durch die Anwendung des Ausschlussrechtes eines Rechteinhabers sind die übrigen Rechteinhaber bezüglich ihrer Entscheidung zur Ressourcennutzung beeinträchtigt. Es entgehen ihnen möglicherweise positive Erträge, die sie durch die weitere Ressourcennutzung hätten erzielen können, ohne dass eine Kompensation über Marktmechanismen stattfindet, sodass auch im Fall der Anticommons Externalitäten ausschlaggebend sind (vgl. Buchanan/Yoon (2000), S. 4; Parisi/Depoorter (2003), S. 163).[295] Der den individuell

---

295 Da zur Nutzung der Ressource die Zustimmung sämtlicher Rechteinhaber nötig ist und die Nutzungsrechte damit in komplementärem Verhältnis zueinander stehen, können die Externalitäten als Kreuz-Preis-Effekte interpretiert werden, die beim Erwerb der Nutzungsrechte (z.B. Lizenzen) entstehen (vgl. Depoorter/Parisi (2002), S. 460). Eine Preiserhöhung für die Lizenz eines Rechteinhabers führt c.p. zum Rückgang der Nachfrage. Wegen der Komplementarität der Lizenzen betrifft dies auch die Nachfrage nach

Gewinn maximierende Preis bei unkoordiniertem Verhalten aus Sicht eines Ausschlussrechteinhabers berücksichtigt somit nicht den dadurch entstehenden Wohlfahrtsverlust aus der Unternutzung der gemeinsamen Ressource, die durch diesen „zu hohen“ Preis verursacht wird.

Die ineffiziente Ressourcenunternutzung beim Vorliegen einer Anticommons-Situation soll im Folgenden verdeutlicht werden.[296] Hierzu sei angenommen, dass mehrere Rechteinhaber je ein Ausschlussrecht an einer gemeinsamen Ressource haben, keine koordinierten Entscheidungen treffen, jeweils als Gewinnmaximierer handeln und die Nutzungsrechte perfekte Komplemente darstellen.[297] Somit benötigen Dritte für die Nutzung der Ressource von sämtlichen Rechteinhabern eine Erlaubnis, z.B. in Form einer Nutzungslizenz.[298] Gemäß der Voraussetzungen sind die beiden Rechteinhaber bestrebt, ihren gewinnmaximalen Preis zu setzen, wobei sie sich der Interdependenzen ihres jeweiligen Verhaltens bewusst sind und somit Kenntnis haben, dass der Preis des anderen die eigene Gewinnsituation beeinflusst. Die Preisentscheidung des anderen Anbieters wird somit im Kalkül berücksichtigt.[299] Die Bestimmung der Gleichgewichtssituation kann somit in Analogie zum Cournot-Nash-Doupol beim Wettbewerb zweier Unternehmen erfolgen (vgl. Buchanan/Yoon (2000), S. 10; sowie zum Cournot-Doupol-Modell Pepall/Richards/Norman (2002), S. 238 ff.). Gemäß unterschiedlicher potenzieller Preise des Konkurrenten lässt sich eine Reaktionsfunktion bezüglich des eigenen Preises ermitteln, der den jeweiligen Gewinn maximiert. Der Schnittpunkt dieser so ermittelbaren Reaktionsfunktionen beider Akteure stellt die Gleichgewichtslösung dar (vgl. Pepall/Richards/Norman (2002), S. 241 ff.; Scherer/Ross (1990), S. 203).

Es sei eine lineare Nachfragefunktion unterstellt

(1) $$p = p_1 + p_2 = a - bq$$

---

den Lizenzen anderer Rechteinhaber und verringert damit den Wert deren Verfügungsrechte.

296 Die Ausführungen basieren insbesondere auf Buchanan/Yoon (2000); Depoorter/Parisi (2002).

297 PARISI/SCHULTZ/DEPOORTER (2000) weisen darauf hin, dass die Ergebnisse auch dann qualitativ gültig bleiben, wenn keine perfekte Komplementarität vorliegt.

298 Zur Vereinfachung der Darstellung wird im folgenden Beispiel von lediglich zwei Rechteinhabern ausgegangen.

299 Das qualitativ gleiche Ergebnis ließe sich auch über eine Mengenentscheidung der Anbieter erzielen.

wobei p die jeweiligen Preise für die Lizenzen und q die nachgefragte Menge darstellen. Akteur 1 wird seinen gewinnmaximalen Preis p_1 unter der Annahme des gegebenen Preises des Akteurs 2 so bestimmen, dass der erzielbare Ertrag

(2) $$p_1 q = \frac{p_1(a - p_1 - p_2)}{b}$$

maximiert wird.[300] Als Bedingung dafür gilt folglich

(3) $$\frac{(a - p_1 - p_2)}{b} - \frac{p_1}{b} = 0$$

Hinsichtlich des Vorgehens des Akteurs 2 lässt sich analog verfahren, sodass die gewinnmaximierenden Preise $p_1^* = p_2^* = \frac{a}{3}$ betragen. Der Gesamtpreis der Nutzung der Ressource, den ein Dritter aufzuwenden hätte, ergibt damit

$$p^* = p_1^* + p_2^* = \frac{2a}{3},$$

woraus ein Gesamtgewinn beider Anbieter von

$$p^* q^* = \left(\frac{2}{9}\right)\left(\frac{a^2}{b}\right)$$

resultiert.

Würde im Gegensatz zu dem geschilderten unabhängigen, gewinnmaximierenden Verhalten der jeweiligen Inhaber der komplementären Ausschlussrechte ein koordiniertes Vorgehen erfolgen, was theoretisch gleichbedeutend wäre mit einer Situation, in der sich die relevanten Rechte in der Verfügung eines monopolistischen Anbieters befänden, stellte sich eine andere Gleichgewichtslösung ein. Als alleiniger Anbieter verlangte ein Monopolist einen einheitlichen Gesamtpreis für die Nutzung der Ressource, also beispielsweise für eine Lizenz, die zur Nutzung ermächtigt. Es gelte dann

(4) $$p = a - bq\ .$$

Der Ertrag bestimmt sich danach gemäß

(5) $$pq = p\left(\frac{a - p}{b}\right),$$

300 Von den Kosten sei hier abstrahiert, die Aussagen ändern sich dadurch qualitativ nicht. Insbesondere wenn es sich um die Nutzug eines Informationsgutes in der Form einer

woraus sich der Gewinn maximierende Preis

$$p^m = \frac{a}{2}$$

und die daraus resultierende Menge

$$q^m = \frac{a}{2b}$$

ergibt. Der Gesamtgewinn des Monopolisten errechnet sich damit zu

$$p^m q^m = \left(\frac{1}{4}\right)\left(\frac{a^2}{b}\right).$$

Ein Vergleich der Ergebnisse verdeutlicht, dass im Anticommons-Fall aufgrund des unkoordinierten Verhaltens mit dem Versuch der beiden Akteure, ihren individuellen Gewinn zu maximieren, der Preis, der für die Nutzung der Ressource aufgewandt werden muss, über demjenigen angesiedelt ist, der sich im Monopolfall ergeben hätte

$$p^* = \frac{2a}{3} > p^m = \frac{a}{2}.$$

Damit geht mit der Anticommons-Situation eine geringere Menge einher als bei einem abgestimmten oder monopolistischen Verhalten

$$q^* = \frac{a}{3b} < q^m = \frac{a}{2b}.$$

Es zeigt sich daraus die Unternutzung der Ressource, an der mehrere Personen ein exklusives Recht innehaben (vgl. Depoorter/Parisi (2002), S. 460). Ein mögliches Argument, das trotzdem gegen eine Ausdehnung der Nutzung angeführt werden könnte, bestünde in der Gefahr einer denkbaren Übernutzung bis hin zur völligen Aufzehrung, wie es aus dem Bereich der Gemeingüter, wie beispielsweise Umweltgüter, her bekannt ist. Angewandt auf die urheberrechtliche Thematik wäre eine derartige Entwicklung im Verlust der Anreize wegen zu geringer Entlohnung infolge der Übernutzung zu sehen, die langfristig in der Abnahme der verfügbaren Informationsgüter bestünde. Dass dieses Argument im hier geschilderten Fall allerdings nicht stichhaltig ist, wird deutlich, weil mit der Ausdehnung der Ressourcennutzung bei nur einem Rechteinhaber auch gleichzeitig die anzueignende Rente steigt (vgl. auch Buchanan/Yoon (2000), S. 6 f.)

$$p^m q^m = \left(\frac{1}{4}\right)\left(\frac{a^2}{b}\right) > p^* q^* = \left(\frac{2}{9}\right)\left(\frac{a^2}{b}\right).$$

Ein Rechteinhaber hätte damit durchaus ein Eigeninteresse an einer weiteren Nutzung seiner Ressource durch Dritte, da er damit seinen Gewinn steigern

Lizenzierung handelt, sind die Kosten von der Nutzungsintensität weitgehend unabhängig.

könnte, wodurch Anreize zur Produktion generiert würden. Die Externalitäten, die sowohl im Commons- als auch im Anticommons-Fall einer optimalen Allokation im Wege stehen, fallen dann nicht an, wenn lediglich ein Anbieter über Nutzung und Ausschluss gleichzeitig entscheidet und entsprechende Preise setzt (vgl. Depoorter/Parisi (2002), S. 460). Das Auseinanderfallen der Inhaberschaft von sowohl Nutzungs- als auch Ausschlussrechten wird vermieden, wenn ein Entscheidungsträger diese beiden Rechte ausübt. Die Problematik von Über- und Unternutzung, die relevant wird, wenn eben mehrere Personen gleichzeitig über Nutzungs- bzw. Ausschlussrechte an einer Ressource verfügen, ließe sich damit vermeiden (vgl. Brennan/Yoon (2000), S. 3 f.).

Die Abbildung 3 verdeutlicht noch einmal die oben erläuterte Argumentation.[301] Ein monopolistischer Anbieter, der gleichermaßen über Ausschluss- und Nutzungsrechte verfügt, wird die Preis-Mengen-Kombination $p^m q^m$ wählen und damit die Rente im Ausmaß von $p^m C q^m 0$ realisieren. Für die Anticommons-Situation, in der mehrere Akteure über ein Ausschlussrecht verfügen, ergäbe sich z.B. die Preis-Mengen-Kombination $p^* q^*$. Die Unternutzung der Ressource in Verbindung mit einer geringeren gesamt erzielbaren Rente im Umfang von $p^* B q^* 0$ wird deutlich. Zudem vergrößert sich der statische Wohlfahrtverlust von $C q^w q^m$ auf $B q^w q^*$.

Es zeigt sich somit, dass die Existenz mehrerer Akteure, die jeweils über komplementäre Ausschlussrechte bezüglich der Nutzung einer Ressource verfügen und sich unabhängig voneinander verhalten, ursächlich für die vergleichsweise geringeren Profite ist. Damit entspricht dieses Ergebnis dem des Duopol-Modells, das als Grundlage zur Bestimmung des Gleichgewichtes diente. Im hier betrachteten Fall komplementärer Inputs resultiert hieraus im Vergleich zum Monopol jedoch keine Wohlfahrtsverbesserung, da die entfallenden Profite nicht den Konsumenten in Form von zusätzlicher Konsumentenrente zugute kommen. Vielmehr entsteht ein zusätzlicher Wohlfahrtsverlust (vgl. Buchanan/Yoon (2000), S. 10). Verglichen mit der Monopolsituation führt der einer Konkurrenz- oder Wettbewerbssituation ähnliche Anticommons-Fall im Widerspruch zu herkömmlichen theoretischen Annahme zu höheren Preisen und einem weniger effizienten Ergebnis. Nicht nur die individuelle Position der Rechteinhaber, auch die gesellschaftliche Situation verschlechtert sich im Vergleich zum monopolistischen Gleichgewicht. Beides könnte beispielsweise durch abgestimmtes Verhalten eine Verbesserung erfahren (vgl. Depoorter/Parisi (2002), S. 462).

---

301 Es werden hier Grenzkosten für die Ressourcennutzug von Null unterstellt. Dies verändert die grundlegenden Aussagen qualitativ nicht. Wird zudem die Lizenzierung von nichtrivalen Informationsgütern betrachtet, kommt die Annahme der Realität nahe.

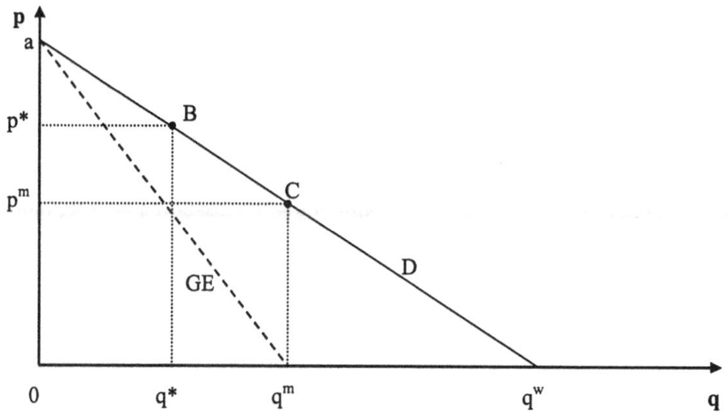

Abb. 3: Vergleich zwischen Monopol und Anticommons
Quelle: in Anlehnung an Buchanan/Yoon (2000), S. 7

p Preis für die Nutzung der Ressource (Lizenzpreis)
p^* Gesamtpreis der Nutzung bei zwei Inhabern komplementärer Ausschlussrechte (Anticommons-Fall)
p^m Gesamtpreis der Nutzung im Monopol-Fall
q Menge der Ressourcennutzung
q^* genutzte Menge im Anticommons-Fall
q^m genutzte Menge im Monopol-Fall
q^w genutzte Menge im Wettbewerbsfall
GE Grenzerlöse
D Nachfrage

4.3.2 Anticommons und Intellectual-Property-Rights

Als ein Anwendungsgebiet, auf dem sich mit Hilfe der dargelegten Anticommons-Theorie mögliche Entwicklungen analysieren lassen, kann der Bereich der IPR betrachtet werden. Hier hat sich in der jüngsten Vergangenheit die Schutzintensität verstärkt und auf immer mehr Informationen ausgedehnt, die oftmals als komplementäre Inputfaktoren für weitere Forschung, Entwicklung und Produkte fungieren, und über die in zunehmendem Maße dezentral und exklusiv verfügt wird (vgl. Rahnasto (2003), S. 179). Insbesondere in Fällen, in denen diese Informationsgüter vormals als „public-domain-Güter" vorhanden und damit nicht schutzwürdig und deshalb frei zugänglich waren, kann die Anticommons-Logik Erklärungsansätze hinsichtlich der Effizienzentwicklung der Allokation liefern (vgl. David (2004), S. 25 f.).

Ineffizienzen und fehlende Anreize, die z.B. bei der privaten Bereitstellung öffentlicher Güter bestehen (z.B. Teile im Bereich Forschung und Entwicklung), können zwar einerseits durch eine verstärkte Zuteilung privater Verfügungsrechte (z.B. über Urheberrechte und Patente) und damit einhergehend durch eine zunehmende Privatisierung (z.B. der Forschung) verringert werden. Andererseits besteht jedoch dadurch die Gefahr, dass unter bestimmten Voraussetzungen aufgrund der aufgezeigten Wirkung mehrerer unabhängiger Ausschlussrechte, dann bei der produktiven Nutzung bzw. Verwertung der so privat produzierten Güter erneut Ineffizienzen entstehen (vgl. Schulz/Parisi/Depoorter (2002), S. 608).

Als Beispiel ließe sich eine umfangreiche Patentierung von bestimmten Produktionstechnologien vorstellen, die bislang nicht patentwürdig waren. Dadurch könnten zwar mehr Anreize zur Herstellung, Verbesserung oder Neuerung solcher Technologien erzeugt werden. Wenn sich allerdings ganze Produktionsprozesse aus einer Vielzahl solcher Technologien zusammensetzen und letztere zudem in komplementärem Verhältnis zueinander stehen, verteuerte sich der gesamte Produktionsprozess aufgrund des unkoordinierten Verhaltens der Rechteinhaber der jeweiligen Produktionstechnologien. Die Technologien werden dann nicht in dem Ausmaß genutzt, das bei koordiniertem Verhalten möglich wäre.[302] Es können somit wegen der Unternutzung Wohlfahrtverluste entstehen, die über das „normale“ (statische) Maß hinausgehen, das infolge des Intellectual-Property-Systems auftritt, und das als sozialer Kostenaspekt für die Erzeugung von Anreizen zur Produktion interpretiert werden kann (vgl. Heller/Eisenberg (1998), S. 3). Zudem fallen auch die Anreize geringer aus, da das Einnahmenpotenzial im Vergleich zur Situation mit koordiniertem Vorgehen geringer ist.

HELLER/EISENBERG (1998) betrachten beispielsweise in diesem Kontext die Entwicklung im Bereich der Biomedizin/-technologie in den USA. Aufgrund zunehmender Privatisierung der Grundlagenforschung in Form eines intensiveren Patentschutzes (z.B. für Genfragmente oder DNA-Sequenzen, die an sich noch keine praktischen, kommerziellen Anwendungen bieten), sehen sie die Gefahr einer Unternutzung dieser geschützten „upstream-Informationen“, die sich in einem ineffizient geringen Ausmaß an z.B. pharmazeutischen Produkten im „downstream-Sektor“ niederschlägt. Die Anticommons werden damit als ursächlich betrachtet, dass der stärkere Patentschutz zwar zunächst die Anreize zur privat finanzierten Forschung steigert, letztlich jedoch paradoxerweise weniger

302 Ähnliche Beispiele sind im Bereich medizinischer Diagnose- und Behandlungsmethoden denkbar, die sich aus mehreren geschützten Teil-Verfahren zusammensetzen. RAHNASTO (2003) verweist ferner auf ähnliche Probleme im Bereich des Telekommunikationsstandards UMTS in Japan, an dessen Komponenten viele unterschiedliche Patentinhaber Patentrechte geltend machten, wodurch die Technologie kommerziell unattraktiv werden könnte (vgl. Rahnasto (2003), S. 175).

nützliche Produkte zur Verbesserung der Gesundheit hervorbringt oder deren Entwicklung verzögert und deren Preise erhöht (vgl. Heller/Eisenberg (1998), S. 7). Grenzproduzenten nehmen Abstand von der Produktion, sofern der Erwerb der Gesamtheit der nötigen Lizenzen sich nicht amortisiert. Die finanziellen Ressourcen könnten dann für Projekte verwendet werden, die einen weniger umfangreichen Lizenzerwerb erfordern, allerdings aus gesamtgesellschaftlicher Sicht auch weniger nutzenstiftend erscheinen (vgl. Heller/Eisenberg (1998), S. 3).

In ähnlicher Weise ließe sich bezüglich der Herstellung von Multimediaprodukten argumentieren, aber auch im Rahmen wissenschaftlicher Forschung, für den Fall, dass keine Schrankenregelungen existieren, die eine Zustimmung sämtlicher Rechteinhaber hinsichtlich der Nutzung deren Quellen überflüssig machen. Dieser Gesichtspunkt scheint unter Anwendung des deutschen Urheberrechts zwar momentan weniger dringlich,[303] gewänne allerdings möglicherweise dann an Bedeutung, wenn als Rechtfertigung für die Schrankenregelung ausschließlich auf Transaktionskosten abgestellt würde, die im Zuge technologischer Entwicklung dramatisch reduziert würden. Die Forderung nach der Reduzierung auch der Schranken könnte vor diesem Hintergrund – und Außer-Acht-Lassung der Effizienzwirkungen der Anticommons – wie oben erwähnt untermauert werden (vgl. hierzu Bell (1998); Merges (1997); Depoorter/Parisi (2002), S. 454).[304] In einigen Bereichen des Urheberrechts ist die Problematik jedoch bereits bei der momentanen Ausgestaltung nicht auszuschließen. So scheint es z.B. bei der online-Bereitstellung von Filmen der Zustimmung sämtlicher Leistungsschutzberechtigter zu bedürfen (vgl. Flechsig (2002), S. 7; sowie Kap. 3.3.3). Damit hätten die jeweiligen Rechteinhaber ein Ausschlussrecht inne, und sofern das oben geschilderte strategische Verhalten zugrunde gelegt wird, wäre mit einer ineffizienten Unternutzung zu rechnen, die diejenige, die auf Transaktionskosten basiert, noch verstärkt. Die online-Nutzung des bereits existierenden Materials wird damit verkompliziert, was auch Rückwirkungen auf die Entwicklung entsprechender Distributionsverfahren oder Geschäftsmodelle haben kann.

Eine Intensivierung des Urheberschutzes hat auch das Gebiet der Datenbanken durch die EU-Datenbankrichtlinie erfahren (vgl. hierzu Koboldt (1997); David

303 Hinsichtlich der Forschung existieren im deutschen Urheberrecht explizite Schrankenregelungen z.B. in Form der Zitierfreiheit des § 51 UrhG (vgl. hierzu Schack (2001), S. 224 ff.).

304 Interessenvertreter fordern bereits zunehmend die Nutzung von DRM in Verbindung mit Mikrozahlungen in Abhängigkeit der jeweiligen Nutzungsformen. Wenn dabei auch hauptsächlich der Schutz vor Piraterie angeführt wird, so kann dies als ein Schritt in Richtung Abschaffung der Schranken interpretiert werden (vgl. Hoeren (2003b), S. 85 ff.).

(2000), S. 22 ff.). Sofern derartige Datensammlungen als wesentliche, komplementäre Inputfaktoren fungieren, über deren Nutzung die jeweiligen Rechteinhaber unkoordiniert verfügen, lassen sich auch diesbezüglich Wohlfahrtsverluste unterstellen, die mit einer geringeren Anzahl an potenziell Nutzen stiftenden Anwendungen einhergehen, als es eigentlich im Interesse sowohl der Rechteinhaber als auch der Anwender wäre.

Wie in den vorangegangenen Abschnitten kann auch hier der online-Musikbereich als aktuelles Beispiel betrachtet und der Frage nachgegangen werden, ob die Anticommons-Theorie auch für dortige (potenzielle) Entwicklungen erklärungsrelevant sein kann bzw. welche Voraussetzungen dazu erfüllt sein müssten und wie realistisch diese erscheinen.[305] Darauf aufbauend lassen sich gegebenenfalls normativ ausgerichtete Handlungsempfehlungen ableiten, die gleichfalls für ähnlich gelagerte Problemstellungen Anwendung finden können.

Als eine Voraussetzung für einen wettbewerblichen online-Musik-Markt wurde bereits die Abstinenz von Marktzutrittsschranken beschrieben, was einen möglichst diskriminierungsfreien Zugang zu sämtlichen wesentlichen Inputgütern (hier: Lizenzen der Musikkataloge) verlangt. Als Rechteinhaber dieser Inputs treten hauptsächlich die führenden Musik-Verlage auf.[306] Ein beschränktes Angebot eines unabhängigen online-Anbieters, das z.B. nur Titel eines oder zweier Rechteinhaber beinhaltet, wird aller Voraussicht nach langfristig nicht konkurrenzfähig sein, insbesondere wenn es im Wettbewerb mit Anbietern steht, die ein komplettes Repertoire anbieten.[307] Kunden müssten dann gegebenenfalls unterschiedliche Dienste, mit möglicherweise unterschiedlichen Dateiformaten, Abrechnungsverfahren oder Hardware nutzen, was als Transaktionskosten steigernd angesehen werden kann (vgl. Crews (2001), S. 2).

Zudem wird die Mehrzahl der Konsumenten typischerweise nicht darüber informiert sein, bei welchem Musikverlag die jeweiligen Künstler unter Vertrag stehen und bei welchem online-Dienst somit die Musik zu erwerben ist. Auch

305 In ähnlicher Form ließen sich weitere Bereiche untersuchen, in denen die Nutzung immaterieller, geschützter Güter aus unterschiedlichen Quellen eine unabdingbare Voraussetzung darstellt, um neue Güter herzustellen. So z.B. in der Softwareentwicklung oder im Mobilfunksektor, womit die Analyse nicht ausschließlich auf das Beispiel der Musikindustrie zu beschränken ist (vgl. hierzu Rahnasto (2003), S. 175 ff.).

306 Hier sei eine Unabhängigkeit der Verlage untereinander unterstellt.

307 Selbst wenn ein online-Dienstleister kein alle Titel umfassendes Angebot bereitstellen möchte, sondern sich z.B. auf eine bestimmte Musik-Sparte konzentriert, so wird der Zugang zu den Katalogen aller Rechteinhaber nötig sein, die derartige Musikrichtungen anbieten.

dies erhöht die Transaktionskosten. Unter dieser Annahme weisen die Lizenzen als Inputgüter für die Bereitstellung eines online-Dienstes einen komplementären Charakter auf.[308]

Des Weiteren verfügen unterschiedliche, unabhängig voneinander handelnde Akteure, die jeweils eine nicht unbedeutende Marktposition innehaben, über die Inputs, sodass sie über eine gewisse Preissetzungsmacht verfügen, womit Interdependenzen zwischen den Rechteinhabern bestehen. Damit beeinflussen sich die Preisentscheidungen der Anbieter gegenseitig. Die Nachfrage lässt sich als ein Kontinuum an potenziellen online-Anbietern auffassen, die anhand ihrer Zahlungsbereitschaft eingestuft werden können (vgl. ähnlich Schulz/Parisi/Depoorter (2002), S. 600). Bei Unterstellung einer individuell Gewinn maximierenden Preissetzung der Rechteanbieter in nicht koordinierter Form ergibt sich dann das oben abgeleitete suboptimale Anticommons-Gleichgewicht, das verglichen mit demjenigen, das sich bei koordiniertem Vorgehen (bzw. im Monopol) einstellte, als ineffizient zu beurteilen ist (vgl. Kapitel 4.3.1). Eine Pareto-Verbesserung wäre bei niedrigeren Preisen für die Inputgüter möglich, da Konsumenten- und Produzentenrente jeweils gesteigert werden könnten.

Diejenigen potenziellen online-Anbieter, deren Zahlungsbereitschaft für die Gesamtheit der notwendigen Lizenzen unterhalb des sich einstellenden Gleichgewichtspreises liegt, sehen von eine Lizenzierung ab und bieten keinen online-Dienst an, womit prinzipiell Nutzen steigernde Transaktionen unterbleiben. Es kommt zu der geschilderten Unternutzung der Ressource (hier des Bestandes an Titeln), die auch darin zum Ausdruck kommt, dass denkbare Einnahmen entgehen, die sich erzielen ließen, wenn sämtliche Lizenzen von nur einem Anbieter, z.B. einer Verwertungsgesellschaft, vertrieben würden. Der Wert der Informationsgüter und deren potenzieller Anwendungsmöglichkeiten wird somit gemindert (vgl. ähnlich Parisi/Schulz/Depoorter (2000), S. 17; Rahnasto (2003), S. 181).

Neben den so entstehenden statischen Wohlfahrtsverlusten sind ferner auch dynamische Effekte zu berücksichtigen, die sich aufgrund des evolutorischen Charakters und des vergleichsweise schnellen technischen Wandels und Fortschritts des informationstechnologischen Sektors einer genaueren analytischen Prognose entziehen.[309] Daher werden im Folgenden für denkbar erachtete Entwicklungen kurz skizziert.

---

308 Es sei nochmals darauf hingewiesen, dass keine perfekte Komplementarität vorliegen muss, damit die geschilderten Effekte ihre Gültigkeit behalten (vgl. Parisi/Depoorter (2003), S. 167 f.).

309 Vgl. hierzu Shapiro (2002), S. 14.

Mit der geschilderten Unternutzung der Informationsgüter zum aktuellen Zeitpunkt geht c.p. eine geringere Anwendung und damit Entwicklung derartiger Technologien und Dienstleistungen einher, die diese Güter als Inputfaktoren nutzen.[310] Innovative Distributionsformen und -technologien sowie Angebotsmöglichkeiten blieben so in ihrer Entwicklung und Nutzung hinter ihrem denkbaren Potenzial zurück. Da aufgrund der Zahlungsbereitschaft weniger online-Dienste angeboten würden als im Referenzfall, kann zudem eine geringere Wettbewerbsintensität unterstellt werden. Die Anticommons-Effekte verstärkten damit oligopolistische Tendenzen, die bereits aufgrund von Größenvorteilen und Netzwerkeffekten auf den Märkten für Informationsgüter bestehen (vgl. Klodt (2001), S. 84 ff.). Auf die dem Wettbewerb zugeschriebenen positiven Wirkungen müsste, zumindest zu Teilen, verzichtet werden (vgl. zu den Wirkungen und Funktionen des Wettbewerbs z.B. Berg (1992), S. 241 ff.; Schmidt (1999)). Sofern der Erwerb der Gesamtheit der Lizenzen für einzelne Akteure nicht möglich ist, würden Investitionen dann nicht im „downstream-Bereich“, sondern möglicherweise in „zweitbesten“ Verwendungsarten getätigt, wo sich vergleichsweise geringere Renditen erzielen lassen. Ähnlich wie in dem von HELLER/EISENBERG (1998) betrachteten Fall im Bereich der Biomedizin, ließe sich auch auf dem hier untersuchten Gebiet langfristig eine suboptimale Anwendungsintensität und Innovationstätigkeit im „downstream-Sektor“ nicht ausschließen, die mit strategischem Verhalten sowie der Ausgestaltung der IPR des „upstream-Sektors“ in Verbindung steht.

Eine weitere denkbare längerfristige Wirkung infolge der aufgezeigten Anticommons-Problematik betrifft die Anreizwirkungen, die mithilfe der urheberrechtlichen Ausschlussrechte erzielt werden sollen. Unter Zugrundelegung des theoretischen Ergebnisses, dass die erzielbaren Gewinne bei unabhängigem Handeln der Rechteinhaber – hier der Musikverlage – geringer ausfallen als bei koordiniertem Vorgehen folgt, dass die Anreize zur Produktion der Informationsgüter c.p. gleichfalls geringer sind, sofern in den finanziellen Rückflüssen die hauptsächliche Ursache zur Anreizgenerierung angenommen wird. Infolge der Unternutzung des Musikrepertoires als Inputgut verringert sich somit dessen potenziell erzielbarer Wert. Zur Beurteilung der langfristigen Anreizwirkungen hinsichtlich der Investitionen in die relevanten Informationsgüter lässt sich damit ein vergleichsweise geringerer Kapitalwert annehmen, sodass folglich die Anreize und damit die Produktion langfristig geringer ausfallen als im monopo-

310 Es sei an dieser Stelle nochmals darauf hingewiesen, dass zur Beurteilung der Unternutzung als Referenzmaßstab ein alleiniger Anbieter (oder entsprechend kooperatives Verhalten der Anbieter) aller relevanten Güter dient. Verglichen mit dem Konstrukt der vollständigen Konkurrenz lässt sich diesbezüglich wie geschildert ebenfalls eine Unternutzung ausmachen, die jedoch von derjenigen, die durch die Anticommons verursacht wird, zu unterscheiden ist.

listischen Referenzmodell (vgl. Depoorter/Parisi (2002), S. 460). Verglichen mit der „notwendigen“ Unternutzung, die im Urheberrecht als inhärent zu betrachten ist, wird deutlich, dass diese mit einer Steigerung der Anreize einhergeht, während die durch die Anticommons bedingte Unternutzung negativ auf die Anreize wirkt. Zudem ließen sich bei letzterer diese Anreize mit einer gleichzeitig intensiveren Nutzung steigern, wohingegen bei ersterer der trade-off von Anreiz und Nutzung zu Tage träte.[311]

4.3.3 Lösungsansätze

Die wesentliche Ursache der Unternutzung sowie der dadurch hervorgerufenen Ineffizienzen besteht in der Existenz der fragmentierten Property-Rights an einer Ressource. Als Lösungsansatz bietet sich die Zentralisierung oder Koordination von Nutzungs- und Ausschlussrechten in der Hand eines Entscheidungsträgers an. Diesem obliegt dann die alleinige Entscheidung, ob bzw. in welchem Ausmaß die Ressource genutzt wird, sodass keine Externalitäten auftreten und eine effizientere Allokation realisiert werden kann. In der Praxis wird sich eine derartige Zusammenführung von mehreren individuellen Ausschlussrechten allerdings nur in beschränktem Umfang und unter bestimmten Voraussetzungen bewerkstelligen lassen. So erscheint ein derartiges Vorgehen beispielsweise bezüglich bestimmter regional begrenzter Umweltgüter realisierbar, an denen unterschiedliche Wirtschaftssubjekte über Ausschlussrechte verfügen. Im Fall komplementärer Inputgüter, wie beispielsweise patentierter oder urheberrechtlich geschützter Güter, an denen aufgrund ihrer Erstellung schon per se unterschiedliche Individuen über exklusive Rechte verfügen, wirft hingegen ein derartiges Vorgehen erhebliche Probleme auf. Vor diesem Hintergrund bedarf es geeigneter Alternativen, mit deren Hilfe ein qualitativ vergleichbares Ergebnis zu erzielen ist.

Als ein solcher Ansatz zur Lösung des Anticommons-Problems kann das bereits oben erwähnte koordinierte Verhalten bei der Preissetzung oder eine gemeinsame Lizenzierung seitens der beteiligten Rechteinhaber betrachtet werden. Dies geschieht z.B. über Verwertungsgesellschaften oder über Patentpools. Hierbei erfolgt jeweils eine Bündelung der Rechte in einer Institution, sodass der Rech-

311 Dieser Unterschied basiert auf den unterschiedlichen Referenzmaßstäben. Die traditionelle IPR-Analyse vergleicht die Monopolsituation mit derjenigen der vollkommenen Konkurrenz. Das Konkurrenzgleichgewicht bedeutete dabei eine Übernutzung der Ressource, wie sie vom öffentlichen Gut her bekannt ist. Ein Abweichen vom (anreizoptimalen) monopolistischen Gleichgewicht kann somit einerseits eine Übernutzung und andererseits eine Unternutzung bedingen (Commons vs. Anticommons). Vgl. zur Symmetrie (insbes. zur formalen Herleitung) von Commons und Anticommons Buchanan/Yoon (2000).

teerwerb für Dritte aus einer Hand erfolgen kann („one-stop-shopping“) und die jeweilige Institution den Gewinn maximierenden (monopolistischen) Preis setzt, womit gleichzeitig die Ineffizienzen der Anticommons-Situation vermieden werden. Neben der in der Literatur größtenteils angeführten Funktion von Verwertungsgesellschaften zur Senkung von Transaktionskosten, können diese somit unabhängig davon, unter bestimmten Voraussetzungen eine Effizienz steigernde Funktion erfüllen (vgl. allgemein zur Funktion der Verwertungsgesellschaften z.B. Bing (2002); Watt (2000), S. 161 ff.).

Da der Gesamtgewinn für die Rechteinhaber durch ein koordiniertes Verhalten gesteigert werden kann, ist von individuellen Anreizen zur Koordination oder zur Bildung von koordinationsfördernden Institutionen wie Verwertungsgesellschaften oder „Pools“ auszugehen, sofern dies nicht durch den institutionellen Rahmen – z.B. durch das Wettbewerbsrecht – unterbunden wird. Staatliches Handeln wäre dann überflüssig, wenn marktliche Lösungsalternativen existierten, die Effizienz steigernd wirken. Im Folgenden soll deshalb betrachtet werden, inwiefern auf derartige private Marktlösungen zu vertrauen ist, oder ob administrative Handlungen angezeigt sein könnten.

Als eine wesentliche Voraussetzung zur Effizienzsteigerung gilt, dass die betrachteten Lizenzen, die über Pools oder Verwertungsgesellschaften zu koordinierten Preisen zu erlangen sind, in komplementärem Verhältnis zueinander stehen. Bei substitutiven Lizenzen würde hingegen auf das Effizienzpotenzial einer wettbewerblichen, dezentralen Bereitstellung verzichtet, wenn potenzielle Wettbewerber ihr Verhalten koordinieren und Lizenzgebühren oberhalb des Konkurrenzniveaus, bis hin zum Monopolpreis durchsetzen (vgl. zum Aspekt der Patentpools Shapiro (2002), S. 30 f.; Shapiro (2001a)).[312]

Diese beiden Lösungsvorschläge sind somit unter Berücksichtigung wettbewerbspolitischer Gesichtspunkte nicht unumstritten. So bieten sie auch bei nicht substituierbaren Inhalten die Gelegenheit zur Ausnutzung der entstehenden Marktmacht einer zentralen Institution, was sich z.B. in missbräuchlichem Verhalten bei der Lizenzierung manifestiert. Es ließen sich Marktzutrittsschranken

312 Für das Beispiel des online-Musik-Vertriebs wurde oben eine Komplementarität der Lizenzen für die Kataloge der fünf großen Musikverlage unterstellt. Ein online-Verkauf von einer begrenzten Anzahl an Musiktiteln kann allerdings auch z.B. von online-Dienstleistern anderer Branchen vorgenommen werden, die damit ihr Angebot lediglich ergänzen oder Werbewirkungen erzielen wollen (z.B. Interset-Service-Provider, online-Ausgaben von Tageszeitungen und Zeitschriften, online-Vertrieb von entsprechender Hardware u.a.). Dies hätte Ähnlichkeit zu einem CD-Verkauf in Supermärkten oder Tankstellen. Diesbezüglich ließe sich ein hoher Substitutionscharakter der Lizenzen an den Musiktiteln unterstellen.

errichten, wenn bestimmte newcomer von einer gemeinsamen Verwertung ausgeschlossen würden (vgl. z.B. Greenhalgh/Dixon (2002), S. 15). Vor diesem Hintergrund sieht z.B. das deutsche Urheberrecht einen doppelten Kontrahierungszwang für Verwertungsgesellschaften vor, der analog einer Zwangslizenz wirkt (vgl. Schack (2001), S. 523 f.).

Als Alternative zu z.B. Verwertungsgesellschaften oder Pools werden zur Umgehung des Koordinationsproblems in Anticommons-Situationen auch Zwangslizenzen diskutiert (vgl. z.B. Merges (1996)). Gleiches gilt für die Einführung von urheberrechtlichen Schrankenregelungen, z.B. zur Nutzung von Informationsgütern, die als komplementäre Inputs für die Erstellung von Multimediaprodukten dienen (vgl. Depoorter/Parisi (2002); Merges (1997), S. 130; (1996)). Aufgrund der geschilderten Koordinationsprobleme würden ansonsten Entwicklungen und Innovationen im Multimediabereich behindert, die gerade auf eine Vielzahl unterschiedlicher, durch IPR geschützter Güter zurückgreifen, um neue Produkte und Dienstleistungen herzustellen. In ähnlicher Art und Weise wird auch bezüglich umfangreicherer urheberrechtlicher Ausnahmeregelungen und Zwangslizenzen zugunsten von (öffentlicher) Forschung und Entwicklung argumentiert, als sie die aktuelle Ausgestaltung vorsieht (vgl. hierzu z.B. David (2004)). Es stellt sich damit die Frage nach den möglichen Vor- und Nachteilen der jeweiligen Ansätze – marktlich, privat initiierte Koordination oder Zwangslizenzen bzw. Schrankenregelungen – zur Effizienzsteigerung beim Vorliegen von Anticommons-Situationen.

Durch die Implementierung einer Zwangslizenz wird das Verbotsrecht des Rechteinhabers außer Kraft gesetzt. Gegen Zahlung einer administrativ bestimmten Lizenzgebühr erlangen damit potenzielle Verwerter den Zugang zu den betreffenden Informationsgütern, ohne auf die Zustimmung der Urheber angewiesen zu sein. Im Falle einer Schrankenregelung betrüge die Höhe der Lizenzgebühr Null.[313] Die Verwerter sind folglich nicht mehr durch individuelle Lizenzbedingungen von der Nutzung auszuschließen, was im Umkehrschluss bedeutet, dass die unterschiedlichen Ausschlussrechte an der Ressource (bzw. an der Gesamtheit der Inhalte) nicht mehr individuell und unabhängig von den jeweiligen Rechteinhabern ausgeübt werden können. Damit entfällt die fundamentale Ursache für die aufgezeigte Ressourcen-Unternutzung und die damit einhergehenden Wohlfahrtsverluste im Anticommons-Fall. Unter einer zwangslizenzlichen Regelung wird das strategische Preissetzungsverhalten der Rechteinhaber unterbunden, wodurch eine vermehrte Nutzung erfolgen kann, was wiederum mit positiven Wohlfahrtseffekten einhergeht.

313 Dass auch für die Inanspruchnahme der Schrankenregelungen indirekt Gebühren in der Form von Pauschalabgaben auf z.B. Geräte und Leermedien entrichtet werden, sei hier vernachlässigt.

Ferner ist zu anzumerken, dass infolge der intensiveren Nutzung keine zusätzlichen Kosten anfallen, da die Grenzkosten der Nutzung der betreffenden Informationsgüter nahezu Null betragen und der Güterbestand infolge der Nutzung, aus statischer Perspektive, nicht aufgezehrt wird. Auch aus dynamischer Sicht lässt sich mit einer derartigen Regelung eine Wohlfahrt steigernde Entwicklung erzielen. Sofern die Lizenzgebühren denjenigen entsprechen, die ein alleiniger Inhaber aller Ausschlussrechte als Monopolist gefordert hätte, erhöhen sich die gesamt erzielbaren Einnahmen, trotz geringerer Preise („Als-ob-Monopol"). Theoretisch wäre es denkbar, dass die Rechteinhaber in koordiniertem Verhalten selbst die Gebühren festlegen bzw. dazu veranlasst werden.

Hierdurch würde einerseits dem Informationsdefizit staatlicher Akteure Rechnung getragen und das dezentrale Wissen der Marktakteure genutzt und andererseits die Akzeptanz der Rechteinhaber für eine derartige Lösung gesteigert. Zudem verringerte sich die latente Gefahr einer langfristigen Minderung der Innovationsanreize aufgrund zu gering festgelegter Lizenzgebühren. Im Idealfall böte somit eine Zwangslizenz die Gelegenheit zur Effizienzsteigerung. Dabei sind allerdings die wesentlichen Voraussetzungen zu berücksichtigen, die als ursächlich für die geschilderte Anticommons-Situation gelten, nämlich die Komplementarität der Inputgüter, die Anzahl der Rechteinhaber sowie das Ausmaß der Unabhängigkeit bei der Preisbestimmung (vgl. dazu ähnlich Depoorter/Parisi (2002)). Käme eine derartige Lizenz auch dann zur Anwendung, wenn diese Voraussetzungen nicht gegeben sind, kann von negativen Wirkungen ausgegangen werden.[314]

Neben dem geschilderten Potenzial gehen mit einer derartigen Regelung auch nicht zu unterschätzende Probleme und Bedenken einher, die für eine restriktive Anwendung und eine weitgehende Ablehnung ausschlaggebend sind, insbesondere solange alternative – möglicherweise überlegene – Mechanismen zur Verfügung stehen (vgl. u.a. Liebowitz (2003b), S. 21 ff.; Shapiro (2002); Merges (1996)). Als ein derartiger und wesentlicher Kritikpunkt gilt insbesondere der regulierende administrative Eingriff in grundlegende individuelle Vertragsbeziehungen und Preisfindungsmechanismen über Märkte, die ein Kernelement einer freiheitlichen Wettbewerbsordnung bilden (vgl. Shapiro (2002), S. 10). Infolge administrierter Preise ist damit zu rechnen, dass diese ihre grundlegenden Funktionen, insbesondere die des Knappheitsindikators verlieren.[315] Diesbezüglich ist das Informationsdefizit staatlicher Entscheidungsträger hinsichtlich

314 Handelte es sich z.B. um substituierbare Güter, würde eine Realisierung des gemeinsamen Monopolgewinns zwar die Einnahmen der Rechteinhaber steigern, auf positive Wettbewerbswirkungen zugunsten der Konsumenten, wie z.B. sinkende Preise, würde hingegen verzichtet. Die Allokation wäre somit als ineffizient zu bezeichnen.

315 Vgl. zu den Funktionen von Marktpreisen z.B. Siebert (1992), S.103 f.

der preisbildungsrelevanten Parameter nicht zu unterschätzen. In der hier geschilderten Situation ist jedoch auch die wettbewerbliche Preisbildung (Anticommons-Fall) ineffizient und zudem könnte eher auf die Kooperationsbereitschaft der Rechteinhaber gezählt werden, als beispielsweise im Falle eines wettbewerbspolitisch motivierten Eingriffs, der deren individuelle Situation verschlechtern statt verbessern würde.[316]

Zusätzlich zu dem inhärenten Informationsdefizit besteht im Rahmen administrativ vorzunehmender Lizenzregelung zudem die Anfälligkeit gegenüber Lobbyingtätigkeiten der betroffenen und organisierten Wirtschaftssubjekte, die versuchen werden, die Lizenzbedingungen nach ihren Vorstellungen zu beeinflussen. Hierdurch werden zum einen Partikularinteressen auf Kosten gesamtgesellschaftlich effizienterer Ergebnisse bedient, zum anderen erfolgt eine Verschwendung von Ressourcen, die in anderen Verwendungen ökonomisch sinnvoller genutzt werden könnten als zur Beeinflussung staatlicher Entscheidungsträger (vgl. Merges (1996), S. 4).[317] Des Weiteren besitzen derartige staatliche Regelungen, verglichen mit privatwirtschaftlicher Koordination, häufig ein ausgeprägtes Maß an Inflexibilität, sodass die Gefahr eines legislativen „lock-in-Effektes" besteht. Insbesondere in einem Industriebereich, der einer raschen und intensiven Entwicklung unterliegt und zukünftige Entwicklungen kaum oder gar nicht prognostiziert werden können, sind negative Konsequenzen dann zu befürchten, wenn auf unvorhersehbare, realwirtschaftliche Datenänderungen nicht adäquat und schnell reagiert werden kann (vgl. hierzu Merges (1996), S. 4; Merges (2000), S. 1867). Ferner entfällt aufgrund der fehlenden Preisautonomie seitens der Rechteinhaber und der in der Regel weitgehend einheitlichen Preishöhe die Möglichkeit zur Preisdifferenzierung bei der Lizenzvergabe, die gegebenenfalls einer effizienten Allokation zuträglich ist, sodass Effizienzverluste nicht auszuschließen sind (vgl. Ergas (2002), S. 4).

Ein häufig gegen Zwangslizenzregelungen angeführtes Argument besteht in negativen Anreizwirkungen auf Informationsgüterproduzenten und damit dynamischen Effizienzverlusten, die mit „zu geringen" Einnahmen begründet werden (vgl. z.B. Ergas (2002), S. 2; Shapiro (2002), S. 14). Prinzipiell ist diese Gefahr dann eher gegeben, wenn an die Stelle individualvertraglicher Transaktionen administrierte Bedingungen treten. Wenn, wie oben dargestellt, jedoch eine An-

---

316 Es sei nochmals darauf hingewiesen, dass hier als Referenzsituation der Monopol-Fall und nicht die vollkommenen Konkurrenz gilt.

317 Trotz der geringeren Gesamtgewinne, die dann anfallen, wenn das monopolistische Gleichgewicht nicht realisiert wird, können für einzelne Rechteinhaber Anreize zum Lobbying bestehen. Beispielsweise wird die Intensität des Wettbewerbs auf nachgelagerten Märkten beschränkt, wenn dort weniger potenzielle Konkurrenten Zugang zu wesentlichen Inputs haben.

ticommons-Situation für einen administrativen Eingriff ursächlich ist, können diese Anreize gerade gesteigert werden, da sich im Idealfall trotz geringerer Preise keine Minderung, sondern einer Steigerung der Einnahmen einstellt. Zusätzlich erfahren auch die Anreize zur Produktion von Gütern und Diensten eine Steigerung, die die Informationsgüter als Inputs nutzen. Ein Anreiz mindernder Effekt tritt dann auf, wenn die gesetzlichen Lizenzbedingungen suboptimal gestaltet sind. Damit sind allerdings vielmehr die oben erwähnten praktischen Probleme, insbesondere die Preisfindung, betroffen und nicht primär die theoretischen Wirkungen der Regelung an sich.

Hinsichtlich einer Schrankenregelung, die keine direkten Lizenzeinnahmen ermöglicht, sind Anreizminderungen eher denkbar. Wie oben ausführlich diskutiert (vgl. Kap. 2.4), sollte deshalb der Substitutionscharakter zu den Einnahmen der Rechteinhaber Berücksichtigung finden. Dieser kann z.B. bei Multimediaanwendungen relativ gering sein, da diese oftmals andere relevante Märkte betreffen als die verwendeten ursprünglichen Informationen. Trotz potenziell transaktionskostenfreier Verhandlungslösungen wäre dann die Schrankenregelung weiter ökonomisch zu rechtfertigen. Treten hingegen Substitutionseffekte auf, müsste die Wohlfahrtsteigerung durch die Verhinderung der Anticommons-Situation die negativen Anreizwirkungen langfristig zumindest kompensieren. Eine solche Abwägung ist allerdings problematisch und verlangte letztlich eine politische Entscheidung.

SHAPIRO (2002) zieht aufgrund der Schwachstellen einer zwangslizenzlichen Regelung den Schluss, für bestimmte Güter/Bereiche, bei denen die IPR-Ausgestaltung ursächlich für wettbewerbsbeschränkende Entwicklungen und Ineffizienzen ist, den urheberrechtlichen Schutz zu verringern. Hiermit könne die Problematik der Festlegung „angemessener" Lizenzgebühren umgangen werden (vgl. Shapiro (2002), S. 13). So attraktiv ein derartiger Vorschlag erscheint, auch hierbei stellen sich Hindernisse bezüglich dessen Praktikabilität. So bedürfte es z.B. einer genauen Spezifikation der betroffenen Güter sowie der Art und Weise, in der die Schutzverringerung erfolgen soll. Hier mögen insbesondere dann Probleme entstehen, wenn gleiche Güter in unterschiedlichen Verwendungsarten genutzt werden, wobei eine Verwendungsart Anlass zur Befürchtung von negativen (Wettbewerbs-) Effekten bietet, die andere hingegen nicht. Ein weiterer Problemaspekt betrifft die urheberrechtlichen Anreizwirkungen. Mit der vorgeschlagenen Beschränkung des Urheberschutzes verringern sich für die betroffenen Informationsgüter die erzielbaren Einnahmen und damit ceteris paribus die Innovationsanreize.

Vor dem Hintergrund der geschilderten Kritikpunkte bezüglich der Zwangslizenz, die keinen Anspruch auf Vollständigkeit erheben, stellt sich die Frage nach geeigneteren, möglichst marktendogenen Lösungen. Hierzu propagiert beispielsweise MERGES (1996, 2000) privat initiierte Kooperationsmechanismen wie kollektive Rechteverwertungsorganisationen („Collective Rights Organizations“ (CRO)), die ebenfalls transaktionsfördernde Zwecke erfüllen. Neben der Senkung von Transaktionskosten, die infolge der Lizenzierung einer Vielzahl von Inputgütern anfallen würden, erlaubt eine koordinierte Preissetzung die Minderung der Anticommons-Effekte. Obwohl auch diese Lösungsalternative keine individuell differenzierenden Vertragsverhandlungen ermöglicht, kommt die CRO-Lösung marktlichen Austauschbeziehungen näher, da die Initiatoren die Lizenzbedingungen selbst gestalten. Dies ermöglicht zudem eine höhere Flexibilität in Bezug auf Umweltveränderungen und ermöglicht die Nutzung von brancheninternem Wissen und Informationen (vgl. Merges (1996), S. 4).

Bei derartigen Lösungen erlangen allerdings wieder zunehmend wettbewerbsrelevante Verhaltensweisen besondere Bedeutung, die ihrerseits administrative Eingriffe nach sich ziehen können und zudem nicht immer einwandfrei, oder nur unter erheblichem Kostenaufwand feststellbar sind. So lässt sich zwar beispielsweise ein missbräuchliches Verhalten im Rahmen der Lizenzvereinbarungen, das die Lizenzvergabe an die Erfüllung bestimmter Bedingungen knüpft, und den Lizenznehmer damit in seiner Entscheidungsfreiheit beschneidet, rechtlich untersagen. Derartige Bestimmungen sind jedoch durch ein weniger offensichtliches und nicht vertraglich fixiertes Verhalten umgehbar, mit dem sich jedoch die gleiche missbräuchliche Wirkung erzielen lässt (vgl. Shapiro (2002), S. 14 f.).[318]

318 Unter der Annahme, dass das Urheberrecht den Rechteinhabern freistellt, mit wem sie Lizenzvereinbarungen treffen, besteht zunächst kein Grund, eine Ablehnung zur Lizenzvergabe zu beanstanden. Wenn allerdings Lizenzvereinbarungen z.B. nur dann zustande kommen, wenn der Lizenznehmer sich verpflichten muss, auch andere Produkte der Lizenzgebers abzunehmen („tying“) oder keine Konkurrenzprodukte beziehen darf („exclusive dealing“), können wettbewerbshindernde Entwicklungen entstehen. Ein Verbot solcher bedingter Lizenzen lässt sich allerdings umgehen, wenn der Lizenzgeber nur mit solchen Akteuren Verträge schließt, die gerade die gewünschte Verhaltensweise an den Tag legen, ohne dies explizit zu verlangen („selektive Lizenzen“) (vgl. hierzu Shapiro (2002), S. 15). Angewandt auf das Beispiel der Musikindustrie wäre vorstellbar, dass nur diejenigen online-Anbieter oder Hardwareproduzenten Lizenzen erhalten, die ausschließlich bestimmte, von den Verlagen präferierte, Dateiformate/Nutzungsmöglichkeiten o.ä., respektive Technologien verwenden, um so einen de facto Standard zu etablieren. Im Softwarebereich würde z.B. Microsoft nur solchen PC-Produzenten/-Händlern Lizenzen zur Installation des Windows-Betriebssystems erteilen, die nicht gleichzeitig andere Betriebssysteme (Linux u.a.) vertreiben (vgl. Shapiro (2002), S. 15).

Zudem erfordert die privatwirtschaftliche Kooperation einen zeitlichen Lern- und Anpassungsprozess, da sich die marktlichen Koordinationsprobleme, die aus Transaktionskosten und Anticommons-Effekten resultieren, erst sukzessive im Zeitablauf offenbaren. Damit wird zudem die Notwendigkeit iterativer Transaktionen vorausgesetzt. Sofern lediglich einmalige oder wenige Transaktionen stattfinden besteht kein Anreiz, die Kosten zur Initiierung privater Koordinationsinstitutionen in Kauf zu nehmen. Eine gesetzliche Lizenzregelung wirkt hingegen kurzfristig (vgl. Merges (1996), S. 2, 30). Wenn sich langfristig privatwirtschaftliche, effiziente Institutionen konstituieren, könnten jedoch kurzfristige Effizienzeinbußen durchaus in Kauf genommen und damit eine permanente staatliche Regulierung vermieden werden.

Es bedarf bei dieser Beurteilung jedoch der Berücksichtigung der Relevanz des Zeitaspektes in Verbindung mit den Strukturen des betreffenden Marktes. Insbesondere im IuK-Sektor kommt der Zeit eine kritische Größe zu und auch der Wert bestimmter Informationsgüter ist in hohem Grade mit dem Faktor Aktualität korreliert. Wie geschildert weisen die betrachteten Güter und Märkte häufig starke Netzwerkeffekte auf, bei denen zudem Standards und Kompatibilitätsanforderungen eine wichtige Rolle spielen. Derartige Marktstrukturen sind damit prädestiniert für einen Wettbewerb, bei dem sich lediglich ein Anbieter am Markt durchsetzt („Winner-Take-All“) sobald die kritische Masse an Kunden erreicht ist (vgl. Klodt (2003), S. 121; Kap. 4.2). Da die Entscheidung des Marktes zugunsten eines Anbieters relativ schnell vor sich geht, kann ein kurzer Zeitvorsprung hinsichtlich des Zugangs zu wesentlichen Inputfaktoren (Informationsgütern) als Wettbewerbsvorsprung bereits ausreichen, um den Markt zu erobern. Sobald ein Anbieter einen de-facto-Standard etabliert hat, kann der Markt ein hohes Beharrungsmaß aufweisen und sich kein paralleler Standard einführen lassen. Sofern sich erst einmal monopolistische oder oligopolistische Marktstrukturen verfestigt haben, wird sich deren Veränderung im Nachhinein als aufwendig erweisen (vgl. Harrison (2002), S. 466; Kap. 4.2).

Privatwirtschaftlich gestaltete Institutionen zur Lizenzierung und kollektiven Rechteverwertung können unter diesen Umständen „zu spät“ erfolgen und sich Anbieter und Technologien am Markt durchsetzen, die nicht im Sinne der Konsumentenpräferenzen das beste Angebot bereit halten, sondern die frühzeitig Zugang zu den wesentlichen Inputgütern hatten. Der Marktzutritt wird für Konkurrenten erschwert, die Wettbewerbsintensität gemindert. Die Wirkung der Anticommons-Effekte würde somit verfestigt. Unter Berücksichtigung dieser Bedenken, scheint die z.B. von MERGES (1996) angeführte per se Überlegenheit derartiger privater Institutionen zumindest relativierbar, sofern eine differenzierte Betrachtung unterschiedlicher Marktstrukturen und -besonderheiten zugrunde gelegt wird.

In Anbetracht der technologischen Möglichkeiten, insbesondere des Internets, wird die Einrichtung von „elektronischen Clearingstellen" vorgeschlagen. Hier könnten die Rechteinhaber einer Vielzahl von Informationsgütern zentral katalogisiert werden, was die Transaktionskosten (insbesondere Suchkosten) im Rahmen von Lizenzverhandlungen erheblich mindern würde (vgl. Merges (1996), S. 3, 31). Auch der erwähnte Zeitaspekt verlöre aufgrund der technischen Entwicklung an Relevanz, da derartige elektronische Systeme vergleichsweise schnell implementiert werden könnten. Wenn so auch die Transaktionskosten zu senken wären, bliebe allerdings die Problematik der Anticommons weitgehend unberührt. Denn eine zentrale Sammlung von Informationen gewährleistet noch keine koordinierte Preissetzung der relevanten Rechteinhaber. Diese Koordination bleibt somit zeit- und kostenintensiv.

Zudem ist die private Initiierung kollektiver Rechteverwertungsorganisationen von der Problematik öffentlicher Güter betroffen.[319] Idealerweise müssten diese Organisationen sämtliche relevanten Rechteinhaber einschließen und deren Rechte verwerten. Da die Gründung jedoch irreversible Investitionen voraussetzt, wäre es individuell rational, daran nicht teilzunehmen, sondern erst nach erfolgter Implementierung zu partizipieren, z.B. indem einer koordinierten Preissetzung gefolgt wird. Ein Ausschluss von „Nichtmitgliedern" – sofern möglich, z.B. über Geheimhaltung der koordinierten Preise – würde die negativen Folgen höherer Transaktionskosten und der Anticommons-Situation bedingen, die es gerade zu beseitigen galt. Der „Ausgeschlossene" würde dann weiterhin die zu hohen Preise setzen und damit die Situation der koordiniert Handelnden beeinträchtigen. Ein Ausschluss kann damit nicht im Interesse der Organisation liegen. Diese Problematik schmälert somit den Anreiz zur privaten Bildung der Kollektive.

Um dennoch nicht auf deren Effizienzwirkungen verzichten zu müssen und deren Implementierung zu ermöglichen, kommen staatliche Unterstützungen in Betracht. Derartige Möglichkeiten sollen an dieser Stelle nicht weiter analysiert werden. Die damit einhergehenden Kosten und Informationsdefizite sind jedoch zusätzlich zu berücksichtigen und im Rahmen eines Institutionenvergleichs denjenigen der Zwangslizenzlösung gegenüberzustellen. Da es sich jedoch um einmalige „Initiierungskosten" handeln dürfte, wären diese einer dauerhaften Regulierung vorzuziehen.

Ein wesentlicher Kritikpunkt einer die Preise koordinierenden Verwertungsgesellschaft betrifft die negativen Wettbewerbswirkungen und Effizienzverluste,

---

319 Die hier relevante Problematik wird unter dem Begriff „collective action" diskutiert (siehe zur ausführlichen theoretischen Analyse z.B. Sandler (1992)).

die gegebenenfalls bedeutsamer sein können als die positiven Koordinationseffekte. Diese negativen Wettbewerbswirkungen resultieren dabei aus der koordinierten Preissetzung potenzieller Konkurrenten auch für substituierbare Lizenzen, womit der an sich mögliche horizontale Wettbewerb umgangen wird. Im Vergleich zum Fall komplementärer Lizenzen gehen mit einem koordinierten einheitlichen Monopolpreis hier Wohlfahrtsverluste einher. Nun wird es sich in der Praxis kaum realisieren lassen, dass lediglich komplementäre Rechte kollektiv über Verwertungsgesellschaften lizenziert werden, zumal der Charakter von der jeweiligen Anwendung abhängig ist.

Um diese Problematik zu mindern und die Wettbewerbsintensität zu steigern, eignet sich die wettbewerbspolitische Forderung, dass Rechteinhaber in der Lage sein müssen, ihre Lizenzen nicht nur über Verwertungsgesellschaften, sondern zusätzlich auch individuell vergeben zu können („Direktlizenz“) (vgl. Parisi/Depoorter (2003), S. 171). Für potenzielle Verwerter entsteht damit eine Wahlmöglichkeit, die Lizenzen direkt beim Rechteinhaber oder bei der Verwertungsgesellschaft zu erwerben. Ein Exklusivrecht für Verwertungsgesellschaften ist deshalb zu vermeiden. Eine solche Regelung ermöglicht den Wettbewerb der Mitglieder der Verwertungsgesellschaft untereinander als auch zwischen einzelnen Mitgliedern und der Verwertungsgesellschaft, ohne die Anticommons-Situation zu verursachen.

Im Fall komplementärer Lizenzen bestünde für einen Rechteinhaber kein Anreiz, einen anderen als den koordinierten Preis der Verwertungsgesellschaft zu fordern. Höhere Preise wären nicht durchzusetzen, geringere Preise versprächen aufgrund der Komplementarität keine Mengenausweitung und damit auch nicht die Möglichkeit zur Steigerung der Einnahmen. Es stellte sich somit zwar kein zusätzlicher Wettbewerb ein, allerdings blieben die Effizienzvorteile der Koordination – verglichen mit der Anticommons-Situation – erhalten.

Im Fall substituierbarer Lizenzen besteht hingegen der individuelle Anreiz der Rechteinhaber, mit dem Preis für Direktlizenzen von dem koordinierten Preis der Verwertungsgesellschaft nach unten hin abzuweichen, um so mehr Nachfrage auf sich zu ziehen und die Einnahmen zu steigern. Die Regelung hätte somit einen Wettbewerb intensivierenden und damit Effizienz steigernden Effekt (vgl. hierzu Parisi/Depoorter (2003), S. 171 f.).

Eine abschließende Entscheidung zugunsten einer bestimmten Lösungsalternative beim Vorliegen der geschilderten Anticommons-Situation lässt sich in Anbetracht der dargelegten Analyse kaum auf theoretisch, qualitativer Basis vornehmen und verlangte eine Abwägung entstehender Kosten und Nutzen, die zudem vom jeweiligen Einzelfall abhängig ist. So werden unterschiedliche Informationsgüter in unterschiedlichem Maße von Anticommons-Effekten betroffen sein. Ebenso wird die Möglichkeit zur privaten Initiierung kollektiver Verwertungsorganisationen für die jeweiligen Güter und in Abhängigkeit der Marktstrukturen unterschiedlich ausfallen. Je höher z.B. das Ausmaß sich wiederholender Transaktionen und je geringer die Zahl der Interaktionspartner, desto wahrscheinlicher ist eine Koordination.

Ohne die bestehenden Möglichkeiten zur Herausbildung marktlicher Koordinationsverfahren als Reaktion auf die geschilderten Anticommons-Effekte zu unterschätzen, zeigte die Untersuchung, dass ein einseitiges Vertrauen auf solche Lösungen nicht sinnvoll ist und damit auch die Frage nach staatlicher Intervention nicht per se unangemessen erscheint. Derartige Intervention können z.B. die Initiierung von Verwertungsgesellschaften unterstützen, durch rechtliche Institutionen (z.B. Direktlizenz) die Wettbewerbsintensität steigern, aber auch durch Zwangslizenzen oder Schrankenregelungen Transaktionen und damit die Herstellung von IPR-intensiven Produkten oder Dienstleistungen fördern oder erst ermöglichen. Allerdings verursachen derartige Eingriffe administrativen Aufwand und gewisse Ineffizienzen, die zu berücksichtigen sind.

Als wesentliche Voraussetzung zur Anwendung solcher Eingriffe gelten zunächst die geschilderten Bedingungen, die zur Anticommons-Situation führen. Von besonderem Interesse wäre vor diesem Hintergrund für detailliertere Empfehlungen und die praktische Anwendung u.a. eine Quantifizierung potenzieller Anticommons-Effizienzverluste. Ferner wäre eine Identifizierung von Gütern oder Branchen, die vermehrt von derartigen Effekten betroffen sind hilfreich, um anhand dieser Informationen eine Differenzierung z.B. hinsichtlich urheberrechtlicher Ausnahmeregelungen oder Lizenzanforderungen zugunsten bestimmter Nutzungsformen vornehmen zu können. Je größer z.B. die Anzahl der Rechteinhaber, die bezüglich der Lizenzpreissetzung unabhängig agieren und je höher das Ausmaß der Komplementarität der entsprechenden Informationsgüter für die Herstellung neuer Produkte, desto wahrscheinlicher ist das Auftreten der Anticommons-Situation, und desto größer ist der Effizienzverlust infolge der Unternutzung (vgl. Buchanan/Yoon (2000), S. 5 ff.; Depoorter/Parisi (2002), S. 464). Von Bedeutung wären diesbezüglich als Entscheidungsgrundlage auch Möglichkeiten zur Beurteilung des Grades der Komplementarität.

Hinsichtlich der Frage, ob mit einer privat initiierten Implementierung von koordinationsfördernden Institutionen zu rechnen ist, oder ob Eingriffe in Erwägung zu ziehen sind, zeigen sich insbesondere die folgenden Kriterien relevant:[320] (1) Die Anzahl der potenziellen Vertragspartner. Je geringer diese ist, desto wahrscheinlicher sind private Koordinationsinitiativen. (2) Die Homogenität der Interessen der Rechteinhaber. Je heterogener die Interessen, desto eher verfolgen die Rechteinhaber unterschiedliche Zielsetzungen und desto geringer sind die Koordinationsanreize. (3) Die Häufigkeit der Transaktionen. Handelt es sich überwiegend um einmalige Austauschbeziehungen, ist der Anreiz gering, Ressourcen für die Koordination aufzuwenden. (4) Zudem sind gesetzliche Rahmenbedingungen zu beachten und gegebenenfalls anzupassen. So besteht z.B. die Gefahr, dass die Wettbewerbspolitik den Koordinationsanstrengungen im Wege steht. Hier hätte die Wettbewerbspolitik den Zweck und die potenziell Wohlfahrt steigernden Effekte des koordinierten Handelns zu berücksichtigen.

In Anbetracht der unterschiedlichen Voraussetzungen und Entwicklungen auf unterschiedlichen Märkten sind Pauschalempfehlungen für die IPR-Ausgestaltung nicht möglich. Sind allerdings die Voraussetzungen erfüllt, die eine Anticommons-Situation bedingen und deuten die obigen Kriterien auch langfristig nicht auf eine private Lösung hin, können die geschilderten Zwangslizenzen oder Schrankenregelungen zur Effizienzsteigerung beitragen. Wie erwähnt, böte es sich diesbezüglich an, eine Differenzierung in Abhängigkeit derjenigen Güter bzw. Sektoren und Nutzungsformen vorzunehmen, die in besonderem Maße von den Koordinationsdefiziten betroffen sind und aus deren Unternutzung vergleichsweise hohe Wohlfahrtsverluste resultieren.

Als Beispiel sei nochmals auf die Entwicklung im Bereich der Biotechnologie verweisen, obgleich hier der Patentschutz betroffen ist. Hier existiert eine Vielzahl an unabhängigen Rechteinhabern und eine Vielfalt an geschützten „Gütern“ (z.B. bestimmte Techniken, DNA-Sequenzen, Wirkstoffe, u.a.), die als komplementäre Inputs für z.B. neue Medikamente dienen. Die Transaktionskosten der Koordination können wegen der Vielzahl der Akteure als hoch angenommen werden. Ferner können heterogene Interessen der Rechteinhaber Koordinationsinitiativen entgegenstehen (vgl. hierzu Heller/Eisenberg (1998), S. 5 ff.). Die Entwicklung der Medikamente erfordert häufig nur einmalige Transaktionen mit Rechteinhabern diverser Komponenten, was die Anreize zur Etablierung von Koordinationsmechanismen mindert (vgl. Merges (2000), S. 1866). Zur Vermeidung der geschilderten Ineffizienzen könnten deshalb hier zwangslizenzliche Eingriffe, Schrankenregelungen oder eine geringere Intensität der IPR angezeigt erscheinen.

320 Diese genannten Kriterien sind nicht als abschließende Auflistung aufzufassen. In Abhängigkeit unterschiedlicher Marktstrukturen und -besonderheiten dürften weitere Kriterien existieren.

Für die zukünftige IPR-Ausgestaltung lassen sich aufgrund der Untersuchung dahingehend Empfehlungen ableiten, dem zunehmenden Inputcharakter von geschützten Informationsgütern stärkere Bedeutung beizumessen. Wenn auch intensivere IPR Anreize für die private Erstellung nichtrivaler Güter erzeugen und so Effizienzsteigerungen bei der Bereitstellung dieser Güter bewirken können, so sind die oben geschilderten Effizienzverluste im Zuge einer nachfolgenden Lizenzierung und Verwertung dieser Güter durch Dritte stärker zu beachten. Dies gilt insbesondere für solche Industrien, die sich besonders anfällig bezüglich potenzieller Anticommons-Effekte zeigen, da Produktion und Entwicklung in besonders hohem Ausmaß auf bereits bestehende Komponenten zugreifen, wie z.B. in der Softwareindustrie (vgl. Klodt u.a. (2003), S. 215). Eine weitere Intensivierung des IPR-Schutzes und damit eine zunehmende Fragmentierung kann hier leicht kontraproduktiv wirken.

4.3.4 Fazit

Der Ausgangspunkt der analysierten Problematik bestand in der Nutzung komplementärer Inputgüter, an denen unterschiedliche Akteure mit Preissetzungsmacht exklusive Rechte halten. In Analogie zur Theorie komplementärer Oligopole stellt sich bei dezentralen Markttransaktionen ein ineffizientes Gleichgewicht ein, das verglichen mit einer Monopolsituation zu Wohlfahrtverlusten führt. Aus der Existenz fragmentierter Property-Rights in den Händen unterschiedlicher Akteure folgt eine ineffiziente Unternutzung von Ressourcen, die von der Argumentationslogik her der Übernutzung im Falle fehlender Ausschlussrechte entspricht. Je größer die Anzahl der unabhängig handelnden Inhaber der Ausschlussrechte, desto größer sind die Wohlfahrtseinbußen. In beiden Fällen stellen sich Externalitäten ein, die im Rahmen individueller Entscheidungen unberücksichtigt bleiben.

Als ein praktisches Anwendungsfeld zeigte sich der Bereich immaterieller, geschützter Güter. Hinsichtlich Ausgestaltung und Analyse der Schutzrechte ist diese Problematik weitgehend unberücksichtigt geblieben. Im Vordergrund standen in erster Linie bislang Fragen nach den Innovationsanreizen, Schutz vor Piraterie und dem Zugang insofern, dass letzterer durch den monopolähnlichen Charakter des Ausschlussrechtes negativ betroffen war, nicht wie hier geschildert durch Koordinationsdefizite. Damit war die direkte Wirkung der Allokation der Rechte betroffen. Die Analyse der Wirkung der ursprünglichen Rechteverteilung auf die Effizienz nachfolgender Transaktionen blieb hingegen vielfach außer Acht. Infolge einer solchen Berücksichtigung lassen sich jedoch Schlussfolgerungen für die Ausgestaltung der Urheberrechte als auch weiterer Property-Rights ableiten. Die Fokussierung auf die direkten Wirkungen könnte als ein Erklärungsgrund für die in jüngster Vergangenheit stetig zunehmende Intensivierung des IPR-Schutzes herangezogen werden. Beispiele bieten diesbezüglich die Diskussion um den (Patent-) Schutz von Computersoftware, der Schutz von Datenbanken oder die faktische Ausweitung des Urheberschutzes durch die EU-Richtlinie.

Eine Politik auf Basis dieser einseitigen Berücksichtigung bietet zwar die Möglichkeit zur Anreizsteigerung z.B. im Bereich privater Forschung und Entwicklung und kann so zunächst die Generierung vermehrter Innovationen und Informationsgüter unterstützen. Da aber technologische Entwicklungen in hohem Maße aus der Kombination und Weiterentwicklung bestehender Informationsgüter und technischen Wissens hervorgehen, gewinnt die geschilderte Problematik bei einem intensiveren Schutzniveau für eine immer größere Anzahl an Inputinformationsgütern an Bedeutung (vgl. Parisi/Depoorter (2003), S. 162; Blind u.a. (2003), S. 30 ff.). Mit der zunehmenden Fragmentierung geht eine ineffizient geringe Verwertung bestehender Informationsgüter einher, wodurch weitere Entwicklungen und Innovationen, die diese Informationsgüter nutzen, hinter einem optimalen Ausmaß zurückbleiben und unnötig verteuert werden.[321] Zudem sinkt mit zunehmender Fragmentierug wegen der Unternutzung der bestehenden Güter deren Marktwert, was letztlich negative Anreizwirkungen für deren Kreation verursachen kann (vgl. Rahnasto (2003), S. 179 ff.).

In Anbetracht der analysierten Problematik stellte sich die Frage nach potenziellen Lösungsansätzen. Hier zeigte sich ein koordiniertes Vorgehen der Inhaber komplementärer Rechte als sinnvoll. Dieses dürfte sich jedoch mit zunehmender Anzahl der Akteure aufgrund steigender Transaktionskosten schnell als unpraktikabel erweisen. Verwertungsgesellschaften oder „Pool-Lösungen" könnten als Intermediäre die Koordinationsfunktion erfüllen. Durch Gewinn maximierende, monopolistische Preissetzung wären Wohlfahrtssteigerungen im Vergleich zur Anticommons-Situation erzielbar.

Eine privat initiierte Bildung derartiger Verwertungsgesellschaften durch die beteiligten Akteure kann allerdings aufgrund bestimmter Faktoren unterbleiben, von denen die jeweiligen Informationsgüter und Märkte in unterschiedlichem Ausmaß betroffen sind. Diese Faktoren bestehen in der Anreiz-Problematik öffentlicher Güter, die mit steigenden (Transaktions-)Kosten und der Anzahl der Beteiligten zunimmt. Des Weiteren setzt ein individuelles Handeln einen zeitlichen Lern- und Anpassungsprozess voraus und verlangt zudem sich wiederho-

321 Des Weiteren ist zu bedenken, dass wegen der steigenden Preise für komplementäre Inputgüter insbesondere kleinere Unternehmen vom Zugang abgehalten werden. Diese verschwinden vom Markt, schließen sich zusammen oder werden von größeren Konkurrenten übernommen. Marktstrukturelle Folgen in Form einer steigenden Konzentration sind somit nicht auszuschließen (vgl. Rahnasto (2003), S. 180).

lende Transaktionen. Sofern diese Faktoren die Bildung einer ansonsten Effizienz steigernden Institution verhindern, sind staatliche Anreize, Hilfen oder Verpflichtungen zur Implementierung möglich. Auch die wettbewerbspolitische Beurteilung von Preis koordinierenden Verhaltensweisen unabhängiger Rechteinhaber bzw. der Bildung privater Rechteverwertungskollektive oder „Pools" muss das geschilderte Effizienzsteigerungspotenzial berücksichtigen.

Allerdings garantiert die Existenz von Verwertungsgesellschaften keine durchweg effizienten Ergebnisse, da trotz der Vermeidung der Anticommons-Effekte Wettbewerbsbeschränkungen möglich sind. Ausschlaggebend dafür zeigt sich u.a., ob die von der koordinierten Lizenzierung betroffenen Informationsgüter in komplementärem oder substitutiven Verhältnis zueinander stehen. Im Fall der Komplementarität ermöglicht die Koordination die beschriebenen Wohlfahrtssteigerungen. Handelt es sich jedoch um Substitute, verhindert die koordinierte Preissetzung den ansonsten stattfindenden Wettbewerbsprozess. In Abhängigkeit, welcher Substitutionsgrad bei den vorgenommenen Transaktionen überwiegt, wäre die Wirkung der Verwertungsgesellschaft zu beurteilen.

Um die Wettbewerbsprobleme im Zuge der Preiskoordination zu mindern, kommt als wettbewerbspolitische Maßnahme die „Direktlizenz" in Betracht. Diese bietet die Möglichkeit, parallel zum Angebot der Verwertungsgesellschaft direkt von dem Rechteinhaber eine Lizenz zu erwerben. Bei komplementären Lizenzen bewirkt dies zwar keine Intensivierung des Wettbewerbs. Im Falle substitutiver Lizenzen besteht jedoch für die Rechteinhaber ein Anreiz, geringere Preise zu fordern als die Verwertungsgesellschaft, wodurch ein Wettbewerbsprozess in Gang gesetzt wird.

Dennoch sind weitere Formen der Wettbewerbsbeschränkung als auch die „Umgehung" der Direktlizenz-Regelung – in Anlehnung an ein stabiles Kartellverhalten – denkbar. Die damit einhergehenden Wohlfahrtsverluste können die positiven Koordinationseffekte überwiegen. Zudem könnten zusätzliche wettbewerbspolitische Eingriffe erforderlich werden, wodurch administrative Kosten entstehen. Da außerdem die Bildung von Verwertungsgesellschaften trotz staatlicher Anreize nicht für alle Situationen anzunehmen ist, stellt sich die Frage nach potenziellen Alternativen, um das Problem der Anticommons zu mindern.

Ein solcher alternativer Ansatz zeigte sich in der Ausgestaltung des IPR-Systems. Diesbezüglich ließen sich über eine Zwangslizenz die Ausschlussrechte umgehen, deren strategischer Einsatz als Ursache der Anticommons-Problematik gilt. Auch hier sind die nicht unerheblichen Nachteile eines solchen Eingriffs zu bedenken, insbesondere hinsichtlich Lizenzgebührbestimmung und -erhebung. Im Vergleich mit Zwangslizenzen aufgrund z.B. wettbewerbspolitischer Erwägungen besteht aber der Vorteil, dass die Einnahmensituation der Rechteinhaber durch geringere Lizenzgebühren ebenso verbessert wird wie die Zugangsbedingungen der Nutzer, womit Wohlfahrtssteigerungen denkbar sind.

Die Inflexibilität der Preissetzung ließe sich durch Beobachtungen der Wirkung und der Möglichkeit zu Anpassung in zeitlichen Abständen vermindern. Da sich eine „optimale" Ausgestaltung im Sinne des hier als Referenzmaßstab dienenden Monopolpreises aber als theoretischer Idealfall erweisen dürfte, wäre die Regelung auf bestimmte Nutzungen bzw. Güterarten zu beschränken, die mit hoher Wahrscheinlichkeit von Anticommons-Effekten beeinträchtigt wären (z.B. Multimediaproduktionen) und sich privaten Koordinationsformen entziehen. Die Wohlfahrtsteigerungen durch eine vermehrte Nutzung der Informationsgüter müssen die Nachteile der Zwanglizenzregelung überwiegen. Diesbezüglich bedarf es zur besseren Vorhersage, wann dies der Fall ist, insbesondere empirischer Erkenntnisse, welche Informationsgüter unabhängiger Rechteinhaber für welche Anwendungen mit hoher Wahrscheinlichkeit als komplementäre Inputs fungieren.

Ein Eingriff könnte beispielsweise auch in Form von Schrankenregelungen geschehen, sofern diese anwendungsspezifisch definiert werden sollten (vgl. dazu Kap. 2.5). Um negative Anreizwirkungen möglichst gering zu halten, sollten die Schrankenregelungen allerdings nur solche Nutzungen erlauben, die einen geringen Substitutionscharakter zum ursprünglichen Gut des Rechteinhabers aufweisen, was z.B. bei Multimediaproduktionen häufig der Fall sein kann.

Die Problematik der Anticommons ließe sich zudem von vornherein bei der Rechteausgestaltung berücksichtigen. Über Parameter wie die Schutzdauer oder die Ausnahme bestimmter Verwertungsrechte (z.B. bislang unbekannte Verwertungsformen) sind ex ante bestimmte, ineffiziente Konstellationen zu vermeiden. Hier wären zur Beurteilung der Anreizwirkungen zuzüglich zum „traditionellen" trade-off noch Wohlfahrtswirkungen infolge des strategischen Verhaltens zu bedenken. Wohlfahrtsverluste durch Anticommons-Effekte können bei steigender Exklusivität möglicherweise stärker ausfallen, als die Wohlfahrtsgewinne durch positive Anreizwirkungen.

Insbesondere für Industrien, in denen Innovationen durch die Kombination vieler unterschiedlicher Technologien entstehen, sollte hinsichtlich der primären Rechteallokation die Wirkung auf die Effizienz nachfolgender Transaktionen berücksichtigt werden. Für derartige Informationsgüter, die sich in hohem Ausmaß als komplementäre Inputs für nachfolgende innovative Entwicklungen und Dienstleistungen erweisen und eine private Koordination unwahrscheinlich ist, wäre ein geringeres Schutzniveau zu rechtfertigen. Dies betrifft auch die durch technische Schutzmaßnahmen herzustellende Ausschließbarkeit, gegebenenfalls auch für Rechte, die nicht (mehr) schutzfähig sind. Diese Schutzmaßnahmen würden zwar Individualtransaktionen begünstigen, aber in Abhängigkeit der komplementären Eigenschaften sowie der Marktposition des Rechteinhabers vermehrt Anticommons-Effekte bedingen, da keine Koordination der Rechteinhaber erfolgt.

Sofern infolge eines geringeren Schutzniveaus von bedeutenden Anreizverlusten auszugehen ist, wären Alternativen zum IPR-System in Erwägung zu ziehen. Hierbei könnte es sich z.B. um steuerfinanzierte Entlohnungsmodelle oder „buy-outs“ handeln, bei denen mit öffentlichen Geldern die Verfügungsrechte an den betroffenen Gütern erworben und diese der Öffentlichkeit zur Verfügung gestellt werden.

5 Zusammenfassung und Ausblick

Mit der voranschreitenden Entwicklung der IuK-Technologien und der steigenden Bedeutung von Informationen und Informationsgütern als Wirtschaftsgüter stehen auch die institutionellen Rahmenbedingungen wie das Urheberrecht vor neuen Herausforderungen, die u.a. die Innovations-/Produktionsanreize und die Nutzungsmöglichkeiten hinsichtlich der Informationsgüter betreffen. Vor diesem Hintergrund wurde mit der vorliegenden Untersuchung das Ziel verfolgt, zunächst die Institution des Urheberrechts, dessen Rechtfertigung und Wirkungsmechanismen unter Berücksichtigung der informationstechnologischen Entwicklungen ökonomisch zu analysieren. Dies kann als Grundlage für Untersuchungen und Handlungsempfehlungen hinsichtlich einer an ökonomischer Effizienz orientierten Ausgestaltung dienen. Darauf folgend wurde der Frage nachgegangen, wie die aktuelle Urheberrechtsausgestaltung unter ökonomischen Kriterien zu bewerten sei. Des Weiteren stellte sich die Frage nach wettbewerbsrelevanten Auswirkungen infolge der urheberrechtlichen Ausgestaltung in Verbindung mit technologiespezifischen Besonderheiten. Diesbezüglich galt es, Problemaspekte aufzuzeigen und zu analysieren und potenzielle Lösungsansätze zu diskutieren, um sowohl den Anforderungen des Urheberrechts als auch denen eines funktionsfähigen Wettbewerbs zu genügen.

Den Ausgangspunkt der Analyse bilden die Informationsgüter und deren „Öffentliche Gutseigenschaften" sowie deren besondere Kostenstrukturen, die durch hohe Fixkosten für die Produktion des originären Informationsgutes (z.B. die Erstellung einer Software) und durch geringe Grenzkosten für die Herstellung und Distribution zusätzlicher Werkausgaben (z.B. Kopien der Software) gekennzeichnet sind. Diese Eigenschaften verhindern eine effiziente Marktallokation. Die IuK-technologische Entwicklung verschärft durch die Verringerung der Kopierkosten und mit der Möglichkeit, die Informationsgüter auch ohne materielle, rivale Trägermedien zu nutzen und zu verbreiten, diese Problematik zusätzlich.

Um Anreize zur Produktion der Informationsgüter zu erzeugen, die aus gesamtgesellschaftlicher Perspektive eine Nutzen stiftende und damit Wohlfahrt steigernde Funktion erfüllen, dient die Institution des Urheberrechts. Dadurch werden dem Urheber exklusive Verfügungsrechte an den Informationsgütern und damit die alleinige Möglichkeit zur Verwertung zugesichert. Mit der so entstehenden Möglichkeit zu einer Preissetzung oberhalb der Grenzkosten lassen sich Einnahmen erzielen, die eine Deckung der hohen Fixkosten erlauben und die Anreize zur Produktion zusätzlicher Informationsgüter steigern. Allerdings geht hiermit eine ineffiziente Nutzung der produzierten Güter einher. Da keine Nutzung zu Grenzkostenpreisen erfolgt, die im Falle vollkommener Nichtrivalität gleich Null sind, bleiben potenzielle Konsumenten von der Nutzung ausgeschlossen, wodurch es zu statischen Wohlfahrtsverlusten kommt. Bei der praktischen Ausgestaltung eines an Effizienzkriterien orientierten Urheberrechtssystems sind deshalb die gegenläufigen Wohlfahrtseffekte infolge sowohl der Produktion als auch der Nutzung und des Kopierens der Informationsgüter zu berücksichtigen.

Auf theoretischer Basis eignen sich hierzu Modelle zur Bestimmung des „optimalen Urheberrechts“ sowie Modelle zur Erklärung der Wirkungen des Kopierens. Der praktische Aussagegehalt der hier analysierten statischen Modellansätze zeigte sich für konkrete politische Handlungsempfehlungen zwar als beschränkt. Dennoch eignen sich die Modelle und die damit erzielbaren Aussagen, um z.B. die ökonomischen Zusammenhänge und relevanten Wirkungsmechanismen aufzuzeigen, was als Entscheidungsgrundlage für die praktische Ausgestaltung urheberrechtlicher Regelungen hilfreich sein kann. Von größerer Bedeutung dürfte sich jedoch erweisen, dass sich bestimmte Faktoren verdeutlichen lassen, die die Wirkung der Urheberrechtsausgestaltung erheblich beeinflussen. Hierdurch können Tendenzaussagen abgeleitet werden – z.B. wann es Effizienzsteigerungen verspräche, das Urheberrecht zu ändern und in welche Richtung dies geschehen solle (vgl. Watt (2000), S. 135) – und Ansatzpunkte für weitere Forschungen formuliert werden.

Derartige Faktoren zeigten sich z.B. in den Substitutionsbeziehungen von Original und Kopie sowie deren jeweiligen Kostenstrukturen, den Kosten der Rechtsdurchsetzung, dem Inputcharakter der geschützten Informationsgüter, den Nachfragebedingungen und den Elastizitäten der Kreationsanreize hinsichtlich IPR-Variationen und damit einhergehender Einnahmen. Da diese Kriterien für unterschiedliche Güter, Märkte oder Industrien unterschiedlich ausfallen, sollte im Sinne einer effizienten Ausgestaltung auch das Niveau der IPR diesbezüglich differenziert werden. Eine solche Differenzierung könnte z.B. an der Bedeutung der Informationsgüter als Inputgut oder an den Nachfragestrukturen und der Höhe der fixen „first-copy-costs“ anknüpfen und sich auf Güterarten oder bestimmte Branchen beziehen. Wenn auch eine „optimale“ Ausgestaltung dadurch nicht zu erreichen ist, so dürfte sich eine Verbesserung hinsichtlich des Status quo einstellen, bei dem das gleiche urheberrechtliche Schutzniveau für unterschiedlichste Güter gilt. Hinsichtlich einer besseren Operationalität dieser Kriterien böten sich insbesondere empirische Untersuchungen an, um z.B. zu ermitteln, für welche Güter Kopien eine hohe Substitutionswirkung haben.

Anhand der Modelle zur Wirkung des Kopierens wurde verdeutlicht, unter welchen bestimmten Voraussetzungen das Kopieren sowohl den Nutzen der Kopisten als auch der Urheber steigern kann und damit nicht per se als negativ zu bewerten ist. In Anbetracht der administrativen Kosten und insbesondere der statischen Wohlfahrtsverluste eines intensiven IPR-Schutzes wäre es angeraten, in derartigen Fällen, in denen über Geschäftsmodelle und Marktmechanismen die Urheber vom Kopieren profitieren können und trotz des Kopierens Wohlfahrtssteigerungen zu erzielen sind, das Urheberrecht moderat auszugestalten und nicht den Versuch zu unternehmen, sämtliches Kopieren zu unterbinden.

Auch diesbezüglich bietet sich eine differenzierte Vorgehensweise hinsichtlich der IPR-Ausgestaltung an, die sich an den unterschiedlichen Möglichkeiten der Urheber zu orientieren hätte, von der Kopiertätigkeit zu profitieren. Hier wäre es somit hilfreich, anhand der in der Untersuchung herausgearbeiteten Kriterien, Güter oder Märkte zu identifizieren, die eine indirekte Aneignung des Nutzens der Kopisten durch die Urheber erlauben. Sofern z.B. die Kopiertätigkeit in kleinen sozialen Gruppen geschieht, besteht trotz neuer Kopiertechnologien die Möglichkeit, über höhere Preise davon zu profitieren. Zudem können die informationstechnologischen Entwicklungen auch von den Rechteinhabern genutzt werden, um z.B. Produkt- und Preisdifferenzierungsmodelle für Informationsgüter technologisch zu flankieren, was die indirekte Aneignung erleichtert (z.B. steigende Preise in Abhängigkeit unterschiedlicher Produktversionen oder der Kopiermöglichkeiten).

Ohne die Verluste der Rechteinhaber infolge der Kopiertätigkeit zu leugnen oder die Notwendigkeit eines angemessenen Schutzes in Frage zu stellen, sollte jedoch auch im Zuge neuer Technologien bei der Ausgestaltung des Urheberrechts das Potenzial individueller Verhaltensanpassungen und effizienter Marktstrategien Berücksichtigung finden, die ein „zu starkes" Urheberrecht nicht notwendig machen. Somit sollte nicht lediglich aufgrund neuer technologischer Entwicklungen und der Existenz bzw. der Zunahme der Kopiertätigkeit die Verschärfung des Schutzniveaus begründet werden, ohne die damit einhergehenden Wohlfahrtsverluste und die tatsächlichen Anreizeffekte angemessen zu berücksichtigen. So ist es z.B. vorstellbar, dass ähnlich dem zurzeit akzeptierten Modell der Preisdifferenzierung im Bereich wissenschaftlicher Zeitschriften für Bibliotheken und Individualnutzer auch zukünftig für andere Informationsgüter das Kopieren und die indirekte Aneignung als übliches Geschäftsmodell gelten.

Weiterhin von Relevanz für die praktische Ausgestaltung des Urheberrechtssystems ist eine realistische Quantifizierung tatsächlicher Verluste der Urheber durch die Kopiertätigkeit. Diesbezüglich zeigte die Analyse, dass die von den Rechteinhabern beklagten Verluste vielfach zu hoch und die negativen Anreizwirkungen dadurch überschätzt sind, da häufig implizit unterstellt wird, ein Großteil der vorgenommenen Kopien ersetze den Kauf des Originals. Zur realistischeren Ermittlung der Verluste sind jedoch die Kenntnis der tatsächlichen

Substitutionsverhältnisse sowie die Berücksichtigung individueller Verhaltensanpassungen der Akteure in der hypothetischen Referenzsituation nötig, in der keine Kopiertätigkeit möglich wäre.

Üblicherweise existieren im Urheberrecht bestimmte Beschränkungen der exklusiven Verfügungsrechte, zu deren Rechtfertigung Effizienzwirkungen dienen, obwohl dadurch die Verfügungsrechte der Urheber verdünnt werden. Hinsichtlich der Beurteilung dieser Schrankenregelungen eignet sich ebenfalls die ökonomische Analyse. Bei diesen Ausnahmen handelt es sich um zeitliche und inhaltliche Schranken, die sich in erster Linie aufgrund der Nichtrivalität der Informationsgüter als auch transaktionskostentheoretisch rechtfertigen lassen.

Die praktische Ausgestaltung der Schranken, die im deutschen Urheberrecht in der Form des Enumerationsprinzips erfolgt, zeigt sich zum einen strittig (z.B. digitale Privatkopie, die nach den Vorstellungen einiger Interessenvertreter gänzlich untersagt werden sollte) und zum anderen häufig nicht ökonomischen Anforderungen entsprechend. Zudem erfolgt durch die vorgenommene rechtliche Begünstigung nichtkommerzieller Anbieter hinsichtlich dieser Schranken eine wettbewerbliche Benachteilung gewerblicher Anbieter, was z.B. die Anreize zur Etablierung effizienter elektronischer Verwertungsmodelle mindert. Ferner ist ein solcher Ansatz inflexibel hinsichtlich neuer, durch technischen Fortschritt ermöglichter Nutzungsformen. Anreiz- und Effizienzsteigerungspotenziale sind somit durchaus vorhanden.

Als eine mögliche Alternative wurde deshalb ein Ansatz vorgeschlagen, der sich stärker am Substitutionscharakter der Nutzung bezüglich der Einnahmepotenziale des Rechteinhabers orientiert, statt an administrativ vorgegebenen Nutzungsformen. Sofern die Verwertungsinteressen des Rechteinhabers nicht beeinträchtigt werden, entstehen auch keine negativen Anreizeffekte durch die Nutzung der Informationsgüter durch Dritte. Dies ist selbst bei einer kommerziellen Nutzung z.B. dann der Fall, wenn gänzlich andere Nachfragesegmente und Märkte betroffen sind.

Im Kapitel 3 stand die Analyse der aktuellen Urheberrechtsnovellierung auf der Grundlage der Richtlinie 2001/29/EG zur „Harmonisierung bestimmter Aspekte des Urheberrechts und der verwandten Schutzrechte in der Informationsgesellschaft“ im Mittelpunkt, mit der auf die technologische Entwicklung reagiert werden soll. Die hierdurch bezweckte EU-weite Harmonisierung ist ambivalent zu beurteilen. So lassen sich die Rechtssicherheit steigern und der freie Binnenhandel fördern, wenn in den Mitgliedsländern die Verfügungsrechte an den Informationsgütern in gleichem Maße gewahrt sind.

Allerdings können unterschiedliche nationale Entwicklungen und Präferenzen nicht angemessen berücksichtigt werden. Auch die Möglichkeiten eines Systemwettbewerbs, zukünftig effizientere Regelungen herauszubilden, hinsichtlich derer ein supranationaler Gesetzgeber gegenwärtig über keine Informationen verfügt, werden nicht genutzt. Diejenigen Potenziale, die die Richtlinie durch „Kann-Regelungen" dennoch zur national individuellen Ausgestaltung bietet, sollten deshalb ausgeschöpft und deren Wirkungen einer regelmäßigen – auch international komparativen – Beurteilung unterzogen werden.

Eine wesentliche Neuerung im Urheberrecht besteht in dem rechtlichen Schutz vor der Umgehung technischer Maßnahmen, mit denen Informationsgüter vor nicht vom Rechteinhaber autorisierter Nutzung geschützt werden (z.B. Kopierschutz). Neben der Umgehung derartiger Schutzmaßnahmen ist auch die Verbreitung von Umgehungshilfsmitteln untersagt. Die ökonomische Wirkungsanalyse dieser Regelung stand deshalb im Mittelpunkt des Kapitels. Als Effizienz fördernd zeigte sich insbesondere, dass Ressourcen verschwendende „Wettläufe" zwischen Schutz- und Umgehungstechnologie verhindert werden und im Vergleich zum Urheberrecht ein ex ante-Schutz ermöglicht wird, wodurch administrative Kosten, z.B. der Rechtsdurchsetzung, sinken.

Ferner bieten diese Technologien neben dem Schutz vor unautorisierter Nutzung zunehmend die Gelegenheit, über Individuallizenzen unterschiedliche Qualitäten oder Nutzungsmöglichkeiten und -intensitäten zu unterschiedlichen Preisen anzubieten. Über derartige Produkt- und Preisdifferenzierungen ließe sich prinzipiell die Effizienz bezüglich Produktion und Nutzung von Informationsgütern steigern.

Allerdings gehen mit dem Einsatz dieser Technologien und deren Schutz nicht unerhebliche Probleme einher. So dürfte sich eine vollkommene Preisdifferenzierung in der Praxis nicht bewerkstelligen lassen, sodass auch hier mit Wohlfahrtsverlusten infolge der Unternutzung durch einen technisch verhinderten Zugang zu rechnen ist. Es besteht für die Rechteinhaber kein Anreiz zur Gewährung inhaltlicher sowie zeitlicher Schrankenregelungen des Urheberrechts, wodurch ein potenziell effizientes rechtliches Schutzniveau nicht realisiert würde. In dem Maße, in dem allerdings individuelle Lizenzierungen stattfinden und bestimmte, wenn auch nicht alle, Schrankenregelungen damit überflüssig machen können, ist die Pauschalvergütung – die als Ausgleich für die Inanspruchnahme der Schranken zu interpretieren ist – entsprechend zu reduzieren, um eine Doppelfinanzierung zu vermeiden.

Des Weiteren zeigte die Analyse, dass der rechtliche Umgehungsschutz zur Marktabschottung instrumentalisiert werden kann. Auch die Nutzung von Informationsgütern sowie die Entwicklung von Technologien, die in keinerlei Widerspruch zum Urheberrecht stehen und nicht mit den Verwertungsinteressen der Rechteinhaber konfligieren, aber nicht explizit durch Schrankenregelungen erfasst sind, können durch technische Maßnahmen unterbunden werden. Den statischen Wohlfahrtsverlusten der Unternutzung stehen dann keine positiven Anreizeffekte gegenüber, die z.B. eine Verhinderung der Nutzung der nichtrivalen Güter zu Grenzkostenpreisen ökonomisch rechtfertigen können. Auch Forschung und Entwicklung, die auf bestehenden Informationsgütern aufbauen, würden z.B. verteuert und möglicherweise aus gesamtgesellschaftlicher Perspektive zu gering ausfallen. Die potenziellen Wirkungen einer derartigen Intensivierung des Schutzniveaus können damit wesentlich mehr Bereiche betreffen, als lediglich die im Vordergrund der Diskussion stehende Kopiertätigkeit in der Unterhaltungsindustrie.

Aufgrund der nicht zu unterschätzenden Wohlfahrtsverluste infolge der geschilderten Unternutzung stellt sich die Frage nach geeigneten Handlungsempfehlungen hinsichtlich des Umgehungsschutzes, um die Vor- und Nachteile in ein ausgewogeneres Verhältnis zu bringen, als es die aktuelle Rechtsausgestaltung zu leisten vermag. Eine einheitliche Patentlösung wird auch hier nicht existieren, zumal unterschiedliche Güter unterschiedlich betroffen sind. Dennoch können die folgenden Vorschläge als Ansätze dienen.

Um die negativen Folgen des Umgehungsschutzes und die z.T. faktische Verschärfung des rechtlich vorgesehenen Schutzniveaus zu mindern, könnte die Umgehung nur dann untersagt und strafrechtlich relevant werden, wenn damit Urheberrechtsverletzungen einhergehen; die Informationsgüter somit urheberrechtswidrig genutzt werden. Dadurch könnten auch bei dem Einsatz technischer Schutzmechanismen Schrankenregelungen in Anspruch genommen und Güter mit abgelaufener Schutzdauer genutzt werden. Eine ineffiziente Substitution des Rechts durch die Technik würde unterbunden. Das Strafmaß für Urheberrechtsverletzungen unter Umgehung von Schutzmaßnahmen hätte dann höher zu sein als in Fällen, in denen keine Schutztechnologie verwandt wird (vgl. hierzu Landes/Posner (2003), S. 45). Dies erhöhte die Kosten der illegalen Nutzung und senkte c.p. die Anreize hierzu. Da allerdings unterstellt werden kann, dass ein Großteil der betroffenen Nutzer nicht in der Lage sein dürfte, einen technischen Schutz zu umgehen, ohne im Besitz nötiger Umgehungshilfsmittel zu sein, sollte sich auch deren Verbot ebenfalls lediglich auf urheberrechtswidrige Nutzungen beziehen.

Sofern die Gefahr illegaler Nutzungen dabei für zu groß erachtet wird und das derzeitige Verbot von Herstellung, Verkauf u.ä. der Umgehungstechnologien uneingeschränkt gelten soll, käme ein Ansatz in Betracht, bei dem die Rechteinhaber stärker verpflichtet werden, Schrankenregelungen und urheberrechtsneutrale Nutzungen trotz des Einsatzes von Schutzmaßnahmen zu gewährleisten. Dies ließe sich z.B. erreichen, indem der rechtliche Umgehungsschutz überhaupt nur dann wirksam wäre, wenn die urheberrechtlichen Ausnahmeregelungen in Anspruch zu nehmen sind. Der Anreiz zur (Weiter-) Entwicklung und zum Einsatz von geeigneten Schutztechnologien, die z.B. Kopien in begrenzter Anzahl oder die Herstellung von Kompatibilität ermöglichen oder auch nach Ablauf der gesetzlichen Schutzfrist unwirksam werden, ließe sich fördern.

Ein Ansatz, der die Verschärfung des Schutzes überflüssig machen könnte, ist ferner in den erwähnten Geschäftsmodellen der Produkt- und Preisdifferenzierung zu sehen. Hierdurch lassen sich Angebote für unterschiedliche Konsumentengruppen in Abhängigkeit der Zahlungsbereitschaften bereitstellen. Potenzielle (bzw. aktuelle) Kopisten mit geringer Zahlungsbereitschaft könnten dann auf vergleichsweise günstige Angebote der Rechteinhaber zurückgreifen. Die Informationsgüter wären zwar von geringerer Qualität als höherpreisige Versionen des Gutes, was allerdings von den Nutzern akzeptiert würde, da auch Kopien oftmals keine vollständigen Substitute sind. Zur Produktdifferenzierung im Musikbereich könnten sich z.B. unterschiedliche Tonqualitäten und „Downloadzeiten“ oder hochwertige Booklets eignen (vgl. Schaaf/Hofmann (2003), S. 14). Mit einem „akzeptablen“ Angebot ließen sich so die Anreize zum Kopieren oder zur Nutzung von „Tauschbörsen“ im Musikbereich senken. Technische Schutzsysteme könnten dann weiterhin das Kopieren verteuern und damit die Attraktivität der Marktangebote steigern. Hierzu wäre allerdings ein moderater technischer Schutz ausreichend, der nicht dazu genutzt werden kann, faktisch sämtliche Kopien zu verhindern und hohe soziale Kosten verursacht, die weit über die Effizienzverluste eines monopolistischen Angebots hinausgehen können (vgl. hierzu Schaaf/Hofmann (2003), S. 13 ff.). Mit einem solchen moderaten Schutzniveau würden die Anreize der Rechteinhaber gestärkt, effiziente Geschäftsmodelle und Marktstrategien der geschilderten Art zu entwickeln.

Zudem stärkte ein solches Vorgehen die gesellschaftliche Akzeptanz für das Urheberrecht, die einen wesentlichen Faktor für dessen Wirksamkeit darstellt. Ob anderenfalls immer weitere Verschärfungen des Schutzes, der den Rechteinhabern in bestimmten Bereichen die Entscheidungsgewalt überträgt, bislang übliche Nutzungen zu gewähren, und der potenzielle Kunden kriminalisiert, dieser notwendigen Akzeptanz zuträglich ist, lässt sich bezweifeln.

In Abhängigkeit von der Urheberrechtsintensität und der informationstechnologischen Entwicklung stellen sich ferner wettbewerbsrelevante Fragen, die im vierten Kapitel analysiert wurden. Im Mittelpunkt steht der Schutz von Informationsgütern, deren Nutzung (bzw. Lizenzierung) – quasi als Inputfaktor – eine notwendige Voraussetzung darstellt, damit Dritte Güter und Dienstleistungen auf kompetitiven Märkten anbieten können. Derartige Konstellationen erlangen zunehmend an Bedeutung und treten in vielen IPR-spezifischen Bereichen auf, wie z.B. bei der anwendungsorientierten Nutzung von Ergebnissen der Grundlagenforschung, in der Biotechnologie oder im Multimediabereich. Wettbewerbsrelevante Probleme resultieren aus der Möglichkeit marktdominierender Rechteinhaber, durch vertikale Integration und Verweigerung einer Lizenzierung bzw. durch diskriminierende Lizenzbedingungen, die bestehende Macht auf dem Markt des geschützten Gutes zu zementieren sowie diese auf nachgelagerte Märkte zu übertragen. Neben statischen Wohlfahrtseinbußen können hierdurch auch Innovationen unterbunden werden. Dies wurde am Beispiel der online-Distribution in der Musikindustrie diskutiert.

Zugangsmöglichkeiten zu geschützten Informationsgütern zeigen sich aus wettbewerbspolitischer Perspektive auch auf Märkten für Informationsgüter mit ausgeprägten Netzwerkeffekten bedeutsam, wie sie z.B. im Bereich der Software vorherrschen. Hier zeigte die Untersuchung, dass sich oftmals nur ein Anbieter im Wettbewerb inkompatibler Technologien um den Markt durchsetzt und sich somit ein monopolistischer de-facto-Standard etablieren kann (z.B. PC-Betriebssystem). Durch die Verweigerung der Lizenzierung kompatibler Produkte (z.B. Hardware-Software-Systeme oder Anwendungsprogramme) kann der Rechteinhaber den Wettbewerb sowie die Realisierung Wohlfahrt steigernder Netzwerkeffekte beschränken, die IPR so als Marktzutrittsschranke instrumentalisieren und seine Marktdominanz auf Komplementärmärkte übertragen. Der Urheberschutz würde eine faktische Marktdominanz ermöglichen, die weit über das bezweckte Niveau hinausgehen kann, das zur Anreizerzeugung notwendig wäre.

Vor dem Hintergrund der Problemanalyse und der steigenden Bedeutung der IPR-Lizenzierung für einen funktionsfähigen Wettbewerb in vielen innovationsintensiven Industrien stellt sich deshalb die Frage nach einem politischen Handlungsbedarf, sofern hierdurch Wohlfahrtssteigerungen zu realisieren wären. Diesbezüglich kämen prinzipiell die Wettbewerbspolitik als auch das Urheberrecht in Betracht, die allerdings beide bislang keine schlüssigen Lösungsansätze bieten. Im Rahmen der Wettbewerbspolitik könnte der essential facilities-Ansatz Anwendung finden, der sich grundsätzlich auch auf urheberrechtlich geschützte Güter beziehen ließe und unter bestimmten Voraussetzungen einen diskriminierungsfreien Zugang sichern könnte. Allerdings zeigten sich die Eigenschaften und Besonderheiten der Informationsgütermärkte für eine solche Anwendung, die die staatlichen Akteure bereits bei der Regulierung materieller Netzinfrastrukturen vor komplexe Herausforderungen stellt, als problematisch. Dies gilt z.B. mit Blick auf die Innovationsanreize auf den regulierten Märkten sowie bezüglich einer politischen Kurzfristorientierung zugunsten der Wettbewerber auf den angrenzenden Märkten. Auch die Wirkungen eines wettbewerbspolitischen ex post-Eingriffs können für die sich schnell entwickelnden Informationsgütermärkte zu spät erfolgen. Deshalb wurden potenzielle Lösungsansätze im Rahmen der Urheberrechtsausgestaltung analysiert.

Hier kommen Zwangslizenzen oder Schrankenregelungen hinsichtlich derartiger Güter und Nutzungen in Frage, bei denen eine Lizenzverweigerung mit bedeutenden Wettbewerbsbeschränkungen und/oder dem Verzicht auf die Ausschöpfung von Netzwerkeffekten einhergeht. Kompatibilitätseigenschaften (z.B. Schnittstellen) ließen sich gänzlich vom Urheberschutz ausnehmen. Die Analyse verdeutlichte jedoch, dass solche Pauschallösungen insbesondere in der Produkteinführungsphase mit Anreizverlusten und Ineffizienzen einhergehen, die der Intention des Urheberrechts widersprechen. Vertretbar wäre der Ansatz lediglich in Situationen, in denen die Vorteile eines intensiven Wettbewerbs die Nachteile der Anreizminderung deutlich überwiegen. Eine solche Beurteilung erscheint in der Praxis jedoch äußerst spekulativ und wirft die Frage nach dem Informationsstand staatlicher Entscheidungsträger auf. Um sowohl der dynamischen Effizienz in der Form der Anreizgenerierung als auch der Erhaltung bzw. Förderung der Wettbewerbsintensität, insbesondere auf den nachgelagerten Märkten, Rechnung zu tragen, wurden unterschiedliche Ausgestaltungsvarianten vorgeschlagen.

So sollte der zwangslizenzliche Zugang erst im Anschluss an eine exklusive Schutzphase möglich sein, während der der Rechteinhaber Monopolrenten zur Deckung seiner Investitionen erzielen kann. Zudem lassen sich auf Netzwerkmärkten auch in kurzer Zeit bleibende „first-mover-Vorteile" aufbauen, was positiv auf die Anreize wirkt und eine geringere Schutzintensität im Vergleich zu „nicht-Netzwerkmärkten" rechtfertigt. Ein Wettbewerb auf nachgelagerten Märkten, für den der Zugang zu den Informationsgütern eine wesentliche Voraussetzung bedeutet, würde dennoch langfristig ermöglicht. Die potenzielle Problematik einer administrativen Festlegung angemessener Zugangsentgelte würde zwar verringert, bliebe aber tendenziell bestehen.

Um diese Problematik zu vermeiden und eine stärkere Marktorientierung zu erreichen, eignet sich die Verpflichtung dominanter Rechteinhaber zur Versteigerung einer festgelegten Anzahl an Lizenzen nach einer ersten Schutzphase. Auch dieser Ansatz ermöglicht den Zugang der Wettbewerber, nutzt jedoch die dezentralen Informationen der Marktakteure zur Lizenzpreisbestimmung im Auktionsprozess. Der Rechteinhaber erhält eine stärker marktleistungsbezogene Entlohnung als im Falle staatlich bestimmter Entgelte. Diese Vorteile sind bei der praktischen Anwendung den zusätzlichen administrativen Kosten gegenüberzustellen, die im Zuge des Auktionsprozesses entstehen. Eine eindeutige Empfehlung, wann z.B. welches Verfahren zu nutzen sei, kann hier deshalb nicht erfolgen. Je problematischer z.B. die Festsetzung der Entgelte, desto eher kann die Versteigerungslösung Anwendung finden.

Steht zu befürchten, dass diese Ansätze den Anreizaspekt nicht ausreichend würdigen und dynamische Ineffizienzen bedingen, kann der Vorschlag kurzer, verlängerbarer Urheberrechte geeignet erscheinen. Der Urheber hat dabei die Möglichkeit, gegen Zahlung einer Gebühr den Schutz der Verfügungsrechte zu verlängern, und damit die entsprechenden Informationsgüter der wettbewerblichen Nutzung zu entziehen. Nicht verlängerte Rechte stehen hingegen der freien Nutzung zur Verfügung. In Abhängigkeit der Bedeutung dieser zugänglichen Güter für die Wettbewerbsintensität ist der Vorschlag zu beurteilen. Weil allerdings die Verfügungsrechte lediglich zu einem gewissen Anteil verlängert werden, stehen der Öffentlichkeit mehr Güter zur Verfügung als im Status quo, was zudem Transaktionskosten senkt und statische Effizienzgewinne ermöglicht.

Die geschilderte Wettbewerbsproblematik betrifft in unterschiedlicher Intensität ein breites Spektrum an unterschiedlichen Informationsgütern und Marktstrukturen, weshalb auch die Wirkungen der jeweiligen Ansätze nicht einheitlich ausfallen. Um das Effizienzpotenzial der Urheberrechtausgestaltung zu nutzen, bedarf es deshalb einer differenzierten Vorgehensweise. Als Differenzierungsparameter sollte dabei z.B. auf die Länge der exklusiven Schutzphase, die Höhe der Nutzungsentgelte, die Anzahl der zu versteigernden Lizenzen sowie die Verlängerungsmöglichkeiten und -gebühren abgestellt werden. Die Differenzierung sollte dann in Abhängigkeit von z.B. güter-, branchen- oder industriespezifischen Kosten- und Nachfragestrukturen und/oder Produkt- und Innovationszyklen vorgenommen werden, da diese die Möglichkeiten zur Amortisation der Investitionen und darüber die Anreize beeinflussen. Diese Differenzierungskriterien sind dabei als Ansätze aufzufassen, die für eine zukünftige praktische Anwendung zu überprüfen und zu ergänzen sind. Mit der Intensität der Differenzierung steigen auch die administrativen Kosten, sodass hier keine theoretischen Aussagen hinsichtlich eines „optimalen“ Differenzierungsniveaus zu machen sind. Dennoch ermöglichen bereits die hier diskutierten Ansätze gegenüber der aktuellen Ausgestaltung das Potenzial zur Wohlfahrtssteigerung. Da das Urheberrecht zunehmend ökonomische Bedeutung erlangt, sollte auch dessen Ausgestaltung zumindest einen gewissen Marktbezug haben.

Ein solcher ließe sich insbesondere durch die urheberrechtliche Berücksichtigung von Netzwerkeffekten herstellen. Um das aufgezeigte Potenzial der IPR zur Wettbewerbsbeschränkung durch Kompatibilitätsverweigerungen zu verringern und die positiven Wirkungen der Netzwerkeffekte zu realisieren, könnte deshalb die Schutzdauer hinsichtlich der Kompatibilitätseigenschaften negativ mit der Intensität der Netzwerkeffekte korreliert sein, aber nicht völlig entfallen. Auch hier könnte eine Differenzierung in Abhängigkeit branchenspezifischer Strukturen vorgenommen werden. Je ausgeprägter und bedeutsamer die Netzwerkeffekte, desto wahrscheinlicher ist eine Standardisierung, womit die Zugangsmöglichkeiten unter Wettbewerbsgesichtspunkten an Bedeutung gewinnen. Aufgrund des dann kurzen Schutzes werden kompatible Anwendungen und damit die Bestreitbarkeit des Marktes möglich. Auch die nötigen Anreize zur Innovation und zum Aufbau des Netzwerkes in der Anfangsphase bleiben gewahrt. Sofern also Marktstrukturen und bestimmte Eigenschaften der Informationsgüter dafür verantwortlich sind, dass der IPR-Schutz eine intensivere Kontrolle und stärkere Wettbewerbsbeschränkungen bewirkt, als es urheberrechtlich bezweckt und anreiztheoretisch zu rechfertigen ist, bedarf es der geeigneten Anpassung des Rechts. Zur urheberrechtlichen Implementierung bedürfte es deshalb als nächsten Schritt einer Klassifizierung von Gütergruppen oder Industrien in Abhängigkeit der Netzwerkeffekte.

Eine effiziente Rechtsausgestaltung verlangt, dass ein Großteil der dadurch beeinflussten Wirkungszusammenhänge und Marktentwicklungen Beachtung findet. Der urheberrechtliche Institutionenrahmen wirkt nicht nur auf die Innovationsanreize, sondern z.B. auch auf das Transaktions- und Lizenzierungsverhalten nach erfolgter Rechteverteilung. Diesbezüglich zeigte die Analyse von Anticommons-Situationen, wie die Zunahme exklusiver Verfügungsrechte zu Koordinationsdefiziten führen kann, die in ineffizienten Nutzungen und Verwertungsmöglichkeiten enden, wovon auch die Rechteinhaber negativ betroffen sind. Zwar kann in vielen Fällen von privat initiierten, marktbasierten Lösungsansätzen zum Abbau der Transaktionshemmnisse ausgegangen werden, wie sie z.B. in Verwertungsgesellschaften oder „Pools" bestehen. Allerdings ist dies nicht in sämtlichen Situationen möglich, sodass hier administrative Zugangsregelungen in der Form von z.B. Schranken oder Zwangslizenzen Effizienzsteigerungen bewirken können. Ferner können auch die „Marktlösungen" selbst wieder Ursache potenzieller Eingriffe sein, da z.B. Verwertungsgesellschaften Aspekte der Wettbewerbsbeschränkung aufwerfen. Um diese Probleme und administrativen Aufwand von vornherein zu vermeiden, sollte deshalb schon bei der Urheberrechtsausgestaltung das Auftreten potenzieller Transaktionshemmnisse anhand der in der Untersuchung dargelegten Kriterien so weit wie möglich berücksichtigt und eine dafür ursächliche Fragmentierung von Ausschlussrechten vermieden werden.

Die vorliegende Untersuchung verdeutlichte Auswirkungen der IPR-Ausgestaltung auf Wettbewerbsprozesse, die sowohl durch das Verhalten der Akteure beeinflusst werden als auch technologie- und marktstrukturbedingt sind.

Die negativen Effekte der Wettbewerbsbeschränkungen gehen dabei über statische Monopolverluste hinaus und können informationstechnologische Innovationen behindern. Diese Wirkungen sind im Rahmen der Urheberrechtsausgestaltung in stärkerem Maße zu berücksichtigen, als es bislang der Fall gewesen ist. Diesbezüglich lassen sich aus den dargelegten Ausführungen zwar keine Patentrezepte herleiten, die direkt in die Praxis implementiert werden können, zumal es sich hier um dynamische Märkte handelt, deren Entwicklungen kaum verlässlich zu prognostizieren sind. Dennoch zeigen die Ausführungen neben der ursachenbezogenen Problemanalyse Ansätze und Richtungen für ein effizienzorientiertes Urheberrecht auf. Dieses bietet durchaus Potenzial zur markt- und technologiespezifischen Differenzierung, wodurch den praktischen Anforderungen und Entwicklungen Rechnung getragen werden kann. Dieses Potenzial gilt es zu nutzen, damit das Urheberrecht – trotz der aufgezeigten Schwächen – die Funktion als Anreizinstrumentarium zur Produktion nichtrivaler Güter und Innovationen auch im Zuge informationstechnologischen Fortschritts erfüllen kann, ohne im Gegenzug vermeidbare Ineffizienzen und Wettbewerbsbeeinträchtigungen zu bewirken.

Literaturverzeichnis

a) Monographien und Aufsätze

Alchian, A. und Demsetz, H. (1973), The Property Rights Paradigm, in: The Journal of Economic History, Vol. 33, S. 16-27.

Alchian, A. und Demsetz, H. (1982), Das Paradigma der Eigentumsrechte, in: Müller, M. [Hrsg.], Umweltökonomik, Königstein, S. 174-183.

Alexander, P.J. (2002), Peer-to-Peer File Sharing: The Case of the Music Recording Industry, in: Review of Industrial Organization, Vol. 20, S. 151-161.

Alonso, J. und Watt, R. (2003), Efficient Distribution of Copyright Income, in: Gordon, W. und Watt, R. [Hrsg.], The Economics of Copyright: Developments in Research and Analysis, Cheltenham, Northampton, S. 81-103.

Altes, B. (2000), Paradigmenwechsel in der europäischen Fusionskontrolle, in: Media Perspektiven 11/2000, S. 482-490.

Anderman, S. (2002), EC competition law and intellectual property rights in the new economy, in: The Antitrust Bulletin, Vol. 47, Iss. 2/3, S. 285-308, (hier: html-Version, S. 1-12, abgerufen am 19.03.2003).

Aoki, R. und Small, J. (2002), Compulsory Licensing of Technology and the Essential Facilities Doctrine, Working Paper Series, No. 235, Department of Economics, University of Auckland.

Arrow, K.J. (1962), Economic Welfare and the Allocation of Resources for Invention, in: National Bureau of Economic Research [Hrsg.], The Rate and Direction of Inventive Activity: Economic and Social Factors, Princeton, S. 609-625, wiederabgedruckt in: Arrow, K.J. (1971), Essays in the Theory of Risk-Bearing, Amsterdam, S. 144-163.

Bakos, Y. und Brynjolfsson, E. und Lichtman, D. (1999), Shared Information Goods, in: The Journal of Law and Economics, Vol. 42, S. 117-155.

Baumol, W.J. und Panzar, J.C. und Willig, R.D. (1982), Contestable Markets and The Theory of Industry Structure, New York u.a.

Bayreuther, F. (2001), Europa auf dem Weg zu einem einheitlichen Urheberrecht, in: Europäisches Wirtschafts- und Steuerrecht, 9/2001, S. 422-431.

Bechtold, S. (2002), Vom Urheber- zum Informationsrecht, Implikationen des Digital Rights Management, München.

Becker, G.S. (1993), Human Capital: A Theoretical and Empirical Analysis with Special Reference to Education, 3. Auflage, Chicago.

Behrens, P. (1986), Die ökonomischen Grundlagen des Rechts: Politische Ökonomie als rationale Jurisprudenz, Tübingen.

Bell, T.W. (1998), Fair Use vs. Fared Use: The Impact of Automated Rights Management on Copyright`s Fair Use Doctrine, in: North Carolina Law Review, Vol. 76, No. 2, S. 557-619.

Bender, D. u.a. (1992), Vahlens Kompendium der Wirtschaftstheorie und Wirtschaftspolitik, Bd. 2, 5. Auflage, München.

Benkler, Y. (1999), Free as the Air to Common Use: First Amendment Constraints on the Enclosure of the Public Domain, in: New York University Law Review, Vol. 74, S. 354-446.

Bensaid, B. und Lesne, J.P. (1996), Dynamic Monopoly Pricing with Network Externalities, in: International Journal of Industrial Organization, Vol. 14, No. 6, S. 837-855.

Berg, H. (1992), Wettbewerbspolitik, in: Bender, D. u.a. [Hrsg.], Vahlens Kompendium der Wirtschaftstheorie und Wirtschaftspolitik, Bd. 2, 5. Auflage, München, S. 239-300.

Besen, S.M. (1987), New Technologies and Intellectual Property: An Economic Analysis, Santa Monica.

Besen, S.M. und Kirby, S.N. (1989), Private Copying, Appropriability, And Optimal Copying Royalties, in: The Journal of Law and Economics, Vol. 32, S. 255-280.

Besen, S.M. und Manning, W.G. und Mitchell, B.M. (1978), Copyright Liability for Cable Television: Compulsory Licensing and the Coase Theorem, in: The Journal of Law and Economics, Vol. 21, S. 67-95.

Besen, S.M. und Raskind, L.J. (1991), An Introduction to the Law and Economics of Intellectual Property, in: Journal of Economic Perspectives, Vol. 5, No. 1, S. 3-27.

Bing, F. (2002), Die Verwertung von Urheberrechten: Eine ökonomische Analyse unter besonderer Berücksichtigung der Lizenzvergabe durch Verwertungsgesellschaften, Berlin.

Bizer, J. (1996), Kryptokontroverse – Der Schutz der Vertraulichkeit in der Telekommunikation, in: Datenschutz und Datensicherheit, Nr. 1, S. 5-12.

Blind, K. und Edler, J. und Nack, R. und Straus J. (2001), Mikro- und makroökonomische Implikationen der Patentierbarkeit von Softwareinnovationen: Geistige Eigentumsrechte in der Informationstechnologie im Spannungsfeld von Wettbewerb und Innovation, Forschungsprojekt im Auftrage des Bundesministeriums für Wirtschaft und Technologie (Forschungsauftrag 36/00), durchgeführt vom Fraunhofer-Institut für Systemtechnik und Innovationsforschung (Fraunhofer ISI) und dem Max-Planck-Institut für Ausländisches und Internationales Patent-, Urheber- und Wettbewerbsrecht unter Mitwirkung der Fraunhofer Patentstelle für die Deutsche Forschung (Fraunhofer PST).

Blind, K. und Edler, J. und Nack, R. und Straus J. (2003), Software-Patente – Eine empirische Analyse aus ökonomischer und juristischer Perspektive, Heidelberg.

Boldrin, M. und Levine, D.K. (2002a), The Case Against Intellectual Property, in: American Economic Review, Papers and Proceedings, 92(2), S. 209-212.

Boldrin, M. und Levine, D.K. (2002b), Perfectly Competitive Innovation, Federal Reserve Bank of Minneapolis, Research Department Staff Report 303, March 2002.

Bork, R.H. (1978), The Antitrust Paradox, New York.

Boyle, J. (2000), Cruel, Mean or Lavish? Economic Analysis, Price Discrimination and Digital Intellectual Property, in: Vanderbilt Law Review, Vol. 53, No. 6, S. 2007-2039.

Branstetter Cohen, T. (2003), Anti-Circumvention: Has Technology`s Child Turned Against Its Mother?, in: Vanderbilt Journal of Transnational Law, Vol. 36, No. 3, S. 961-995.

Brennan, D.J. (2002), Fair price and public goods: a theory of value applied to retransmission, in: International Review of Law and Economics, Vol. 22, No. 3, S. 347-375.

Brennan, G. und Buchanan, J.M. (1985), The reason of rules – Constitutional political economy, Cambridge.

Brennan, T. (2003), "Fair Use" as Policy Instrument, Draft, unter http://www.serci.org/2003/brennan.pdf, abgerufen am 12.05.2004.

Breyer, S. (1970), The Uneasy Case for Copyright: A Study of Copyright in Books, Photocopies and Computer Programs, in: Harvard Law Review, Vol. 84, S. 281-351.

Buchanan, J.M. und Yoon, Y.J. (2000), Symmetric Tragedies: Commons and Anticommons, in: The Journal of Law and Economics, Vol. 43, S. 1-13.

Bundesministerium der Justiz (BMJ) (2004), Urheberrecht in der Wissensgesellschaft – ein gerechter Ausgleich zwischen Kreativen, Wirtschaft und Verbrauchern, Informationen für die Presse, Berlin.

Calabresi, G. und Melamed, A.D. (1972), Property Rules, Liability Rules, and Inalienability: One View of the Cathedral, in: Harvard Law Review, Vol. 85, No. 6, S. 1089-1128.

Chen, Y. und Png, I. (2000), Software Pricing and Copyright: Enforcement against End-Users, Discussion Paper Series, No. 288, Economics and Finance Workshop, University of Hong Kong.

Church, J. und Ware, R. (1998), Network Industries, Intellectual Property Rights and Competition Policy, in: Anderson, R.D. und Gallini, N.T. [Hrsg.] Competition Policy and Intellectual Property Rights in the Knowledge-Based Economy, Calgary, S. 227-286.

Coase, R.H. (1937), The Nature of the Firm, in: Economica; Vol. IV, S. 386-405.

Coase, R.H. (1960), The Problem of Social Cost, in: The Journal of Law and Economics, Vol. 3, S. 1-44.

Coase, R.H. (1974), The Lighthouse in Economics, in: The Journal of Law and Economics, Vol. 17, S. 357-376.

Committee on Intellectual Property Rights in the Emerging Information Infrastructure, National Research Council (2000), The Digital Dilemma: Intellectual Property in the Information Age, Washington, (html-Version unter: http://www.nap.edu/html/digital_dilemma/notice.html, abgerufen am 18.01.2001).

Cotter, T.F. (1999), Intellectual Property and the Essential Facilities Doctrine, in: The Antitrust Bulletin, New York, Vol. 44, Iss. 1, S. 211-250, (hier: html-Version S. 1-18, abgerufen am 18.10.2001).

Cowan, R. und Harison, E. (2001a), Intellectual Property Rights In A Knowledge-Based Economy, MERIT-Infonomics Research Memorandum series 2001-027, Maastricht Economic Research Institute on Innovation and Technology, Maastricht.

Cowan, R. und Harison, E. (2001b), Protecting The Digital Endeavour: Prospects For Intellectual Property Rights In The Information Society, MERIT-Infonomics Research Memorandum series 2001-028, Maastricht Economic Research Institute on Innovation and Technology, Maastricht.

Crampes, C. und Langinier, C. (2000), Information Disclosure in the Renewal of Patents, in: Encaoua, D. u.a. [Hrsg.], The Economics and Econometrics of Innovation, Boston, Dordrecht, London, S. 243-266.

Crews, C.W. (2001), Musical Mandates: Must the Pop Music Industry Submit to Compulsory Licensing?, in: Cato Techknowledge, Issue 16, vom 15.08.2001.

Crolly, H. (2003a), Das Download-Geschäft ist Musik in Steve Jobs`Ohren, in: Die Welt vom 30.04.2003.

Crolly, H. (2003b), Napster lässt wieder von sich hören, in: Die Welt vom 28.10.2003.

Crolly, H. (2004), Die Microsoft-Attacke bedroht den offenen MP3-Standard, in: Die Welt vom 28.05.2004.

Dam, K. W. (1999), Self-Help in the digital Jungle, in: Journal of Legal Studies, Vol. 28, No. 2, S. 393-412.

Darby, M.R. und Karni, E. (1973), Free Competition and the Optimal Amount of Fraud, in: The Journal of Law and Economics, Vol. 16, S. 67-88.

David, P.A. (2000), A Tragedy of the Public Knowledge „Commons"? Global Science, Intellectual Property and the Digital Technology Boomerang, SIEPR Discussion Paper No. 00-02, Stanford Institute for Economic Policy Research.

David, P.A. (2004), Can "Open Science" be Protected from the Evolving Regime of IPR Protections?, in: Journal of Institutional and Theoretical Economics, Vol. 160, No. 1, S. 9-34.

David, P.A. und Foray, D (2001), An Introduction to the Economy of the Knowledge Society, MERIT-Infonomics Research Memorandum series 2001-041, Maastricht Economic Research Institute on Innovation and Technology, Maastricht.

Davies, G. (2001), Copyright in the Information Society – Technical Devices to Control Private Copying, in: Ganea, P. und Heath, C. und Schricker, G. [Hrsg.], Urheberrecht. Gestern – heute – morgen. Festschrift für Adolf Dietz, München, S. 307-319.

DeLong, J.B. und Summers, L.H. (2001), The „new economy": Background, historical perspective, questions, and speculations, in: Economic Review – Federal Reserve Bank of Kansas City, Vol. 86, No. 4, S. 29-59.

DeLong, J.B. und Froomkin, M.A. (2000), Speculative Microeconomics for Tomorrow's Economy, in: Kahin, B. und Varian, H.R. [Hrsg.], Internet Publishing and beyond: the economics of digital information and intellectual property, Cambridge u.a., S. 6-44.

Demsetz, H. (1964), The Exchange and Enforcement of Property Rights, in: The Journal of Law and Economics, Vol. 7, S. 11-26.

Demsetz, H. (1967), Toward a Theory of Property Rights, in: The American Economic Review, Vol. 57, No. 2, S. 347-359.

Depoorter, B. und Parisi, F. (2002), Fair use and copyright protection: a price theory explanation, in: International Review of Law and Economics Vol. 21, S. 453-473.

Detering, D. (2001), Ökonomie der Medieninhalte – Allokative Effizienz und soziale Chancengleichheit in den neuen Medien, Münster.

Diemar, v. U. (2002), Kein Recht auf Privatkopien – Zur Rechtsnatur der gesetzlichen Lizenz zu Gunsten der Privatvervielfältigung, in: GRUR 2002, Heft 7, S. 587-593.

Dreier, T. (2002), Die Umsetzung der Urheberrechtsrichtlinie 2001/29/EG in deutsches Recht, in: ZUM 1/2002, S. 28-43.

Dumont, B. und Holmes, P. (2002), The Scope of Intellectual Property Rights and their Interface with Competition Law and Policy: Divergent Paths to the Same Goal?, in: Economics of Innovation and New Technology, Vol. 11 (2), S. 149-162.

Economides, N. (1999), Competition, Compatibility, and Vertical Integration in the Computing Industry, in: Eisenach, J.A. und Lenard, T.M. [Hrsg.], Competition, Innovation and the Microsoft Monopoly: Antitrust in the Digital Marketplace, Boston, S. 209-215.

Eidenmüller, H. (1995), Effizienz als Rechtsprinzip – Möglichkeiten und Grenzen der ökonomischen Analyse des Rechts, Tübingen.

Einhorn, M.A. (2003), Fair Use, Markets and Economic Analysis, Manuskript des 2. Kapitels des noch nicht erschienen Buches Media, Technology, and Copyright: Integrating Law and Economics, unter: http://www.serci.org/2003/einhorn1.pdf, abgerufen am 10.10.2003.

Eisenach, J.A. und Lenard, T.M. (1999), Competition, Innovation and the Microsoft Monopoly: Antitrust in the Digital Marketplace, Boston.

Elkin-Koren, N. und Salzberger, E. (1999), Law and Economics in Cyberspace, in: International Review of Law and Economics, Vol. 19, No. 4, S. 553-581.

Ergas, H. (2002), Treatment of unilateral refusal to license and compulsory licensing in Australia, Paper presented to the Federal Trade Commission/Department of Justice Hearings on Antitrust and Intellectual Property Law and Policy in the Knowledge-Based Economy (22. Mai 2002), unter: http://www.ftc.gov/opp/intellect/020523ergasdoc.pdf, abgerufen am 14.04. 2003.

Eucken, W. (1952), Grundsätze der Wirtschaftspolitik, 6. Auflage, 1990, Tübingen.

Farchy, J. und Rochelandet, F. (2003), Self-help Systems: Good Substitutes for Copyright or New Barriers to Competition?, in: Gordon, W. und Watt, R. [Hrsg.], The Economics of Copyright: Developments in Research and Analysis, Cheltenham, Northampton, S. 148-161.

Farrell, J. (1989), Standardization and Intellectual Property, in: Jurimetrics Journal, Vol. 30, S. 35-50.

Farrell, J. (1995), Arguments for Weaker Intellectual Property Protection in Network Industries, in: Kahin, B. und Abbate, J. [Hrsg.], Standards Policy for Information Infrastructure, Cambridge, London, S. 368-377.

Farrell, J. und Katz, M.L. (2001), Competition or Predation? Schumpeterian Rivalry in Network Markets, Working Paper No. E01-306, University of California, Berkeley, Department of Economics, unter: http://iber.berkeley.edu/wps/econ/E01-306.pdf, abgerufen am 27.02.2004.

Farrell, J. und Saloner, G. (1986), Installed Base and Compatibility: Innovation, Product Preannouncements, and Predation, in: American Economic Review, Vol. 76, No. 5, S. 940-955.

Farrell, J. und Shapiro, C. (1992), Standard-Setting in High-Definition Television, in: Brookings Papers on Economic Activity: Microeconomics, S. 1-93.

Farrell, J. und Weiser, P.J. (2003), Modularity, Vertical Integration, and Open Access Policies: Towards a Convergence of Antitrust and Regulation in the Internet Age, Working Paper No. E02-325, University of California, Berkeley, Department of Economics, unter: http://repositories.cdlib.org/cgi/viewcontent.cgi?article=1033&context=iber/cpc, abgerufen am 02.03.2004.

Fichert, F. (1998), Das Microsoft-Monopol: Herausforderung für die Wettbewerbspolitik, in: Wirtschaftsdienst, Bd. 78, Heft 6, S. 343-347.

Fisher, J.H. (2002), The 21st Century Internet: A Digital Copy Machine: Copyright Analysis, Issues, and Possibilities, in: Virginia Journal of Law and Technology, Vol. 7, Iss. 3., S. 1-17.

Flechsig, N. (2002), Grundlagen des Europäischen Urheberrechts – Die Richtlinie zur Harmonisierung des Urheberrechtsschutzes in Europa und die Anforderungen an ihre Umsetzung in deutsches Recht, in: ZUM, 1/2002, Jg. 46, S. 1-21.

Flender, R. (2001), Das Internet – Chance für die Neue Musik?, in: Flender, R. und Lampson E. [Hrsg.], Copyright – Musik im Internet, Berlin, S. 111-118.

Flender, R. und Lampson, E. (2001), Copyright – Musik im Internet, Berlin.

Foray, D. (1994), Production and distribution of knowledge in the new system of innovation: the role of intellectual property rights, in: STI review : science technology industry, Paris (OECD), S. 119-152.

Forrester, I.S. (2002); Compulsory Licensing in Europe: A Rare cure to Aberrant National Intellectual Property Rights?, Department of Justice/Federal Trade Commission Hearing: Competition and Intellectual Property Law and Policy in the Knowledge-Based-Economy: Comparative Law Topics, Department of Justice, Washington.

Frey, B.S. (2000), Arts and Economics, Berlin, Heidelberg.

Frischtak, C. (1995), Harmonisation versus Differentiation in International Property Rights Regimes, in: International Journal of Technology Management, Special Issue on the Management of International Intellectual Property, Vol. 10, No. 2/3, S. 200-213.

Fritsch, M. und Wein, T. und Ewers, H.-J. (1993), Marktversagen und Wirtschaftspolitik – Mikroökonomische Grundlagen staatlichen Handelns, München.

Fritsch, M. und Wein, T. und Ewers, H.-J. (1999), Marktversagen und Wirtschaftspolitik – Mikroökonomische Grundlagen staatlichen Handelns, 3. Auflage, München.

Gallagher, T. (2002), Copyright compulsory licensing and incentives, in: Towse, R. [Hrsg.], Copyright in the Cultural Industries, Cheltenham, S. 85-98.

Gallaway, T. und Kinnear, D. (2001), Unchained Melody: A Price Discrimination-Based Policy Proposal for Addressing the MP3 Revolution, in: Journal of Economic Issues, Vol. 35, 2, S. 279-287.

Gayer, A. und Shy, O. (2002), Internet, Peer-to-Peer, and Intellectual Property in Markets for Digital Products, unveröffentlichtes Paper, unter: http://www.wiwi.hu-berlin.de/wt1/lectures/mikroseminar/freeware19.pdf, abgerufen am 06.02.2003.

Gayer, A. und Shy, O. (2003), Copyright protection and hardware taxation, in: Information Economics and Policy, Vol. 15, S. 467-483.

Ginsburg, J.C. (2001), Copyright and Control over new Technologies of Dissemination, in: Columbia Law Review, Vol. 101, S. 1613-1647.

Goldmann, B. und Liepe, A. (2002), Vertrieb von kopiergeschützten Audio-CDs in Deutschland, in: ZUM, 5/2002, Jg. 46, S. 362-375.

Gordon, W.J. (1982), Fair se as market failure: A structural and economic analysis of the Betamax case and its predecessors, in: Columbia Law Review, Vol. 82, S. 1600-1657.

Gordon, W.J. (1994), Marktversagen bei Immaterialgütern, in: Ott, C., Schäfer, H.-B. [Hrsg.], Ökonomische Analyse der rechtlichen Organisation von Innovationen, Tübingen, S. 347-369.

Gordon, W.J. und Bone, R.G. (2000), Copyright, in: Bouckaert, B. und De Geest, G. [Hrsg.], Encyclopedia of Law and Economics, Vol. II. Civil Law and Economics, Cheltenham, S. 189-215.

Grassmuck, V. (2001), Das Urheberrecht vom Kopf auf die Füße stellen – Hearing zur Umsetzung der EU-Urheberrechtsrichtlinie, unter: http://waste.informatik.hu-berlin.de/Grassmuck/Texts/copyright-hearing.html, abgerufen am 12.12.2002.

Grassmuck, V. (2003), Der zweite Korb dient der Allgemeinheit! – Für ein „Gesetz zur Sicherung der Nutzerrechte und einer fairen Pauschalvergütung in der Informationsgesellschaft“, Beitrag auf dem Symposion „Urheberrecht in der Informationsgesellschaft. Auftakt zum zweiten Korb“ des Bundesministeriums der Justiz in Zusammenarbeit mit dem Institut für Urheber- und Medienrecht, 16. September 2003, München, unter: http://waste.informatik.hu-berlin.de/Grassmuck/Texts/2korb-urhg.html, abgerufen am 13.11.2003.

Greenhalgh, Ch. und Dixon, P. (2002), The Economics of Intellectual Property: A Review to Identify Themes for Future Research, Discussion Paper Series, Department of Economics, University of Oxford, Nr. 135.

Grimm, R. (2003), Digital Rights Management: Technisch-organisatorische Lösungsansätze, in: Picot [Hrsg.], Digital Rights Management, Berlin, Heidelberg, New York, S. 93-106.

Hachenberger, J. (2003), Intellektuelles Eigentum im Zeitalter von Digitalisierung und Internet, Wiesbaden.

Hakfoort, J. (2002), Copyright in the digital age: the economic rationale reexamined, in: Towse, R. [Hrsg.], Copyright in the Cultural Industries, Cheltenham, S. 63-84.

Hakfoort, J. und Willemsen, S. (2000), Copyright protection: not more but different, Working Paper No. 122, CPB Netherlands Bureau for Economic Policy Analysis, The Hauge, March 2000.

Halusa, M. (2003), Big Champagne durchleuchtet Tauschbörsen, in: Die Welt vom 28.10.2003, unter: http://www.welt.de/data/2003/10/28/188818.html?search=Big+Champagne&searchHILI=1, abgerufen am 30.10.2003.

Halusa, M. (2004), EU verhängt Bußgeld gegen Microsoft, in: Die Welt vom 15.03.2004, unter: http://www.welt.de/data/2004/03/15/251445.html, abgerufen am 15.03.2004.

Hardin, G. (1968), The Tragedy of the Commons, in: Science, Vol. 162, S. 1243-1248.

Harrison, J.L. (2002), Online music: antitrust and copyright perspectives, in: The Antitrust Bulletin, Vol. 47, Iss. 2/3, S. 465- 489.

Hatch, O.G. (1999), Antitrust in the Digital Age, in: Eisenach, J.A. und Lenard, T.M. [Hrsg.], Competition, Innovation and the Microsoft Monopoly: Antitrust in the Digital Marketplace, Boston, S. 19-27.

Haucap J. und Kruse J. (2004), Ex-Ante-Regulierung oder Ex-Post-Aufsicht für netzgebundene Industrien?, in: Wirtschaft und Wettbewerb, Bd. 54, Heft 3, S. 266-275.

Heller, M.A. (1998), „The Tragedy of the Anticommons: Property in the Transition from Marx to Markets", in: Harvard Law Review, Vol. 111, S. 621-688.

Heller, M.A. und Eisenberg, R.S. (1998), Can Patents Deter Innovation? The Anticommons in Biomedical Research, in: Science 280, S. 698-701 (hier: html-Version unter: http://www.sciencemag.org/cgi/content/full/280/5364/698, S. 1-10, abgerufen am 30.04.2003).

Herdzina, K. (1984),Wettbewerbspolitik, Stuttgart.

Herkenhoff, P. (2003), EMI will Raubkopierer als Kunden gewinnen, in: Die Welt vom 25.04.2003 (Online-Ausgabe, unter: http://www.welt.de/data/2003/04/25/78422.html?search=emi&searchHILI=1, abgerufen am 25.04.2003).

Herkenhoff, P. (2004), Neue Misstöne im Online-Musikgeschäft, in: Die Welt vom 02.08.2004 (Online-Ausgabe, unter http://www.welt.de/data/2004/08/02/313259.html?search=misst%F6ne&searchHILI=1, abgerufen am 02.08.2004).

Hettinger, E. (1989), Justifying Intellectual Property, in: Philosophy and Public Affairs, Vol. 18, No. 1, S. 31-52.

Hillenbrand, T. (2004), Apple droht EU-Klage, in: Spiegel Online vom 16. September 2004, unter: http://www.spiegel.de/netzwelt/technologie/0,1518,318333,00.html, abgerufen am 25.10.2004).

Hoeren, T. (2003a), Lex, Notlügen und Videos, in: Frankfurter Allgemeine Zeitung vom 21.02.2003, Nr. 44, S. 39.

Hoeren, T. (2003b), Welche Chance hat das Urheberrecht im Internet-Zeitalter?, in: Picot [Hrsg.], Digital Rights Management, Berlin, Heidelberg, New York, S. 5-92.

Horn, R. (2002), Konzerte – das große Geschäft, in: Hamburger Abendblatt vom 17.12.2002, S. 19.

Hortmann, M. (1997), Kryptoregulierung weltweit – Überblick, in: Datenschutz und Datensicherheit, Nr. 21, S. 214-215.

Hugenholtz, P.B. (2000), Opinion, 'Why the Copyright Directive is Unimportant, and Possibly Invalid', Paper des Institute for Information Law, Universität Amsterdam, unter: http://www.ivir.nl/publications/hugenholtz/opinion-EIPR.html, abgerufen am 17.12.2002 (auch: European Intellectual Property Review (2000), S. 499-505).

Hull, D.W. und Atwood, J.R. und Perrine, J.B. (2002), Compulsory licensing, in: The European Antitrust Review, A Global Competition Review special report, S. 36-39.

International Federation of the Phonographic Industry (IFPI) (2002), Jahreswirtschaftsbericht 2001, unter: http://www.ifpi.de/, abgerufen am 09.11. 2004.

International Federation of the Phonographic Industry (IFPI) (2003), Jahreswirtschaftsbericht 2002, unter: http://www.ifpi.de/, abgerufen am 09.11. 2004.

International Federation of the Phonographic Industry (IFPI) (2004), Jahreswirtschaftsbericht 2003, unter: http://www.ifpi.de/, abgerufen am 09.11. 2004.

Kan, G. (2000), Utilitarian View of Intellectual Property and Music on the Internet, statement before the Senate Judiciary Committee: Hearing regarding the future if intellectual property in the digital age using music as an analog for all types of intellectual property, unter: http://judiciary.senate.gov/oldsite/7112000_gk.htm, abgerufen am 16.07.2001.

Kantzenbach, E. (1967), Die Funktionsfähigkeit des Wettbewerbs, 2. Auflage, Göttingen.

Kaserman, D.L. und Mayo, J.W. (1995), Government and Business. The Economics of Antitrust and Regulation. Fort Worth u.a.

Katz, M.L. und Shapiro, C. (1986), Technology Adoption in the Presence of Network Externalities, in: Journal of Political Economy, Vol. 94, No. 4, S. 822-841.

Katz, M.L. und Shapiro, C. (1994), System Competition and Network Effects, in: Journal of Economic Perspectives, Vol. 8, No. 2, S. 93-115.

Katz, M.L. und Shapiro, C. (1999), Antitrust in Software Markets, in: Eisenach, J.A. und Lenard, T.M. [Hrsg.], Competition, Innovation and the Microsoft Monopoly: Antitrust in the Digital Marketplace, Boston, S. 29-81.

Kaube, J. (2003), Kopiert euch frei!, in: Frankfurter Allgemeine Zeitung vom 10.04.2003, Nr. 85, S. 37.

Kaufer, E. (1980), Industrieökonomik, München.

Kilger, C. (2003), Diskussionsbeitrag auf der Konferenz „Die Zukunft der globalen Güter in der Wissensgesellschaft" der Heinrich-Böll-Stiftung vom 08.11.2002, in: Dokumentationen der Heinrich-Böll-Stiftung, Nr. 26, S. 108, unter: http://www.boell.de/downloads/bildung/globale_gueter.pdf, abgerufen am 14.05.2004.

King, B. (2002), Slagging Over Sagging CD Sales, in Wired, 17.04.2002, unter: http://www.wired.com/news/mp3/0,1285,51880,00.html, abgerufen am 06.05. 2002.

Kitch, E.W. (1977), The Nature and Function of the Patent System, in: The Journal of Law and Economics, Vol. 20, S. 265-290.

Klein, B. und Lerner, A. V. und Murphy, K. M. (2002), The Economics of Copyright „Fair Use“ in a Networked World, in: American Economic Review, May 2002 (Papers and Proceedings), 92(2), S. 205-208.

Kleinemeyer, J. (1998), Standardisierung und Wettbewerb: eine spieltheoretische Betrachtung, Frankfurt am Main.

Klodt, H. (1998), German Technology Policy: Institutions, Objectives and Economic Efficiency, in: Zeitschrift für Wirtschaftspolitik, Jg. 47, Heft 2, S. 142-163.

Klodt, H. (2001), Die neue Ökonomie: Aufbruch und Umbruch, in: Die Weltwirtschaft, Heft 1 S. 78-98.

Klodt, H. (2003), Wettbewerbsstrategien für Informationsgüter, in: Schäfer, W. und Berg, H. [Hrsg.], Konjunktur, Wachstum und Wirtschaftspolitik im Zeichen der New Economy, Berlin, S. 107-123.

Klodt, H. u.a. (2003), Die neue Ökonomie: Erscheinungsformen, Ursachen und Auswirkungen, Kieler Studien 321, Berlin u.a.

Knieps, G. (2001), Wettbewerbsökonomie: Regulierungstheorie, Industrieökonomie, Wettbewerbspolitik, Berlin u.a.

Knop, C. (2004), Die Fallstricke liegen woanders – Nach der Microsoft-Entscheidung, in: Frankfurter Allgemeine Zeitung vom 24.03.2004, S. 14.

Koboldt, Ch. (1994), Property Rights und Urheberschutz, in: Ott, C./Schäfer, H.-B. [Hrsg.], Ökonomische Analyse der rechtlichen Organisation von Innovationen, Tübingen, S. 69-114.

Koboldt, Ch. (1997), The EU-directive on legal protection of databases, in: International Review of Law and Economics, Vol. 17, No. 1, S. 127-138.

Koboldt, Ch. (2003), Much Pain for Little Gain? A Critical View of Software Patents, in: The Journal of Information, Law and Technology, 2003/1, S. 1-9.

Koboldt, Ch. und Schmidtchen, D. (1991), Copyrights: A und O in Literatur und Musik?, in: Ordo Nr. 42, S. 295-323.

Koelman, K.J. (2000), A Hard Nut to Crack: The Protection of Technological Measures (Draft), Paper des Institute for Information Law, Universität Amsterdam, unter: http://www.ivir.nl/publications/koelman/hardnut.html, abgerufen am 14.11.2002 (auch: European Intellectual Property Review (2000), S. 272-288).

Koelman, K.J. (2001), The protection of technological measures vs. the copyright limitations, Paper des Institute for Information Law, Universität Amsterdam, unter: http://www.ivir.nl/publications/koelman/alaiNY.html, abgerufen am 14.11.2002.

Koenig, C. und Neumann, A. (2003), Standardisierung und EG-Wettbewerbsrecht – ist bei vertrauenswürdigen Systemumgebungen wettbewerbspolitisches Misstrauen angebracht?, in: Wirtschaft und Wettbewerb 11/2003, S. 1138-1152.

Kogut, B. und Metiu, A. (2001), Open-source software development and distributed innovation, in: Oxford Review of Economic Policy, Vol. 17, No. 2, S. 248-264.

Korah, V. (1998), Compulsory Licensing and Incentives to Invest in Innovation, in: OECD [Hrsg.], Competition Policy and Intellectual Property Rights (DAFFE/CLP (98)18), S. 365-373.

Krakowski, M. (1988), Theoretische Grundlagen der Regulierung, in: Krakowski, M. [Hrsg.], Deregulierungspotentiale in der Bundesrepublik Deutschland, Göttingen, S. 19-116.

Kremer, M. (1998), Patent Buyouts: A Mechanism for Encouraging Innovation, in: The Quarterly Journal of Economics, Vol. 113, No. 4, S. 1137-1167.

Kretschmer, M. (1999), The Changing Location of Intellectual Property Rights in Music: A Study of Music Publishers, Collecting Societies and Media Conglomerates, in: Prometheus, Vol. 17, No. 2, S. 163-186.

Kruse, J. und Stockmann, K. und Vollmer, L. (1997), Wettbewerbspolitik im Spannungsfeld nationaler und internationaler Kartellrechtsordnungen, Baden-Baden.

Kruse, J. (1997), Vertikale Integration als Wettbewerbsproblem, in: Kruse, J., Stockmann, K., Vollmer, L. [Hrsg.], Wettbewerbspolitik im Spannungsfeld nationaler und internationaler Kartellrechtsordnungen, Baden-Baden, S. 247-270.

Kulle, J. (1999), Ökonomie der Musikindustrie: eine Analyse der körperlichen und unkörperlichen Musikverwertung mit Hilfe von Tonträgern und Netzen, Frankfurt am Main.

Landes, W.M. und Lichtman, D. (2003a), Indirect Liability for Copyright Infringement: An Economic Perspective, in: Chicago Working Papers in Law and Economics, No. 179, University of Chicago Law School.

Landes, W.M. und Lichtman, D. (2003b), Indirect Liability for Copyright Infringement: Napster and Beyond, in: Journal of Economic Perspectives, Vol. 17, No. 2, S. 113-124.

Landes,W.M. und Posner, R.A. (1989), An Economic Analysis of Copyright Law, in: The Journal of Legal Studies, Vol. XVIII (2), S. 325-363.

Landes, W.M. und Posner, R.A. (2002), Indefinitely Renewable Copyright, in: Chicago Working Papers in Law and Economics, No. 154, University of Chicago Law School.

Landes, W.M. und Posner, R.A. (2003), The Economic Structure of Intellectual Property Law, Cambridge u.a.

Lerner, J. und Tirole, J. (2001), The open source movement: Key research questions, in: European Economic Review, Vol. 45, S. 819-826.

Lerner, J. und Tirole, J. (2002), Some Simple Economics of Open Source, in: The Journal of Industrial Economics, Vol. 50, S. 197-234.

Lessig, L. (2001), Code und andere Gesetze des Cyberspace, Berlin.

Lessig, L. (2002), The Future of Ideas: the fate of the commons in a connected world, New York.

Levy, J.D. (1999), Competition and Copyright: Retransmission of Free-to-Air Television Signals by Pay TV Services, in: Prometheus, Vol. 17, No. 4, S. 387-403.

Lewin, P. (2002), The economics of QWERTY: history, theory and policy / essays by Stan J. Liebowitz, and Stephen E. Margolis, Basingstoke.

Lichtman, D. (2000), Property Rights in Emerging Platform Technologies, in: The Journal of Legal Studies, Vol. XXIX (2/1), S. 615-648.

Liebowitz, S.J. (1985), Copying and Indirect Appropriability: Photocopying of Journals, in: Journal of Political Economy, Vol. 93, No. 5, S. 945-957.

Liebowitz, S.J. (2003a), Back to the Future: Can Copyright Owners Appropriate Revenues in the Face of New Copying Technologies?, in: Gordon, W. und Watt, R. [Hrsg.], The Economics of Copyright: Developments in Research and Analysis, Cheltenham, Northampton, S. 1-25.

Liebowitz, S.J. (2003b), Alternative Copyright Systems: The Problems with a Compulsory License, unter: http://www.utdallas.edu/~liebowitz/intprop/complpff.pdf, abgerufen am 17.10.2003.

Liebowitz, S.J. und Margolis, S.E. (1998), Network Externalities (Effects), in: Lewin, P. [Hrsg.] (2002), The economics of QWERTY: history, theory and policy, Basingstoke, S. 168-177.

Lincoff, B.M. (2001), A Plan for the Future of Music Performance Rights Organizations in the Digital Age, in: Dreyfuss, R.C. und Zimmerman, D.L. und First, H. [Hrsg.], Expanding the Boundaries of Intellectual Property: Innovation Policy for the Knowledge Society, Oxford u.a., S. 167-185.

Litman, J. (2001), Digital Copyright – Protecting Intellectual Property on the Internet, Amherst, New York.

Locke, J. (1690/1970), Two Treatises of Civil Government, London.

Loren, L.P. (1997), Redefining the Market Failure Approach to Fair Use in an Era of Copyright Permission Systems, in: Journal of Intellectual Property Law, Vol. 5, S. 1-58.

Mailänder, K.P. (1997), Schranken für das Vertragsdiktat zu Lasten der Träger wesentlicher Einrichtungen, in: Kruse, J. und Stockmann, K. und Vollmer, L. [Hrsg.], Wettbewerbspolitik im Spannungsfeld nationaler und internationaler Kartellrechtsordnungen, Baden-Baden, S. 271-288.

Maskus, K.E. (1996), Intellectual Property Rights in the Global Information Economy, in: Courchene, T.J. [Hrsg.], Policy Frameworks for a Knowledge Economy, Kingston, Ontario, S. 231-270.

McFetridge, D.G. (1998), Intellectual Property, Technology Diffusion, and Growth in the Canadian Economy, in: Anderson, R.D. und Gallini, N.T. [Hrsg.] Competition Policy and Intellectual Property Rights in the Knowledge-Based Economy, Calgary, S. 65-109.

Meessen, K.M. (2004), The Conflict over Vertical Foreclosure in Competition Policy and Intellectual Property Law (Kommentar zu Noll (2004)), in: Journal of Institutional and Theoretical Economics, Vol. 160, No. 1, S. 97-99.

Menell, P.S. (1998), An epitaph for traditional copyright protection of network features of computer software, in: The Antitrust Bulletin, New York, Vol. 43, Iss. 3/4, S. 651-713, (hier: html-Version S. 1-29, abgerufen am 18.10.2001).

Merges, R.P. (1996), Contracting into Liability Rules: Intellectual Property Rights and Collective Rights Organizations, in: California Law Review, Vol. 84, No. 5, S. 1293-1393, (hier: html-Version unter: http://www.law.berkeley.edu/institutes/bclt/pubs/merges/contract.htm, S. 1-64, abgerufen am 26.05.2003).

Merges, R.P. (1997), The End of Friction? Property Rights and Contract in the "Newtonian" World of Online-Commerce, in: Berkeley Technology Law Journal, Vol. 12, S. 115-136.

Merges, R.P. (2000), Intellectual Property Rights and the New Institutional Economics, in: Vanderbilt Law Review, Vol. 53, No. 6, S. 1857-1877.

Merz, E. (1987), Durchsetzung von Urheberrechten – Rechtsschutz für den Urheber und für den Urheberrechtsnutzer, in: ZUM 6/1987, S. 309-320.

Müller, M. (2000), Systemwettbewerb, Harmonisierung und Wettbewerbsverzerrung: Europa zwischen einem Wettbewerb der Gesetzgeber und vollständiger Harmonisierung, Baden-Baden.

Musgrave, R.A. und Musgrave, P.B. und Kullmer, L. (1994), Die öffentlichen Finanzen in Theorie und Praxis, Bd. 1, 6. Auflage, Tübingen.

Mustonen, M. (2003), Copyleft – the economics of Linux and other open source software, in: Information Economics and Policy, Vol. 15, S. 99-121.

Netanel, N.W. (2002), Impose a Noncommercial Use Levy to Allow Free P2P File Sharing, University of Texas School of Law, Public Law and Legal Theory Research Paper No. 044.

Nippa, M. und Hachenberger, J. (2000), Ein informationsökonomisch fundierter Überblick über den Einfluss des Internets auf den Schutz Intellektuellen Eigentums, Freiberger Arbeitspapiere Nr. 31, Technische Universität Bergakademie Freiberg.

Nolde, D. (2004), Hört die Signale, in: Die Welt vom 21.04.2004.

Noll, R.G. (2004), The Conflict over Vertical Foreclosure in Competition Policy and Intellectual Property Law, in: Journal of Institutional and Theoretical Economics, Vol. 160, No. 1, S. 79-96.

Nordhaus, W.D. (1969), Invention, Growth, and Welfare; A Theoretical Treatment of Technological Change, Cambridge.

Novos, I. und Waldman, M. (1984), The Effects of Increased Copyright Protection: An Analytic Approach, in: Journal of Political Economy, Vol. 92, No. 2, 236-246.

Ordelheide, D., Rudolph, B. und Busselmann, E. (1991), Betriebswirtschaftslehre und ökonomische Theorie, Stuttgart.

Ordover, J.A. und Willig, R.D. (1999), Access and Bundling in High-Technology Markets, in: : Eisenach, J.A. und Lenard, T.M. [Hrsg.], Competition, Innovation and the Microsoft Monopoly: Antitrust in the Digital Marketplace, Boston, S. 103-128.

o.V. (09.01.2002), CD-Erfinder Philips sieht keine Zukunft für Kopierschutz, in: FTD vom 09.01.2002, unter: http://www.ftd.de/tm/hs/8935468.html, abgerufen am 04.02.2002.

o.V. (16.09.2003), "Kreativität hat ihren Preis", in: Handelsblatt vom 16.09.2003, Nr. 178, S. 15.

o.V. (28.10.2003), „Wir lassen uns das nicht mehr gefallen" (Interview mit G. Gebhardt, Vorsitzender der deutschen Phonoverbände), in: Die Welt vom 28.10.2003.

o.V. (18.11.2003), Microsoft will Musikhändler werden, in: Die Welt vom 18.11.2003.

o.V. (25.03.2004), EU-Kommissar Monti: Die Microsoft-Entscheidung hilft den Verbrauchern, in: Frankfurter Allgemeine Zeitung vom 25.03.2004, S. 13.

o.V. (28.05.2004), Microsoft greift Apples iPod an, in: Die Welt vom 28.05.2004.

Parisi, F. und Depoorter, B. (2003), The Market for Intellectual Property: The Case of Complementary Oligopoly, in: Gordon, W. und Watt, R. [Hrsg.], The Economics of Copyright: Developments in Research and Analysis, Cheltenham, Northampton, S. 162-175.

Parisi, F. und Schulz, N. und Depoorter, B. (2000), Duality in Property: Commons and Anticommons, Würzburg Economic Papers Nr. 21.

Peitz, M. und Waelbroeck, P. (2003), Piracy of Digital Products: A Critical Review of the Economics Literature, CESifo Working Paper No. 1071.

Pejovich, S. (1990), The Economics of Property Rights: Towards a Theory of Comparative Systems, Dordrecht, Boston, London.

Pepall, L. und Richards, D.J. und Norman, G. (2002), Industrial Organization: Contemporary Theory and Practice, 2. Auflage, Cincinnati.

Pfitzmann, A. und Federrath, H. und Kuhn, M. (2002), Gutachten: „Datenpiraterie im Internet“, Technischer Teil, unter: http://www.dmmv.de/de/7_pub/homepagedmmv/presse/news.cfm, abgerufen am 26.09.2002.

Picker, R.C. (2002a), Copyright as entry policy: The case of digital distribution, in: The Antitrust Bulletin, Vol. 47, Iss. 2/3, S. 423-463, (hier: html-Version, S. 1-20).

Picker, R.C. (2002b), Pursuing a Remedy in Microsoft: The Declining Need for Centralized Coordination in a Networked World, in: Journal of Institutional and Theoretical Economics, Vol. 158, No. 1, S. 113-154.

Picot, A. (1991), Ökonomische Theorien der Organisation – Ein Überblick über neuere Ansätze und deren betriebswirtschaftliches Anwendungspotential, in: Ordelheide, D., Rudolph, B., Busselmann, E. [Hrsg.], Betriebswirtschaftslehre und ökonomische Theorie, Stuttgart, S. 143-170.

Picot, A. [Hrsg.] (2003), Digital Rights Management, Berlin, Heidelberg, New York.

Pindyck, R.S. und Rubinfeld, D.L. (1989), Microeconomics, New York.

Pindyck, R.S. und Rubinfeld, D.L. (2003), Mikroökonomie, 5. Auflage, München u.a.

Posner, R.A. (1986), Economic Analysis of Law, 3. Auflage, Boston, Toronto.

Poynder, R. (2001), Caught in a web: intellectual property in cyberspace, London.

Quah, D. (2002), Matching Demand and Supply in a Weightless Economy: Market-Driven Creativity with and without IPRs, in: De Economist 150, No. 4, S. 381-403.

Rahnasto, I. (2003), Intellectual Property Rights, External Effects, and Antitrust Law – Leveraging IPRs in the Communications Industry, Oxford, New York.

Ramello, G.B. (2003), Copyright and Antitrust Issues, in: Gordon, W. und Watt, R. [Hrsg.], The Economics of Copyright: Developments in Research and Analysis, Cheltenham, Northampton, S. 118-147.

Rauner, M. (2002), Urknall im Zeitschriften-Universum, in: Die Zeit Nr. 47/2002.

Rehbinder, M. (2004), Urheberrecht, 13. Auflage, München.

Richter, R. und Furubotn, E.G. (1999), Neue Institutionenökonomik, 2. Auflage, Tübingen.

Riodan, M.H. und Salop, S.C. (1995), Evaluating Vertical Mergers: A Post-Chicago Approach, in: Antitrust Law Journal, Vol. 63, S. 513-568.

Romer, P. (2002), When Should We Use Intellectual Property Rights?, in: American Economic Review, Papers and Proceedings, 92(2), S. 213-216.

Rosen, S. (1981), The Economics of Superstars, in: American Economic Review, Vol. 71, S. 845-858.

Rosen, H.S. und Windisch, R. (1992), Finanzwissenschaft I, München.

Rottenbiller, S. (2002), Essential Facilities als ordnungspolitisches Problem, Frankfurt am Main u.a.

Salop, S.C. (1999), Using Leverage to Preserve Monopoly, in: Eisenach, J.A. und Lenard, T.M. [Hrsg.], Competition, Innovation and the Microsoft Monopoly: Antitrust in the Digital Marketplace, Boston, S. 93-102.

Samuelson, P. (1999), Intellectual Property and the Digital Economy: Why the Anti-Circumvention Regulations Need to Be Revised, in: Berkeley Technology Law Journal, Vol. 14/2, S. 520-564. (hier html-Version unter: http://www.law.berkeley.edu/journals/btlj/articles/vol14/Samuelson/html/reader.html, S. 1-18, abgerufen am 22.11.2002.)

Samuelson, P. und Scotchmer, S. (2001), The Law & Economics of Reverse Engineering, Paper for the Conference on the Law, Economics and History of Intellectual Property.

Samuelson, P. und Scotchmer, S. (2002), The Law and Economics of Reverse Engineering, in: The Yale Law Journal, Vol. 111/7, S. 1575-1663.

Sandler, T. (1992), Collective Action – Theory and Application, New York, u.a.

Schaaf, J. und Hofmann, J. (2003), Copyright reloaded: Vom Versuch, Technologie vor sich selbst zu schützen, in: Deutsche Bank Research [Hrsg.], Economics – Digitale Ökonomie und struktureller Wandel, Nr. 41, unter: www.dbresearch.de, abgerufen am 06.11.2003.

Schack, H. (2001), Urheber- und Urhebervertragsrecht, 2. Auflage, Tübingen.

Schack, H. (2002), Schutz digitaler Werke vor privater Vervielfältigung – zu den Auswirkungen der Digitalisierung auf § 53 UrhG, in: ZUM, 7/2002, Jg. 46, S. 497-511.

Schäfer, H.-B. und Ott, C. (1986), Lehrbuch der ökonomischen Analyse des Zivilrechts, Berlin, Heidelberg, New York.

Schäfer, H.-B. und Ott, C. (2000), Lehrbuch der ökonomischen Analyse des Zivilrechts, 3. überarbeitete und erweiterte Auflage, Berlin, Heidelberg, New York.

Schäfer, W. und Berg, H. (2003), Konjunktur, Wachstum und Wirtschaftspolitik im Zeichen der New Economy, Berlin.

Scheerer, M. (2004), Microsoft-Verfahren auf der Zielgeraden, in: Handelsblatt vom 15.03.2004, S. 20.

Scherer, F.M. (1972), Nordhaus′ Theory of Optimal Patent Life: A Geometric Reinterpretation, in: American Economic Review, Vol. 62, S. 422-427.

Scherer, F.M. und Ross, D. (1990), Industrial Market Structure and Economic Performance, 3. Auflage, Boston.

Schippan, M. (2003a), Urheberrecht goes digital – Das Gesetz zur Regelung des Urheberrechts in der Informationsgesellschaft, in: ZUM, 5/2003, Jg. 47, S. 378-389.

Schippan, M. (2003b), Nun endgültig verabschiedet: Das digitale Urheberrecht – Korb 1, in: ZUM, 8/9/2003, Jg. 47, S. 678-680.
Schmidt, I. (1999), Wettbewerbspolitik und Kartellrecht, 6. Auflage, Stuttgart.
Schmidtchen, D. (1998), Funktionen und Schutz von „property rights", Eine ökonomische Analyse, Discussion Paper 9804, Center for the Study of Law and Economics, Universität des Saarlandes.
Schmoll, H. (2003), Enteignung der Autoren und Verlage?, in: Frankfurter Allgemeine Zeitung vom 29.01.2003, Nr. 24, S. 1.
Schögel, M. (2002), Peer-to-Peer-Konzepte als Herausforderung für die Distribution der Musikindustrie, in: Schögel, M. [Hrsg.], Roadmap to E-Business, St. Gallen, S. 502-536.
Schricker, G. (1999), Urheberrecht – Kommentar, München.
Schulz, N. und Parisi, F. und Depoorter, B. (2002), Fragmentation in Property: Towards a General Model, in: Journal of Institutional and Theoretical Economics, Vol. 158, No. 4, S. 594-613.
Schwintowski, H.P. (1999), Der Zugang zu wesentlichen Einrichtungen, in: Wirtschaft und Wettbewerb 9/1999, S. 842-853.
Scotchmer, S. (1991), Standing on the Shoulders of Giants: Cumulative Research and the Patent Law, in: Journal of Economic Perspectives, Vol. 5, No. 1, S. 29-41.
Shapiro, C. (2000), Competition policy in the information economy, in: Hope, E. [Hrsg.], Competition Policy Analysis, London, New York, S. 109-132.
Shapiro, C. (2001a), Navigating the Patent Thicket: Cross Licenses, Patent Pools, and Standard-Setting, in: Jaffe, A., u.a. [Hrsg.], Innovation Policy and the Economy, NBER.
Shapiro, C. (2001b), Setting Compatibility Standards: Cooperation or Collusion?, in: Dreyfuss, R.C. und Zimmerman, D.L. und First, H. [Hrsg.], Expanding the Boundaries of Intellectual Property – Innovation Policy for the Knowledge Society, Oxford, New York, S. 81-101.
Shapiro, C. (2002), Competition Policy and Innovation, STI Working Papers 2002/11, OECD.
Shapiro, C. und Varian, H.R. (1999a), Information Rules: A Strategic Guide to the Network Economy, Boston.
Shapiro, C. und Varian, H.R. (1999b), Online zum Erfolg – Strategien für das Internet-Business, München.
Shavell, S. und Ypersele, T.v. (2001), Rewards versus Intellectual Property Rights, in: The Journal of Law and Economics, Vol. 44, S. 525-547.
Shavell, S. (2003), Economic Analysis of Property Law, NBER Working Paper Series 9695.
Shmanske, S. (1991), Public Goods, Mixed Goods, and Monopolistic Competition, Texas.

Shurmer, M. und Lea, G. (1995), Telecommunication Standardization and Intellectual Property Rights: A Fundamental Dilemma?, in: Kahin, B. und Abbate, J. [Hrsg.], Standards Policy for Information Infrastructure, Cambridge, London, S. 378- 402.

Shy, O. (2001), Economics of Network Industries, Cambridge.

Sieber, U. (2002), Gutachten: „Datenpiraterie im Internet", Strafrechtlicher Teil, unter: http://www.dmmv.de/de/7_pub/homepagedmmv/presse/news.cfm, abgerufen am 26.09.2002.

Siebert, H. (1992), Einführung in die Volkswirtschaftslehre, 11. Auflage, Stuttgart, Berlin, Köln.

Siebert, H. (2000), The New Economy – What Is Really New?, Kieler Arbeitspapiere Nr. 1000, Institut für Weltwirtschaft, Kiel.

Silva, F. und Ramello, G.B. (2000), Sound Recording Market: the Ambiguous Case of Copyright and Piracy, in: Industrial and Corporate Change, Vol. 9, No. 3, S. 415-442.

Stapper, T. (2003), Das essential facility Prinzip und seine Verwendung zur Öffnung immaterialgüterrechtlich geschützter de facto Standards für den Wettbewerb, Berlin.

Stigler, G.J. (1968), Barriers to Entry, Economies of Scale, and Firm Size, in: Stigler G.J., The Organization of Industry, Homewood, Ill., 67-70.

Stolpe, M. (2003), Weltweiter Patentschutz für pharmazeutische Innovationen: Gibt es sozialverträgliche Alternativen?, in: Perspektiven der Wirtschaftspolitik 2003, 4(4), S. 437-448.

Takeyama, L.N. (1994), The Welfare Implications of Unauthorized reproduction of Intellectual Property in the Presence of Demand Network Externalities, in: Journal of Industrial Economics, Vol. 42, No. 2, S. 155-166.

Takigawa, T. (2003), Antitrust intervention in intellectual property licensing and unilateral refusal to license. a comparative analysis of Japanese and U.S. policies, in: The Antitrust Bulletin, Vol. 48, Iss. 4, S. 885-920.

Temple Lang, J. (2000), The Principles of Essential Facilities in European Community Competition Law – The Position since Bronner, in: Journal of Network Industries, Vol. 1, No. 4, S. 375-405.

Temple Lang, J. (2002), Compulsory Licensing of Intellectual Property in European Community Antitrust Law, in: Department of Justice/Federal Trade Commission Hearings, Washington DC, May 2002, unter: http://www.ftc.gov/opp/intellect/020522langdoc.pdf, abgerufen am 17.03.2003.

Thumm, N. (2000), Intellectual Property Rights – National Systems and Harmonisation in Europe, Heidelberg, New York.

Tietzel, M. (1981), Die Ökonomie der Property Rights: Ein Überblick, in: Zeitschrift für Wirtschaftspolitik, 30. Jg., S. 207-243.

Towse, R. (2000), Creativity, Incentive and Reward. An economic Analysis of Copyright and Culture in the information age, Rotterdam.

Towse, R. (2001), Partly for the Money: Rewards and Incentives to Artists, in: Kyklos, Vol. 54, Nr. 2/3, S. 473-490.
Towse, R. (2002), Copyright in the Cultural Industries, Cheltenham.
Uhl, A. (2003), Brennen verboten, in: Die Welt vom 13.08.2003, unter: http://www.welt.de/data/2003/08/13/152080.html?s=1, abgerufen am 21.08. 2003.
Ullrich, H. (2001), Intellectual Property, Access to Information, and Antitrust: Harmony, Disharmony, and International Harmonization, in: Dreyfuss, R.C. und Zimmerman, D.L. und First, H. [Hrsg.], Expanding the Boundaries of Intellectual Property: Innovation Policy for the Knowledge Society, Oxford u.a., S. 365-402.
Varian, H.R. (1991), Grundzüge der Mikroökonomik, 2. überarbeitete und erweiterte Auflage, München, Wien.
Varian, H.R. (1998), Markets for Information Goods, unter: http://www.sims.berkeley.edu/~hal/people/hal/papers.html, abgerufen am 17.06. 2002.
Varian, H.R. (2000a), Internet Changes the Economics of Information Industries, in: The New York Times vom 27. Juli 2000, unter: http://www.nytimes.com/library/financial/columns/072700econ-scene.html?printpage=yes, abgerufen am 30.03.2001.
Varian, H.R. (2000b), Versioning Information Goods, in: Kahin, B. und Varian, H.R. [Hrsg.], Internet Publishing and Beyond: The Economics of Digital Information and Intellectual Property, Cambridge u.a., S. 190-202.
Watt, R. (2000), Copyright and economic theory: friends or foes?, Cheltenham.
Watt, R. (2004), The Past and the Future of the Economics of Copyright, in: Review of Economic Research on Copyright Issues, Vol. 1, No. 1, S. 151-171.
Weisser, R. und Höppener, M. (2003), Kabelweitersendung und urheberrechtlicher Kontrahierungszwang, in: ZUM 8/9/2003, S. 597-611.
Williamson, O.E. (1971), The Vertical Integration of Production: Market Failure Considerations, in: American Economic Review, Papers and Proceedings, 61 (2), S. 112-123.
Williamson, O.E. (1990), Die ökonomischen Institutionen des Kapitalismus – Unternehmen, Märkte, Kooperationen, Tübingen.
Woll, A. (1987), Allgemeine Volkswirtschaftslehre, 9. Auflage, München.
World Intellectual Property Organization (WIPO) (2003), Guide on Surveying the Economic Contribution of the Copyright Based Industries, WIPO publication No. 893 (E), Genf.
Zerdick, A. und Picot, A. u.a. (2001), Die Internet-Ökonomie: Strategien für die digitale Wirtschaft, 3. Auflage, Berlin u.a.

b) Gesetze, Stellungnahmen, Fälle

17 U.S.C. § 107 (2000), Limitations on Exclusive Rights: Fair Use, U.S. Copyrights Statute (Title 17 of the United States Code).

A&M Records, Inc. v. Napster, Inc. (2001), 239 F.3d 1004, 9th Cir.

Börsenverein des Deutschen Buchhandels (2003), Stellungnahme zur Vorlage bei der Anhörung des Rechtsausschusses des Deutschen Bundestages zum Entwurf eines Gesetzes zur Regelung des Urheberrechts in der Informationsgesellschaft vom 24.01.2003, unter: http://www.urheberrecht.org/topic/Info-RiLi/st/StellungnBoersenvBT-Anh.pdf, abgerufen am 06.11.2003.

Bundesministerium der Justiz (BMJ) (2002), Referentenentwurf für ein Gesetz zur Regelung des Urheberrechts in der Informationsgesellschaft (Stand: 18. März 2002).

Bundesregierung (2002), Entwurf eines Gesetzes zur Regelung des Urheberrechts in der Informationsgesellschaft, unter: http://www.nw3.de/dokum/entw-urh-ges.pdf, abgerufen am 25.10.2002.

EFF (2003), Electronic Frontier Foundation: Unintended Consequences: Five Years under the DMCA, unter: http://www.eff.org/IP/DMCA/unintended consequences.pdf, abgerufen am 19.04.2004.

EuGH (2003), Verweigerung einer Lizenz für ein Recht des geistigen Eigentums; Schlussanträge von Generalanwalt Tizzano vom 2.10.2003, C-418/01 – IMS Health/Ndc Health, in: Wirtschaft und Wettbewerb 11/2003 (Entscheidungssammlung), S. 1214-1222.

Gesetz über Urheberrecht und verwandte Schutzrechte (Urheberrechtsgesetz, UrhG) vom 9.9.1965 (in der Fassung vom 13.09.2003, Bundesgesetzblatt I S. 1774).

ifrOSS – Institut für Rechtsfragen der freien und Open Source Software (2002), Stellungnahme zum Referentenentwurf für ein „Gesetz zur Regelung des Urheberrechts im der Informationsgesellschaft“, unter: http://www.ifross.de/ifross_html/art22.pdf, abgerufen am 17.12.2002.

Jahreswirtschaftsbericht der deutschen Phonverbände 2002, unter: http://www.ifpi.de/, abgerufen am 28.10.2003.

Music Online Competition Act of 2001 (2001), unter: http://www.house.gov/boucher/docs/CANNON_0282.PDF, abgerufen am 14.02.2003.

Richtlinie 2001/29/EG des Europäischen Parlaments und des Rates vom 22. Mai 2001 zur Harmonisierung bestimmter Aspekte des Urheberrechts und der verwandten Schutzrechte in der Informationsgesellschaft, Amtsblatt der Europäischen Gemeinschaften.

Sony Corporation of America v. Universal City Studios (1984), 464 U.S. 417, unter: http://www.law.cornell.edu/copyright/cases/464_US_417.htm, abgerufen am 04.07.2003.

Wissenschaftlicher Beirat beim Bundesministerium für Wirtschaft und Technologie (2001), Gutachten: Wettbewerbspolitik für den Cyberspace.

SCHRIFTEN ZUR WIRTSCHAFTSTHEORIE UND WIRTSCHAFTSPOLITIK

Herausgegeben von Rolf Hasse, Jörn Kruse, Wolf Schäfer, Thomas Straubhaar, Klaus W. Zimmermann

Band 1 Lars Bünning: Die Konvergenzkriterien des Maastricht-Vertrages unter besonderer Berücksichtigung ihrer Konsistenz. 1997.

Band 2 Andreas Henning: Beveridge-Kurve, Lohnsetzung und Langzeitarbeitslosigkeit. Eine theoretische Untersuchung unter Berücksichtigung des Insider-Outsider-Ansatzes und der Entwertung des Humankapitals. 1997.

Band 3 Iris Henning: Die Reputation einer Zentralbank. Eine theoretische Untersuchung unter besonderer Berücksichtigung der Europäischen Zentralbank. 1997.

Band 4 Rüdiger Hermann: Ein gemeinsamer Markt für Elektrizität in Europa. Optionen einer Wettbewerbsordnung zwischen Anspruch und Wirklichkeit. 1997.

Band 5 Alexander Tiedtke: Japan und der Vorwurf des Trittbrettfahrerverhaltens in der US-amerikanisch-japanischen Allianz. 1997.

Band 6 Wolfgang Grimme: Ordnungspolitisches Konzept der Regionalpolitik. Darstellung der Defizite und des Reformbedarfs der Regionalpolitik am Beispiel Mecklenburg-Vorpommerns. 1997.

Band 7 Christian Ricken: Determinanten der Effektivität der Umweltpolitik. Der nationale Politikstil im Spannungsfeld von Ökonomie, Politik und Kultur. 1997.

Band 8 Christian Schmidt: Real Convergence in the European Union. An Empirical Analysis. 1997.

Band 9 Silvia Marengo: Exchange Rate Policy for MERCOSUR: Lessons from the European Union. 1998.

Band 10 Jens Kleinemeyer: Standardisierung zwischen Kooperation und Wettbewerb. Eine spieltheoretische Betrachtung. 1998.

Band 11 Stefan M. Golder: Migration und Arbeitsmarkt. Eine empirische Analyse der Performance von Ausländern in der Schweiz. 1999.

Band 12 Stefan Kramer: Die Wirkung einer Internationalisierung des Yen auf die japanischen Finanzmärkte, die japanische Geldpolitik und die Usancen der Fakturierung. 1999.

Band 13 Antje Marielle Gerhold: Wirtschaftliche Integration und Kooperation im asiatisch-pazifischen Raum. Die APEC. 1999.

Band 14 Tamim Achim Dawar: Deutsche Direktinvestitionen in Australien. Eine Evaluation der theoretischen Erklärungsansätze und der Standortattraktivität des Produktions- und Investitionsstandortes Australien. 1999.

Band 15 Hans-Markus Johannsen: Die ordnungspolitische Haltung Frankreichs im Prozeß der europäischen Einigung. 1999.

Band 16 Annette Schönherr: Vereinigungsbedingte Dimensionen regionaler Arbeitsmobilität. Wirkungen unter analytisch einfachen Bedingungen und potentielle individuelle Migrationsgewinne in Deutschland nach der Vereinigung. 1999.

Band 17 Henrik Müller: Wechselkurspolitik des Eurolandes. Konfliktstoff für die neue währungspolitische Ära. 1999.

Band 18 Lars H. Wengorz: Die Bedeutung von Unternehmertum und Eigentum für die Existenz von Unternehmen. Eine methodenkritische Analyse der Transformation des Wirtschaftssystems in Russland. 2000.

Band 19 Eckart Bauer: Konzeptionelle Grundfragen eines Kinderleistungsausgleichs im Rahmen einer umlagefinanzierten zwangsweisen Rentenversicherung. 2000.

Band 20 Hubertus Hille: Enlarging the European Union. A Computable General Equilibrium Assessment of Different Integration Scenarios of Central and Eastern Europe. 2001.

Band 21 Tobias Just: Globalisierung und Ideologie. Eine Analyse der Existenz und Persistenz von Partisaneffekten bei zunehmender Internationalisierung der Märkte. 2001.

Band 22 Simone Claber: Großbritannien und die Europäische Integration unter besonderer Berücksichtigung ordnungspolitischer Aspekte. 2002.

Band 23 Silvia Rottenbiller: Essential Facilities als ordnungspolitisches Problem. 2002.

Band 24 Peggy Dreyhaupt von Speicher: Die Regionen Polens, Ungarns und der Tschechischen Republik vor dem EU-Beitritt. Interregionale Disparitäten, Bestimmungsfaktoren und Lösungsansätze. 2002.

Band 25 Gerhard Rösl: Seigniorage in der EWU. Eine Analyse der Notenbankgewinnentstehung und -verwendung des Eurosystems. 2002.

Band 26 Jörn Quitzau: Die Vergabe der Fernsehrechte an der Fußball-Bundesliga. Wohlfahrtsökonomische, wettbewerbspolitische und sportökonomische Aspekte der Zentralvermarktung. 2003.

Band 27 Małgorzata Stankiewicz: Die polnische Telekommunikation vor dem EU-Beitritt. 2003.

Band 28 Sarah Schniewindt: Einführung von Wettbewerb auf der Letzten Meile. Eine ökonomische Analyse von Netzinfrastruktur und Wettbewerbspotential im Teilnehmeranschlussbereich. 2003.

Band 29 Jens Bruderhausen: Zahlungsbilanzkrisen bei begrenzter Devisenmarkteffizienz. Ein kapitalmarkttheoretischer Ansatz. 2004.

Band 30 Philip Jensch: Einkommensteuerreform oder Einkommensteuerersatz? Alternative Ansätze einer Reform der direkten Besteuerung unter besonderer Berücksichtigung steuerpraktischer Gesichtspunkte. 2004.

Band 31 Karsten J. Adamski: Mikroanalyse eines Grundrentenkonzeptes der Alterssicherung. Eine empirische Studie zur Wirkung einer Grundrente auf Basis des Sozioökonomischen Panels. 2004.

Band 32 Sven Schulze: Anreizwirkungen und Arbeitsmarkteffekte der Ausgestaltung einer Arbeitslosenversicherung. 2004.

Band 33 Alkis Henri Otto: Makroökonomische Effekte der Direktinvestitionen. 2005.

Band 34 Stefan Hardege: Informationstechnologische Entwicklung und der Schutz von Verfügungsrechten für Informationsgüter. Eine ökonomische Analyse zur Ausgestaltung des Urheberrechts. 2006.

www.peterlang.de

FSC
www.fsc.org
MIX
Papier | Fördert
gute Waldnutzung
FSC® C083411

Kolibri 360 GmbH
Ferdinand-Jühlke-Straße 7
99095 Erfurt, Deutschland
produktsicherheit@kolibri360.de

Druck:
CPI Druckdienstleistungen GmbH
im Auftrag der
Kolibri 360 GmbH
Ferdinand-Jühlke-Str. 7
99095 Erfurt